Lehr- und Handbücher zu Tourismus, Verkehr und Freizeit

Herausgegeben von
Universitätsprofessor Dr. Walter Freyer

Bisher erschienene Werke:

Agricola, Freizeit – Grundlagen für Planer und Manager
Althof, Incoming-Tourismus, 2. Auflage
Bastian · Born · Dreyer, Kundenorientierung im Touristikmanagement, 2. Auflage
Bieger, Management von Destinationen und Tourismusorganisationen, 4. Auflage
Bochert, Tourismus in der Marktwirtschaft
Dreyer, Kulturtourismus, 2. Auflage
Dreyer · Krüger, Sporttourismus
Dreyer · Dehner, Kundenzufriedenheit im Tourismus
Dreyer u. a., Krisenmanagement im Tourismus
Freyer, Tourismus, 7. Auflage
Freyer, Tourismus-Marketing, 3. Auflage
Freyer · Pompl, Reisebüro-Management
Henselek, Hotelmanagement – Planung und Kontrolle
Kaspar, Management der Verkehrsunternehmungen
Landgrebe, Internationaler Tourismus
Pompl · Lieb, Qualitätsmanagement im Tourismus
Schreiber, Kongress- und Tagungsmanagement
Sterzenbach, Luftverkehr, 2. Auflage

Incoming-Tourismus

Von

Prof. Dr. Wolfgang Althof

2., vollständig überarbeitete Auflage

R. Oldenbourg Verlag München Wien

Die Deutsche Bibliothek - CIP-Einheitsaufnahme

Althof, Wolfgang:
Incoming-Tourismus / von Wolfgang Althof. – 2., vollst. überarb. Aufl.. -
München ; Wien : Oldenbourg, 2001
(Lehr- und Handbücher zu Tourismus, Verkehr und Freizeit)
ISBN 3-486-25766-8

Rosenheimer Straße 145, D-81671 München
Telefon: (089) 45051-0
www.oldenbourg-verlag.de

Gedruckt auf säure- und chlorfreiem Papier
Druck: R. Oldenbourg Graphische Betriebe Druckerei GmbH

ISBN 3-486-25766-8

Inhaltsverzeichnis

Vorbemerkungen

Unter **Incoming-Tourismus** wird in diesem Buch der Empfang und Aufenthalt von Touristen (Reisenden, Gästen) in einer Destination verstanden.

Nach allgemein vorherrschendem Verständnis gehört der Tourismus zur *Dienstleistungsbranche*, zusammen mit dem Handel, der Finanzwirtschaft, dem Verkehrswesen, den Versicherungen, dem Bildungswesen, dem Kulturbetrieb und der ganzen Vielfalt der persönlichen Dienstleistungen vom Friseur bis zum Steuerberater.

Incoming-Tourismus ist ein Wirtschaftsbereich, ohne eine nach innen und außen einheitlich auftretende bzw. vertretene Branche zu sein, und er ist zugleich ein soziales wie kulturelles Phänomen. Bund, Länder und Kommunen fühlen sich für ihn zuständig. Vereine und Verbände nehmen sich seiner an: der Deutsche Tourismusverband, die Deutsche Zentrale für Tourismus, die Landesfremdenverkehrsverbände, regionale Vereine und auf kommunaler Ebene die Fremdenverkehrs- und Verkehrsvereine. Unternehmen unterschiedlicher Größe, Rechtsform und Branchen sind im Incoming und für das Incoming tätig: Reiseveranstalter und -mittler, Hoteliers, Gastronomen, Handwerker, Einzelhändler, Transportunternehmer u.a.m.

Menschen halten sich aus verschiedenen Gründen zeitweilig an einem anderen als ihrem Wohnort auf. Dort, wo sie ankommen, hat man sich auf ihren Besuch mit einer Palette von Leistungen eingestellt - eine Massenerscheinung, für die es keinen allgemein akzeptierten und unmissverständlichen Fachbegriff gibt.

„Incoming-Tourismus" ist vielleicht nicht der originellste, aber zur Zeit möglicherweise ein konsensfähiger Begriff für diesen Bereich.

Im TourLex[1] wird „Incoming" im weitesten Sinne als „hereinkommender Fremdenverkehr" verstanden, ohne zu unterscheiden, ob er aus der Nachbarschaft oder dem Ausland kommt. Webster's New Encyclopedic Dictionary verwendet „incoming" synonym für „arrival" (1. die Ankunft, 2. die ankommende Person oder Sache). Die Begriffe „inbound tourism" und „outbound tourism" bezeichnen, entspr. dem engl. „bound" oder „boundary" für Grenze, grenzüberschreitende touristische Aktivitäten.

FRANZ[2] verwendet den Begriff „Inlandstourismus", zusammengesetzt aus „Inländertourismus im Inland" und „Ausländertourismus im Inland".

SCHRÖDER[3] versteht unter Incoming-Tourismus nur den aus dem Ausland hereinkommenden Tourismus. Im Rahmen der Zahlungsbilanz wird der „aktive Tourismus", der „exportierte Tourismus" oft ebenfalls, wenn auch nicht offiziell, als „Incoming-Tourismus" bezeichnet. Die sich damit bietende Möglichkeit der Verwechslung wurde in Kauf genommen, zumal der fiskalisch orientierte Terminus einen erheblichen Bestandteil des o.g. Phänomens darstellt. Für die Fremdenverkehrskommunen und -regionen ist es von untergeordneter Bedeutung, ob ihre Gäste aus dem In- oder Ausland kommen.

Die Begriffe „Tourismus" und „Fremdenverkehr" werden in der Praxis, aber auch verbreitet in der Theorie, synonym gebraucht; allerdings ist das Bemühen um eine saubere Abgrenzung nicht zu übersehen. Von „Fremdenverkehr" wird häufig gesprochen, wenn der Aufenthalt der Touristen am Bestimmungsort oder in der Zielregion, also das Incoming, gemeint ist.

POSER definierte 1939 Fremdenverkehr als „die lokale und gebietliche Häufung von Fremden mit einem jeweils vorübergehenden Aufenthalt, der die Summe von Wechselwirkungen zwischen den Fremden einerseits und der ortsansässigen Bevölkerung, dem Ort und der Landschaft andererseits zum Inhalt hat."[4]

---

[1] Lang/Eberle/Bartl (1989) S. 71

[2] Franz,A.: Tourismus und volkswirtschaftliche Gesamtrechnungen. In: Tourismus in der Gesamtwirtschaft. 1991, S. 130 ff.

[3] Lexikon der Tourismuswirtschaft. Hamburg 1991, S. 102

[4] Poser,H.: Die fremdenverkehrsgeographischen Beziehungen des norddeutschen Tieflandes zum Riesengebirge, ihre Grundlagen und Auswirkungen. In: Deutsche Geogr. Blätter, Bd. 42, H. 1-4, Bremen 1939

Wegen des allgemeinen Sprachgebrauchs und der daraus resultierenden möglichen Missverständnisse schied der Begriff „Fremdenverkehr“ als Titel für dieses Buch aus, obwohl von Fremdenverkehrskommunen und -regionen im Folgenden häufig die Rede sein wird. Auch „Inlandstourismus“ wurde, wegen der Nähe zu „Binnentourismus“, verworfen.
Berufsbilder und Ausbildungsrichtungen tragen der Trennung in Incoming und Outgoing Rechnung. Mit dem/der Touristikfachwirt/in in der Spezialisierungsrichtung „Incoming-Tourismus“ bzw. „Fremdenverkehr“ haben Industrie- und Handelskammern auf Bedürfnisse der Praxis reagiert.

Der Gegenstand des Interesses ist begrenzt auf die Aufnahme von Fremden, die in guter, friedlicher Absicht kommen, die man als Gäste und Besucher bezeichnet. In guter, friedlicher Absicht bedeutet zunächst, nicht als militärischer Aggressor, als Besatzer, als Eroberer zu kommen. Aber Touristen, die sich selbst, ohne zu zögern, gute und friedliche Absichten bescheinigen würden, können mehr Schaden anrichten als eine Einheit Soldaten - und haben es schon getan. Die Begriffe „Reisende“ und „Reisige“ liegen nicht nur im Lexikon nahe beieinander.

Die arabischen Eroberer haben den Spaniern die Alhambra hinterlassen,
die Touristen Benidorm.

Gäste werden oft als „lieb und teuer“ - letzteres zweideutig - bezeichnet, sind gern gesehen, oder auch nicht. Aber auch die weniger gern gesehenen Gäste sollen nach den Geboten der **Gastfreundschaft** aufgenommen werden.
Das lateinische „hospitalitas“ für „gastliche Aufnahme in Klöstern“, entstand zu Zeiten, in denen das Reisen keine Selbstverständlichkeit und schon gar keine Massenerscheinung im heutigen Sinne war. Die modernen Begriffe „hospitality“ (engl.), „hospitalité“ (franz.), „hospitalidad“ (span.), „Hospitalität“ (dt.) enthalten eine Wertung: Gastlichkeit, Gastfreundschaft, die zwar wünschenwert ist, aber nicht ausreichend das Anliegen dieses Buches beschreibt.
So sympathisch und verlockend sich für den Titel dieses Buches eine Wortschöpfung aus „hospitalitas“ anbot, wurde sie dennoch nicht gewählt, um zum einen den Wirrwarr nicht noch zu vergrößern und zum anderen, um Kollisionen mit medizinischen Termini zu vermeiden. Auch das aus dem Griechischen abgeleitete „philoxenia“ wurde in die engere Wahl gezogen.
Die Entscheidung fiel, um ein nomen nominandum zu vermeiden und in der Hoffnung, kein nomen nudum geschaffen zu haben, zugunsten des Anglizismus „Incoming“.

Deshalb der Titel „**Incoming-Tourismus**“.

Dieses Buch beschäftigt sich sowohl mit dem privatwirtschaftlichen Sektor des Incoming-Tourismus als auch mit der öffentlichen Incoming-Wirtschaft, d.h. mit den finanziellen und personellen Aktivitäten von Destinationen, Gemeinden und Regionen auf dem Gebiet des Fremdenverkehrs, dem Engagement im Fremdenverkehr als Beitrag zur lokalen und regionalen Entwicklung, mit der kooperativen Incoming-Wirtschaft der touristischen Leistungsträger und der öffentlichen Hand sowie mit der Erscheinung, dass Kommunen und Regionen bzw. für sie agierende Organisationen als gemeinnützige wie gewinnorientierte Anbieter touristischer Leistungen auftreten.

Hier ist nun erstmals der Begriff „**Leistungsträger**“ aufgetaucht, ein Terminus, der sich unter Touristikern eingebürgert hat, aber sich keiner Beliebtheit erfreut. Ist doch die Assoziation mit Mandats-, Hoffnungs-, Gebiss- oder Brillenträger immer unterschwellig vorhanden. Bisher hat sich noch keine Alternative angeboten. Wie wäre es mit „GUV-Gewerbe“? G steht für Gastronomie und Gesundheit, U für Unterkunft und Unterhaltung, V für Verkehr und Veranstaltung.

Vorliegendes Buch behandelt den Incoming-Tourismus vorrangig am Beispiel Deutschland. Auf Ähnlichkeiten zu anderen Ländern und auf Beispiele aus anderen Ländern ist jedoch nicht verzichtet worden.

Jeder, der verreist, nutzt touristische Angebote (Beherbergung, Gastronomie, Verkehr, Handel, Kultur) in der Zielregion, wogegen logischerweise während dieser Zeit Angebote in der Herkunftsregion nicht genutzt werden. Die Dimension des Incoming-Tourismus wird einigermaßen erahnbar, wenn man sich vorstellt, jeder bliebe zu Hause - früher die Regel, heute die Ausnahme - , und die vorhandene Infrastruktur wäre auf die Nachfrage der Einheimischen reduziert.

Incoming-Tourismus versteht sich als Konglomerat von Angeboten und Anbietern, als eine Vielzahl von Erscheinungen, Vorgängen, Aktionen und Akteuren verschiedener Branchen. Ihm fehlt - noch - die einigende Idee, und so entzieht sie sich der Definition als originäre Branche. Der Autor hatte sich das Ziel gestellt, diese Vielfalt darzustellen und gleichzeitig deutlich zu machen, dass, so unterschiedlich die Erscheinungen auch sein mögen, ein übergeordnetes ökonomisches Prinzip wirkt:

> Die ankommenden Touristen sind für die Einheimischen eine Erwerbsquelle. Zwischen Mitteleinsatz und Erfolg soll ein optimales Verhältnis hergestellt werden. Es gelten Handlungsmaximen und Motivationen wie im Wirtschaftsleben generell.

Jeder Autor hat die angenehme Aufgabe, all denen zu danken, die zum Gelingen seines Werkes beigetragen haben. Mein Dank gilt den geduldigen Diskussionspartnern in Fremdenverkehrsstellen und -verbänden sowie Herrn Dr. Holger Stein, Steuerberater, Herrn Jochen Kühl, Dozent, und, für ihre organisatorische Unterstützung, Frau Jane Schubert, Rostock.

In diese Auflage sind viele Erfahrungen aus Lehrveranstaltungen und Prüfungen, Erkenntnisse, Anregungen und Hinweise eingeflossen. Sie orientiert sich insbesondere an den IHK-Rahmenstoffplänen und Prüfungsvorschriften zum/zur Touristikfachwirt/in für die Spezialisierungsrichtung Destinationsmanagement bzw. Incoming-Tourismus.

Nun entlasse ich mein Buch wiederum in die, wie ich hoffe, wohlwollende Öffentlichkeit. Möge es bald die höchsten Ehrenzeichen tragen, die einem Buch verliehen werden können, die Spuren häufiger Benutzung.

Aus Gründen der besseren Vergleichbarkeit wurden die Währungsangaben auch für die Zeit vor der WWU und für noch nicht umgestellte Vorschriften nach dem amtlichen Umrechnungskurs 1 € = 1,95583 DM umgerechnet.

Anregungen und kritische Hinweise sind weiterhin willkommen.

1. Vom Gastrecht zum Incoming-Tourismus

Der Fremde war in alten Zeiten oft rechtlos, stand außerhalb der Gesellschaft, empfand Heimweh. Das Wort Elend, in seiner heutigen Bedeutung für Not und Bedrängnis stehend, entstand aus dem althochdeutschen *ellenti* und dem mittelhochdeutschen *ellende* mit der ursprünglichen Bedeutung: das andere Land, die Fremde, die Verbannung. In der Regel war der Fremde auf den Schutz des Landesherren angewiesen und musste sich diesen unter Umständen erkaufen. Eine allgemein verbreitete Sitte, die u.a. von TACITUS in der Germania erwähnt ist und ebenso bei den alten Griechen und Indern galt, gebot, dem Gast beim Abschied Geschenke zu verehren, z.B. Kleider, Waffen oder Schmuck. Man muss allerdings berücksichtigen, dass Gäste damals stets vornehme Reisende waren, keine massenhaft einfliegenden Touristen.

Im Mittelalter waren dem Reisenden begrenzte Vergünstigungen gestattet. Wenn er keine Unterkunft fand, durfte er Speise für sich und Futter für sein Pferd beschaffen, ein Feuer anzünden und Zweige abschlagen. Solche Regeln finden sich bereits im westgotischen Gesetzbuch. Auch spätere Rechtsnormen, u.a. die Altenstatter Weistümer[1] gewährten den Reisenden Freiheiten, z.B. drei Äpfel vom Baum zu brechen, vier Trauben in die Hand zu schneiden, einen Handschuh voll Nüsse zu pflücken, auch zu fischen, aber nicht, die Fische aus der Gemarkung zu tragen.

Die ungünstige Rechtssituation des Fremden, die insbesondere den Handel und die Ausbreitung von Religionen behinderte, wurde bald gemildert durch die Sitte der Gastfreundschaft. Ein Kapitular KARLS DES GROSSEN sagte allen durchreisenden Fremden ohne Unterschied den Frieden und den Schutz des Königs sowie sicheres Geleit zu. Doch noch bis zum Jahre 1220 fiel der Nachlass eines Fremden an den Herrn des Ortes, an dem er gestorben war.[2] Um Kaufleuten schnelle Rechtsverfahren zuzusichern, wurden ihnen in fast allen Städten im Mittelalter Gastgerichte gewährt. Als Gast galt, wer, wie in Bamberg zwei Stunden, oder in Magdeburg elf Stunden von der Stadt entfernt wohnte. Klagen vor dem Gastgericht waren nur für den Gast gegen einen Bürger oder für den Bürger gegen einen Gast und nur um Schulden und fahrende Habe zulässig.[3]

Das Verhalten gegenüber Fremden ist seit Urzeiten von Neugier und Furcht geprägt. Jeder Fremde könnte über Kräfte verfügen, die er bei guter Behandlung dem Gastgeber zum Nutzen bzw. bei schlechter auch zum Schaden anzuwenden imstande wäre. Dem Gast alles gewähren, alles anbieten, nichts verweigern - diese Einstellung hatte sich bei Naturvölkern lange Zeit erhalten. Er wurde vorübergehend in die Haus- oder Stammesgemeinschaft aufgenommen. Allerdings wurde und wird auch heute noch in allen Kulturen Fremden der Zugang zu ausgewählten Stätten verwehrt. Dazu gehören heilige Orte, Begräbnisstätten, militärische Anlagen, besonders zu sichernde Einrichtungen etc. Letztere sind nicht nur für Landesfremde sondern auch für branchenfremde Einheimische tabu.

Fremden Obdach, Nahrung und Schutz zu gewähren war wegen des Fehlens von Gasthäusern und der Rechtlosigkeit Fremder überlebenswichtig. Die Gastfreundschaft wurde sogar vererbt.

In der Antike war das Gastrecht nach dem Willen der Götter heilig. Bei den Griechen trug Zeus den Zusatz „Xenios“ (der Gastliche), bei den Römern Jupiter den Zusatz „Hospitalis“. Fremde standen unter dem Schutz der Götter. Gastfreundschaft zu ge-

---

[1] Weistümer: im Mittelalter die von Sprechern der Orts- oder Gerichtsgemeinden zu bestimmten Zeiten oder Anlässen mündlich in formelhafter Sprache gegebenen (gewiesenen), seit dem 13. Jh. aufgezeichneten, Darlegungen des Gewohnheitsrechts

[2] Waltharilied, i.d. Übersetzung von Hermann Althof, Leipzig 1900, Anmerkungen Nr. 658, 662, 1249, 1251

währen war eine wohltätige, verdienstvolle Handlung. Verstöße gegen das Gastrecht waren verachtenswert und wurden oft streng bestraft. In der Odyssee wird von ungeschlachten, tölpelhaften und rohen Menschen berichtet, die nicht einmal der Gesetze der Gastfreundschaft kundig seien. Das Gastrecht galt für alle Familienangehörigen.

LUKIAN: „So bist du aus einer Familie, die ich ganz vorzüglich wert halte und mit welcher ich durch das Gastrecht verbunden bin, da ich ehmals bei den Deinigen logiert habe und auf sehr edle Art von ihnen beschenkt worden bin. Mir ist genug zu wissen, dass du der Sohn eines solchen Hauses bist.“[1]

Das Gebot der Gastfreundschaft ist in allen Religionen und ethischen Grundnormen der Völker anzutreffen.

„Wenn ein Fremder bei euch wohnt, dann sollt ihr ihn nicht bedrücken noch diskriminieren. Er soll bei euch wohnen wie ein Einheimischer... und du sollst ihn lieben wie dich selbst... Denn ich bin der Herr, euer Gott.“ 3.Mose 19, 33-34

Der römische Historiker TACITUS rühmte in seiner Germania (um 98) die Gastlichkeit der Germanen: „Geselligkeit und Gastfreundschaft pflegt kein anderes Volk eifriger. Irgendeinem Menschen, wer es auch sei, kein Obdach zu gewähren, gilt als Sünde....Zwischen einem Bekannten und einem Unbekannten macht hinsichtlich des Gastrechts keiner einen Unterschied. Bittet jemand beim Abschied um etwas, so ist es Brauch, ihm seinen Wunsch zu erfüllen; aber ebenso unbefangen verlangt auch der Gastgeber eine Gegengabe....So herrscht im Verkehr zwischen Gastgeber und Gast Herzlichkeit.“ Ein südslawisches Wort lautet: „Weh' dem Hause, in das keine Gäste einkehren.“ HELMOLD VON BOSAU schrieb in seiner Chronica Slavorum um 1170: „Wenn aber jemand, was selten vorkommt, überführt wird, einem Fremden die Aufnahme verweigert zu haben, so darf man dessen Haus und Habe niederbrennen, und die Meinung aller lautet einhellig dahin, dass sie den für verrufen, niedrig und allseits verächtlich erklären, der sich nicht scheut, einem Fremden Brot zu versagen.“ Bei HOMER ist zu lesen: „Sei freundlich gegen Arme und Fremde, denn beide gehören Gott an.“ Und bei Hermann HESSE: „Vom Gast wünscht man, er möge, sollte er etwa schon morgen wieder abreisen, vom Hause und vom Gastgeber einen guten Eindruck mitnehmen.“[2] In afrikanischen Dörfern, die noch ihre ursprüngliche Kultur erhalten haben, gibt es eine Gasthütte, in der täglich eine andere Familie des Dorfes die Besucher zu beköstigen hat.

Gastfreundschaft, Gastlichkeit sind Ergebnisse menschlicher Kulturentwicklung. FREUD bekräftigte die Gültigkeit des Wortes „homo homini lupus“ und eine primäre Feindseligkeit der Menschen gegeneinander. Die Kultur müsse alles aufbieten, um den Aggressionstrieben der Menschen Schranken zu setzen.[3]

Später wurde das **Gastrecht**, d.h. die gegenseitige Verpflichtung zwischen Wirt und Bewirtetem, in juristische Formen gefasst. Zum Beispiel die zeitliche Beschränkung (auf drei Tage) oder die Schutzpflicht des Gastgebers (solange er mit mir isst, darf ihn niemand schlagen).

Immanuel KANT formulierte: *„Das Weltbürgerrecht soll auf Bedingungen der allgemeinen Hospitalität eingeschränkt sein.“* Zu seiner Zeit wurde die völlige Freizügigkeit des Reisens für eine unerfüllbare Forderung gehalten. Nicht auf Gastrecht habe der Fremde Anspruch; aber auf Besuchsrecht[4]. Der Begriff „Gast“ wird auf den *geladenen* Besucher eingeschränkt.

Unter der Einwirkung des Christentums gehörte die Aufnahme von Fremden zur Barmherzigkeit und wurde vor allem von Klöstern und Hospizen gepflegt. Indem sich der Vorteil immer mehr auf die Seite des Gastes verlagerte, gewann die karitative Komponente an Bedeutung. Einen Fremden zu bewirten galt als Probe der Nächstenliebe und eröffnete die Aussicht auf himmlische Belohnung (Vergelt's Gott!). Für lange Zeit war es im Christentum üblich, dem Scheidenden Gastgeschenke, meist in Form

[3] Damaschke, A.: Geschichte der Nationalökonomie. Leipzig, 7. Aufl. 1918, S. 68 f.

[1] in: Lucius oder Der magische Esel

[2] aus: Das Glasperlenspiel

[3] Das Unbehagen in der Kultur

[4] Zum ewigen Frieden. Definitivartikel 3

von Wegzehrung, zu überreichen.
Auch Außenseiter, Arme, Alte, Hilflose, Gebrechliche konnten als Gäste wertvolle Dienste leisten, z.B. ein Zigeuner den Feuersegen sprechen. Vielleicht verbarg sich ja hinter dem unscheinbaren Fremden eine Fee oder ein Engel, die als Lohn drei Wünsche zu erfüllen vermochten.

Später verlagerte sich, was im modernen Reisegeschäft ganz offensichtlich geworden ist, der Vorteil auf die Seite des Gastgebers. Um als Gast aufgenommen zu werden, muss der Fremde nach den Gesetzen des Marktes bezahlen. **Aus dem Gast wurde der Kunde**. Für den Gastgeber entstehen Verpflichtungen wie für jeden anderen Verkäufer auch, ergänzt durch traditionelle, überkommene Gebräuche der Gastfreundschaft.

Trotz aller Entwicklung hat sich die wechselseitige Beziehung zwischen Gastgeber und Gast über die Jahrhunderte nicht wesentlich verändert. Wer einen Gast aufnimmt, ob in seinem Haus, seiner Stadt, seinem Land, darf das Gastrecht nicht verletzen, der Gast darf es, will er nicht seiner Rechte verlustig werden, nicht missbrauchen.

2. Destinationen

2.1. Der Begriff

Wann gilt ein Gebiet als Industrie-, Agrar-, Wein-, Obst- oder Gemüseregion, wann eine Stadt als Finanzmetropole, Industrie- oder Kulturstadt? Exakte Abgrenzungen sind problematisch und einmal geprägte Einstufungen langlebig. Die Regionalwissenschaften sprechen von einer homogenen Region, wenn ein geografisches Gebiet durch einheitliche Charakteristika gekennzeichnet ist. Diese Charakteristika können ökonomische (einheitliche Produktionsstruktur), geografische (einheitliche Topografie, einheitliches Klima) oder soziale bzw. politische (Sprache, Traditionen, Identität) sein. Die Homogenität einer Region, definiert durch die Einheitlichkeit gewisser Charakteristika, wird nicht unbedingt in Frage gestellt durch Verschiedenheit anderer Charakteristika.
Im zusammenwachsenden Europa und in einer schwer überschaubaren Welt werden Regionen zu überschaubaren Inseln.

Welcher Ort ist ein Fremdenverkehrsort, welche Stadt eine Fremdenverkehrsstadt, welches Gebiet eine Fremdenverkehrsregion? Wann gelten sie als Destination?

SCHROEDER[1] definiert ein *Fremdenverkehrsgebiet* als eine für den Fremdenverkehr geeignete oder durch ihn geprägte Landschaft mit einer Reihe von Fremdenverkehrsorten. Neben Beherbergungsbetrieben, anderen Freizeitwohnmöglichkeiten und Gastronomiebetrieben werden je nach Standort Kuranlagen, Bäder, Sportanlagen, Wanderwege u.a. sowie touristische Verkehrsmittel angeboten, z.B. Ausflugsschiffe, Bergbahnen, Skilifte usw.

In einer Fremdenverkehrsstadt oder -region zu wohnen und zu arbeiten, sich politisch, sozial oder sonstwie zu engagieren ist verschieden, muss verschieden sein, im Vergleich zum Wohnen, Arbeiten, Engagement in einer Industriestadt oder Agrarregion.
Wenn ein Gemeinwesen als „touristisch relevant“ deklariert wurde bzw. sich selbst dazu bekennt, dann vor allem, um sich abzugrenzen, sich darzustellen und anzubieten.
Dazu gehört, sich als Bewohner, Entscheidungsträger, Angestellter, Arbeiter über die Bedeutung des Fremdenverkehrs für das Gemeinwesen, für sich selbst, für seine Nach-

[1] Lexikon der Tourismuswirtschaft, S. 75

kommen, für die Landschaft klarzuwerden, sich mit diesem Profil zu identifizieren, was umso uneingeschränkter erforderlich ist, je deutlicher der Fremdenverkehr das Profil bestimmt.
Die Entscheidung für das Profil als Fremdenverkehrsort/-region und natürlich die Akzeptanz dieser Entscheidung ist mit Konsequenzen, Erwartungen und Effekten verbunden. Sie berechtigt zum Erheben von Abgaben, sie fordert bestimmte Verhaltensweisen der Bewohner, sie dient als Werbeargument, sie zwingt zu Ordnung und Sicherheit, sie hat Konsequenzen für andere Wirtschaftsbereiche.

Destination ist der Sammelbegriff für verschiedene Arten von Reisezielen, die sowohl nachfrageseitig (von Touristen gewählt) als auch angebotsseitig (touristische Wettbewerbseinheiten) definiert werden.

Für eine Gruppe Städte bereisender Amerikaner kann Deutschland eine Destination sein, für eine Familie aus Berlin die Insel Rügen, für Formel-1-Fans der Nürburgring.
Im englischen Sprachraum ist eine „destination zone" definiert mit: „services, facilities, things to see and to do".[1]

Der Begriff der Destination setzt im Gegensatz zu dem des Fremdenverkehrsortes keine touristische Infrastruktur voraus und ist nicht an das Vorhandensein einer Siedlung gebunden.

Die Antarktis ist zweifelsohne eine Destination. Sie wird von Kreuzfahrtschiffen angelaufen, weil es „things to see" gibt, aber man findet dort (noch) keine Hotels oder Gaststätten.

Destinationen sind das wichtigste Element des Tourismus, die Ziele der Reisenden. Sie ziehen die Touristen an, gelten als Generatoren des Tourismus. Sie sind i.d.R. Legierungen von natürlichen Bedingungen, Einrichtungen und Leistungen. Die spezielle Art der Verschmelzung dieser Komponenten macht die Besonderheit einer Destination aus, macht sie zu einer Unique Local Proposition (ULP) mit der Möglichkeit, sie als Unique Selling Proposition (USP) im Markt nutzen zu können.
Besucher finden gerade diese Destination wert, Zeit und Geld zu investieren, oft auch Mühen auf sich zu nehmen, um sie aufzusuchen, und nicht eine andere bzw. Zeit, Geld und Mühen für etwas anderes aufzuwenden.

2.2. Arten

Die riesige Vielfalt unterschiedlicher Destinationen verlangt im Interesse der Anbieter als auch der Nachfrager nach Systematik.
Die in Tab. 2.1. angebotene Einteilung der Tourismusorte und Destinationen soll nicht den Eindruck einer sauberen Abgegrenztheit erwecken. Ein Kurort wird nicht nur von Kurgästen aufgesucht, sondern kann zugleich der Naherholung und dem Familienurlaub dienen, in ihm können Tagungen und Sportveranstaltungen stattfinden.
Geografische Großlandschaften sind keine **Urlaubs- und Ferienregionen**, aber diese befinden sich in ihnen und werden von ihnen geprägt. Deutschland gliedert sich in fünf Landschaften:

- das Norddeutsche Tiefland mit seinen Küsten, vorgelagerten Inseln, seenreichen, hügeligen Regionen, breiten, feuchten Niederungen und Börden. Weit nach Süden reichen die Niederrheinische, die Westfälische und die Sächsisch-Thüringische Bucht
- die Mittelgebirgsschwelle vom Rheinischen Schiefergebirge im Westen bis zum Erzgebirge im Osten
- das Südwestdeutsche Mittelgebirgs-Stufenland von der Oberrheinischen Tiefebene über den Schwarzwald bis zum Schwäbisch-Fränkischen Stufenland

[1] VNR's Encyclopedia of Hospitality and Tourism. New York 1993

- das Süddeutsche Alpenvorland
- die Bayerischen Alpen.

Ähnlich die vom Deutschen Tourismusverband und der Deutschen Zentrale für Tourismus für Zwecke des Marketing formulierten 46 deutschen **Reiselandschaften**.[1]

Tab. 2.1.: Arten von Destinationen

Bezeichnung	Urlaub/Ferien	Kur/Erholung	Erlebnis
Urlaubs-/Ferienregion	■		
Reiselandschaft	■		
Fremdenverkehrsregion	■		
Freizeitlandschaft	■		
Klimazone	■	■	
ländliche Region	■		
regionale Einrichtung	■		■
Urlaubs-/Ferienort	■		
Feriendorf/Club	■		■
Ferienzentrum	■		■
Kurort	■	■	
Erholungsort	■	■	
Spa	■	■	
Resort	■	■	
Verkehrsmittel	■	■	■
Naherholungs-/Ausflugsziel		■	■
Freizeitanlage			■
Veranstaltungsort			■
Besuchsort			■
Einkaufszentrum			■
Industrieanlage			■
militärische Anlage			■
Verkehrsknoten			■

Fremdenverkehrsregionen orientieren sich als Destinationen vorwiegend an landschaftlichen, klimatischen, historischen sowie kulturellen Zusammenhängen und können lokale, administrative Grenzen überschreiten. Landschaftsbild und Klima sind sicher wichtig für die Definition einer Fremdenverkehrsregion, doch wichtiger ist der Wille zum gemeinsamen Handeln, was besonders kompliziert ist, da Regionen oft nicht an Verwaltungsgrenzen, nicht einmal an Staatsgrenzen gebunden sind. Ideal ist es, wenn sich die Bewohner mit ihrer Region identifizieren.

Eine Fremdenverkehrsregion ist mehr als nur eine Werbegemeinschaft, mehr als nur gemeinsame Vermarktung; wichtig sind gemeinsame Entwicklungskonzeptionen, gemeinsame Fremdenverkehrspolitik, Ordnungspolitik usw.

Schon wenige Fremdenverkehrsorte in einer Region können ausreichen, um sie insgesamt als Fremdenverkehrsregion zu bezeichnen.

Anfang 1995 wurde die ganze Insel Föhr offiziell zur Fremdenverkehrsregion erklärt, da nach den Gemeinden Wyk, Utersum und Nieblum nun auch die neun kleineren Gemeinden die Anforderungen der neuen schleswig-holsteinschen Kurorteverordnung erfüllten. Den Bürgermeistern wurden entsprechende Urkunden überreicht, und alle Gemeinden werden von der Landesregierung finanziell unterstützt.

Rügen wird allgemein als Fremdenverkehrsregion und Destination bezeichnet, obwohl die Unterschiede in der touristischen Erschließung und Nutzung gravierend sind. Für die Insel insgesamt lässt sich eine Fremdenverkehrsintensität von etwa 65 Übernachtungen/Einwohner ermitteln, für die

[1] z.B. in: Reisen in Deutschland - deutsches Handbuch für Fremdenverkehr

Haupt-Badeorte im Südosten der Insel: Baabe - 450, Göhren - 300, Sellin - 220, Binz - 215 Übernachtungen/Einwohner.

Wenn sich die Betroffenen einig sind, steht nichts im Wege, nach außen hin als eine Destination aufzutreten. Von den 260 für Deutschland ausgewiesenen Fremdenverkehrsregionen werden allerdings nur etwa 60 Chancen als Urlaubsziele eingeräumt.

Freizeitlandschaften entstehen durch Eingriffe in die und Veränderung der vorhandenen natürlichen Gegebenheiten im Interesse der Schaffung von homogenen Urlaubsgebieten. Als Anfänge gelten Ferienzentren an der Küste, z.B. Heiligenhafen, das künstlich angelegte Hafen- und Fischerdorf Port Grimaud nahe St.Tropez, Port Liberty in New York, oder in den Bergen, z.B. Seeleitn, ein Kärntner Bauerndorf.

Nach einem Entwurf von Friedensreich HUNDERTWASSER soll in der Oststeiermark nördlich von Graz der Heil- und Erholungsort Bad Blumeau entstehen. In Südfrankreich, im Languedoc-Roussillon, soll die 180 km lange Küste des Mittelmeeres nach einem nahezu utopisch anmutenden Konzept als Erholungsgebiet für Millionen Menschen gestaltet werden. Als das mondänste, älteste und am sorgsamsten geplante aller künstlichen Feriengebiete Europas gilt die 55 Kilometer lange Costa Smeralda an der Nordostküste Sardiniens. Beispielhaft wurde auf die Natur Rücksicht genommen, die Infrastruktur passt sich harmonisch der Landschaft an, Baustoffe und Farben sind der Region gemäß. Überirdische Leitungen sind ebenso verboten wie Neonreklame, Plakatwände und Wäscheleinen vor den Häusern. Der Anschluss an die zentrale Kläranlage ist zwingend vorgeschrieben. Initiator dieses Ferienzieles, das übrigens eines der teuersten ist, war 1962 AGA KHAN, das Oberhaupt der Ismailiten.

Angespornt von steuerlichen Abschreibungsmöglichkeiten und großzügiger Förderung als Zonenrandgebiet waren für die 384 km BRD-Ostseeküste Ende der 60er Jahre fünfzig Objekte mit mehr als 50.000 Betten geplant. Sieben Zentren mit zusammen 30.000 Betten wurden gebaut, fünf haben, vielfach verändert und ergänzt, als Ferienresorts überlebt: Südstrand auf Fehmarn, Heiligenhafen, Weissenhäuser Strand, Holm und Damp. Jedes dieser Zentren stand in den Anfangsjahren mehr oder weniger knapp vor dem Bankrott. Sie konnten sich nur durch den Verkauf von Appartments als Eigentumswohnungen oder Umwandlung in Klinikbetten retten. Damp zahlte als einziges die Landesbürgschaft zurück, die einst den Konkurs abgewendet hatte.

Aus medizinischer Sicht sind **Klimazonen** von Bedeutung:

- *reizstarkes Klima*: Inseln und Strandzonen an Nord- und Ostsee, Alpengebiete und höchste Erhebungen der Mittelgebirge
- *reizmäßiges Klima*: nördliche Geestgebiete in Niedersachsen, Moränenlandschaften und Seenplatten an der Ostsee, tiefere Lagen der Mittelgebirge, etwa unter 600 Meter, und des Alpenvorlands
- *reizschwaches Klima*: Mittelteil des Norddeutschen Tieflands, waldreiche Hügellandschaften, Fußzonen der Mittelgebirge
- *Schonklima*: Südteil des Norddeutschen Tieflands und Talungen der Hügellandschaften, waldarme Hügellandschaften
- *Belastungsklima*: Bördenzonen und Beckenlandschaften mit heißen und zeitweilig schwülen Perioden.

Während des Winters hat ganz Deutschland ein sehr reizstarkes Klima.

Innerhalb Deutschlands gibt es einige Klimaoasen mit reizmilderem Klima, besonders in Seitentälern des Rheins, am Rand der Oberrheinischen Tiefebene und am Bodensee. Reizmilde Mikroklimate findet man in windgeschützten, sonnenseitigen Lagen selbst im Hochgebirge. Heilklimatische Kurgebiete (z.B. Holsteinische Schweiz) zeichnen sich durch ein günstiges regionales Mikroklima aus.

Fremdenverkehrsregionen werden auch nach ihrer **jahreszeitlichen Nutzung** gegliedert in: Sommer-Erholungsgebiete (z.B. Küstenregionen), Winter-Erholungsgebiete (z.B. Gebirgsregionen) und Ganzjahres-Erholungsgebiete.

Ländliche Regionen werden zunehmend für die Ferienform „Urlaub auf dem Bauernhof" und „Urlaub bzw. Ferien auf dem Lande" erschlossen. Hierbei handelt es sich um Destinationen, die untereinander keine landschaftlichen Gemeinsamkeiten aufweisen müssen. Ihre Kriterien sind ländliche Lebensweise und ihre Lage abseits von Industrieanlagen, Städten und stark frequentierten Verkehrswegen.

Regionale Einrichtungen, wie Wanderrouten, Radwanderrouten, Wassersportreviere, Reitwege, dienen der aktiven Erholung, thematische Ferienrouten sowie Schutzgebiete den Bedürfnissen nach Kultur und Bildung.

Urlaubs- und Ferienorte sind überwiegend kleinere Orte, in denen selbst oder in deren näherer Umgebung sich die Touristen für die Dauer ihres mehrwöchigen Urlaubs oder ihrer Ferien überwiegend aufhalten und beschäftigen.

Sie sind entweder auf eine bestimmte Saison orientiert oder werden ganzjährig genutzt. Viele Urlaubs- und Ferienorte haben sich unter Ausnutzung ihrer Ressourcen mit einer bestimmten Infrastruktur (s.d.) einer abgrenzbaren Nachfrage angepasst:

- Kurorte unterschiedlicher Kategorien
- Orte mit Spezialisierung auf Gesundheit, Wellness, Fitness
- Orte mit Spezialisierung auf sportliche Betätigung
- Orte mit kulturhistorischen Sehenswürdigkeiten
- Orte mit spezieller Gastronomie
- Vergnügungsorte, z.B. mit Spielkasinos, Freizeitparks, Spaßbädern
- Dörfer mit dem Angebot „Urlaub bzw. Ferien auf dem Lande"

Feriendörfer, Ferienparks sind Musterbeispiele für die Schaffung von Infrastrukturen allein entsprechend der Nachfrage, überwiegend ohne Beziehung zur Region.

Kleine Feriendörfer	20 bis 250 Bungalows
Mittlere Feriendörfer	mehr als 250 bis 500 Bungalows
Große Feriendörfer	mehr als 500 Bungalows

In Deutschland sind verschiedene Großanbieter überglaster Wasserlandschaften und Freizeitzentren aktiv: die dem schottischen Brauereigiganten Scottish & Newcastle gehörende niederländische Gesellschaft Center Parcs, die Gesellschaft Gran Dorado, an der u.a. der Philips-Konzern beteiligt ist, und Sun Parcs, ein Gemeinschaftsunternehmen des belgischen Touristikkonzerns Sun International und des deutschen Reiseveranstalterriesen ITS.

Clubs sind eine Steigerungsform der Ferienparks, zumindest bezüglich des Komforts und des Preises. Auch sie sind, wie jene, isolierte Anlagen, in denen jedoch die Animation von früh bis spät (Kritiker meinen: „Hotelurlaub mit Pausenclowns") und die zur Perfektion entwickelte interne Organisation eine weitaus größere Rolle spielen. Clubdörfer liegen in landschaftlich und klimatisch besonders reizvollen Gebieten. Die Inklusivpreise enthalten Unterkunft und Verpflegung sowie ein umfassendes Sport- und Unterhaltungsprogramm.

Clubdörfer sind meist weiträumig angelegt. Ihre Idealgröße wird mit 600 bis 800 Betten angegeben. Aus Gründen der Wirtschaftlichkeit werden zunehmend schon größere Anlagen gebaut.

In Deutschland sind bisher Clubdörfer der traditionellen Veranstalter „Club Méditerranée" „Robinson Club" (TUI) und „Club Aldiana" (NUR) noch eine Seltenheit. Die 2.000-Betten-Anlage „Land Flesensee" in der Mecklenburgischen Seenplatte wurde im Mai 2000 in Betrieb genommen. An ihr ist außer dem Robinson-Club die Hotelkette Radisson SAS beteiligt. Der Marktneuling Arkona-Club" will neben dem Club-Schiff AIDA zumindest einen Club in Deutschland betreiben.

Einige Veranstalter bieten mit dem Zusatz „Club" Urlaubsformen in Feriendörfern und Resorts an, die jedoch meist nicht den Ansprüchen eines echten Cluburlaubs genügen. Feriendörfer und Clubs sind i.d.R. Tagesgästen nicht zugänglich.

Ferienzentren sind Gebäude-Komplexe mit Hunderten von Ferienwohnungen, nicht selten 3.000 oder sogar 6.000 Betten, und vielen Anlagen und Einrichtungen für die Freizeitgestaltung, Unterhaltung, gastronomische Versorgung und zum Einkaufen. Oft gruppieren sich um diese Zentren Ferienhäuser und Bungalows, so dass sich ein Siedlungscharakter entwickelt. Riesige Ferienzentren mit einer starken Konzentration von Hotelbetten werden als *Mega-Ferienorte* bezeichnet. Sie sind überwiegend an Meeresküsten zu finden.

Beispiele: Cancun auf der Halbinsel Yucatan, Calvia auf Mallorca.

Kurort ist der Oberbegriff für staatlich anerkannte Orte mit besonderen natürlichen Gegebenheiten - natürliche Heilmittel des Bodens, des Wassers und des Klimas -, zweckentsprechenden Einrichtungen und einem artgemäßen Kurortcharakter für Kuren, zur Heilung, Linderung oder Vorbeugung menschlicher Krankheiten.[1] Kurorte stellen nach verbreiteter Meinung die Krone von Natur, Landschaft und Fremdenverkehr dar.

Klassifizierung:

Heilbad (Mineral-, Thermal-, Moor-, Soleheilbad), Heilklimatischer Kurort, Seeheilbad, Seebad, Kneipp-Heilbad, Kneipp-Kurort, Ort mit Kurmittelbetrieb, Luftkurort.[2]

Die Genehmigung zum Führen des Titels wird nach Prüfung durch das zuständige Bundesland erteilt.

Ein Staatsbad wird von einem Bundesland betrieben.

In Deutschland gibt es 384 Kurorte. Den Titel „Bad“ führen 136 deutsche Orte traditionell als Bestandteil des Ortsnamens.

Für weitere Informationen: die vom Deutschen Heilbäderverband herausgegebenen Publikationen „Die Kur in Deutschland“ und „Deutscher Bäderkalender“ sowie das Conradi-Bäder-Lexikon „Heilbäder und Kurorte in Deutschland“.

Kurorte stehen mit ihren Gesundheits- und Sporteinrichtungen auch Urlaubern offen. Eine Kur ist kein Urlaub, aber am Kurort sind auch Urlauber anzutreffen.

Erholungsorte gelten zwar nicht als Kurorte, werden aber in der Terminologie des Deutschen Heilbäderverbandes und einiger Landeskurortegesetze geführt.

Danach sind es:

- landschaftlich bevorzugte und klimatisch begünstigte Orte oder Ortsteile mit geeigneten lufthygienischen Verhältnissen
- Orte oder Ortsteile mit einem artgemäßen Ortscharakter: zentrale Auskunftsstelle, Anleitung zu gesundheitsbewusstem und umweltgerechtem Verhalten, einwandfreies Straßennetz, gut begehbares Wegenetz mit Ruhebänken, Einrichtungen für erste Hilfe, Rettungswesen, Krankentransport, ärztliche und apothekenmäßige Versorgung, öffentliche Toiletten in einwandfreiem Zustand
- hygienisch einwandfreie Unterkunftseinrichtungen (i.d.R. mind. 100 Betten)
- artgemäße Erholungseinrichtungen, Lese- und Aufenthaltsräume, Sport- und Spieleinrichtungen, angemessene und für die Erholung erschlossene Freiflächen, Gästeunterhaltung in der Hauptreisezeit, Frei- oder Hallenbad in angemessener Entfernung, bei Erholungsorten an der See: einfache Strandeinrichtungen.

Die durchschnittliche Aufenthaltsdauer der Gäste soll in der Regel mindestens fünf Tage betragen.[3]

---

[1] nach: Begriffsbestimmungen für Kurorte, Erholungsorte und Heilbrunnen (Hrsg.: DBV, DFV)

[2] s.a. Kap. 4.5.

[3] Begriffsbestimmungen für Kurorte, Erholungsorte und Heilbrunnen (Hrsg.: DBV, DFV) sowie Kurortegesetz für Baden-Württemberg

Spa, der Name des belgischen Badeortes ist zum Terminus geworden. Er steht für Gesundheit, Wasserbehandlung, Wohlfühlen.

Im Englischen und Amerikanischen ist jedes Heilbad ein „spa“, und Luxushotels fügen ihren Namen gern ein „spa“ hinzu. In einem amerikanischen Spa hat ein Arzt nichts verloren. Dort gehören drei Zutaten zu einem Spa: Diät, Sporteinrichtungen aller Art, sich verwöhnen lassen. Andere bringen es auf den Punkt: *Kur ist alt und krank, Spa ist jung und schön.*

Ein **Resort** ist generell ein Ort, der Erholung und Unterhaltung bietet. Ähnlich wie Klubdörfer und Feriendörfer sind Resorts relativ autarke Einrichtungen. Die Gäste sind nicht auf Kontakte zu einer Kommune oder zur Umgebung angewiesen.

Spa-Resort: In diesem Begriff mischt sich eine vage Idee von der Tradition europäischer Heilbäder - mit Schwimmen, Sauna, Massage - und jenem in Amerika geborenen Körperkult, der von einem neuen Sinn für Fitness, Ernährung und die durch die New-Age-Bewegung populär gewordenen spirituellen Trainingstechniken und holistischen Heilmethoden bestimmt ist und der vor allem eines anpeilt: „the look“, einen Körper, der so gut funktioniert, wie er aussieht, und nicht älter wirkt als das Hirn, das ihn steuert.

Verkehrsmittel

Hochsee-Kreuzfahrtschiffe sind ebenfalls Destinationen und damit Gegenstand des Incoming-Tourismus. Große Kreuzfahrtschiffe mit bis zu 3.000 Betten entsprechen mittleren Ferienorten. Mit dem Unterschied, dass das Schiff ein straff geleitetes Unternehmen ist, während in einem traditionellen Ferienort zahlreiche unabhängige kleine und mittlere Unternehmen mit ihren Leistungen das Angebot bilden. Diffizil ist die wirtschaftliche Zuordnung einzelner Schiffe. Überwiegend wird die Auffassung vertreten, dass ein Schiff zu dem Staat gehört, dessen Flagge es führt und in dessen Register es eingetragen ist. Häufig besteht jedoch zwischen Flaggenstaat und Schiff keine echte Beziehung, wenn z.B. der Reeder aus Gründen der Kostenersparnis eine „billige Flagge“ (flag of convenience) wählt, ohne dass dadurch die Eigentumsverhältnisse oder der Unternehmenssitz verändert werden.

Das Angebot „Kreuzfahrt“ kombiniert die Destination Schiff mit den Anlaufhäfen als eigenständige Destinationen.

Binnen-Kreuzfahrtschiffe können als schwimmende Hotels behandelt werden. Binnenkreuzfahrten sind regionale Leistungsangebote. Auch hier gilt, wie bei den Hochsee-Kreuzfahrtschiffen, dass Passagiere neben der Destination Schiff im Verlauf der Reise weitere Destinationen nutzen: Anlaufhäfen, Flussstrecken, Sehenswürdigkeiten.

Hausboote sind wie gemietete Mobilheime zu behandeln, die ausgewählte Destinationen (Hausbootreviere) befahren.

Eisenbahnunternehmen bieten neben den üblichen Linien- und Charterverkehren, die der „profanen“ Ortsveränderung dienen, Leistungen, die als Destinationen zu behandeln sind. Das sind Leistungen, bei denen entweder die Reise in einem Salonwagen, auch als Schienenkreuzfahrt bezeichnet (z.B. Orient-Express), oder die Fahrt durch eine reizvolle Landschaft (z.B. Glacier-Express) Vorrang haben.

Für **Naherholungs- und Ausflugsziele** gilt das Kriterium der bequemen Erreichbarkeit. Etwa 150 km im Umkreis eines Ballungsraumes, das ist fast die Hälfte Deutschlands, werden durch Naherholung genutzt. Abgesehen von wenigen Randgebieten befindet sich ganz Deutschland in der Reichweite von Wochenendausflügen.

Im süddeutschen Raum sind die Biergärten beliebte Ausflugsziele. Den Hamburger Stadtpark besuchen an sonnigen Wochenenden bis zu 100.000 Menschen.

Freizeitanlagen, Freizeit-, Erlebnis- und Themenparks
Anlagen dieser Art sind ursprünglich auf Tagesbesucher orientiert gewesen. Sie werden überwiegend von Familien und Reisegruppen besucht. Für die Veranstalter werden sie allerdings besonders lohnenswert, wenn die Gäste mindestens ein Mal übernachten müssen, um das ganze Angebot ausschöpfen zu können.

Die 52 Freizeitparks in Deutschland hatten 1997 22 Mill. Gäste. Marktführer war der **Europa-Park** Rust bei Freiburg mit 2,6 Mill. Besuchern. In Bremerhaven soll bis 2003 die Freizeitanlage **Ocean-Park** entstehen. Die größte überdachte Skianlage Europas „SnowWorld" ist Anfang 1997 in **Zoetermeer** bei Den Haag in Betrieb genommen worden. Sie verfügt über zwei Pisten mit 20° Neigung, die jeweils 120 m lang und 30 m breit sind. Eine ist für Skiläufer, eine für Snowboarder vorgesehen. In Deutschland soll die erste Indoor-Skipiste, das **Alpin-Center Ruhr**, in Bottrop entstehen. In der Nähe von Amsterdam entsteht das künstliche Wintersportparadies **Mont Blanc**, eine 360 m lange und 60 m hohe Skihalle mit Bergen, Pisten, Bäumen, Hütten und Schnee aus den Alpen. Für das Après-Ski sorgen Kneipen, Bars, Restaurants mit alpenländischem Flair sowie eine Shoppingmeile. Rund um Tokio bieten über 20 Freizeit-Großanlagen ihre Leistungen an. Bisherige Gipfel ihrer Entwicklung sind **Fantasy Resorts**, wie eine venezianische Lagune mitten in der Wüste von Arizona oder Nachbildungen pharaonischer Monumentalbauten in Las Vegas sowie touristische Großanlagen.

In seinem Film „Westworld" entwarf Michael CRICHTON 1975 ein Menetekel des modernen Tourismus. Das Super-Ferienparadies „Delos" bietet erlebnishungrigen Besuchern für tausend Dollar pro Tag „echte" Träume. Doch schließlich beginnen die als Spielpartner konstruierten und auf Niederlage programmierten Androiden durch einen Steuerungsfehler zurückzuschlagen und zu töten.

Typischen Outdoor-Sport wie Segeln und Surfen kann man in Anlagen ausüben, die auf jedem freien Platz oder in jeder größeren Halle leicht auf- und wieder abgebaut werden können, z.B. **Wave Loch**, eine künstliche, bis zu vier Meter hohe Welle mit regulierbaren Parametern für Surfer.

Ebenfalls in die Kategorie der Freizeitanlagen gehören die **Erlebnis-**, **Oase-** oder **Spaßbäder**, die heute fast zur alltäglichen Infrastruktur gehören.

Neuere Anlagen sind die *Ostseetherme Usedom* mit 5.000 m^2 Badelandschaft unter Glaskuppel und die *Sylter Welle* mit 5.100 m^2 überbauter Nutzfläche.

Veranstaltungsorte: Diese Kategorie von Fremdenverkehrsorten ist dadurch gekennzeichnet, dass in ihnen regelmäßig Veranstaltungen durchgeführt werden. Die Regelmäßigkeit resultiert zum einen aus ihrer Eignung und ihrem Ruf, gute Gastgeber zu sein, zum anderen spielt die Tradition eine Rolle. Für das Incoming sind nicht nur die Teilnehmer und Besucher, sondern auch die Vertreter der Medien interessant. Als Veranstaltungsorte gelten:

- *Messe-, Tagungs- und Konferenzorte* mit unterschiedlicher Bedeutung und Professionalität
- Orte, in denen regelmäßig *politische Veranstaltungen* stattfinden. Demonstrationen und Kundgebungen sind vor allem auf die Sitze politischer Entscheidungsträger und Orte mit politisch bedeutsamen Symbolen beschränkt. Überörtliche Veranstaltungen von Parteien und Organisationen folgen zwar auch gewissen Traditionen, sind jedoch in der Wahl der Veranstaltungsorte flexibler.
- Orte regelmäßiger *kultureller Veranstaltungen* sind z.B. Festspielorte (Bayreuth) und Passionsspielorte (Oberammergau, auch wenn dort, seit 1634, nur alle zehn Jahre das Passionsspiel aufgeführt wird). Von einem Festspielort erwartet man die Kombination der Infrastruktur eines Festpielortes mit dem Ambiente eines Kurortes.

  Kulturelle Massenveranstaltungen, z.B. Pop-Konzerte, sind an eine entsprechende Infrastruktur gebunden und finden deshalb auch nur in einer begrenzten Zahl von Orten statt.

- Orte regelmäßiger *Sportveranstaltungen* mit einigem Ruf, z.B. im Tennis oder im Motor- sowie Pferderennsport, profitieren von der Tradition und der Medienwirksamkeit. Andere Sportarten, die durchaus in der Lage sind, größere Besucherzahlen als die vorgenannten anzulocken, z.B. der Fußball, haben aus der Sicht des Incoming meist eine geringere Bedeutung, da sich i.d.R. die Besucher auf die einheimischen Fans der Gastgeber und die mitgereisten Fans der Gäste reduzieren.
  Sportgroßveranstaltungen, wie Olympische Spiele, Welt- und Europameisterschaften, und mit Einschränkungen auch Landesmeisterschaften, sind werbewirksame Höhepunkte, die die Namen selbst kleiner Veranstaltungsorte über lange Zeit populär erhalten.
- *Religiöse Veranstaltungsorte* sind Wallfahrtsorte (Altötting, Kevelaer, Vierzehnheiligen bei Staffelstein), von denen einige permanent, andere nur zu bestimmten Terminen aufgesucht werden sowie Orte, an denen z.B. Kirchentage stattfinden.

Als **Besuchsorte** kann man diejenigen Fremdenverkehrsorte bezeichnen, die nicht zum Zwecke des Urlaubs oder der Ferien aufgesucht werden und nicht als Veranstaltungsorte i.o.S. gelten können. Sie werden aus verschiedenen Gründen aufgesucht: im Rahmen von Geschäfts- und Dienstreisen, zu Verwandten- und Bekanntenbesuchen, zum Einkaufen, zum Besuch von Kulturstätten und -veranstaltungen. Insbesondere der Städtetourismus nutzt die Attraktivität der Besuchsorte. Ansonsten ist die Kategorie der Besuchsorte, außer dass sie Fremdenverkehrsorte sind, an keine Bedingungen geknüpft.

Einkaufszentren sind nicht vergleichbar mit Läden und Supermärkten, in denen man seine profanen Einkaufsbedürfnisse befriedigt. Traditionelle Einkaufszentren und Anziehungspunkte für Touristen sind orientalische Basare.

Der Große Basar in Istanbul beherbergt auf einer Fläche von rund 40.000 m^2 über 3.500 Geschäfte in etwa 90 Gassen sowie eine Moschee, Garküchen, Cafés, ein Postamt, Bankautomaten und Brunnen.

Als Attraktion, besonders im Winter, gilt auch die Stadt unter Montréal „La Ville souterraine". Mittels eines 30 km langen Netzes unterirdischer, geheizter Korridore, Treppen, Aufzüge und Rolltreppen erreicht man die oberirdischen Bahnhöfe, Kaufhäuser, Kinos, Banken und Hotels. Die unterirdische Stadt bietet selbst auch Ladenzeilen, Plätze mit Restaurants, Cafés und Eisdielen.

Seit 1958 der erste Mall[1], in South Dale, einem Vorort der Zwillingsstädte Minneapolis-St.Paul, mit seinen vollklimatisierten Einkaufszentren, Restaurants, Kinos und Einrichtungen für Kinder öffnete, spricht man von Erlebnis-Einkauf und Einkaufsparadiesen. Ein Mall ist die Kombination aus Shopping-Center und Vergnügungspark.

Der „Mall of America" wurde 1992 in der Nähe von Minneapolis geöffnet. Sein Slogan ist: „Better than the real world". Er ist eine künstliche Stadt unter einem Glasdach, sehr sauber und ohne Kriminalität. Zu ihm gehören: 400 Läden, 4 Kaufhäuser, 80 Restaurants, ein Vergnügungspark mit weiteren 14 Restaurants, Friseure, Schönheitssalons, Arzt- und Zahnarztpraxen, Post, Bank, Reisebüro, Casino, 14 Kinos, Theater, Show-Bühnen. In der Chapel of Love kann man sich trauen lassen und im Mystic Lake Casino sein Glück versuchen. Der Mall beschäftigt 10.000 Arbeitskräfte und wird täglich von 200.000 Besuchern, u.a. von Reisegruppen, besucht. Etwa 30% der Besucher sind Touristen, die weiter als 200 km entfernt leben. In der unmittelbaren Umgebung des Mall haben sich Hotels angesiedelt.

Insgesamt schöpfen die Shopping-Malls in den USA fast ein Drittel der Ausgaben ausländischer Besucher ab, und die Tendenz ist weiter steigend.[2] McCormick Marketing ermittelte 1998, dass Shopping-Malls in zehn Bundesstaaten der USA zu den Top-Tourismusattraktionen gehören.[3]

---

[1] (Engl.) Promenade; in der Praxis meist <u>die</u> Mall, bei professionellen Übersetzern <u>der</u> Mall

[2] fvw 13/97, S. 71

[3] Internat. Herald Tribune July 30, 1998

In Deutschland heißen die Malls meistens Parks:

„Lindenpark", bei Eichstädt, nordwestlich Berlins, mit 107.000 m^2 Verkaufsfläche, Lunapark, Badeparadies, Multiplex-Kino, Großdisco, Billard- und Dartssälen, 800-Betten-Hotel, Restaurants, Revuetheater.

„Saale-Park", bei Merseburg, mit 93.000 m^2 Verkaufsfläche und 150.000 Besuchern pro Woche.

„Elbe-Park", bei Magdeburg, auf 14 Hektar Fläche, mit 65.000 m^2 Verkaufsfläche, 46 Supermärkten, Boutiquen, Lokalen und 2500 Autostellplätzen.

„Havel-Park", westlich von Berlin, mit 43.000 m^2.

Im September 1996 öffnete „CentrO, die Neue Mitte" in Oberhausen, im Zentrum des Ruhrgebietes seine Pforten. Es liegt am Rhein-Herne-Kanal auf dem Gelände eines stillgelegten Stahlwerks. Das von dem britischen Immobilienmakler Healey und dem ebenfalls britischen Schifffahrtskonzern Peninsular & Oriental (P&O) initiierte Projekt hat rund zwei Milliarden Mark gekostet. Das Einkaufszentrum „Neue Mitte" bietet 220 Läden und Kaufhäuser mit 70.000 m^2 Nettoverkaufsfläche sowie 22 Imbissständen mit 1.800 Plätzen. Der CentrO-Park hinter dem Einkaufszentrum bietet an einer 400 m langen Promenade rund dreißig Kneipen und Restaurants, ein Multiplexkino mit 2.500 Sitzen und eine Veranstaltungshalle mit 11.500 Plätzen. Die evangelische und katholische Kirche betreiben gemeinsam ein ökomenisches Zentrum. Etwa fünfzehn Millionen Menschen können die „Neue Mitte" innerhalb einer Stunde und dreißig Millionen innerhalb von zwei Stunden erreichen. Im ersten Jahr seines Bestehens wurden 20 Mill. Besucher gezählt.

Das CentrO ist nur die erste Baustufe einer städtischen Anlage auf mehr als 200 Hektar Fläche.

Befürworter der „Neuen Mitte" werten sie als ein attraktives Ziel auch für den Tourismus, von dem das Ansehen der gesamten Region profitiere.

Kritiker bemängeln, dass mit dieser Einrichtung, zusammen mit den Musicaltheatern und Movie World, das Ruhrgebiet immer mehr „amerikanisiert" werde. Und sie befürchten, dass die umliegenden Städte weiter veröden.

Auf den Stuttgarter Krautwiesen entsteht das erste deutsche **Urban Entertainment Center (UEC).** Marktforscher rechnen mit einem Potenzial für bis zu 50 solcher Einrichtungen in Deutschland. Jede Stadt mit mehr als 200.000 Einwohnern gilt als möglicher Standort. UECs gelten als Weiterentwicklung der Malls, indem sie, um die Verweildauer der Besucher zu verlängern, neben den Einkaufsmöglichkeiten Unterhaltungs- und Freizeiteinrichtungen in einem raffinierten Mischungsverhältnis gebündelt anbieten. Sie werden auch als „Erlebniszentren" und „E-Malls" („E" steht für Erlebnis bzw. Entertainment jeder Art) bezeichnet. Sie ermöglichen Freizeitgestaltung für jeden Geschmack gleich um die Ecke, in vertrauter, bequem zu erreichender Umgebung und bieten trotzdem bei jedem Besuch kleine Abenteuer. Die verschiedenen Anbieter eines UEC werden durch ein Oberthema miteinander verbunden. Solche Zentren entstehen bevorzugt in zentraler Lage: der E-Mall auf dem Gelände des Güterbahnhofs von Frankfurt/M., der Leipziger „Krystallpalast" unmittelbar neben dem Hauptbahnhof, das maritime UEC in der neuen Hamburger Hafen-City. Zielgruppe sind die 15- bis 45-Jährigen aus mittleren und gehobenen sozialen Schichten.

Industrieanlagen sind als touristische Ziele noch die Ausnahme, aber der Begriff „Industrie-Tourismus" gehört bereits zum geläufigen Wortschatz der Touristiker ehemaliger Industriezentren.

Die Eisenhütte in Völkingen gehört seit Dezember 1994 zum Weltkulturerbe der UNESCO und ist damit eines von rund 440 herausragenden Objekten, steht auf gleicher Stufe wie das Tadsch Mahal in Indien, die Chinesische Mauer, die Akropolis von Athen oder der Aachener Dom. Sie ist das erstes Industriedenkmal aus dem 19. Jahrhundert in dieser Liste. Die Hochofengruppe und ihre Nebenanlagen werden kulturell genutzt. Seit 1994 dient ein 117,5 m hoher Gasometer in Oberhausen als Aussichtsturm und hat sich mit Ausstellungen und Kulturveranstaltungen den Spitznamen „Emscher-Louvre" verdient. Das schlüsselfertige, aufgelassene Atomkraftwerk in Kalkar am Niederrhein wird bis zum Jahre 2004 zur Freizeitanlage „Kernwasser Wunderland" umgebaut. Ehrgeizige Pläne sehen vor, das Ruhrgebiet zum größten Freilichtmuseum des Industriezeitalters zu machen. 1999 wurde eine „Route der Industriekultur" eröffnet, und das Ruhrgebiet präsentierte sich als eine einheitliche Region bei der Internationalen Tourismus-Börse in Berlin. In Sachsen-Anhalt wird der ehemalige Braunkohle-Tagebau Golpa-Nord unter der Bezeichnung „Ferropolis - die Stadt aus Eisen“ touristisch genutzt. Die riesigen Bagger und Abraumabsetzer und der geflutete Tagebau bilden die Kulisse für eine 25.000 Zuschauer fassende Arena.

In Betrieb befindliche Produktionsstätten bieten Werkführungen und Besucherzentren, Handwerksbetriebe laden Touristen entweder in ihre Werkstätten ein oder zeigen ihre Künste in speziellen Schauräumen. Diese Form des „lebenden“ Industrie- und Handwerkstourismus bereichert das touristische Angebot der Region und ist zugleich Werbung für die Produkte.

Einen Schritt weiter geht das Autowerk in Rüsselsheim mit „Opel-Live“. Den Besuchern wird im Rahmen einer traditionellen Werkführung die Entstehung eines Autos von der Idee über das Design bis zur Fertigung life gezeigt. Neu sind ein Multiplex-Kino mit beweglichen Sitzen zur Simulation von Testfahrten, das Erleben der Crash-Abteilung, einer Geruchkammer und des Windkanals, Gastronomie wie in einem Erlebnispark und weitere Unterhaltungsangebote für die ganze Familie.

Militärische Anlagen

Der Militärtourismus stützt sich auf ein Interesse an militärischen Bauten und an Orten von militärischer Bedeutung. Die Verbindung zum allgemein historisch motivierten Tourismus ist oft sehr eng, insbesondere bei Besuchen des Limes, des Schlachtfeldes im Teutoburger Wald oder des Völkerschlachtdenkmals in Leipzig. Anders bei Besuchen von Soldatenfriedhöfen, der Raketenversuchsstation in Peenemünde (Usedom), der Orte, an denen in der Normandie die Alliierten landeten, die häufig von eigenen Erfahrungen oder denen der Eltern und Großeltern beeinflusst sind. Zunehmendes Interesse an dieser Art des Tourismus, die Anlagen der Maginot-Linie im Elsaß werden jährlich von mehr als 100.000 Touristen besichtigt, hat dazu geführt, dass militärische Anlagen der jüngeren Vergangenheit restauriert und Ereignisse publikumswirksam dargestellt werden.

Verkehrsknoten

Destinationen in diesem Sinne sind *Kreuzfahrthäfen,* aber mit Einschränkung auch Bahnhöfe und Flughäfen. Sie verfügen über spezielle, durch das profilbestimmende Transportmittel beeinflusste Infrastruktureinrichtungen. Bei den Häfen unterscheidet man:

- *Terminals*, das sind die Ein- und Ausschiffungshäfen. Die Reiseveranstalter haben oft im Programm Unterkunft an Land für wenige Tage bzw. Verlängerungswochen vorgesehen. Terminals in Deutschland: a) für Hochseefahrgastschiffe: Bremerhaven, Cuxhaven, Hamburg; b) für Binnenkreuzfahrtschiffe: an der Elbe Dresden und Hamburg, am Rhein Köln und Koblenz, an der Donau Passau.
- *Anlaufhäfen* oder *Unterwegshäfen* bieten den Passagieren Aufenthalt an Land nur für wenige Stunden zwecks Shopping, Rundfahrten und spezieller Landprogramme. Anlaufhäfen in Deutschland: a) für Hochseefahrgastschiffe: Travemünde, Kiel, Warnemünde, Sassnitz; b) Binnenkreuzfahrtschiffe nutzen Unterwegshäfen oft als Liegeplätze für die Nacht, um den Passagieren reizvolle Orte und Landschaften nicht vorzuenthalten und ermöglichen dadurch längere Aufenthaltszeiten an Land.

Sportboothäfen müssen nicht unbedingt auch zu Fremdenverkehrsorten gehören, aber bei entsprechend regelmäßiger Nachfrage stellen sich die Orte auf diese Art des Tourismus ein.

Bahnhöfe werden zu Destinationen, wenn sie durch Einkaufszentren und Erlebnisgastronomie angereichert werden, z.B. der Leipziger Hauptbahnhof. Ähnliches gilt für *Flughäfen.*

Je weiter entfernt die Zielgruppen, desto sinnvoller für das Marketing ist die großzügige Definition der Destination. Eine allgemein gültige optimale oder maximale Größe kann deshalb nicht empfohlen werden. Einige Arten von Destinationen, Kreuzfahrtschiffe, weltbekannte Städte, sind unabhängig von der Reiseentfernung.

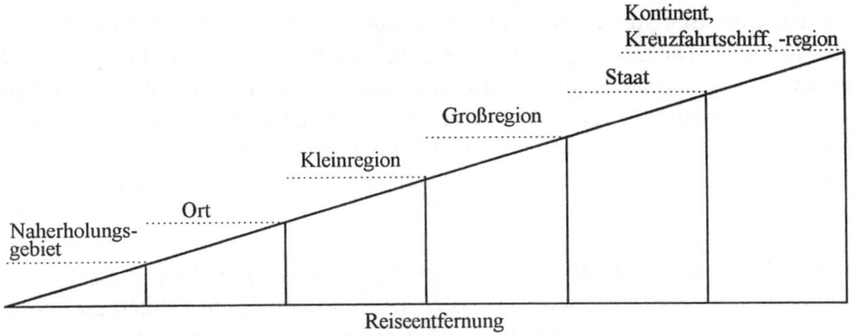

Bild 2.1.: Reiseentfernung und Destination

2.3. Entwicklungsstufen

Destinationen unterliegen einem Entwicklungszyklus, der im Allgemeinen aus folgenden Etappen besteht:

1. Entdeckung

Pioniere sind früher häufig Maler und Schriftsteller gewesen, heute werden Destinationen gezielt „entdeckt". Anfangs finden sich nur wenige Besucher, an Natur und Ursprünglichkeit interessierte Individualreisende, ein. Sie finden Unterkunft und Verpflegung in den örtlichen, nur an den Bedürfnissen der Einheimischen und gelegentlicher Gäste orientierten Einrichtungen bzw. zelten oder reisen in Wohnwagen und versorgen sich selbst. In den Medien werden erste Eindrücke und Berichte veröffentlicht.

2. Bewusstheit

Es kommen mehr Besucher. Einheimische, Investoren und Veranstalter werden sich der Entwicklungsfähigkeit zur Destination bewusst. Einrichtungen der touristischen Infrastruktur werden geplant. Das Incoming institutionalisiert sich, z.B. in Fremdenverkehrsvereinen. Erste warnende Stimmen werden laut, Bürgergruppen setzen der Euphorie Dämpfer auf.

3. Entwicklung

Die Besucherzahlen nehmen stark zu. Die touristische Infrastruktur expandiert in großem Tempo. Erste Probleme der Einwohner und der Umwelt mit den Touristen treten auf. Professionelles Management und Marketing tritt an die Stelle bisheriger, meist dilettantischer Verwaltung. Veranstalter nehmen die Destination in ihre Programme auf.

4. Konsolidierung

Die Zahl der Besucher steigt zwar weiter, aber die Wachstumsrate nimmt ab. Die Destination ist voll entwickelt.

5. Stagnation

Die Zahl der Besucher stagniert. Die Auslastung der touristischen Infrastruktur wird zum Problem. Das Marketing orientiert auf Wiederholer und sucht neue Zielgruppen.

6. Niedergang

Die Destination hat an Attraktivität verloren (Umweltschäden, außer Mode). Veranstalter ziehen sich zurück. Die Kapazität der touristischen Infrastruktur wird durch Abriss und Konvertierung reduziert. Versuche der **Wiederbelebung** werden unternommen. Ziel ist nicht unbedingt, den Wiederanstieg der Gästezahlen zu bewirken, sondern schon ein weiteres Absinken (durch neue Angebote, z.B. Casino, neue Zielgruppen, neue Vertriebswege) zu verhindern.

2.4. Kennziffern

Kennziffern dienen der Quantifizierung des Incoming.

Laut deutscher Fremdenverkehrsstatistik galt in den 30er Jahren eine Stadt als **Fremdenstadt**, wenn die Übernachtungsziffer der Fremden pro Jahr die Zahl der Einwohner überstieg.[1]
In der aktuellen Statistik werden alle Gemeinden, in denen Beherbergungsstätten mit mindestens neun Gästebetten vorhanden sind, als **Berichts- bzw. Fremdenverkehrsgemeinden** bezeichnet. Diese statistischen Ansätze können sicher nicht befriedigen, geben jedoch Orientierungen. Das Bundesland Rheinland-Pfalz regelt in seinem Kurortegesetz auch die Definition von Fremdenverkehrsgemeinden.

Der Deutsche Tourismusverband (DTV) versteht sich als Vertreter der Interessen von *mehr als 6.000 touristisch relevanten Städten und Ferienregionen* - von insgesamt etwa 14.000 deutschen Gemeinden.

Ein Ort wird sich selbst als Fremdenverkehrsort oder eine Region als Fremdenverkehrsregion verstehen bzw. wird als solcher/solche von Nicht-Einheimischen angesehen, wenn der Incoming-Tourismus profilbestimmend, dominant, prägend ist.

Bestimmte äußere Kennzeichen ermöglichen in vielen Fällen eine zunächst oberflächliche Identifikation. Der Zusatz zum Ortsnamen, z.B. Bad, ist das sicherste Erkennungszeichen. Jeder Fremdenverkehrsort verfügt über eine Informationsstelle. In zentraler Lage, gepflegt, solide und sauber, ist sie, neben dem Rathaus, dem Marktplatz, der Kirche und dem Bahnhof, eines der Aushängeschilder der Kommune. In Fremdenverkehrsorten fallen zudem die zahlreichen Beherbergungsbetriebe und gastronomischen Einrichtungen sowie vor allem Souvenirläden auf. Typische Merkmale sind natürlich auch die Reisebusse und Pkw mit fremden Kennzeichen, Reisegruppen, fremde Sprachen und Dialekte, Menschen in Urlaubskleidung mit Kameras, Menschentrauben vor Sehenswürdigkeiten.

Zu den internen Kriterien eines Fremdenverkehrsortes gehört, dass der Incoming-Tourismus sowohl absolut als auch im Vergleich mit anderen Wirtschaftsbereichen einen beträchtlichen Beitrag zum Haushalt, zu den kommunalen Einnahmen, zur Wertschöpfung, zum Steueraufkommen und somit zum Wohlstand leistet. In der Verwaltung hat der Fremdenverkehr einen hohen Stellenwert. Die öffentliche Hand erkennt ihre Verantwortung für den Wirtschaftszweig Fremdenverkehr und versucht, günstige Entwicklungsbedingungen für die touristischen Leistungsträger zu schaffen. Auch die Zahl der vom Fremdenverkehr abhängigen Arbeitsplätze, absolut und im Verhältnis zur Zahl der Arbeitsplätze in anderen Wirtschaftsbereichen, gilt als wichtiges Kriterium. Die Besonderheiten der Arbeitsplätze im Incoming sind allerdings zu berücksichtigen: hoher Anteil von Saisonarbeitskräften, mitarbeitende Familienangehörige, geringere Einkommen, geringere Qualifikation, hoher Frauenanteil.

Für eine Destination, die nicht auch ein Fremdenverkehrsort ist, ist die Zahl der Gästeankünfte (Buchungen) die wichtigste Kennziffer.
Die Zahl der **Gästeankünfte**, meist pro Jahr, gilt als Gradmesser der Attraktivität einer Destination.

Statistisch erfasst wird allerdings nur der Anteil der Gästeankünfte, der durch die Meldepflicht (gewerbliche Beherbergung) und Abgabenpflicht (Kurtaxe) ermittelt werden kann. Der Anteil der Tagesgäste, Verwandten- und Bekanntenbesucher, Nutzer von nicht-gewerblichen Beherbergungsangeboten kann nur geschätzt werden.

---

[1] Trier wurde im Jahre 1937 eine Fremdenstadt (Atlantis 6/38, S.XXI)

Ähnliches trifft für die Zahl der **Gästeübernachtungen** in einem festgelegten Zeitraum zu.

Die Entwicklung der Gästeankünfte verläuft wegen der Variation der durchschnittlichen Aufenthaltsdauer nur selten analog der Entwicklung der Gästeübernachtungen.

Als Kennziffer für die **Fremdenverkehrsintensität** oder **Übernachtungsintensität** eines Ortes gilt die Zahl der (registrierten) Übernachtungen im Verhältnis zur Einwohnerzahl (meist je 1.000 Einwohner).

Die Kennziffer berücksichtigt nicht die Tagestouristen, von denen, regional unterschiedlich, zwei bis zehn pro Übernachtung angenommen werden können.[1] Manche Destinationen werden ausschließlich von Tagestouristen besucht.

Beherbergungskapazität ist die Anzahl der Beherbergungsstätten (verschiedener Kategorien) und die Gesamtzahl der Betten in einer Destination. Die maximale Beherbergungskapazität pro Jahr ergibt sich aus der Multiplikation der Bettenzahl mit 365.

Statistisch erfassbar sind wieder nur die gewerblichen Betten. Zur Verbesserung der Aussagefähigkeit werden die Kategorien gesondert erfasst: Hotelkategorien (nach Sternen, Größe, Art), Campingplätze etc.

Unter **Bettendichte** versteht man die Zahl der zu vermietenden, gewerblichen Betten je 1.000 Einwohner.

Die Bettendichte, bezogen auf die gewerbliche Beherbergung, beträgt in Deutschland 26,3 Betten pro 1.000 Einwohner. In touristischen Kernzonen übersteigt die Zahl der Gästebetten die Einwohnerzahl oft erheblich.

Tourismusdichte ist eine Größe zur Charakterisierung der lokalen, regionalen und nationalen Bedeutung des Tourismus. Sie stellt die Touristenankünfte bzw. -übernachtungen im Verhältnis zur Fläche (pro km^2) bzw. Bevölkerung (oft pro 1.000 Einwohner) dar.

Die **durchschnittliche Aufenthaltsdauer**, eine interessante Größe für die Einschätzung der Art des Fremdenverkehrsortes, ergibt sich aus der Zahl der Übernachtungen, dividiert durch die Zahl der Gäste, jeweils pro Jahr.

[Ökonomische Kennziffern siehe Kap. 5]

2.5. Das Image

Der Begriff „Image" bezeichnet das vorgefasste, gefühlsbetonte, subjektiv wahrgenommene Vorstellungsbild von einer Person, einem Berufsstand, einem Volk, einem Land, einer Region, einem Ortes, einer Marke etc.

- Jedes Subjekt hat einem Objekt und anderem Subjekt gegenüber eine generell positive, negative oder neutrale Einstellung. Das Image ist die Summe dieser subjektiven Einstellungen, es setzt sich zusammen aus einer Vielzahl subjektiver Einstellungen, Vorstellungen, Erwartungen und Anmutungserlebnisse.
- Das Image zeigt, wie etwas von außen gesehen wird. Das muss nicht mit der Wirklichkeit und auch nicht mit der Selbsteinschätzung übereinstimmen. Allgemein und pauschalierend spricht man von einem schlechten oder guten Image.
- Ein Image ist nur selten gewollt. Vor allem ein Negativimage oder ein zu enges Image ist nicht nur wirtschaftlich nachteilig, sondern beeinflusst über das Selbstverständnis der Betroffenen deren Verhaltensweisen.
- Ein Image wird überwiegend durch Berichte und Werbung erzeugt; es wird oft schon im Kindesalter geprägt, später durch Erziehung modifiziert; es ist nicht an eigene Erfahrungen gebunden, sie verstärken jedoch die vorgefasste Meinung oder schwächen

[1] Passau registrierte 1997 etwa 1,5 Mill. Tagestouristen und 350.000 Übernachtungen

sie ab.

- Ein Image gilt zeitlich begrenzt, ist Modetrends unterworfen, wirkt unterschiedlich auf Zielgruppen (eine Fremdenverkehrsregion hat für verschiedene Zielgruppen ein unterschiedliches Image), ist sehr sensibel (wird mühselig aufgebaut und geht schnell verloren), kann andererseits sehr lange wirken. Der Augenschein mag das Image bestätigen oder ändern.
- In einem Image treffen Informationen und Stereotype aufeinander, es bildet sich durch Urteile und Vorurteile. Das Image hat eine orientierungs- und verhaltenssteuernde Funktion, es engt den Wahrnehmungshorizont ein.

Klug oder dumm, die Worte anderer
sind bestenfalls Dünger für vorgefasste Meinungen.

- Image ist immer wechselseitig: z.B. hat Spanien ein bestimmtes Image für deutsche Touristen, und deutsche Touristen haben ein bestimmtes Image bei den Spaniern.
- Aus dem Image können Beliebtheit und Attraktivität entstehen. Image erzeugt Akzeptanz, Ablehnung, Bewunderung, Sehnsucht, Präferenzen.
- Das Image ist nicht messbar, schon gar nicht an Buchungs- und Urlauberzahlen.
- Im Tourismus müssen sich Staaten, Regionen, Destinationen wie Firmen auf einem globalen Markt behaupten. Der Markenidentität kommt dabei die größte Bedeutung zu. Das Image kann sich sowohl als Standortvorteil wie als -nachteil erweisen.

Das Image von Destinationen

Wohl keine Region in Deutschland hat sich so stark gewandelt, wie das Ruhrgebiet. Trotzdem hat sich sein Image nicht wesentlich geändert. Noch Mitte der 90er Jahre verbanden die Befragten in Deutschland den Begriff Ruhrgebiet überwiegend mit qualmenden Schloten, die orangerote Schwefelwolken ausstoßen, mit Wäsche, die im Schatten der Zeche schneller schwarz als trocken wird, mit Menschen, die mit Rußflecken im Gesicht herumlaufen.

St.Moritz gelang ab 1864 innerhalb 50 Jahren ein märchenhafter Aufstieg vom bitterarmen Bergdorf zum Weltkurort und berühmtesten Wintersportort der Welt. Noch Ende des 20. Jahrhunderts kannten allein in Deutschland 90% der Bevölkerung St.Moritz beim Namen und die Mehrzahl der Befragten hielt den Ort für „exklusiv", „elegant" und „hochwertig", mehr als die Hälfte auch für „modern". Ein besseres Image kann sich ein Ferienort kaum wünschen.

Im Incoming-Tourismus sind Werbung, Presse, Fernsehen für die Imagebildung von immenser Bedeutung. Mit ihrer Hilfe kann es gelingen, Regionen zu „lancieren", ihr Bild zu verändern. Die Literatur (Belletristik, Reiseliteratur) und Malerei hingegen haben ihren Einfluss nahezu völlig eingebüßt. Gerade weil die Einflussmöglichkeiten der Regionen/Kommunen begrenzt sind, sollten sich bietende Chancen konsequent und kontinuierlich genutzt werden.

Imagemanagement ist das zielgerichtete Beeinflussen eines Image, seine Veränderung und Pflege, das Aufbauen eines Image.

Imagebeispiele:
Baden-Baden - der Ruf, die Sommerfrische des St.Petersburger Adels gewesen zu sein, wirkt immer noch nach und verleiht der Stadt ein mondänes Image
Helgoland - möchte den unangenehmen Titel „Fusel-Felsen" loswerden
Sylt - hat sich den Titel „Insel der Schönen und Reichen" selbst verliehen

Vom Image zum Klischee ist immer nur die
Andeutung eines Schrittes - und umgekehrt.

Den Bewohnern deutscher Regionen werden, auch von Deutschen, hartnäckig verallgemeinernd Eigenschaften zugeordnet: so gelten die Rheinländer als fröhlich, die Sachsen als helle, die Küstenbewohner als stur, die Bayern als konservativ, die Berliner als großkotzig.

Viele Zielgebiete, nicht nur in Deutschland, präsentieren sich klischeehaft, d.h. so, wie der Kunde sie sich wünscht.

Das Image ist ein wesentlicher Faktor bei der Reiseentscheidung. Niemand wird eine Destination besuchen, deren Image er nicht mag. Regionen, Staaten, Destinationen mit gutem Image genießen einen Kredit bei den Touristen. Zeitweilige Probleme werden hingenommen. Bei Destinationen mit schlechterem Image würden dieselben Probleme zu spürbarem Rückgang der Nachfrage führen.

Imagekomponenten

Es gibt eine gewisse Hierarchie der Komponenten: bestimmende Komponenten und Randerscheinungen. Positive bestimmende Komponenten können negative Randerscheinungen in begrenztem Maße kompensieren.[1]

Imagekomponenten sind:

- die Atmosphäre eines Ortes (genius loci)
- Landschaft: Typ, Erhaltungsgrad, Flora, Fauna, Erschließung (Erlebbarkeit), Klima
- Siedlungscharakter: Städte, Dörfer, Gepflegtheit, Architektur, Einkaufsmöglichkeiten
- Unterbringung und Gastronomie: Art, Preise, Service, Sauberkeit
- Leistungen für Touristen
- Verkehrswesen
- Gastfreundlichkeit der Bevölkerung
- physische Sicherheit
- Kommunikationsmöglichkeiten: gleichgesinnte Touristen, Verständigungsmöglichkeiten (Sprache), Zeitungen, Medien.

Aus Befragungen kann eine Rangfolge der Komponenten entnommen werden. Für Urlaubsreisen steht an erster Stelle das Klima/Wetter, gefolgt von der Landschaft, dem Urlaubsgebiet, eigenen Erfahrungen, Berichten, dem Preisniveau, dem Urlaubsort. Geschäftsreisende und Bildungsreisende setzen andere Prioritäten.

Imagekomponenten und ihre Rangfolge sind stets zielgruppenspezifisch. Bei Kindern stehen Destinationen an der Spitze, die sie bereits selbst als kinderfreundlich kennen gelernt haben, von denen sie sich durch Berichte ihrer Freunde oder durch Fernsehwerbung angezogen fühlen. Das können auch Naherholungsgebiete oder ein Fließgewässer in der Nähe sein. Jugendliche sind schon sowohl selbst- als auch trendbewusster und zugleich manipulierbarer: ebenso, wie es Markenkleidung sein muss, sollen es auch Markendestinationen sein. Senioren hingegen, um noch eine weitere Zielgruppe anzuführen, sind in der Regel sowohl dem Veranstalter als auch der Destination treu. Sie vertrauen weniger dem Image als vielmehr ihrem eigenen Gefühl.

Interessant ist die Kenntnis des Image vor allem für das Marketing. Welches Image hat Deutschland in den Ländern, aus denen wir Touristen erwarten? Je weiter entfernt, je weniger gebildet, desto emotionaler und unschärfer ist das Image. Amerikaner haben häufig eine undifferenzierte Vorstellung von Deutschland, während erfahrene Reisende bereits über differenzierte Vorstellung von Regionen und großen Städten verfügen. Nachbarn wissen i.d.R. schon genau zu unterscheiden.

> Für die Nordamerikaner ist Mexiko ein Badeparadies, für Deutsche ein geheimnisvolles exotisches Kulturland. Europa ist uralt für Amerikaner, ein Teenager für Chinesen.

[1] Romeiß-Stracke (1989), S .68 f.

Das Image lässt sich häufig mit wenigen Adjektiven ausdrücken:

- *positive Imagefaktoren*:
  sauber, gepflegt, sicher, gesund, heiter, aufregend, anregend, preiswert, abwechslungsreich, ruhig, korrekt, zuverlässig, gastfreundlich, zuverlässige Witterung
- *negative Imagefaktoren*:
  unsauber, ungepflegt, unsicher, ungesund, unhöflich, neppig, langweilig, eintönig, willkürlich, unzuverlässig, laut, verkehrschaotisch, fremdenfeindlich, schlechtes oder unzuverlässiges Wetter. Die Bezeichnung „Kaff" ist ein vernichtendes Image-Urteil.
- *sowohl positiv als auch negativ* (je nach Zielgruppen):
  teuer, billig, überfüllt, menschenleer, erschlossen, unerschlossen.

Imageentwicklung, Imagewandel

> *Das Land bietet zwar imEinzelnen einen verschiedenen Anblick, im Allgemeinen jedoch ist es schaurig durch seine Wälder und hässlich durch seine Sümpfe. ... Mühseliger Anstrengung sind die Germanen nicht im gleichen Maße (wie beim Angriff-d.A.) gewachsen, und am wenigsten können sie Durst und Hitze aushalten. ... Wer hätte ... Lust verspüren sollen, Asien oder Afrika oder Italien zu verlassen und Germanien aufzusuchen, dieses unwirtliche Land mit seinem rauhen Klima, trostlos zu bebauen und zu beschauen, es müsste denn gerade seine Heimat sein? ... Geselligkeit und Gastfreundschaft pflegt kein anderes Volk eifriger.* TACITUS[1]

Wie würde ein Signore Tacitelli heute urteilen? Gerade umgekehrt?

NAPOLEON urteilte hart:

> *Acht Monate Schnee, zwei Monate Regen, und das nennt die Bande Vaterland!*

Wie man noch heute von Kanada aus Deutschland sieht, zeigt das 1995 erschienene Buch „Germany" in Bild und Text:

> *Deutsche Buben tragen Lederhosen, die Erwachsenen haben verrunzelte Gesichter, leben als Bauern auf dem Lande, arbeiten mit Pferdefuhrwerken und sind auf dem Oktoberfest oder der Kirmes lustig. Historische Bauten, Fachwerkhäuser, Schlösser sind tadellos restauriert.*

Ein Beispiel von vielen für Imagewandel:

> Bad Ems war im 19. Jahrhundert eine der führenden Adressen in der Bäderlandschaft Europas, zeitweilig „Zwei-Kaiser-Bad", Ende des 20. Jahrhunderts gerade noch drei Zeilen im Baedeker wert.

Besonders krass hat sich das Image der allgemeinen Begriffe „Stadt" und „Land" in den vergangenen hundert Jahren geändert. Die Stadt war in den Filmen und in der Literatur noch in den 30er Jahren das Synonym für Fortschritt, materiellen Erfolg und moralischen Untergang, kalt, organisiert und aufrührerisch, der Ort hohler Unterhaltung, seichter Verführung und des schnellen Geldes. Das Dorf hingegen galt als rückständig und traditionsverbunden, langsam, arm, bodenständig, fromm bis bigott. Heute sind die ehemaligen Dörfer Vororte der Städte geworden, begehrte Wohngegenden der Städter. Die Städte, eigentlich nur deren Zentren, gewinnen ihr Image aus den Kultur-, Wirtschafts-, Einkaufs- und Gastronomietempeln.

Das **Erkennen des Image** erfordert differenzierte Befragungen, gründliche Untersuchungen, vorurteilsfreie und sensible Beobachtungen. Voraussetzung ist das Erkennen der *Identität* einer Region, eines Ortes, eines sozialen Gebildes. Sie ergibt sich aus deren bzw. dessen Entwicklung, den geografischen und klimatischen Bedingungen, der Erscheinung, dem Wesen, dem Verhalten. Die Identität bezeichnet das Wesentliche,

[1] Germania. Rom um 98

die Unverwechselbarkeit, die Einzigartigkeit eines Gebildes. Die Suche nach Identität ist eine Suche nach Abgrenzung. Es ist faszinierend, die eigene Identität zu entdecken. Die Bewohner sind in der Regel nicht fähig, das Image ihrer Region zu erkennen. Eine geschönte Selbstdarstellung verliert schneller an Glanz als ein ehrliches Image. „So wenig man das, was ein Individuum ist, nach dem beurteilt, was es sich selbst dünkt" (Karl MARX[1]) ... ebenso wenig kann man eine Region aus ihrem Selbstverständnis beurteilen.

Befragungen von Gästen sind auch wenig aussagefähig. Die Antworten sind oft höflich und von Augenblickseindrücken geprägt.

Am ehesten sind von ihrer Profession her Schriftsteller und Regisseure geeignet, das Image auf den Punkt zu bringen. Allerdings gibt es auch unter ihnen manche, die bestehende Klischees unbesehen übernehmen.

Ironische Reiseführer, wie „Don't go Europe" von Chris HARRIS, sind oftmals ein sehr wirksames Heilmittel gegen die Überschätzung des eigenen Image, so, wie es Karikaturen auch sind. Unausrottbar scheinen Klischees vom „Nationalcharakter" zu sein.

Die Kuppelhalle des Völkerschlachtdenkmals in Leipzig, eingeweiht anlässlich der Hundertjahrfeier der Schlacht gegen Napoleon, ein Jahr vor Beginn des 1. Weltkriegs, wird von vier jeweils 9,3 m hohen Kolossalfiguren beherrscht, die die Tugenden des deutschen Volkes darstellen sollen: *Glaubensstärke, Volkskraft, Tapferkeit* und *Opferfreudigkeit.*

Welche vier Tugenden würden heute als typisch deutsch gelten können? Wären es nach vielen bitteren Lehrjahren vielleicht endlich Großmut, Toleranz, Freundlichkeit, Zuverlässigkeit?

1998 untersuchte eine Londoner Imageagentur im Auftrag des ZDF das Image Deutschlands im Ausland und musste feststellen, dass Ordnung, Kontrolle, Überheblichkeit, Gefühlskälte, Engstirnigkeit, Autoritätsglaube und Aggressivität immer noch die vorherrschenden Charakteristika sind. Zwar gälten Produkte und Leistungen aus Deutschland als hochwertig, aber auch als überteuert. Und die deutschen Unternehmer stünden im Ruf, wenig innovativ zu sein.

Eine **Quantifizierung des Image** hat lediglich im Vergleich vergleichbarer Destinationen ihren Sinn. So lassen sich Rangfolgen ermitteln. In den Augen der unterschiedlichen Individuen ist das Image eines Objektes einfach „verschieden", nur im Vergleich mit anderen Objekten gewinnen die Wertungen „schlechter" oder „besser" an Bedeutung.

Von Meinungsforschern und Sozialpsychologen wurde im Auftrag des japanischen Autoherstellers Mazda in England für die neunziger Jahre ein *Faktor X* ermittelt. Auslöser der Untersuchung war die Erkenntnis, dass Kunden zwar eine Marke mögen und schätzen, aber außerstande sind, klar zu definieren, weshalb sie ihnen gefiel und was sie an ihr mochten, was das besondere Etwas, eben der Faktor X, sei. Gewertet wurden Persönlichkeiten, Städte und Landstriche, Konsumgüter, Fernsehsendungen und andere Auswahlobjekte. Prag und die Toscana lagen punktgleich an der Spitze bei den Reisezielen oder Wohnsitzen.

1999 veröffentlichte die Londoner Beratungsfirma Interbrand den Marktwert von Marken, die börsennotierten Wirtschaftsunternehmen gehören, die in den meisten Ländern eingeführt sind und die ihre Geschäftsergebnisse publizieren. Zwar sind in der Tabelle einige Unternehmen aus den Branchen Gastronomie (McDonald's, Burger King) und Hotels (Hilton, Marriott) vertreten, die Ermittlung und der Vergleich des Wertes touristische Destinationen als Marken ist jedoch bisher nicht gelungen, allerdings wohl auch nicht konsequent versucht worden.

Jede Zeitschrift, die etwas von sich hält, gibt regelmäßig Befragungen in Auftrag. Die Ergebnisse, hochgerechnet aus einer Stichprobe von 1.600 Befragten auf die gesamte Bevölkerung eines Staates, sind natürlich nicht nachzuprüfen. Verblüffend sind die oft auf den zehntel Prozentpunkt übereinstimmenden Daten verschiedener Meinungsforschungsinstitute. Vorsicht ist geboten, denn inzwischen tummeln sich etliche unseriöse

[1] Zur Kritik der Politischen Ökonomie. Berlin 1968, S. 15

Unternehmen in diesem lukrativen Metier.

Trotz der gebotenen Skepsis seien hier einige interessante Umfrageergebnisse zitiert:
Laut International Research Associates (INRA), Brüssel, galten die Deutschen 1994 als die unfreundlichste Nation der Welt. Befragt wurden jeweils 1.000 Bürger aus 16 Ländern. Hingegen galten die Spanier, Italiener, Portugiesen und Griechen als besonders freundlich und gut gelaunt. Eine 1995 vorgenommene Befragung ergab, dass in Westeuropa die Deutschen die beliebteste Nation sind. Sie seien, gemeinsam mit den Österreichern, die höflichsten Menschen in Europa, aber nicht gerade die saubersten, und sie gingen eher schlafen als die meisten Europäer.
Eine amerikanisches Reisemagazin fragte 1993: Wo leben die freundlichsten Menschen? Den ersten Platz belegte Sydney, gefolgt von Dublin. Den besten Ruf unter den deutschen Städten hatte Hamburg.
1996 kam die DZT zu der Einschätzung: *„Deutschland ist das Land der unendlichen Vielfalt. Ein weltoffenes, freizeitorientiertes, freundliches und kultiviertes Reiseland."* Und sie charakterisierte die Menschen in Deutschland als *korrekt/ehrlich, klug/interessant, sympathisch, verlässlich, warmherzig, menschlich, genussorientiert, international, vielseitig, kommunikativ, agil.*
Eine Anfang 1997 veröffentlichte Befragung der DZT im Ausland ergab, dass 75% der Westeuropäer und 70% der Touristen aus Übersee Deutschland für ein gastfreundliches Land hielten. 68% der befragten Westeuropäer und sogar 80% der befragten Asiaten und US-Amerikaner fanden Deutschland sympathisch. 75% der befragten Asiaten und US-Amerikaner nannten das Reiseziel attraktiv. Allerdings meinten 54% der Westeuropäer und sogar 76% der Touristen aus Übersee, dass Deutschland zu teuer sei. Fragt sich nur, wieviel Prozent Höflichkeit in den Antworten enthalten war.
Und die Selbsteinschätzung? Die DZT nannte auf der ITB 1995 als Schwachpunkte des deutschen touristischen Angebots: das Preis-Leistungs-Verhältnis, die deutschen Behörden, den mangelhaften Service, die fehlende Freundlichkeit des Personals.
Der inzwischen aufgelöste Studienkreises für Tourismus, Starnberg, stellte einen Imagevergleich unter 21 Ferienländern an:
Danach verfügte die Schweiz bei den Deutschen über ein „ausnehmend positives Image", das Land wurde als traditionsbewusst, fortschrittlich und weltoffen bezeichnet; Ferien in der Schweiz wurden mit reizvoller Landschaft assoziiert; weitere Argumente waren: sehenswerte Städte, komfortable Unterkünfte, gute Ausflugsmöglichkeiten, gepflegte Gastronomie. Die Schweiz kam in den Augen der Deutschen dem Idealbild eines attraktiven Urlaubszieles recht nahe, sie sei gediegen, sauber, sicher.

Es ließen sich noch unendlich viele, divergente, Beispiele für das Image Deutschlands bei Deutschen und Ausländern anführen. Ähnlich ist die Situation für einzelne Städte und Regionen. Die wenigen Beispiele sollen als Andeutung genügen, wie schwierig es ist, ein Image zu definieren. Was hier am Beispiel Deutschland versucht wurde, kann für jedes andere Land ähnlich exerziert werden. Und man wird unschwer erkennen, welchen Wert ein geschöntes Image in einem Reisekatalog besitzt.

Der **Bekanntheitsgrad** einer Destination drückt sich aus in der Menge der Informationen über sie. Die Zahl und Art der Fakten, die eine Person/Personengruppe mit einer Destination verbindet, wird entweder durch Abfrage vorgegebener Fakten ermittelt oder durch freie Abfrage von Fakten, die dem Befragten bei Nennung des Namens der Destination einfallen. Bekanntheit ist der erste Schritt zum Image.

Auch Katastrophen können über den Bekanntheitsgrad und das Image Wirkungen auf das Incoming haben. Durch das Oder-Hochwasser wurde das Grenzgebiet Deutschland/Polen weltweit bekannt.

Image-Analyse wird betrieben.

1. In Form einer Medienanalyse, bei der Berichte über die Destination in ausgewählten Tageszeitungen, Zeitschriften, TV- und Hörfunksendungen in Bezug auf Äußerungen zum Image ausgewertet werden.

2. Mittels Befragungen
   a) es wird gefragt, ob und in welchem Maße vorgegebene Komponenten (Gastfreundschaft, Sicherheit, stabiles Klima) mit der Destination assoziiert werden und welche Bedeutung jeweils diesen Eigenschaften beigemessen wird
   b) man bittet um Bewertung zwischen z.B. minus 3 und plus 3 für Begriffspaare wie: teuer - billig, überfüllt - einsam, fremdenfeindlich - fremdenfreundlich.
   c) es wird einfach nach Begriffen gefragt, die das Image der Destination zum Ausdruck bringen.

Aus den Befragungsergebnissen wird dann ein Image abzuleiten versucht, wobei natürlich die Art der Fragen, die Anzahl der Befragten und ihre Repräsentativität stets über den Wert oder Unwert des Ergebnisses entscheiden.

Der **Freizeitwert** von Großstädten, wie er von den Einwohnern und dort Arbeitenden beurteilt wird, ist für Städtetouristen nicht minder interessant. Die Mehrheit der Bundesbürger möchte am liebsten dort arbeiten, wo andere gern Urlaub machen.

Eine 1995 durchgeführte Untersuchung durch das FOKOM-Institut, Düsseldorf, ergab, dass für den Freizeitwert maßgebend sind:

1. landschaftlich reizvolle Umgebung im Wohnumfeld
2. innerstädtische Grünanlagen und Parks
3. Innenstadtbereiche, die zum Einkaufen und Bummeln einladen
4. Altstadt mit Flair
5. Fluss/See mit Wassersportmöglichkeiten
6. Kneipen und Biergärten
7. Sportanlagen (Basissport)
8. Kinos
9. Anlagen für besondere Sportarten (Polo, Golf)
10. Theater und Kleinkunstszene.

Die ersten zehn Plätze in der Gesamtwertung wurden belegt von:
München, Hamburg, Koblenz, Berlin, Köln, Frankfurt/Main, Freiburg, Lübeck, Stuttgart und Nürnberg.

Die Spitzenreiter in der Kategorie „Kultur“ waren: München, Nürnberg, Frankfurt/Main, Kiel und Hamburg,
in der Kategorie „Sport“: Berlin, München, Wolfsburg, Düsseldorf und Hannover,
in der Kategorie „Natur“: Schwerin, Bremerhaven, Lübeck, Freiburg und Pforzheim,
in der Kategorie „Treffen und Erleben“: Köln, München, Berlin, Frankfurt/Main und Hamburg.

Eine Region oder Kommune hat viele Gesichter. Ein Ziel muss sein, diese Gesichter den Gästen *freundlich, offen* und *gepflegt* darzubieten; Gesichter, in die man gern schaut, in denen man immer neue Reize entdeckt. Das können durchaus Gesichter sein, denen man Alter und Vergangenheit ansieht. Kosmetische Operationen nutzen nicht viel. Eine grinsende Maske ist schnell durchschaut, wahre Freundlichkeit und menschliche Wärme kommen von innen.

Corporate Identity, Corporate Design

Das Erscheinungsbild (Unternehmensidentität oder Corporate Identity) steht in engem Zusammenhang mit dem Image. Im Englischen wird dafür oft sogar der Begriff „Corporate Image“ verwendet.

Die Corporate Identity (CI) ergibt sich aus sämtlichen öffentlichkeitswirksamen Erscheinungsformen eines Unternehmens, einer Destination, d.h. aus ihrem Stil, ihrem Verhalten, ihrer Solidität und Flexibilität, ihrer äußeren Erscheinung. Um die hohen Werbekosten für den Aufbau eines Marken-Image zu sparen, werden gern Namen mit positivem Image übernommen: z.B. Schweiz in verschiedenen Zusammensetzungen. Die Werbepraxis bedient sich des Image-Transfers, um das Ansehen, die Stärken, die

Bekanntheit auf das eigene Image zu übertragen.

In der Welt gibt es 160 „Schweizen". Das Münchener Oktoberfest wird weltweit mehr als zweitausend Mal nachgeahmt.

Um ein Image erfolgreich **präsentieren** zu können, sind zumindest folgende Anforderungen zu erfüllen:

1. Bezug zum Objekt. Der Destination angemessene Kernworte benutzen!
2. Originalität. Alltägliche Floskeln vermeiden!
3. Überschaubarkeit. Reduktion auf den Kern, auf das Wesentliche!
4. Bildhaftigkeit. Mit Worten Bilder provozieren!
5. Dauerhaftigkeit. Die Wortwahl auf lange Sicht beibehalten!
6. Medientauglichkeit. Eignung für verschiedene Medien bedenken!

Unternehmen verleihen sich gern selbst ein philanthropisches und ökologisches Image, was sich im Tourismus auch viele Gäste gern vorspielen lassen. Aber es wird als vordergründiges Kriterium immer unglaubwürdiger. Die Gäste wissen genau, dass die gastgebenden Unternehmen von ihnen leben müssen, dass der Sinn jedes Unternehmens darin besteht, Gewinn zu erwirtschaften. Wie in den Branchen industrieller Produktion überwiegend üblich, muss auch im Incoming-Tourismus ein ehrliches Image diesen Sachverhalt nicht schamhaft verstecken. Man darf durchaus zugeben, Geld verdienen zu wollen, und man muss sich des verdienten Geldes auch nicht schämen - wenn es auf einer soliden Leistung beruht.

Die CI im Incoming sollte sich also auf solche Leistungskriterien wie Qualität, Sicherheit, Zuverlässigkeit, reelle Preise stützen. Dass die Gastgeber ihren Gästen gegenüber freundlich und aufmerksam sind, gehört zu den eigentlich vorauszusetzenden Berufseigenschaften, und dass die Destinationen ihre eigene Umwelt bewahren wollen, sollte inzwischen schon so selbstverständlich sein, dass ihre Vernachlässigung die CI beträchtlich schädigt.

Das visuelle Erscheinungsbild (Corporate Design), wünschenswert als Markenzeichen, wird im günstigsten Falle mit der Leistung, dem Unternehmen, der Kommune oder der Region identifiziert. Das CD der Staaten sind ihre Flaggen und Wappen.

Einige **Symbole** werden weltweit ohne Erläuterung verstanden:

Pyramiden - als Symbol für die Pharaonen, übertragen auf Ägypten
Kreuz - als Symbol für das Christentum
Herz - das Symbol der Liebe
Eiffelturm - das Symbol für Paris
Freiheitsstatue - das Symbol für New York
Brandenburger Tor - das Symbol für Berlin

Das **Signet**, **Logo** oder **Markenzeichen** einer Kommune oder Region sollte sorgfältig gewählt werden.

Es muss für längere Zeit Bestand haben, denn der Erinnnerungswert spielt eine große Rolle. In der Regel dauert es mehrere Jahre, bis ein Signet mit einem bestimmten Angebot identifiziert wird. CI baut auf den Wiedererkennungseffekt (Optical Recognition Effect).

Das Signet soll der Destination angemessen sein. Das heißt, man darf bei kleinen, bescheidenen Angeboten nicht allzu protzig mit Sternen, Kronen usw. umgehen. Das Signet muss eine Besonderheit der Destination aufgreifen, wenn es nicht austauschbar sein soll. Wellen und Möven für einen Küstenort, Berge und Edelweiß für einen Gebirgsort sind als Signet nicht gerade sehr einfallsreich. Trotzdem sind stilisierte, typische Landschaftselemente, Bauwerke, Trachtendetails, Symbole typischer Handwerke,

Pflanzen oder Tiere noch immer die geeignetsten Vorlagen für Signets. Details aus dem Ortswappen oder die Landesfarben sind nur dann geeignet, wenn die Destination mit dem Ort, dem Land identisch ist.
Das Signet muss konsenfähig sein, von allen Leistungsanbietern, Organisationen, Institutionen akzeptiert werden können. Nur dadurch, dass ein Signet bei jeder sich bietenden Gelegenheit und von allen Beteiligten verwendet wird, stellt sich die gewünschte Wirkung ein.
Es soll einfach in der Gestaltung und sowohl farbig als auch schwarz/weiß verwendbar und attraktiv sein.

Zur Corporate Identity gehört auch das **Claim**, eine kurze, einprägsame Aussage (Slogan), die dauerhaft in der Kommunikation benutzt werden kann.

z.B. „Hamburg - Tor zur Welt", Dresden - „Elbflorenz", „St.Moritz - Top of the World".

Bekannte Destinationen können auf Logo und Claim verzichten, z.B. Venedig.

Corporate Identity und Corporate Design sind wichtige Ausgangspositionen und Bestandteile des Marketing (s.d.). Auch die **Corporate Culture** mit gemeinsamen Zeremonien und Routinen spielt dabei eine Rolle.

2.6. Standortbeurteilung

Die Standortbeurteilung dient zur Feststellung der Attraktivität von Destinationen für Investoren und Reiseveranstalter.
Für Investoren ist sie besonders wichtig, da Entscheidungen, z.B. von Hoteliers und Clubs, für eine längere Dauer, für ca. 30 Jahre, getroffen werden.

Die Standortwahl von Unternehmen wird im Allgemeinen durch folgende **Kriterien** bestimmt:

a) „Harte" Faktoren
- Nähe zu Kunden, Lieferanten, Dienstleistern
- Infrastruktur
  - Verkehrs- und Kommunikationsmöglichkeiten, Verkehrsanbindung: Nähe zu Autobahn, Flugplatz, Hafen; Bedienfrequenz
  - Büroflächen- und Grundstücksangebot; Baulandpreise, Büro- und Ladenmieten
  - Entsorgungseinrichtungen
  - Arbeits- und Fachkräfteangebot; Lohnniveau, Flexibilität, Arbeitsmoral, Krankenstand, Dienstleistungsmentalität
  - Schul- und Hochschuleinrichtungen
- Rahmenbedingungen
  - regionale Wirtschaftsförderung
  - örtliche Steuern, Hebesätze; Gebühren und Preise, insbesondere für Energie, Wasser und Entsorgung; Stabilität des Preisniveaus
  - Kooperationsbereitschaft der Behörden, Institutionen und Unternehmen; Service der Kommunen; Organisation von Messen; Beratung; Engagement der Kommunen und der Bevölkerung für Sicherheit und Sauberkeit; Fremdenfreundlichkeit

b) „Weiche" Faktoren
- Angebot an sozialen Einrichtungen
- Wohnraumquantität und -qualität, Preise für Wohneigentum, Höhe der Mieten
- Umwelt, Luftverschmutzung
- Kultur- und Freizeitangebot; Anzahl und Niveau der Theater, Museen und Kinos; Erholungsfläche
- Image der Region

Bewertung der Infrastruktur

Eine Bewertung ist zweckmäßig zum Vergleich mit anderen Destinationen und mit Richtwerten, zur Darstellung eigener Schwachstellen, zur Begründung von Investitionsmaßnahmen und zur Argumentation beim Beantragen von Krediten und Fördermitteln. Infrastrukturell rückständige Regionen sollen gefördert werden.

Die Infrastrukturausstattung ist unterschiedlich von Land zu Land, von Region zu Region, von Kommune zu Kommune. UNO und OECD arbeiten schon seit Längerem an Richtwerten für infrastrukturelle Ausstattungsgrade.

Überwiegend wird mit Indikatoren oder Indizes gearbeitet, ein Verfahren, das sich grundsätzlich auch für die Bewertung der touristischen Infrastruktur eignet.

> Das Institut für Weltwirtschaft, Kiel, ermittelte für 1985 Indikatoren der Infrastrukturausstattung westdeutscher Städte. Berücksichtigt wurden fünf Bereichsindikatoren aus elf gewichteten Infrastrukturkategorien: Verkehr (Straße, Eisenbahn, Schiffahrt, Luftverkehr), Energie (Elektrizität, Gas), soziale Infrastruktur (Krankenhäuser, Wohnungen, Freizeit), Ausbildung, Umwelt.
>
> Spitzenwerte erreichten: Bochum (143,8), Essen (139,5) und Hamburg (137,4); die Schlusslichter waren: Neumarkt i.d. Oberpfalz (73,0), Cuxhaven (71,9) und Landsberg am Lech (64,9).
>
> In Italien wird jährlich vom Wirtschaftsmagazin „Il sole 24 ore" eine Rangliste der Orte nach ihrer Lebensqualität ermittelt. Kriterien sind u.a. das Freizeitangebot, die Kriminalität, die Umwelt und die medizinische Versorgung. 1993 lag an erster Stelle Aosta, gefolgt von Parma, Piacenza, Belluno, Règgio nell'Emilia, Siena und Bologna; mit Bozen (18. Platz), Mailand (20. Platz), Florenz (30. Platz) und Rom (33. Platz) folgen bekannte Fremdenverkehrsstädte erst erstaunlich weit hinten.

Die **touristische Standortqualität** ergibt sich aus natürlichen Bedingungen plus touristische Infrastruktur plus Attraktivität für Investoren.

Für Investoren genügen oft schon günstige natürliche Bedingungen, allerdings unter Berücksichtigung von Beeinträchtigungen (bereits bestehende oder geplante Industrie- und Verkehrsbauten) und Rahmenbedingungen (Preisniveau, Lohnniveau, politische Stabilität, Steuern, Grundstückspreise, Arbeitskräfte).

Nahezu jeder Standort kann heute für Touristen attraktiv gemacht werden. Aber nicht jeder Standort ist gleichermaßen attraktiv für Tourismus-Investoren.

> Als Messestandort nimmt Deutschland weltweit die Spitzenposition ein. Als Kongressstandort liegt Deutschland weltweit auf dem vierten Rang nach den USA, Großbritannien und Frankreich. Für die USA sprechen die Sprache, die Größe und damit das Teilnehmerpotenzial, für Großbritannien die Sprache, für Frankreich das gute Image und für Deutschland die gute Infrastruktur sowie die hohe Forschungsdichte.
>
> Als Urlaubsstandort ist Deutschland von seiner gesamten Angebotsstruktur her eher ein Land für den Zweit-, Dritt- oder gar Vierturlaub. Der Haupturlaub führt, vor allem wegen der niedrigeren Preise und des stabileren Wetters, überwiegend ins Ausland.

Aber Vorsicht! Der Tourismusstandort Deutschland sei in höchstem Maße gefährdet, warnen Touristiker. Schuld seien extrem hohe Lohnkosten, unattraktive Ladenöffnungszeiten und mangelhafte Vermarktung.

Und es gehen die Menschen zu bestaunen
die Gipfel der Berge und die ungeheuren Fluten des Meeres -
und haben nicht Acht ihrer selbst."
Petrarca

3. Die Nachfrage

3.1. Klassifizierung der Nachfrage

Touristen sind Personen, die sich mindestens 24 Stunden außerhalb ihres Wohnortes zu beruflichen, vergnüglichen oder anderen Zwecken aufhalten. Einbezogen in die Betrachtung sind also Erholung oder Urlaub, medizinische Behandlung, religiöse An-

lässe, Familienangelegenheiten, Besuch von und Teilnahme an Sportveranstaltungen, Konferenzen oder anderen Zusammenkünften, Studien, Bildung, Exkursionen, geschäftliche und dienstliche Anlässe; nicht in diese Kategorie gehören Arbeitsverhältnisse, Studium sowie Daueraufenthalt.
Bei weniger als 24 Stunden Aufenthalt außerhalb ihres Wohnortes, wobei die Anlässe dieselben sein können wie bei den Touristen, gelten sie als **Tagesausflügler** (Excursionists).[1]
Für den Incoming-Bereich sind beide, Touristen wie Tagesausflügler, Kunden. Die Hotellerie ist aus verständlichen Gründen mehr an den Touristen interessiert, da sie, soweit diese nicht im Wohnmobil reisen, Übernachtungsgelegenheiten brauchen. Tagesgäste sind in Destinationen, die nicht ausschließlich oder überwiegend von ihnen leben, oft nicht gern gesehen.
Im allgemeinen Sprachgebrauch wird häufig der Begriff „Tourist" für beide Kategorien verwendet. In diesem Falle werden die Touristen i.e.S. als Übernachtungsgäste bezeichnet.

Für Destinationen als Anbieter touristischer Leistungen sowie für die Leistungsträger in den Destinationen sind Antworten auf folgende Fragen interessant:

Woher kommen die Gäste?
Wie kommen sie?
Wer sind sie?
Weshalb kommen sie (gerade zu uns)?
Was erwarten sie?
Wie lange bleiben sie?
Wann kommen sie?
Wieviel geben sie wofür aus?

Sicher ist nicht weniger interessant, aber nicht zu ermitteln: Weshalb kommen die anderen nicht?

Herkunft

Für Destinationen ist die Kenntnis der geografischen Herkunft ihrer Gäste aus verschiedenen Gründen von Bedeutung. Man kann sich auf sie einstellen, gezielt werben, eine Stammkundschaft pflegen, den Vertrieb rationalisieren und ggf. sogar durch Bündelung der Nachfrage Möglichkeiten der Kostendegression nutzen.
Destinationen sind i.d.R. gezwungen, über eigene Statistiken die Herkunft ihrer Gäste zu ermitteln. Sofern sie in Katalogen von Reiseveranstaltern angeboten werden, können aus dem Buchungsverhalten Rückschlüsse auf die Herkunft der zu erwartenden Gäste gezogen werden. Die Destinationen haben natürlich auch selbst, über das Marketing, Einfluss auf die Herkunft ihrer Gäste.

Der Inlandtourismus wird nach Herkunftsregionen (Nielsen-Gebiete) und nach Ortsgrößenklassen erfasst. Tagestouristen kommen aus einer Entfernung von durchschnittlich 70 km, wie das DWIF ermittelte.

Reiseart

Für das Zielgebiet sind sowohl die Reiseformen als auch die zur An- und Abreise benutzten Verkehrsmittel interessant.
Entsprechend der Zahl der Teilnehmer und der Art der Organisation unterscheidet man

[1] OECD-Definition; IMF, Balance of Payments Manual

Individual-, Familien-, Gruppen-, Klub-, Massenreisen.

Reiseformen:

Pauschalreise: ein vorgefertigtes, standardisiertes Arrangement von mindestens zwei (wesentlichen) Reiseleistungen, das als Paket zu einem Gesamtpreis angeboten wird. Der Anbieter (Veranstalter) haftet für die Gesamtleistung.

Vollpauschalreise: eine vollständig organisierte Pauschalreise, die das gesamte Bündel der Hauptleistungen enthält (Transport, Unterkunft, Verpflegung, Transfers, Reisebegleitung, Unterhaltung, u.U. auch Reiserücktrittskosten-Versicherung).

All-inclusive-Tour: eine Sonderform der Vollpauschalreise, bei der alles mit dem Reisepreis abgegolten ist, z.B. Verpflegung, Getränke, Ausflüge, Kurse, Veranstaltungen. Diese Reiseform wird überwiegend von Clubs angeboten.

Teilpauschalreise: bei ihr fehlen gegenüber der Vollpauschalreise bestimmte Leistungselemente, z.B. bei Selbstfahrerreisen, auch Pauschalaufenthalt genannt, der Transport zum Urlaubsort. Aber auch hier sind mindestens zwei Leistungen zu einem Angebot zusammengefasst.

Einzelpauschalreise, IT-Reise (Inclusive Tour): Sie beruht auf einem Sondertarif der Verkehrsunternehmen, des Luftverkehrs oder als RIT (Rail Inclusive Tour) der Eisenbahnen. Dieser Sondertarif gilt nur in Verbindung mit einer Unterkunftsbuchung und einer dritten Leistung. Für Reisegruppen werden auch GIT (Gruppen-IT-Reisen) angeboten.

Individualreise, Einzelreise: Sie ist eine selbst organisierte und individuell zusammengestellte Reise. Der Reisende nimmt Leistungen der Leistungsträger, möglicherweise von Reisebüros vermittelte Teilleistungen (Hotelbuchung, Fahrkarte), direkt in Anspruch. Individualreisende bilden die überwältigende Mehrheit der Nachfrager. Geschäftsreisende, Reisende zu Verwandten und Bekannten sowie etwa die Hälfte der Urlauber sind Individualreisende.

Die Reiseform beeinflusst die Destinationen recht deutlich. Von Veranstaltern angebotene Pauschalreisen in die Region sorgen einerseits für Sicherheit bei den Leistungsanbietern, führen andererseits zur Abhängigkeit von oftmals übermächtigen Reiseveranstaltern.

Je mehr Leistungen in der Pauschale enthalten sind, desto weniger werden die Angebote des örtlichen Handels und der Gastronomie nachgefragt. Als Destination sollte man darauf dringen, dass die in der Pauschale enthaltenen Leistungen von Anbietern aus der Region erbracht und Produkte aus der Region verwendet werden.

Ausnahmen sind die Anlaufhäfen von Kreuzfahrtschiffen. Trotz Vollpauschale und umfassendem Leistungsangebot an Bord werden Landgänge intensiv zum Einkaufen, zu Ausflügen, zum Besuch von Sehenswürdigkeiten und gastronomischen Einrichtungen genutzt.

Beispiele für Reisen:

Reisegruppen, Vereine, Verbände, befreundete Familien etc. zwischen sechs und zwanzig Personen, stellen in Abhängigkeit von ihrer Zusammensetzung und ihrer Art unterschiedliche Anforderungen an die Destinationen. Sie sind dankbar für anlassorientierte Angebote.

Incentives, Incentive-Reisen sind Pauschalreisen als Belohnung und Anreiz für Mitarbeiter eines Unternehmens, vor allem für Verkäufer und Außendienst-Mitarbeiter. Sie werden meist speziell organisiert und wären in dieser Form für die Mitarbeiter nicht erhältlich oder nicht erschwinglich.

Veranstalter solcher Reisen müssen also außergewöhnliche Leistungen bieten, die sich von „normalen“ Pauschalreisen abheben. Sie sind ständig auf der Suche nach Destinationen, die diesen Anforderungen genügen. Das Angebot in den Destinationen muss zudem flexibel sein, um den Veranstaltern bei der Zusammenstellung solcher besonderen Leistungen entgegenzukommen.

Der Incentive-Markt in Deutschland hat ein Volumen von etwa 250 bis 400 Mill. € pro Jahr.

Betriebsfeiern (Weihnachts-, Jubiläumsfeiern, Kundenveranstaltungen) werden mehr und mehr von Veranstaltungsprofis (Partyservice) organisiert, oft mit Dekoration, Unterhaltung, Mahlzeiten aus eigener Hand. Die Veranstalter sind immer auf der Suche nach „locations". Gefragt sind ausgefallene, „schrille" Orte, aber auch traditionelle Räumlichkeiten.

Vereine unternehmen regelmäßig Fahrten, um Partnervereine zu besuchen, Wettkämpfe auszutragen (Sportvereine), bei Veranstaltungen aufzutreten (Gesangvereine) oder ein eigenes Jubiläum zu begehen. Viele Vereine unternehmen traditionell einmal jährlich einen Ausflug. Vereinsfahrten haftet ein negatives Image an. Die Teilnehmer seien ausgelassen und laut und würden viel Alkohol konsumieren. Obwohl dieses Klischee nicht auf alle Vereinsfahrten zutreffen mag, sollte in den Destinationen, vor allem bei der Unterbringung, die Vereinbarkeit mit anderen Nachfragegruppen geprüft werden.

Der größte Veranstalter von Kurzpauschalreisen für Klubs und Vereine in Deutschland ist „Tolle Müller-Touren", Münster, 1993 mit 200.000 Teilnehmern nach 111 Destinationen, davon 35 im Ausland. Auch Ameropa, Bad Homburg, und Wolters-Reisen, Bremen, veranstalten solche Reisen.

Werbefahrten, Kaffeefahrten bilden einen beachtlichen Markt.

In Deutschland waren es 1992 125.000 Kaffeefahrten mit 5,5 Mill. Teilnehmern.

Der Effekt für die Destinationen besteht vor allem darin, dass sie von den Teilnehmern als Zielgebiet einer Urlaubsreise ins Auge gefasst werden. Ansonsten profitiert von den Werbefahrten unmittelbar lediglich die gastronomische Einrichtung, in der die Werbeveranstaltung stattfindet.

Behinderte reisen nur selten mit Nicht-Behinderten zusammen, da sie auf behindertengerechte Infrastrukturen und Akzeptanz angewiesen sind.

Cluburlauber sind in Clubdörfern untergebracht, die sämtliche für die Urlaubsgestaltung erforderlichen Einrichtungen und Leistungen vorhalten. Die Standorte der Clubdörfer sind meist so isoliert, dass sich Beziehungen zur Umgebung auf ein Minimum beschränken. Der ökonomische Effekt für die Kommune oder Region besteht darin, dass neben Pacht- und Steuereinnahmen auch Einnahmen aus der Ver- und Entsorgung erzielt und Arbeitsplätze geboten werden.

Verkehrsmittel: Die zur An- und Abreise benutzten Verkehrsmittel sind für die Destination im Hinblick auf die vorzuhaltende Infrastruktur interessant.

Urlaubertypen

Die folgenden Ausführungen beziehen sich auf den Urlaubsreiseverkehr. Reisen aus anderen Motiven entziehen sich einer strukturellen Betrachtung.

Die Frage danach, wer eine bestimmte Destination aufsucht, ist bei Geschäfts- und Besuchsreisen irrelevant. Ob der Geschäftsführer selbst seine Filiale besucht oder ob er seinen Assistenten schickt, liegt im Ermessen des Geschäftsführers. Dessen Entscheidung wird möglicherweise davon beeinflusst, dass in dem zu besuchenden Ort ein besonders gutes Restaurant lockt. Ähnlich verhält es sich bei Besuchsreisen zur Goldenen Hochzeit der Großeltern. Die soziale und Altersstruktur der Gäste sind ebensowenig vorhersehbar und beeinflussbar, wie eine zufällige Häufung von Familienfeiern, abgesehen vielleicht von Einschulungen, Konfirmationen, Jugendweihen usw.

Bei Veranstaltungen bewirkt ihre Art (Pop-Konzert oder Hauptversammlung einer AG) die Selektion der Besucher nach Alter, Bildung, Einkommen.

Politische Veranstaltungen ziehen sowohl Sympathisanten wie Gegner an. Alter und

Einkommen sind von untergeordneter Bedeutung, ebensowenig wie bei Reisen aus religiösen Gründen.

Stationäre Kuraufenthalte sind ebenfalls unabhängig vom Einkommen. Private Besucher von Kurorten und Teilnehmer an offenen Kuren sind zumindest in ihrer Altersstruktur recht homogen.

Flüchtlinge, die aus einer Notlage heraus ihre Heimat verlassen haben und im Ausland Schutz suchen, werden häufig bei der Betrachtung von Gästestrukturen vernachlässigt. Sie erfüllen jedoch alle Kriterien, die auch für Touristen gelten: ihr Aufenthalt ist nur zeitweilig, wenn auch oft von unbestimmter Dauer, und sie nutzen die Infrastruktur. Sie sind zudem Gäste, die einer besonderen Aufmerksamkeit bedürfen, werden aber oft nur so lange geschätzt, wie sie außerhalb der Saison Beherbergungskapazität nutzen.

Während der Saison werden sie dann von Erholungstouristen (Urlaubern) als störend empfunden (z.B. 1992/93 Flüchtlinge aus Bosnien in Kärnten), und aus der Sicht der Beherbergungsbetriebe blockieren sie Betten, die zu höheren Preisen verkauft werden könnten.

Die *Gruppenbildung*, wie sie auch für den Tourismus bedeutungsvoll ist, vollzieht sich nach den Kriterien Alter, Bildung, Beruf, Einkommen und Lebensstil.[1] Das Reiseverhalten der Gruppen wird durch Befragungen ermittelt.

Einkommen

Einkommens- und Verbrauchsstichproben (EVS) haben einen engen Zusammenhang zwischen der Höhe des Einkommens und der Entscheidung für Urlaub im Inland ergeben.

niedriges Einkommen (Zweipersonenhaushalt, bis 1.000 € netto)	etwa 65% Urlaub im Inland
mittleres Einkommen (Zweipersonenhaushalt, bis 2.500 € netto)	etwa 55% Urlaub im Inland
höheres Einkommen (Zweipersonenhaushalt, über 2.500 € netto)	etwa 50% Urlaub im Inland

Vor allem Freiberufler, Angestellte oder Beamte mit Nettoeinkommen über 3.500 € im Monat verfügen über Zweithäuser und Ferienwohnungen. Diese dienen sowohl dem Bedürfnis, am Urlaubsort ein zweites Zuhause zu haben als auch als Kapitalanlage.

Mobilurlauber sind jung (zwischen 14 und 40 Jahre alt), leben in Großstädten, sind gebildet und einkommensstark (verdienen im Monat über 2.500 €).

Alter

Von den 14- bis 29-Jährigen verbringen etwa 19% ihren Urlaub im Inland, von den über 60-Jährigen hingegen 42%.

Auf Grund des hohen und wachsenden Anteils älterer Menschen in Deutschland ist diese Gruppe von Nachfragern besonderer Aufmerksamkeit wert.

Familienverhältnisse

Die Analyse der Wahl des Urlaubszieles nach Familienverhältnissen kann nicht losgelöst vom Einkommen und vom Alter vorgenommen werden. Für Familien mit mehreren Kindern und geringem Einkommen spielt das Preisargument die wichtigste Rolle bei der Reiseentscheidung. Doppelt verdienende Paare und in gesicherten Verhältnissen lebende Rentner wählen nach Qualität, Sicherheit, Bequemlichkeit aus. Etwa 62,5% der Singles verleben ihren Urlaub im Inland, die weiblichen Singles zu 65,1%, die männlichen zu 57,9%.

Lebensstile

Immer wieder wird versucht, die Verhaltensweisen der Menschen in Kategorien von Lebensstilen zu gliedern. Diese Kategorien sind für das Marketing und das Leistungsangebot (siehe auch 3.2.) sehr interessant, da sie Zielgruppen definieren. Der Lebensstil prägt den Freizeit- und Reisestil hinsichtlich der Wahl der Destination, der Unterkunft, der Beschäftigung in der Destination, der Reisezeit, der Reisedauer und natür-

[1] Schulze,G.: Die Erlebnisgesellschaft. Frankfurt/New York 1992

lich hinsichtlich der Ausgabegewohnheiten.
In dem Maße, wie sich die Lebensbedingungen verändern, verschwinden bestimmte Lebensstile, während neue entstehen. Man ist also gezwungen, seine Kenntnisse von den Lebensstilen ständig zu erweitern und zu revidieren.
Zur Zeit sind etwa folgende **Lebensstile** zu erkennen (Auswahl):

Dinks	(double income, no kids) Paare, die unter bewusstem Verzicht auf Kinder möglichst viel Einkommen zu erlangen suchen
Grumpies	(grown up mature people) herangewachsene, reife Menschen; selbstbewusst und kaum manipulierbar
Hanks	(health and nature keeper) gesund lebende Naturfreunde
Limers	(less income, more excitement) versuchen, bei Hintanstellung von Karriere und Einkommen, ihr Leben möglichst abwechslungsreich zu gestalten
Maintainers	eher passiv Genießende
Master Consumers	erlebnisorientierte Konsumenten
Menties	(geistig Rege und Interessierte) nutzen den Urlaub für die Fitness des Geistes; den Geist arbeiten lassen, das Gehirn laufen lassen, lesen, sinnen, auswendig lernen
Neue Alte	Generation 55 plus; sie ziehen sich bereits aus dem Berufsleben zurück, möchten jedoch noch lange nicht als Senioren behandelt werden
30-Plusser	kapitalkräftige Kulturtouristen zwischen 30 und 60 Jahren; geben fast das Dreifache aus im Vergleich zu Jugendlichen
Simplifiers	haben mit dem Leben fast schon abgeschlossen, reduzieren ihre Ansprüche
Slobbies	(slower but better working people) leben nach der Devise: langsamer, dafür aber besser zum Ziel, Laufen und Rad fahren statt Auto, Urlaub im Landhaus statt langer Charterflüge, Kinder statt Karriere, Moral statt Moneten
TLWCs	(third level working couples) arbeitende Ehepaare der dritten Stufe (nach Yuppy- und Dink- bzw. Limer-Stadium); Männer kehren dem Arbeitsstress den Rücken, klettern aus dem Laufrad, schaffen die nötigen Finanzen über freie selbstgewählte Projekte; Frauen erleben eine Rückstufung ihrer Karrierebemühungen als glatte Selbstaufgabe
Woopies	(well-off older people) in guten Verhältnissen lebende Ältere; eine touristisch interessante Gruppe
Yeppies	(young, European and proud of it) Mix aus Euro-Kultur und Japan-Lifestyle; Sushi statt US-Fast-Food, Barcelona, Amsterdam, Prag statt New York und L.A.
Yollies	(young old leisure people) junggebliebene Alte im Ruhestand; ebenfalls touristisch interessant
Young Sengies	(young senior generation) ähnlich den Yollies
Yuppies	(young urban professionals) stellen ihr Leben völlig in den Dienst der Karriere

Lebensstile und ihre Bedeutung für Destinationen verändern sich ständig. Yuppies, Dinks und Limers sind seit Anfang der 90er Jahre out.

Speziell für die Belange des Tourismus werden Typen von Touristen zu unterscheiden versucht.
ROMEIß-STRACKE[1] unterscheidet:

aktive Genießer	auf Genuss, körperliches Wohlbefinden und Spaß orientiert, anspruchsvolles Konsumverhalten, sportlich aktiv, „Technik-Freaks“, mäßig ausgebildetes Umweltbewusstsein, Selbstdarstellung in entsprechenden Lebensstilräumen, Reisen als wichtige Lebensäußerung
Trendsensible	Freizeit und Urlaub als persönliche Bewusstseinserweiterung, orientiert am Zeitgeist, Konsumverhalten sehr gezielt und kritisch, politisch und kulturell interessiert, sehr umweltbewusst und ökologisch informiert, spontan

[1] Neues Denken im Tourismus. Hrsg. ADAC, München 1989

Familiäre	Freizeit und Urlaub mit Familie, Verwandten, Freunden (Zeit miteinander verbringen), Preis-/Leistungsdenken, Qualitätsbewusstsein im Konsumverhalten, Gruppenerlebnisse in vertrauten Situationen (Gemütlichkeit), Ansätze von Umweltbewusstsein, mäßig aktiv nach außen
Nur-Erholer	passive Erholung in Freizeit und Urlaub aus Gewohnheit, wenig ausgeprägtes Konsumverhalten, Desinteresse an Mode und gesellschaftlichen Trends, Umweltbewusstsein von wenig bis stark, wenig experimentierfreudig

FREYER[1] hat einige weitere Typologien zusammengestellt:

- Wander-, Freiraum-, Landschafts-, Rundfahrer-, Promenier-, Sport-, Bildungstyp [nach FINGERHUT (1973)]
- A- (für Abenteuer), B- (für Bildung und Besichtigung), B-1- (Sammler von Sehenswürdigkeiten), B-2- (gefühls- und stimmungsbetont), B-3- (natur-, kultur- und sozialwissenschaftlich interessiert, F- (für Ferne und Flirt), S- (für Sonne-Sand-See), W- (für Wald und Wandern), W-1- (bewegungsorientiert), W-2-Typ (wettkampforientiert) [nach HAHN (1974)].

Eine Untersuchung des B.A.T. Freizeit-Forschungsinstituts aus dem Jahre 1993 fand folgende deutsche Urlaubstypen und ihr Motto:

38% Kurzurlauber	-	öfter und kürzer
37% Globetrotter	-	die ganze Welt sehen
34% Ökotouristen	-	wichtig: Umwelt o.k.
31% Intervaller	-	nicht jedes Jahr verreisen
25% Komforturlauber	-	Luxus im Vordergrund
24% Prestigetouristen	-	wo nicht jeder war
22% Spontis	-	reisen ohne Vorplanung
19% Nomaden	-	reisen in Etappen
17% Studienreisende	-	Ziel: Kultur und Kunst
16% Abenteurer	-	viel Improvisation
13% Interrailer	-	Tickets ohne festes Ziel
7% Reiseprofis	-	kennen die halbe Welt
6% Solisten	-	am liebsten allein

Recht vertraut kommen uns die von CHRIST[2] beschriebenen Typen vor: Bescheidwisser, Gähner, Meckerer, Fotografierer, Tüchtige, Scherzbolde, Betroffene, Rücksichtslose, Souvenirjäger, Grüßende, Naive, Betriebsnudeln, Heimchen, Clowns, Einzelgänger sowie typologische Hybriden.

Diese stellen natürlich keine Zielgruppen des Incoming dar, aber für Reiseleiter, Animateure, das Personal in Hotellerie, Gastronomie und Fremdenverkehrsstellen gehört der angemessene und differenzierte Umgang mit ihnen zu den Feinheiten des Berufs.

> Ende des 18. Jahrhunderts hatte der englische Pfarrer William GILPIN mit den Merkmalen der „pittoresken Reise" Grundlagen des sanften Tourismus formuliert: Der Tourist, erfüllt von der Befürchtung, einer unberührten Natur, so wild sie auch sein mag, die Unschuld zu rauben, und voller Verachtung für die städtische Zivilisation, ist es sich schuldig, ein einfaches Leben zu führen. Er meidet die Zerstreuungen der „besseren Gesellschaft"; er strengt seinen Körper an und begnügt sich mit bescheidener Kost. Er lernt, dass die wahren Bedürfnisse der Natur beschränkt sind, dass ein unbekümmerter Reisender störend in die Sitten, die er beobachten will, einbricht und im gleichen Zuge die pittoresken Wirkungen der Landschaft, die er bewundern will, schmälert.[3]

Robert JUNGK[4] führte den Begriff „sanftes Reisen" ein und stellte es dem „harten Reisen" gegenüber, womit zwei extreme Touristenklassen definiert waren:

---

[1] Freyer (1991), S. 88 ff.

[2] Christ,R.: Kleines Reisebrevier. Leipzig 1990

[3] Gilpin, W.: Observation relative chiefly to picturesque beauty made in 1772 on several parts of England, particularly the mountains and lakes of Cumberland and Westmoreland. London 1786. Zitiert in: Alain Corbin: Meereslust. Frankfurt/M. 1994

[4] in: GEO 10/1980, S. 154-156

Hartes Reisen	Sanftes Reisen
Massentourismus	Einzel-, Familien-, Freundesreisen
wenig Zeit	viel Zeit
schnelle Verkehrsmittel	angemessene (auch langsame) Verkehrsmittel
festes Programm	spontane Entscheidungen
außengelenkt	innengelenkt
importierter Lebensstil	landesüblicher Lebensstil
„Sehenswürdigkeiten"	Erlebnisse
bequem und passiv	anstrengend und aktiv
wenig und keine geistige Vorbereitung	vorhergehende Beschäftigung mit dem Besuchsland
keine Fremdsprache	Sprachen lernen
Überlegenheitsgefühl	Lernfreude
Einkaufen („Shopping")	Geschenke bringen
Souvenirs	Erinnerungen, Aufzeichnungen, neue Erkenntnisse
knipsen und Ansichtskarten	fotografieren, zeichnen, malen
Neugier	Takt
laut	leise

Auch die *Astrologie*, an die öffentlich fast niemand und heimlich fast jeder glaubt, dient ihre Erkenntnisse dem Tourismus an.

In der Schweiz befasst sich das von Gunter SACHS gegründete Institut zur empirischen und mathematischen Untersuchung des möglichen Wahrheitsgehaltes der Astrologie (IMWA) mit der Frage, ob Astrologie lediglich ein Mythos ist oder ob es sich um ein - bisher nicht zu erklärendes - Phänomen handelt, dessen Vorhandensein nachweisbar ist. Astrologen empfehlen z.B. „Skorpionen", nicht auf Sylt Urlaub zu machen, sondern lieber in der Schwäbischen Alb. Harmonische Reisegruppen ließen sich nach der Verträglichkeit der Sternzeichen zusammenstellen.

Zur Zeit sind alle zufrieden, wenn sie Spaß haben, verkünden sie in den Medien:
die Unternehmer, die Politiker, die Sportler und ihre Trainer, die Künstler -
die Touristen wollen mehr, das besagen die Umfragen!

Motive

Die Nachfrage nach touristischen Leistungen ist, soweit es die Basisleistungen, das Kernangebot (Unterkunft und Verpflegung) betrifft, lediglich in Bezug auf die Qualität und das Preisniveau differenziert. Die Nachfrage nach Zusatzleistungen ist demgegenüber so spezifisch, dass Reiseentscheidungen überwiegend anhand der Zusatzleistungen getroffen werden.

Zur Art der Unterkunft ist ermittelt worden, dass 33% der Touristen in Hotels nächtigen, 31% bei Freunden und Bekannten , 15% in Ferienwohnungen , 8% in Privatzimmern , 8% auf Campingplätzen und 5% in sonstigen Unterkünften.
Hamburg registrierte 1997 rund 4,5 Millionen Übernachtungen in Hotels gegenüber zwölf Millionen Übernachtungen privat.

Geschäftsreisen und *Besuchsreisen* aus familiären u.ä. Gründen haben eine strenge Zweck- und Zielbindung. Neben der Veranstaltung bleibt meist nur wenig zeitlicher Spielraum zur Nutzung touristischer Angebote. Bei Geschäftsreisen ist der individuelle Entscheidungsspielraum durch Rahmenprogramme eingeschränkt. Zu den Destinationen mit hoher Kontinuität des Incoming gehören Parlaments- und Regierungssitze. Den sogenannten Regierungstourismus tragen vor allem die Lobbyisten und die Delegationen aus den Wahlkreisen der Abgeordneten.
Zur Vorbereitung von Familienveranstaltungen werden Angebote des Handels und der Dienstleistungen genutzt, und die Veranstaltungen selbst finden oft in Restaurants statt.

In Bezug auf *Freizeitreisen* sind die Positionen und Optionen der Urlauber nahezu unbegrenzt.

„Ich weiß genau, was ich fliehe, aber nicht, was ich suche."
Michel de Montaigne

Die Reisemotive lauten zwar oft ähnlich, aber letzten Endes sucht jeder Urlauber, jeder Reisende sein ganz privates Erlebnis, etwas Besonderes. Was man sucht, muss einem, wie MONTAIGNE sagt, nicht einmal deutlich bewusst sein. Vielleicht sucht jemand die Einsamkeit und findet Freunde, ein anderer sucht den Trubel und findet das Glück in der Natur.
Mittels einer überwältigenden Flut von Befragungen versucht man in Erfahrung zu bringen, wer in seiner Freizeit was am liebsten tut. Mit den Ergebnissen kann die Destination im Allgemeinen wenig anfangen, seine Besucher müssen dem statistischen Durchschnitt nicht folgen. Außerdem suchen sich Touristen ihre Ziele danach aus, ob sie die Erfüllung ihrer Erwartungen versprechen.
Die Erwartungen an die Destination streuen breit entsprechend den Touristentypen, Reisemotiven und Lebensstilen.
Ohne eine Wertung oder Rangfolge zu versuchen, dazu sind die Umfrageergebnisse nicht geeignet, sind folgende Antworten auf die Frage „Was wollen Sie im Urlaub machen?" immer wieder zu hören und zu lesen:

- sehr viele wollen mit dem Partner, der Familie, Bekannten zusammen sein, Gespräche führen, flirten, Kneipen besuchen; man will Zeit füreinander haben, die man sich im Alltag nicht nimmt, man sucht Geselligkeit und soziale Kontakte
- andere wollen ausschlafen, abschalten, ausspannen, faulenzen, frische Kraft sammeln; sie suchen Ruhe und Erholung
- wieder andere suchen Anregungen und neue Eindrücke; sie möchten sich bilden, Land und Leute kennen lernen, Ausflüge machen, landestypische Spezialitäten probieren; diese Gruppe ist in sich recht heterogen, zu ihr gehören die Besichtigungsreisenden, die Orte abzuarbeitender Sehenswürdigkeiten aufsuchen und Baedeker-Sterne sammeln, wie auch Reisende, die ernsthafte Studien betreiben und sich intensiv einer Region, ihrer Geschichte, ihrer Kultur, ihrer Natur und ihren Menschen widmen. Das Interesse an Kultur ist unterschiedlich ausgebildet.

  Zum Beispiel achten 40% der Italiener und 20% der Engländer bei ihren Urlaubsreisen auf ein adäquates Kulturangebot. Nur für jeden achten Bundesbürger hingegen ist das Kulturangebot entscheidend für die Wahl des Urlaubsortes. Vor allem für jüngere Menschen ist dieser Bereich wichtig.
- etwas für die Gesundheit tun, spazieren gehen, wandern, schwimmen will eine andere Gruppe; sie umfasst sowohl die Kur- als auch die Gesundheits- und Sporttouristen
- etwas erleben will jeder im Urlaub; vordergründiges Motiv ist es bei denjenigen, die den Urlaub nutzen, um Kontraste zum allzu zivilisierten Arbeits- und häuslichen Alltag zu suchen, um aus dem alltäglichen Schema auszubrechen; manche sind zufrieden mit einem anspruchslosen Campingurlaub, während andere gefährliche Abenteuer, Extremsituationen und „schrille" Destinationen suchen
- wachsender Beliebtheit erfreuen sich, trotz ihrer relativ hohen Preise, Sport-Zuschauerreisen. Zugpferde sind internationale Fußballmeisterschaften, Olympische Spiele, Formel 1-Rennen, Tennis-Spitzen-Turniere und das Auftreten von Stars.
- Einkaufsbummel, das Fotografieren und Filmen werden ebenfalls häufig als beliebte Urlaubsbeschäftigungen genannt
- mondäne Destinationen leben davon, dass es genügend reiche Leute gibt, die viel zahlen um dabei zu sein, aber wenig verlangen.

Kombinationen der o.g. Wünsche der Urlaubsgestaltung sind üblich. Tagsüber wird am Strand gefaulenzt, und nachts geht es in der Disco rund. Auch Besichtigungsreisende wollen nicht tagaus tagein besichtigen, und schwimmen kann man ohnehin nur eine begrenzte Zeit pro Tag.
Im Urlaub wird eine Kombination von Ritualen (abendlicher Spaziergang und Dämmerschoppen) und Abwechslung (verschiedene Ausflugsziele, Restaurants, Veranstaltungen) geschätzt.

Als *Rootstourismus* werden Reisen auf den Spuren der Vorfahren bezeichnet.

Felizitas ROMEIß-STRACKE[1] versucht, über sieben Erklärungsversuche den Reisemotiven näher zu kommen:

1. Die Nichtsesshaftigkeit bzw. das Ende der Sesshaftigkeit könnte evolutionäre Ursachen haben.
2. Während der Reise findet eine innere Veränderung, eine „Häutung" statt. Die Alltagsexistenz wird zurück gelassen.
3. Am Bestimmungsort wird die neue Haut zu einer Identität auf Zeit. Auf die andere Realität wird mit anderem Verhalten reagiert.
4. Während des Urlaubs kann man ein Zeitfenster beliebig weit öffnen und offen halten. Rituale, sowohl traditionelle regionale Bräuche als auch typische Urlaubsrituale, sind besonders attraktiv, vermitteln Sicherheit und Orientierung.
5. Im Urlaub erhält die Kultur einen höheren Stellenwert als im Alltag. Es scheint, als unterlägen die modernen Touristen dem Trieb, von Natur aus menschliche Fähigkeiten stärken und trainieren zu wollen.
6. Trotz aller Mobilität ist eine große Sehnsucht nach Heimat festzustellen. Der Urlaubsort wird umso höher geschätzt, je mehr „Heimat" er bietet.
7. Schließlich sei die Liebe ein starkes Reisemotiv. Es wird erwartet, dass in freundlicher Umgebung, mit mehr Zeit füreinander, unter dem Einfluss neuer Eindrücke das Verhältnis der Partner zueinander wohltuend beeinflusst wird.

„Das Nomadenleben, welches die unterste Stufe der Zivilisation bezeichnet, findet sich auf der höchsten Stufe im allgemein gewordenen Touristenleben wieder ein. Das erste ward von der Not, das zweite von der Langeweile herbeigeführt."
Schopenhauer (Parerga und Paralipomena)

Christoph HENNIG fokussiert die Reisemotive auf die Suche nach dem Paradies, einem gleichsam unschuldigen Urzustand, der sich in unberührter Natur und unverdorbenen Einheimischen darstellt. Und die Reisebranche macht sich diese Sehnsucht sehr geschickt zunutze. Auf den Fotos in Reiseführern und Katalogen findet man Landschaft, Tiere, schlichte und zufriedene Menschen, möglichst in Trachten und wenn bei beruflicher Tätigkeit, dann nur als Fischer, Winzer, Schäfer, Marktverkäufer, Töpfer, Priester und ähnlichen nichtindustriellen Beschäftigungen. Reiseveranstalter und andere Anbieter touristischer Leistungen vermeiden Lastwagen, Baugerüste, Fabriken, Wohnblöcke, Hochspannungsmasten, Reklameschilder oder mehr als ein Auto auf der Straße in ihren Katalogen. Der polnische Kunsthistoriker WOZNIAKOWSKI schrieb, allerdings nicht auf den Tourismus gemünzt, gleichwohl aber für ihn zutreffend: *„In Landschaften hohen Ranges soll es weder eine Spur des Menschen noch eine seiner Wirtschaft geben, es sei denn in Form von Ruinen."*[2]

---

[1] in: tm 3/96, S. 16 - 20
[2] in: Die Zeit 25.06.98

Dauer

Bei der Aufenthalts- bzw. Reisedauer wird unterschieden zwischen *Tagesausflügen*, *Wochenendreisen* (eine Übernachtung bis drei Übernachtungen), *Kurzreisen* (zwei bis vier Tage) und *längeren Urlaubsreisen* (mehr als vier Übernachtungen). *Langzeitaufenthalte* von sechs oder sogar zwölf Wochen Dauer zu günstigen Konditionen werden überwiegend von Senioren genutzt und helfen, die Kapazität in nachfrageschwachen Zeiten auszulasten.

Daten zur durchschnittlichen Aufenthaltsdauer:

Städtetourismus	1,4 bis 1,5 Tage
- bei entspr. Leistungsangebot	über 3 Tage
Sommertourismus	3 bis 10 Tage
Ganzjahrestourismus	10 Tage
Kurtourismus	10 bis 23 Tage
Wallfahrtstourismus	bis 2 Tage
Dienstreisen im Inland	3,7 Tage
- aus dem europ. Ausland	5,7 Tage
- von Übersee	12,9 Tage

Räumliche Verteilung

Eine europaweite Umfrage im Rahmen des European Travel Monitor für das Jahr 1996 ergab, dass bei den Urlaubsreisen Meer und Strand mit 31% die Nachfrage dominieren, gefolgt von Städtereisen (17%), Rundreisen (16%), Urlaub in den Bergen (6%) und Skiurlaub (5%). Urlaub auf dem Lande wird als „Hoffnungsmarkt“ bezeichnet.

Die jährliche Umfrage des Reisemagazins „Holiday“ ergab für 1996, dass unter den Städten München am beliebtesten ist, gefolgt von Hamburg, Berlin, Dresden und Frankfurt/M. Die beliebteste Region ist Oberbayern, gefolgt von der Nordseeküste, dem Schwarzwald, der Ostseeküste und den Mecklenburgischen Seen. Die beliebtesten Inseln sind Sylt, Amrum und Rügen.

Beliebtheitsskala der Reiseziele, lt. Umfrage der Hamburger Forschungsgemeinschaft Urlaub und Reisen 1997:

65,8% Bayern	36,9% Frankreich
52,8% Schleswig-Holstein	32,7% Niederlande
47,3% Österreich	31,3% Mecklenburg-Vorpommern
47,1% Spanien	30,6% Griechenland
41,1% Italien	27,5% Baden-Württemberg

Die Belastung durch das Incoming ist jedoch in Destinationen nicht gleichmäßig verteilt. Dicht neben Bereichen hoher Gästekonzentration sind oft Gebiete anzutreffen, in die noch niemals ein Tourist seinen Fuß gesetzt hat.

Die Sächsische Schweiz ist mit 8.390 Gästeübernachtungen pro 1.000 Einwohner mehr als fünf Mal so fremdenverkehrsintensiv wie Sachsen insgesamt. Von den etwa 74 Mill. Übernachtungen in Bayern entfallen allein auf das Allgäu 12 Mill. Oberstdorf, im Oberallgäu, die erfolgreichste Urlaubsgemeinde Deutschlands, bietet mit etwas mehr als 10.000 Einwohnern über 17.000 Gästebetten an und verzeichnet fast 2,7 Mill. Übernachtungen im Jahr.

Die Alpen gelten als der größte zusammenhängende Natur- und Kulturraum in Mitteleuropa. Von den 14 Millionen Einwohnern leben mehr als die Hälfte, aber auch zahlreiche auswärtige Unternehmer, direkt oder indirekt von den jährlich 120 Mill. Touristen (50 Mill. Urlauber und 70 Mill. Tagesbesucher), die für 500 Mill. Übernachtungen, davon rund 300 Mill. im Winterhalbjahr, sorgen. In den Alpen findet fast ein Viertel des Welttourismus statt und wird auch ein Viertel des Weltjahresumsatzes des Tourismus erwirtschaftet. Sie gehören, neben der Karibik und den Ufern des Mittelmeers, zu den drei Weltzentren des Tourismus. Doch die Verteilung auf die rund 5.800 Gemeinden ist äußerst ungleich. Während in den bekannten Fremdenverkehrsorten zu Spitzenzeiten eine Menschen- und Verkehrsdichte wie in Großstädten herrscht, findet man in abgelegenen Tälern und Orten himmlische Ruhe. Fast jede zweite Alpen-Gemeinde ist vom Tourismus nahezu oder völlig unberührt. Nur ein Fünftel aller Gemeinden wird vorwiegend durch den Tourismus geprägt. Die vier Gemeinden im österreichischen Kleinwalsertal mit dem Sonderstatus als deutsches Zollgebiet haben zusammen 5.300 Einwohner und mehr als 12.000 Gästebetten für jährlich rund 250.000 Urlauber. Beeinträchtigt sind jedoch auch die anderen Orte. Beobachtet wird eine Entwicklung in entgegengesetzte Richtungen: Verstädterung auf der einen, Verödung auf der anderen Seite.[1]

Auch in den Städten gibt es wenige Meter neben den „Touristenpfaden“ Straßen, Restaurants, Parks etc., in denen noch niemals ein Tourist gesichtet wurde.

Die Kenntnis der **Touristendichte**, der zeitpunktbezogenen Verteilung der Touristen innerhalb einer Destination, ist nützlich, um über- oder unbelastete, stark- oder wenig belastete Gebiete innerhalb einer Destination zu erkennen und aus der Erkenntnis Maßnahmen hinsichtlich der touristischen Infrastruktur oder der Lenkung der Touristenströme abzuleiten.

$$\text{Touristendichte} = \frac{\text{Touristen}}{\text{Bezugsfläche}}$$

Die Erfassung der Anzahl der Touristen erfolgt durch Zählen, Schätzen und Hochrechnen. Ein Problem besteht darin, dass auch Einheimische mitgezählt werden. Deshalb ist diese Methode in Städten nur anwendbar, wenn sie zugleich mit einer Befragung verbunden wird.

Die Aussagekraft der Daten erhöht sich beträchtlich, wenn die Erfassung unter verschiedenen Bedingungen, wie Jahreszeit, Wetter und Tageszeit, wiederholt wird.

Die Darstellung der Ergebnisse erfolgt zunächst in *Punktkarten*, wobei jeder Punkt eine Zähleinheit bedeutet und lagerichtig in eine Kartenvorlage eingetragen wird. Diese Karten dienen vor allem der Veranschaulichung. Aus ihnen gelangt man entweder unmittelbar oder über eine Generalisierung zu *Dichtekarten*. Hierzu wird das zu bearbeitende Gebiet in ein Netz von Kleinflächen, Quadraten, aufgeteilt, für die jeweils die Touristendichte berechnet wird und eine Ausgleichung durch Isolinien (Isoplethen) erfolgt.

Zeitliche Verteilung

Dies ist die Frage nach der zeitlichen Verteilung der Gästeankünfte. Ideal wäre eine gleichmäßige Verteilung, aber den Gefallen tun die Touristen den Destinationen nicht. In Saisondestinationen kann sich das Angebot auf einen Rhythmus einstellen. Reine Feriengebiete passen sich dem Ferienkalender der Schulen an. Die Gipfelhöhen der Verteilungskurven werden vor allem vom Wetter beeinflusst, aber auch von alternativen Angeboten. Selbst Gebiete mit Ganzjahrestourismus müssen mit einer zyklischen Verteilung der Ankünfte rechnen.

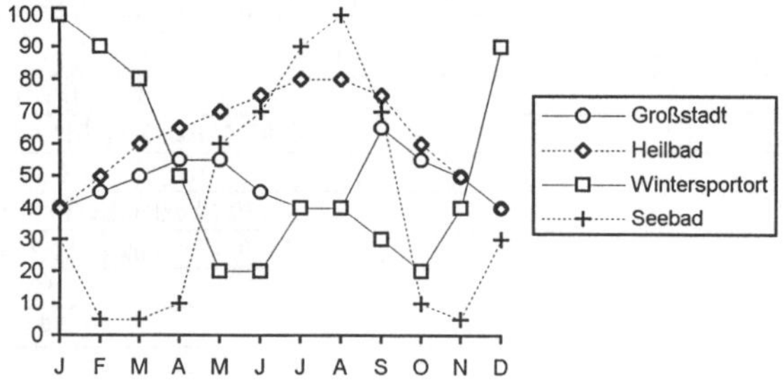

Bild 3.1.: Die Auslastung der Beherbergungskapazität

[1] Bätzing/Perlik in: Verreiste Berge. Kultur und Tourismus im Hochgebirge. Hrsg.:Luger/Inmann, Innsbruck 1996

In den Destinationen lohnt es sich, auf die jährlichen „*Urlaubsbrücken*“ zu achten und mit Angeboten zu reagieren. Eine Urlaubsbrücke bindet Feiertage in die Urlaubsplanung ein, z.B. genügten im Jahre 2000 vom 21. April (Karfreitag) bis zum 1. Mai vier Urlaubstage, um elf Tage frei zu machen, für die Zeit vom 23. Dezember 2000 bis zum 1. Januar 2001 drei Urlaubstage für zehn zusammenhängende frei Tage.

Ausgabeverhalten

Anhaltswerte zur Ausgabenstruktur deutscher Touristen liefern die Einkommens- und Verbrauchsstichproben (EVS) sowie Umfragen.

Tabelle 3.1.: Ausgaben je Reisetag bei Inlandreisen[1]

Posten	Tagesausgaben in € nach Reisedauer			
	5-7 Tage	8-14 Tage	15-21 Tage	22 u. mehr Tage
Fahrt u. Unterkunft	12,65	12,04	12,55	11,84
Gaststättenbesuche	4,53	4,40	4,11	3,29
Kauf v. Nahrungs- u. Genussmitteln	2,08	2,41	2,80	2,50
sonstige Ausgaben	3,85	3,40	2,95	2,68
gesamt	23,11	22,25	22,41	20,31

Tabelle 3.2.: Ausgaben je Reisetag in Abhängigkeit vom monatlichen Netto-Haushaltseinkommen (Zweipersonenhaushalt, 1990):

Niedriges Einkommen (bis 1.000 €)	20 bis 25 €
Mittleres Einkommen (bis 2.500 €)	28 bis 32 €
Höheres Einkommen (über 2.500 €)	39 bis 41 €

Tabelle 3.3.: Verteilung der Ausgaben in Abhängigkeit vom Einkommen (Reisedauer 8 bis 14 Tage)

Ausgabenart	niedriges Einkommen	mittleres Einkommen	höheres Einkommen
Fahrt und Unterkunft	60,4%	61,6%	64,2%
Speisen u. Getränke in Gaststätten	15,0%	16,3%	16,3%
gekaufte Nahrungs- u. Genussmittel	9,9%	8,8%	7,3%
sonstige Ferienausgaben	14,7%	13,3%	12,2%

Lt. einer DWIF-Studie von 1992 verteilten sich die Tagesgesamtausgaben im Durchschnitt so:

Übernachtung	39,7%	Sport und Freizeit	1,7%
Verpflegung	40,0%	lokaler Transport	1,5%
Einkäufe	10,3%	sonstige Dienstleistungen	6,8%

Tagesausgaben nach Reiseart (in €):[2]

Werbefahrten	142,00
Geschäftsreisen	68,80 (Ausländer 141,00)
Kur	63,40
Urlaub	43,70 (Ausländer 45,30)
Private	26,70 (Ausländer 51,80)
Tagesbesucher	19,40
Camping	17,90

[1] EVS 1988, aus: Reisen in Zahlen, Stat. Bundesamt

[2] 1986 lt. DWIF-Studie, Ausländer lt. DZT 1995, Werbefahrten nach eigener Befragung 1996

Tagesausgaben der Hamburg-Besucher (1993):

bei Übernachtung im Hotel	163 €
bei Privat-Übernachtung	27 €
bei Tagesbesuchern (geschäftlich)	31 €
bei Tagesbesuchern (privat)	27 €

Kunst- und Kulturreisende geben pro Tag in Hamburg etwa 156 € aus.[1]
Die Höhe der Tagesausgaben in Hamburg können nicht als Richtwerte auf andere Destinationen übertragen werden. Andere Quellen geben wesentlich geringere Orientierungswerte an, z.B.:
Tagesausgaben der Übernachtungsgäste etwa 50 €,
Tagesausgaben der Tagesgäste etwa 13 €.[2]
andere Erfahrungswerte:
durchschn. Tagesausgabensatz von Übernachtungsgästen in Beherbergungsbetrieben - 58 €
durchschn. Ausgabensatz von Tagesgästen - 10 bis 18 €
durchschn. Tagesausgabensatz von Dauercampern und Inh. von Zweitwohnungen - 10 €[3]

Die Tagesausgaben pro *Teilnehmer an Tagungen und Kongressen* betragen im Durchschnitt etwa 100,- €, bei hohem Anteil von Tagesgästen 80 €, bei hohem Übernachtungsanteil bis 145 €.[4]
Radtouristen geben pro Tag im Durchschnitt ca. 50 € aus.
Tagestouristen geben im Zielgebiet knapp 20 € für Essen, Trinken, Einkäufe und Vergnügungen aus.
Volksfeste, Weihnachtsmärkte: In Deutschland fanden 1999 rund 10.000 dieser Veranstaltungen statt. Sie wurden von 202 Mill. Menschen besucht, die 665 Mill. € ausgaben, d.h. pro Person im Durchschnitt 3,30 €. Hingegen gaben die 6,5 Mill. Besucher des Münchener Oktoberfestes im Durchschnitt 87,80 € aus.
Während der *Verhüllung des Berliner Reichstags* im Juni/Juli 1995 durch Christo und Jeanne-Claude gab jeder der rund fünf Millionen Besucher ca. 130 € für Übernachtung, Verpflegung, Verkehr und Souvenirs aus. Überwiegend waren es jedochTagesbesucher.
Während der Ferien geben deutsche Touristen 30 bis 36 € für *Souvenirs* aus.
Neben den genannten Einflussfaktoren für das Ausgabeverhalten der Touristen spielen die Zahlungsmodalitäten eine Rolle. Es ist nachgewiesen, dass bargeldloser Zahlungsverkehr, z.B. mittels Kunden-Service- und Kreditkarten, zu leichtfertigeren Ausgaben verführt.

Im Ausgabeverhalten sind deutliche nationale Unterschiede nachgewiesen: Österreicher und US-Amerikaner geben mehr als doppelt so viel im Urlaub aus wie Deutsche, Schweizer mehr als anderthalbmal so viel. Sollte man deshalb lieber in Österreich und den USA werben als im Inland?

3.2. Forderungen an das Angebot

Je nach Lebensstilgruppen, Freizeitstilgruppen, Urlaubsarten, geografischer Herkunft usw., stellen die Nachfrager unterschiedliche Anforderungen an die touristische Infrastruktur und an das Leistungsangebot.
Daraus folgt, dass man sein Angebotsprofil kennen sollte, um zu wissen, welche Zielgruppen damit ansprechbar sind, und dass man erkennt, wie das Angebotsprofil zu verändern ist, um die gewünschten Zielgruppen interessieren zu können.
Wie im vorhergehenden Abschnitt angedeutet, ist an Spezifikationen der Nachfragegruppen kein Mangel. Im Folgenden sind nur für einige repräsentative Gruppen bei-

[1] nach einer Studie des DWIF von 1992
[2] Leitfaden für die praktische Tourismusarbeit in der Marktwirtschaft. Bonn 1990
[3] für 1991, lt. Zeiner/Harrer: Die Ausgabenstruktur im Fremdenverkehr in der BRD. München 1992
[4] Moderne Hotel-Technik 1/93

spielhaft spezifische Anforderungen dargestellt worden. Für jede Destination muss dieser Zusammenhang zwischen Nachfrage und Angebot gesondert untersucht werden. Wenn man es unterlässt, stellt ihn der Markt entsprechend seiner Gesetzmäßigkeiten her.
Befragungen sind wenig hilfreich. Touristen beschwören in Umfragen ständig den idyllischen Fremdenverkehrsort mit heiler Landschaft als ideales Urlaubsziel - aber buchen komfortable Unterkunft, ausgefeilte touristische Infrastruktur, Nachtleben inklusive, und reisen mit dem Auto an.
Ansonsten ist das Einfühlungsvermögen mehr wert als dicke Folianten voller wissenschaftlicher bzw. wissenschaftlich klingender Analysen.

Urlauber[1]

Aktive Genießer

Sie bevorzugen Unterkünfte mit hohem Niveau, die über repräsentative Zonen der sozialen Kommunikation verfügen. Auch die Restaurants sollten einen guten Ruf haben, möglichst in den Gourmetführern verzeichnet sein. Das touristische Angebot sollte vielseitig, der Service professionell und das Kulturangebot anspruchsvoll sein. Moderne Sporteinrichtungen sollten eine Kombination von Sport, Spiel, Unterhaltung und Gastronomie bieten.
Gewählt werden bekannte Ferienorte mit Flair und anspruchsvollen Einkaufsmöglichkeiten. Auf gute Erreichbarkeit mit Auto oder Jacht wird Wert gelegt.

Kreuzfahrer

Obwohl sich einige Angebote der Kreuzschiffahrt auch an Nachfrager mit geringeren Einkommen, Familien und Jugendliche richten, ist das traditionelle Kreuzfahrtgeschäft überwiegend ein Angebot an die Kategorie der „aktiven Genießer“. Kreuzfahrer erwarten neben dem perfekten Service, einer ausgezeichneten Küche und einem abwechslungsreichen Unterhaltungsangebot natürlich das besondere Fluidum der Seefahrt.
Um die Kreuzschiffahrt einem breiteren Publikum zu öffnen, muss sie sich vom Image des hohen Preises und der steifen Etikette befreien. Themenkreuzfahrten, Leserkreuzfahrten, Gruppenfahrten, Fun-Reisen, im Preis enthaltene An- und Abreise zum und vom Hafen sind erfolgversprechende Ansätze.
Die wenigen deutschen Hochsee-Kreuzfahrtschiffe bieten ausschließlich gehobenen Standard.

Trendsensible

Gewünscht werden Unterkünfte in regionalem Stil, ortstypische Restaurants und Küche, Einkaufsmöglichkeiten für lokale Produkte, Informationsveranstaltungen zur Region, lokale Kulturangebote, Wandermöglichkeiten, Radwege.

Gesundheitsurlauber

Sie gehören zur Altersgruppe etwa ab 40 Jahre und wollen bewusst etwas für ihre Gesundheit tun. Sie wählen den Urlaubsort gezielt nach dem Angebot aus. Die überwiegend weiblichen und allein reisenden Gesundheitsurlauber kommen aus mittleren und gehobenen Einkommensschichten. Sie haben ein hohes Selbstwertgefühl und hohe Ansprüche. Sie suchen sowohl Ruhe als auch Kontakte mit Gleichgesinnten. Nur solide Angebote haben auf Dauer Aussicht auf Erfolg im Markt, da die Mund-zu-Mund-Werbung in diesem Bereich eine große Rolle spielt.
Die Kur- und Badeorte stellen sich zunehmend auf die Kombination von Kur und Urlaub, den „Kurlaub“, ein.

---

[1] s.a. Romeiß-Stracke,F.: Neues Denken im Tourismus. Ein tourismuspolitisches Konzept für Fremdenverkehrsgemeinden. Hrsg.: ADAC, München 1989, zu den Merkmalen der Urlaubertypen siehe S. 41 ff.

Kurpatienten

Neben den obligaten Kureinrichtungen sind ein ansprechendes Unterhaltungsangebot, Begegnungsmöglichkeiten, gepflegte Anlagen, Einkaufsmöglichkeiten erforderlich.

Familiäre

Gewünscht werden preiswerte Unterkünfte mit kindgerechter Ausstattung, z.B. niedrige Waschbecken, Spielzimmer. Familien, vor allem die Kinder, möchten gern ihre Haustiere mit in den Urlaub nehmen. Von der Gastronomie werden spezifische Angebote erwartet; Möglichkeiten zur Selbstverpflegung sowie Straßengastronomie sollten nicht fehlen. Weiter sind gefragt: Familientarife für den öffentlichen Verkehr und für Bildungs- und Erlebnisstätten sowie Sehenswürdigkeiten, möglichst in Form einer Familienkarte für die gesamte Dauer des Aufenthalts; familienfreundliche Sporteinrichtungen und -anlagen (Spielplätze, Erlebnisbäder, Tobeplätze); Kinderprogramme und Kinderbetreuung, geboten von geeigneten Fachkräften; Videos, Spiele, Puppenbühne, Bibliothek für Schlechtwettertage; Möglichkeiten für Familienpartys (Grill, Lagerfeuer); Möglichkeiten für Spaziergänge, Ausflugsziele in der näheren Umgebung (Familiäre suchen weniger Waldlehrpfade, Kräutergärten, Beobachtungsstände für Tiere, dafür mehr Naturerlebnisräume, in denen sie graben, pflücken, lagern, Feuer machen dürfen). Gefordert werden großräumige Verkehrsberuhigung und das Ausschalten von weiteren Gefahrenquellen. Ein Kinderarzt sollte am Ort sein.

Urlauber auf dem Bauernhof

Familien haben den größten Anteil an dieser Urlaubsart, d.h. die für die „Familiären" getroffenen Aussagen treffen auch hier zu. Es wird gern gesehen, wenn noch Landwirtschaft betrieben wird, und die Urlauber beteiligen sich oft gern an Arbeiten auf dem Hof oder auf den Feldern. Gefahrenquellen für Kinder sollten beseitigt oder gesichert werden. Erwartet werden eine angemessene Ausstattung der Unterkunft und Möglichkeiten zur Freizeitgestaltung und sportlichen Betätigung, z.B. Grillplatz, Fahrräder zum Ausleihen, Pferde, vor allem Ponys, oder auch Esel, Schaukeln, eine Badestelle in der näheren Umgebung, eine Wiese zum Ballspielen. Es liegt wohl am Klischee vom geruhsamen Leben auf dem Lande, wenn die Urlauber damit rechnen, dass die Wirtsleute Zeit haben, sich mit ihnen zu beschäftigen.

Urlaub auf dem Lande

Diese Urlaubsform wird von Urlaubern gewählt, die einen Gegensatz zum Aufenthalt in der Stadt suchen. Erwartet werden eine nicht allzu professionell-touristische ländliche Lebensweise, intakte Natur, fernab von Verkehrslärm und Industriebauten, aber auch ohne intensive Landwirtschaft.

Nur-Erholer

Diese Kategorie ist recht anspruchslos in ihren Forderungen an das Angebot. Die Unterkünfte sollen sauber und preiswert sein, das Essen und Trinken reichlich und ebenfalls preiswert. Meist werden Halb- und Vollpension gebucht. Das Interesse an regionaler Küche hält sich in Grenzen. Zur Erholung sind keine besonderen Einrichtungen - außer Liegestuhl und Sonnenschirm am Pool oder Strand - erforderlich. Der Platzbedarf ist gering. Als Ergänzung genügen einfache Unterhaltungsangebote, z.B. Heimatabende, organisierte Ausflüge, Sehenswürdigkeiten und Möglichkeiten zum Einkaufs- bzw. Schaufensterbummel.

Sportlich Aktive

Diese Urlauber wählen die Zielregion entsprechend ihrer präferierten Sportart aus. Sie erwarten gepflegte Sportanlagen und Service-Einrichtungen, und sie stellen oft besondere Anforderungen an die Ernährung. Neulinge erwarten sachkundige Anleitung. Die

sportlich Aktiven sind dankbar für eine angemessene Anerkennung ihrer Leistungen, z.B. in den örtlichen Medien oder im Rahmen von Veranstaltungen.
Einfache Unterkünfte werden im Allgemeinen vorgezogen, außer bei solchen Sportarten wie Tennis und Golf. Räumlichkeiten zur zwanglosen Kommunikation sind unbedingt erforderlich. Einige Sportarten erfordern zusätzlich repräsentative Räumlichkeiten und konservativen Service für formelle Veranstaltungen.

In Deutschland existieren zur Zeit etwa 5.300 Fitness- und Freizeitanlagen in Größenordnungen zwischen 300 m^2 und über 3.000 m^2. Fitness-Betrieben über 1.500 m^2 ist häufig ein umfangreicher Sauna-, Schwimmbad- und Ballsportbereich mit Tennis, Badminton und Squash angegliedert. Die meisten dieser Anlagen werden vom Deutschen Sportstudio Verband (DSSV) betreut, der auf die Einhaltung der Qualitätsstandards achtet und die in der Branche Beschäftigten in einem eigenen Bildungsinstitut schult.

Abenteuerurlauber

Andere Bezeichnungen für Abenteuerurlaub sind Outdoor-Tourismus, Weekend-Thrill, Thrilling. Diese Kategorie ist keine Massenerscheinung, und die Motive sind vielfältig: Leistungsgrenze testen, Teamgeist entwickeln, Mut beweisen, sich fit halten, Risiken ausprobieren, die Natur erleben, auf Komfort verzichten. Die Forderungen an das Angebot sind in Abhängigkeit von der Art des Abenteuers sehr speziell. Oft werden aufwändige technische Ausstattungen benötigt. Abenteuertourismus ist ein Riesengeschäft für Ausrüster.
Manche dieser Abenteuer-Sportarten stellen große Gefahren für die Natur dar, vor allem durch ihre Anziehungskraft für sensationslüsterne Zuschauer.
Die Forderungen an das regionale Angebot beschränken sich, da sowohl Aktive als auch Zuschauer überwiegend Tagestouristen sind, auf das Vorhalten von Zufahrten und Parkmöglichkeiten sowie einfache gastronomische Versorgung und Souvenirverkauf.

Fun-Urlauber

wollen nichts als Spaß haben. Sie sind kaum bereit, aus Rücksicht auf andere und auf die Umwelt auf ihr Vergnügen zu verzichten. Jugendlichen Fun-Touristen genügen Veranstaltungen, Gaststätten und Diskotheken, die dem Spaß keine Grenzen setzen.

Wanderer, Radwanderer

Deutsche Wanderer fühlen sich in der Gruppe von 20 bis 30 Leuten am wohlsten, sind laut, ausgelassen, lieben Gesang und Gitarrenmusik. Bevorzugt werden einfache Unterkünfte mit regionaler Atmosphäre und ebensolche Küche sowie Räumlichkeiten zu zwangloser Kommunikation und für Gruppenveranstaltungen.
Die Wanderwege sollten abwechslungsreich, gepflegt, gut beschildert und ausreichend mit Bänken, Rastplätzen und Raststätten ausgestattet sein. Fuß- wie Radwanderer wünschen sich Wege, auf denen weder sie behindert werden noch sie selbst andere behindern.
Bei Etappenwanderungen ist ein zuverlässiger Gepäckdienst unerlässlich, für Radwanderer außerdem ein Reparaturservice. Unterkünfte für Radwanderer sollten zumindest einen abschließbaren Fahrradraum, Trockenmöglichkeiten für nasse Kleidung und Ausrüstung sowie Werkzeuge für kleinere Reparaturen bieten und natürlich Gäste auch nur für eine Nacht aufnehmen.[1]
Ortskundige sind sowohl als Animateure und Begleiter als auch als Ratgeber für die Vorbereitung von Wanderungen gefragt.

[1] seit 1996 gibt der ADFC ein Übernachtungsverzeichnis für Radwanderer in Deutschland und Österreich unter dem Titel „Rad und Bett" heraus

Camper

Camper legen vor allem Wert auf Sauberkeit, Sicherheit und Schutz vor Belästigung. Dass die hygienischen Bedingungen und Einrichtungen einen hohen Standard haben, wird allgemein als selbstverständlich vorausgesetzt. Gefordert werden neben einfachen gastronomischen Einrichtungen auch Einkaufsmöglichkeiten für die Selbstversorgung. Diskotheken und Kneipen sind als Kommunikationsorte erwünscht. Verschiedene Sportanlagen, Sportgeräte- und Fahrradverleih, zurückhaltende Animation, Veranstaltungsangebote werden erwartet.

Gefordert wird auch, dass es auf dem Campingplatz einige Ruhezonen gibt.

Viele Camper sind Wiederholer, Stammgäste; sie bleiben einem Campingplatz treu, wenn das Angebot ihren Anforderungen entspricht. Von Bedeutung ist natürlich auch, dass man immer wieder Bekannte trifft.

Motorcaravaner

Autark-Touristen bevorzugen, sofern sie nicht die Campingplätze aufsuchen, mobilfreundliche Regionen und Kommunen, d.h. solche, die Stellplätze mit Einkaufsmöglichkeiten und Lokalen in der Nähe anbieten.

Wochenend- und Kurzurlauber

Diese Nachfrager gelten insofern als anspruchsvoll, als sie in kurzer Zeit intensiv erleben bzw. entspannen wollen. Gefragt sind unter anderem Kulturerlebnisse und Sport, entweder als aktive Betätigung oder zum Zuschauen, Erholungsmöglichkeiten, Besuche anspruchsvoller Restaurants, Kasinobesuche, Einkaufgelegenheiten. Meist werden mehrere Interessen miteinander kombiniert.

Gewünscht werden Sonderangebote der Verkehrsträger (Wochenendtickets), kombinierte Bus-Theater-Reisen sowie Wochenendarrangements von Hotels.

Eine erhebliche Zahl der Wochenend- und Kurzurlauber nutzt eigene Ferienwohnungen, Wochenendhäuser und -grundstücke, andere übernachten bei Verwandten und Bekannten, wieder andere zelten bzw. benutzen fahrbare Unterkünfte.

Naherholer

Sie nutzen überwiegend die Umgebung der Städte und Ballungsgebiete und nehmen keine Übernachtung in Anspruch. Eine Fahrtdauer bis zwei Stunden zwischen Wohnung und Naherholungsgebiet wird als akzeptabel angesehen. Längere Fahrten werden nur in Kauf genommen, wenn nähergelegene Naherholungsgebiete zu wenig attraktiv oder überlaufen sind. Selbst Flugarrangements, z.B. zum Skilaufen von Hamburg in die Alpen, werden als Tagesausflüge angeboten und angenommen.

Die Forderungen an das Angebot sind in Abhängigkeit von der Art der gewünschten Naherholung unterschiedlich. Familien suchen Möglichkeiten zu gemeinsamem Spiel und zum Picknicken, sportlich Aktive die entsprechenden Anlagen, Ruhebedürftige eine friedliche Atmosphäre.

Bildungsreisende

Naturliebhaber, Naturfreunde

Sie sind hinsichtlich der Unterkunft relativ anspruchslos. Pensionen und Privatunterkünfte werden Hotels vorgezogen. Flexibler Service wird gern gesehen, z.B. das Frühstück bereits vor Sonnenaufgang. Vermieter sollten auch Verständnis für sperrige Ausrüstung haben sowie Abstell- und Säuberungsmöglichkeiten für Gummistiefel und Regenkleidung vorsehen. Sachkundige Information, Beratung, Führung sollte bei Bedarf geboten oder vermittelt werden können.

Studienreisende

Sie sind interessiert an Bauwerken, Museen, historischen und kulturellen Attraktionen, suchen tiefere Einblicke, kommen bereits mit Vorkenntnissen.

Hohe kulturelle Ansprüche verlangen kulturelle Vielfalt.

Für den Direktor des New Yorker Met (Metroplolitan Museum of Art), Philippe de MONTEBELLO, ist eine Stadt eine Wüste, die nur Bilder, aber keine Oper hat, oder nur eine Oper und keine Kammermusik und kein Ballett. Erst die Verbindung der Künste schaffe große kulturelle Zentren wie Paris, London oder New York.

Geistig Rege

Diese Gruppe von Nachfragern unterscheidet sich von den beiden vorgenannten dadurch, dass ihre Angehörigen nicht an einer speziellen Art intellektueller Freizeitbeschäftigung interessiert sind, sondern einfach geistig fit bleiben wollen.

Ermittelt wurde, dass drei Wochen geistiger und sozialer Unterforderung zu einem Verlust von 20 IQ-Punkten führen können. Aber nicht jeder aus dieser Nachfragegruppe hat Angst vor IQ-Verlust. Für die meisten ist es einfach der Spaß am „Gehirnjogging“ (Mental-Jogging), der dazu führt, dass entsprechende Angebote zunehmend nachgefragt werden.

Gefragt ist alles, von Bingo über Quizveranstaltungen bis zu Bridge- und Schachturnieren. Spezielle Angebote sind vor allem von „Menties“ gefragt, aber auch „normale“ Erholungsurlauber sind dankbar für intellektuelle Unterhaltungsangebote.

NAHRSTEDT[1] fasst unter dem „Kulturtourismus“ Kultur-, Bildungs- und Studienreisen zusammen, DREYER[2] versteht darunter: Städte-, Studien-, Sprach- und Themenreisen.

Städtereisende

Motive für den Besuch von Städten sind gem. RA 1999

1. Freunde, Bekannte, Verwandte besuchen
2. die Stadt besichtigen, erleben, kennen lernen
3. Abwechslung, etwas unternehmen
4. das kulturelle Angebot
5. Einkäufe

desweiteren der Besuch von Sportveranstaltungen und -einrichtungen, Messen und Ausstellungen, die Teilnahme an Städterundreisen, die Besichtigung von Sehenswürdigkeiten. Ein bedeutender Anteil der Städtereisenden sind Geschäfts- und Dienstreisende.

Gewünscht werden qualifizierte und interessante, dabei unterhaltsame Stadtführungen bzw. -rundfahrten, die möglichst dem Niveau und den Ansprüchen der Reisenden angemessen sein sollten.

Besucher-Pässe, die das Benutzen des Nahverkehrs und weitere Leistungen enthalten, werden überwiegend dankbar angenommen. Wo sie nicht angeboten werden, muss das Nahverkehrs-Tarifsystem überschaubar sein. Selbstverständlich sollte auch eine ausreichende Ausstattung mit Informationsmitteln sein: Wegweiser, Markierungen, Stadtpläne.

Ein gepflegtes Stadtbild, Atmosphäre und Flair sind wichtig; austauschbare Städte sind langweilig. Das gastronomische Angebot sollte jedem Bedarf Rechnung tragen. Der regionale Charakter sollte zum Ausdruck kommen.

Starkes Verkehrsaufkommen und hohes Preisniveau werden oft negativ empfunden. Die zeitliche Beschränkung der Einkaufsmöglichkeiten wird beim Städtetourismus besonders deshalb als Nachteil empfunden, weil bei kurzer Aufenthaltsdauer die Tage bzw. Stunden bereits mit intensiven Besichtigungsprogrammen ausgefüllt sind.

Tagesbesucher

Für Tagesbesucher steht im Gegensatz zu den Naherholern nicht die Erholung im Vordergrund, und im Vergleich zu den Städtetouristen beanspruchen sie keine Unterkunft.

[1] Nahrstedt,W.: Die Kulturreise. In: Dreyer (1996), S. 5 - 23

[2] Dreyer,A.: Der Markt für Kulturtourismus. In: Dreyer (1996), S. 25 -48

Die Motive sind jedoch ähnlich jenen der Städtetouristen.
Tagesbesucher wünschen besucherfreundliche Tarife, zumindest für das öffentliche Verkehrswesen (Verkehrsverbund, City-Card) und klare Orientierungssysteme.
Es ist ein verbreitetes Vorurteil, dass Tagesbesucher lediglich die besuchten Orte mit Lärm und Abfällen belasten.

1994 machten 70 Mill. Deutsche im Schnitt je 30 Tagesausflüge und gaben dafür rund 40 Mrd. € in Deutschland aus.

Geschäftsreisende

Voraussetzung für ein reges Incoming von Geschäftsreisenden sind die wirtschaftliche Attraktivität und Aktivität der Region. Finanz- und Industriezentren, Zentren der politischen Willensbildung, Messe- und Ausstellungsstandorte sind Schwerpunkte der Geschäfts- und Dienstreisetätigkeit.
Unterschiede in den Anforderungen an die touristische Infrastruktur und das Leistungsangebot resultieren aus Unterschieden in der Art der Geschäfte und der Kategorie der Reisenden. So fordern Handlungsreisende, Vertreter, Monteure einfache Unterkünfte und preiswerte Restaurants, während Top-Manager sicher auf anspruchsvolle Hotels und Spitzenrestaurants Wert legen. Ebenso differenziert ist die Nachfrage nach Unterhaltungs- und Vergnügungsangeboten.

Messe-, Tagungs- und Kongressbesucher

Die Veranstalter wählen Messe-, Tagungs- und Kongressorte nach deren Attraktivität und Image aus. In Bezug auf Messen spielt die Tradition und Kontinuität zudem eine große Rolle. Gefordert werden zentrale Lage, gute Verkehrsanbindung, differenziertes, aber eher anspruchsvolles Beherbergungsangebot, umfassendes Infrastrukturangebot, anspruchvolles Kultur- und Unterhaltungsangebot insbesondere für Tagungen und Kongresse, eine landschaftlich reizvolle Umgebung und ein hoher Prestigewert des Ortes oder der Region.
Vorausgesetzt werden in jedem Falle perfekte Organisation und Technik sowie professioneller Service, wobei gern auf Referenzen zurückgegriffen wird.
Messen, Tagungen und Kongresse sind für die Kommunen um so interessanter, je länger die Veranstaltungen dauern und somit zur Steigerung der Zahl der Übernachtungen und Nutzung der infrastrukturellen Angebote beitragen.
Vor- und Nachprogramme werden oft touristisch genutzt, bzw. die Aufenthaltsdauer wird individuell verlängert, sofern das touristische Angebot dazu reizt.
Da dieser Markt sehr lukrativ und hart umkämpft ist, erwarten die Veranstalter von den Gemeinden und Leistungsanbietern eine entgegenkommende Preisgestaltung.

Am Beispiel einiger **spezifischer Personengruppen** soll nun auf weitere Anforderungen an das Angebot hingewiesen werden.

Singles

Für weibliche wie männliche Singles gilt gleichermaßen, dass der oft unverhältnismäßig hohe Einzelzimmerzuschlag sie gegenüber Reisenden mit Partnern diskriminiert. Auch der Zimmer- statt eines Personenpreises, wie in einigen Ländern üblich, ist keine befriedigende Lösung. Angebote mit „halbem Doppelzimmer“ und der Möglichkeit des Umbuchens vor Ort (z.B. Studiosus) sind recht selten.
Besonders hoch ist der Anteil Älterer an den Alleinreisenden. Zu deren Anforderungen siehe unter „Senioren“.
Allein reisende Frauen tragen schwerer am Gepäck als Männer, und schlechter Service setzt ihnen mehr zu als Männern. Sie ziehen gemütliche Familienbetriebe den perfekten, oft unpersönlichen Hotelketten vor. Dankbar akzeptiert werden eine spezifische

Zimmer- und Badausstattung: große Spiegel, gute Beleuchtung zum Schminken, Fön, Kleiderbügel für Röcke, die Möglichkeit, ein Abendkleid in voller Länge aufzuhängen sowie Spion und Sicherheitskette an der Zimmertür. Im Parkhaus werden bevorzugte, d.h. gut beleuchtete und nahe dem Ausgang liegende Plätze gewünscht. Die Zeitungs- und Zeitschriftenauswahl sollte dem Bedarf von Frauen Rechnung tragen, und allein reisende Frauen sollten ihren Kommunikationsbedarf befriedigen können, ohne Belästigungen befürchten zu müssen. Als Schutz vor Belästigungen wird männliche Begleitung als Service immer häufiger nachgefragt. Die sogenannten „Katzentische" für einzelne Damen in den Hotelrestaurants sollten endlich der Vergangenheit angehören.

Behinderte

Die Grundforderung ist zunächst eine behindertengerechte Infrastruktur. Damit ist es aber nicht getan. Im Interesse der Behinderten und ihrer Angehörigen ist es unerlässlich, ihre Aufnahme als Gäste nicht wie eine soziale Pflichtveranstaltung zu behandeln, sondern sie als Touristen wie andere auch aufzunehmen. Schon dass es ihnen, nicht nur wegen fehlender Infrastruktur, so schwer gemacht wird, zusammen mit Nicht-Behinderten zu reisen, ist unsozial. Der Bedarf besteht nicht so sehr an behindertengerechter Infrastruktur, sondern vor allem an toleranter, sozial empfindender und aufgeklärter Bevölkerung, einfühlsamen Reiseleitern und Animateuren.

Jugendliche

Jugendliche sind als Nachfragegruppe überwiegend anspruchslos. Sie sind mit einfachen, preiswerten Unterkünften und ebensolchen gastronomischen Angeboten zufrieden. Ihrem Drang nach Erlebnissen, Aktivität, Kontakten mit Gleichaltrigen, Ausgelassenheit sollten angemessene Angebote Rechnung tragen. Ihre überschäumende, meist lautstark geäußerte Lebenslust lässt sie oft unvereinbar mit anderen Zielgruppen erscheinen.

Unerfahrenheit und Leichtgläubigkeit kann sie zu leichten Opfern von Sekten, politischen Gruppierungen, Drogendealern und Neppern werden lassen, die sich in hauptsächlich von Jugendlichen frequentierten Destinationen Erfolge versprechen. Die betreffenden Fremdenverkehrsorte sind gefordert, im Interesse der Jugendlichen Maßnahmen zu deren Schutz zu treffen. Zumindest den Neppern unter den ortsansässigen Leistungsanbietern sollte problemlos das Handwerk gelegt werden können.

Senioren

Rüstige Rentner werden in den nächsten Jahren mehr Geld zur Verfügung haben, denn zu Renten und Pensionen kommen noch Lebensversicherungen und andere Geldanlagen (in Deutschland etwa 150 Mrd. €). Sparguthaben, die früher für die Enkel reserviert waren, werden immer mehr für eigene Reisen verwendet. Der Anteil der Senioren an der Zahl der Reisenden wächst auch wegen ihres zunehmenden Anteils an der Bevölkerung. Erwartet wird ein hoher Anteil von Einzelreisenden.

Andererseits vertritt jeder zweite Mittfünfziger die Meinung, dass man auch zu Hause Urlaub machen kann. Es lohnt also, um sie zu werben. Doch dazu ist es erforderlich, ihre Wünsche und Forderungen zu untersuchen.

Die sogenannten Neuen Alten (55 plus) werden wie folgt beschrieben:

Sie haben weder neue Bedürfnisse noch neue Konsumansprüche, praktizieren keine neuen Verhaltensweisen, haben mehr Freude an der eigenen Gartenarbeit als am Einkaufsbummel, gehen lieber in die Kirche als in die Kneipe, faulenzen lieber, als Sport zu treiben, basteln lieber im eigenen Hobbykeller, als im Verein tätig zu sein, nehmen sich viel Zeit fürs Zeitung Lesen, finden am Radio Hören genauso viel Gefallen wie am Fernsehen, Konsumlust wird mehr demonstriert als realisiert, sie begnügen sich mit den kleinen Freuden des Lebens.

Senioren wollen nicht wie Alte behandelt werden. Lt. einer Befragung haben 80% der Gäste über 60 geäußert, nicht in einem „Seniorenhotel" absteigen zu wollen. Ein Veranstalter (DER) musste nach wenigen Monaten seinen „Oldykatalog" zurückziehen. Hinter solchen Offerten wittern die Pensionäre Altenghettos. Und dafür fühlen sie sich noch viel zu jung.

Gefragt sind zunächst ganz allgemein Komfort, altersgerechte Vollpension, intensive Reisebetreuung, auch medizinische Betreuung, Gepäckservice. Anspruchsvolle Unterhaltung wird geschätzt. Dazu gehören Konzerte, besonders beliebt sind Freiluftkonzerte, Tanzveranstaltungen, bei den Karten- und Brettspielen zunehmend Bridge und Schach sowie Backgammon. Gelegenheiten zu gepflegter Kommunikation, Anlässe, zu denen Abendkleidung angebracht ist, werden gern genutzt.

Gewünscht werden bequeme Wanderwege mit Ausflugszielen, Tagesausflüge zu Sehenswürdigkeiten sowie altersgerechte Sportangebote wie Boccia, aber auch Tennis und Badminton.

Für Senioren ist besonders wichtig, dass Angebote konstant gehalten werden. Die Erinnerung dient dem schnellen Sich-Zurechtfinden; die Vorfreude auf lieb gewordene Beschäftigungen, Orte, Plätze, Personen ist besonders ausgeprägt.

Ausländer

Im Allgemeinen ist es unerheblich, woher die Gäste kommen. Bei Orientierung auf Ausländer sollte man sich jedoch darüber im Klaren sein, dass sie, wie auch die Inländer, mit unterschiedlichen Interessen und Vorstellungen kommen, die Sprachbarriere und kulturellen Unterschiede jedoch ein besonders feinfühliges Eingehen erfordern. Beim Einkaufsbummel gelten vielleicht andere Präferenzen, bei Besichtigungstouren werden sicher andere Fragen gestellt und findet man anderes interessant, Kontakte zu Einheimischen sind oft komplizierter herzustellen, Ausflugsmöglichkeiten werden genutzt, um ein fremdes Land und fremdartige Leute mit fremdartigen Gewohnheiten kennen zu lernen; die regionale Gastronomie, das Lokalkolorit, die Kultur, Souvenirs haben für Ausländer oft einen ganz anderen Reiz und Stellenwert als für Inländer.

Ein hoher Anteil von Gästen aus dem Ausland erfordert fremdsprachiges Informationsmaterial sowie Sprachkenntnisse in der Fremdenverkehrsstelle, von Reiseleitern, vom Hotel- und Gastronomiepersonal, im Handel, in Museen, von privaten Vermietern, selbst von der Bevölkerung, die nicht unmittelbar mit dem Incoming zu tun hat. Selbst wenn sie die deutsche Sprache beherrschen, ist es für ausländische Gäste äußerst angenehm, sich auch in ihrer Muttersprache verständigen zu können. So, wie sich Gastgeber freuen, wenn ihre ausländischen Gäste sich zumindest bemühen, einige Ausdrücke auf deutsch parat zu haben, empfinden die Gäste es als Aufmerksamkeit, in ihrer Sprache einen „Guten Morgen" gewünscht zu bekommen.

Natürlich ist es weder notwendig noch realisierbar, die Sprachen aller ausländischen Gäste zu beherrschen. Viele der ausländischen Besucher Deutschlands sprechen ohnehin Deutsch. Bei hohem Ausländeranteil am Incoming ist zumindest die Kenntnis der englischen Sprache, in den professionellen Incoming-Bereichen selbstverständlich, auch der Bevölkerung zu empfehlen. Angebote für Sprachkurse sollten im Rahmen des Innenmarketing vorgesehen werden.

Grundkenntnisse der Gastgeber über das Herkunftsland des ausländischen Besuchers geben ihm das Gefühl, man interessiere sich für ihn nicht nur als zahlenden Gast. Es ist ein Zeichen von Aufgeschlossenheit, Anteilnahme und Bildung, wenn Gastgeber über geschichtliche, politische und kulturelle Ereignisse, über aktuelle Probleme, über die Wirtschaftslage, über die religiösen Besonderheiten usw. Bescheid wissen. Je umfassender, aktueller, exakter, tiefer das Wissen, desto besser. Die Fremdenverkehrsstelle, der Verkehrsverein, örtliche Bildungseinrichtungen und Bibliotheken sollten sich als Ansprechpartner zur Verfügung stellen und Hilfe anbieten. Allerdings kann manchmal Zurückhaltung angebracht sein, um nicht den Eindruck der Besserwisserei zu erwecken. Fremde wegen ihres Aussehens, ihrer Kleidung, ihrer Gewohnheiten wie Exoten anzustarren und zu behandeln, ist zumindest unhöflich. Traditionell weltoffene Städte und ihre Bewohner - und Fremdenverkehrsorte sollten sich bemühen, weltoffen zu sein - praktizieren einen völlig natürlichen Umgang selbst mit dem Ungewöhnlichsten.

Soziale Schichten

Unterschiede der Anforderungen an die touristische Infrastruktur und das Leistungsangebot sind, sofern sie auf der Zugehörigkeit zu einer sozialen Schicht und damit zu einer Einkommensklasse beruhen, für die Destinationen wegen des Strebens der Schichten nach Statusreinheit von Bedeutung.

Dem sozialen Status trägt vor allem das Preisniveau Rechnung. Zwischen dem Sozialtourismus und dem Luxustourismus liegen Welten.

Die Wünsche sind grundsätzlich identisch, nur sind die Ärmeren nicht in der Lage, sie sich auf demselben Niveau zu befriedigen wie die Reicheren.

In der Kalkulation der deutschen Reiseveranstalter spielt das einkommensschwache untere Drittel der Gesellschaft nur eine geringe Rolle. Aber auch die Ärmeren verreisen! Und das Incoming ist sich nicht zu schade, sie als Gäste zu empfangen.

Bildung

Das Problem der Statusreinheit ist auf dem Gebiet der Bildung, insbesondere der akademischen Grade, vielleicht noch gravierender als in Bezug auf die sozialen Schichten (s.o.). „Ein Akademiker mit elitärer Selbsteinstufung ist bereit, im Zelt auf Stroh zu schlafen, wenn nebenan auch ein Akademiker schläft.“[1] Das Verlangen nach Statusreinheit gilt sowohl „oben“ als auch „unten“. Das Unbehagen wenig Gebildeter vor dem betressten Portier, Unsicherheit gegenüber dem eleganten Kellner und der unverständlichen Speisenkarte sind ebenso verbreitet, wie das Unbehagen Gebildeter in der Gesellschaft einfacher Geister.

Die Anforderungen an das Leistungsangebot weisen auf den Bildungsgrad zurückzuführende Unterschiede, unter anderem hinsichtlich der Nachfrage nach Zeitungen und Zeitschriften, Kultur- und Unterhaltungsveranstaltungen auf.

Anforderungen in Abhängigkeit vom Verkehrsmittel

Bei Anreise mit der Eisenbahn, dem Flugzeug sowie dem Schiff ist ein Transfer und Gepäckservice erforderlich, der bei Pauschalreisen vom Veranstalter organisiert und von regionalen Leistungsträgern realisiert wird. Bei Individualreisen mit o.g. Verkehrsmitteln holen Hotels, Pensionen, Privatvermieter entweder ihre Gäste mit eigenen Fahrzeugen ab, organisieren den Transfer gemeinsam, oder sie überlassen es den Reisenden, irgendwie zur Unterkunft zu gelangen. Oft werden bei der Buchung Empfehlungen gegeben.

Bei Anreise mit dem Bus oder Auto sind Stellflächen und Parkplätze sowie klare Hinweisschilder erforderlich. Und bei der Buchung sollten Empfehlungen für die Anfahrt nicht vergessen werden. Im Übrigen gelten ähnliche Anforderungen wie für Motorcaravaner und Camper .

---

[1] Brandt,H.: Klassenkampf mit Vollpension, in: fvw 8.2. u. 22.2.72

3.3. Einflüsse auf die Nachfrage

Die touristische Nachfrage reagiert äußerst sensibel auf eine Vielzahl von Faktoren. Es gilt, positive, d.h. den Tourismus allgemein und das Incoming im Besonderen fördernde ebenso wie hemmende Einflüsse zu beachten. Selten wirken einzelne Faktoren so stark, dass Reaktionen der Nachfrage auf sie allein zurückgeführt werden können. Meist üben sie ihren Einfluss als Faktorenbündel aus, ohne im Detail erkennen zu lassen, mit welcher Wirkung welcher Faktor zum Ergebnis beigetragen hat.

Unter **Push (Schub)** werden die Antriebskräfte zusammengefasst, die eine Person zu einem bestimmten Verhalten veranlassen. **Pull (Zug)** bezeichnet die Anziehungskraft- von Angeboten. Das Push führt dazu, dass man reist, das Pull entscheidet darüber, wohin man reist.

Einkommen und Wohlstand

Das Netto-Haushaltseinkommen aus Arbeitsentgelt, Kapitalerträgen, Mieteinnahmen, Gewinn aus Unternehmen, BaföG, Rente, Sozialleistungen, Erbschaft, Schenkung bestimmt die Grenze der Ausgabemöglichkeiten des Haushalts, sofern sie nicht durch Schuldenaufnahme oder Kapitalverzehr erweitert wird.

Die Befriedigung der Existenzbedürfnisse (Nahrung, Kleidung, Wohnung, Mobilität) und die dafür erforderlichen Lebenshaltungskosten beschränken, neben dem Sparen, die Höhe des zur Befriedigung von Sekundärbedürfnissen verfügbaren Anteils vom Haushaltseinkommen.

Bei steigendem Einkommen geht der Anteil der Lebenshaltungskosten an der Verwendung des Einkommens zurück. Vorausgesetzt, die Lebenshaltungskosten sind konstant geblieben. Interessanter ist also das reale Nettoeinkommen, das um den Anstieg der Lebenshaltungskosten bereinigte Nettoeinkommen.

Einen engen Zusammenhang zum Realeinkommen zeigt die Entwicklung der Kaufkraft, d.h. die Differenz aus Nettoverdienst und Preisenwicklung.

Der Teil des realen Nettoeinkommens, der nach Abzug der Lebenshaltungkosten übrig bleibt, von Sparen, Schuldenaufnahme und Kapitalverzehr abgesehen, wird auf eine Vielzahl von Bedürfnissen so verteilt, dass der subjektive Gesamtnutzen aus der Geldverwendung ein Maximum erreicht (2. Gossensches Gesetz). Welchen Anteil die Ausgaben für Reisen haben, ergibt sich folglich aus deren Nutzen im Vergleich zum Nutzen anderer Ausgabemöglichkeiten (Auto, Möbel, Bücher, Kunstgegenstände) und aus den absoluten wie relativen Preisen.

Eine allgemeine Erkenntnis: Wenn Verbraucher weniger Geld zur Verfügung haben, geben sie es gezielter aus.

Langfristig gesichertes Einkommen, z.B. staatliche Altersversorgung und Beamtenbezüge, verringert die Sparneigung und erhöht somit den für Reisen verwendbaren Anteil.

Mit Wohlstand und Reichtum verbunden sind anteilig zu anderen Verwendungen geringere Ausgaben zum Erwerb von Eigentum (Wohnung ist eingerichtet und ausgestattet, Schmuck ist vorhanden). Allerdings muss auch Einkommen für die Erhaltung des Wohlstands aufgewendet werden. Ein beträchtlicher Teil des Einkommens wird für Eigentum und Vermögensbildung im Freizeitbereich (Ferienhäuser und -wohnungen, Mobilheime, Grundstücke, Jachten, Reitpferde) verwendet.

Gesellschaftliche Veränderungen, wie das Auseinanderbröckeln einer breiten, mit solidem Wohlstand ausgestatteten Mittelschicht und eine Verstärkung der oberen, von Konjunkturschwächen kaum berührten, und der unteren, von Wirtschafts- und Steuerpolitik hart betroffenen unteren Ränder, wirken sich sowohl auf die Nachfragemenge als auch auf die Art der Nachfrage aus.

Im Inland beruhen Kaufkraftdifferenzen sowohl auf regionalen Unterschieden des Haushaltseinkommens als auch im Preisniveau. Regionale Preisunterschiede betreffen Unterkunft und Verpflegung, Leistungen des Verkehrswesens, Konsumgüter und touristische Leistungen.

Inflation, d.h. anhaltender Kaufkraftverlust des Geldes bzw. anhaltende Verteuerung eines Teiles oder aller in einer Wirtschaft angebotenen Güter und Leistungen, kann aus Furcht vor dem Wertverlust der Ersparnisse eine zeitweilig steigende Nachfrage nach Reisen bewirken.

Währungskurse

Im grenzüberschreitenden Tourismus spielen die Wechselkurse oft eine entscheidende Rolle. Die *Aufwertung* der Gastgeberwährung ist von Nachteil für das Incoming-Gewerbe. Für ausländische Touristen verteuert sich das Angebot, und für inländische Touristen bieten sich preiswerte Reiseziele außerhalb der Landesgrenzen. Exporte werden teurer, Importe billiger. Umgekehrt bei *Abwertung* der Gastgeberwährung. Auch für den Kauf von Freizeiteigentum ist diese Regel anwendbar.

Auf- oder Abwertung wirken jedoch nur zeitweilig auf das Reiseverhalten. Nach kurzer Zeit hat sich auch die Nachfrage auf das neue Verhältnis eingestellt und richtet sich nach der Kaufkraft.

Im Allgemeinen und längerfristig wirkt eine stabile Währungslage positiv auf den Fremdenverkehr, eine instabile Währungslage negativ.

Der Euro erleichtert den internen Tourismus innerhalb der Euro-Zone. Die Differenzierung der Destinationen, soweit sie bisher von Kaufkraft und Wechselkurs beeinflusst wurde, erfolgt nun, neben anderen, bekannten Merkmalen, über das Preisniveau. Für das Incoming von außerhalb der Euro-Zone erscheint diese homogen hinsichtlich der Währung. Kurzfristige Reiseentscheidungen für oder gegen ein bestimmtes europäisches Land, die bisher auf Schwankungen der jeweiligen nationalen Währungen beruhten, kommen nun allen Euro-Ländern gleichermaßen zugute bzw. treffen diese in negativem Sinne. Ein starker Euro führt dazu, dass Reisen aus Euro-Ländern in Nicht-Euro-Länder billiger werden. Umgekehrt werden Reisen aus Nicht-Euro-Ländern in Euro-Länder teurer, mit Auswirkungen auf die Destinationen. Von einem starken Euro profitieren vor allem die Fernreisen. Ein schwacher Euro wäre vorteilhaft für den Inbound-Tourismus aus Nicht-Euro-Ländern.

Die Kaufkraft des „Urlauber-Euro" ist Ausdruck der relativen Preise im Vergleich zwischen Herkunfts- und Zielländern, aber auch zwischen Herkunfts- und Zielregionen.

Sie wird regelmäßig vor der Haupturlaubszeit vom Bundesverband Deutscher Banken ermittelt und veröffentlicht. Die Reiseentscheidungen sind dann zwar meist schon gefallen, zumindest was Pauschalurlauber betrifft, aber Individualtouristen und Last-Minute-Touristen können durch diese Werte beeinflusst werden, sich für oder gegen einen Urlaub in Deutschland zu entscheiden.

Für die Berechnung wird die Kaufkraft des Euro im Währungs-Inland und -Ausland unter Berücksichtigung der Preisniveaus, der Wechselkurse und der Verbrauchsgewohnheiten verglichen.

Kosten und Preise

Von Bedeutung sind vor allem die relativen Preise touristischer Leistungen, d.h. das Verhältnis der Preise für touristische Leistungen zu den Preisen anderer Konsumgüter und Leistungen.

Als Beispiel für die relative Verbilligung der Reisen sei angeführt, dass die durchschnittlichen Neuwagenpreise in den 80er Jahren deutlich schneller gestiegen sind als die Reiseausgaben pro Person und Reise.

Eine relative Verteuerung des touristischen Angebots erfolgt z.B. durch Erhöhung der Transportkosten infolge von Steigerungen der Treibstoffpreise, durch Straßenbenutzungsgebühren, durch Steuern, Abgaben und Gebühren auf touristische Leistungen. Ansteigende Preise für Fremdenverkehrsangebote führen zunächst nicht zu einem allgemeinen Rückgang der Nachfrage, sondern zum Ausweichen auf preisgünstigere Angebote. Kurgäste buchen in kurtaxfreien Nachbarorten preiswertere Unterkünfte (Kur-Pendler).

Längerfristig wird damit gerechnet, dass touristische Leistungen infolge einer Senkung der Informationskosten, hervorgerufen durch rationelle Buchungs- und Reservierungssysteme sowie durch die Rationalisierung der Reiseorganisation, relativ billiger werden.

Wirtschaftliche Gesamtlage

Die Konjunkturzyklen wirken sich auf den privaten Reiseverkehr phasenverschoben und gedämpft aus. In der *Rezession* werden trotz Arbeitslosigkeit alte Gewohnheiten beibehalten. Das Arbeitslosengeld ermöglicht zumindest für eine gewisse Zeit, die gewohnte, vielleicht billigere Ferienreise zu unternehmen. Billiganbieter, z.B. von Werbefahrten, haben in dieser Zeit Hochkonjunktur. Zeitweilig wird, in der Hoffnung auf eine Verbesserung der wirtschaftlichen Lage, zugunsten des Reisens lieber auf andere Konsumgüter verzichtet. Beobachtet wird auch eine sogenannte Rezessionskultur. Sie äußert sich in einer Absage an das große Schlemmen, ohne den vollständigen Verzicht darauf. Hin und wieder leistet man sich etwas Gutes. Der *Aufschwung* wirkt sich, wie die Erfahrungen der letzten Jahre zeigen, nicht sofort und nicht gravierend auf die Beschäftigungslage aus. So ist also auch in dieser Phase keine deutliche Veränderung der Reisenachfrage festzustellen.

Anders bei geschäfts- und berufsbedingten Reisen. Die Unternehmen sparen bei Verschlechterung der Wirtschaftslage unverzüglich an den Kosten für Geschäfts- und Kongressreisen. Bevor die Reisetätigkeit generell eingeschränkt wird, orientieren die Unternehmen auf Einsparungen bei Unterkünften und Transport. Besondere Auslastungsprobleme entstehen daraus für Nobel-Hotels in den Städten und die Business-Klassen der Verkehrsträger. Sobald die Konjunktur wieder Tritt fasst, legt sich in der Regel die Zurückhaltung der Business-Kunden recht schnell wieder.

Arbeitszeit, Freizeit

Mehr Freizeit führt nicht zwangsläufig zu höherer Reiseaktivität, zumindest nicht proportional. Vor allem Urlaubsreisen müssen nicht davon profitieren; anders die Naherholung, das Nutzen eigener Grundstücke, die Pflege von Hobbys. Mehr Zeit wird auch aufgewendet für Einkäufe, Körperpflege, Hausarbeit. Trotzdem besteht natürlich ein enger Zusammenhang zwischen der Zeit, die frei von Arbeit ist, und dem Reisen sowie der Nachfrage nach touristischen Leistungen. Die Dauer der Freizeit pro Jahr und ihre zeitliche Verteilung sind für den Tourismus interessante Daten. Allerdings wird die Art der Nutzung dieser Freizeit wesentlich von der wirtschaftlichen Situation der privaten Haushalte bestimmt.

> Die Deutschen machten 1980 18,2 Tage Urlaub, 1998 trotz mehr Freizeit nur noch 15,1 Tage. Der Grund dieses Rückgangs ist vor allem in den verschlechterten finanziellen Bedingungen der potenziellen Reisenden zu suchen.[1]

So sind Unterschiede in den beworbenen Ländern zu berücksichtigen, z.B., dass in den USA einerseits nur wenig Urlaub gewährt wird, andererseits die über ihre Zeit frei verfügenden Senioren einen beträchtlichen Anteil an der Nachfrage ausmachen. Während

[1] gem. einer Untersuchung des B.A.T. Freizeit-Forschungsinstituts

also für die Jüngeren nur kurze Trips, vollgepackt mit Erlebnisangeboten interessant sind, können die Älteren mit Angeboten eines geruhsamen, romantischen mehrwöchigen Urlaubs gelockt werden.
Welche Bedeutung die zeitliche Verteilung der Freizeit für das Incoming hat, wird spätestens dann augenscheinlich, wenn sich zu Beginn der Schulferien Autokarawanen durch die Lande quälen.
Die allgemeine Zunahme der Freizeit, der Zeit, über die nach eigenem Ermessen verfügt werden kann, die auch nicht mit Hausarbeit und Körperpflege ausgefüllt ist, kann zum Problem werden. Vor allem in Ländern, die Müßiggang als Laster bezeichnen, wissen viele Menschen nicht recht, mit diesem Geschenk umzugehen. Der Tourismus hat dieses Problem bisher als geschäftliche Chance erkannt, ohne sich jedoch über seine gesellschaftliche Funktion klar geworden zu sein.

„Müßiggang, du heiliges Kleinod,
einziges Fragment der Gottähnlichkeit,
das uns noch aus dem Paradiese blieb!"
Friedrich Schlegel

Lebensbedingungen

Die Lebensbedingungen, hier im engeren Sinne reduziert auf die Wohn- und Arbeitsbedingungen, sind für die Nachfrage nach touristischen Leistungen insofern von Bedeutung, als zum einen der Urlaub eine Flucht aus den gewohnten Bedingungen ist, den Wunsch nach Kontrasten erfüllen soll, zum anderen, insbesondere bei geschäftlich bedingten Reisen, aber nicht nur bei ihnen, Gewohntes am Zielort vorzufinden erwartet wird.
Letzteres betrifft vor allem die Qualität der Unterkunft, die hygienischen Bedingungen, die technische Ausstattung, die Versorgung mit Informationen, die Speisen und Getränke.
Menschenballungen in Städten erzeugen eine Nachfrage nach Ruhe und Distanz im Urlaub, ohne auf gelegentliche Ballungen bei Veranstaltungen und Ausflügen zu verzichten. Die Monotonie eines Arbeitsplatzes oder der Hausarbeit erzeugt eine Nachfrage nach Abwechslung, was nicht ausschließt, dass die Urlaubstage nicht auch stereotyp ablaufen werden. Völlig fremdbestimmte Lebensbedingungen erzeugen den Wunsch nach selbstbestimmtem Urlaub, aber dann kauft man doch wieder eine Pauschalreise und lässt sich vom Reiseleiter den Tagesablauf vorschreiben.

Verkehrsbedingungen

Die technische Entwicklung des Verkehrswesens fördert den Tourismus, hat ihn erst zu einer Massenerscheinung werden lassen. Die moderne Verkehrstechnik ist schnell, sicher, bequem und billig. Die moderne Verkehrspraxis ist aber auch sehr anfällig und kann im Einzelfall durchaus langsam, unsicher, unbequem und teuer sein. Verstopfte Verkehrswege, vor allem Straßen und Lufträume, und Streiks können die Reise zum Urlaubsort zur Tortur werden lassen. Spektakuläre Unfälle von Flugzeugen, Schiffen, Reisebussen sind zwar relativ selten, beeinflussen allerdings die Nachfrage zumindest kurzzeitig recht deutlich. Auch die Einschätzung der Bequemlichkeit relativiert sich mit der Dauer des Aufenthalts in einem Reisebus oder in einer völlig ausgebuchten Chartermaschine. Und billig ist eben nur das billige Verkehrsmittel. Schon die bequemere Eisenbahnreise ist teurer als die Fahrt mit dem Reisebus, und der weitere Sitzabstand im Flugzeug kann auch nur mit einem Aufschlag erkauft werden. Es ist kaum zu erwarten, dass Veränderungen der Transporttechnik, etwa Steigerung der Geschwindigkeit, die Nachfragemenge spürbar beeinflussen würden. Wohl aber könnten die-Transportpreise die Aufteilung der Nachfrage auf die Verkehrsträger beeinflussen.

Preise und Organisation des Transports (Haus-Haus-Gepäck- und Personenverkehr) könnten dazu führen, dass der private Straßenverkehr zugunsten des öffentlichen Transports zurückgeht.[1]

Die Erreichbarkeit von Destinationen, ihre Verkehrsanbindung, ist von einiger Bedeutung für die Reiseentscheidung. Dazu gehören: Anschluss an das Verkehrswegenetz, keine allzu langen Transfers zu und von Flugplätzen, Eisenbahnanschluss ohne die Notwendigkeit häufigen Umsteigens, Zubringerservice zu den Bahnhöfen, Gepäckdienst, Autoreisezüge, geringe Stauwahrscheinlichkeit auf den Zufahrtsstraßen, die Preise der öffentlichen Verkehrsmittel, keine zusätzlichen Kosten im Straßenverkehr (Maut), eindeutiges Informationssystem.

Nachgewiesen ist, dass die Nähe zur Autobahn den Tagestourismus fördert.

> Die 1996 eingeführten Netzkarten der Deutschen Bahn unter der Bezeichnung „FerienTickets" wurden zunächst für 26 (1997 für 53) deutsche Ferienregionen angeboten. Innerhalb einer Woche können damit täglich ab 8:30 Uhr auf jeweils rund 400 km Netzlänge sämtliche Züge außer ICE ohne Zusatzkosten benutzt werden, in einigen Regionen auch die Verkehrsmittel des öffentlichen Personennahverkehrs.

Neben den FerienTickets der Deutschen Bahn, die bereits in den heimischen Reisebüros oder Bahnhöfen erworben werden können, gibt es eine Inflation von vergünstigten Regionaltickets, die aber meist nur an lokalen Fahrkartenschaltern im Geltungsbereich erhältlich sind.

Kommunikation

Die Nachfrage nach Reisen aus familiären Anlässen und geschäftlichen Gründen lässt sich durch Mittel der Kommunikation kaum beeinflussen. Ausnahmen sind natürlich zu finden. So können Besuche in Herkunftsregionen von Emigranten durch Zeitung, Rundfunk, Fernsehen, mündliche Berichte angeregt werden, und sich plötzlich auftuende Möglichkeiten der Kapitalanlage und außergewöhnlicher Gewinne können auch den Geschäftsreiseverkehr beträchtlich steigern. Trotzdem, die Zeiten sind vorbei, in denen der Spruch galt: „The flag follows the cross, and the trade follows the flag".

Bei Freizeitreisen hingegen sind große Möglichkeiten gegeben, die Nachfrage mittels Kommunikation in Form von Werbung, Propaganda, Berichterstattung, Kundenberatung, Information zu beeinflussen.

Fernsehserien üben eine starke Wirkung aus. „Fernseh-Touristen" und „TV-Pilger" wollen den Schauplatz ihrer Lieblingssendung live erleben. Anstiege der Prospektanfragen um 30 bis 40% und deutlicher Anstieg der Buchungen sind spürbare Folgen.

> Äußerst positiv wirkten sich folgende Fernsehserien auf das Incoming aus: „Gegen den Wind" für St.Peter-Ording, „Die Guldenborgs" für das Schloss Wotersen in Holstein, „Schwarzwaldklinik" für das Glottertal, „Schlosshotel Orth" für Gmunden in Oberösterreich, „Ein Bayer auf Rügen" für die Insel Rügen. Letztgenannte Serie war in Bayern besonders beliebt. Sie hatte dort einen Marktanteil von 22% (bundesweit 16%), was dazu führte, dass man prompt besonders viele bayerische Touristen auf Rügen antreffen konnte.

Politische Situation und Risiken

Politisch sichere Regionen werden von Touristen bevorzugt, unsichere Regionen gemieden. Die Zunahme politisch unsicherer Regionen führt neben Reiseverzicht zu Konzentrationsprozessen in sicheren Regionen.

Die Touristen verlangen immer dringender Auskunft über die Sicherheitsstandards ihrer Reise, über das Ausmaß verschiedener Reiserisiken. Immer weniger wird den Katalogen geglaubt, wenn sie das Paradies versprechen. Die Touristen wissen, dass sie in ganz normale Zielgebiete mit all ihren Problemen reisen, wo die Risiken mit der Entfernung von zu Hause wachsen, da man mit ihnen nicht vertraut ist.

---

[1] Der Anteil der Bahn am touristischen Verkehr war bis 1996 auf acht Prozent geschrumpft.

Besonders wichtig ist es, in den Zielregionen diese besonderen Unsicherheiten des Gastes zu erkennen. Das betrifft z.B. den Umgang mit der Polizei und anderen Behörden, für Einheimische problemlos, während Gäste mit den Gepflogenheiten nicht vertraut sind. Sie sind dankbar für jede Unterstützung durch Einheimische.
Beispiele für die sensible Reaktion der Nachfrage auf Reiserisiken liefern Anschläge gegen Touristen in Ägypten, in der Türkei, in Algerien und in Florida.

Florida verzeichnete 1994 einen erheblichen Rückgang der Zahl der Urlauber (aus Europa minus 20%, aus Kanada minus 16% im Vergleich zum Vorjahr). Gründe waren neben der Kriminalität aber auch die Rezession in Nordamerika und Europa. Die Golfkrise verursachte Buchungsrückgänge nach Israel (minus 65%), Ägypten (minus 50%) und Jordanien. Die Versicherungsprämien der Fluggesellschaften stiegen in dieser Zeit in der Relation Deutschland - Tel Aviv von 7.700 auf 77.000 € und Deutschland - Bahrein und Karachi von 4.600 auf 66.500 €.
Der terroristische Anschlag auf das Kreuzfahrtschiff ACHILLE LAURO im Oktober 1985 führte zu drastischen Rückgängen der Kreuzfahrtbuchungen im Mittelmeer. Die Welle ausländerfeindlicher Gewalt in Deutschland ab 1991 führte zu bis zu 10%igem Rückgang des Städtetourismus. Anfang 1993 haben Anschläge gegen in Deutschland lebende Ausländer zu einem 5%igen Rückgang der Touristenreisen aus dem Ausland nach Deutschland im Vergleich zum Vorjahr geführt. In derselben Zeit stieg die Nachfrage aus dem Ausland in der Schweiz und in Österreich um etwa denselben Prozentsatz.

Besonders sensibel reagieren der Städtetourismus und der Individualtourismus. Weniger beeinträchtigt sind Clubs und Resorts.
Preisnachlässe vermögen den Verlust an Kunden nur sehr begrenzt wett zu machen.
Dauerhafte Imageverluste sind allerdings selten. Schon kurze Zeit nach Wiederherstellung der Sicherheit, selbst nach der Verkündung von Sicherheitsmaßnahmen (wie in Florida geschehen), kehren die Touristen wieder zurück.

„Das sentimentale Verhältnis des Menschen zur Natur ist noch ziemlich neuen Datums, ja es ist vielleicht erst aus unserem schlechten Gewissen der Natur gegenüber entstanden."
Hermann Hesse

Umweltbedingungen

Etwa zwei Drittel aller Reisenden empfinden Umweltprobleme (abgestorbene Bäume, Müll, Verkehrslärm, verbaute Landschaft) als störend. Dieser Anteil war zwischenzeitlich stark gestiegen (1985 waren es noch weniger als 30%). Immer mehr Kunden verlangten Anfang der 90er Jahre schon bei der Reiseplanung Informationen zur Umweltsituation am Urlaubsort und fragten nach umweltfreundlichen Reiseangeboten.
Intakte Landschaft und Natur werden zwar allgemein als angenehm empfunden, aber insbesondere ältere und gebildetere Touristen legen gesteigerten Wert darauf.

Generell hatte wohl zeitweilig das Umweltbewusstsein zugenommen. Trotzdem kannte auch zu Zeiten besonderer ökologischer Aktivitäten der Durchschnittsbürger mehr Automarken als Pflanzenarten. Ab Mitte der 90er Jahre konstatierten Untersuchungen wieder einen atemberaubenden Verfall des Interesses der Deutschen am Schutz der Natur und der Umwelt. Wegen der Wirkung tausendfacher Flugreisen in die Karibik, den Indischen Ozean oder den Pazifik auf das Klima macht sich kaum noch jemand Sorgen, wenn er das Gefühl hat, mittels Spartaste an der Toilettenspülung das Seine zum Umweltschutz beigetragen zu haben.

Bis zu einem gewissen Grad werden Umweltschäden hingenommen, wenn auch als störend empfunden. Bei massiven Beeinträchtigungen werden solche Gebiete allerdings gemieden. Zumindest trägt die Umwelt zur Differenzierung der Nachfrage bei.

Es gibt genügend Beispiele: ein Urlaubsort an einer Mittelmeerküste, flache, öde Landschaft, kaum Bäume und Sträucher (außer Kübelpflanzen vor den Hotels und Restaurants), kaum Fauna (außer streunenden Hunden, Kanarienvögeln in Käfigen und Mücken), der Strand ungepflegt - und trotzdem Massen von Urlaubern - angereist wegen niedriger Preise und Sonnengarantie.

Finanziell besser gestellte Urlauber meiden umweltgeschädigte Ziele in zunehmendem Maße; Schichten mit geringerem Einkommen, auch Jugendliche, wählen aus finanziellen Gründen Ziele mit Sonnengarantie und niedrigen Preisen. Eben diese Schicht ist weniger sensibel und anspruchsarm gegenüber der Umwelt. Geringere Einnahmen und geringere Sensibilität in den Kommunen erschweren Umweltsanierungsmaßnahmen. Kosten der Umwelterhaltung werden nur selten von der Tourismusindustrie getragen, sondern meist den Kommunen überlassen (Abwasserbehandlung, Instandhaltung der Infrastruktur, Tier- und Pflanzenschutz, Säuberung der Landschaft). Abgaben der Touristen und der Tourismusbetriebe an die Kommunen (Steuern, Kurtaxe, Fremdenverkehrsabgabe) decken diesen Aufwand nur zum Teil.

Touristen suchen die intakte Umwelt - und tragen gleichzeitig selbst zu ihrer Zerstörung bei:

- durch die Ausdehnung der touristischen Infrastruktur, die neben dem Landschaftsverbrauch auch zu „optischer Umweltverschmutzung" führt
- durch die Zerstörung von Naturressourcen, teils unmittelbar durch die Touristen, teils durch die Souvenirindustrie
- durch Abwässer und Abfälle.

Und selbst die beamteten Umwelthüter können erhebliche Umweltschäden verursachen. Ein Beispiel: Drei Tage nach dem Umweltgipfel in Rio starben in den Seen beim Konferenzzentrum Tausende Fische. Die Kläranlage konnte die Abwässer der rund 20.000 Teilnehmer nicht mehr bewältigen.

Der „touristische" Umweltbegriff ist immer beschränkt auf angenehme, ausgewählte Bestandteile. Die Umwelt ist im touristischen Sinne in Ordnung, wenn die Anlagen gepflegt sind und der Wald sauber ist, wenn Singvögel, Rehe und andere „akzeptable" Tiere sowie schöne Pflanzen das Auge erfreuen. Die „unangenehme" Umwelt: Schlangen, Ratten, Mäuse, Schaben, Flöhe, Spinnen und „Unkraut" sollte nach dem Willen vieler Touristen vernichtet werden.

Verhalten der Bevölkerung

Dass die Haltung der Einheimischen zu Fremden einen Einfluss auf die Nachfrage hat, ist unbestritten. Natürlich fährt man lieber dorthin, wo man den Eindruck hat, gern gesehen zu sein. Aber welchen Stellenwert nimmt diese Haltung ein? Eine ablehnende Haltung ist zumindest teilweise kompensierbar durch andere Kriterien, z.B. intakte Umwelt, guten Service, niedrige Preise, Kulturangebote, Sehenswürdigkeiten. Isolierte Clubanlagen und Urlauberzentren reduzieren die Kontakte zur Bevölkerung auf ein Minimum, sodass deren Haltung gegenüber Fremden verborgen bleibt.

Der Begriff „Gastfreundschaft" ist in jeder Kulturstufe zu finden, allerdings mit unterschiedlichen und sich ständig verändernden Inhalten.[1] Spätestens die Kommerzialisierung des Massenreisens hat auch das Verhalten zu Fremden kommerzialisiert. In Horden auftretende Touristen werden längst nicht mehr als „liebe Gäste" angesehen, sondern als „störende Eindringlinge", so Robert JUNGK in seinem immer wieder zitierten Grundsatzartikel zum „sanften Reisen".[2] In den meisten Ländern werden jedoch nicht vordergründig die Touristen als störend empfunden, sondern Fremde im Allgemeinen für wirtschaftliche Probleme, Kriminalität, Sitten- und Werteverfall verantwortlich gemacht.

Aktionen gegen Fremde und den Tourismus nehmen zu. Eine Bürgerinitiative in Goa schleuderte deutschen Touristen entgegen: „Bleiben Sie zu Hause, wir wollen Sie nicht!" In anderen Ländern werden Touristen zum Ziel militanter Aktionen, sowohl um den Staat zu treffen als auch um gegen Überfremdung zu protestieren. In Andalusien sehen die Einheimischen den Tag nahen, da sie sich als

---

[1] siehe Kapitel 1.

[2] siehe auch S. 44 f.

Touristen verkleiden müssen, um zu duschen und ihre Kinder in der Schule Golf lernen, damit sie ihren Fuß auf echtes Gras setzen können.

Selbst Tiere wenden sich gegen Touristen:
„In Südafrika haben verärgerte Paviane, die offenbar der Meinung sind, die Touristen würden sie nicht mehr ausreichend füttern, damit begonnen, deren Fahrzeuge auf der Autobahn mit Steinen zu bewerfen."
[Pressemeldung vom 17. Januar 1997]

Diese Haltungen werden im Allgemeinen hingenommen, bei besonders drastischen Erscheinungen fährt man eben woanders hin. Besonders deutlich erkennbar wird der Einfluss des Verhaltens der Einheimischen auf das Incoming, wenn von offiziellen Stellen davor gewarnt wird, in ein Land oder eine Region zu reisen.[1]

Es ist fast wie beim Kauf von Gurken: Der Verkäufer muss den Käufer nicht lieben - ist er besonders unfreundlich, kauft man woanders.

Aber es ist nur fast so. Der Tourismus ist eine zutiefst persönliche Dienstleistung, deren Erfolg auf beiden Seiten maßgeblich vom gegenseitigen Verständnis, vom gegenseitigen Respekt, von der gegenseitigen Akzeptanz abhängt. Diese Einsicht in die Gegenseitigkeit ist wichtig. Man muss von den Touristen Respekt vor der Kultur, Achtung der Menschenwürde und Rücksicht auf die Natur erwarten und fordern. 1975 empfahl eine Tourismuskonferenz in Malaysia im Rahmen eines „Code of Ethics" den Touristen, man möge sich auf die Menschen des Gastlandes einstellen und im Geist von Bescheidenheit reisen. Und man muss von den Einheimischen fremdenfreundliches Verhalten in ihrem eigenen wirtschaftlichen Interesse erwarten dürfen. Erziehung, Bildung und Politik sind gefordert, damit dieses Verhalten nicht nur und nicht vorrangig an das wirtschaftliche Interesse gebunden ist.

Es gibt eine bunte Palette von Nuancen im Verhalten zueinander. Fremde werden als störend bzw. lästig oder als Bereicherung (i.w.S.) empfunden und behandelt.

Einheimische verhalten sich Fremden gegenüber
freundschaftlich, gastfreundlich, freundlich, integrierend, aufgeschlossen, interessiert, tolerant, akzeptierend, höflich, unverbindlich, gleichgültig, neugierig, aufdringlich, servil, ängstlich, herablassend, selbstbewusst, stolz, gönnerhaft, ablehnend, feindlich.

Die meisten dieser Begriffe sind auch auf das Verhalten von Touristen gegenüber Einheimischen anwendbar.

Es wäre jedoch eine unzulässige klischeehafte Vereinfachung, wollte man die ganze Bevölkerung eines Fremdenverkehrsortes oder alle Touristen aus einer bestimmten Region auf einen bestimmten Verhaltenstyp festlegen. Jedoch scheinen bestimmte Verhaltensweisen ansteckend zu wirken.

Fremdenfeindlichkeit und Fremdenhass zwischen Missachtung, Diskriminierung, schlechter Behandlung und Gewaltakten kann verschiedene Ursachen haben. Häufig soll der Staat getroffen werden, indem eine wichtige Einnahmequelle attakiert wird oder die Öffentlichkeit soll auf innerstaatliche Probleme aufmerksam gemacht werden.

Schließlich sei noch darauf hingewiesen, dass nicht nur Ausländer Fremde sind, so verspotten und befehden einander gern Nachbarn, wie Spanier und Portugiesen, Engländer und Schotten.. Man denke an die traditionellen Animositäten z.B. zwischen Bayern und „Preußen", Sachsen und „Fischköppen", oder seit der Wiedervereinigung zwischen „Ossis" und „Wessis". In den Tälern der französischen Alpen, Hochburgen des Tourismus, werden von jeher die Fremden „Chinesen" genannt.

Verhaltensmuster

Im Nachfrageverhalten spielen bestimmte Muster eine interessante Rolle. Man unterscheidet den Mitläufer- oder Bandwagon-Effekt, den Snob-, den Veblen- und den Boomerang-Effekt.

---

[1] Reisewarnungen des Auswärtigen Amtes (www.auswaertiges-amt.government.de)

Der Mitläufer-Effekt bezeichnet das Verhalten einer Gruppe von Nachfragern, das sich am Verhalten der Masse orientiert (Bandwagon-Effekt: alle laufen hinter dem Wagen mit der Musik her). Die Mitläufer machen ihren Entschluss vom Verhalten anderer abhängig. Wenn alle auf Mallorca Urlaub machen, muss man es auch tun.

Der Snob-Effekt bezeichnet ein demonstrativ dem Verhalten der Masse entgegengesetztes Verhalten. Der Preis ist dabei von untergeordneter Bedeutung. Wenn alle nach Mallorca fliegen, fährt man demonstrativ auf die Insel Usedom.

Der Veblen-Effekt ist benannt nach Thorstein VEBLEN, der in seiner „Theorie der feinen Leute" den demonstrativen Konsum der „Neureichen" beschrieb. Typisch für dieses Verhaltensmuster ist, dass sich Kaufentscheidungen an der Höhe des Preises orientieren. Je teurer, desto besser. Und der Preis muss erkennbar sein; wenn nicht, wird darauf aufmerksam gemacht. Man macht eine Weltreise und erzählt jedem, wieviel sie gekostet hat.

Gegenwärtig ist eine umgekehrte Tendenz im allgemeinen Konsumverhalten zu beobachten, die als Luxese bezeichnet wird. Das ist eine Kombination aus Luxus und Askese. Luxus soll nicht wie Luxus aussehen, d.h. ein gewisses Understatement wird betrieben. Es ist unangenehm, aus welchen Gründen auch immer, zu zeigen, wieviel etwas gekostet hat.

Die dem Boomerang-Effekt unterliegen, wählen gerade das, was in Prognosen schlecht wegkommt.

Statussymbole spielen für den Tourismus eine häufig unterschätzte Rolle, da sich soziales Imponiergehabe meist auf materielle Symbole beschränkt. Das Kleid von Armani, der Pullover von Missoni, die Uhr von Cartier, der Koffer von Vuitton, das Täschchen von Chanel geben deutlichere Signale als der Urlaub in der Toskana, die Übernachtung in der Luxussuite der Vier Jahreszeiten oder die Reise mit einem Fünf-Sterne-Luxus-Kreuzfahrtschiff.

Modeerscheinungen

sind die Adrenalinstöße des Tourismus. Sie kommen überraschend und sind ebenso schnell wieder vorüber. Die Kommunikation spielt zwar eine besondere Rolle bei ihrer Verbreitung, aber sie kann ihnen keine Dauer verleihen. Ein interessantes Beispiel ist die Fitness-, Beauty- und Gesundheitswelle.

Die Imitatoren der Taste-Leader kommen allerdings regelmäßig zu spät. Bis sie das erreicht haben, was vor kurzem noch „in" war, ist es schon längst wieder „out".

In den USA bewirkt jeder neue Präsident einen oft drastischen Stilwandel:

„In" unter Clinton:	„In" unter G.Bush/ „Out" unter Clinton:
Gin Tonic	Scotch mit Eis
Umweltschutz	Konsum
Moskau	Peking
Israel	Araber
Urlaub zu Hause	Auslandsreisen
Brokkoli	Kartoffeln

Wetter

Der Einfluss des Wetters auf die Nachfrage ist abhängig von der Reiseart und dem Reisemotiv. Nahezu wetterunabhängig sind der Städtetourismus, private Besuchsreisen, Geschäftsreisen, Veranstaltungsreisen, Kuren, Werbefahrten u.ä.

Völlig wetterbestimmt sind Reisen, die auf einer kurzfristigen Entscheidung beruhen: Naherholung, Wochenend- und Kurzurlaub. Längerdauernde Reisen mit sportlichen Motiven werden so geplant, dass die Wahrscheinlichkeit, geeignetes Wetter anzutreffen, sehr groß ist: Ski-Urlaube in schneesicheren Regionen, Segel- und Surf-Urlaube in

Regionen mit günstigem Wind. Auch gesundheitliche Aspekte spielen bei der wetterabhängigen Reiseplanung eine Rolle: Föhnempfindlichkeit, Ozongefahr, Hitze oder Kälte.
In Regionen mit den Zielgruppen Familien mit Kindern und Natur-Urlauber hat das Wetter erfahrungsgemäß großen Einfluss auf das Verhalten der Nachfrage im nachfolgenden Jahr.[1]

3.4. Etappen der Reiseentscheidung

Die Entscheidung für eine Reise und für eine bestimmte Destination erfolgt nach einem stereotypen Verhaltensmuster:

1. Reisewunsch
2. Sammlung von Informationen
   über Erreichbarkeit, Geografie, Klima, Wetter, Umwelt, allgemeine und touristische Infrastruktur, politische, ökonomische, soziale Bedingungen; Preisvergleich; Bewertung durch das Image; Erfahrungen von Verwandten und Bekannten
3. Reiseentscheidung als Wahl zwischen Alternativen
4. Reisevorbereitung
5. Reisedurchführung
6. Reiseauswertung
   das Ergebnis der Auswertung beeinflusst nachfolgende Reiseentscheidungen und ggf. auch die Entscheidungen von Verwandten, Bekannten, Freunden

An welchen Stellen kann die Destination einwirken?
Offensichtlich bei der Sammlung von Informationen (2.), bei der Reiseentscheidung (3.) und bei der Reisedurchführung (5.), mit Einschränkung auch bei der Reisevorbereitung (4.) durch Hilfen bei der Anreiseplanung sowie bei der Reiseauswertung (6.) durch Sich-in-Erinnerung-bringen.

ROMEIß-STRACKE[2] hat guten und schlechten Service einer Tourist-Information gegenüber gestellt:

Service Kette	guter Service	schlechter Service
Information	freundliche, umfassende, sachkundige, nachfrageorientierte Telefonauskunft; aussagekräftiges, nachfrageorientiertes Informationsmaterial	Wartezeiten, bis der zuständige Mitarbeiter erreicht wird; unfreundliche Auskunft (Abwimmeln); unverbindliche Telefonauskunft; nichtssagendes Informationsmaterial
Anreise	Anreiseempfehlung; Abholservice; Kofferservice; Leitsystem im Ort; freundliche, auskunftsbereite Bevölkerung	der Reisende wird sich selbst überlassen; fehlendes Leitsystem im Ort; Ortsplan fehlt oder ist ungeeignet
Ankunft	Parkmöglichkeit vor TI; kundenfreundliche Öffnungszeiten der TI; Ansprechpartner außerhalb der Öffnungszeiten	keine Parkmöglichkeit vor TI; kundenunfreundliche Öffnungszeiten; keine Ansprechpartner außerhalb der Öffnungszeiten
in der TI	freundliche Atmosphäre; persönliche Empfehlungen; Eingehen auf Wünsche und Stimmung des Gastes	kühle Atmosphäre; herablassende Behandlung; fehlende Sprachkenntnisse
Wohnen	Vermieter auf dem neuesten Stand der Informationen; Gästezeitung liegt aus; Mitarbeiter der TI sucht die Gäste am Tag nach der Anreise auf	keine Informationen von der TI; Informationen kommen nicht rechtzeitig an

[1] Zum Phänomen „Schweinezyklus" siehe Kap. 11.2.
[2] Romeiß-Stracke (1995) S. 56 f. (leicht verändert)

Abreise	TI-Mitarbeiter sucht die Gäste vor der Abreise auf, fragt nach Eindrücken, wünscht gute Reise, übergibt kleines Souvenir	keine Reaktion der TI; Fragebogen liegt kommentarlos aus
Erinnerung	Gästezeitung wird noch einmal zugeschickt; nach etwa einem halben Jahr Erinnerungsbrief mit Bitte um weiteren Besuch	Gast hört nie wieder etwas von der TI

3.5. Schwankungen und Trends

„Die Touristen werden anspruchsvoller, sie verlangen schon heute mehr als Sand, Strand und Sonne; Der Reisekunde von morgen stellt höhere Ansprüche und wünscht sich attraktive Alternativen für die individuelle Urlaubsplanung. Abwechslung ist in. Sport- und Ausflugsmöglichkeiten müssen ausgebaut, das kulturelle Angebot muss erweitert werden. Unterhaltung, Kommunikation und Vergnügen statt Erholung sind die Schlüsselbegriffe für den Trend der kommenden Jahre, denn Urlaub wird ein aktiver Teil des täglichen Lebens."[1]

Das Freizeit- und Reiseverhalten ist einem steten Wandel unterworfen, wofür vorgenannte Einflüsse (Kap. 3.3.) verantwortlich sind. Aber es gibt langfristige Veränderungen, die sich nicht auf konkrete Ursachen zurückführen lassen, die auch Fachleute überraschen.

Etwa in den zwanziger Jahren des 19. Jahrhunderts vollzog sich ein krasser Wandel, der von Zeitgenossen als Niedergang, Verfälschung der Reisekunst gewertet wurde. Abenteuerliche, einsame Streifzüge, Fahrten kleiner Gruppen wurden ersetzt durch eine Form des Tourismus, bei der das Abenteuer zum Ausflug degradiert, der Archetyp zum Stereotyp, das Modell zur Serie, das Produktive zum Konsum, der grundlegende Bericht zu aneinandergereihten Anekdoten verkommt. Sie, die nur noch dem äußeren Schein nach Reisende sind, gegen alles Unerwartete gefeit, läuten die Vermassung der Praktiken ein.[2]

Für das Incoming ist das Erkennen von Nachfragetrends sehr wichtig, vor allem deswegen, weil Investitionen in die touristische Infrastruktur in der Regel für lange Dauer das Angebot festlegen. Gefragt sind Aussagen über die Entwicklung der Menge sowie der Art der Nachfrage.

Prognosen haben Konjunktur und sind meist ebenso wenig wert wie Orakel. Auf die Interpretation kommt es an.

Aussagen zur Nachfragemenge

Für das Incoming ist weniger der allgemeine Reisetrend als vielmehr die Nachfrage nach speziellen Destinationen von Interesse. Als Kriterien dienen die Zahl der Reisenden, die Zahl der Übernachtungen, die Reiseintensität, die Reiseausgaben, die Nachfrageelastizität und die Preiselastizität der Nachfrage.

Obwohl Tourismus- und Freizeitexperten sich skeptisch bis besorgt äußern, wird der Tourismus allgemein immer noch als Wachstumsbranche gehandelt.

In den entwickelten Staaten vollzieht sich ein Wandel von der industriellen Leistungswelt zur von der Freizeit geprägten Gesellschaft. Nach Abzug von 2.900 Stunden für den Schlaf bleiben pro Jahr 5.860 „wache" Stunden, die sich wie folgt verteilen oder verteilen werden:

	1950	1970	1990	2010
Arbeit, Arbeitsweg	2.700	2.300	2.000	1.660
Grundbedürfnisse*	1.560	1.600	1.760	1.900
Freizeit	1.600	1.960	2.100	2.300

*essen, einkaufen, Gesundheitspflege, Hygiene, soziale Verpflichtungen

[1] Martin Brackenbury, Thomson Group, auf der Konferenz zum Tourismus in Europa auf dem Weg ins Jahr 2000, Heraklion/Kreta, 1991

[2] Jean-Didier Urbain: Sémiotiques comparées du touriste et du voyageurs. In: Semiotica 3-4 1986, S. 269 f.

Zur Zeit werden in Industrieländern noch etwa sieben bis neun Prozent der Lebenszeit für die Arbeit verwendet. Dieser Anteil wird voraussichtlich auf etwa fünf Prozent sinken.

Trotzdem sind immer noch Arbeit und Leistung für die Masse der Bevölkerung die wichtigste Quelle der Identitätsfindung und der sozialen Wertschätzung. Selbst das Bildungswesen ist noch nicht auf die Charakteristika der Dienstleistungs- und Freizeitgesellschaft orientiert.

Es gibt aber bereits Anzeichen eines Bewusstseinswandels. Die Massen- und Dauerarbeitslosigkeit hat bisher nicht zu den befürchteten ernsten gesellschaftlichen Destabilisierungserscheinungen geführt. Arbeitslosigkeit wird nicht mehr nur als Makel empfunden. Der Übergang von der Industrie- zur Dienstleistungsgesellschaft ist in vollem Gange, die sinnvolle Gestaltung der Freizeit wird immer wichtiger. Traditionelle Richtwerte (Leistung, Hierarchie, Unterordnung, Belastbarkeit, Qualifikation, Produktivität, Disziplin, Karriere, Status) verlieren an Gewicht im Vergleich zu neuen Werten (Solidarität, Lebensqualität, Wohlbefinden, Kreativität, Selbstbestimmung, Persönlichkeit).[1]

Ob und in welchem Maße dieser Wandel die Nachfrage nach herkömmlichen Reisen erhöht, ist völlig ungewiss.

Aktuelle Feststellungen sind sicher noch nicht für geeignet, einen Trend zu erkennen.

Während die deutschen Reiseveranstalter 1994 sowohl den Umsatz als auch die Kundenzahlen steigern konnten, verzeichneten etliche deutsche Feriengebiete eine deutlich schwächere Nachfrage sowohl aus dem Inland als auch aus dem Ausland; die Zahl der Individualreisenden sei 1994 um mindestens fünf Prozent gesunken, und traditionelle Ferienziele für deutsche Individualtouristen mit knappem Urlaubsbudget, Deutschland, Österreich, Schweiz, spüren das besonders (Bayern - Rückgang der Gäste aus Deutschland 1994 um zweieinhalb Prozent, Schleswig-Holstein um acht Prozent).[2] Das mag eine zeitweilige Erscheinung sein, wie viele hoffen, könnte jedoch auch einen Trend ankündigen. Besonders Zweit- und Drittreisen gelten als konjunkturanfällig.

Die **Preiselastizität der Nachfrage** ist allgemein recht hoch, aber mit deutlichen Unterschieden. Einerseits dringt das Angebot in tiefere Einkommensschichten vor, wo das Preisargument besonders wichtig ist, und andererseits nimmt bei höherem Wohlstand zwar die Preisempfindlichkeit ab, aber dafür steigt mit zunehmender Markttransparenz das Preisbewusstsein.

Das **Durchschnittsalter** der Urlauber in Deutschland steigt. Aus der zunehmenden Reiseintensität der Senioren werden höhere Einnahmen für den Tourismusbereich erwartet, da wegen der im Allgemeinen befriedigten Grundbedürfnisse (Wohnungseinrichtung, Kleidung, hochwertige Konsumgüter) immer mehr Einkommensteile für Tourismus, Freizeit, Kultur und Bildung verwendet werden können.

Entwicklung der **Mobilität**:

30 Meter betrug der Aktionsradius der Menschen im Mittelalter um ihr Zuhause im Tagesdurchschnitt, die Entfernungen wurden meist zu Fuß zurückgelegt.

3 Kilometer legten die Deutschen 1950 im statistischen Tagesmittel zurück, hauptsächlich per Bahn, Bus, Fahrrad und zu Fuß.

30 Kilometer pro Tag erreicht die Mobilität der Deutschen heute - Berufswege, Einkäufe, Wochenendausflüge und Ferienreisen eingerechnet, zurückgelegt vor allem per Auto, Flugzeug und Nahverkehrsmittel.

Reiseersatz?

Muss man damit rechnen, dass irgendwann das Reisen von etwas Anderem abgelöst wird, dass der Tourismus in eine ernste Krise gerät? Was könnte dazu führen?

---

[1] Guggenberger in: Grundwissen Politik. Bonn 1993

[2] aus dem Bericht vom zweiten tourismuspolitischen Kongress der CDU/CSU-Bundestagsfraktion

Motive für das Reisen könnten entfallen oder anders befriedigt werden. Geschäftsreisen und Kongressreisen werden ersetzbar durch Kommunikationsfortschritt, wie Konferenzschaltungen mit Bildübertragung, Telefonieren mit simultaner Übersetzung.

Videokonferenzen sind deutlich billiger als Geschäftsreisen. Die einmaligen Kosten für die Ausrüstung der Unternehmen zur Bildkommunikation sind schon nach wenigen Konferenzschaltungen anstelle von Geschäftsreisen amortisiert.

Virtuelle Welten wie Cyberspace, Virtual Reality, Eye-Phone, Data Glove, Data Suit bieten Erlebnisse, ohne zu reisen. Man kann den Dschungel Borneos durchstreifen und den Louvre besuchen, ohne das Haus zu verlassen. Die Zahl der „Computer-Touristen" nimmt in dem Maße zu, wie sich die Angebote verbessern.

Ökonomische Gründe zwingen zur Einsparung von Reisekosten sowohl bei Geschäfts- und Konferenzreisen als auch bei Urlaubsreisen. Die Basis des Massentourismus könnte durch Verarmung der unteren Schichten entfallen. Der Anteil der Bevölkerung, der sich keinen Urlaub leisten kann, nimmt bereits zu. Die unteren Lohngruppen brechen weg.

Angst kann zum Verzicht auf Reisen führen, zum Beispiel vor der Schädlichkeit der UV-Strahlen, Ozonkonzentrationen, Krankheiten, organisiertem Verbrechen und die Unfähigkeit der Staaten, es zu beherrschen, die Angst, das Haus oder die Wohnung für längere Zeit zu verlassen, Angst vor den Armen.

Ökologische Gründe können dazu führen, dass traditionelle Reisemotive nicht mehr befriedigt werden können, z.B. wenn das Baden in den Meeren wegen Vergiftung oder Verschmutzung des Wassers nicht mehr möglich ist. Geschädigte Regionen werden schon jetzt nicht mehr aufgesucht, bewusst wird auf Reisen verzichtet.

Das Reisen kann allgemein seine Attraktivität verlieren: vom Überfluss zum Überdruss ist es nur ein kleiner Schritt.

Administrative Barrieren können das Reisen erschweren, z.B. Änderungen der politischen Strukturen, zunehmender politischer Einfluss militanter Tourismusgegner, undurchlässig werdende Grenzen.

Oder, was heute bereits in Ansätzen erkennbar ist, der Manipulation durch die Medien und Anbieter touristischer Leistungen wird massenhaft Widerstand entgegengestellt.

Ein vollwertiger Ersatz für das Reisen ist heute noch nicht in Sicht. Bücher, Filme, Fernsehen, die Solarbank können das unmittelbare Erlebnis nicht ersetzen, und die o.g. virtuellen Instrumente sind für den Massenkonsum viel zu teuer. Künstliche Urlaubsparadiese (siehe Kap. 4.5.), wie sie allerorts entstehen, klingen schon eher in den Ohren derer, die hören wollen, wie Sterbeglöckchen für den massenhaften Ferntourismus. Der Indoor-Tourismus in den Parks, Zentren, Clubs etc. verspricht zwar und bietet auch wirklich mehr Sicherheit vor Kriminaltiät, Umweltrisiken und anderen Gefahren als ein Urlaub in der „echten" Natur oder ein Aufenthalt in einer „wirklichen" Stadt, aber, wie lange noch?

Schon werden Städte geplant und gebaut, die alles enthalten, dessen ihre Bewohner sowohl in der Arbeits- als auch in der Freizeit bedürfen.

Der Disney-Konzern baute auf Florida den Ort Celebration für 20.000 Einwohner mit sämtlichen kulturellen und sozialen Einrichtungen. Eine künstliche Stadt mit echten Bewohnern, vollständig organisiert und kontrolliert von Disney. Wahlen sind nicht vorgesehen.

In großen Städten der Südhalbkugel verbarrikadieren sich die Reichen in zitadellenartigen Wohlstandsenklaven: Dainfern bei Johannesburg, Ayala Alabang, Dasmarinas, Corinthian und Forbes Park in Manila, Victoria Island in Lagos.

„Damals reiste überhaupt niemand.
Außer was Herrschaften waren.
Jetzt sind immer alle überall.“
H.G.Wells in „Der Luftkrieg

Aussagen zur Art der Nachfrage

Die Polarisierung der Gesellschaft in Arme und Reiche führt zur Spaltung des Reisemarktes in sehr teure und sehr billige Reisen.

Bei Urlaub in Deutschland wird zunehmend an Unterkunfts- und Verpflegungskosten gespart, bekannt als „neue Bescheidenheit“.

Der Haupturlaub genießt weiterhin absolute Priorität, aber hinsichtlich der Reisedauer ist eine Tendenz zu *„öfter und kürzer“* festzustellen, z.B. 8 x 4 statt 2 x 16 (lieber acht Mal vier Tage Urlaub als zwei Mal sechzehn Tage). Bei den Pauschalreisen ist jedoch der Anteil der Kurzreisen rückläufig. Reiseveranstalter und Leistungsträger haben sich dem Trend zum Kurzurlaub geöffnet und bieten: Wochenendflüge, Wochenendpauschalen von Hotels, Gourmet-Trips usw. Tagesausflüge werden auch zu entfernten Zielen angeboten, z.B. von Hamburg in die Alpen. Jet-Shopper nutzen die Möglichkeit, auf dem Luftweg alle großen Einkaufszentren schnell erreichen zu können.

Die Art der Freizeitgestaltung wandelt sich und wird subtiler.

Auf Reisen möchten viele verschont bleiben von Zeitgenossen, deren Genussmittelkonsum, Gehaltsklasse, Steckenpferd und Unterhaltungsbedürfnis von den eigenen abweicht. Man möchte statusrein unter seinesgleichen bleiben (Vegetarier, FKK-Anhänger, Biker, Golfer, Angler, Jäger, Biertrinker, Weintrinker). Diese Erscheinung ist bekannt als „Special-Interest-Tourismus“.

Eine ständige Bedrohung durch Langeweile verstärkt den Wunsch nach Ablenkung um jeden Preis. Animation in Clubs und Vielseitigkeit der Angebote in Ferienzentren reagieren auf dieses Element. Die heile Welt wird gesucht und in abgeschlossenen Refugien, Resorts, Reservaten gefunden. 70 bis 74% der Besucher von Ferienzentren und Club-Urlauber sind Wiederholer.[1]

Andererseits macht sich eine neue Langsamkeit, eine neue Behäbigkeit bemerkbar. Man hat Zeit und zeigt es auch, man schämt sich des Müßiggangs nicht. Das ist sowohl als Reaktion auf die Hektik des Alltags als auch als Lebensstil zu verstehen. Die Auswirkungen auf die touristischen Angebote sind gravierend. Sie betreffen das Verkehrswesen ebenso wie die meisten der Leistungen in den Destinationen. Die zunehmende Beliebtheit des Urlaubs auf dem Lande mag als Indiz gelten.

In Westeuropa machten 1990 etwa 10% der Auslandsurlauber Urlaub auf dem Lande. Bis zum Jahre 2000 stieg der Anteil auf etwa 30% der Nachfrage.

Aufmerksam wird das Wiederaufleben der „Sommerfrische“ registriert, der Mitte des 19. Jahrhunderts entstandenen Ferienart für Mitteleuropas Adel, Offiziere, Beamte und aufstrebendes Bürgertum, Inbegriff von wochenlanger Muße, Erholung, Naturerlebnis mit Familie und Bekannten. Die moderne Sommerfrische bedeutet: Urlaub ohne Leistungszwang und -druck, mit viel individuellem Unternehmungsgeist - gemächlich gondeln statt schweißtriefend leistungsrudern, radeln statt biken, promenieren statt wandern, Platzkonzerte, Kaffeehausbesuche, Bälle, Besuch von Ausflugsgaststätten in der Umgebung. Orte, die sich bereits auf dieses Angebot einstellen, wollen, dass man gern verweilt und häufig, möglichst regelmäßig, wiederkehrt. Aus anonymen Touristen werden bekannte, von den Einheimischen gern gesehene Gäste - eben Sommerfrischler.

Deutsche machen in Deutschland zunehmend Urlaub in eigenen Ferienwohnungen und

[1] Burghoff/Kresta (1995), S. 71

Ferienhäusern, was zu Einbußen bei Hotels, Gasthöfen und Pensionen führt.

Der Trend zum Urlaub im zweiten Zuhause ist vor allem bei Freiberuflern, Angestellten oder Beamten mit Nettoeinkommen über 3.500 € verbreitet, bei denen sicher auch die Zweitwohnung als Kapitalanlage ein Argument ist. Die unteren Einkommensschichten verbringen ihre Freizeit auf Wochenendgrundstücken und in Schrebergärten.

Die Fitness-Sucht klingt nach einer Untersuchung in den USA von 1994 langsam aus. Besonders bei jungen Frauen sei ein veränderter Lebensstil zu erkennen. Ein gestählter Körper spiele nicht mehr die Hauptrolle, statt dessen wollen sie Spaß haben, ausgehen und feiern. Hinzu käme, dass aufgrund der schlechteren wirtschaftlichen Situation fast nur noch Frauen und Mädchen aus den wohlhabenden Mittel- und Oberschichten regelmäßig Sport treiben.

Generell verlieren Leistung, Wettkampf, Kräftemessen im Urlaub an Bedeutung, die spielerisch-sportliche Betätigung wird wichtiger. Eine Ursache liegt sicher im zunehmenden Alter der Reisenden.

Die Multioptionalität der Nachfrage wird ausgeprägter. Insbesondere im Familienurlaub werden Angebote gewünscht, die jedem Familienmitglied Möglichkeiten bieten, am selben Ort seinen Interessen nachgehen zu können. Auch die einzelne Person fordert komplexe Leistungsangebote, z.B. nach dem Ski fahren ein Besuch im Erlebnisbad, danach noch eine Runde Squash und nach dem Abendessen eine anspruchsvolle Kulturveranstaltung.

Erwartet werden auch für den Tourismus interessante Veränderungen in den Verhaltensweisen der Bevölkerung. So nimmt man an, dass zukünftig der sogenannte GeBe-Typ (aus Genuss und Bescheidenheit) dominieren wird. Der GeBe-Tourist würde sich den Methoden des konventionellen Marketing entziehen, denn seine Verhaltensweisen passen in kein Schema. Im Smoking Kaviar mit Champagner und am nächsten Tag in Jeans Pommes mit Cola wären ebenso denkbar wie abwechselnd Urlaub in der näheren Umgebung und in der Karibik. Der GeBe-Tourist ist souverän, bestimmt für sich selbst, was in und out ist, ist Individualist und weistestgehend unberechenbar, er löst sich selbstbewusst vom außengeleiteten Konsumzwang.[1]

Befragungen in Deutschland führen zu interessanten Erkenntnissen. Das Fernweh ist zwar stark, aber dann bleibt man doch wieder in der Nähe.

„Zukünftig wird es nicht mehr darauf ankommen,
dass wir überall hinfahren können,
sondern ob es sich lohnt, dort anzukommen."
Hermann Löns, 1908

4. Das Angebot

„Weder Symptomkuren noch Beschönigungspraktiken helfen uns, der wachsenden Instabilität im Gästeverhalten gegenüber zu treten. Glaubwürdigkeit können wir nur mit mittel- und langfristigen Strategien der qualitativen Angebotsgestaltung unter Berücksichtigung der quantitativen Wachstumsgrenzen erreichen."[2]

4.1. Anbieter

Die in Kap. 2.2. aufgeführten Arten von Destinationen sind Anbieter. In einer Destination bieten traditionell und überwiegend die dort ansässigen Leistungsträger ihre Leistungen an: Hotellerie, Gastronomie, Kliniken, Betreiber von Sportanlagen, Hausbootvermieter, Betreiber von Ferienrouten, Freizeit- und Ferienzentren, Veranstalter von Messen und Konferenzen. Sie nutzen immer auch das allgemeine kommunale und re-

[1] Smeral: Tourismus 2000. Wien 1990

[2] Klaus Lukas, Generaldirektor der Österreich-Werbung

gionale Angebot.
Neben den einzelnen Leistungsträgern treten als **Anbieter** auf:

- horizontale und vertikale Kooperationen von Leistungsträgern
- Veranstalter von Leistungen, die selbst keine Fremdenverkehrseinrichtungen vorhalten
- Fremdenverkehrs- und Verkehrsvereine
- Vermittler von Incoming-Leistungen (Incoming-Agenturen, Zimmervermittlungen)

Zunehmend erfolgt eine Spezialisierung der Incoming-Anbieter nach der Art der Leistung, dem Niveau (z.B. VIP Service) und nach der geografischen Ausdehnung der Angebote (örtlich eng begrenzt bis landesweit).
Neben ihnen wirken, oft gleichzeitig, Eigenbetriebe und Ämter der Kommunen als Repräsentanten des Angebots bzw. als echte Anbieter.
Das typische Geschäft der ortsansässigen Reisebüros ist der Outgoing-Tourismus. Sie werden jedoch oft auch von Einreisenden in Anspruch genommen. Sie erteilen Auskünfte, vermitteln Ausflüge, bieten Informationsmaterial, Karten, Reiseführer an, und sie werden von Reiseveranstaltern auch gern als ihre Interessenvertreter im Zielgebiet (Zielgebiets- oder Incoming-Agenturen) genutzt. Mit dieser Funktion werden ihnen Betreuungs- und Organisationsaufgaben übertragen.

> Um Konflikte zu vermeiden, haben DFV und DRV eine Vereinbarung über die „Abgrenzung der Aufgabengebiete zwischen den örtlichen Fremdenverkehrsstellen (Verkehrsvereine, Verkehrsämter, Kurverwaltungen u.a.) und Reisebüros" getroffen. Diese Vereinbarung ersetzt jedoch nicht die konkrete Absprache und Aufgabenabgrenzung entsprechend den örtlichen Bedingungen.[1]

Rivalitäten zwischen Fremdenverkehrsämtern und -vereinen bzw. anderen Organisationsformen sollten möglichst vermieden werden, da sie sich sowohl negativ auf das touristische Angebot auswirken als auch den Gästen nicht verborgen bleiben. Das Fremdenverkehrsamt hat innerhalb seines Geschäftsbereiches die Interessen aller Bürger der Gemeinde zu vertreten. Ihm obliegen solche Aufgaben wie Wirtschaftsförderung sowie, gemeinsam mit dem Verkehrsverein, Public Relations, Imagepflege und Werbung für die Gemeinde als Ganzes. Der Incoming-GmbH, dem Incoming-Eigenbetrieb verbleiben dann die kommerziellen Aufgaben des Incoming.
Am Angebot sind neben den eigentlichen Anbietern von Fremdenverkehrsleistungen nahezu alle Bereiche und Branchen beteiligt: Industrie, Handwerk, Landwirtschaft, Handel, Kunst, Sport, Verkehrswesen, Banken, Versicherungen, Beratung, Bildung, Unterhaltung usw. Sie sind zum Teil in das Angebot einbezogen, ohne Vertragspartner zu sein, engagieren sich für das Angebot, partizipieren an der Nachfrage, bilden kooperative Angebote usw.

Die Anbieter werden verschiedenen Kategorien zugeordnet:

a) Reiseausführungsbetriebe (Leistungsträger, GUV-Gewerbe)

- Reiseverkehrsbetriebe (Verkehrswesen)
- Fremdenverkehrsbetriebe (Unterkunfts- und Verpflegungsbetriebe, Unterhaltungs-, Sportbetriebe, touristische Spezialverkehrsbetriebe, Kur-, Heilungs- und Erholungsbetriebe, Bildungs- und Informationsbetriebe)

b) Reisegestaltungsbetriebe

- Reise(ver)mittler (Geschäftsbesorgung gem. § 675 BGB)
- Reiseveranstalter (§ 651 a bis l BGB)

[1] Schönemann (1991), S. 27

Reiseausführungsbetriebe bieten entweder ausschließlich ihre eigenen Leistungen an, oder sie bringen als Leistungsträger (Erfüllungsgehilfen gem. § 278 BGB) ihre Leistungen in ein Veranstaltungspaket ein, oder sie erweitern ihre eigenen Leistungen um Leistungen Dritter und werden selbst zur Veranstaltern.[1]

Die Deutsche Bahn, mit Ameropa bereits seit langem als Veranstalter im Markt etabliert, profitiert von ihrem überaus engen Vertriebsnetz. Sie offeriert u.a. mit *StadtTickets, FerienTickets, RegionalTickets, BahnTours Tagesreisen, Schulfahrten und Jugendgruppenreisen* touristisch interessante Angebote insbesondere an Tagen und zu Tageszeiten mit geringer Verkehrsnachfrage. Zusammen mit den InterCityHotels, dem Konferenz Service, Gastronomie und Handel auf den Bahnhöfen, Mietwagen- und Fahrrad-Service empfiehlt sich die Deutsche Bahn als attraktiver Partner im Incoming-Tourismus.

Die Spezifika der einzelnen Reiseausführungsbetriebe werden hier nicht näher behandelt. Sie sind Gegenstand spezieller Disziplinen. Aus gegebenem Anlass werden sie jedoch in die Betrachtung des Incoming-Tourismus einbezogen.

Der Reisemittler hat die mit der Vermittlung verbundenen Tätigkeiten wie ein ordentlicher Kaufmann auszuführen. Ihn treffen Informations- und Beratungspflichten, deren Verletzung Schadenersatzansprüche nach sich ziehen können.

Reisemittler verkaufen Angebote von Veranstaltern und Leistungsträgern, ohne Veränderung des Angebots, *in fremdem Namen und für fremde Rechnung* gegen Zahlung einer Provision. Ein wesentliches Merkmal des Vermittlungsgeschäftes ist die Preisidentität zwischen Leistungsträger und Kunde. Zum Teil bieten Vermittler auch zusätzliche *Eigenleistungen* oder *Eigengeschäfte* an, oft im Zusammenhang mit der vermittelten Leistung. Überwiegt der Umfang dieser Eigenleistungen im Verhältnis zur vermittelten Leistung, so kann durchaus die Vermittlereigenschaft verloren gehen. Eigengeschäfte unterscheiden sich von Vermittlungsleistungen dadurch, dass der Vermittler sie an den Reisenden *in eigenem Namen und auf eigene Rechnung* verkauft.

Werden vom Vermittler Leistungen verschiedener Anbieter für einen Kunden zusammengestellt, so sollte er, um nicht in die Position eines Veranstalters zu kommen, der margenbesteuerte Umsätze hat, dem Kunden gegenüber so abrechnen, dass erkennbar bleibt, welche Bestandteile von welchen Veranstaltern stammen.

Die Mittlerfunktion sollte deutlich in Prospekten sowie auf allen Buchungsformularen, Reisebestätigungen und Rechnungen vermerkt sein, da im Zweifelsfalle die Kundensicht den Ausschlag gibt. Sieht der Kunde das Angebot als ein Veranstalterangebot an, so gilt der Anbieter als Veranstalter, auch wenn er sich selbst als Mittler begreift.

Reiseveranstalter ist im Sinne des Reisevertragsgesetzes derjenige, der dem Reisenden eine Gesamtheit von Reiseleistungen (Reise) erbringt. Als Pauschalreise gilt ein Arrangement aus *mindestens zwei Hauptleistungen.*

Der Veranstalter schuldet die Gesamtheit der Reiseleistungen grundsätzlich selbst (§ 651a Abs.1 BGB). Er verkauft die Reise *in eigenem Namen und auf eigene Rechnung.* Er haftet dem Kunden gegenüber für die zugesicherten Eigenschaften, kann allerdings für Vorleistungen die Leistungsträger haftbar machen.

Auch Fremdenverkehrskommunen und -regionen treten in unterschiedlichen Organisationsformen (siehe 8.2. u. 8.3.) selbst als Veranstalter auf, bedienen sich der Vermittler, vertreten bzw. beherbergen Reiseausführungsbetriebe.

In Zeitungen und Zeitschriften sind häufig touristische Angebote von Kurverwaltungen, Fremdenverkehrsämtern und Verkehrsvereinen als Wochen- bzw. Wochenendpauschalen mit Übernachtungen, verschiedenen zusätzlichen Leistungen und Ermäßigungen für andere zu finden. Nur selten ist

[1] Anlässlich des Münchener Oktoberfestes bot die Deutsche Bahn ein „Wies'n-Package" an. Bestandteile: Hin- und Rückfahrt, Fahrt vom Hauptbahnhof München zur Theresienwiese sowie eine Maß oder ein alkoholfreies Getränk. Ähnliche Angebote gab es zur Expo in Hannover und zu Kirchentagen

die Anreise enthalten, ansonsten eine der Hauptleistungen von Veranstaltern. In einigen Angeboten wird mit Fahrpreisbeteiligung geworben, z.B. dann, wenn die Anreise mit der Bahn gefördert werden soll. Es gibt Orte, die im Jahresprospekt an die 30 Pauschalangebote für Kurz-, Sport- und Erlebnisreisen machen.

Gebietskörperschaften als öffentlich-rechtliche Gemeinwesen sind wegen möglicher Wettbewerbsvorteile gewöhnlich nicht berechtigt, in Konkurrenz zur gewerblichen Wirtschaft eigene Leistungen anzubieten. Regelungen zur wirtschaftlichen Betätigung von Gemeinden sind in den Komunalverfassungen der Bundesländer enthalten. Die Wettbewerbsvorteile bestehen z.B. in Steuervorteilen, zinsgünstigen Kommunalkrediten, geringem Konkursrisiko, Subventionierung, Informationsvorsprung bei Auftragsverfahren, Amtsbonus. Der Sachverhalt ähnelt der sogenannten *Schwarztouristik*, das sind Angebote von Vereinen, Kirchen, Gewerkschaften. Solange es sich um selbstorganisierte Vereinsausflüge handelt, gibt es kaum Einwände. Anders ist es, wenn ein gemeinnütziger Verein für Reisen wirbt, die sich nicht von klassischen Katalogarrangements gewerblicher Reiseveranstalter unterscheiden.

Im Sinne des Reiserechts wird die Gemeinde, oft ungewollt, zum Reiseveranstalter, wenn sie Leistungsangebote zusammenstellt.

Aus ordnungspolitischen Gründen sollte das Subsidiaritätsprinzip in dem Sinne angewandt werden, dass sich Gemeinden nur dann wirtschaftlich betätigen, wenn dies durch einen öffentlichen Zweck gerechtfertigt ist, keine gewerblichen Angebote vorliegen oder die Gemeinden diese Aufgaben besser erfüllen können als gewerbliche Anbieter. Gelegentlich wird gefordert, dass sich die öffentliche Hand konsequent aus dem Freizeitsektor zurückziehen sollte. Dagegen steht das Argument der Verantwortung der Kommunen für das Gemeinwesen.

Sobald die Bedingungen erfüllt sind, nach denen der Anbieter als Veranstalter gilt, unterliegt er den Bestimmungen des Reisevertragsgesetzes, auch hinsichtlich der Verpflichtung, dem Kunden einen Sicherungsschein (in Form einer Versicherung oder einer Bürgschaftserklärung eines Kreditinstituts) zu liefern. Die Insolvenzversicherung, der Schutz des Reisenden bei Vorauszahlung des Reisepreises, ist nicht vorgeschrieben, wenn

- die Reise nicht länger als 24 Stunden dauert (§ 651k (6) 2. BGB)
- keine Übernachtungen enthalten sind (§ 651k (6) 2. BGB)
- der Reisepreis 75 € nicht überschreitet (§ 651k (6) 2. BGB)
- der Veranstalter eine juristische Person des öffentlichen Rechts ist (z.B. Gemeinde, Kirche) (§ 651k (6) 3. BGB)

oder

- der Veranstalter nur gelegentlich, höchstens zweimal jährlich, und außerhalb seiner gewerblichen Tätigkeit Reisen veranstaltet (§ 651k (6) 1. BGB)

In einem Rechtsstreit entschied das OLG Frankfurt/M., dass Center Parcs nicht als Reiseveranstalter gelten und deshalb auch keine Verpflichtung zur Kundengeldabsicherung besteht.

Ist ein Fremdenverkehrsamt als Veranstalter eine Abteilung in der Gemeindeverwaltung, so bedarf es also keiner Kundengeldabsicherung. Wird die Fremdenverkehrsstelle als Veranstalter jedoch von einem eingetragenen Verein oder einer GmbH unterhalten, so besteht Absicherungspflicht, falls nicht einer der anderen o.g. Befreiungssachverhalte greift. Gilt die veranstaltende Fremdenverkehrs-GmbH als Eigengesellschaft der Kommune, so kann die Kundengeldabsicherung auch mittels einer Bürgschaftserklärung der Kommune erfolgen.

Die Fremdenverkehrs-Kommune/Region als Destination bzw. ein sie repräsentierendes Unternehmen bietet dem Markt als Veranstalter nicht nur ein eigenständiges Produkt

an, das verschiedene regionale und kommunale Leistungen bündelt, sondern vertritt auch die Leistungen der Leistungsträger, verbunden mit dem Namen und Image der Kommune/Region. Oft ist das Gastgeberverzeichnis allerdings das einzige gemeinsame Elaborat einer Region.
Außerdem, und das ist die eigentliche Aufgabe der Gebietskörperschaften im Incoming, sind sie für die Entwicklung, Erhaltung und Verwaltung der kommunalen und regionalen Ressourcen und öffentlichen Güter zuständig.

Die **Existenz eines touristischen Potenzials** ist Voraussetzung für Incoming-Angebote. Es besteht aus

- natürlichen Bedingungen (ursprüngliches Angebot),
- einer touristischen Infrastruktur (abgeleitetes Angebot) und
- Attraktionen (natürliche wie kulturelle, die stärksten Argumente des Angebots) oder zumindest Sehenswürdigkeiten.

Als generelle oder **Grundangebote** gelten:

- touristisch reizvolle Landschaften (Küste, Gebirge, Wälder, Flüsse, Seen, Inseln), meist in Verbindung mit angenehmem Klima
- Orte und Regionen mit natürlichen Heilungspotenzialen (Thermal- und Heilquellen, aufgelassene Salzbergwerke)
- historisch bedeutsame Orte (Architekturdenkmäler, Orte historischer Ereignisse)
- ländliche Orte und Regionen, möglichst in touristisch reizvollen Landschaften
- Städte mit ansprechender Infrastruktur (Kultur, Unterhaltung, Erholung, Geschäfte für verschiedene soziale Schichten und Reisemotive) sowie reizvoller Umgebung.

  Der Freizeitwert einer Stadt ergibt sich aus Landschaft und Urbanität. Glas- und Betonwüsten, Hektik, ständiger Autoverkehr vernichten Urbanität, wie man sie noch in mediterranen Städten antreffen kann

Nach Profil und Ausstattung der Region differenzierte Potenziale bzw. Grundangebote beschränken die Angebotsmöglichkeiten entweder zeitlich (Wintersport, Badeurlaub am Meer, Winzerfeste) oder auf Nachfragegruppen (Kurpatienten, Kongress- oder Messebesucher, Naherholer, Tagestouristen).
Reizvolle natürliche Bedingungen ohne touristische Infrastruktur sind, von wenigen Ausnahmen abgesehen, für den Tourismus uninteressant, können allerdings andererseits durch die Infrastruktur beeinträchtigt werden. Jede Ausdehnung des abgeleiteten Angebots (Bau von Hotels, Verkehrsflächen, Sportanlagen) reduziert das natürliche Angebot.
Widrige natürliche Bedingungen können mit touristischer Infrastruktur attraktiv werden. Es gibt heute keine Region auf der Erde, ausgenommen die Tiefseetäler und einige Hochgebirgsgipfel, die nicht für den Tourismus erschließbar wären.

Berge galten noch Mitte des 19. Jahrhunderts als „Warzen auf dem Antlitz der Erde“, die Alpen als Verkehrshindernis, bis sie zunächst von den „Herrenbergsteigern“ entdeckt und schließlich vom Massentourismus überschwemmt wurden.

Die Erschließung von Naturparadiesen für den Tourimus erfolgt oft mit beängstigender Geschwindigkeit.

Nachdem sich die weltabgeschiedenen Insulaner auf Borkum um 1840 dazu durchgerungen hatten, die ersten Gäste bei sich aufzunehmen, mutierte die Insel recht schnell vom bitteramen Schmugglernest zum beliebtesten ostfriesischen Seebad.

In den fünfziger Jahren beschrieben der Unterwasserforscher Hans HASS und der Verhaltensforscher Irenäus EIBL-EIBESFELD die Malediven als „Ein Inselparadies fernab jeder zivilisatorischen Bedrohung“. 1972 wurde das erste Resort eröffnet, und seit 1992 strömen jährlich 200.000 Urlauber auf die Inseln.

Die bloße Existenz natürlicher und kultureller Ressourcen sowie von Sehenswürdigkeiten ist noch kein touristisches Angebot.

Im Zusammenhang mit dem touristischen Angebot wird häufig der Begriff öffentliche Güter verwendet. Öffentliche Güter haben keinen Marktpreis und sind unteilbar. Produzierbare öffentliche Güter sind z.B. Verkehrswege und -anlagen, Kulturdenkmäler, Stadtbilder. Als nicht produzierbare öffentliche Güter gelten u.a. die Landschaft und das Klima. Der Incoming-Tourismus profitiert sowohl von den einen als von den anderen, meist, ohne sich an den Kosten zu beteiligen.

In der Regel sind jedoch die touristischen Ressourcen einer Region/Kommune keine öffentlichen Güter, sondern Klubgüter, d.h., die Aufnahme von „Mitgliedern" kann begrenzt werden. Eine Erweiterung der Aufnahme ist möglich, solange aus der Sicht der Alteingesessenen der Grenznutzen eines zusätzlichen Mitglieds die Grenzkosten übersteigt. Investoren nutzen die Klubgüter Boden und Landschaft, Touristen nutzen die Klubgüter Landschaft, Ruhe, Luft, Strandfläche usw.

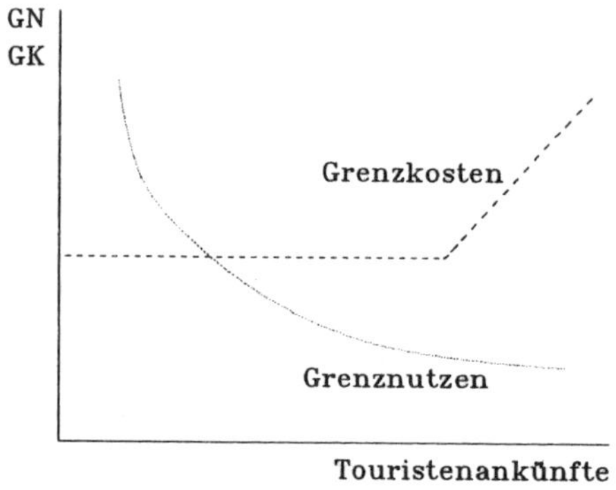

4.1.: Grenzkosten und Grenznutzen

4.2. Die Quantität des Angebots

Die Quantität des Angebots wird an der Aufnahmekapazität, Rekreationskapazität, Belastbarkeit einer Destination und ihrer Einrichtungen gemessen.

Wieviel von welchem Tourismus vertragen die Natur, der Ort, die Hotellerie, die Gastronomie, die Einheimischen, aber auch die Gäste?

Der Erholungswert einer Landschaft wird häufig auf das Verhältnis der Besucherzahl zur Fläche des Erholungsraumes reduziert, also in Besucher pro Hektar oder auch Quadratmeter pro Besucher ausgedrückt.

Erfahrungs- und Richtwerte:

Robert JUNGK plädiert unter dem Aspekt des sanften Reisens für eine **Strand**belastung von maximal 600 Personen/ha (knapp 17 m^2 pro Person). In der Praxis werden aber 10 m^2 und sogar 7,5 m^2 Strand pro Person akzeptiert. Pro Strandkorb wird mit 20 m^2 Fläche kalkuliert.

Die Belastung von **Spiel- und Liegewiesen** im Bereich von Strandbädern und Badeplätzen erreicht oft bis zu 6.000 Pers./ha (1,7 m^2 pro Person).

Auf einigen **Skipisten** stehen pro Skifahrer nur 9 m^2 zur Verfügung. Solche Anlagen sind nicht nur überfüllt, sondern vor allem gefährlich.

Bei der Planung von **Feriendörfern** in Küstenregionen, also einer recht intensiv genutzten Infrastruktur, veranschlagt man etwa 100 m^2 Fläche pro Bett.[1]

Mehr als 500 **Übernachtungen pro Einwohner** gelten als realisierbar.[2]

Für die **Naherholung** außerhalb der Städte werden pro Person 100 bis 300 m^2 Frei-/Grünfläche gefordert, für **Touristen** (Ferienaufenthalter, Urlauber) etwa 750 m^2 Freifläche.[3]

Wald: 25 Personen/ha - „stille Erholung", Kur- und Erholung.

---

[1] Baumgart: Countdown für die Touristik. Wien 1991, S.22, 55, 56, 109

[2] Manfred Zeiner, DWIF, auf der ITB 1991

[3] EG-Studie für 1980 von Baretje

Diese Daten können zwar als Orientierungswerte dienen, sind aber nur selten geeignet, die Belastbarkeit ausreichend genau zu beschreiben. Am Strand werden auch weniger als 10 m^2 akzeptiert, wenn es ruhige, sympathische Nachbarn sind. Ein Pärchen benötigt weniger als zweimal 10 m^2 Fläche, eine Familie mit zwei kleinen, lebhaften Kindern sicher mehr als vier mal 10 m^2.
Die Grenze der Belastbarkeit kann schnell überschritten werden. Nachdem die Deutsche Bahn in Form der Guten-Abend-Tickets und der Wochenend-Spartickets den Transport drastisch verbilligte, wären vor manchen Ferienregionen am liebsten die Zugbrücken hochgezogen worden.

„**Überfüllung**" wird subjektiv empfunden:
a) durch die Gäste, vor allem dann, wenn rivalisierende Nachfragegruppen aufeinander treffen. Sich gestört fühlen ist mit unterschiedlichen Belastungen und Belastbarkeiten verbunden. Überlastung beeinträchtigt den Erholungswert einer Region,
b) durch die Einheimischen, wenn die Grenzkosten den Grenznutzen übersteigen, bei übermäßiger Arbeitsbelastung, bei Auswirkungen auf die Familien und sozialen Strukturen, bei negativem Einfluss auf die Kinder und Jugendlichen.

Die Belastbarkeit einer Landschaft ist physisch überschritten, wenn Schäden an der Umwelt auftreten, die durch Investitionen nicht mehr kompensiert werden können.

Die Belastbarkeit der Natur ist in hohem Maße durch ihre Sensibilität definiert. Dazu gehören die Regenerationsfähigkeit und die klimabedingte Empfindlichkeit der Natur. Nur wenige Pflanzen, z.B. die Krummsegge, vertragen Trittbelastungen von 150 Menschen pro Tag. Empfindlichere Gewächse sterben bereits bei zehn Begehungen pro Tag ab. Ab 200 Betretern pro Tag beginnt an vorgeschädigten Standorten der Bodenabtrag. 500 Betreter bewirken eine völlige Verwüstung der Vegetation und das Freilegen des blanken Bodens.[1]

Die **mögliche Besucherdichte** wächst mit dem Grad der touristischen Erschließung einer Region, die ja ihre Aufnahmefähigkeit steigert.
Ein begrenzender Richtwert ist die Beherbergungskapazität. Mit ihm lässt sich allerdings nur die Zahl der Übernachtungsgäste beeinflussen.
Als grober Anhaltswert für den Tagesausflugsverkehr dient der Sitzplatzüberhang. Er kann aus der Zahl der Sitzplätze in der Gastronomie einer Gemeinde unter Berücksichtigung der Einwohnerzahl und der Zahl der Gästebetten abgeleitet werden. Die den Zustrom von Tagesbesuchern generierenden Faktoren sind jedoch so verschiedenartig und mannigfaltig, dass sich keine allgemeingültige Formel aufstellen lässt.
Die Jahreswerte für Tagesgäste und Besucher allein erlauben noch keine Aussage zur Belastung der touristischen Infrastruktur. Nur in den seltensten Fällen verteilt sich der Besucherstrom gleichmäßig über das ganze Jahr und über die gesamte Fläche.[2]
Die Kapazität von Veranstaltungen ist im Allgemeinen durch das Fassungsvermögen der Veranstaltungsplätze und -räume begrenzt. Häufig wird jedoch die Kapazitätsgrenze überschritten, indem Besucher in der Hoffnung anreisen, auch ohne im Voraus gesichertes Ticket noch teilnehmen zu können. Für die Teilnahme an Pop-Konzerten (oft nur Tagesveranstaltungen) und herausragenden Sportveranstaltungen (Wimbledon, Nürburgring) nehmen die überwiegend jugendlichen Besucher mit Provisorien vorlieb (Übernachtung im Freien mit Schlafsack). Für Veranstaltungen, die nicht an Räume oder begrenzte Plätze gebunden sind, z.B. Kundgebungen, Demonstrationen, Love Parade, können lediglich Erfahrungswerte aus früheren Veranstaltungen zur Planung herangezogen werden.

---

[1] siehe auch 4.4.
[2] siehe Bild 3.1.

Die Kapazitätsgrenzen des Verkehrs äußern sich innerhalb der Destinationen in Bezug auf die Parkkapazität, die Kapazität des Personennahverkehrs und die Kapazität touristischer Spezialverkehrsangebote (Skilifte, Sonderbahnen). Die Kapazitätsgrenzen von Zufahrtsstraßen werden nur selten in der Planung beachtet. Obwohl sie alljährlich für Gesprächsstoff sorgen, werden Staus als Attribute des modernen Reisens in Kauf genommen.

Zur Kapazitätsauslastung der touristischen Infrastruktur

Die durch die touristische Infrastruktur vorgegebene Kapazität wird selten vollständig ausgelastet. Neben Spitzenzeiten gibt es Perioden mit geringerer Nachfrage. Die Infrastruktur orientiert sich generell am Spitzenbedarf.

Die statische Kapazität bezeichnet das Fassungsvermögen eines Hotels, eines Restaurants, eines Strandbades, einer Skipiste, eines Fitnessraumes etc.

Die dynamische Kapazität berücksichtigt die Aufenthalts- und Verweildauer.

Auslastungsgrad der Bettenkapazität in Prozent:

$$\frac{\text{Übernachtungen} \cdot 100}{\text{Zahl der Betten} \cdot \text{Bezugstage*}}$$

* 365 minus Tage wegen Renovierung, Reparaturen etc.

Der DEHOGA erachtet 40% Jahresauslastung als unterste Grenze, bis zu der ein gewerblicher Beherbergungsbetrieb existenzfähig bleiben kann.

Bei Erreichen der Kapazitätsgrenze weichen Nachfrager aus. Man sucht Übernachtung in Orten der Umgebung. Wenn Restaurants überfüllt sind, tut es eventuell auch die Würstchenbude, oder man nimmt Wartezeiten in Kauf (Gastronomie, Sehenswürdigkeiten). Ebensolche Reaktionen sind bei Überfüllung von Naherholungsgebieten zu beobachten. Entweder wird auf Reisen verzichtet oder auf andere Destinationen ausgewichen.

Kapazitätsgrenzen einzelner Bestandteile der Infrastruktur beschränken das Gesamtangebot: Behandlungskapazität für Kurpatienten, Bettenkapazität für Übernachtungsgäste, Stühle für Restaurantbesucher, Plätze für Theaterbesucher. Aber Kurorte werden nicht nur von Kurpatienten, sondern auch von Tagesgästen aufgesucht.

4.3. Die Qualität des Angebots

Die Qualität ist neben dem Preis wichtigstes Kriterium im Tourismus. Sie ist definiert als

„die Gesamtheit von Eigenschaften und Merkmalen eines Produktes oder einer Dienstleistung, die sich auf deren Eignung zur Erfüllung festgelegter oder vorausgesetzter Erfordernisse bezieht".[1]

Die Qualität einer Destination resultiert aus den Qualitäten der einzelnen Leistungen und Angebotsbestandteile und ist eine ihrer Image-Komponenten.

Wenige herausragende Qualitäten einzelner Leistungen können gravierende Qualitätsmängel bei anderen Komponenten nicht kompensieren. Die Qualität der Gesamtleistung ist nicht identisch mit der Summe der Einzelqualitäten.

Qualität ist nicht zu verwechseln mit Preiskategorien. Auch von billigen Produkten und Leistungen wird Qualität verlangt. Häufig wird für Qualität im Incoming die Bezeichnung „touristische Kultur" verwendet.

[1] nach DIN/ISO 8402

Zur **Qualität einer Destination** zählen:

- Sauberkeit
- Zuverlässigkeit und Pünktlichkeit
- Ordnung und Sicherheit
- Einhaltung der Prospekt- und Katalogversprechungen
- Verhalten der Einheimischen
- Zustand der Umwelt
- Vielseitigkeit des Angebots.

Die **Sauberkeit und Gepflegtheit** steht bei vielen Befragungen an der Spitze der geforderten Qualitätsmerkmale, nahezu gleichauf mit Sicherheit (in jeder Hinsicht) und Zuverlässigkeit.
Unsauberkeit der Straßen und Anlagen wird noch in Kauf genommen, wenn touristische Attraktionen vorhanden sind, oder wenn man sie als ortsüblich toleriert. Hinsichtlich der Sauberkeit in der Hotellerie und Gastronomie werden keine Kompromisse gemacht.
Die Erziehung der Bevölkerung und gleichermaßen der Touristen zur Sauberkeit ist eine Aufgabe, vor der die Verantwortlichen oft kapitulieren. In Deutschland gibt es zwar gute Stadtordnungen, nach denen die Verunreinigung von öffentlichen Anlagen streng geahndet werden könnte, aber da es an Aufsichtspersonal mangelt, nicht geahndet wird. Gepflegt sind Kurorte und kleine Fremdenverkehrskommunen. Bei den Städten gibt es gravierende Unterschiede.
In manchen ausländischen Städten und Regionen werden Verstöße gegen die Sauberkeit und gegen die guten Sitten streng bestraft.

In *Friesland*, Niederlande, sind 34 Delikte aufgelistet, für die auf der Stelle Geldbußen zwischen 18 und 113 € zu zahlen sind, u.a. Bierdose wegwerfen, Wände beschmieren, Radio zu laut aufdrehen, Alkoholkonsum in der Öffentlichkeit.

In *Rom* kassieren Streifen in Zivil sofort Bußgelder für Umweltsünden. Für eine weggeworfene Zigarettenschachtel sind z.B. 103 € zu zahlen. Innerhalb eines Monats wurden 1.600 Umweltsünder ertappt und mit umgerechnet 153.000 € Bußgeld belegt.

In *Kalifornien* kostet das Wegwerfen einer Getränkedose bis zu 1000 Dollar Bußgeld.

Zuverlässigkeit und Pünktlichkeit

Touristen verlangen Perfektion, die aber nicht vordergründig als solche erkennbar sein darf. Öffnungszeiten und Termine sollten eingehalten werden, denn auch Urlauber teilen ihre Zeit ein, und das Warten vor dem Hotel auf den Bus ist unangenehm.
Zuverlässigkeit wird natürlich auch von den Veranstaltern gefordert, wenn sie z.B. Abhilfe bei Beschwerden versprochen haben.

Ordnung und Sicherheit

Darunter werden vor allem wirksame Schutzmaßnahmen vor Diebstahl, Betrügereien, Übervorteilung, Belästigung, Anschlägen, Verbrechen verstanden. Touristen erwarten nicht unbedingt eine starke Polizeipräsenz, zumindest jedoch Informationen über Gefahren, Sicherheitstipps und im Falle, dass doch etwas geschehen ist, schnelle und unkomplizierte Hilfe.
Je konzentrierter und von der Außenwelt abgegrenzter die Touristen untergebracht sind, z.B. in Clubs, Feriendörfern, Touristenhotels, Kreuzfahrtschiffen, desto wirksamer kann für Ordnung und Sicherheit gesorgt werden. Problematischer ist es für Individualtouristen, aber auch für deren Sicherheit können Einheimische wie Ordnungskräfte wirkungsvoll sorgen.

Für die Sicherheit der Touristen zu sorgen bedeutet für Destinationen:

1. die Risiken zu erkennen, die mit dem Incoming verbunden sind, denen die Gäste ausgesetzt sein können
2. Wege zu suchen, mittels derer diese Risiken reduziert werden können
3. Verfahren zu entwickeln, um negative Folgen von Unfällen, Zwischenfällen, Krankheiten, Verbrechen, Vergehen etc. zu minimieren.

Einhaltung der Prospekt- und Katalogversprechungen

Da Reiseentscheidungen überwiegend an Hand der Qualitätsversprechen in Katalogen und Prospekten getroffen werden, ist auf deren Übereinstimmung mit der Realität zu achten. Zwar werden Leser von Zeitungen und Zeitschriften seit Jahren regelmäßig über die richtige Interpretation der Katalogsprache[1] informiert, aber es ist sicher für beide Seiten angenehmer, Missverständnissen vorzubeugen. Außerdem können Schadenersatzansprüche vermieden werden.

Selbst Schneegarantie ist einklagbar. Verspricht ein Katalog eine Ganzjahressaison für Skifahrer, kann ein Urlauber ein Viertel des Reisepreises zurückverlangen, wenn er vor Ort keinen Schnee vorfindet.[2] Wenn der Katalog feinsandigen Strand (Korngröße 0,1 bis 0,2 mm) versprach, die Realität jedoch grobkörnig (0,5 bis 1,0 mm) war, haben Touristen schon Reisepreisminderungen von 10% erstritten.[3]

Das **Verhalten der Einheimischen** ist von unterschiedlicher Bedeutung für die Bewertung der Qualität eines Ortes durch die Touristen. Sofern sich die Touristen ausschließlich in Resorts aufhalten, beschränken sich die Kontakte zu den Einheimischen auf das Entgegennehmen von Dienstleistungen, den Konsum von Folkloreveranstaltungen und gelegentliche kurze Gespräche. Intensiver sind die Kontakte, wenn sich die Unterkunft inmitten des Lebensraumes der Einheimischen befindet und wenn Touristen bei privaten Vermietern wohnen.[4]

Der Zustand der **Umwelt** wird als Qualitätskriterium gewertet, da man davon ausgeht, dass er von den Kommunen beeinflusst werden kann. Sorgsamer Umgang mit der Umwelt lässt somit auf ein entsprechendes kommunales Engagement schließen, woraus dann, nicht unbedingt logisch, Interesse am Incoming-Tourismus abgeleitet wird.

Die **Vielseitigkeit des Angebots**[5] scheint auf den ersten Blick eher ein quantitatives als ein qualitatives Phänomen zu sein. Aber Touristen werten Abwechslungsmöglichkeiten in der Gestaltung ihres Aufenthalts in der Destination, Möglichkeiten der Reaktion auf unterschiedliche Wetterlagen als Ausdruck der Qualität. Ein Ferienort ohne Abwechslung wird als langweilig empfunden. Multioptionalität ist ein wesentliches Entscheidungskriterium für oder gegen eine Destination geworden.

Messbarkeit und Bewertbarkeit der Qualität

Die Qualität eines Fremdenverkehrsortes oder einer Fremdenverkehrsregion lässt sich nur mit beschränktem Aussagewert messen. Ob überhaupt eine sinnvolle, aussagefähige und praktikable Qualitätsbewertung zu erreichen ist, wird bezweifelt. Die subjektive Einschätzung durch den Gast spielt die ausschlaggebende Rolle. Kirchenglocken, Hahnenschrei, Kuhglocken werden unterschiedlich empfunden. Bisher fehlt ein einheitliches touristisches Gütesiegel, das natürlich die ökologischen Belange mit hohem Stellenwert berücksichtigen muss. Es ist für Hotels und Freizeitparks wohl eher zu erreichen als für Destinationen.

---

[1] siehe auch Kap. 11.7.
[2] AG München, Az. 161 C 01590/89-01/96
[3] AG Düsseldorf, Az: 29 C 20.253/96 und 231 C 2599/97
[4] siehe auch Kap. 4.7.
[5] siehe auch Kap. 4.8.

Methoden der Bewertung:

a) Gästebefragung
   Hinweise auf Qualitätsmängel können erwartet werden. Bei sachkundiger Gestaltung und Auswertung des Fragebogens sind auch Rückschlüsse auf das allgemeine Qualitätsniveau möglich. Allerdings bietet das Ergebnis einer Umfrage keine Gewähr dafür, dass der nächste Gast die Qualität ebenso einschätzt.
b) Einhaltung von Richt- und Grenzwerten
   Nur für wenige Kriterien anwendbar, z.B. Umweltdaten.
c) Unmittelbare Messung
   Nur für wenige Kriterien anwendbar, z.B. Luft- und Wasserqualität.
d) Einschätzung nach Bewertungskriterien
   Vorgenommen von Verbänden, Journalisten; Vergabe von Qualitätssymbolen.
e) Auswertung von Kundenrückmeldungen
   Von geringem Wert; die Reklamationsrate beträgt nur etwa ein Prozent. Touristen geben, aus einem Zwang zum Erfolg heraus, nur selten zu, dass ihr teurer Urlaub ihnen eigentlich gar nicht gefallen hat.

   Amerikanischen Untersuchungen zufolge reklamieren nur etwa 2 % der unzufriedenen Kunden (nach anderen Quellen 4 %), 34 % wandern stillschweigend zur Konkurrenz ab. D.h., wenn 10 Kunden reklamieren, sind wahrscheinlich 500 Kunden unzufrieden gewesen, und man hat 170 an die Konkurrenz verloren. Rund 95 % der reklamierenden Kunden bleiben jedoch dem Unternehmen treu, wenn die Reklamation rasch und gut beantwortet wurde.[1]

Mit Messdaten und Umfrageergebnissen ist kein Gast davon zu überzeugen, dass sein Urlaub eine hohe Qualität hatte, wenn er es anders empfunden hat.

Ein Zufriedenheitsquotient aus Realität und erhoffter Qualität wird zwar häufig bemüht, leidet aber unter dem Problem der - hier zweifachen - Subjektivität. Man kann eher anders herum, aus vorzeitiger Abreise, schlechter Mundpropaganda auf einen Quotienten <1 schließen und aus einer großen Zahl von Wiederholern, längerer Verweildauer und Anreisen auf Empfehlung auf einen Quotienten >1.

Einige Destinationen bieten ihren Gästen eine Zufriedenheitsgarantie. Der Gast kann nach der ersten Nacht ohne Stornogebühr, zu 50% des vereinbarten Preises abreisen, wenn er mit der Unterkunft nicht zufrieden ist, weil sie nicht der Katalogbeschreibung bzw. der zugesagten Buchungsleistung entspricht.

An verschiedenen Stellen können sich Qualitätslücken[2] auftun:

1. Zwischen Kundenerwartung und deren Wahrnehmung durch das Management des Anbieters. Ursachen sind u.a. unzureichende Kommunikation im Unternehmen (zwischen Kundenbetreuer und Management), zu viele Hierarchiestufen, mangelhafte Marktbeobachtung.
2. Zwischen wahrgenommener Kundenerwartung und Umsetzung in Qualität der Leistungen. Mögliche Ursache: fehlendes Qualitätsmanagement.
3. Zwischen Spezifikationen der Qualität und tatsächlicher Leistung. Die Ursache liegt in der Ebene der Mitarbeiter und kann durch deren Qualifizierung, Überzeugung, Kontrolle beseitigt werden.
4. Zwischen tatsächlich erbrachter Leistung und der an den Kunden gerichteten Information über diese Leistung, z.B. in Form von übertriebener Werbung.
5. Zwischen Kundenerwartung und wahrgenommener Leistung. Ursachen können zu hohe oder zu niedrige Kundenerwartungen, aber auch eine über- oder untertrieben erbrachte Leistung sein.

---

[1] Romeiß-Stracke (1995) S. 19, 96

[2] nach Meffert/Bruhn (1995)

Sollte man Destinationen, Regionen und Kommunen **Sterne** verleihen?

Der Engländer J. MURRAY führte 1836 Sterne ein, um besondere Sehenswürdigkeiten hervorzuheben. In den ersten Baedekern wurden sogar Sterne für Sonnenuntergänge vergeben.

Die modernen Baedeker vergeben zwei Sternchen für einzigartige Sehenswürdigkeiten und einen für besonders Beachtenswertes, u.a. Stadtbilder und Landschaften.

Was müsste eine Fünf-Sterne-Destination gegenüber einer solchen mit vier, drei oder zwei Sternen auszeichnen? Mehr Fünf-Sterne-Hotels, mehr Michelin-Sterne, mehr Baedeker-Sterne, verbunden mit höheren Steuern und Abgaben, generell höheren Preisen?

Wenn Sterne für das Qualitätsniveau von Destinationen vergeben werden könnten, dann wären sie sinnvoll als Orientierungshilfen für Touristen, nicht als einklagbare Leistungsversprechen.

Übrigens gibt es zumindest für eine bestimmte Kategorie der Fremdenverkehrsorte bereits Qualitätskennzeichnungen in Form der staatlich zuerkannten Bezeichnungen für Kur- und Erholungorte.

Wegen ihrer internationalen Anwendung und Anerkennung sowie komplexen Art der Erfassung bietet sich die Qualitätssicherung und -zertifizierung nach **DIN/ISO 9000 ff.** auch für Fremdenverkehrsorte und -regionen an.[1]

Die Sicherheit von **Freizeitanlagen**, z.B. Fitness-Studios, Schwimmbädern, Spielplätzen, Saunen, wird, bisher auf freiwilliger Basis, vom TÜV testiert. Die verliehene Plakette trägt den Namen „leisure-proof". Prüfschwerpunkte sind der bauliche Zustand, die Sicherheit der Geräte und Einrichtungen, die hygienischen Bedingungen und die fachgerechte Beratung.

Campingplätze erhalten vom ADAC das Prädikat „Super-Platz", wenn sie in Bezug auf Verpflegungs-, Freizeit- und Sanitäreinrichtungen vorbildlich sind.

Die **Gastronomie** und der Lebensmittelhandel werden von kommunalen Lebensmittelüberwachungsämtern regelmäßig und streng kontrolliert.

In Frankreich werden regelmäßig mit Beginn der Urlaubssaison mehr als 2.000 Beamte aus zehn verschiedenen Ministerien als staatliche Preis- und Qualitätskontrolleure, im Volksmund „Schnüffel-Flics" genannt, ausgesandt, um in den Fremdenverkehrsregionen nach schwarzen Schafen der Branche zu fahnden.

Am weitesten gediehen ist die Bewertung der **Umwelt**. Mit den Umweltkriterien sind zwar wichtige Qualitätsmerkmale erfasst, aber die Qualität eines Incoming-Angebots ist damit allein bei weitem nicht hinreichend beschrieben.

Umweltsensibilität und Marketingerwägungen haben zu einem Sammelsurium von *Umweltsignets* geführt, mit denen Feriengebiete, Reiseveranstalter, Hotels um Kundschaft werben. Vom Münchener Institut Ecotrans wurde ermittelt, dass es in Europa vierzig solcher *Umweltgütesiegel* gibt; jedes zweite wurde in Deutschland „erfunden". Ein europaweit einheitliches Piktogramm für umweltfreundliche Anbieter nach einheitlichen Standards wird seit langem gefordert.

Umweltfreundlichkeit wird zunehmend als Notwendigkeit und Erfolgsstrategie erkannt, nachdem sie ursprünglich Mode, Marketingkalkül, verkaufsförderndes Schlagwort und Konzession an unbequeme Mahner war. Ökologie gehört heute zur Qualität.

Am 18. Januar 1996 gab der DFV den Startschuss für den ersten Bundeswettbewerb **Umweltfreundliche Fremdenverkehrsorte in Deutschland**.[2] Beteiligt sind die Bundesministerien für Wirtschaft, für Umwelt, Naturschutz und Reaktorsicherheit, das Umweltbundesamt, der Deutsche Städte- und Gemeindebund, der Deutsche Heilbäderverband und der Deutsche Hotel- und Gaststättenverband.

---

[1] siehe auch Kap. 9.4.

[2] Das Grüne Buch der Touristik (1996)

Dieses Umweltgütesiegel beruht auf zwei Bewertungsansätzen:

1. Erfassung der Umweltvorsorgeaktivitäten und Umweltschutzmaßnahmen der Gemeinde. Dazu gehören u.a. Werbung für die Anreise mit öffentlichen Verkehrsmitteln, Einflussnahme auf umweltwirksame Handlungen der Einwohner, Gewerbetreibenden und Gäste.
2. Erfassung und Bewertung der in der Gemeinde vorhandenen Umweltqualitäten. Für die Umweltmedien Wasser, Boden, Luft sowie für das Landschaftsbild und die Lärmsituation sollen Bewertungsvorschriften entwickelt werden. Die Kosten für gründliche Untersuchungen sind allerdings beträchtlich.

Teilnahmeberechtigt sind alle Fremdenverkehrsgemeinden, Ortsteile, soweit diese eigenständig landesrechtlich prädikatisiert sind oder mehr als 200 Betten anbieten, sowie Stadtstaaten in ihrer Gesamtheit oder mit einzelnen Stadtbezirken.

Mit der EU-**Öko-Audit**-Verordnung[1] und der zugehörigen deutschen Gesetzgebung[2] ist eine weitere Form der ökologischen Selbstkontrolle gewerblicher Unternehmen geschaffen worden. Die Industrie- und Handelskammern sind zuständig für Umwelt-Audit-Satzungen und -Gebührensatzungen und führen das Umwelt-Audit-Register.

Durch eine 1997 erlassene Erweiterungsverordnung ist das Umwelt-Audit-Verfahren auch auf Dienstleistungsunternehmen anwendbar. Für Fremdenverkehrsbetriebe wird es in Zukunft ökonomisch nützlich sein, sich an diesem Verfahren zu beteiligen und sich mit dem Label zu schmücken.

Die **internationale Norm zum Umweltmanagement**, ISO 14001, umfasst die Systematisierung grundlegender Verfahren zum Schutz der Umwelt sowie die Qualitätssicherung zur Einhaltung festgelegter Normen, deren Ziel die Minimierung der Umweltbelastung ist. Kreuzfahrtreedereien haben sich als Erste diesen Audits unterzogen.

Folgende **Gütesignets** haben bisher überregionale Bedeutung erlangt oder zumindest Beachtung gefunden:

Grüner Koffer
auch: ÖTE-Gütesiegel, vom Verein Ökologischer Tourismus in Europa (ÖTE) vergeben.

Grüne Europa-Flagge, Blaue Europa-Flagge
vergeben seit 1987 von der Stiftung für Umwelterziehung in Europa (FEEE).
Die *Grüne Flagge* wird an Orte im Binnenland verliehen, die *Blaue Flagge* an Strände und Sportboothäfen.

Europäischer Preis für Tourismus und Umwelt (Umwelt-Oscar) der Europäischen Union.

Gänseblümchen, ein weiteres EU-Umweltzeichen, vergeben vom Gemeinschaftssystem für das Umweltmanagement und das Umwelt-Audit (Emas). Seit 1999 gleichberechtigt neben den nationalen Umweltzeichen (Blauer Engel in Deutschland, Nordischer Schwan in Skandinavien). Ein neues, werbewirksameres Logo ist im Gespräch.

Grüne Umweltpunkte der Stiftung Warentest.

Umweltplakette des DEHOGA, auf Landesebene vergeben.

Blaue Schwalbe des Verbandes Verträgliches Reisen.

Tourism for Tomorrow Award (Umweltpreis „Tourismus für morgen"). u.a. für Zielorte.

Landschaft des Jahres, vergeben von der Gesellschaft Naturfreunde International.

TO DO ein Preis für sozial verantwortlichen Tourismus, vergeben vom Ammerländer Studienkreis für Tourismus und Entwicklung.

In *Österreich* haben sich Dörfer (mit maximal 1.500 Einwohnern) zu einem Verbund zusammengeschlossen, der insbesondere mit heiler Welt werben will. An die Dörfer, die sich anschließen wollen, werden strenge Maßstäbe angelegt: Der Ortskern mit Kirche, Gastwirtschaft, Brunnen, Geschäften

[1] Verordnung über die freiwillige Beteiligung von Unternehmen an einem Gemeinschaftssystem für das Umweltmanagement und die Umweltbetriebsprüfung. Verordnung (EWG) Nr. 1836/93 des Rates vom 29.06.93 (ABl EG Nr. 2168), auch: Emas-Verordnung (Environmental Management and Audit Scheme)

[2] Umwelt-Audit-Gesetz vom 07.12.95 (BGBl. I S.1591) in Kraft seit dem 13.12.95; eine Verfahrensordnung regelt die Zulassung und Aufsicht der Umweltgutachter; s.a. ISO 14001 (Umweltmanagementnorm)

muss dorfgerecht sein, die Landschaft muss ökologisch intakt und ansprechend sein, bei der Verwendung von Düngemitteln wird ökologisches Augenmaß verlangt, Biotope und sauberes Quellwasser müssen vorhanden sein, Lärm- und Schadstoffimmissionen durch Industrieanlagen dürfen nicht nachweisbar sein, die Autobahn soll mindestens drei Kilometer vom Ort entfernt sein, der Durchgangsverkehr darf 4.000 Fahrzeuge täglich nicht überschreiten, eine aktive Dorfgemeinschaft (Vereinsleben, Brauchtumspflege, Traditionspflege, keine Touristenshows) ist gefordert, nicht mehr Gästebetten als Einwohner.

Neben überregionalen Umweltsiegeln gibt es eine nahezu unüberschaubare Zahl von regionalen, z.B. *Silberdisteln*, *Seepferdchen*, *Blaue Esel* und *Goldene Umweltwapperl*.

Das Fremdenverkehrsamt in Hamburg verleiht einen *Grünen Schlüssel* an Hotels, die sich strengeren Umweltauflagen unterwerfen. Die Bewertung erfolgt an Hand von 56 Kriterien, u.a. Wasser- und Stromverbrauch, Reinigungs- und Waschfrequenzen, Abfallbeseitigung, behindertengerechte Einrichtungen, rauchfreie Zonen, umweltfreundliche Vorkehrungen im Außenbereich. Das *Tiroler Umweltsiegel* wird verliehen von der Landesregierung an umweltverträglich und sozial verantwortlich wirtschaftende Hotels, Gaststätten und Pensionen. Kriterien: keine Portionsverpackungen oder Getränke in Dosen bzw. Plastik- oder Kartonbehältern, keine umweltschädlichen Reinigungsmittel, kein Kunstdünger, keine Pestizide. Jedem Gast, der mit öffentlichen Verkehrsmitteln anreist, ist ein attraktiver geldwerter Bonus anzubieten.

Für Missachtung der Umwelt wird alljährlich auf der Grünen Woche das **Giftgrüne Ei** verliehen. Der Naturschutzbund Deutschland „Nabu“ verleiht den **Dinosaurier aus Zinn**, Deutschlands peinlichsten Umweltpreis.

Schon Ende der 90er Jahre musste festgestellt werden, dass umweltgerechte Einrichtungen nicht mehr als „Öko-Produkte“ verkauft werden konnten, weil die Gäste dies als selbstverständlich empfanden. Auch die Öko-Audits, Plaketten, Siegel, Symbole etc. hatten bereits nach kurzer Zeit ihre Wirkung verloren.

Die Qualität eines Fremdenverkehrsortes beeinflusst in erheblichem Maße die Qualität der Incoming-Angebote, ist jedoch nicht mit ihr gleichzusetzen.

4.4. Natürliche Bedingungen

Die natürlichen Bedingungen - Geländeformen, Gewässer, Flora, Fauna, Klima, Wetter, Luft - werden allgemein als das Grundkapital des Tourismus bezeichnet.
Das trifft sicher für einige Touristenkategorien zu, aber längst nicht mehr für alle. Badeurlauber wollen Wasser, Strand und Sonne vorfinden und haben die Alternative zwischen der „echten“ Natur und der „künstlichen“ in den „Kathedralen der Freizeitgesellschaft“, den tropischen Badeparadiesen. Für Wanderer wird oft die Route vorbestimmt. Ein Gefühl für die Natur zu entwickeln, sie zu spüren und zu erleben, ist sicher mit Naturlehrpfaden und Verbotsschildern nicht zu erreichen. Die Familie wandelt im Wald wie in einem Museum, wenn das Kind nicht einmal mehr einen Grashüpfer fangen, eine Blume pflücken, einen Zweig abbrechen, durch das hohe Gras einer Waldwiese laufen oder auf einen Baum klettern darf. Auf diese Art bleibt die Natur fremd, ihre Zerbrechlichkeit wird nicht wahrgenommen. Die Distanz zur Natur wird noch größer als sie bereits ist. Was nützt es zu wissen, ob ein Pilz essbar ist oder nicht, wenn man ihn sowieso nicht abschneiden darf. Auch die Ansprüche an die natürlichen Bedingungen haben sich verringert. Touristen begnügen sich schon mit einer verarmten Landschaft, weil diese immer noch mehr „Natur“ bietet, als sie in ihrer städtischen Umwelt gewöhnt sind. Es ist sicher interessant zu erfahren, dass im nahegelegenen Wald noch Seeadler horsten und seltene Pflanzen vorkommen, aus der Nähe sieht man sie doch nur im Dia-Vortrag oder als Abbildung in einem Heimatbuch.
Wie wenig Natur die Menschen brauchen, zeigen ihre Gärten: rigorose „Ungeziefer“- und „Unkraut“-Bekämpfung, Zierrasen, Gartenzwerge, künstliche Enten.

Befragungen ergeben nur scheinbar andere Resultate: Für 51% der Bevölkerung überwiegt „unberührte Natur, Ursprünglichkeit“ als Motiv bei der Urlaubsgestaltung. Natur ist jedoch nach dem ersten Touristen schon nicht mehr unberührt. Die hohe Wertschätzung von Natur wird relativiert durch einen beschränkten Naturbegriff und durch einen moralischen Zwang zum Naturschutz.

„Künstliche Natur“ ist ein ernst zu nehmender Konkurrent für Kulturlandschaften geworden, sie wird gewählt, wenn sie „besser“ ist als das natürliche Angebot. Sich dieser Konkurrenz zu stellen, bedeutet für Destinationen, ihr natürliches Angebot attraktiv zu erhalten und zu verbessern.

Es hat den Anschein, als sei der Tourismus immer weniger auf die Natur angewiesen und dass die Natur weniger vor dem Tourismus als vielmehr vor dem Missbrauch durch andere Branchen geschützt werden müsste. Die Regenwälder werden nicht der Touristen wegen abgeholzt, Gewässer nicht von Touristen vergiftet, Straßen nicht nur für Touristen gebaut. Die Touristen pauschal als „Landschaftsfresser“ darzustellen, ihnen ein schlechtes Gewissen einzureden, ist falsch. Auch die Einheimischen verbrauchen Natur.

Selbstverständlich gilt es, die Natur zu erhalten, im Interesse der Nachwelt und im Interesse des Lebens, auch des menschlichen. Aber die Natur vor den Menschen zu verschließen, ist keine Lösung. Schutzgebiete sollten sich für die Begegnung des Menschen mit der Natur öffnen.

Noch gilt für Fußgänger, auch für Rollstuhl- und Radfahrer, das Betretungsrecht, das Recht zur Benutzung von Wegen, das auf dem keltischen Grundsatz der Allmende fußt, wonach Feld, Flur und Wald für alle da sind. Wasserwanderer dürfen, außer in Schutzgebieten und auf privaten Grundstükken, an jeder beliebigen Uferstelle deutscher Binnenwasserstraßen anlegen und für eine Nacht zelten. Auch das alte Strandbetretungsrecht wirkt noch in dieser Richtung nach. In Skandinavien und Finnland gilt ein „Jedermannsrecht“ , das ursprünglich für wandernde Handwerker erlassen worden war. Es gestattet jedem, sein Lager aufzuschlagen, wo immer er will, und sich aus dem, was die Natur bietet, zu versorgen. Die britische Regierung forderte Anfang 1998 die Grundbesitzer auf, ihre Ländereien für Wanderer, die sich aber an bestimmte Regeln halten müssen, zu öffnen.

Um Beeinträchtigungen durch Tritt- und Trampelschäden, Lärm und Beunruhigung, Belastung durch Abfälle und Autoverkehr, Sammeln von Naturprodukten (Pilze, Beeren) zu vermeiden oder zumindest zu reduzieren,

- können Besucherströme gelenkt werden, indem der Aufenthalt zeitlich und örtlich begrenzt wird,
- können naturschonende Wegeführung, einprägsame Wanderwegmarkierungen, attraktive Erholungseinrichtungen in weniger empfindlichen Bereichen und im Umfeld angeboten werden,
- können Betretungsverbote in bestimmten Biotopen ausgesprochen werden,
- werden noch existierende Ruhezonen der Natur nicht weiter erschlossen,
- werden Besucher aufklärt, wird an ihr Verständnis appelliert,
- wird Aufsichtspersonal eingesetzt.

Das Verbot sollte erst die letzte Lösung sein.

Geografie, Geologie

Einige geografische und geologische Grundkenntnisse sind für Fachleute des Incoming unerlässlich, zumindest für Destinationsbeschreibungen in Katalogen.

Dieses Buch kann allerdings kein Ersatz für Fachbücher sein. An dieser Stelle sollen lediglich einige der häufiger vorkommenden Termini erläutert werden.

Kartografie

Für touristische Zwecke sind der Maßstab und der Karteninhalt von Bedeutung.

Maßstab: Ausdruck der Verkleinerung des dargestellten Raumausschnittes, z.B. 1:50.000 bedeutet: 1 cm in der Karte entspricht 50.000 cm (= 500 m) in der Natur.

Karten mit kleinem Maßstab (ab 1:100.000) genügen zur allgemeinen Information. Karten mit großem Maßstab dienen der Orientierung im Gelände (z.B., 1:25.000 bis 1:50.000 als Wander- und Radwanderkarten, 1:10.000 bis 1:20.000 als Binnenschifffahrtskarten 1:1.000 bis 1:10.000 als Orts- und Stadpläne).

Karteninhalt: Dazu gehören Beschriftung, Symbole, farbliche Gestaltung, Legende. Diese richten sich nach dem Verwendungszweck der jeweiligen Karte. Für eine Radwanderkarte sind z.B. Höhenlinien, Wegezustand, Servicestationen unerlässlich.

Landschaftsformen (ausgewählte Beispiele)

Küstenformen

Flachküste: geringer Neigungswinkel des Landes zum Meer mit Sandstrand oder Wiesenufer (verbreitet an der Nord- und Ostsee)

Steilküste: steil zum Meer abfallend, mit vorgelagertem Blockstrand (Stubbenkammer und Arkona auf Rügen)

Ausgleichsküste: abwechselnd Flach- und Steilküste, entstanden durch Strandversetzung (südliche Ostseeküste)

Boddenküste: Küste mit tief ins Land reichenden flachen Buchten, entstanden durch Überflutung von Grundmoränen (Rügen, Darß, Fischland)

Fördenküste: Küste mit langgestreckten Buchten, entstanden durch Überflutung eiszeitlicher Schmelzwasserrinnen (Ostseeküste Schleswig-Holsteins)

Haffküste: von Nehrungen abgeschnürte Meeresbuchten an einer Flachküste (Oderhaff)

Strandformen

Blöcke (Blockstrand): mehr als 50 cm Durchmesser

Steine (steiniger Strand): 6 bis 50 cm Durchmesser

Kies (Kiesstrand): 2 bis 60 mm Durchmesser (grob 20-60 mm, mittel 6-20 mm, fein 2-6 mm)

Grand, Gräbing: 1 bis 2 mm Durchmesser

Sand (Sandstrand): 0,06 bis 1 mm Durchmesser (grob 0,5-1 mm, mittel 0,2-0,5 mm, fein 0,1-0,2 mm, sehr fein 0,06-0,1 mm).

Relief

Grundmoränenlandschaft: wellig-kuppiges Gebiet mit unruhigem Höhenlinienverlauf

Endmoränenlandschaft: langgestreckte Hügelreihe

Hochgebirge: über 1.000 m Höhenunterschied zwischen Gebirgsfuß und Gipfel, mit schroffen Formen

Mittelgebirge: 500 bis 1.000 m Höhenunterschied zwischen Gebirgsfuß und Gipfel, mit gerundeten Formen

Hydrografie

Seenlandschaft: mehrere Seen im Flachland innerhalb eines glazial überformten Gebietes

Das größte zusammenhängende Hausbootrevier Deutschlands bilden die mecklenburgischen und märkischen Gewässer zwischen Elbe und Oder.

Durchbruchstal: Flussdurchbruch quer zur Streichrichtung eines Gebirges (Hunsrück-Taunus-Rheindurchbruch, Donau: Weltenburger Enge)

Schleuse: dient der Verbindung von Gewässern mit unterschiedlichen Wasserständen, in Hausbootrevieren oft von den Touristen selbst zu bedienen (verschiedene Bauarten)

Kanal: verbindet Flüsse oder Meeresteile miteinander sowie Industriestandorte mit dem Wasserstraßennetz

Auenlandschaft: regelmäßig überschwemmte Regionen neben Flüssen

Mäander: stark gewundener Flusslauf

Flussmündung: Trichtermündung (Elbe, Weser), Deltamündung (Rhein)

Klima, Witterung und Wetter

Klima ist die Gesamtheit der Wetter- und Witterungssituationen für einen bestimmten Ort oder ein Gebiet während eines längeren Zeitraumes.

Wetter ist das Zusammenwirken von verschiedenen atmosphärischen Erscheinungen mit ihren meteorologischen Vorgängen zu einem bestimmten Zeitpunkt an einem betimmten Ort.

Witterung ist der Wetterablauf während einer Zeitspanne, meist einiger Tage.[1]

In Mitteleuropa sind einige Regelfälle (wenigstens 67% Wahrscheinlichkeit des Eintretens) zu beobachten: Eisheilige (10.-15.05.), Schafskälte (1. Junihälfte), Siebenschläfer (27.06. plus 7 Wochen), Hundstage (Ende Juli), Altweibersommer (21.09.-02.10).

Kurzfristige Urlaubs-Reiseentscheidungen sind besonders stark von der aktuellen Wetterlage abhängig. Längerfristige hingegen mehr von der Wahrscheinlichkeit des Eintreffens einer stabilen Wetterlage und vom Klima.

Meteorologen sind davon überzeugt, bereits in absehbarer Zeit Vorhersagen für extrem kleine Räume treffen zu können, sogar für einzelne Dörfer oder Stadtteile.

Wochenend- und Tagestouristen entscheiden nach dem Wetterbericht, ob sie an die Küste und an welche bzw. in ein Skigebiet und in welches reisen.

Für die Planung des Jahresurlaubs werden neben Erfahrungswerten Daten zur Luft- und Wassertemperatur, Niederschlagsmenge und -häufigkeit sowie Sonnenscheindauer berücksichtigt.

Für Kur- und Erholungsorte wird eine jährliche Mindestdauer an Sonnenschein gefordert. Sie beträgt im Kurgebiet 1.500 Stunden, bei geländebedingter Horizonteinschränkung 1.350 Stunden.

Luftgüte

Allgemein gelten maximale Immissionskonzentrations-Werte (MIK-Werte) für:

SO_2 (Schwefeldioxid)	-	1000 µg/m^3 Luft
NO_2 (Stickstoffdioxid)	-	200 µg/m^3 Luft
CO (Kohlenmonoxid)	-	50 µg/m^3 Luft
Staub (Feinstaub < 10 µm)	-	1000 µg/m^3 Luft

Für Ozon (O_3) gilt ein Informations-Schwellenwert von 180 µg/m^3 Luft. Der Ozongehalt nimmt mit der Höhe zu.

Ozon dient als Leitsubstanz für den *Sommersmog*. Der Auslösewert für Sommersmogalarm ist mit 240 µg/m^3 Luft festgelegt. Verkehrsverbote als Gegenmaßnahmen werden ausgelöst, wenn an einem Tag an mindestens drei Messstellen im Stundenmittel dieser Auslösewert erreicht wird.

Luftgütegrade:

		SO_2		NO_2		Staub	
		LZW	KZW	LZW	KZW	LZW	KZW
1	kaum belastet	15	100	12	30	15	45
2	schwach belastet	25	100	20	30	20	60
3	mäßig belastet	50	150	40	70	20	60
4	erhöht belastet	100	200	80	100	30	75
5	stark belastet	> 100	> 200	> 80	> 100	> 30	> 75

LZW - Langzeitwert (Jahresmittel), KZW - Kurzzeitwert (Wochenwert)

Kurorte unterliegen strengen Anforderungen. Für klimetherapeutisch genutzte Bereiche in Heilklimatischen Kurorten und Luftkurorten ist der Luftgütegrad 1 vorgeschrieben. Für alle sonstigen Kurorte gilt der Luftgütegrad 2. Lediglich am verkehrsreichsten Standort im Ortszentrum ist der Luftgütegrad 4 zulässig. Der Luftgütegrad 5 ist in allen Kurorten unzulässig.

---

[1] aus: Bartl u.a.: GeoLex. München/Wien, 2. Aufl. 1996

Bei ansonsten eingehaltenen Luftgütegraden beeinträchtigen verschiedene Gerüche das subjektive Empfinden. Dazu gehören Gerüche, die durch Massenviehhaltung, Industrieanlagen, Abfalldeponien, Kläranlagen, vergammelnden Tang oder vergammelnde Algen an der Küste sowie durch Speisekioske (altes Öl) entstehen.
Die Luft ist besonders rein an der Küste, im Gebirge und in waldreichen Gegenden. Baumpflanzungen und Grünanlagen sind geeignet, die Luftqualität zu verbessern.

Geräusche

Es ist zu unterscheiden zwischen *naturgegebenen* und *nicht naturgegebenen*, im Sinne von: nicht der natürlichen Umwelt entstammenden, Geräuschen.
Beispiele für naturgegebene Geräusche:

das Rauschen der Bäume, eines Flusses, der Brandung; Vogelgezwitscher; das Taubengurren, Gackern von Hühnern, Krähen der Hähne; das Muhen von Rindvieh; Hundegebell; das Miauen von Katzen; Grillenzirpen

Auch naturgegebene Geräusche können als störend empfunden werden, sind jedoch nur begrenzt beeinflussbar. Das Tosen eines Wasserfalles ist nur für kurze Zeit zu ertragen, Hundegebell mitten in der Nacht, der Hahnenschrei lange vor Sonnenaufgang sind unangenehm.
Nicht naturgegeben sind solche Geräusche wie:

Verkehrslärm, Industrielärm, Müllfahrzeuge am frühen Morgen, Geräusche von Massenviehhaltungen, Glockenläuten, Lärm von Feiern und Veranstaltungen, das Gegröle einer Horde von Zechern auf dem Heimweg, der Gesang einer Wandergruppe im Wald

Gegen diese Art von Geräuschen sind Schutzmaßnahmen möglich: in Bezug auf das Verkehrswesen z.B. Lärmschutzbauten, Geschwindigkeitsbegrenzung, Hupverbot, Nachtlandeverbot.

Wassergüte

Wie für die Luftgüte gelten auch für die Wassergüte Grenzwerte der Belastung. Ihre Einhaltung ist für Seebadeorte und Orte mit Badeanstalten an stehenden und fließenden Binnengewässern von Bedeutung.
Für Fließgewässer sind Gewässergüteklassen nach biologischen Kriterien definiert worden.

I	-	unbelastet bis sehr gering belastet
I-II	-	gering belastet
II	-	mäßig belastet
II-III	-	kritisch belastet
III	-	stark verschmutzt
III-IV	-	sehr stark verschmutzt
IV	-	übermäßig verschmutzt

Für Badegäste sind darüber hinaus die optische Beschaffenheit des Wassers (Klarheit, frei von Schwebstoffen) wichtig. Verunreinigungen durch Abwassereinleitungen in der Nähe von Badestellen sind unbedingt zu vermeiden.
Zeitweilig auftretenden Beeinträchtigungen der Wassergüte, z.B. durch Tankerunfälle vor der Küste oder Chemieunfälle an Flüssen, führen zu erheblichem, jedoch meist nur vorübergehendem, Rückgang der Nachfrage.

Sauberkeit des Bodens beeinflusst den Eindruck des Gastes von der Destination oft noch stärker als die Luft- und Wassergüte, da Unsauberkeit auffälliger ist. Die Forderung nach Sauberkeit betrifft in erster Linie die Kernzonen der Destination: Wander-

reviere, Promenaden, Strände, Innenstädte, Parks, Hotelanlagen etc.
Verunreinigungen sind:

Abfälle jeder Art (Papier, Plaste, Dosen, Flaschen); Zigarettenkippen, Kaugummi; Hundekot; Laub, Unkraut, Tang

Die **Geo- oder Landschaftspsychologie** befasst sich mit der seelischen Abhängigkeit des Menschen von Klima, Wetter, Landschaft und anderen Milieufaktoren. Nach ihren Kriterien „gehört die deutsche Kulturlandschaft vor allem in den Mittelgebirgslagen objektiv zu den schönsten der Welt".[1]
Der klassische Codex der Landschaftsbewertung, wie er etwa Anfang des 17. Jahrhunderts aufgestellt wurde, hat, abhängig von den jeweiligen Schwerpunkten der Betrachtungsweise, einige Veränderungen erfahren. Mal stand die Topografie im Zentrum des Interesses, mal die Ästhetik, mal das Klima und ein anderes Mal die Gesundheit. Außerdem ist zu berücksichtigen, dass eine pittoreske Landschaft nicht gleichzeitig der Gesundheit dienlich sein muss etc.

Im 18. Jahrhundert führte der Ire Edmund BURKE den Begriff des *Sublimen*[2] für eine idealisierte, gleichermaßen schauerliche und erhabene Wildnis in die Debatte der Landschaftsbetrachtung ein. Subjektive Bewertung und Mode spielen auch eine beachtliche Rolle. Zum Beispiel wurden Küsten und Strände erst sehr spät als attraktive Reiseziele entdeckt.

Als „schön" werden empfunden:

Naturnähe: Je weniger künstlich-technische Elemente (Teer- und Betonformationen, Maschenzäune, Müllhalden, Überlandleitungen) eine Landschaft enthält, desto schöner wird sie empfunden.

Wasser: Natürlich wirkende Gewässer (Bäche, Flüsse, Wasserfälle, Teiche, Seen, Küste) werten jedes Landschaftsbild auf. Als besonders schön wird ein See empfunden, dessen locker baumbewachsene Ufer sich im Wasser spiegeln.

Offener Bewuchs: Offener Baumbewuchs auf wiesenartigem Gelände, z.B. als Park, wird besonders geschätzt.

Kulturelle Zähmung: Sobald alle technischen Elemente eliminiert sind, wird die von Menschenhand geschaffene Kulturlandschaft gegenüber unberührt gebliebenen Urwäldern, Steppen oder Felswüsten vorgezogen. Nicht die wilde, sondern die gezähmte Natur gilt als schön.

Abwechslungsreichtum: Eine Gegend wird vor allem dann als attraktiv empfunden, wenn die durchstreifte Szenerie möglichst oft und vielfältig wechselt.

Klare Grenzen, weiche Konturen: Die Übergänge zwischen den vielfältigen Landschaftselementen sollen möglichst klar ins Auge fallen. Dabei werden weiche, geschwungene Konturen bevorzugt.

Raumeffekt: Hier geht es weniger um die pure Weite, sondern vielmehr um die räumliche Tiefe. Von halber Höhe in bergumkränzte Talkessel zu schauen ist nicht selten eindrucksvoller als der große Gipfelblick.

Ruhe: Nicht die absolute Ruhe, sondern sanfte Naturgeräusche gehören zu den positiven Naturmerkmalen.

Frische Luft: Geradezu als Synonym für Natur gilt der Begriff „frische Luft", in Form der würzigen Wald- oder Seeluft.

[1] Brämer,R.: Landschaft als touristisches Kapital. In: Tourismus Journal 2. Jg. (1998) Heft 2, S. 253-271

[2] a.d. Lat.: erhaben, verfeinert; nur einem feinsinnigen Verständnis oder Empfinden zugänglich

Naturtypen und ihre Wirkung auf Touristen

	bevorzugte Naturtypen	noch akzeptierte Naturtypen	gemiedene Naturtypen
Geländeformen/ Landschaft	Küste, Sandstrand, abwechslungsreiche Landschaft, Berge, Hügel, Felsen, Heckenlandschaften, wechselnde Ausblike, gesunde Landschaft, gepflegte Wanderwege, extensiv land- und forstwirtschaftlich genutzte Gebiete	steiniger Strand, wenig abwechslungsreiche Landschaften, geringfügig geschädigte Landschaften	unerschlossene Gebiete, Geröllstrand, eintönige Landschaften, stark geschädigte Landschaften, große Agrarflächen, intensiv landwirtschaftlich genutzte Gebiete, „verfinsterte“ Landschaften, unwegsame Wälder
Gewässer	gepflegte Seen, Flüsse, Bäche; Wasserfälle, sauberes Wasser	begradigte Flüsse, gelegentlich geringfügig belastetes Wasser	betonierte Bäche und Kanäle, dauerhaft oder stark verunreinigtes Wasser
Flora	abwechslungsreiche Vegetation, Mischwald	artenarme Vegetation	reine Nadelwälder
Fauna	Vogelgezwitscher, Rehe, Hasen, Eichhörnchen, Raubvögel, Schmetterlinge	artenarme Tierwelt, Haustiere, Ameisen	Giftschlangen, Mückenplage, Ratten, Mäuse, Flöhe, Wanzen, Küchenschaben
Klima	mildes Klima	Reizklima	ungesundes Klima
Wetter	stabiles Wetter	veränderliches Wetter	stark instabiles Wetter
Luft	saubere Luft	gelegentlich staubhaltige Luft	verschmutzte Luft

Die wirtschaftlichen Probleme der Landwirtschaft bieten die Chance, Flächen aus der Produktion zu nehmen und zu renaturieren.

Maßnahmentypologie „Landschaftserhaltung durch Tourismus“[1]:

Ziel: Erhaltung einer erholungswirksamen Kulturlandschaft („Vielfalt, Eigenart und Schönheit“)

Maßnahmegruppe: touristisch motivierte unmittelbare Schutz- und Pflegemaßnahmen in der Landschaft

Maßnahmetypen:
- Pflege von Wachholderheiden (Entbuschung und Schafbeweidung)
- Mahd von Streuwiesen
- Schutz erlebniswirksamer Landschaftsteile vor Veränderung und Beseitigung (z.B. alte Bäume, markante Felsformationen, Wasserfälle, Wildbäche, Streuobstwiesen)
- Renaturierung von Bächen und Seeuferbereichen
- Rückbau (Rekultivierung/Renaturierung asphaltierter Straßen)

Maßnahmegruppe: touristisch motivierte Landschaftserhaltung über Steuerung der Landbewirtschaftung: Gewinnung der Landwirte gegen Entgelt für
- Weiterbewirtschaftung von Grenzertragslagen bzw.
- Verzicht auf Nutzungsintensivierung bzw.
- Extensivierung der Nutzung bzw.
- Biotop-Pflege (ohne Ertrag)

Maßnahmetypen:
- Offenhaltung von Wiesentälern
- Mahd steiler Wiesenhänge
- Pflege einschüriger blütenreicher Wiesen (Buckelfluren, Narzissenwiesen, Magerrasen etc.)
- Erhaltung, Pflege und Anpflanzung von Hecken, Einzelbäumen und Baumgruppen

[1] nach: Schemel (1988), S. 11

- Verzicht auf Grünlandumbruch und Feuchtflächenentwässerung
- Schaffung von Ackerwildkrautstreifen durch Herbizidverzicht

Maßnahmegruppe: touristisch motivierte Landschaftserhaltung im Zusammenhang mit wasserwirtschaftlichen Projekten

Maßnahmetypen:
- Anlage von Gewässern mit (getrennten) Erholungs- und ökologischen Funktionen
- naturorientierte Gestaltung von Seeuferbereichen

Maßnahmegruppe: touristisch motivierte Abwehr bzw. Korrektur landschaftsbelastender Vorhaben

Maßnahmetypen:
- Durchsetzung einer Verkabelung von Hochspannungsleitungen (anstelle von Freileitungen)
- Verhinderung oder Modifizierung des Standorts (bzw. des Trassenverlaufs) von Fernstraßen, Speicherkraftwerken und anderen baulichen Projekten (z.B. Kanal, Fabrik, Kohletagebau etc.)
- Abwehr „harter" Tourismusformen durch Ablehnung von touristischen Infrastrukturprojekten (z.B. Seilbahnen) und durch Förderung landschaftskonformer Erwerbsalternativen (d.h. anderer Wirtschaftszweige und sanfterer Erholungsformen)

Maßnahmegruppe: touristisch motivierte Sensibilisierung der Gäste für landschaftliche Werte und ihre Gefährdung

Maßnahmetypen:
- geführte Wanderungen, Anlage von Naturlehrpfaden verschiedenster Ausprägungen
- Informationszentren, Veranstaltungen, Medieneinsatz (Merkblätter, Filme etc.) und Kurse mit naturkundlichem Bildungs- und Erlebnisangebot
- Motivierung der Gäste zu landschaftspflegerischen Einsätzen

Nicht alle **Naturräume** lassen sich in kurzer Zeit gestalten. Die Dauer hängt vom Biotop-Typ ab.[1]

<u>Lebensraum-Typen mit sehr langer Entwicklungszeit (über 250 Jahre)</u>:
Sie können nicht neu geschaffen werden.

Hochmoore und Niedermoore, Trockenrasen und Heiden, artenreiche Hecken, naturnahe Wälder.

<u>Lebensraum-Typen mit langer Entwicklungszeit (ca. 150 Jahre)</u>:
Sie entstehen durch menschliche Einwirkung und können schon nach wenigen Jahren wie „reife" Biotope wirken. Die Artenvielfalt ist dann jedoch noch längst nicht ausgeprägt.

angepflanzte Wälder mit ihrem Waldmantel, Hecken und Gebüsche, Magerrasen auf Rohboden- und Felsstandorten, Wildgras- und Staudenfluren an Böschungen und Dämmen, Blumenwiesen und Hochstaudenfluren, größere Stillgewässer.

<u>Lebensraum-Typen mit kurzer Entwicklungszeit</u>:
Sie können nach ihrer Schaffung relativ schnell ihre Funktion für den Artenschutz und für das Landschaftsbild erfüllen.

Fließgewässerabschnitte, kleine Stillgewässer, wie Weiher, Tümpel, Pfützen, Ruderalfluren[2] auf nährstoffreichen Standorten, vegetationsfreie Bereiche und Pionierstandorte auf Rohboden, Kleinstrukturen (wie große Mauern, Böschungen, Pflasterfugen, Lesesteinwälle, Sandgruben, Wurzelstöcke, Totholz, Steinhaufen, zusammengetragene Findlinge).

Geschützte Gebiete und der Tourismus

<u>Kategorien</u>: FFH (Fauna, Flora, Habitat), Nationalparks, Biosphärenreservate, Landschaftsschutzgebiete, Naturparks

Die EG-Richtlinie **FFH** wurde in das Bundesnaturschutzgesetz (BNatSchG) übernommen (§§ 19 a-f). Sie dient dem Aufbau und Schutz des Europäischen Netzes

---
[1] nach: Schemel (1988), S. 67
[2] stickstoffreiche Schutthalden und Wegränder

„Natura 2000", insbesondere dem Schutz der Gebiete von gemeinschaftlicher Bedeutung und der Europäischen Vogelschutzgebiete.

Nationalparks und Biosphärenreservate gliedern sich in drei Schutzsektoren:

- Kernzone: absolutes Wegegebot
- Entwicklungszone: lenkende Eingriffe möglich
- Pflegezone: Pflege bestimmter Biotopstrukturen

Nationalparks sind gegründet worden, um wertvollste Naturlandschaften der Nachwelt zu erhalten. In ihnen ist der Schutz der Natur absolut vorrangig. In ihnen soll der Ablauf natürlicher Prozesse ohne lenkende Eingriffe, also die ungestörte Evolution gewährleistet sein.

In Deutschland machen diese Naturlandschaften etwa 1 % der Gesamtfläche aus. Der Rest gilt als Kulturlandschaft. In Deutschland gibt es 13 Nationalparks (2000).

Nur ein deutsches Schutzgebiet, der Bayerische Wald, erfüllt die UN-Kriterien für Nationalparks[1]. Alle anderen Reservate gelten als niederwertig, weil in ihnen Landwirtschaft und andere wirtschaftliche Nutzung erlaubt ist.

Die deutschen Nationalparks und ihre Alleinstellungsmerkmale:

Bayerischer Wald: Waldwildnis - dynamische Waldprozesse
Berchtesgaden: Leben an der Grenze - Gebirge in Bewegung
Hainich: Buchenwald-Dynamik - Verantwortung für das Weltkulturerbe
Hamburgisches Wattenmeer: Pioniere - Wegbereiter des Lebens aus dem Meer
Harz/Hochharz: Waldleben in Abhängigkeit von Klima und Standort
Jasmund: Wind formt Küste
Müritz: Eis und Gletscherkräfte formen Landschaften
Niedersächsisches Wattenmeer: Leben aus dem Meeresboden (Inseln, Dünen)
Sächsische Schweiz: Fels-Waldwildnis - Dynamik von Fels und Vegetation
Schleswig-holsteinisches Wattenmeer: Leben auf dem Meeresboden (Watt)
Unteres Odertal: Leben in Abhängigkeit vom Wasserstand (Aue)
Vorpommersche Boddenlandschaft: Landschaft in Bewegung - Wasser formt Küste

Biosphärenreservate (in Deutschland 14) werden als Teile eines globalen UNESCO-Programms in Natur- und Kulturlandschaften eingerichtet, um zu untersuchen, wie die Natur genutzt werden kann, ohne sie in ihren ökologischen Grundlagen zu zerstören. In ihnen sind also begrenzte touristische Aktivitäten erlaubt.

Landschaftsschutzgebiete (LSG, in Deutschland etwa 5.900) sind großflächige Areale mit wenigen Einschränkungen, die nur den Charakter des Gebietes erhalten sollen.

Naturparks (knapp 90 in Deutschland) gelten als klassisches Beispiel für eine Harmonie touristischer und ökologischer Ziele. Sie sind Instrumente für die nachhaltige Entwicklung der Land- und Forstwirtschaft sowie des Tourismus mit dem Hauptziel der Erhaltung vorbildlicher Erholungslandschaften. In ihnen sind ruhige Formen der Freizeitgestaltung möglich. Besucherströme werden auf belastbare Bereiche gelenkt.

Der größte Naturpark Deutschlands ist der Naturpark Südschwarzwald mit 315.000 ha. Noch größer soll der geplante Naturpark Schwäbische Alb mit 400.000 ha.

Wenn der Vorrat an unberührter Natur zur Neige geht,
lässt sich nur noch der Grad des Komforts steigern -
und die Entsorgung touristischer Altlasten organisieren.

Innerstädtische Grünanlagen, Parks, botanische und zoologische Gärten, Friedhöfe, deren Bedeutung für die Einheimischen unbestritten ist, werden als Bestandteil des touristischen Angebots häufig geringer geschätzt. Dabei sind sie beliebte Zonen der Ruhe und bieten zugleich einen angenehmen Kontrast zum nur wenige Meter entfernten Trubel.

[1] u.a. wird verlangt, die Natur auf mindestens der Hälfte der Fläche sich selbst zu überlassen

4.5. Touristische Infrastruktur

Touristische Infrastruktur ist die Gesamtheit aller Einrichtungen, die von Touristen nutzbar sind und nachgefragt werden, d.h. von Hotel über Restaurant, Parkplatz, Kino, Schwimmbad bis Zahnarzt, Polizei, Geldautomat. Sie bildet zusammen mit dem natürlichen Angebot das touristische Angebot.

Auch die „allgemeine" oder Basis-Infrastruktur (Wasserversorgung, Abwasserentsorgung, Energieversorgung, Müllabfuhr, Straßenreinigung, Verkehrswesen) muss unter Berücksichtigung des Tourismus quantitativ und qualitativ anders dimensioniert werden als in reinen Wohngebieten.
Das natürliche Angebot gehört also entspr. dieser Auffassung nicht zur Infrastruktur, wohl aber die Einrichtungen zur Erschließung und Bewahrung des natürlichen Angebots (Wanderwege, Wasserbauten). Sie gehören zur touristischen Infrastruktur, wenn sie entsprechend den Anforderungen des Tourismus angelegt oder dimensioniert werden, z.B. ein Waldweg: nur für die Forstwirtschaft, auch für Touristen, nur für Touristen (und natürlich Einheimische).

Wozu gehören eigentlich Fotomotive, etwa das Brandenburger Tor oder ein- und auslaufende Schiffe? Zwar sind fotogene Gebäude nicht für Touristen gebaut worden und Schiffe laufen nicht für Touristen ein und aus, aber beide beeinflussen die Attraktivität einer Region oder Kommune.

Allgemeine Bestandteile

Allgemeine Bestandteile sind solche Einrichtungen der touristischen Infrastruktur, die zur allgemeinen Grundausstattung gehören und nicht an ein spezielles touristisches Angebot gebunden sind.
Die meisten der zu den allgemeinen Bestandteilen zählenden Betriebe und Einrichtungen sind in jeder Kommune vorhanden, müssen sich jedoch in einer Fremdenverkehrsgemeinde auf die besonderen Bedingungen des Incoming-Tourismus einstellen. Das betrifft die Kapazitäten sowie z.B. das Angebot von Zeitungen aus den Herkunftsgebieten der Gäste und das Beherrschen von Fremdsprachen bei hohem Ausländeranteil.
Allgemeine Bestandteile der touristischen Infrastruktur sind:

Gastgewerbe (Beherbergung und Gastronomie), touristischer Auskunftsdienst und Zimmervermittlung, Gästebetreuung, Informations- und Orientierungsmittel, Verkehrswesen, Ortscharakter, Sehenswürdigkeiten, Einkaufsmöglichkeiten, Unterhaltungsangebot, Kultur und Brauchtum, kulturelle Einrichtungen, wirtschaftliche, kulturelle und *sportliche Veranstaltungen, örtliches und regionales Veranstaltungsangebot, Freizeiteinrichtungen, Sportanlagen, Sportangebot, medizinische Betreuung und Einrichtungen des Gesundheitswesens, öffentliche Toiletten, Sicherheitseinrichtungen und -vorkehrungen.*

Beherbergungsangebot

Für die Gliederung des Beherbergungsangebots in Kategorien sei auf die TIN verwiesen.[1] In der Praxis sind jedoch weitere Kategorien und abweichende Merkmalsbeschreibungen üblich.
Das Beherbergungsstatistikgesetz (BeherbStatG) unterscheidet neun Kategorien von Beherbergungsstätten:

Hotels, Gasthöfe, Pensionen, Hotels garni, Heime (zu Erholungs-, Ferien- und Schulungszwecken), Ferienhäuser bzw. -wohnungen, Hütten/Jugendherbergen, jugendherbergsähnliche Einrichtungen, Sanatorien/Kurkrankenhäuser.

Gewerbliche Beherbergungsbetriebe, d.h. erlaubnispflichtige Zimmervermieter haben eine Kapazität von mindestens neun Betten, Hotels mindestens 20 Betten. Diese Be-

[1] siehe Anhang II

triebe sind gem. Gaststättengesetz zur Einholung einer gaststättenrechtlichen Erlaubnis verpflichtet.
Die Beherbergungskapazität ist maßgebend für die Abgrenzung von Betriebsgrößen. Bei Hotelbetriebsvergleichen werden folgende Kategorien ausgewiesen:

Kleinbetriebe: weniger als 45 Betten
mittlere Größe: ab 45 Betten
Vollhotels: mehr als 150 Betten.

Nichtgewerbliche, erlaubnisfreie Vermietung ist bis zu einer Kapazität von acht Betten möglich. Nichtgewerbliche Zimmervermietung nach §2 Abs.4 des Gaststättengesetzes befreit nicht von der Anzeigepflicht des §14 und §55c Gewerbeordnung (GewO) und §1 Gewerbeanzeigeverordnung (GewAnzV). Nichtgewerbliche Vermieter dürfen auch ohne Erlaubnis Getränke und zubereitete Speisen an Hausgäste abgeben.

Man unterscheidet zwischen **Hotellerie** und **Parahotellerie**[1].

Zur **Hotellerie** gehören:

Hotel	voller Service und Nebenleistungen, Restaurant für Hausgäste und Passanten, Bar, Empfang; mind. 20 Betten (DEHOGA), erheblicher Teil der Zimmer mit Bad/Dusche und WC.
Hotel garni garni (Franz.): möbliertes Zimmer	außer Unterkunft nur Frühstück, Getränke und höchstens kleine Speisen
Pension	eingeschränkte Dienstleistungen, Mahlzeiten nur an Hausgäste; in Städten oft als *Hotelpension* geführt; *Fremdenheim* ist ein Pensionsbetrieb einfacherer Art
Gasthof	Beherbergungsbetrieb, der einem Schank- oder Speisebetrieb angeschlossen ist
Aparthotel	eingeschränkte Dienstleistungen, oft Möglichkeit der Selbstversorgung in vollständig ausgestatteten Wohnungen; Grenzbereich zur Ferienwohnung
Motel	besonders auf Autotourismus ausgerichtet, an Fernstraßen, am Stadtrand gelegen, mit Garagen oder Auto-Abstellplätzen
Boatel oder Floatel	Schiffshotel, Unterbringung in Schiffskabinen, meist mit vollem Service
Rotel	rollendes Hotel; Schlafgelegenheiten und Versorgungseinrichtungen in Bussen entweder auf verschiedenen Decks oder mit Anhänger
Kurhotel	Hotel in einem Heilbad oder Kurort, medizinische Versorgung und Diät müssen möglich sein
Kurheim	Beherbergungsbetrieb in Heilbad oder Kurort mit Merkmalen einer Pension
Hospiz	Beherbergungsbetrieb im Eigentum einer kirchlichen oder karitativen Gemeinschaft

Weitere Spezialisierungen:
Nach Aufenthaltsdauer der Gäste werden unterschieden: *Familienhotels* (z.B. in Ferienzentren) und *Passantenhotels* (Bahnhofs-, Flughafen-, Stadthotels), nach dem Aufenthaltsmotiv: *Sporthotels*, *Wanderhotels*, *Hotels mit Clubbetrieb*, *Hotels mit speziellen Hobbyangeboten*, *Bio- und Gesundheitshotels*, *Seminar-*, *Tagungs- und Kongresshotels*, *Apartmenthotels*. *Kreuzfahrt- und Fährschiffe* bieten zwar auch Unterkunft, können jedoch nicht als Beherbergungsbetriebe bezeichnet werden.

[1] para... (Griech.): neben

Einige Hotels bieten besonders ruhebedürftigen Gästen „Sleep Tight Rooms“, das sind gegen störende Geräusche abgeschirmte Zimmer mit entspannenden Beleuchtungseffekten, beruhigender Musik und lichtundurchlässigen Vorhängen.[1]

Business-Hotels bieten Geschäftsreisenden eine nachfragegerechte Ausstattung z.T. bereits auf dem Zimmer, z.B. Faxgeräte, multifunktionelles ISDN-Telefon, Voice Mail, Modemanschluss (analog und digital), Laptops und Drucker. Die Konferenzräume verfügen über Regiekabinen mit Licht- und Tonmischpulten sowie Projektoren, u.a. Beamer für Darstellungen vom Computermonitor, außerdem Rednerpulte mit Fernbedienungen für Licht, Ton, Video und Dias. Zur Standardausstattung gehören Wellness- und Fitnesscenters. Zunehmend werden Joggingpfade unterhalten und ein kostenloser Shuttle-Service zum Flugplatz angeboten.[2]

Dem Bedarf Geschäftsreisender entsprechen „Smart-Rooms“, Hotelzimmer mit Schreibtisch, Bürosessel, Fax, Anschlüssen für Laptop und Modem, und „Smart-Board-Rooms“, Konferenzräume für bis zu sieben Personen, die z.B. für Vorstellungs- und Arbeitsgespräche geeignet sind.

Die derzeit noch vorherrschenden „Allzweckhotels“ sprechen viele Zielgruppen gleichzeitig an: Familien mit Kindern, Senioren, Geschäftsreisende, Studienreisende, Kongressbesucher, und können deshalb keine Zielgruppe voll und ganz zufrieden stellen. Das Hotel der Zukunft muss sich sowohl hinsichtlich seiner Lage als auch in Bezug auf seine Ausstattung und das Personal von Anfang an auf eine Zielgruppe spezialsieren und viel stärker als bisher von den Möglichkeiten der Preisdifferenzierung Gebrauch machen.[3]

Der Mailänder Innenarchitekt Marco ZANINI plädiert dafür, den Nutzwert der Hotelzimmer konsequent dem Typ des Reisenden anzupassen. Er unterscheidet drei Typen von Reisenden:

- Nomadenreisende, junge Menschen, die durch die Welt ziehen. Der Boden in ihrem Hotelzimmer sollte aus praktischem Plastik sein, die Tapete eine große Landkarte, das Bad auf der einen Seite offen, weil Baden Freude und Entspannung bedeutet.
- Geschäftsreisende, Gäste, die Service und Komfort brauchen. In diesem Zimmer steht ein großer Tisch zum Arbeiten, ein kleines Büro mit Drucker und Kopierer ist selbstverständlich.
- Junge reisende Paare. Das Bad bleibt wiederum offen. Das Bett steht als wichtigstes Möbel in der Mitte des Raumes.[4]

Zur **Parahotellerie** oder ergänzenden Hotellerie zählen:

Appartement, Apartment	Wohneinheit mit Küche; kleine Wohnung
Ferienwohnung, Ferienhaus	in sich geschlossene Wohneinheit mit mehreren getrennten Räumen und Nebenräumen (Küche, Bad)
Feriendorf, Ferienzentrum	Ansiedlung von Ferienhäusern, -bungalows, -wohnungen, -appartements; mit komplettem Freizeitangebot
Chalet	ursprünglich auf die Schweiz beschränkter, heute allgemein gebrauchter Begriff für ein Landhaus, das auch an Touristen vermietet wird
Hausboot	schwimmende Ferienwohnung
Bauernhof	landwirtschaftlicher Erwerbsbetrieb mit Vermietung als Nebenerwerb. In Deutschland mit dem Titel „Urlaub auf dem Bauernhof“ durch die Deutsche Landwirtschafts-Gesellschaft (DLG) zertifiziert.
Privatzimmer	nichtgewerbliche Beherbergungsstätte (bis 8 Betten)

---

[1] 1997 von Hilton eingeführt
[2] z.B. Lindner Congress Hotel Frankfurt/M.
[3] Bleile,G. in: tm 3/97, S. 28 - 34
[4] vorgestellt auf der Domotex 1997 in Hannover

Camping, Caravaning	Unterkunft in eigenem oder gemietetem Zelt, Wohnwagen/ Caravan/Wohnanhänger, Wohnmobil/Motorcaravan (gesamtes Fahrzeug zum Wohnen geeignet), Mobilheim (ein Caravan, aber größer als ein Wohnwagen, Beweglichkeit stark eingeschränkt)
Jugendherberge	preiswerte Übernachtungsmöglichkeit für Jugendliche, Gruppen, Familien, Erwachsene auf Wanderungen und Reisen, Begegnungsstätten
Kollektivunterkunft	Ferienheim, Vereinsheim, Berg- und Skihütte, Naturfreundehaus

Beschreibungskriterien der Beherbergungsarten und Zimmerkategorien siehe Touristische Informationsnorm (TIN) im Anhang II.

In Deutschland wurde im Jahre 1996 begonnen, die Hotels nach einheitlichen Qualitätsstandards zu klassifizieren. Die **Hotelklassen** sind:

*****	Luxus	außergewöhnlicher Komfort
****	First Class	hoher Ausstattungskomfort, u.a. Minibar, Schreibplatte oder Schreibtisch, Sitzgruppe, Fön, Möglichkeit der bargeldlosen Zahlung
***	Komfort	mittlerer Komfort
**	Standard	zweckmäßige Ausstattung, z.B. eine Nachttischlampe und eine Sitzgelegenheit pro Bett sowie eine Tisch- oder Schreibplatte
*	Tourist	einfache Ausstattung; das Einzelzimmer muss mindestens 8 m^2 groß sein
+	plus	nur bei Ferienwohnungen: positiver Gesamteindruck

Zur Klassifizierung hat der Betrieb einen Fragebogen auszufüllen. Eine „Plausibilitätsprüfung" untersucht die Angaben, und eine „Bereisungskommission" sichtet Zweifelsfälle. Bei etwa 10 bis 15% der Betriebe werden Stichproben durchgeführt. Ab dem Jahre 2000 werden auch berücksichtigt, ob der Gast persönlich begrüßt und auf sein Zimmer geleitet wird und wie der Gepäckservice erfolgt. Einen höheren Stellenwert erhielten das Frühstücksbuffet und die Ausstattung der Badezimmer.
Die Einstufung ist freiwillig und kostenpflichtig. Werbung mit selbst vergebenen Sternen ist wettbewerbswidrig.[1]

Die Klassifizierung von **Ferienhäusern, -wohnungen und Privatzimmern** gem. DTV-Kriterien in der im März 1999 verabschiedeten Empfehlung ermöglicht die Vergabe von 1 Stern bis 5 Sterne für Ferienhäuser und -wohnungen (in Katalogen meist F***) max. 4 Sterne für Privatzimmer (in Katalogen meist P***)

P****	hochwertige Gesamtausstattung mit gehobenem Komfort. Ausstattung in gehobener und gepflegter Qualität. Aufeinander abgestimmter optischer Gesamteindruck von Form und Materialien. Lage und Infrastruktur des Hauses genügen gehobenen Ansprüchen
P***	gute und wohnliche Gesamtausstattung mit gutem Komfort. Ausstattung von besserer Qualität. Optisch ansprechender Gesamteindruck, wobei auf Dekoration und Wohnlichkeit Wert gelegt wird
P**	zweckmäßige und gute Gesamtausstattung mit mittlerem Komfort. Die Ausstattung ist bei guter Qualität in einem guten Erhaltungszustand. Die Funktionalität steht, bei gepflegtem Gesamteindruck, im Vordergrund
P*	einfache und zweckmäßige Gesamtausstattung mit einfachem Komfort. Die erforderliche Grundausstattung ist vorhanden und in gebrauchsfähigem Zustand. Bei insgesamt vorhandenem, solidem Wohnkomfort ist altersbedingte Abnutzung möglich

Die Klassifizierung von Ferienhäusern, -wohnungen und Privatzimmern fällt in die Zuständigkeit der örtlichen Tourismusinstitution. Diese kann auch Dritte, z.B. eine regionale Organisation, damit beauftragen. Selbsteinschätzung durch die Vermieter ist in Ausnahmefällen möglich, erfordert jedoch eine Überprüfung, wenn die örtliche Tourismusinstitution Bedenken gegenüber dem Ergebnis hat, wenn die erreichte Punk-

[1] OLG Schleswig-Holstein 1999

tezahl an der Grenze zwischen zwei Klassifikationen steht, bei jedem 4- oder 5-Sterne-Ergebnis und auf Wunsch des Vermieters.

Mindestanforderungen an **Gästezimmer**, in gewerblichen Beherbergungsbetrieben gem. Gaststättenordnung, darüber hinaus haben DFV, DEHOGA, DRV und DIHT Mindestanforderungen formuliert:

- Größe, ohne Nasszelle: 8 m^2 für Einzelzimmer, zusätzlich 4 m^2 pro Bett für Mehrbettzimmer[1]
- getrennt von allen anderen Räumen
- eigener Zugang vom Flur
- von innen und außen abschließbar
- fortlaufend nummeriert oder durch Symbol gekennzeichnet
- ausreichende Lüftung, mindestens ein Fenster
- Verdunklungsmöglichkeit durch Vorhang oder Jalousie
- beheizbar
- ausreichende, hygienisch einwandfreie, anderen Gästen nicht zugängliche Waschgelegenheit mit fließendem Wasser, Spiegel, Steckdose, zwei Handtücher pro Gast
- WC auf der gleichen Etage
- ein Bett pro Gast, 180 x 90 cm, mit Ablage und Leuchte
- Zimmerleuchte
- Tisch oder Schreibtisch
- eine Sitzgelegenheit pro Bett
- Kleiderschrank
- Papierkorb
- durch Preisangabenverordnung vorgeschrieben: Zimmerpreisverzeichnis, ggf. mit Frühstückspreis, ggf. mit Preis einer Telefoneinheit
- aufgrund baupolizeilicher Vorschrift: Brandschutzhinweis, Verhalten bei Gefahr.

Allgemeine Anforderungen an **Ferienwohnungen**:

Eigener Eingang, Schlafräume getrennt vom Wohnraum, genügend Platz für Kleidung, ausreichend Haken (auch für Kinder), zweckmäßige Kücheneinrichtung, gemütliche Sitz- und Spielecke, zweckmäßige Beleuchtung, Spielesammlung und einige Bücher und Zeitschriften.

Mangelhafte Ausstattung kann teuer werden: Wenn es in einer Ferienwohnung für vier Personen nur zwei Teller und keine Tassen gibt, kann der Urlauber den vollen Reisepreis sowie die Kosten für die An- und Abreise zurückfordern, zumal - wie im verhandelten Fall - auch kein Reiseleiter vor Ort war.[2]

Die Definition von Mindestkriterien für **zielgruppengerechte Ausstattungen**, z.B. für kleinkind- und babygerechte Angebote, erfolgt bisher, wo überhaupt, ausschließlich auf Initiative regionaler Anbieter.

Mindestanforderungen für behindertengerechte Unterkünfte:

- 90 cm Mindestbreite von Türen
- Schwellen nicht höher als 2 cm
- Stufen durch Rampen ersetzt oder ergänzt, max. 10% Steigung
- 150 cm Mindestbreite von Fluren
- mind. 150 cm Bewegungsfläche vor Möbeln, Waschtisch u. WC-Becken
- Parkmöglichkeit nicht weiter als 25 m vom Betrieb entfernt oder spezieller Parkservice für Behinderte.

---

[1] das AG Bad Homburg stufte eine Doppelbelegung für Zimmer von nicht einmal 12 m^2 als mangelhaft ein (Az.: 2 C 4549/93)

[2] LG Frankfurt/M., Az.: 2/24 S 206/95

Hotelketten sind aus Gründen der eigenen Profilierung nicht sonderlich an der Vergabe von Sternen interessiert. Dem Kunden ist es im Grunde genommen gleichgültig, ob das gebuchte 4-Sterne-Hotel zur Kette X oder zur Kette Y gehört, oder ob es als Einzelhotel von einer Familie betrieben wird. Vorausgesetzt der Preis entspricht dem Niveau und die Sterne halten was sie versprechen. Sterne verwischen Unterschiede zwischen Anbietern. Ob sie allerdings, wie große Ketten behaupten, der Entwicklung von Marken entgegenwirken, ist nicht zu erkennen.

Reiseveranstalter vergeben für ihre Kataloge Sterne und andere Symbole nach eigenen Qualitätsanforderungen und eigener Überprüfung. Ihre Einstufung kann durchaus von der amtlichen oder Selbsteinstufung abweichen.

ITS- und TUI-Orientierungssystem mit Sonnensymbolen (von 5 bis 1), andere mit Punkten, Segeln, Würfelaugen.

Hotelführer klassifizieren nach eigenen Regeln, treffen jedoch eine gezielte Auswahl unter den vorhandenen Beherbergungsstätten.

Varta vergibt rote Kronen für Gastlichkeit, unabhängig von der Hotelkategorie.

Jugendherbergen werden international einheitlich in drei Kategorien klassifiziert:

Einfach - ein Dreieck, normal - zwei Dreiecke, höherwertig - drei Dreiecke.

Es gelten die Standards der International Youth Hostel Federation, in Deutschland seit 1996. Bewertet werden Sauberkeit, Komfort, Empfang, Sicherheit und Privatsphäre.

Campingplätze werden nach Europa Camping Caravaning (ECC) gem. ihrer Ausstattung, ihres Zustandes und der Umgebung in drei Komfortstufen (einiger, viel, jeder Komfort) sowie in die Platzarten F (Ferienplatz), E (Etappenplatz), D (Dauercamper), K (Kurcamp), Wintercamp, FKK-Camp und Camp mit ebenem, befestigtem Stellplatz klassifiziert.

Als **allgemeine Qualitätsmerkmale** von Beherbergungsbetrieben gelten:

- Sauberkeit
- Bequemlichkeit
- fachkundiges Personal, sachkundige Beratung, Erscheinungsbild des Personals
- Qualität der Speisen und Getränke
- Ordnung und Sicherheit
- unaufdringlicher Service
- Eingehen auf Kundenwünsche
- Reaktion auf Beschwerden
- Freundlichkeit
- Diskretion
- geschmackvolle Einrichtung.

Eine **einheitliche europäische Hotelklassifikation** wird noch auf sich warten lassen. Zum einen ist die Finanzierbarkeit eines solchen Vorhabens problematisch, und zum anderen sind die regionalen Ausstattungsnormen zum Teil unvereinbar, z.B. Klimaanlagen, Bidets usw.

Qualitätszeichen im Beherbergungsgewerbe:

L'Art de Vivre-Hotel & Restaurant

verliehen von der internationalen Gästevereinigung „Les Amis de l'Art de Vivre“ für hervorragende Hotel- und Küchenleistungen, exzellenten Service und hohe Gastkultur. Symbol: Bronzeplakette mit drei Lilien.

Die Vereinigung verleiht seit 1996 einen Preis „Für Große Kochkunst und Gastlichkeit“ an Gastgeber, „die in ihren Hotels und Restaurants neben höchster Küchenqualität und Kreativität hervorragenden Service und ein komfortables Ambiente in vorbildlicher Atmosphäre bieten“.

Gütezeichen Hotelkomfort RAL
auf Antrag verliehen vom Deutschen Institut für Gütesicherung und Kennzeichnung (RAL). Vergabe von drei, vier oder fünf Sternen.

Silencehotel
Die Hotelvereinigung „Relais du Silence" verleiht ihr Erkennungszeichen, eine Bronzeplatte mit einem zwitschernden Vogel im Baum und der Aufschrift „Hôtel Relais du Silance - Silencehotel" an Häuser, die mindestens Drei-Sterne-Standard aufweisen, Umweltschutz praktizieren, individuellen Service und standortbedingte Ruhe bieten.

Relais & Châteaux (R & C)
ist eine der hochklassigsten Hotelvereinigungen besonders stil- und stimmungsvoller Häuser. In der Sparte „Relais Gourmands" sind außergewöhnliche Restaurants vertreten.

Weitere Hotelzusammenschlüsse mit hohem Qualitätsanspruch sind: **Leading Hotels of the World, Preferred Hotels & Resorts Worldwide, Selection Deutscher Luxushotels, Small Luxury Hotels of the World (SLH).**

Urlaub auf dem Bauernhof
Gütezeichen der DLG (Deutsche Landwirtschafts-Gesellschaft), vergeben unter Aufsicht des Deutschen Instituts für Gütesicherung und Kennzeichnung (RAL) für drei Jahre. Seit 2000 sind alle 20.000 deutschen Bauernhöfe mit Ferieneinrichtungen mit einem Stern bis zu fünf Sternen klassifiziert.

Hotelier des Jahres
vergeben von der Neuen Gastronomischen Zeitschrift (NGZ).

Top-Hotels
veröffentlicht vom amerikanischen Finanzmagazin „Institutional Investor".

Preferred Hotels
die Vereinigung veröffentlicht regelmäßig eine Rangfolge nach Qualitätskriterien.

American Academy of Hospitality Sciences
vergibt für besondere Gastfreundschaft, Service, Freundlichkeit und hochklassiges Ambiente als höchstes Prädikat den „Five Star Diamond Award" und nimmt zugleich das ausgezeichnete Hotel als Mitglied auf.

Ebenso häufig wie in anderen Bereichen werden auch in Bezug auf Hotels Umfragen veranstaltet. Neben der Hardware, d.h. Einrichtung, Ausstattung und Komfort, spielt zunehmend die Software bei der Entscheidung der Kunden eine Rolle. Zur Software gehören z.B. Mitarbeiter und Service, Sicherheit, Umweltbewusstsein, Internationalität, Kreativität, Sensibilität, Zusatzangebote wie Trennkost, Wellness, internationale Gastronomie, Action und Activity, Kunst und Kultur.

Eine Befragung aus dem Jahre 1993 nach den Kriterien Unterkunft, Verpflegung und Freundlichkeit des Personals ergab Spitzenpositionen für die Hotellerie in Schweden, Norwegen, Finnland und den USA. Am schlechtesten schnitten die spanischen Hotels ab. In Deutschland war die Hotellerie in Rheinland-Pfalz und Baden-Württemberg an der Spitze zu finden.

Die **Preiskategorien** in der Beherbergung beginnen auf einer nach oben offenen Skala bei Privatzimmern mit etwa 9 € pro Kopf und Nacht. Im Sommer, wenn Geschäftsreisende ausbleiben, werben Hotels mit Sonderangeboten und reduzieren die Preise tlw. bis um die Hälfte.

Viele Hotelketten haben ihre Orientierung auf ausschließlich obere Preissegmente aufgegeben und unter ihrer Dachmarke „Billigheimer" geschaffen:

Formule 1 (Accor), Esprit (Steigenberger), Cadettt (Mövenpick), Sleep Inn (Choice).

Die Preise sollen mittels Einsparung von Personalkosten weiter reduziert werden.

Als Vorbild dienen japanische Kapselhotels mit voll klimatisierten Kunststoffkabinen von 2 x 1,5 x 1,5 m, ausgestattet mit Radio, TV, Wecker, Telefon und Klapptisch. Das große Gepäck bleibt in der Rezeption. Die Gäste bereiten sich das Frühstück selbst zu, die Nasszellen sind selbstreinigend. Die Einrichtung beruht auf elektronisch gestützter Selbstbedienung. Die Kapselhotels sollen vor allem bei Geschäftsleuten beliebt sein. In Deutschland werden bereits Motels mit einem Minimum an Personal und äußerst spartanischer Ausstattung betrieben.

Die Hotellerie öffnet sich zunehmend den Langzeitgästen. Nachdem Marriott International bereits die Marke „Residence Inn by Marriott" mit gutem Erfolg eingeführt hatte, bietet sie seit 1997 mit einer neuen Marke im mittleren Preissegment Hotels mit Appartements für Selbstversorger an. Die Lindner-Hotelgruppe bietet Gästewohnungen an, deren Mieter den Hotelkomfort des unmittelbar angrenzenden Hauses nutzen können.

Die **Verteilung der Beherbergungskategorien** ist vom Profil der jeweiligen Destinationen abhängig.

Monaco hat lediglich 89 Einsternzimmer gegenüber 1.459 Zimmern der Luxusklasse.

St.Moritz bietet 7.000 Betten in Ferienwohnungen, 6.000 Betten in der traditionellen Hotellerie, davon die Hälfte in Vier- und Fünfstern-Häusern.

In **Österreich** haben 21,7% der Hotels vier und fünf Sterne, in Wien 53%.

Die Eigentums-, Organisations- und Rechtsformen der Beherbergungsbetriebe sind für die Fremdenverkehrsorte hinsichtlich der Möglichkeiten zur Einflussnahme, insbesondere auf die Arbeitsbedingungen und die Beschäftigung von Arbeitskräften sowie der Besteuerung von Bedeutung. Prinzipiell sind folgende Formen möglich:

- Anbieter sind Einheimische
- Anbieter sind Auswärtige, z.B. Hotelketten oder Reiseveranstalter
- Managementverträge von Reiseveranstaltern mit einheimischen Hotels
- Franchisingverträge.

Diese Aussage gilt auch für die folgenden Betriebe der touristischen Infrastruktur.

Gastronomie

Unter Gastronomie wird die Gesamtheit der Gaststätten verstanden.

Zur groben Orientierung können Erfahrungswerte herangezogen werden. Die Obergrenze der *Gastronomiedichte* eines klassischen Tourismuslandes wird mit einer Gaststätte auf 400 Einwohner angegeben. In der Schweiz kommt ein Restaurant auf 250 Einwohner.

Man unterscheidet folgende Arten:

- Versorgungsgastronomie (Mittagstischlokale, Autobahnraststätten)
- Erlebnisgastronomie (Restaurants mit Ambiente, Gartenwirtschaften)
- Fast-Food-Gastronomie (Imbissbetriebe)
- Getränkegastronomie

Als Schwarzgastronomie wird vom DEHOGA die Vereinsgastronomie bezeichnet, die unter dem Status der Gemeinnützigkeit auch für Zweckbetriebe (Versorgung bei Sport- und Kulturveranstaltungen) bis zur Gewichtigkeitsgrenze von 60.000 DM (30.678 €) Umsatz pro Jahr Steuervergünstigungen genießt.

Die Gastronomie hat wesentlichen Einfluss auf das Ansehen einer Destination. Dabei geht es vor allem um das allgemeine Niveau, die Angebotsvielfalt, die Professionaltität der Bedienung und das Preisniveau. Gern schmückt sich eine Gemeinde mit den Michelin-Sternen, die über ihren Restaurants blinken.

In Deutschland gilt Baiersbronn im Schwarzwald mit insgesamt sechs Sternen (1997) als gastronomische Metropole. Die Gastronomie hat maßgeblichen Anteil daran, dass der Ort durch den Fremdenverkehr innerhalb kurzer Zeit aus der Armut zu Wohlstand gelangte, obwohl er weder hinsichtlich der Natur noch der Architektur als attraktiv gilt.

Nicht unerheblich ist der Beitrag der Art der Gastronomie zur Differenzierung der Nachfrage.

So wertvoll dekorierte gastronomische Einrichtungen für das Image einer Region sein mögen, interessanter für die Mehrheit der Touristen ist die Solidität des Angebots, d.h. die Masse der soliden Köche, die ihr Handwerk verstehen.

Von der modernen Gastronomie werden sowohl gesunde und körperbewusste Ernäh-

rungsangebote, natürliche und frische Nahrungsmittel, hoher Vitamingehalt, vegetarische Kost, Vollwertspeisen als auch Delikatessen, erlebnisgerechter Genuss, Qualitätsgetränke, erschwinglicher Luxus und Stil gefordert.
Gefragt sind auch regionale Hausmannskost sowie der Schnellimbiss.

Tendenzen der Gastronomie:

- unkonventionelle Zusammenstellung der Speisenfolge
- verstärkte Nachfrage nach frischen Zutaten und frischer Zubereitung
- verstärkte Nachfrage nach leichterer und gesünderer Kost
- Rückgang des Alkoholkonsums zugunsten alkoholfreier Getränke
- Trend zur szenischen Gastronomie, d.h. Gäste werden an der Gestaltung beteiligt.

Die **Qualität** der gastronomischen Angebote wird von Gastronomieführern, Organisationen und Fachblättern bewertet.
Gastronomiekritik ist vergleichbar mit Theaterkritik: gefürchtet von den Kritisierten, die den Kritikern schutzlos ausgeliefert sind, oft nur von Fachleuten zu verstehen, für Außenstehende und Konkurrenten amüsant.
Aus einer Kritik:

> *„Der bestellte Räucherlachs, dieser arme Fisch hat wohl den beschwerlichen Weg nach ... per Fahrrad zurücklegen müssen. Es war ein faserig trockener, völlig versalzener, braun oxydierter Lachs. ... Die „Ente mit grünem Pfeffer", eine Spezialität des Hauses, ein Riesenvieh, sah aus wie eine ungarische Mastgans und schmeckte auch so: innen faserig trocken, darüber eine bedeutende Fettschicht, außen knallhart... Dazu gab es eine stark elastische Soße - Mondamin lässt grüßen - und Gummimorcheln mit beachtlichen Sandresten."* [Tips für Gourmets, Juni 1981]
>
> Der Wirt klagte, verlor, änderte durch Heirat seinen Namen und ging ins Ausland.

Auswahl der bekanntesten **Qualitätszeichen**:
Michelin-Sterne (die begehrteste Auszeichnung. Maximal drei Sterne werden vom Gourmetführer „Michelin" verliehen. Eine Untersuchung hat ergeben, dass ihre Verleihung mit Umsatzsteigerungen von bis zu 100.000 € jährlich verbunden sind); *Varta-Kochmützen; Aral-Schlemmer-Kochlöffel bzw. -Bestecke; Punkte im „Gault-Millau"; Punkte im „Feinschmecker; Hauben und Sterne in „Der große Restaurant & Hotel Guide"; Noten im „Marcellino's*
Gastronomische Auszeichnungen:
Prix Culinaire des Regions Européens; Bocuse d'Or; Croissant d'Or; Goldener Korkenzieher; Restaurant des Jahres; Restaurantchefin/chef des Jahres; Oberkellner des Jahres (Gault-Millau); Newcomer des Jahres; Goldene Welcome-Trophäe; Goldene Gabel
Aufnahme in **Vereinigungen mit strengen Aufnahmeregeln**:
Relais & Châteaux; Chaîne des Rôtisseurs; Cordon Bleu du Saint Esprit; Eurotoque - Vereinigung der europäischen Spitzenköche

Kommunikations-Infrastruktur

<u>Kommunikationsbedarf</u>

- zwischen Anbietern und Nachfragern (Gästen)
- der Anbieter untereinander
- zwischen Anbietern, Behörden und Verbänden
- zwischen Anbietern, Behörden, Verbänden und der Bevölkerung
- zwischen Anbietern und Vermittlern (TI, Fremdenverkehrsstelle)
- zwischen TI/Fremdenverkehrsstelle und den Gästen

<u>Kommunikationsinhalte</u>

- Informationen (über Veranstaltungen, Wetter, Angebote etc.)
- Anfragen, Beschwerden, Reklamationen
- Buchungen, Stornierungen
- statistische Daten
- Hinweise, Warnungen, Verbote

Kommunikationswege

- Telefon, Fax, e-Mail, Internet
- Briefe
- Informationsmaterial
- Hinweistafeln, Wegweiser
- Versammlungen
- Gespräche

Informationssysteme und *Orientierungsmittel* (Orientierungstafeln, Wegweiser, Karten und Pläne) helfen den Gästen, sich in einer fremden Umgebung zurechtzufinden. Sie müssen leicht lesbar und auch für Ausländer verständlich sein. Leitlinien oder Kennzeichen ermöglichen dem Gast die Erschließung einer Stadt von Sehenswürdigkeit zu Sehenswürdigkeit.

In Hannover ist der „Rote Faden" eine auf dem Straßenpflaster angebrachte rote Leitlinie, die zu 47 sehenswerten Punkten der Innenstadt führt. In Hildesheim erfüllt die „Rosen-Route" diese Funktion, auf ihr erreicht man in Form eines Rundgangs 21 Sehenswürdigkeiten.

Touristischer Auskunftsdienst

Unverzichtbar ist eine zentrale *Gäste-Informationsstelle, Tourist-Information,* die neben dem Erteilen von Auskünften oft auch das Vermitteln und Reservieren von Unterkünften, die Organisation von Rundfahrten und Führungen und die Betreuung der Gäste im Auftrag von Veranstaltern wahrnimmt. Meist werden Ansichtskarten, Landkarten, Reiseführer, Heimatbücher, Souvenirs, Gästekarten, Eintrittskarten etc. in der Informationsstelle verkauft. Die Informationsstelle sollte Dienste bieten, wie die Rezeption eines guten Hotels - und mehr.

Die Gäste-Informationsstelle ist das Aushängeschild der Fremdenverkehrskommune, ihre Empfangshalle. Sie muss unbedingt zentral gelegen, zumindest leicht auffindbar sein. Sie soll einladend wirken, auch für Kinder. Sie muss gepflegt wirken, natürlich auch das Personal. Einheitliche Kleidung ist nicht erforderlich, aber gleiche Accessoires, z.B. mit den Farben, dem Wappen, dem Logo des Ortes oder der Region sind schon zu empfehlen. Und das Namensschild darf nicht vergessen werden. Man sollte Wert legen auf angenehme Beleuchtung, frische Schnittblumen (statt Gummibaum), angenehme Temperatur, leise Musik. Die Ausstattung sollte den Stil der Region widerspiegeln. Ein separater Raum für heikle Situationen, z.B. Beschwerden, Reklamationen, ist zu empfehlen. Gebührenfreie Kurzzeitparkplätze in unmittelbarer Nähe gehören zum Service.

Auf häufig wechselnde Schaufenstergestaltung sollte geachtet werden. Leihgaben des Heimatmuseums oder von Händlern, Ausstellungen ortsansässiger Künstler sind immer besser als Plakate mit Sonderangeboten à la Supermarktwerbung.

Die Öffnungszeiten sind nachfrageorientiert zu gestalten. Für Informationen außerhalb der Öffnungszeiten dienen Auskunftstafeln, Prospektspender und Orientierungspläne.

Nach dem ersten Eindruck vom freundlichen und fachkundigen Service wird das Ansehen der Gäste-Informationsstelle bestimmt. Gefragt sind Schnelligkeit der Auskunft, Präzision und Zuverlässigkeit, Auskunftsfähigkeit, Fremdsprachen, zumindest in Bezug auf touristische Termini, sowie die Kommunikationsfähigkeit der Mitarbeiter.

In manchen Fremdenverkehrsorten dient ein *„Haus des Gastes"* als Begegnungsstätte mit Veranstaltungsangeboten, oft auch als zentrale Informationsstelle und Sitz des Verkehrsamtes, des Verkehrsvereins, der Kurverwaltung.

Ein aktuelle Beispiel ist das im November 1993 eröffnete Stadthaus von Ulm. Der moderne Bau neben der Gotik des Münsters beherbergt die Bereiche

Information: Verkehrs- und Reisebüro, Theaterkasse, Hotelbuchung, Stadtauskünfte, Fahrkarten; Kommunikation: Vorträge, Tagungen, Konzerte, Vorführungen; Repräsentation: Ausstellungen.

Worüber müssen die Mitarbeiter Auskunft geben können?

- Allgemein: Sehenswürdigkeiten, landschaftliche Besonderheiten, Wetter, Gefahren; behindertengerechte Einrichtungen, Angebote für Kinder, Junioren, Senioren, Singles, Hochzeitsreisende, Vereine; Adressen und Telefonnummern der regionalen Tourismusverbände; Adressen und Telefonnummern der Tourismusstellen der wichtigsten Fremdenverkehrsorte in der Region
- Beherbergung: Verfügbarkeit, Kategorien, Preisniveau, Erreichbarkeit, Ausstattung, Haustiere zugelassen oder nicht
- Gastronomie: Preisniveau, besonders gute Küche (Sterne), besonders gepflegte Getränke, Bar, regionale Küche, Diätkarte, Spezialitätenrestaurants, besonderes Ambiente, mit Unterhaltung (Musik), empfehlenswert für Besuch mit Kindern (Kinderkarte); nähere und weitere Umgebung, Erreichbarkeit, Tiere zugelassen; Nichtraucherbereiche (mit entspr. Zeiten)
- Unterhaltung: Nachtleben, Bars, Tanzlokale, Diskotheken, Niveau, Besonderheiten (Seniorentanz, verkehrter Ball), Kasinos, Rotlichtviertel
- Kultur: Konzerte, Theater (Spielpläne, Preise), Kinos (Spielpläne), Museen und Galerien, Sakralbauten (Gelegenheit für Gottesdienste), sehenswerte Gebäude (mit Besonderheiten), Denkmale, Zoos, Botanische Gärten, Veranstaltungen des Ortes und der Region
- Erholungsgebiete: Bademöglichkeiten (Badeanstalten, Strände: Beschaffenheit, Ausstattung, FKK), Schwimmhallen (Erreichbarkeit, Öffnungszeiten); Parks
- Dienstleistungen im Ort: Friseure, Kosmetiksalons, Nagelstudios, Banken, Geldautomaten, Post, Telefon, Telex, Werkstätten; *außerhalb*: verschiedene Bankinstitute mit Adressen
- Gesundheitswesen: Arzt-, Zahnarzt- und Tierarztpraxen (Bereitschaft); Apotheken (Bereitschaft), Heilpraktiker, Massagesalons, medizinische Bäder, Wellnesseinrichtungen
- Einkaufsmöglichkeiten: Einkaufszentren, Geschäfte, Märkte, spezielle und allgemeine Einkaufsmöglichkeiten
- Sport: Besuch von Sportveranstaltungen, eigene sportliche Betätigung, Fitness-Zentren
- Ausflüge, Rundgänge, Rundfahrten: Stadtführungen und -rundfahrten in der Region, Tagesausflüge (selbst organisiert, öffentl. Verkehrsmittel, Angebote von Veranstaltern)
- Verkehrswesen: Verkehrsverbindungen, Fahrzeiten, Preise, Besonderheiten, Möglichkeiten der Reservierung und des Kaufs von Tickets und Fahrkarten; Regiocard (Gültigkeitsbereich, Kosten); *Straßenverkehr, zwischenstädtisch* - Entfernungen, Fahrzeiten, Alternativen, Staugefahr, Baustellen, öffentlicher Busverkehr (Haltestellen, Preise, Abfahrtszeiten), Taxi, Mietwagen, Reise-Transfer, Mitfahrgelegenheiten; *innerstädtischer Verkehr* - günstige Verbindungen, ungefähre Fahrzeiten, Preise, Zahlungsmodalitäten; *Eisenbahn* - Lage und Erreichbarkeit von Bahnhöfen, Abfahrts- und Ankunftstermine, Gepäckservice, Autoreisezüge, Kleinbahnen; *Luftverkehr* - Flugplätze, Gepäckservice, Reise-Transfer; *Schifffahrt* - Ausflugsfahrten, Liniendienste, Hafenrundfahrten, Fährverkehr

Welche **Auskunftsunterlagen** sollten zur Verfügung stehen und benutzt werden können?

Telefonbuch, evtl. spezielles Telefonverzeichnis, Fax-Nummern, e-Mail Adressen, Internet-Adressen, Branchenverzeichnis, Karten, Stadtpläne (kostenlose einfache Exemplare), Veranstaltungskalender, Stadtmagazine, Tageszeitungen, Fahrpläne.

Evtl. Datenbank im Computer, ständig laufendhalten, entspr. Nachfrage erweitern, Mappe, Ordner, Kartei.

Woher kommen die Informationen?

- Gästeführer interviewen: wonach wird gefragt? wofür interessieren sich die Gäste? was wird kritisiert?
- Gastgeber (Hoteliers, Vermieter) regelmäßig konsultieren (s.o.)
- Mitarbeiter im Service: jede nicht oder nicht ausreichend beantwortete Frage eines Besuchers muss Anlass für Recherchen sein
- weitere Quellen: Tageszeitungen, Veranstaltungspläne

Was kann getan werden, um Kunden touristische Leistungen schmackhaft zu machen? Vorverkauf, Aushänge, Informationstafeln, Aufsteller, Handzettel (wenn für Veranstalter: Provision vereinbaren).

Verkehrswesen

Interessant für Gäste ist die Erreichbarkeit des Zielortes, seine Verkehrsanbindung sowie das Verkehrsangebot innerhalb der Destination und zur Umgebung. Von Bedeutung ist, ob der Zielort schnell, bequem und sicher erreicht werden kann. Einschränkungen werden in Kauf genommen, z.B. Staus auf den Autobahnen bei Ferienbeginn und -ende.

Die Erreichbarkeit einer Destination ist im Rahmen von Pauschalreisen kein Problem. Wenn die Destination für den Veranstalter ökonomisch attraktiv ist, wird er den Transport organisieren.

Bis vor kurzer Zeit verstand man unter guter Erreichbarkeit die Möglichkeit, mit dem Pkw bis in die Zentren der Destinationen zu gelangen, möglichst jedes Restaurant, Theater, Museum mit dem Pkw unmittelbar erreichen zu können. Die damit verbundenen Verkehrsprobleme in den Kommunen wirken allerdings mehr und mehr störend auf den Tourismus, die Gäste möchten eine autofreie Umgebung vorfinden.

Um den Urlaubsort zu erreichen, werden in Abhängigkeit von der Dauer des Urlaubs und Art der Reise oft recht lange Fahrzeiten in Kauf genommen.

> Eine Befragung durch das B.A.T. im Jahre 1992 ergab, dass zum Erreichen eines Freizeitparks 2,13 Stunden Fahrzeit akzeptiert würden. Am Urlaubsort schrumpfen die akzeptierten Fahrzeiten drastisch. Während gemäß o.g. B.A.T.-Befragung im Allgemeinen für den Besuch einer Kunstausstellung 1,39 Stunden, eines Museums 1,25 Stunden, eines besonderen Restaurants 1,12 Stunden, einer Diskothek 0,85 Stunden und eines Kinos immer noch 0,58 Stunden Fahrzeit akzeptiert werden, nur die Hinfahrt gerechnet, sollen am Urlaubs-, Messe-, Kongressort all diese Einrichtungen möglichst zu Fuß oder mit Nahverkehrsmitteln erreichbar sein.

Von Vorteil ist stets, wenn verschiedene Verkehrsmittel zum Erreichen einer Destination zur Verfügung stehen.

Straßenanschluss: Die Entfernung zur Autobahn bzw. zu Fernstraßen sollte nicht allzu groß sein. Die Anschlussstraßen sollten in gutem Zustand sein, und am Ortseingang sind erste Hinweisschilder auf die Gäste-Information sowie Hotels angebracht.

Bahnanschluss: Der Bahnhof ist für manchen Gast der erste und letzte Eindruck von der Destination, seine Ausstattung sollte dem Rechnung tragen. Auch hier sind Informationstafeln und Ortspläne erforderlich. Die Beherbergungsbetriebe und Veranstalter sollten für einen zuverlässigen Transfer und Gepäckdienst sorgen. Wer an einem fremden Ort nach ermüdender Bahnfahrt bereits am Bahnhof von seinem Gastgeber freundlich empfangen wurde, weiß diesen Service zu schätzen und kennt seine Auswirkungen auf die Urlaubsstimmung in den nächsten Tagen.

Oft ist der Bestimmungsort nicht Haltepunkt eines IC, ICE oder IR. In solchen Situationen sollten die Gastgeber prüfen, ob den Gästen nicht Wartezeiten auf Anschlusszüge oder -busse durch einen Abholservice von einem größeren Haltepunkt erspart werden können.

Zumindest sollten mit den Buchungsunterlagen Informationen über die günstigsten Anschlüsse übermittelt werden.

Luftverkehr: Der Transfer ist bei Veranstalterreisen überwiegend im Preis inbegriffen. Bei Individualreisen gelten dieselben Bedingungen wie beim Bahnanschluss. Die Gäste werden für einen im Voraus organisierten Transfer einen Preisaufschlag gern akzeptieren.

Schiffsverkehr: Wichtig ist beim Einlaufen von Kreuzahrtschiffen ein zünftiger Empfang mit Kapelle und ggf. folkloristischen Besonderheiten. Der Terminal sollte gepflegt und die Abfertigung freundlich und flott sein.

Hamburg plant ein Kreuzfahrtterminal mit direktem Transrapid-Anschluss nach Berlin. Von Rostock-Warnemünde aus werden Kreuzfahrtpassagiere mit einem Sonderzug nach Berlin und zurück befördert.

Beim Einlaufen von Fährschiffen wird weniger Aufwand betrieben.

Jachthäfen haben einen weitgehend autarken Status. Die Fremdenverkehrskommune sollte es sich aber nicht nehmen lassen, sie in ihr fremdenverkehrspolitisches Gesamtkonzept einzubeziehen.

Das Verkehrsangebot innerhalb der Destination

Örtlicher Nahverkehr: Bus, Straßenbahn, U-Bahn, S-Bahn, Kleinwegebahnen[1], Schiff, Fähre mit nutzerfreundlichen, verständlichen Tarifen, Angebot von Netz- und Verbundkarten, für Sauberkeit, Pünktlichkeit und Sicherheit sorgen, ausreichendes Angebot an Taxis.

Seit April 1997 bietet die Deutsche Bahn als Ergänzung zum Flug- oder Bahnticket (ab 101 km) gegen einen kleinen Aufpreis das StadtTicket an, mit dem in zunächst mehr als 50 deutschen Städten bis zu 48 Stunden lang der Nahverkehr benutzt werden kann.

Die Regionalisierung des *Schienenpersonennahverkehrs* (SPNV) besagt, dass die Verantwortung für ihn und damit auch die Preiskompetenz ab Januar 1996 zunächst auf die Bundesländer und bis zum Jahre 2000 auf die Kommunen übertragen wurde. Aus diesem Anlass schloss die Deutsche Bahn AG mit Bundesländern, Verkehrsverbünden und Kommunen Verträge über die Bestellung von Verkehrsleistungen ab. Damit haben die Länder, Regionen und Kommunen das Recht zur Gestaltung des gesamten öffentlichen Personennahverkehrs erhalten.

Verkehrsverbünde funktionieren nach dem Motto: ein Netz, ein Tarif, ein Fahrausweis.

Beispiel: Rhein-Main-Verkehrsverbund (RMV) mit Frankfurt und 10 weiteren Städten sowie 15 Landkreisen mit 310 Gemeinden, insgesamt etwa 4,6 Mill. Einwohner.

Kritik an den Verkehrsverbünden wird geübt, weil der Fahrscheinverkauf außerhalb der Verbundgebiete bisher nicht gestattet ist und weil in den Verbünden Zonentarife statt der bei der Deutschen Bahn üblichen Kilometer-Tarife gelten.

Straßennetz: ausgewogenes Verhältnis von verkehrsberuhigten Zonen und Fahrstraßen, Durchgangsverkehr aus Fremdenverkehrsorten heraushalten, ausreichend Parkmöglichkeiten vorsehen, Park-and-ride-Verkehr.

Radwegenetz: für Fremdenverkehrsorte an Bedeutung zunehmend, in Feriendörfern sind meist nur Fahrräder zugelassen. Einige Städte bieten bereits die kostenlose Benutzung kommunaler Fahrräder an. Außerörtliche *Radwege* sollten getrennt von Straßen mit Kraftverkehr verlaufen. *Radfernwege* müssen gut beschildert sein (Wegepilze - vierstellige Zahl mit den Gauß-Krüger-Koordinaten) und über Service, radlergerechte

---

[1] auch: „Gummireifenbahn", motorgetriebenes, eisenbahnähnlich gestaltetes, auf Straßen verkehrendes Personenverkehrsmittel

Gastronomie und Beherbergungsmöglichkeiten in ausreichendem Maße verfügen.

In Deutschland stehen über 170 ausgeschilderte Radfernrouten mit einer Gesamtlänge von über 35.000 Kilometern zur Verfügung. Der ADFC kritisiert, dass es keinen einzigen Fernweg gibt, der ein gutes touristisches Produkt darstellt, dass die Stellplätze für Fahrräder in den Zügen der Deutschen Bahn in der Hochsaison bei weitem nicht ausreichen und dass Hoteliers und Gastwirte Radwanderer nicht allzu gern als Gäste sehen.

Mindestkriterien für Radfernwege gem. ADFC:

1.	eindeutiger, unverwechselbarer Name
2.	als Strecke, Rundkurs oder Netz konzipiert
3.	i.d.R. Mindestlänge ca. 150 km
4.	durchgängig mit 20 kg Gepäck, 28 mm breiten Reifen bei 20 km/h befahrbar
5.	Mindestbreite 2,50 m
6.	allwettertauglich (selbst nach langer Trockenheit oder längerem Regen befahrbar)
7.	sicher zu befahren (allenfalls abschnittsweise Führung auf Kfz-Wegen bei geringer Belastung durch Autoverkehr)
8.	einheitliche, gut sichtbare, durchgängige, dauerhafte Wegweisung in beiden Fahrtrichtungen
9.	möglichst naturnahe Führung
10.	Infrastruktur entlang der Route (Rastplätze, Schutzhütten, gastronomische Einrichtungen, Beherbergungsbetriebe, Abstellanlagen, Fahrradgeschäfte, Informationsstellen)
11.	Anbindung an öffentliche Verkehrsmittel, die Fahrradmitnahme gestatten
12.	wirklichkeitsnahes, zielgruppenspezifisches Marketing (zentrale Informationsstelle, Bereitstellung von Grundinformationen, Karten und Radwanderführern, Vermittlung von radlerfreundlichen Unterkünften, Radpauschalen)
13.	zur Kontrolle regelmäßig mit dem Rad abfahren und warten.

Ausflugsverkehr: Je nach Entfernung und Verkehrsanbindung sind Ziele in der Umgebung mit verschiedenen Verkehrsmitteln, oft alternativ, erreichbar. Oft ist schon der Weg zum Ausflugsziel ein Erlebnis.

Wanderwege sollten gepflegt und gut beschildert sowie mit Raststellen und Bänken ausgestattet sein.

In einigen Regionen sind auch Kutschfahrten angebracht.

Touristische Bahnen oder Nostalgiezüge, meist Kleinbahnen und Schmalspurbahnen mit uralten Loks und Waggons stehen nur in wenigen Regionen zur Verfügung.

Beispiele:
„Ameisenbär“ Soltau - Döhle: 30 km
„Brockenbahn“ Drei Annen Hohne - Brocken: 19 km, in Betrieb seit 1899
„Molli“ Bad Doberan - Kühlungsborn: 15,4 km, in Betrieb seit 1886
„Rasender Roland“ Putbus - Göhren: 24,2 km, in Betrieb seit 1899

Die Möglichkeit, Ausflugsziele per Schiff erreichen zu können, sollte dankbar als Geschenk der Natur angenommen werden.

Ortscharakter

Die Größe und der Charakter eines Fremdenverkehrsortes bestimmen maßgeblich das touristische Angebot. Unter Ortscharakter wird die historisch gewachsene Spezifik eines Ortes verstanden, im besten Falle seine Unverwechselbarkeit. Sehenswürdigkeiten des Ortes und seiner Umgebung tragen maßgeblich zu dieser Unverwechselbarkeit bei.

Schließlich beeinflussen die Einwohner mit ihrem Lebensstil, ihrer Kultur, ihrem Dialekt den Ortscharakter ganz erheblich. Bekannte Persönlichkeiten z.B. in Cafés zu treffen, Skandälchen mitzuerleben erhöht den Reiz eines Urlaubs. Den Kommunen ist anzuraten: *Pflegt eure Originale!*

Zwischen städtischem und ländlichem Charakter erstreckt sich eine große Vielfalt, die jedoch wegen mangelnder Sensibilität häufig nivelliert wird. Ländliche Regionen erhoffen sich eine Aufwertung durch städtische Angebote und Baustrukturen, während in Städten nicht selten künstlich „Ländlichkeit“ hergestellt wird. Auch die künstlich „altertümelnde“ Nachahmung historischer Altstädte führt selten zu den gewünschten Ergebnissen.

Die Kommune sollte also äußerst feinfühlig die Pflege und Erhaltung des Ortsbildes betreiben. Das betrifft insbesondere die Pflege der kommunalen Grünanlagen sowie die Instandhaltung und Pflege kommunaler Gebäude. Gegenüber Wirtschaftseinheiten und Bevölkerung sollte die Kommune im Interesse der Wahrung des Ortscharakters nicht vor unangenehmen Entscheidungen zurückschrecken. Bereits geschehene Fehler können manchmal durch recht einfache Maßnahmen gemildert werden, z.B. durch das Begrünen trister Fassaden, durch Blumenkästen vor den Fenstern. Andere Mängel sind kaum zu beheben.

Es wurde festgestellt, dass die Innenstädte veröden, wenn 25 bis 30% des Einzelhandelsumsatzes außerhalb der Innenstädte getätigt werden. In Ostdeutschland wurde 1994 bereits 55% außerhalb der Innenstädte umgesetzt.

Kultur-, Freizeit- und Unterhaltungsangebot

Jede Destination steht vor der Entscheidung, ihr Angebot auf den Gebieten Kultur, Freizeit und Unterhaltung entweder eng oder breit zu gestalten. Erstere bietet des Vorteil der Zielgruppenspezifik, letztere bietet bessere Möglichkeiten der Reaktion auf Nachfrageschwankungen.

Oberstdorf ist den zweiten Weg gegangen. Neben bäuerlichem Milieu in der Gastronomie, Bauerntheater und bunten Abenden gastieren im Ort auch namhafte Orchester und Künstler, lesen bekannte Autoren aus ihren Werken.

Die Einrichtungen zur Freizeitgestaltung und Unterhaltung stehen nicht nur den Gästen zur Verfügung, sondern auch den Einheimischen. Sie haben zudem verschiedene Funktionen zu erfüllen, die oft nur schwer zu vereinbaren sind: Schwimmhallen dienen auch dem Schulsport.

Museen sollen unter Beachtung der Zielgruppen touristengerecht gestaltet sein, sich aber auch nicht der Gefahr der Trivialisierung, der oberflächlichen Popularität und Kommerzialisierung aussetzen. Man ist sich weitgehend einig, dass sie kommunikativer und attraktiver werden müssen, möchte aber auch nicht ihre Bildungsfunktion und ihren wissenschaftlichen Anspruch vergeben.

Tierparks, Tiergärten, Zoos sind insbesondere bei Familien beliebte Ausflugsziele. Einige gelten sogar als Attraktionen. Die Anziehungskraft beruht auf der Mixtur des Angebots: Tiere, Parkanlage, Gastronomie, Spielplätze, Veranstaltungen.

Botanische Gärten sind Bildungsstätten, die sich i.d.R. dem allgemeinen Publikumsverkehr öffnen. Vor allem bei älteren Menschen sind sie sehr beliebt. Ortsansässige schätzen sie als ruhige Parkanlagen und Begegnungsräume. Touristische Ziele sind sie allenfalls für fachlich Interessierte.

Die touristische Vermarktung **religiöser Orte und Anlässe** ist eine besonders delikate Angelegenheit. Zwischen Würde und spiritueller Bedeutung auf der einen Seite und der Konsumtion des Sakralen als Fotografiersujet und touristischer Programmpunkt auf der anderen klaffen tiefe Spalten. Die betreffenden Religionsgemeinschaften müssen unbedingt in die Fremdenverkehrsplanung einbezogen und am Incoming beteiligt werden.

Das **Sportangebot** setzt sich zusammen aus Anlagen für den Grundbedarf (Schwimmbäder, Wanderwege, Radwege, Joggingrouten), die zu jedem Fremdenverkehrsort gehören sollten, und Anlagen für den speziellen Bedarf. Letztere werden in Abhängigkeit von den Zielgruppen, z.B. Familien, Senioren, Wohlhabende etc., vorgehalten.

Jede Investition in große Sportanlagen ist mit Auslastungsrisiken verbunden. Das „Gildehof-Bad" in Essen, ein sogenanntes Spaßbad, wurde 1987 eingeweiht. Die Betreiber erwarteten täglich 1.700 Besucher, später kamen gerade mal 500. 1992 erreichten die Verluste zweistellige Millionenhöhe, 1993 wurde das Bad geschlossen. Aber die Stadt hat jährlich noch 1,2 Mill. Euro Kosten zu tragen, da mit dem Eigentümer ein Mietvertrag über 25 Jahre abgeschlossen worden war.

Das Angebot an **Veranstaltungen**, Festspielen, Freilichtspielen, Spektakeln ist inflationär. Jeder Ort, der etwas auf sich hält, bietet seinen Gästen Veranstaltungen, die mit Jahrestagen, Jubiläen, historischen Anlässen, Traditionen, Bräuchen begründet werden.

Gäste zu einer Hochzeit einzuladen, ist ein schöner Brauch. Viele Veranstaltungen sind jedoch vergleichbar mit Hochzeiten, die nur wegen der Geschenke veranstaltet werden.

Regionale Kooperation bei Veranstaltungen mit Kosten- und Gewinnteilung wäre oft angebracht. Die „nichtveranstaltenden" Kommunen haben kaum Ansehensverluste zu befürchten, wenn sie für eine Veranstaltung im Nachbarort werben und den Zubringerdienst organisieren, und die Besucherzahlen lassen sich zu wirtschaftlich interessanten Dimensionen konzentrieren.

Einkaufsmöglichkeiten mit urlauber-(gäste-)freundlichen Öffnungszeiten bieten Möglichkeiten für entspanntes Bummeln nicht nur bei schlechtem Wetter. Gefragt sind insbesondere: Souvenirläden mit regionaltypischen Erzeugnissen, Bijouterien, Spielzeugläden, Geschäfte für Bücher und Presseerzeugnisse, Fotoläden, Boutiquen, Drogerien, Läden für regionaltypische Nahrungsmittel und Getränke.

Dem Charakter eines Ferienortes widerspricht die Häufung von Banken, Immobilienmaklern, Rechtsanwälten, Möbelhäusern auf Boulevards.

Deutschland hat mit 2,5 bis 3 m^2 *Handelsfläche* je Einwohner Werte, die auch der touristischen Nachfrage gewachsen sind.

Lokale Medien

Neben der selbstverständlichen Information über Veranstaltungen und das Wetter sollten die lokalen Medien dem speziellen Informations- und Unterhaltungsbedarf der Gäste Rechnung tragen. Dazu gehören altersgerechte Musikauswahl in Rundfunk ebenso wie Berichte über Ereignisse in den Hauptherkunftsregionen der Gäste. Berichte über das touristische Leben und Treiben im Ort, es darf auch ruhig ein bisschen Klatsch dabei sein, vermitteln das Gefühl, dass der Tourismus als gesellschaftlicher Faktor wahrgenommen wird.

Als noch ausschließlich die Oberklasse ins Bad, in die Ferien oder in die Sommerfrische fuhr, waren Gästelisten eine beliebte Lektüre. Man wollte schließlich wissen, mit wem man die Ehre hatte, an einem Ort zu weilen und mit wievielen Dienern wer angereist war, in welchem Haus er logierte usw. Die heutigen Gäste sind anonym und sollen es gem. Datenschutz auch bleiben. Trotzdem, ein wenig mehr als die Zahl der Übernachtungen könnte schon über die Gäste berichtet werden.

Spezielle Bestandteile

Als spezielle Bestandteile gelten Einrichtungen der touristischen Infrastruktur, die nicht in jedem Fremdenverkehrsort vorhanden sind. Sie sind streng zielgruppenorientiert und bestimmen das Profil des Angebots.

Spezielle Bestandteile sind erforderlich, zum Teil gesetzlich gefordert, im Kur- und Bäderwesen, für den Gesundheits- und Wellnesstourismus, Aktiv- und Kreativurlaub, Familienurlaub, Urlaub auf dem Lande, Kulturtourismus, Städtetourismus, Messe-, Tagungs- und Kongressangebote, Bildungstourismus, Autarktourismus, Clubtourismus, bei hohem Ausländeranteil, für das Angebot von Großveranstaltungen, für touristische Großanlagen.

Tab. 4.1.: Spezifische Anforderungen entsprechend der Art des Kurortes:

	HB	KHB	SHB	HPK	KKO	HKO	SB	LKO
natürliche Heilmittel								
Heilwässer/-gase, Peloide[1]	■			■				
therapeutisch anwendbares Klima		■	■		■	■		■
Analyse des Klimas u.d. Luftqualität	■	■	■		■	■	░	
medizin-klimatologisches Gutachten		■	■		■			
Luftqualitätsprüfung						■		
Ortsmitte max. 2 km vom Strand			■				■	
artgemäße Kureinrichtungen								
Trink- u. Wandelhalle mit Kurpark	■							
Kurmittelhaus	■		■	■		■		
Sanatorium oder Kurklinik						■		
Einrichtungen f.d. Kneipptherapie[2]		■			■			
Einrichtungen f. Klimakuren u. -therapie						■		
Einrichtungen f. Kurmittelabgabe				■				
mind. 3 Kneippkurbetriebe					■			
Inhalatorium	■							
Einrichtungen f. Bewegungstherapie	■	■	■	■	■			
techn. Anlagen f. Peloidherstellung				■				
Informationen über das Klima						■		■
Kurpark		■			■	■		
Park- u. Waldanlagen mit Wegenetz	■			■		■		
Wege f. Terrainkuren	■	■		■	■			
Mindestmaß von Park- u. Grünanlagen				■				
Sport-, Spiel-, Liegewiesen	■	■		■	■	■		■
Möglichkeiten f. Spiel und Sport							■	
gepflegter, überwachter Badestrand			■				■	
Promenaden oder Wanderwege			■				■	
klassifiziertes Wegenetz								■
Hallenbad			■					
Frei- u. Hallenbad in angemess. Entf.		■			■	■		■
artgemäßer Kurortcharakter								
Kur- bzw. Badearzt am Ort	■	■	■		■	■	░	░
kurärztliche Versorgung				■				
Kneippscher Bademeister					■			
Fachkräfte f. Klimatherapie						■		■
hygienisch einwandfreie Unterkünfte	■	■	■	■	■	■	■	■
kurgemäße Verpflegung (Diät)	■	■	■	■	░	■	░	░
artgemäße Einrichtungen u. Veranstaltgn.	■	■	■	■	░	■	░	░
Sport- und Spieleinrichtungen				■			■	
Lese- und Aufenthaltsräume				■				
zentrale Auskunftsstelle	■	■	■	■	░	■	■	■
Verhaltensanleitungen	■	■	■	■	░	■	■	■
Gesundheitsbildung	■	■	■	■	■	■		
ausreichendes Straßen- u. Wegenetz	■	■	■	■	░	■	■	■
Wegenetz mit Ruhebänken				■				
Garten, kleine Parkanlage				■				
erste Hilfe, Apotheke, Krankentrpt. etc.	■	■	■	■	░	■	■	■
einwandfreie öffentliche Toiletten	■	■	■	■	░	■	■	■
Feststellg. Heil- u. Gegenanzeigen	■	■	■	■	■	■		
10jähriges Bestehen als KKO		■						

HB - Heilbad, KHB - Kneippheilbad, SHB - Seeheilbad, HPK - Heilquellen- oder Peloid-Kurbetrieb, KKO - Kneippkurort, HKO - Heilklimatischer Kurort, SB - Seebad, LKO - Luftkurort

---

[1] Sammelbezeichnung für organische und anorganische Substanzen, die zu Packungen und Bädern verwendet werden, z.B. Moor, Schlamm, Kreide, Sand

[2] mehrere Kneippsanatorien, ein Kurhotel, Kurheime oder Kurpensionen

Ökologischer Kurort

Diese Bezeichnung strebt das in einem Biosphärenreservat gelegene Ostseebad Göhren auf Rügen an. Der Schutz noch intakter Umwelt und die möglichst perfekte Abschirmung der Gäste vom Lärm sind wesentliche Bestandteile des Vorhabens.

Kur- und Bäderwesen

Die Grundvoraussetzungen für Kur- und Badeorte sind das Vorhandensein von natürlichen Heilmitteln des Bodens, des Wassers und des Klimas (Heilwässer, Heilpeloide, Heilgase, heilklimatische Faktoren) und das Angebot anerkannter therapeutischer Heilverfahren (Trinkkuren, Inhalationskuren, Bäderkuren, Klimakuren, Thalassotherapie, Kombinationstherapie), kombiniert mit kurbegleitenden und -unterstützenden Angeboten (Konzerte, Tanz, Unterhaltung, Beschäftigung).

Von Kurorten werden generell gefordert (siehe Tab. 4.1.):

Verfügung über artgemäße Einrichtungen für Kuren; Verfügung über einen der Artbezeichnung entsprechenden Kurortcharakter; Verfügung über artgemäße Einrichtungen zur sportlichen Betätigung, Unterhaltung und Betreuung der Kurgäste, insbes. leistungsfähige Beherbergungsbetriebe; Belastungen des Bodens, des Wassers und der Luft durch Schadstoffe sowie Lärmemissionen dürfen das Kurvorhaben nicht beeinträchtigen; hygienisch einwandfreier Zustand des Ortes und seiner Einrichtungen (Wasserversorgung, Abfall- und Abwasserentsorgung, Lebensmittelversorgung sowie Überwachung der Einrichtungen und des Personals der Lebensmittelbetriebe, öffentliche Toiletten - Sauberkeit und ausreichende Anzahl); kurgemäße Verpflegung auch in den Gaststätten; Nichtraucherbereiche; Anleitung zu gesundheitsbewusstem und umweltgerechtem Verhalten; Einrichtungen für erste Hilfe, Rettungswesen, Krankentransport, ärztliche und apothekenmäßige Versorgung; Berücksichtigung der besonderen Belange von Behinderten; zentrale Auskunftsstelle.

Wellness-, Gesundheits- und Beauty-Angebote

sind Angebote mit zugkräftigen, einem Trend folgenden Bezeichnungen, die nicht an Kurorte gebunden sind. Jedes Hotel kann Gesundheitsprogramme anbieten. Die Anbieter müssen allerdings zunehmend mit Kenntnissen und Erfahrungen der Kunden rechnen. Scharlatanerie zahlt sich nicht mehr aus. Geeignete Fachkräfte, die gleichzeitig Experten der jeweils angebotenen Methoden und Animateure sind, ein komfortables Ambiente und zueinander passende Teilnehmer bestimmen die Zugkraft des Angebots. Mit dem Bezeichnung „Beauty-Farm“ oder „Schönheitsfarm“ wenden sich die Anbieter speziell an weibliche Nachfrager einer bestimmten Altersgruppe, die in angenehmer Umgebung gemeinsam Gymnastik und Kosmetik betreiben wollen.

Die Angebotspalette besteht aus allgemeinen Offerten, wie Gesundheitsferien, Gesundheitswochenenden, Fitness, Wellness, Frühjahrskur, Beautywoche, aktive Pflege für Körper, Geist und Seele und speziellen, wie Entfettung, Reduktionskur, Vollwertkost, Thermal-Sauerstoffbäder, Regenerationskur, Kosmetikbehandlungen und -beratungen, Make-up, Masken, Maniküre, Peeling, Aromatherapie, autogenes Training, Massagen, Solarium, Sauna, Ampullenkur, Schrothen.

Die Anforderungen an die Infrastruktur sind etwa vergleichbar mit denen, die an Kurorte gestellt werden, ohne jedoch an strenge Auflagen gebunden zu sein. Zusätzlich sind Einrichtungen erforderlich, die die Ausübung der speziellen Behandlungsmethoden gestatten. Diese Einrichtungen reduzieren sich im einfachsten Falle auf geeignete Räume, z.B. für autogenes Training. Überwiegend sind aber technische Geräte, Bäder, Liegen etc. erforderlich.

Angebotsbeispiele:

Ayurveda: Von Indien ausgehende Gesundheitswelle mit mehr als 3.000jähriger Tradition. Das Ziel besteht darin, durch Ernährung, Yoga, Meditation und Massage im Komplex zu geistigem, seelischem und körperlichem Wohlbefinden zu gelangen.

Bach-Blütentherapie: Von Edward Bach entwickelte Therapie, bei der Persönlichkeitstypen Heilpflanzen zugeordnet werden und diese bei seelischen Krisen und in schwierigen Lebenssituationen helfen sollen, Blockierungen im „bioenergetischen Feld" des Menschen zu beseitigen.

Ismakogie: Richtiges und gesundes Stehen, Laufen und Sitzen.

Mayr-Kur: Auf den österreichischen Arzt Franz Xaver Mayr zurückgehende Ernährungstherapie, die sich aus Fasten, Diät, Massagen, Wickeln, Spaziergängen und Gymnastik zusammensetzt.

Reflexzonenmassage: Die bekannteste Form ist die Fußreflexzonenmassage.

Schroth-Kur: Von Johannes Schroth entwickelte Ernährungsthearpie, die sich aus „Trockentagen", „kleinen und großen Trinktagen" zusammensetzt.

Thalassotherapie: Gesundheitsförderung mittels Meerwasser-, Schlick- und Algen-Anwendungen sowie Nutzung der Sonnenstrahlung, der jodhaltigen Gischt und des allergenfreien Klimas.

Thymus-Therapie: Eine der Organotherapien, die sich auf den Thymus richtet, ein Organ, das für das Immunsystem zuständig ist.

Wellness: Soll Wohlfühlen suggerieren, ohne so nach harter körperlicher Betätigung zu klingen wie Fitness. Meist ein Arrangement mit viel Gymnastik und Bewegung plus Bäder und Massagen.

Wiedemann-Kur: Eine biologische Regenerationstherapie, bei der Organ-Sera, vitale Zellkern-Substanzen und Procain sowie Vitamine verabreicht werden.

Yoga: Altindische Konzentrationsübung, um durch die Beherrschung des Körpers zu höherer geistiger Erkenntnis vorzustoßen.

Zen-Meditation: Eine Form der Selbstbesinnung, die auf den japanischen Zen-Buddhismus zurückgeht.

Den Einfällen für Angebote sind keine Grenzen gesetzt.

Davos, der Schweizer Kur- und Wintersportort, überraschte in einer Zeit, in der das Rauchen und die Raucher zunehmend zu Außenseitern der Gesellschaft erklärt werden, mit Lehrgängen zur hohen Kunst des kultivierten Rauchens - und hatte regen Zuspruch.

Aktiv-Urlaub, Abenteuertourismus

Aktiv-Urlaub dient der Erhaltung und Steigerung des körperlichen Leistungsvermögens. Entweder werden gewohnte Sportarten weiter betrieben, oder man versucht sich im Urlaub an außergewöhnlichen Aktivitäten. Ersteres betrifft neben dem an erster Stelle rangierenden Skisport u.a. Tennis, Wandern, Rad fahren, Joggen, Fallschirm springen, Golf, Surfen, Tauchen, Rudern, Segeln, Gleitschirm- und Drachenfliegen, Aerobic. Die erforderliche Infrastruktur besteht aus den der jeweiligen Sportart angemessenen Anlagen, Geräten und Serviceeinrichtungen.

Die Alpen werden von etwa 41.000 Skipisten mit einer Gesamtlänge von 120.000 Kilometern durchschnitten, 14.000 Lifte und zahlreiche Bahnen befördern jährlich an die 100 Millionen Skifahrer auf die Berge, und für das Après-Ski sorgen zahlreiche gastronomische Einrichtungen. 1998 war die Erschließung zusätzlicher 36 Skigebiete geplant.

Ständig werden neue Sportart-Moden „erfunden": *Slopestyle* (90 cm lange Skier, an beiden Enden gerundet), *Snow-Cross* (Mountainbikes mit besonders breiten Reifen), *Snow-Scoots* (Roller auf Skiern), *Skifox* (Ski mit aufmontiertem Melkschemel), *Kitesailing* (Ski fahren hinter einem Lenkdrachen), *Horsebording* (Snowboarding hinter einem Pferd), *Snowtubing* (auf einem Schlauch die Piste hinunter rutschen), *Zorbing* (auf einem luftgefüllten Gummiball die Piste hinunter rutschen).

Außergewöhnliche Aktivitäten, auch als Erlebnis- und Outdoor-Tourismus[1] bezeichnet, stellen erhebliche Anforderungen an die Infrastruktur: Hubschrauber, Ballons, Flugzeuge, geländegängige Fahrzeuge; und die natürlichen Voraussetzungen müssen den Anforderungen genügen.

---

[1] eigentlich bedeutet „outdoor" nur: im Freien; siehe auch Kap. 3.2.

Die Zahl der aktiven Teilnehmer ist zwar im Allgemeinen klein, dafür aber die Zahl der Zuschauer bei einigen Sportarten sehr groß. Im Rahmen der fremdenverkehrspolitischen Orientierung kann Einfluss darauf genommen werden, ob durch Verkehrsanlagen, Gastronomie und Handel der Besuch von Zuschauern und damit die jeweilige Sportart gefördert wird oder nicht. Die Entscheidung wird danach zu treffen sein, inwieweit die Sportart selbst und die Zuschauer die Umwelt schädigen und ob die Veranstaltungen den Bekanntheitsgrad des Fremdenverkehrsortes erhöhen und sich als einträgliches Geschäft erweisen können.

Beispiele:

Rafting (Wildwasser-Schlauchbootfahrten), *Geröllhalden- und Steilhang-Ski fahren*, *Ballon-Bungee* (Sprung am Gummiseil vom Fessel- oder Heißluftballon), *Hot-Rocket-Bungee* (der Springer schießt an einem gespannten Gummiseil nach oben), *Mountainbiking*, *Gleitschirm fliegen*, *Freeclimbing*, *Hydro-Speeding* (Wildwasser schwimmen), *Sky-Surfing* (Fallschirm springen mit Surfbrett), *Base-Jumping* (Fallschirmsprung von Felsen, Brücken, Hochhäusern), *Shark-Diving* (Tauchen im Käfig unter Haien), *Heli-Biking* (mit dem Hubschrauber auf den Berg, dann Schussfahrt per Mountain-Bike), *Canyoning* (Klettern, Springen und Schwimmen durch bislang unzugängliche Schluchten), *Höhlenabenteuer*, *Überlebenstraining*.

Kreativ-Urlaub

Zu den kreativen Beschäftigungen zählen das Malen, Zeichnen, Töpfern, Bildhauern, Schnitzen, Musizieren, Handarbeiten. Wichtigste Voraussetzung für solche Angebote ist die fachgerechte Anleitung. Daneben müssen geeignete Räume, Materialien und Werkzeuge zur Verfügung stehen.

Manchmal verschwimmt die Grenze zwischen Kreativ- und Studienurlaub, z.B. bei Seminaren zu Literatur, Musik, Kunstgeschichte, Philosophie, Religion oder bei Sprachkursen.

Familienfreundliche Angebote

Familien als Zielgruppen[1] fordern eine spezielle Infrastruktur. Familienurlaub ist eng verbunden mit der Idee der Sommerfrische. Man reist mit der ganzen Familie, möglichst auch mit Haustieren in einen nicht allzu entfernten Ort.

Weiter entfernte Orte werden von Familien aufgesucht, wenn dort das Angebot billiger und familiengerechter ist als in der Nähe.

Der DFV hat Kriterien erarbeitet, bei deren Erfüllung sich ein Urlaubsort als familiengerecht bezeichnen kann:

mindestens fünf Kleinkinderbetten, Kinderbeaufsichtigung, mindestens eine Gaststätte, die Kinderteller anbietet, Kinderermäßigung für eigene Schlafmöglichkeit im Zimmer der Eltern, Ermäßigungen bei Halb- und Vollpension, gestaffelt nach dem Alter der Kinder, Schwimmbad mit Nichtschwimmerteil und Planschbecken, markierte Wanderwege, Kinderspielplatz, besondere Kinderattraktionen (Kinderfeste, Märchenwald, Bastelprogramme, Hobbykurse usw.), Nähe zu Wald, Fluss oder Seen oder anderen attraktiven Wanderzielen, zureichende Verkehrsverbindung, Postamt, Geldinstitut, medizinische Versorgung in zumutbarer Entfernung.

Manche Fremdenverkehrsorte gehen bereits über diese Mindestanforderungen hinaus. Es werden Familienprogramme, Familiennachmittage, geführte Wanderungen, gemeinsame Picknicks und Ausflüge angeboten. In der Natur darf gespielt werden. Kontakte mit den Einheimischen werden gefördert und mittels gemeinsamer Spiel- und Sportveranstaltungen gepflegt.

<u>Familienfreundliche Hotels</u> bieten z.B.:

Kinderspielzimmer, kostenlose Betreuung für Kinder ab 3 Jahre (mind. 5 Tage pro Woche und 8 Stunden täglich), Spielwiese mit Spielgeräten, Picknicks und Wanderun-

[1] siehe auch: Romeiß-Stracke/Pürschel/Stadelmann (1987)

gen, Beratung für Feriengestaltung im und um das Hotel, Kochgelegenheit für Säuglingsnahrung, Juniorbar für Kinder bis zu 16 Jahre (gegen eine geringe „Gegen-den-Durst-Pauschale" können die Kinder den ganzen Tag über so viel Saft und Sprudel trinken und Obst essen, wie sie mögen), kindergerechte Verpflegung und auf Wunsch nach 18 Uhr ein gesondertes Nachtessen für Kinder, Kleinkinderstühle, Kleinkinderbetten, Ermäßigung für Kinder im Zusatzbett im gleichen Zimmer der Eltern (bis 6 Jahre gratis, bis 12 Jahre 50%, bis 16 Jahre 30%).[1]

Die Vereinigung „Kinderhotels Österreich" fordert u.a. von ihren Mitgliedern, dass der Gartenbereich völlig abgetrennt vom Verkehr sein muss, Kinderbetreuung an fünf Tagen (mind. 35 Stunden die Woche), Babysitter und Babyphone, Spielzimmer und Wickeltische, spezielle Kindermenüs, besonderen Service, nach Altersgruppen gestaltete Programme für Kinder (z.B. Wettmelken, Schatzsuche), Tiere zum Streicheln.

In Deutschland werden *Familienferienstätten* von gemeinnützigen Organisationen betrieben und vom Bundesfamilienministerium sowie den Bundesländern unterstützt. Die Einrichtungen sind bestimmt für Familien mit geringem Einkommen, Alleinerziehende, Kinderreiche und Familien mit behinderten Kindern. Anträge auf Urlaubszuschüsse müssen bei den Trägern der Erholungszentren gestellt werden.

Urlaub auf dem Bauernhof

Natürlich kann jeder Bauernhof Gästezimmer anbieten, nichtgewerblich bis 8 Betten.

1999 wurden auf den etwa 20.000 Ferienhöfen Deutschlands etwa eine Mill. Ankünfte und mehr als 20 Mill. Übernachtungen registriert. Fast die Hälfte der Ferienhöfe liegt in Bayern. 53% der Besucher sind Familien, 20% Senioren. Die Feriengäste bleiben im Durchschnitt sieben Tage, in Hotels und Pensionen nur knapp fünf Tage.

Angeboten werden Ferien auf dem Bauernhof von Bauern mit Vieh- oder Grünlandwirtschaft, Bio-, Obst- oder Bergbauern, Winzern, Förstern, Müllern, in Gutshäusern, Landschlössern und auf einfachen Bauernhöfen.

Möglichkeiten der aktiven Urlaubsgestaltung bestehen im Wandern, Angeln, Reiten, Rad fahren, Wasserwandern, Tennis und Jagen. Häufig ist auch Mitarbeit in der Landwirtschaft, im Stall oder bei der Ernte, möglich.

Von den Gastgebern werden traditionelle Beschäftigungen organisiert, z.B. Töpfern, Spinnen, Weben, Brot backen, Hausmusik, Bauernmalerei, Zubereitung typischer Bauernkost.

Die Deutsche Landwirtschafts-Gesellschaft (DLG) prüft die Qualität von Ferienhöfen und vergibt ein Gütesiegel.

Die Forderungen an die Anerkennung als Ferienhof sind regional unterschiedlich. Die Unterkünfte müssen qualitativ hochwertig sein, gefordert wird Pensionskomfort, d.h. Dusche und WC, Farbfernseher, zweckmäßiges Mobiliar. Die Höfe müssen abseits der Durchgangsstraßen liegen. Es muss sich um „echte" Bauernhöfe handeln, entweder von Nebenerwerbsbauern, bei denen der Tourismus die Haupterwerbsquelle sein kann oder von Vollerwerbsbauern (z.B. 80% des Einkommens aus Milch, 10% aus Feldfrüchten, 10% aus Vermietung). Bei Vollerwerbsbauern dient die Vermietung der Existenzsicherung. Vollerwerbsbauern können jedoch die für Touristen erforderliche Zeit (als Seelsorger, Psychologe, Bergführer, Skilehrer, Botaniker, Wanderbegleiter, Geschichtenerzähler, Babysitter) kaum aufbringen. Um die Echtheit des landwirtschaftlichen Betriebes zu sichern, wird u.a. gefordert, dass mindestens vier Tierarten den Hof „bevölkern" müssen und dass die Gäste die Ställe betreten dürfen.

Angebote mit der Bezeichnung *„Urlaub im Stroh"* enthalten eine Schlafstelle - mit Decken - in der Scheune oder auf dem Heuboden, Waschstelle, Zugang zur Toilette, Frühstück und nach Wunsch weitere Mahlzeiten. Schlafsäcke sind mitzubringen.

---

[1] Mindestanforderungen des seit 1977 bestehenden Clubs kinderfreundlicher Schweizer Hotels

Unter *Landtourismus* wird heute mehr verstanden als unter Urlaub auf dem Bauernhof. Landurlaub ist Aktivurlaub in schöner Landschaft mit Komfort, Naturnähe, dörflicher Kultur, Originalität, dazu regionale Küche und Kontakt mit der Wirtsfamilie. Landtourismus ist Genussorientierung gepaart mit qualifizierter Bescheidenheit, er gilt als ein Nachfolger der alten Sommerfrische.

Gerechnet wird mit einem Anteil von etwa 30% Landtourismus an der touristischen Nachfrage.

Besuchsorte

Der Anteil der incoming-orientierten städtischen Infrastruktur ist abhängig von der Fremdenverkehrsintensität, und diese wiederum wird bestimmt von der Attraktivität einer Stadt und ihrer Angebote (Sehenswürdigkeiten, Kultur, Unterhaltung, Gastronomie, Einkaufsmöglichkeiten, Firmen).

Kulturveranstaltungen mit langer Laufzeit in festen Häusern (Sitdown-Productions), zur Zeit Ensuite-Musicals, entwickeln in ihrem unmittelbaren Umfeld eine eigene Infrastruktur.

Das Stuttgarter Freizeit- und Erlebniscentrum bot neben der Musical-Hall, in der *Miss Saigon* seit dem 2. Dezember 1994 achtmal wöchentlich ausgebucht war, ein Hotel, ein Erlebnisbad, Gastronomie, Einkaufsmöglichkeiten. Im Umfeld siedelten sich Gewerbe an, z.B. Souvenirproduktion, Wachdienste, Reinigung, Schneider usw.[1]

Der Anteil der incoming-orientierten Infrastruktur ist am höchsten bei Vergnügungsorten.

Las Vegas, das weltbekannte Vergnügungszentrum in der Wüste von Nevada, hat 217.000 Einwohner und 130.000 Hotelzimmer. Die Stadt lockt mit seinen gigantischen Tempeln des Spiels, der Unterhaltung und des Vergnügens jährlich mehr als 30 Millionen Touristen an. Im Jahre 2000 standen 18 der 20 größten Hotels der Welt in Las Vegas. Die Stadt halte den Weltrekord an touristischer Infrastruktur, wird behauptet.

Kongress-, Tagungs- und Messeangebote

Um von Veranstaltern in die engere Wahl gezogen zu werden, sollten folgende Voraussetzungen erfüllt werden:

- zentrale Lage
- optimale Verkehrsanbindung (Autobahn, Flugplatz, Bahn)
- differenziertes Beherbergungsangebot
- umfassendes Infrastrukturangebot
- Kultur- und Unterhaltungsangebot
- landschaftlich reizvolle Lage
- insgesamt hoher Prestigewert.

Bevorzugt sind Großstädte, aber Kleinstädte und selbst Dörfer können durchaus mit diesen konkurrieren, wenn es um das Veranstalten bescheidenerer Tagungen, Seminare und Symposien geht. Selbst mangelhafte Verkehrsanbindung kann durch andere Vorzüge, z.B. niedrige Preise, kompensiert werden. Auch Exklusivität wird hier als Vorzug ins Feld geführt.

In St.Moritz werden nur Konferenzen mit kaum mehr als 30 Teilnehmern veranstaltet.

In Deutschland besteht bereits, wenn auch regional unterschiedlich stark, ein Überangebot an Tagungs- und Kongresskapazität, zwangsläufig verbunden mit deutlichen Auslastungsproblemen.

---

[1] Dreyer, A.: Der Markt für Kulturtourismus. Rothärmel, B.: Management von Musical-Unternehmen. In: Dreyer (1996), S. 39 u. 243 - 266

Allein an den großen deutschen Messeplätzen[1] stehen Kongressräume mit 145.000 Sitzplätzen zur Verfügung. Außerdem werben 7.600 Hotels mit ihrer Tagungskapazität. Die Spitzengruppe der professionellen Tagungshotels wird allerdings nur auf etwa 400 geschätzt. Im Tagungsführer der Intergerma-Gesellschaft für Direktmarketing, Hamm, sind mehr als 500 Geschäftsreise- und Tagungshotels aufgeführt.

Die FAMA will die Qualität der Messen mit der Festschreibung von Richtlinien und Standards sichern.

Die Messe Frankfurt GmbH veranstaltet seit 1998 mit „Wonderworld" eine neue Messeform. Die Besucher sollen die Produkte in ihrer Gebrauchsumwelt, in einer Kombination von Einkaufszentrum und temporärem Freizeit-Erlebnispark, erleben. Die Veranstaltung finanziert sich über Eintrittsgelder, die „Aussteller" zahlen keine Standmiete.

Anforderungen an eine für internationale Großveranstaltungen geeignete Tagungsstätte:

- Hotels in der Nähe
- ausreichend Parkplätze
- Vorrichtungen für Beflaggung vor dem Haus und im Hause
- variable Raumgrößen, variable Bestuhlung, ausreichend Beinfreiheit, ausreichend Vorräume
- Auslauf ins Freie
- Raum für Kongressbüro im Empfangsbereich
- Störungsfreiheit bei Parallelveranstaltungen
- Dolmetscheranlagen, Anlagen für Fernsehübertragungen
- Dia- und Filmanlagen
- Lautsprecheranlagen, Beleuchtungsanlagen, Telefonanlagen
- Presseräume, Raum für Wachpersonal, Fahrerraum mit Abrufanlage
- Empfangsräume für Ehrengäste
- Einrichtungen für Behinderte
- gute Beschilderung, ausreichend Garderobenkapazität
- Bankettsaal, Raum für Ausstellungen
- leistungsfähige Gastronomie
- Konzertflügel
- Künstlergarderobe
- Notausgänge, Notbeleuchtung.

Häfen

Kreuzfahrtterminals und -anlaufhäfen für See- oder Binnenschiffe sind überwiegend in unmittelbarer Nähe der Städte gelegen bzw. durch Nahverkehrsmittel mit ihnen verbunden. Die Abfertigungsanlagen sollten einen gepflegten Eindruck machen. Da das Durchschnittsalter zumindest der Seereisenden recht hoch ist, sollten altersgerechte Anlagen vorgehalten werden. Für Schiffe, die auf Reede liegen, ist ein Hafentaxi-Verkehr erforderlich, der häufig von bordeigenen Barkassen wahrgenommen wird. Falls Grenz- und Zollabfertigungen erforderlich sind, sollte darauf Einfluss genommen werden, dass sie bei aller gebotenen Gründlichkeit unkompliziert, schnell und freundlich erfolgen.

Ein Informations- und Souvenirkiosk des örtlichen oder regionalen Fremdenverkehrs sollte sich unmittelbar an der Anlegestelle befinden oder bequem erreichbar sein.

Die Landprogramme orientieren überwiegend auf Sehenswürdigkeiten am Ort oder in der Umgebung, während die frei verfügbare Zeit von den Passagieren gern zum Ein-

[1] die sieben deutschen Großmesseplätze Berlin, Düsseldorf, Frankfurt/M., Hannover, Köln, Leipzig, München mit jeweils zwischen 1 und 2,3 Mill. Besuchern

kaufsbummel und zu Restaurantbesuchen genutzt wird.
Für die Zeit vom Einlaufen bis zum Auslaufen bieten in den Häfen ansässige Firmen zahlreiche Dienstleistungen an: Lotsendienste, Bugsier- und Schleppdienste, Festmacher, Versorgung mit Proviant, Wasser, Treibstoff und Ausrüstungsgegenständen, Reparaturen, Reinigung, Ungezieferbekämpfung, Elektro- und Fernsprechanschluss, Entsorgung.
In Jachthäfen werden ebenfalls etliche der o.g. Dienstleistungen angeboten. Darüber hinaus erwarten die Besatzungen sanitäre Einrichtungen (Toiletten, Duschen), Räumlichkeiten zur zwanglosen Kommunikation, gastronomische Einrichtungen, Einkaufsmöglichkeiten, Tankstelle, Reparatur- und Ersatzteilservice.

Hausboot-/Charterreviere
Auf einigen, von der gewerblichen Güter- und Personenschifffahrt wenig befahrenen Binnenwasserstraßen sowie in küstennahen Seegewässern bieten Bootsvermieter ihre Leistungen an. Zum Einsatz kommen komplett ausgestattete Hausboote mit gedrosselter Maschinenleistung von bis zu 15 Metern Länge und für maximal 12 Personen sowie Segeljachten. Auch auf deutschen Binnengewässern wird für das Chartern eines Hausbootes nicht mehr überall ein Bootsführerschein gefordert. Die Hausboote werden in den Charterbasen übernommen, in denen auch die erforderliche Infrastruktur vorhanden ist: Parkplätze, Wartung, Ver- und Entsorgung, Information, Einweisung und, sofern erforderlich, Schulung zum Erwerb des Bootsführerscheins.

Autark-Tourismus
Obwohl auch Bootsurlauber zur Kategorie der Autark-Touristen gehören, wird dieser Terminus landläufig auf Caravaner und Camper beschränkt. Die Anforderungen an die Infrastruktur sind also ähnlich, wenn auch mehr von den Besonderheiten des Familienurlaubs beeinflusst.
Von Campingplätzen und Wohnmobil-Stellplätzen werden gefordert:

> Restaurants in der Nähe (evtl. mit Halbpension), Einkaufsmöglichkeiten, gepflegte sanitäre Anlagen, Wasserversorgung, Abwasser- und Abfallentsorgung, Stromanschluss, Freibad in der Nähe, Veranstaltungs- und Beschäftigungsangebote (Reiten, Kahnfahren, Wandern, Angeln, Pilze und Beeren sammeln), Naturlehrpfade, Haustiere zum Anfassen, Kinderbetreuung, medizinische Versorgung. All-inclusive-Plätze bieten neben Zelt oder Mobilheim auch Kinderbetreuung und Babysitting, Betreuer, Animateure, Swimmingpool auf dem Gelände, Surfbretter, Boote, Grills, Liegestühle usw.

Das Schild „Mobil“ auf weißem Grund zeigt an, dass der Caravan bis zu drei Tage abgestellt werden darf, Campingleben mit Lagerfeuer und Wäscheleinen jedoch nicht erlaubt ist. Gegen Gebühr ist die Entsorgung der Abwässer und Fäkalien und Versorgung mit Frischwasser möglich.

Feriendörfer, Ferienparks und Clubs[1]
Diese Anlagen bieten auf engem Raum das, was eine große Zahl der Pauschal-Urlauber, vor allem in Familie, wünscht:

> Unterkunft, Verpflegung, wetterunabhängige Bademöglichkeiten, wohlige Wärme, Sportmöglichkeiten, Beschäftigung für die Kinder, Abwechslung, Einkaufs- und Flanierbereiche, Sicherheit, Sauberkeit. Um das Zentrum, das Badeparadies unter Glaskuppel, gruppieren sich Bungalows, Grünanlagen, Wasserläufe, Wanderwege, Radwege, Sportanlagen.

---

[1] siehe auch: Niclaus, K. in: Mundt (1994), S. 275-308

Als Voraussetzung für die Einrichtung solcher Anlagen nannte der Gründer von Center Parcs die Nähe von Ballungsräumen, denn mindestens zwei Millionen Menschen müssen innerhalb von zwei Autostunden die Anlage erreichen können.
Ein Ferienpark der dritten Generation, wie er seit 1987 gebaut wird, hat folgende Charakteristika:

- die mittlere Größe liegt bei 100 Hektar, erreicht werden maximal 300 Hektar
- die offene Wasserfläche, die so die Gesamtanlage durchzieht, dass fast alle Bungalows direkt am Wasser liegen, macht bis zu einem Drittel der Gesamtfläche aus
- zur Anlage gehören durchschnittlich 600 Bungalows unterschiedlicher Typen für vier bis acht Personen
- der Ferienpark verfügt über ein subtropisches Schwimmparadies mit vielen Attraktionen
- das Zentrum der Anlage ist das ca. 5.000 m^2 große, überdachte Parkzentrum mit großer Gaststättenauswahl, Terrassen und Geschäften
- der Ferienpark bietet zahlreiche Sport- und Beschäftigungsmöglichkeiten, wie Angeln, Rad fahren, Reiten, Tennis, Squash, Bogenschießen, Bowling, Wassersport usw.

Der erste Center Parc in Deutschland, Bispinger Heide, bietet 600 Bungalows, ein Hotel und als Zentrum Park Plaza. Park Plaza ist ein 20.000 m^2 großer Hallenkomplex mit dem subtropischen Badeparadies, mit Sportanlagen, Restaurants und Einkaufsmöglichkeiten, nahezu für jeden Bedarf etwas. Der Veranstalter rechnet mit 300.000 Gästen pro Jahr, die durchschnittlich vier Tage im Feriendorf verweilen. In den Sommerferien sind auch zweiwöchige Aufenthalte üblich.

4.6. Attraktionen

Zurückführend auf den Kern des Wortes ziehen Attraktionen an. Wie Magnete das Eisen so ziehen Attraktionen das Interesse, die Aufmerksamkeit, die Besucher an. Diese Anziehungskraft von Attraktionen resultiert aus ihrer **Größe** (Bauwerk, Schiff, Wasserfall), aus ihrer **Besonderheit** oder sogar **Einmaligkeit** (Kunstwerke, Naturereignisse), aus ihrem **Alter** (antike Ruinen), aus der **religiösen Symbolwirkung** (Madonnen, Wallfahrtsorte), aus der **Massenwirksamkeit** (Pop-Konzerte, politische Veranstaltungen, Ausstellungen) und aus dem **Bekanntheitsgrad** (Brandenburger Tor, Hofbräuhaus). Manches wird deshalb zur Attraktion, weil mit ihrem Besuch eine Gefahr oder ein besonderer Reiz verbunden ist. Und häufig wird etwas durch die Werbung und den Medienrummel zur Attraktion hochstilisiert.
Attraktionen sind **USPs (Unique Selling Propositions)**, einzigartige Produktvorteile.
Was für Auswärtige eine Attraktion ist, kann für Einheimische sowohl Erwerbsquelle als auch Belastung oder gewohnte Alltäglichkeit sein.

„Die Sehenswürdigkeit ist der Besichtigung nicht nur würdig,
sie verlangt nach ihr auf gebieterische Weise.
Sehenswürdig ist, was man gesehen haben muss."
„In unseren Tagen übersteigt die Nachfrage
nach Sehenswürdigkeiten das Angebot."
Hans Magnus Enzensberger

Der Unterschied zwischen „Attraktion“ und „Sehenswürdigkeit“ ist einerseits verschwindend gering und kann andererseits riesengroß sein. Manche Sehenswürdigkeit, ja, sogar Profanität, wird erst durch ihre Würdigung, durch ihre Beschreibung und Darstellung, durch die Werbung außergewöhnlich und damit zur Attraktion. Nahezu jedes Museum ist sehenswert, aber nur wenige Museen sind Attraktionen, ebenso Ausstellungen.

Attraktionen sind Touristenmagnete und erzeugen Sogwirkungen. Sie werden als die Zugpferde des Tourismus bezeichnet und es soll nicht wenige Touristen geben, die sich im Reiseführer von Stern zu Stern durcharbeiten. Das kann aber nicht darüber hinwegtäuschen, dass etwas von Menschen zur Attraktion erklärt wird, sicher oft im Zuge einer allgemeinen Akzeptanz. Doch was als Attraktion bezeichnet wird und für den einen eine Attraktion ist, muss nicht auch für andere eine solche sein. Was als Attraktion empfunden wird, ist unter anderem vom Lebensalter, von der Bildung, vom Interesse abhängig.

Die 700.000 Menschen, die 1996 nach Trier kamen, um den heiligen Rock zu sehen, sind sicher nahezu ausnahmslos aus religiösen Motiven zu dieser, ihrer Attraktion gepilgert.

Attraktionen ziehen zwar Touristen an, aber sie allein reichen nicht aus. Man steht nicht zehn oder vierzehn Tage lang in Bewunderung erstarrt vor einem berühmten Bauwerk. Für die Gestaltung eines Urlaubs muss es mehr geben als die Attraktion. Sie muss, um nicht nur für einen Fotostopp gut zu sein, durch eine angemessene Infrastruktur ergänzt werden.

Mehrfach ist - bisher vergeblich - versucht worden, das Phänomen Attraktion, die Attraktivität von Reisezielen zu quantifizieren. Weder die Besucher- und Teilnehmerzahlen, noch die Zahlen für Übernachtungen und Umsatz sind in der Lage, die Grenze zu bestimmen, von der an aus einem Naturereignis, einer Veranstaltung, einer Sehenswürdigkeit eine Attraktion wird. Mittels gewichteter Vorzüge und Nachteile von Destinationen lassen sich hingegen Attraktivitätsvergleiche anstellen. Die Reiseentscheidungen werden jedoch von so vielen, sich der Bewertung entziehenden Faktoren beeinflusst, dass sich die Schlussfolgerung: je höher der Attraktivitätswert, desto positiver die Einschätzung des Reisezieles und desto wahrscheinlicher die Entscheidung für dieses Ziel, in der Praxis bisher nicht bestätigt hat. Zumindest für kleinräumige Destinationen, selbst Ferienregionen, scheint dieses Verfahren für die Ermittlung der Nachfrage ungeeignet zu sein.

Ob ein Museum als Attraktion gelten kann, ist nicht nur eine Frage der Besucherzahlen. Der Louvre in Paris, mit seinen mehr als 6 Mill. Besuchern jährlich, ist für jedermann eine Attraktion. Das Deutsche Schifffahrtsmuseum in Bremerhaven ist ebenfalls eine. Erstere ist eine von vielen in Paris, die andere ist die einzige in Bremerhaven. Interessanter scheint die Frage zu sein: wie viele Parisbesucher kommen wegen des Louvre, und, wie viele Besucher Bremerhavens kommen wegen des Schifffahrtsmuseums?

Das Brandenburger Tor, die Sixtinische Madonna, die Germania des Niederwalddenkmals, der Königstuhl auf Rügen, das Hofbräuhaus, der Watzmann. Ja, sicher, man ist dagewesen, hat sich davor fotografieren lassen. Aber haben die Kinder auch den Hauch der Geschichte gespürt? Hat man nicht selbst auch nur dem allgemeinen Geschmack Rechnung getragen? Ist man nicht wieder einmal manipuliert worden? Man mag es kaum vor sich selbst zugeben, dass einem eigentlich das monströse Blechweib über dem Rhein überhaupt nicht gefallen hat.

Der Louvre ist unbestritten eine Attraktion, die Mona Lisa ist eine der Attraktionen des Louvre - man muss sie gesehen haben! Muss man wirklich? Es ist eine Art gesellschaftlicher Zwang, zumindest nicht zuzugeben, in Paris gewesen zu sein, und die Mona Lisa nicht gesehen zu haben.

Der schiefe Campanile ist die Attraktion von Pisa, was wäre Pisa ohne ihn?

Ist Neuschwanstein eine Attraktion? Ein Touristenmagnet ohne Zweifel. Im Baedeker allerdings mit nur einem Stern als „besonders beachtenswert", aber nicht als „einzigartige Sehenswürdigkeit" gewürdigt, generiert es und die anderen Königschlösser etwa 50% des Incoming-Tourismus im Schwangauer Land. Der Ortsteil Hohenschwangau bezieht zu 100% seinen touristischen Umsatz aus dem Tagestourismus nach den Schlössern Neuschwanstein und Hohenschwangau.

So subjektiv und gleichzeitig außengeleitet die Einstufung einer Sache als Attraktion ist, so wenig sinnvoll erscheint eine Zusammenstellung oder gar Systematisierung. Verständlich bei der Flut der Attraktionen ist das Bestreben, sie noch einmal in mehr oder weniger attraktive zu gliedern, und so entstand auch der Begriff *Mega-Attraktion*.

Wegweiser zu Sehenswürdigkeiten und Attraktionen sind die von der UNESCO zum „Weltkulturerbe“ erklärten „Schätze der Menschheit“ und Hervorhebungen in Reiseführern (Baedeker-Sterne, 3-Sterne-Sehenswürdigkeiten von Polyglott). Die UNESCO-Liste enthält rund 450 als schutzwürdig bezeichnete Kultur- und Naturdenkmäler, davon 24 in Deutschland. Die Auswahl erfolgt nach den Kriterien:

- einzigartiger künstlerischer Wert des Objektes,
- starker kultureller Einfluss des Objektes auf eine Region oder Epoche,
- großer Seltenheitswert oder hohes Alter,
- beispielhaft für eine bestimmte künstlerische Entwicklung oder für eine bestimmte Architekturperiode,
- bedeutungsvoll im Zusammenhang mit herausragenden Ideen oder historischen Gestalten.

Zur Aufnahme in die Liste genügt das Vorhandensein eines Kriteriums. Die Mitgliedstaaten sind zu besonderen Anstrengungen zur Erhaltung oder Restaurierung der gelisteten Objekte verpflichtet.
Im Interesse ihrer Erhaltung müssen die „Schätze der Menschheit“ vor zu vielen Touristen bewahrt werden.

So wie in England wird kaum in einem anderen Land das nationale Kultur- und Naturerbe bewahrt. Seit 1895 existiert „The National Trust for Places of Historic Interest or Natural Beauty“ als private Treuhandgesellschaft des nationalen Erbes. Er hat heute 2,2 Millionen Mitglieder und ist der größte private Landbesitzer in Großbritannien. Ihm gehören in England, Wales und Nordirland (Schottland hat seinen eigenen Trust) 240.000 Hektar Land und fast 900 Kilometer Küste, 223 Herrenhäuser, 162 Parks und Gärten, 9.000 Gemälde und Skulpturen, Hunderte von Bauernhäusern, historische Pubs, Wind- und Wassermühlen, ganze Dörfer und Inseln, die Weißen Klippen von Dover und die Basaltfelsen des Giant's Causeway, Orte des Weltkulturerbes, wie die Ruinen von Fountains Abbey, prähistorische Steinkreise und Produktionsstätten der industriellen Revolution.
Das Kultur- und Naturerbe zu bewahren und es zugleich den Besuchern zugänglich zu machen, ist erklärtes Ziel des Trusts.

Manchmal sind Kopien attraktiver als die Originale.

Die Parthenon-Imitation in Nashville mit der dreizehn Meter hohen Athene wird jährlich von etwa 200.000 Touristen besucht. Da sie auf ebenem Parkgelände steht, ist sie bequemer zu erreichen als das Athener Original. Zwar stand auch eine Bergkuppe als Baustelle zur Disposition, aber man fürchtete, dass „die Mühe, einen Hügel zu erklimmen, die Touristen abschrecken würde.“[1]
1923 ließ der Produzent und Regisseur Cecil B. de Mille für den Film „Die Zehn Gebote“ in den USA die altägyptische Stadt Karnak als Kulisse nachbauen. Sie hat inzwischen mehr Besucher als die echte Tempelstadt in Ägypten.
Das britische Fremdenverkehrsamt bietet den Touristen 186 Drehorte sowohl aktueller als auch klassischer Spielfilme zum Besuch an.
Während sich in Deutschland kaum noch jemand für die Überreste der Berliner Mauer interessiert, entsteht als Import aus Deutschland in Florida neben Disneyland der Erlebnis-, Geschichts- und Museumspark „Berlin Wall“ mit Originalstücken der Mauer, Beobachtungstürmen, Signalzäunen, Grenzschildern, freizeitgerechtem Todesstreifen. Grenzer in Originaluniformen schikanieren die Besucher, Stuntmen simulieren Grenzdurchbrüche.

Das touristische Interesse an **Friedhöfen** hat einige bereits in den Rang von Attraktionen gehoben. Monumentale Begräbnisstätten, wie die Pyramiden und Königsgräber in Ägypten, aber auch Nekropolen, Mausoleen, Grabmäler in Domen, Gedenkstätten, Soldatenfriedhöfe, Grabmäler der unbekannten Soldaten waren stets Stätten, die von Touristen besucht wurden. Nunmehr sind auch außergewöhnliche Friedhöfe in vielen Reiseprogrammen enthalten und Ziele für Individualtouristen.

---

[1] der Architekt Wilbur F. Creighton in seinen Memoiren

„Zum Friedhof zieht's den Menschen auch im lebendigen Leben, um zu ruhen. Er ist die Insel im brandenden Meere."
Knut Hamsun

Friedhöfe sind zugleich Orte der Besinnung, der Ruhe und des Friedens und der Erinnerung.

In Deutschland gilt der Berliner Dorotheenstädtische Friedhof als Besuchermagnet. Er wird seit 1762 betrieben und ist die letzte Ruhestätte berühmter Personen. Die Gedenkstätte der Sozialisten auf dem Berliner Städtischen Zentralfriedhof in Friedrichsfelde wurde und wird auch heute noch vor allem am 15. Januar, dem Tag der Ermordung von Rosa Luxemburg und Karl Liebknecht, von Sympathisanten aufgesucht. Der Ohlsdorfer Friedhof in Hamburg ist der größte Parkfriedhof der Welt. Unter den bekannten Namen, die auf Grabsteinen zu lesen sind, findet man auch den von Hans Albers.
Berühmte ausländische Friedhöfe:
Der Wiener Zentralfriedhof, der größte Friedhof Europas, ist wegen der zahlreichen, von Kunstwerken geschmückten Ehrengrabstätten berühmter Österreicher ein Anziehungspunkt für ausländische Touristen und Bestandteil der Programmgestaltung vieler Reiseveranstalter. Die Wiener sagen von ihm, Chicago sei nur doppelt so groß wie er, aber nicht einmal halb so lustig.
Der jüdische Friedhof „Alter Friedhof" in Prag gehört zu den bekanntesten Begräbnisstätten. Wahrscheinlich wurde 1439 dort der erste Tote bestattet, 1768 der letzte.
Der „Englische Friedhof", der nicht-katholische Friedhof in Rom, gilt als einer der romantischsten Orte der Welt. Auf ihm ruhen Shelly, Keats und andere Engländer der Romantik.
Père Lachaise, der Prominentenfriedhof von Paris, u.a. mit dem gemeinsamen Grab von Abälard und Heloïse, die Katakomben von Paris, das Pariser Pantheon, Ehrentempel und Mausoleum berühmter Franzosen, Nowodewitschi bei Moskau, die New Yorker Friedhöfe Green-Wood in Brooklyn und Woodlawn sind nur einige weitere Beispiele. Bereits Geschichte sind die endlos langen Besucherschlangen vor dem Lenin-Mausoleum in Moskau. Und auch die Grabstätte von Marx in London wird heute wesentlich seltener aufgesucht als noch vor einigen Jahren.

Architektonische Dominanten sind jeweils dem Zeitgeist angemessen und spiegeln eine gewisse Entwicklungsstufe wider. Zunächst waren es Burgen und Befestigungsanlagen sowie riesige Sakralbauten, sie wurden gefolgt von Industrie-, Verkehrs- und Energieanlagen, später dominierten Banken und Bürokolosse, und heute entstehen neben diesen und sie bereits überflügelnd, die riesigen Einkaufs- und Freizeitanlagen als Vorläufer für Lebensräume unter Glas.[1]
Frühere Dominanten werden später häufig zu touristischen Attraktionen, andere irgendwann von Christo eingepackt und dadurch auch wieder attraktiv.

Parkinsons Gesetzen folgend, geben die Zeichen, die von den modernen Freizeitgiganten gesetzt werden, nicht gerade Anlass zu überschäumendem Optimismus für die Entwicklung des Tourismus. Cyril Northcote PARKINSON wies in seiner Untersuchung „Vorgeplante Mausoleen oder der große Verwaltungsblock" nach, dass, sobald Bauwerke ihre höchste Vollendung erreichten, ihr Zweck bereits überholt war: Die schönsten Schlösser entstanden, als die Monarchie bereits im Untergang war, der Völkerbundpalast war fertiggestellt, als der Völkerbund seinen Geist aufgegeben hatte usw.

Veranstaltungen, im modernen Sprachgebrauch als **Events**[2] und **Happenings**[3] bezeichnet, entwickeln, sofern sie Attraktionen sind, beträchtliche Sogwirkung.

Bei den kulturellen Veranstaltungen waren über einige Jahre Musicals, wie „Cats" und „Das Phantom der Oper" herausragende Attraktionen. Als jedoch die Stella AG, Deutschlands größtes Musical-Unternehmen, nahezu in jeder Großstadt ein Musical anzusiedeln begann, geriet das bisher Besondere schnell in den Geruch des Gewöhnlichen.

---

[1] z.B. das Experiment „Biosphere" in der Wüste von Arizona
[2] lt. Webster (1994): event - a noteworthy happening
[3] lt. Webster (1994): happening - something (as an event) of special interest or importance. Als Happening wird eine Aktionsform der Kunst bezeichnet, die im Gefolge der Pop-Art entstanden ist. Die Verhüllungsaktionen von Christo gelten als Happenings.

Zwischen November und Februar ist die Saison der großen Bälle, deren bedeutendste in Deutschland in München, Berlin, Hamburg, Frankfurt/M. und Bonn stattfinden. Kunstausstellungen, religiöse Veranstaltungen, Messen und Ausstellungen, Festivals, Sportveranstaltungen können ebenfalls als Attraktionen gelten, sofern sie massenhafte touristische Nachfrage erzeugen. Ihnen fehlt jedoch meist die Langzeitwirkung, falls sie nicht regelmäßig stattfinden.[1]
Der Superbowl, das Endspiel der amerikanischen Fußballmeisterschaft, ist alljährlich ein solches Ereignis der Superlative. Als er im Januar 1997 in New Orleans stattfand, freute sich der Bürgermeister über die kostenlose weltweite Werbung, denn eine knappe Milliarde Fernsehzuschauer sahen weltweit das Spiel. Der erwartete Wirtschaftsschub für die Stadt wird mit 250 bis 300 Millionen Dollar veranschlagt. Manche Hotels verzehnfachten ihre Preise an dem Wochenende, an dem das Spiel stattfand. Der Handel mit Fanartikeln und Souvenirs boomte.
In Paris sind die jährlich zwei Mal stattfindenden, neuntägigen Prêt-à-porter-Modeschauen[2] mit ihren jeweils etwa 90 Defilees touristische Höhepunkte besonderer Art. Etwa 2.000 Medienschaffende aus aller Welt kommen zu diesen Veranstaltungen an die Seine, die Umsätze der zahllosen Boutiquen, Restaurants und Diskotheken steigen deutlich an.

4.7. Gastgeber

Der Mensch ist der zentrale Faktor im Fremdenverkehr, sowohl in der Rolle des Nachfragers als auch des Anbieters. Als Nachfrager wird er umworben, und es ist seine souveräne Entscheidung, irgendeines oder keines der Angebote zu kaufen.
Die menschliche Seite des Angebots ist zunächst bei der Anbahnung des Geschäftes auf eine mehr oder weniger angenehme Stimme im Telefon oder einen mehr oder weniger freundlichen Antwortbrief oder eine mehr oder weniger sympathische Angestellte im Reisebüro beschränkt. Und schon das beeinflusst oft wesentlich die Reiseentscheidung.
Erst am Urlaubsort wird sich erweisen, ob die Entscheidung richtig war. Daran haben die Bereisten den ausschlaggebenden Anteil. Selbst das mieseste Wetter bei der Ankunft, selbst die größten Pannen während der Anreise lassen sich durch eine freundliche, warmherzige Begrüßung schnell verdrängen. Später wird sich erweisen, ob die Bereisten gute Gastgeber sind. Vieles, was an Vorbereitung bereits geleistet wurde, wird dem Gast verborgen bleiben. Er sieht lediglich, was daraus entstanden ist.
Der Mensch gilt als ausschlaggebender „Wettbewerbsfaktor". Gute Manieren sind ohne Zweifel das Skelett guter Beziehungen zu den immer individuellere Ansprüche stellenden und Problemlösungen verlangenden Kunden. Die Differenzierung über das Produkt oder auch über den Preis wird immer schwieriger, und so bleibt der Mensch im Kontakt mit dem Kunden/Gast als zunehmend entscheidende Differenzierungsgröße.
Die Gastgeber versuchen einander auch begrifflich zu übertreffen. Als unübertreffbar gilt zur Zeit, was im englischen Sprachgebrauch mit *Pampering* bezeichnet wird, d.h. die Gäste windeln, wie Säuglinge umsorgen.

Die Vielfalt der im Incoming anzutreffenden Branchen, Gewerbe, Funktionen macht es unmöglich, allgemeingültige Hinweise zum *Ausbildungsprofil* zu geben. Nicht jeder im Incoming Beschäftigte muss eine touristische Fachausbildung absolviert haben. Die meisten Mitarbeiter in den kommunalen Einrichtungen des Fremdenverkehrs verfügen über langjährige praktische Erfahrungen. Leiter dieser Einrichtungen sind häufig Verwaltungsfachleute oder kommen aus anderen Branchen. Je mehr sich der Incoming-Tourismus zu einer eigenen, hochkommerzialisierten Branche entwickelt, desto dringlicher werden Spezialisten verlangt.

---

[1] Freyer: Event-Management im Tourismus. In: Dreyer (1996), S. 211 - 242
[2] (Franz.) Konfektionsware

Die Touristikfachwirtin bzw. der Touristikfachwirt in der Spezialisierungsrichtung Incoming bzw. Destinationsmanagement, wie vom BIBB gefördert und von der IHK Rostock als Pilotprojekt entwickelt, ist ein erstes spezifisches Bildungsprofil für den Incoming-Tourismus.

Beherbergung- und Gastgewerbe, Handel usw. bilden ihre Mitarbeiter selbst aus bzw. lassen sie in branchenspezifischen Bildungsstätten aus- und weiterbilden.

Wichtig ist, diese Vielfalt auf die gemeinsamen Aufgaben einzustimmen, was oft als *Innenmarketing* bezeichnet wird.

Neben Beherbergungswesen, Gastronomie und Tourist-Information haben viele Einheimische Kontakt zu den Gästen und sollten zielstrebig in das Incoming einbezogen werden.

Örtliche Chöre, Tanzgruppen und Sportclubs können zum Mitmachen einladen, Künstler können Atelierbesuche und Bildungseinrichtungen Informationsveranstaltungen anbieten, Schriftsteller können Lesungen durchführen etc. Sofern die Animation nicht von Mitarbeitern der auswärtigen Veranstalter übernommen wird, bietet sich auch auf diesem Gebiet eine Betätigungsmöglichkeit für Einheimische.

Gefragt sind wieder Großmütter und Großväter als Animateure für die Kinderbetreuung. Veranstalter haben entdeckt, dass das Geschichtenerzählen und die abendliche Märchenstunde das Fernsehen an Beliebtheit in den Schatten stellen.

Einheimische **Fremdenführer** (Local Guides, Stadtbilderklärer, City Guides) sind meist in Vereinen, Gesellschaften oder Genossenschaften organisiert, die nach internen Kriterien eine Auswahl unter den Bewerbern treffen. Sie sorgen auch im Interesse der Wettbewerbsfähigkeit für kontinuierliche Weiterbildung. Veranstalter, die sich der Dienste einheimischer Fremdenführer bedienen und Fremdenverkehrsstellen, die Fremdenführer an Reisegruppen vermitteln, pflegen, um sich einer soliden Leistung zu versichern, enge Kontakte zu den Organisationen der Fremdenführer.

Die hundert Hamburger Gästeführer sind in der Arbeitsgemeinschaft der Gästeführer der Tourismus-Zentrale Hamburg organisiert, haben eine dreimonatige Ausbildung und eine Prüfung vor der Tourismus-Zentrale absolviert und werden regelmäßig von der Handelskammer über wirtschaftliche Daten zu Hamburg informiert. Mindestens einmal jährlich zeigen sie den Hamburgern kostenlos ihre Stadt und erweitern damit die Zahl der ortskundigen Gastgeber.

Einheimische Fremdenführer sind der Konkurrenz ihrer auswärtigen Kollegen ausgesetzt. Ein Urteil des Europäischen Gerichtshofes aus dem Jahre 1991 besagt, dass ausländische Reiseleiter ihre Betätigung ungehindert ausüben dürfen. Lediglich für Führungen in Museen oder an Geschichtsdenkmälern kann eine Spezialprüfung verlangt werden.

Spanien, vom Europäischen Gerichtshof gerügt, macht den Zugang zum Beruf des Fremdenführers vom Besitz der spanischen Staatsbürgerschaft abhängig, erkennt die in einem anderen Land erworbenen Qualifikationen nicht an. In Italien wurden deutsche Reiseleiter wiederholt festgenommen und zu hohen Geldstrafen verurteilt. Zukünftig sollen sie ungehindert arbeiten können, zunächst auf der Basis einer Übergangsregelung, bis das Urteil des Europäischen Gerichtshofes in Italien umgesetzt ist.

Falls das Incoming sich nicht nur auf nationalen Tourismus und Naherholung beschränkt, sind entsprechend der Anzahl und der Herkunft der **ausländischen Gäste** Fremdsprachenkenntnisse von den Mitarbeitern, die unmittelbar mit den Gästen Kontakt haben, zu fordern. Das sind vor allem Mitarbeiter in den Fremdenverkehrsstellen, im Beherbergungswesen und in der Gastronomie, Fremdenführer und Animateure. Oft kann man, wenn der Bedarf nicht kontinuierlich besteht, Saisonkräfte, z.B. Studenten in den Semesterferien oder im Praktikum, beschäftigen.

Im Kontakt mit Leistungsanbietern sollte rechtzeitig auf solche Zielgruppen des Marketing hingewiesen werden, die Fremdsprachenkenntnisse erfordern. Auch kann die Kommune, wenn sie für ihre Mitarbeiter Weiterbildungsveranstaltungen für Fremdsprachen organisiert, diese anderen zur Mitnutzung anbieten.

Für den deutschen Fremdenverkehr wird oft ein Mangel an *Dienstleistungsmentalität* beklagt.

Experten-Anhörungen haben ergeben, dass sich ausländische Besucher die Deutschen lockerer, humorvoller und freundlicher wünschten. Eine Befragung von 2.600 Personen durch die Stiftung Food and Beverage Management Association ergab, dass mehr als die Hälfte aller Gäste mit den Hotels und Restaurants in Deutschland unzufrieden waren. 69% der Hotelgäste und 56% der Restaurantbesucher klagten vor allem über unaufmerksame Bedienung und unfreundliches Personal. Nur 14% der Befragten hielten das Hotelpersonal für fachkundig.

Gerade im Fremdenverkehr ist Freundlichkeit oft wichtiger als Perfektion. Der zum Lächeln verdammte Berufsoptimist sollte allerdings nicht das Idealbild des deutschen Touristikers werden. In vielen Regionen ist er es aber bereits.

Nach den Ursachen fehlender Freundlichkeit zu suchen, ist gleichermaßen lobenswert und vergeblich. ZEIDENITZ/BARKOW haben herausgefunden, dass den Deutschen ein natürlicher und mit großer Selbstverständlichkeit ausgeübter Respekt vor anderen zu fehlen scheint. Rücksicht nehmen, den Vortritt lassen, den Platz des anderen anerkennen - das seien keine deutschen Tugenden.[1]

Servicequalität ist kein neues Problem und auch kein typisch deutsches.

REMARQUE stellte in den 30er Jahren fest, dass französische Gastwirte die Touristen verachten, obwohl sie von ihnen leben.

Die Schweiz hat offenbar ähnliche Defizite. Deshalb bietet der Schweizer Hotelier-Verein unter der Bezeichnung „Shake hands" den regionalen Tourismusverbänden, Verkehrsvereinen, Bergbahnen, Transportbetrieben und Hoteliers ein „Anti-Muffel-Programm" an. Hoteliers, Gastwirte, Servicekräfte, Taxifahrer, Skilehrer, Betreiber von Skiliften und Kiosken, Mitarbeiter in Informationsstellen sollen von Schauspielern für mehr Freundlichkeit trainiert werden.

Österreich startete 1996 eine Aktion für Gastlichkeit und Freundlichkeit, gegen „Neppomanie" und das weitverbreitete „Hamma-net-Syndrom".[2]

Der Karstadt-Konzern hat für seine 41.000 Mitarbeiter eine hauseigene, vierbändige „Höflichkeits-Fibel" entwickelt.

Die touristische Infrastruktur in Deutschland kann sich sehen lassen, und genügend interessante, abwechslungsreiche Destinationen stehen zur Verfügung. Dass die Nachfrage zurückgeht, wird auf verschiedene Gründe zurückgeführt.[3] Mangelnde personelle Kompetenz wird nicht nur von Vertretern namhafter Tourismusverbände festgestellt. Es hapere am Verkauf der deutschen Destinationen, im Marketing gäbe es Versäumnisse, oft werde dem Trend hinterhergelaufen, die Kataloge für deutsche Urlaubsregionen könnten attraktiver sein. Bürokratische Strukturen und mangelnde Professionalität sowie das fehlende einheitliche Buchungssystem für Deutschland sind weitere Hemmschuhe.

Der Präfekt von She wollte wissen, wie regiert werden solle.
Der Meister (Konfuzius) antwortete ihm:
„Die eigenen Leute froh und glücklich machen, so dass Fremde angezogen werden."
Gespräche XIII,16

4.8. Leistungsangebote

Natürliche Bedingungen und touristische Infrastruktur werden den Gästen durch Leistungsangebote erschlossen und für sie erlebbar gemacht. Erfolgversprechend sind also Leistungsangebote, die sich an der Spezifik der Destination orientieren.

---

[1] in: Die Deutschen pauschal (1997)
[2] tm 7+8/96, S. 60
[3] s.a. Kap. 3.3. u. 3.5.

Entsprechend der vorhandenen Ressourcen und der Art der Nachfrage bieten große Städte andere Möglichkeiten der Leistungsgestaltung als Dörfer, die Küste andere als das Gebirge usw.

Am Anfang stehen die Fragen:

Was bietet die Destination?

Welche der Leistungen sind kombinierbar?

Welche Kombinationen lassen sich verkaufen?

Möglichkeiten der Leistungsgestaltung und des Leistungsangebots:

- ein Leistungsträger (Hotel) bietet seine Leistung in Kombination mit Leistungen anderer Leistungsträger unter Nutzung der regionalen touristischen Infrastruktur an
- die Kommune und/oder örtliche Leistungsträger bieten Veranstaltern Leistungen zur Aufnahme in deren Programme an
- die Kommune bündelt Leistungen zu einem eigenen Angebot und vermarktet es als Veranstalter entweder ständig oder sporadisch, um Flauten zu überbrücken, die Saison zu verlängern, als verkaufsfördernde Maßnahme, um die Kommune bekannt zu machen.

Beispiele für Leistungsangebote:

Arrangements, Pauschalen**,** Pauschalarrangements**,** Pauschalpakete**:**
Initiatoren solcher Angebote sind oft Hotels als wichtigste Leistungsträger. Sie bieten die Möglichkeit zur Überbrückung von Belegungslücken und lassen sich in unterschiedlichen Kombinationen zusammenstellen.

- Übernachtung mit Besuch einer Kulturveranstaltung (Konzert, Musical, Ballett, Oper, Cabaret, Revue, Varieté); Anbieter sind nicht nur Hotels der jeweils angemessenen Klasse[1], sondern auch Reiseveranstalter, die Events mit günstigen Hotelangeboten zu Paketen zusammenstellen[2]
- Übernachtung plus Transport und Transfers[3]
- Feiertagsangebote: Osterpauschale, Weihnachtspauschale, Silvesterpauschale; die Klasse des Hotels ist nicht ausschlaggebend; den Reiz des Angebots machen die Vermittlung einer Feiertagsstimmung und ggf. Überraschungen aus, z.B. in jedem zehnten Osterei ein goldener Ring
- Kurzreisearrangements aus Unterkunft und Sport; die angebotene Sportart richtet sich nach den zur Verfügung stehenden Anlagen. Häufig werden Kurse für Anfänger geboten
- Unterkunft plus Fahrschulkurs plus Führerscheinprüfung
- Detektivspiele, Mörderjagden; altertümliche, abgelegene Hotels sind hierbei gegenüber modernen im Vorteil
- Angebote für Mütter mit Kindern
- Pakete für spezielle Zielgruppen: z.B. für Behinderte, soweit die Infrastruktur geeignet ist
- Unterkunft mit Gesundheits-, Beauty-, Wellness-, Fitness-, Esoterikprogrammen[4]
- Kongresse werden durch Package-Programme ergänzt
- Pakete für Vereine: der Art des Vereins gemäße Angebote werden zusammengestellt

---

[1] in Hamburg ist wegen der Allianz von Musicals und Hotels die Auslastung der Hotels an den Wochenenden fast besser als in der Woche

[2] z.B. DERTOUR mit „Happy Weekend", auch als RIT (Rail Inclusive Tour) und mit Flug

[3] in Deutschland seit 1997 von der Steigenberger Hotels AG angeboten

[4] s.a. Kap. 4.5.

- Hotels gleichen Standards bieten gemeinsame Arrangements innerhalb einer Destination mit meist jeweils zwei Übernachtungen in verschiedenen Hotels und ausgearbeiteter Route[1]
- im Winter werden Übernachtungen je nach Zielgruppe gern kombiniert mit Skikursen, Nachtrodeln mit Fackeln, Pferdeschlittenfahrten, Skifasching auf nachts beleuchteten Pisten, Fitnesskursen, Stressbehandlung.

Londoner Hoteliers bieten Frauen, die ihren Mann für „überholungsbedürftig" halten, ein Programm „Create a new Man" an. Der Mann erhält Gesichtsmassage, Maniküre und einen neuen Haarschnitt und wird in Stil und Mode beraten. Das Ergebnis wird der Partnerin bei einem Dinner vorgeführt. Am anderen Morgen werden von einem livrierten Butler das Frühstück und der Champagner am Bett serviert.

Fremdenverkehrsorte bieten Pauschalen als **Eigentouristik** bzw. Eigenveranstaltung an. Hierzu werden Teilleistungen örtlicher Anbieter kombiniert.
Beispiele:
- Übernachtungen (Wochenende, Feiertage) mit allgemeinen Zusatzleistungen (Skipass, City-Card, Stadtrundfahrt)
- Übernachtungen mit speziellen Zusatzleistungen (Besuch kultureller oder sportlicher Veranstaltungen, Beauty-Behandlung, Malkurs)
- Übernachtungen mit aus einer Angebotsliste frei wählbaren Zusatzleistungen

All-inclusive-Angebote:
Das All-inclusive-Konzept besteht darin, dass der Kunde einen Komplettpreis für die Gesamtleistung bezahlt und danach eigentlich kein Geld mehr braucht. Im All-inclusive-Preis sind neben der Unterkunft und Verpflegung mit Nebenmahlzeiten auch sämtliche Getränke, die Nutzung der Sportanlagen, Ausflüge, Animation, Anleitung, Massagen und in einigen Anlagen selbst die Tabakwaren und manchmal sogar der Mietwagen enthalten. Das Konzept ist besonders dort von Vorteil, wo um die touristische Anlage herum keine Infrastruktur existiert. Für die Kunden besteht ein Vorteil in der Kalkulierbarkeit ihrer Urlaubsausgaben. Kinder und Jugendliche schätzen es, nicht wegen jedem Euro die Eltern fragen zu müssen.
All-inclusive schützt Touristen vor hohen Nebenkosten und erfreut sich deshalb zunehmender Beliebtheit. Bei niedrigem Preisniveau in der Destination und hoher Kaufkraft der Urlauberwährung lohnt sich All-inclusive für den Touristen nicht.
Die regionalen Leistungsanbieter, Restaurantbesitzer, Taxifahrer, Ausflugsveranstalter, Einzelhändler werden allerdings vom Geschäft mit den Touristen ausgeschlossen. Auch die Begegnung mit den Einheimischen wird auf ein Minimum reduziert. All-inclusive-Anbietern wird vorgeworfen, den sozial unverträglichen Urlaub zu fördern.

In einigen Fällen haben Kommunen bereits bestehenden Einrichtungen das All-inclusive-Angebot untersagt.

Es gibt jedoch auch Beispiele für ein einträgliches Miteinander, indem All-inclusive-Anlagen z.B. die örtlichen Unternehmer in ihre Leistungserstellung einbeziehen, Gutscheine für Abendessen in örtlichen Restaurants ausgeben und Verkaufstände der örtlichen Händler auf ihrem Gelände zulassen.

Städtereisen:
Städte bieten Pakete mit individueller Gestaltungsmöglichkeit. Enthalten sind Übernachtungen mit Frühstück in einem der angeschlossenen Hotels, Vergünstigungen für Kinder im Zimmer der Eltern, Preisermäßigungen bzw. kostenlose Benutzung von Verkehrsmitteln, ermäßigter bzw. kostenloser Eintritt zu Museen und weiteren Sehens-

[1] z.B. City Line & Country Line Hotels

würdigkeiten (oft in Form einer City-Card).

Häufig ist der Besuch von Kultur- oder Sportveranstaltungen, Messen, Kongressen und Ausstellungen der Anlass für Städtereisen. Diese zentrale Leistung wird ergänzt durch Übernachtungsangebote, und der Besucher nutzt den Aufenthalt zum Besuch von Gaststätten, zum Einkaufen sowie oft, um die Zeit auszufüllen oder die Möglichkeiten einer City-Card auszuschöpfen, zum Besuch weiterer touristischer Einrichtungen.

Neben den konventionellen Stadtrundfahrten und -führungen werden zunehmend „alternative" angeboten.

In Berlin hat man die Wahl zwischen mehr als zwanzig: auf Döblins und Kästners Spuren, Alt-Berliner Hinterhöfe, geschichtsträchtige Orte (Liebknecht und Luxemburg), Juden in Berlin usw.

Angebote von Kur- und Badeorten:

Um die Therapie sollte sich ein der jeweiligen Indikation, der Struktur der Nachfrage und den regionalen Gegebenheiten angemessenes zusätzliches Leistungsangebot gruppieren. Dazu gehören geeignete Sportarten, Kulturveranstaltungen, Unterhaltung, Kurse, Beschäftigung und Hobby.

Seit der Gesundheitsreform von 1989 bis 1994 ist die Nachfrage nach ambulanten Kuren um fast die Hälfte gesunken. Durch neuartige und attraktive Leistungsangebote kann versucht werden, diesem Rückgang der Nachfrage entgegenzuwirken. Einige Bäder orientieren auf den „gehobenen Gesundheitstourismus" und auf eine wohlhabende, exklusive Klientel, die bereit und in der Lage ist, ihren Gesundheitsurlaub aus eigener Tasche zu bezahlen. Andere konzentrieren sich auf Anschluss-Heilbehandlung, Geriatrie und Onkologie.

Durch reichhaltige Kulturangebote, Fitness-, Wellness-, Beauty-, Golf- oder Tennispauschalen versuchen Kurorte, auch für Touristen attraktiv zu werden. Der Kurbetrieb wird reorganisiert. Im Trend liegen dreiwöchige, bezuschusste Kompaktkuren, die strengen Qualitätsrichtlinien folgen, bei denen kleine Gruppen (maximal 15 Personen) ganzheitlich an sechs Tagen in der Woche betreut werden.

Dem Bestreben, zukünftig mehr ausländische Kurgäste, ihr Anteil liegt bei zwei Prozent, für einen Aufenthalt in Deutschland zu gewinnen, wird nur marginale Wirkung zugeschrieben.

Der beschriebene Strukturwandel im Kurwesen ist nicht der erste. Im 19. Jahrhundert war das Kuren ein gesellschaftliches Statussymbol. Die ausländischen Kurgäste in Bad Ems hatten im Jahre 1868 einen Anteil von knapp 50%. Zu Beginn des 20. Jahrhunderts wandelten sich die Kurorte von Vergnügungs- und Heilbädern zu reinen Heilbädern.

Regionale Angebote:

Regionale Traditionen können mit aktiver Teilnahme der Gäste verbunden werden.

Z.B. eine siebentägige „Köstliche Rundreise" durch den Schwarzwald und Natur-Workshop mit Besuch von Obst- und Weinbauflächen, einer Schnapsbrennerei und vielen weiteren Veranstaltungen.

Urlaub in der Lüneburger Heide mit einer Prüfung in Roggen dreschen, Torf transportieren, Floß fahren und Besen binden.

Karnevals-Packages werden als Pauschalen meist mit preiswerten Sondertouren der Deutschen Bahn in die Hochburgen des deutschen Karnevals angeboten. Bestandteile sind u.a. Tribünenplätze, Teilnahme an Veranstaltungen und Spätabreise (meist bis 18 Uhr).

Kontrastangebote zu Karnevalsreisen finden ebenfalls ihre Liebhaber.

Die traditionellen Wintersportgebiete ergänzen ihre klassischen Leistungsangebote durch „Funparcs", Flutlicht und Musikanlagen auf den Pisten, Mega-Partys mit Popstars und anderen Prominenten, Festivals sowie Sportarten wie Snowvolleyball, Snowgolf, Reiten, Mountainbiking und Paragliding. Bislang gering geschätzte Nachfrager, wie Kinder und Senioren, werden umworben wie nie zuvor. Zum Saisonende werden preisgünstige Pauschalen angeboten, um wenigstens noch einige Wochen zu gewinnen: Weiße Wochen, Sonnenskipauschalen, Firnwochen, Sun & Fun-Pauschalen.

Gäste arbeiten:
Es gibt eine Vielzahl von Möglichkeiten, das Interesse mancher Gäste an sinnvoller körperlicher Arbeit in frischer Luft zu nutzen:

- Landschaftspflege (Heckenpflege, Freilegung von Bächen)
- Wege- und Stegebau (Gatter, Zäune, Wegweiser)
- Naturschutz
- Arbeiten in der Forstwirtschaft (Pflanzarbeiten, Jungwuchspflege)
- Arbeiten in der Landwirtschaft (Hilfe bei der Ernte)
- Denkmalpflege (Reinigung, Sanierungsarbeiten, Sicherung)

Earth Watch bietet die Beteiligung an Forschungsvorhaben und Arbeitseinsätzen im Interesse des Landschaftsschutzes an. Der Verein *Grün Aktiv* bietet Kindern, Jugendlichen und Erwachsenen Arbeitseinsätze im Allgäu für den Umweltschutz.

Ein wichtiges Ergebnis solcher Tätigkeiten ist, neben der Arbeitsfreude das Gefühl zu spüren, selbst etwas Nützliches geschaffen zu haben. Es entsteht ein besonders inniges Verhältnis zum Geschaffenen und zu denen, die es normalerweise schaffen. Man wird es und sie zukünftig höher schätzen als zuvor.
Die erforderlichen Voraussetzungen müssen mit großer Sorgfalt geschaffen werden. Zu einer guten Vorbereitung gehören die Wahl eines geeigneten Vorarbeiters und seine Einweisung, das Bereitstellen von Arbeitsmitteln, Werkzeugen und Arbeitskleidung, die Sicherstellung des Transports und der Verpflegung. Der Versicherungsschutz muss geklärt sein. Bei fehlenden Erfahrungen, sowohl seitens der Gäste als auch der Organisatoren, sollte man zunächst mit kleinen Aufgaben beginnen. Interessenten müssen eingehend über das informiert werden, was sie erwartet. Es dürfen keine Zwangssituationen geschaffen werden, weder hinsichtlich der Beteiligung generell noch des Pensums und der Zeiteinteilung. Weder gesundheitsgefährdende noch gefährliche Arbeiten dürfen vorgesehen werden.
Leistungen sollten unbedingt gewürdigt werden. Das kann durch die lokale Presse, durch Urkunden und auf Veranstaltungen geschehen.
Bei den Gästen darf nicht das Gefühl aufkommen, als billige Arbeitskräfte, evtl. als Ersatz für die kommunale Straßenreinigung, ausgenutzt worden zu sein. Für das Innenmarketing gilt: Die Einheimischen sollten niemals abschätzig oder verächtlich auf solche Maßnahmen reagieren.

Umweltgerechte Angebote beginnen bei der Anreise und enden mit der Abreise, z.B. durch Erstattung von 100 km Bahnpreis.

Oberstdorf bot 1996 unter dem Titel *Der Umwelt zuliebe* eine Sommerpauschale mit sieben Übernachtungen und Frühstück einschließlich Bahnfahrt vom Heimatort der Gäste und zurück, ein Leihfahrrad und das Urlauberticket für Ausflüge mit Bus und Bahn im Umkreis von 40 Kilometern.
Die Nordseeinseln Föhr und Amrum haben für 1997 ein *Mobil-Ticket* aufgelegt. Im Komplettpreis waren für zwei Personen und sieben Tage enthalten: Bahnfahrt, Schiffsreise, Haus-Haus-Gepäckservice, Taxitransfer vom und zum Anleger, wahlweise Leihfahrräder oder Busticket sowie Landkarten.

Zu den **besonderen Leistungsangeboten** gehört die *Seelsorge*, die sich nicht auf das Angebot von Gottesdiensten beschränkt, sondern auch „nichtkirchliche“ Veranstaltungen, wie Singen, Tanzen, Malen, Töpfern und Lichtbildervorträge anbietet. Die Seelsorge ist besonders wichtig in Form der Kurseelsorge, als Begleitung bei Angst, Leid, Depression.
Allein reisenden *Frauen* wird in einigen Städten Begleitservice als Schutz vor Belästigungen und Gefahren angeboten.

Das **Preisniveau des Angebots** als wesentliches, oft ausschlaggebendes Entscheidungskriterium potenzieller Touristen stellt sich stets dar im
- Preisvergleich mit alternativen Angeboten im In- und Ausland
- Preisvergleich mit anderen, substitutiven Gütern und Leistungen
- Verhältnis zum Einkommen.

„Wer die vielfältigen Erlebnismöglichkeiten im natürlichen und kulturellen Umfeld voll ausschöpft, wird rasch spüren, dass der Vorbehalt, Urlaub in Deutschland sei zu teuer, einfach nicht stimmt."

Erich Kaub, Präsident des Bundesverbandes der Deutschen Tourismuswirtschaft[1]

Urlaub in Deutschland ist teuer. Ob er zu teuer ist, muss im Einzelfall entschieden werden. Auf einem Campingplatz, in der Nähe des Wohnortes, bei Verwandten oder Bekannten kann man recht preiswert Urlaub machen, auch mit geringem Einkommen. Für eine Familie mit mehreren Kindern kann der Urlaub in einem Center Parc schon unerschwinglich sein.
Den Rhein zwischen Mainz und Koblenz wird man nirgendwo billiger erleben können als zwischen Mainz und Koblenz, Japaner können ein „deutsches Dorf" ohne aufwändige Reise um den halben Erdball im eigenen Lande kennen lernen, und an der türkischen Riviera kann man wesentlich preiswerter in der Sonne liegen als auf Sylt.

Die **Angebotsbeschreibung** muss alle zur Leistung gehörenden Bestandteile enthalten:
- Name und Anschrift des Anbieters, d.h. des für den Touristen zuständigen Vertragspartners
- Einschränkungen des Angebots, z.B. erforderliche Mindestteilnehmerzahl, maximale Gruppengröße, fachliche und gesundheitliche Anforderungen
- exakte Orts- und Zeitangaben, sofern die An- und die Abreise im Leistungspaket enthalten sind; dazu gehören auch Angaben zum Transfer (Varianten, Zeiten, Kosten); andernfalls sind Empfehlungen zu geben, z.B. zur Nutzung eines *Hol- und Bringe-Dienstes*[2], zum Anschluss an den *Haus-zu-Haus-Service* der Deutschen Bahn, den DB-*KurierGepäck-*[3] und den *PostGepäck-Dienst*[4] sowie Informationen zu Abholdiensten von Verkehrsknotenpunkten und Telefonnummern der jeweiligen Fremdenverkehrsämter bzw. Auskunftsstellen; für Anreisende mit dem Pkw sind Kartenskizzen mit Empfehlungen für die Zufahrt zum Hotel und die Beschreibung der Parkmöglichkeiten nützlich
- Angaben zur Destination: allgemeine Beschreibung der Umgebung, der Erholungs- und Beschäftigungsmöglichkeiten, der Gastronomie, Hinweise auf Gütesiegel und Qualitätszertifikate, Hervorhebung von Besonderheiten, z.B. Landschaftsschutzgebiet, Biosphärenreservat, Weltkulturerbe etc.
- Klima und Wetterbedingungen: Temperaturen, Regen/Sonnenschein-Wahrscheinlichkeit (Tabellen zum langjährigen Mittel), Eignung oder Nichteignung für bestimmte Konstitutionen, Krankheiten, Allergien etc.
- Unterkünfte: Kategorien, Eckpreise, Nebenkosten. Die Kategorien sollten entsprechend TIN angegeben werden; vergebene Zeichen, z.B. Sterne, sind zu erläutern. Wichtig auch: die Lage im Ort, in der Umgebung, zum Strand, zum Wald, zum Bade-

[1] in: Mobil 2/96, S. 15
[2] ortsansässige Fuhrunternehmen holen die Kur- und Feriengäste zum Preis einer Bahnfahrt zweiter Klasse überall in Deutschland ab und bringen sie wieder zurück
[3] Tür-zu-Tür-Gepäckdienst der Deutschen Bahn AG zu Festpreisen
[4] Reisegepäck-Service von Bahn und Post; Beförderung von einer Postfiliale zur Haustür im Bestimmungsort

see. Wenn man ehrlich ist, und das sollte man sich bemühen zu sein: die Lage zur Hauptverkehrsstraße und zu anderen Störungsquellen

- eindeutige Beschreibung der im Preis enthaltenen Leistungen. Die vollständige Aufzählung der Leistungen liegt im Interesse des Veranstalters, da sie ein wichtiges Verkaufsargument ist. Bei der Definition der Leistungen wird häufig weniger gewisssenhaft verfahren, wodurch ihr Wert durch den potenziellen Gast schwer einschätzbar ist
- Gesamtpreis und erforderliche Nebenkosten: Den soliden Anbieter zeichnet aus, dass er über unvermeidbare Nebenkosten informiert, die in ihrer Summe das Budget der Urlauber erheblich belasten können, z.B. Kurtaxe, Parkplatzgebühren, Strandgebühren, Skiliftgebühren. Hinweise auf Sparmöglichkeiten bei den Nebenkosten durch Familienkarten, City-Cards etc. haben oft Einfluss auf die Reiseentscheidung.
- Geltende Geschäftsbedingungen.

Der Normung und Vergleichbarkeit touristischer Angebote dienen in Deutschland die „Touristische Informationsnorm für den deutschen Fremdenverkehr" (TIN, siehe Anhang II) und die Vorschrift „Kurzzeichen im Reisekatalog" (DIN 77001). Im Jahre 2001 soll die EU-Norm CEN/TC 329 in Kraft treten und in nationale Bestimmungen überführt werden. Auch sie enthält Definitionen und Abkürzungen für touristische Leistungsmerkmale.

4.9. Entwicklungstendenzen des Angebots

Die bereits vorhandene und weiter wachsende Überkapazität, vor allem im Beherbergungswesen, führt unweigerlich zu Differenzierungs-, Konsolidierungs- und Ausleseprozessen.

Mittels Angebots- und Preisdifferenzierung müssen sich die Anbieter konsequenter als bisher auf Zielgruppen orientieren und sich zu diesem Profil bekennen.

Im Beherbergungswesen können große, luxuriöse Hotels lediglich in Großstädten auf ausreichende Nachfrage hoffen. Ansonsten deutet die Tendenz auf mehr Intimität und familiäre Atmosphäre, was nicht mit niedrigen Preisen gleichzusetzen ist. Ganz im Gegenteil. Solidität der Ausstattung und der Leistungen ist gefragt.

Der zur Zeit noch vorherrschende Preiswettbewerb wird zunehmend durch einen Qualitätswettbewerb ergänzt und ersetzt werden. Erkannte Defizite, wie starre Ladenöffnungszeiten, unfreundlicher Service, hohe Steuerbelastung, uneffektive Fördermaßnahmen etc., sollten schnellstmöglich beseitigt werden.

Der touristische Wert von Naherholungsgebieten steigt. Ihre Erschließung sollte zugleich ihre Verkehrsanbindung berücksichtigen. Eine Orientierung auf öffentliche Verkehrsmittel bedeutet, das Angebot als Alternative zum privaten Straßenverkehr kundenfreundlich zu gestalten. Dazu gehören u.a. attraktive Preise (z.B. Familientickets, Zeitkarten), ein dichtes Stationsnetz, ggf. mit Zubringern und P+R-Service, Sicherheit für die Fahrgäste.

Das Angebotsverhalten der Destinationen wird sich ändern müssen.[1] Die Vorzüge eines Urlaubs in Deutschland sollten in Form einer Dachmarke, als Markenzeichen, hervorgehoben werden und erst danach sollte die Darstellung der Spezifik einer Destination erfolgen. Bisher ist die Reihenfolge umgekehrt, wenn überhaupt auf Gemeinsames hingewiesen wird.

An zugkräftigen Leistungsangeboten ist kein Mangel, wie in Kapitel 4.8. an Hand einiger Beispiele angedeutet wurde. Auch wurde darauf verwiesen, dass zugkräftige Leistungen überwiegend einfach an die Beherbergungsleistung angehängt werden, was letzten Endes deren Aufwertung und besserer Kapazitätsauslastung dient. Zukünftig werden diese Leistungskomplexe durch engere und gleichzeitig flexible Kooperation

---

[1] s.a. unter „Marketing", Kap. 11

der einzelnen Anbieter unter Leitung eines profitorientierten Unternehmens professionell produziert werden müssen, um wettbewerbsfähig zu sein.

Immer mehr Menschen zieht es in *künstliche Erlebniswelten*, z.B. in die Exotiksurrogate unter Glas, gigantische Malls, Themenparks. „Der Tourismus investiert zunehmend in dichte, ganzheitliche Erlebnisräume, abgeschlossene Oasen, synthetische Welten, die er in diesen Formen nicht vorfindet, sondern erst schaffen muss."[1] *Der traditionelle Tourismus vermarktet, was vorhanden ist, der moderne Tourismus schafft perfekt inszenierte Urlaubswelten.* Man kann praktisch an jedem Ort der Erde Erlebnisbereiche aufbauen und tut es auch. Die Grenze zwischen Realem und Surrealem wird verwischt, bis hin zu „virtual reality" und Cyberspace, d.h. Urlaub aus dem Computer. Für die Besucher wird etwas inszeniert: Magic Kingdom in Orlando/Florida, Futuroscope bei Poitiers. Es scheint nicht ausgeschlossen zu sein, dass die Urlaubswelt von morgen nur noch aus Arrangements besteht.

> In Las Vegas ist dieser Trend ins Gigantische getrieben. Man findet Manhattan in „New York, New York", ein Dorf vom Comer See im „Bellagio", das alte Ägypten im „Luxor", das Mittelalter im „Excalibur" und bald auch Paris.

Traditionelle Destinationen reagieren mit Zusammenschluss zu großen, verbundenen Angeboten. Den Einsatz professioneller Mittel der Unterhaltungsindustrie, die Schaffung und der Betrieb einer flexiblen Infrastruktur, u.a. für die schnell wechselnden Trendsportarten, die Organisation von „Events" etc. können einzelne Orte allein nicht mehr bewältigen. Schon Ende der 80er Jahre prophezeite Werner BÄTZING, Universität Erlangen-Nürnberg: „Nur ausgesprochen große Touristenzentren mit starker Zweitsaisonalität und schätzungsweise etwa einer Million Übernachtungen pro Jahr oder mehr dürften mittelfristig in der Lage sein zu bestehen."
1999 verabschiedete die World Tourism Organization auf ihrer Generalversammlung in Santiago de Chile einen *Code mondial d'ethique du tourisme.* Dieser Ethikkodex soll einem diagnostizierten Mangel an ethischem Handeln im Tourismus abhelfen. Er beinhaltet u.a. Richtlinien für einen fairen Wettbewerb und gibt Anstöße für eine nachhaltige Entwicklung des Tourismus.

5. Effekte des Incoming

5.1. Dimensionen des Incoming-Tourismus

Folgende Zahlen sollen einen Eindruck von der Bedeutung des Incoming für Deutschland vermitteln:

Urlaub

> Mit 58,5 Mill. Urlaubsreisen war Deutschland im Jahre 2000 das beliebteste Reiseland der Deutschen. 1999 stieg die Zahl der Übernachtungen inländischer Gäste um 4,7% gegenüber dem Vorjahr. 1999 haben auf deutschen Campingplätzen 5,6 Mill. Gäste 21,3 Mill. Mal übernachtet, davon 4,6 Mill. Deutsche. Nicht-gewerblich Beherbergte sind nicht einmal grob schätzbar.

Fahrten

> Etwa die Hälfte der 152 Mill. Fahrten aller Art mit mindestens einer Übernachtung unternahmen Deutsche 1997 in Deutschland.

Kurztrips

> 40 Mill. Deutsche machen mindestens einmal jährlich Kurztrips durch Deutschland, dazu kommen Dienst- und Geschäftsreisende sowie Tagesgäste, Teilnehmer an Kaffeefahrten und Besucher von Veranstaltungen, Verwandten und Bekannten.

[1] Burghoff/Kresta (1995), S. 49

Volksfeste, Weihnachtsmärkte

Im Jahre 1999 besuchten 202 Millionen Menschen rund 10.000 Volksfeste, Weihnachtsmärkte etc. in Deutschland. Der Anteil des Incoming an den Besuchern differiert je nach der Art der Feste von ausschließlich Einheimischen über Gäste aus dem Nahbereich bis überwiegend Fernbereich.

Ausflugsverkehr,

vom Spaziergang im nahegelegenen Erholungsgebiet über Klassenfahrten und Exkursionen bis zum Familien-Tagesausflug, ist mit 26 Tagesausflügen pro Kopf (über 14 Jahre) und Jahr, ein gewichtiger Faktor im Fremdenverkehr. Eine Analyse für 1995[1] schätzt rd. 2 Milliarden Kurztrips mit durchschnittlich 20 € Ausgaben (ohne Fahrtkosten).

Heilbäder und Kurorte

In den deutschen Heilbädern und Kurorten wurden 1993 etwa 10 Mill. Gäste mit 120 Mill. Übernachtungen gezählt, 1994 waren es zwar „nur noch" 9,38 Mill. Gäste mit 113,6 Mill. Übernachtungen, aber immerhin knapp 40% aller registrierten Übernachtungen. Der Umsatz im Kur- und Bäderwesen betrug 1994 etwa 10 Mrd. €, und sicherte etwa 300.000 Arbeitsplätze.

Messen

Der Umsatz des Messeplatzes Deutschland wird auf 3,8 Mrd. € geschätzt. 1999 fanden in Deutschland 132 überregionale Messen mit 160.000 Ausstellern (davon 76.000 aus dem Ausland) und 10,3 Mill. Besuchern statt, die 3,3 Mrd. € ausgaben. Die Zahl der Besucher von Regionalausstellungen ist ähnlich hoch.

Tagungen

1999 fanden mehr als 600.000 Tagungsveranstaltungen mit ca. 50 Mill. Teilnehmern und durchschnittlich 2,3 Tagen Aufenthalt statt. Der Gesamtumsatz im deutschen Kongresswesen wird auf 6 bis 15 Mrd. € geschätzt. Allein 5 bis 6 Mill. € Umsatz macht die deutsche Hotellerie jährlich im Tagungs- und Seminargeschäft.[2]

Geschäftsreisen

Für Geschäftsreisen gibt die deutsche Wirtschaft jährlich rund 75 Mrd. € aus. Vom gesamten deutschen Reisevolumen entfallen 20% auf Geschäftsreisen, vom Wert her machen sie sogar 60% der Reiseausgaben aus.

Ausländer

1999 übernachteten ausländische Gäste 35,7 Mill. Mal in Deutschland. Mehr als zwei Drittel der Gäste kamen aus den Niederlanden, den USA und Großbritannien. Die beliebtesten Ziele waren Bayern, Nordrhein-Westfalen, Baden-Württemberg und Hessen. Etwa 45% der Einreisen waren Urlaubsreisen, 23% Besuche von Freunden und Verwandten, 21% Geschäftsreisen und 11% Messe- und Tagungsbesuche.

Ankünfte

1997 wurden 250 Mill. Übernachtungen deutscher (minus 5%) und 33,4 Mill. Übernachtungen ausländischer Touristen (plus 1%) in Deutschland registriert. 2000 betrug die Zahl der gewerblichen Übernachtungen 326,3 Mill. Der Anteil der Wintersaison liegt bei etwa 45 Mill. Übernachtungen.[3] Die Alpen werden jährlich von etwa 20 Mill. Menschen zum Alpinski und weiteren 20 Mill. zum Langlauf aufgesucht.[4]

Reisevolumen

Die Zahl der deutschen Inlandstouristen liegt bei Urlaubsreisen (mind. fünf Übernachtungen) seit Jahren ziemlich konstant bei einem Drittel. Zwei Drittel der deutschen Touristen reisen über die Grenzen. Und es ist überwiegend die Haupturlaubsreise, die ins Ausland führt.

Betriebe

Etwa 100.000 Ferienbetriebe, meist kleine und mittelständische Unternehmen (KMU) gibt es in Deutschland, verteilt in etwa 6.000 Ferienorten.

---

[1] DIW-Studie zum Tourismus in Deutschland. Veröff. 1999

[2] Quelle: German Convention Bureau (GCB)

[3] lt. DWIF

[4] Untersuchung des DWIF

Wirtschaftsbereich

Die deutsche Tourismuswirtschaft rangiert mit einem jährlichen Umsatz von rund 138 Mrd. € (1999) an zweiter Stelle hinter der Autoindustrie.[1] Die Ausgaben deutscher Touristen in Deutschland werden auf 71 Milliarden € geschätzt. Die Freizeitbranche insgesamt, d.h. mit Unterhaltungselektronik, Computerspielen, Sportgeräten, Silvesterknallern etc., erzielte 1996 in Deutschland einem Umsatz von 222 Mrd. €. Für das Jahr 2000 wurde ein Umsatz von 250 Mrd. € erwartet.

Ausgaben

Touristen geben in Deutschland jährlich zwischen 1,3 und 1,5 Mrd. € für Souvenirs aus. Für die Fotoindustrie sind Urlauber der wichtigste Markt. Jedes zweite Foto wird im Urlaub gemacht. Für Filme, Abzüge und Zubehör gaben die Deutschen 1996 knapp 2,4 Mrd. € aus, weitere 0,7 Mrd. € für Kameras, Objektive, Blitzgeräte und Projektoren. 1997 wurden in Deutschland 24 Mill. Reiseführer für 236 Mill. € verkauft.

Beschäftigte

Das DWIF ermittelte 1999 für 1995 2,6 bis 2,7 Mill. Erwerbstätige im Tourismus, davon 1,7 Mill., die direkt oder indirekt touristische Leistungen erbrachten und 1,1 Mill., die in anderen Sektoren dafür sorgten, dass das Reisegetriebe funktionierte.

Wertschöpfung

Der Anteil an der Nettowertschöpfung, der direkt oder indirekt auf touristische Nachfrage zurückzuführen ist, liegt bei fast sieben Prozent, etwa wie in der Autobranche, im Maschinenbau oder in der chemischen Industrie. Der Beitrag der Tourismusbranche zum Bruttosozialprodukt wird mit 5,6 Prozent (1996), zum Bruttoinlandsprodukt mit 8 Prozent (1997)[2] angegeben.[3]

Eine DIW-Studie zum Tourismus in Deutschland 1995, veröff. 1999, nennt folgende Werte: gesamtes Ausgabevolumen: 201,8 Mrd. €, davon BIP-relevant: 139,9 Mrd. €, das sind 7,95%, plus Anlageinvestitionen ergeben sich 8,6%

Verteilung in Mrd. €:

Sparte	Summe Ausgaben für/ Einnahmen aus Tourismus	durch Tourismusausgaben induziertes BIP
Geschäftsreisen	32,0	24,5
Tagestourismus	64,9	54,0
Pauschalreisen	21,6	5,8
Individualreisen	36,6	17,0
sonstige Privatreisen	12,0	8,6
Kuren	8,6	7,5
öffentlicher Verbrauch	5,5	4,3
Informations-Infrastruktur	5,1	4,5
Export	15,6	13,8

5.2. Die Bedeutung des Incoming für Destinationen

Die Auswirkungen des Incoming-Tourismus auf eine Destination, Region oder Kommune lassen sich nicht auf wenige Kenngrößen reduzieren, schon gar nicht auf finanzielle.

Natürlich lebt es sich angenehmer in einer reichen Gemeinde, insbesondere für die Reichen. Der Tourismus kann zum Wohlstand beitragen, sogar maßgeblich, wie Beispiele belegen.

Baiersbronn im Schwarzwald ist aus tiefster Armut innerhalb von dreißig Jahren durch das Incoming zu Wohlstand gelangt. Und das trotz völliger Unattraktivität hinsichtlich Natur und Ortsbild, lediglich durch herausragende Gastronomie und Gastfreundschaft.

Calvia im Südwesten von Mallorca mit 37.000 Einwohnern, ebenso vielen Zweitwohnungen und noch einmal so vielen Hotelbetten, fünf Sporthäfen und zwei Golfplätzen gilt als die reichste Ge-

[1] nach Angaben des Wirtschaftsministerium, Ende Mai 1998

[2] lt. BTW

[3] lt. Wirtschaftsausschuss des Deutschen Bundestages

meinde Europas; reich geworden durch massenhaften Billigtourismus. Der österreichische Kurort Bad Kleinkirchheim hat ein doppelt so hohes Gemeindesteuereinkommen wie Wien.
In manchen Tälern der Schweiz herrschte noch bis Mitte des Jahrhunderts bittere Armut, erst der Tourismus brachte bescheidenen Wohlstand.
Andererseits sind Investitionen in die touristische Infrastruktur äußerst aufwändig. Das Tourismusgewerbe ist eine der am stärksten verschuldeten Branchen Österreichs.

Wenn der Tourismus dazu beiträgt, den Bereisten in ihrer kulturellen, sozialen, religiösen, politischen Vielfalt eine attraktive Lebensperspektive zu bieten, dann hat er schon seine Aufgabe erfüllt. Die *Zufriedenheit der Bewohner* ist der größte zu erhoffende positive Effekt des Tourismus. Sich wohl zu fühlen in ihrem Milieu, das Gefühl der Sicherheit zu spüren, auch die Zukunft der Nachkommen betreffend, darauf kommt es an. Dabei ist völlig unerheblich, ob sich dieses Gefühl mit oder ohne Touristen einstellt. Wer hat nicht zumindest gehört von den kargen, unwirtlichen Regionen dieser Welt und bewundert, welche Lebensfreude dort oft anzutreffen ist. Wenn der Tourismus dazu beiträgt, die Lebensqualität nicht nur nicht zu verschlechtern, sondern zu verbessern, dann ist er ein Segen für die Bereisten.
In Regionen, die weder industrielle noch landwirtschaftliche Perspektiven bieten, ist man sich darüber im Klaren, dass ihre Erhaltung als Lebens- und Wirtschaftsraum nur mit dem Tourismus möglich ist.
Vor *Überschätzung* des Tourismus als Wirtschaftsfaktor ist zu warnen, vor allem ist er nicht geeignet als Wunderheilmittel für ökonomisch schwache Regionen. Ebenso schädlich ist seine *Missachtung*, z.B. in der überheblichen Form: Wir haben den Tourismus im Grunde gar nicht nötig.
Der Fremdenverkehr ist ohne Zweifel ein Schlüsselbereich des Dienstleistungsgewerbes.
Leider werden allzu oft durch den Tourismus soziale Gräben vertieft, wird die Jugend vertrieben, die Oberschicht korrumpiert, die Kriminalität genährt, werden Traditionen pervertiert, wird das Selbstbewusstsein verkrüppelt, die Natur und Kultur zerstört und werden andere Wirtschaftszweige vernachlässigt.

5.3. Allgemeine Funktionen und Effekte

- **Zahlungsbilanzfunktion**

  Der Tourismus wird wirksam über die in der Zahlungsbilanz enthaltene Reiseverkehrsbilanz, das ist die Differenz aus den Summen der Ausgaben Deutscher im Ausland und der Ausgaben von Ausländern in Deutschland.

  Die deutsche Reiseverkehrsbilanz ist chronisch und ansteigend defizitär. 1970 betrug das Defizit 8,7 Mrd. €, 1995 26,2 Mrd. €, 1999 28,9 Mrd. €.
  1999 betrugen die Reiseausgaben der Deutschen im Ausland 44,3 Mrd. €, gegenüber Einnahmen in Deutschland aus dem internationalen Reiseverkehr in Höhe von rund 15 Mrd. €[1]

  Neben den erfassten und erfassbaren Einnahmen, werden im Tourismus Einnahmen erzielt, die nicht registriert sind. Hinzu kommen Umsätze aus dem „Kofferhandel".

  Die türkische Fremdenverkehrswirtschaft gab für 1996 folgende Daten bekannt:
  registrierte Einnahmen: 5,6 Mrd. Dollar
  nichtregistrierte Einnahmen der Tourismusbranche: ca. 5 Mrd. Dollar
  Umsätze aus dem „Kofferhandel": ca. 10 Mrd. Dollar

- **Ausgleichsfunktion**

  Sie bezeichnet Chancen des Zuerwerbs für strukturschwache Wirtschaftsräume, wenn die übrige Wirtschaft diesen Raum aus irgendwelchen Gründen meidet.

[1] Reiseverkehrsbilanz (Dresdner Bank) in fvw 3/00, S.90

- **Beschäftigungsfunktion**
Durch das Incoming werden Arbeitsplätze sowohl unmittelbar im Bereich der touristischen Infrastruktur geschaffen als auch in Bereichen, die vom Tourismus nur mittelbar berührt werden.
- **Wertschöpfungseffekt**
Dieser Effekt bezeichnet die Schaffung von Wertzuwachs. Hier interessiert der Wert, den die Tourismuswirtschaft schafft.[1]

Wertschöpfung = Umsatz - bezogene Vorleistungen

Vereinfacht wird Wertschöpfung auch definiert als Summe der Bruttolöhne und -gehälter zuzüglich Arbeitgeberanteile an den Sozialbeiträgen.
Die Gesamtheit der Wertschöpfungen einer Volkswirtschaft im Jahr ist das Sozialprodukt.

Anteile des Incoming am Bruttosozialprodukt 1998[2]:
Anguilla - 83,1%, British Virgin Islands - 80,6%, Saint Lucia - 69,2%, Virgin Islands - 65,0%, Cayman Islands - 59,6%, Bahamas - 58,7%; Zypern - 29,3%, Malta - 28,1%, Spanien - 22,7%, Island - 21,8%, Portugal - 19,4%, Griechenland - 18,3%

Die Wertschöpfung ist unmittelbar einkommenswirksam. Sie ist umso größer, je weniger Vorleistungen in Anspruch genommen werden. Für die Region oder Kommune bedeutet das, je weniger außerregionale bzw. -kommunale Vorleistungen in Anspruch genommen werden.
Die *Wertschöpfungsquote* ist Ausdruck des prozentualen Anteils des Einkommens (Umsatz minus Vorleistungen) am Umsatz. Bei Privatunterkünften beträgt sie wegen geringer Vorleistungen bis 0,80, bei gewerblicher Beherbergung etwa 0,42, in der Gastronomie 0,37, im Einzelhandel 0,18, bei sonstigen Dienstleistungen etwa 0,45, bei der ausschließlichen Reisevermittlung entsprechend den üblichen Provisionen etwa 0,10. Als Orientierung für die durchschnittliche Wertschöpfungsquote im Fremdenverkehr gilt der Wert 0,38.[3]
Der Beitrag des Fremdenverkehrs einer Gemeinde zum Volkseinkommen, d.h. wieviel Prozent des Einkommens aus dem Fremdenverkehr stammen, errechnet sich aus:

$$\frac{\text{Wertschöpfung aus Incoming}}{\text{Volkseinkommen gesamt}} \cdot 100$$

Rechengang für eine Kommune pro Jahr:

1. Gesamtausgaben brutto
   a) *Umsatz durch Übernachtungsgäste = Übernachtungen*[1)] · *Tagesausgaben*[2)]
   b) *Umsatz durch Tagesgäste = Tagesgäste*[3)]·*Tagesausgaben*[4)]
2. Nettoumsatz
   a) Übernachtungsgäste: *Σ (Gesamtausgaben brutto - USt*[5)]*)*
   b) Tagesgäste: *Σ (Gesamtausgaben brutto - USt*[5)]*)*
3. Nettowertschöpfung
   a) Übernachtungsgäste: *Σ (Nettoumsatz*[6)] · *Wertschöpfungsquote*[7)]*)*
   b) Tagesgäste: *Σ (Nettoumsatz · Wertschöpfungsquote)*
   Zum Ausweis der Nettowertschöpfung pro Übernachtung und pro Tagesgast werden jeweils 3a) und 3b) durch die Zahl der Übernachtungen und Tagesgäste geteilt.

---

[1] s.a. Seite 136
[2] nach Angaben des World Travel and Tourism Council
[3] lt. DWIF, 1992

4. Beitrag zum Volkseinkommen
   a) Übernachtungsgäste: *Nettowertschöpfung* : *Volkseinkommen*[8)] · *100* [%]
   b) Tagesgäste: *Nettowertschöpfung* : *Volkseinkommen* · *100* [%]
5. Beitrag des Incoming gesamt zum Volkseinkommen
   (Nettowertschöpfung Übernachtungsgäste + Nettowertschöpfung Tagesgäste) : *Volkseinkommen* · *100* [%]

[1)] nach Unterkunftsarten; privat u. nicht-gewerblich geschätzt
[2)] Durchnittswert gem. Analysen für Unterkunft, Verpflegung, Einkäufe, Dienstleistungen, lokaler Transport, Sport und Freizeit, Kurtaxe, sonstiges
[3)] geschätzt und Stichproben
[4)] geschätzt und Erfahrungswerte
[5)] unterschiedliche Steuersätze berücksichtigen!
[6)] nach Wirtschaftsbereichen
[7)] stat. Erfahrungswerte (siehe weiter oben)
[8)] erwerbsfähige Einwohner · ∅ Pro-Kopf-Einkommen

Kritik:
- Das Ermitteln der Wertschöpfung basiert auf einer großen Zahl von Schätzwerten.
- Die Wertschöpfungsquote kann erheblich von den statistischen Erfahrungswerten abweichen.
- Ausgaben der Einheimischen für Transport, Einkäufe, Dienstleistungen etc. müssen herausgerechnet werden, da sie vor allem in bevölkerungsreichen Destinationen die Ergebnisse stark verfälschen können.

- **Multiplikatoreffekte**

Sie beschreiben die Wirkung des Incoming auf das Hotel- und Gaststättenwesen, die Unterhaltungsindustrie, auf Kultur und Kunst, Handel, Handwerk, Industrie, Bauwesen, Dienstleistungen, Landwirtschaft, Verkehrswesen, Beschäftigung, soziale Struktur und Einkommen. Jede Fremdenverkehrsleistung bedingt Vorleistungen anderer Branchen. Tourismus zieht z.B. Gütertransporte in die Destinationen nach sich. Tourismus multipliziert den Verkehr.

Der unmittelbar für die Region wirksame Multiplikatoreffekt ist umso größer, je mehr regionale Leistungen und Produkte genutzt werden.

LUFT[1] gibt folgendes Beispiel für den Multiplikator-Effekt des Incoming (Werte gerundet):

Ausgangsgrundlage: durchschn. Gästeausgabensatz pro Tag = 50 €

	1. Umsatzstufe	50,00 €
minus	2. Umsatzstufe (Basiswert der indirekten Wertschöpfung = bezogene Vorleistungen, Instandsetzungen, Ersatzinvestitionen)	31,00 €
=	direkte Wertschöpfung	19,00 €
minus	durchschnittliche Sparquote (12,7 %)	2,40 €
=	Basiswert der induzierten Wertschöpfung	16,60 €
plus	Basiswert der indirekten Wertschöpfung	31,00 €
=	Basiswert der Wertschöpfung	47,60 €
davon	Einkommenanteil (durchschn. Wertschöpfung der betroffenen Handels-, Dienstleistungs- und Handwerksbetriebe, hier 25%)	11,90 €
plus	direkte Wertschöpfung	19,00 €
=	Wertschöpfung gesamt	30,90 €
=	Multiplikator Wertschöpfung gesamt (30,90) : direkte Wertschöpfung (19,00)	1,6

[1] Luft (1995), S. 147 (umgerechnet)

Am gebräuchlichsten im Fremdenverkehr sind der *Arbeitsplatz-* und der *Einkommensmultiplikator*. Der Arbeitsplatzmultiplikator ist Ausdruck des Zuwachses an Arbeitsplätzen, der Einkommensmultiplikator der des Zuwachses an Einkommen jeweils im Verhältnis zu den primären Ausgaben (Investitionen) im Fremdenverkehr.
Der Einkommensmultiplikator, häufig verallgemeinernd als touristischer Multiplikator bezeichnet, kann auch so definiert werden: Um wieviel größer ist die durch eine touristische Ausgabe bewirkte Einkommensvermehrung als die sie bewirkende Ausgabe.[1] Er liegt nach empirischen Untersuchungen bei 1,2 bis 1,6.
Dieser hohe Multiplikator wirkt natürlich auch negativ bei Rückgang des Fremdenverkehrs.

- **Synergieeffekt**
  Dieser Effekt beschreibt das Zusammenwirken mehrerer Kräfte, die sich in ihren Wirkungen nicht nur addieren, sondern womöglich potenzieren. Im Fremdenverkehr sind Synergieeffekte häufig zu beobachten, wenn die einzelnen Maßnahmen aufeinander abgestimmt sind.
  Auch hier können sich, wie bei den Multiplikatoreffekten, die negativen Wirkungen ebenfalls im negativen Bereich potenzieren.

Die Meinungen gehen weit auseinander, ob der Tourismus zu begrüßen und zu fördern oder zu bekämpfen und zu behindern sei. Unterschiedliche Erfahrungen mit vergleichbaren touristischen Maßnahmen an verschiedenen Orten scheinen allgemeingültige Aussagen zu verhindern. Hinzu kommen unterschiedliche Interessen am Tourismus. In der Hoffnung auf schnelle Einnahmen aus dem Tourismus werden nicht selten negative Wirkungen übersehen. Andererseits werden positive Wirkungen gern übersehen, wenn es darum geht, dem Tourismus die Schuld für ökonomische, ökologische und soziale Fehlentwicklungen anzulasten.

Der Tourismus ist für die Bewohner eines Fremdenverkehrsortes oder einer Fremdenverkehrsregion niemals ausschließlich gut oder schlecht. Kultur kann sich einerseits auf das Kunstgewerbe reduzieren, andererseits kann das Incoming Impulse für die Kunst auslösen (Künstlerkolonien sind so entstanden), als auch mit den Touristen als Anlass und Geldgeber Traditionen beleben. Die Kenntnis möglicher Wirkungen und ihre Berücksichtigung bei der Planung kann vor Schaden bewahren.

5.4. Positive Wirkungen

Der Einfluss des Incoming kann sich in nützlichen materiellen wie ideellen, direkten wie indirekten Wirkungen zeigen. Die Effekte können sowohl von Dauer sein als auch nur für kurze Zeit auftreten. Sie können allen Bewohnern gleichermaßen zugute kommen oder nur wenigen. Die Wirkungen auf die Zahlungsbilanz und auf das Sozialprodukt sollen hier nicht weiter behandelt werden; Ausführungen zum Arbeitsmarkt folgen später.
Die im Folgenden angeführten Wirkungen sind nicht vollständig und nicht nach einer bestimmten Rangordnung zusammengestellt. Sie müssen weder sämtlich noch zwangsläufig auftreten.
Die Steigerung der positiven Wirkungen unter Vermeidung der nachfolgend beschriebenen negativen Wirkungen sollte ein vordringliches Ziel der Incoming-Politik (s.d.) sein.

[1] s.a. Freyer (1991), S. 336 und Füth/Walter (1990), S. 205

Wirtschaftlicher Aufschwung

Im Umfeld der touristischen Kernstruktur entwickeln sich touristische Randindustrien, was zu einer allgemeinen wirtschaftlichen Stärkung führen kann. Indem sich die wirtschaftlichen Aktivitäten erweitern, werden möglicherweise traditionelle einseitige wirtschaftliche Orientierungen aufgegeben. Der Fremdenverkehrsort wird dadurch für die Ansiedlung nicht-touristischer Branchen und als Wohnort attraktiv.

Eine verbesserte Infrastruktur, insbesondere das Verkehrswesen, trägt ebenfalls zur Aufwertung des Ortes und der Region bei. Diese, wie auch die spezielle touristische Infrastruktur, kommt ebenfalls der Bevölkerung zugute, die auch von der Verbesserung des Versorgungsniveaus (z.B. Unterhaltungs- und Kulturangebot, medizinische Einrichtungen und Freizeitanlagen) profitiert.

Image-Aufwertung

Das Image verbessert sich. Dort zu wohnen, wo andere Urlaub machen sowie der Bekanntheitsgrad eines Ortes erhöhen das Selbstwertgefühl der Einheimischen. Maßnahmen für den Fremdenverkehr, z.B. ein schöneres Ortsbild und gepflegte Anlagen, steigern den Wohnwert der Kommune für ihre Bewohner.

Erhöhung des kulturellen Niveaus

Das kulturelle Niveau steigt durch Einflüsse und Eindrücke von außen, durch Veranstaltungen, durch die Erhaltung und Förderung von Kulturgütern, durch die Restauration von Bauwerken, durch die Steigerung der Nachfrage nach Kunst und Kunstgewerbe. Oft werden sich Einheimische erst durch Fremde der Bedeutung ihrer eigenen Kultur bewusst. Alte Traditionen werden wiederbelebt und Kulturgüter aufgewertet. Die Beschäftigung mit der eigenen Identität bleibt nicht länger einer Elite und den Fremdenführern vorbehalten. Das allgemeine Bildungsniveau erhöht sich durch Kontakte mit den Gästen sowie durch den Erwerb von Sprach- und anderen Kenntnissen, die für die Gastgeberfunktion erforderlich sind.

> Das Incoming dient der Erhaltung von Bauwerken und einer kulturelle Vielfalt. Die 350 Schlösser und Burgen in Tirol, die Fülle an Museen und Theatern, z.B. in Paris, wären ohne den Tourismus nicht zu erhalten.

Wachsende Einkommen, steigender Wohlstand

Fremdenverkehr bringt Wohlstand, so das Ergebnis einer italienischen Wohlstandsanalyse aller Gemeinden des Landes mit mehr als 5.000 Einwohnern. Danach sind die Einwohner von Ferienorten vermögender als die Bürger anderer Gemeinden, gemessen am Jahres-Familieneinkommen und am Bankguthaben.

> Der Kämmerer von Schwangau, jener beneidenswerten Gemeinde mit den Tourismusmagneten Neuschwanstein und Hohenschwangau, meint, Schwangau sei keine reiche Gemeinde und liege unter dem bayerischen Durchschnitt - weil sie ausschließlich vom Tourismus lebe und keine hohen Steuereinnahmen erzielen könne. Eine industriell strukturierte Region mit gesunden Betrieben sei besser gestellt als eine touristische Region.

Wachsender Wohlstand kann dazu verwendet werden, die Lebensbedingungen für die Bevölkerung und den Umweltschutz zu verbessern.

Hochwertige **Veranstaltungen** ziehen kontinuierlich viele Touristen an.

> Hamburg gewann mit den Musicals „Cats“ und „Phantom der Oper“ jährlich 650.000 zusätzliche Übernachtungen.

Ebenso können **Ausstellungen** die Stadtsäckel füllen.

> Im Jahre 1989 registrierte das Bremer Überseemuseum mit der Ausstellung „Gold aus dem Kreml“ mehr als 300.000 Besucher. Weltweit war allein die Gauguin-Ausstellung in Paris erfolgreicher.

Der Nutzen von **Messen** und **Ausstellungen** für eine Destination wird hauptsächlich durch die Aussteller erbracht. Sie beschäftigen regionale Firmen für die Gestaltung ihrer Stände, nutzen die Beherbergungsangebote, die Gastronomie, das Unterhaltungsangebot und die Taxis. Fachbesucher sind überwiegend Tagesgäste. Sie werden je nach Bedeutung von den Ausstellern entweder unmittelbar am Stand oder in der Messegastronomie oder in der gehobenen örtlichen Gastronomie bewirtet. Privatbesucher sind bei den meisten Messen ausnahmslos Tagesgäste, die höchstens gastronomische Einrichtungen und Einkaufsmöglichkeiten im unmittelbaren Ausstellungsumfeld nutzen.

Der Nutzen von **Kongressen** und **Tagungen** besteht darin, dass neben den üblichen Kongressaufwendungen wie Tagungsgebühr (bleibt nur zum geringen Teil in der Destination) und Übernachtungskosten jeder Kongressteilnehmer täglich noch etwa 143 € vor allem für gastronomische Leistungen, Einkäufe und Taxifahrten ausgibt.

Einnahmen in einer Destination

Es gibt verschiedene Überschlagsrechnungen zu den Einnahmen einer Destination aus dem Incoming. Sie sind zuverlässig, wo die Destination ein Unternehmen ist (Kreuzfahrtschiff) und sie sind mehr oder weniger vage Schätzungen, wenn die Destination ein über Verwaltungsgrenzen reichendes Konglomerat von Anbietern verschiedener Branchen ist.

Das Zielgebiet partizipiert unmittelbar über die Hotels und Teile der Nebenkosten und darüber hinaus an den Ausgaben der Touristen für angebotene Leistungen außerhalb des Pauschalpreises: Waren, kulturelle, gastronomische, sportliche und sonstige Leistungen.[1]

Im Städtetourismus macht der Übernachtungstourismus nur etwa ein Drittel des touristischen Gesamtumsatzaufkommens einer Stadt aus, zwei Drittel entfallen auf den Tagestourismus.[2]

Verteilung der Einnahmen aus dem Tourismus auf die Branchen (am Beispiel Tirols): 47,3% für Hotellerie und Gastronomie, 15,7% für den Handel, 9,4% für die Verkehrsbetriebe, 10,3% für diverse Branchen, 17,3% Umsatz- und Getränkesteuer.[3]

Anteile am Reisepreis am Beispiel einer Flugpauschalreise:
Hotel - 40%, Fluggesellschaft - 32%, Reisebüro - 10%, Nebenkosten (Transfer, Reiseleitung) - 3%, Gemeinkosten des Veranstalters - 14%, Rendite des Veranstalters (vor Steuern) - 1%.[4]

In Unterwegshäfen großer Hochsee-Kreuzfahrtschiffe sind Umsätze für das Zwischencatering in Höhe von 3,5 bis 4 Millionen € pro Schiff möglich. Dieses Geschäft ist vor allem für die regionale Land- und Nahrungsgüterwirtschaft interessant.

Der Umsatz der Souvenirhersteller in Deutschland beträgt jährlich 2 bis 2,5 Mrd. €. In den Zielregionen bietet diese Branche vor allem für kleine und mittlere Handwerks- und Kunsthandwerksbetriebe Profilierungs- und Einkommensmöglichkeiten.

Nur ein Teil der Ausgaben der Touristen bleibt in den Destinationen. Als *Sickerrate* bezeichnet man den Teil, den die Destinationen wieder ausgeben müssen, um von außerhalb Waren und Leistungen im Interesse des Tourismus zu beziehen.

In unterentwickelten Ländern beträgt die Sickerrate in den Destinationen bis zu 90%.

Einnahmen aus Abgaben

Die allgemeinen gesetzlichen Grundlagen sind für das Besteuerungsverfahren die Abgabenordnung (AO) und für die Verteilung des Steueraufkommens Artikel 106 des Grundgesetzes. Die Anteile von Bund, Ländern und Gemeinden werden jeweils durch Bundesgesetz festgesetzt. Die Gemeinden haben das Recht der Anwendung von Hebesätzen.

Zu den Abgaben gehören Steuern, Beiträge und Gebühren.

---

[1] zur Verteilung der Ausgaben im Urlaub siehe 3.1.
[2] Luft (1995), S. 16
[3] aus der Tirol-Werbung 1990
[4] nach: Scherer (1995), S. 51

Steuern sind von öffentlich-rechtlichen Gemeinwesen allen auferlegte Geldleistungen, die nicht an bestimmte Gegenleistungen geknüpft sind. Steuereinnahmen sind die wichtigsten Einnahmen der Gebietskörperschaften.

Beiträge sind Entgelte für angebotene öffentliche Leistungen; Leistung und Gegenleistung stehen in einem angemessenen Verhältnis zueinander (z.B. Kurtaxe). **Gebühren** sind Entgelte für bestimmte öffentliche Leistungen, wobei ein unmittelbarer Zusammenhang zwischen Leistung und Gegenleistung besteht (z.B. Beurkundungen).

Steuer- und Beitragseinnahmen der Gemeinden

Als Faustregel gilt, dass jede der drei Einnahmequellen einer Gemeinde

- eigene Steuereinnahmen
- Finanzzuweisungen von Land und Bund
- Entgelte, d.h. Gebühren und Beiträge für Leistungen

etwa ein Drittel des Finanzaufkommens der Gemeinden in der Bundesrepublik ausmacht.

Das Steueraufkommen einer Kommune aus Incoming mag recht gering erscheinen. Trotzdem sollten Kommunen und Regionen auf die Steuergesetzgebung Einfluss nehmen, da sie unmittelbar betroffen sind.

Die Industrie- und Handelskammern unterstützen das Gewerbe gegenüber den Kommunen.

Den Gemeinden in Deutschland stehen als Einnahmen eigene, örtliche Steuern zu, die sie auch in ihrer Höhe beeinflussen können. Die Realsteuern, Gewerbesteuer[1] und Grundsteuer, unterliegen dem Hebesatzrecht der Gemeinden. Fremdenverkehrsgemeinden haben i.d.R. recht hohe Hebesätze für Grund- und Gewerbesteuer, wodurch auch diejenigen belastet werden, die am Nutzen des Incoming keinen Anteil haben.

Beispiele:

GewSt	Rüsselsheim: 340%	München: 490%
GrundSt B	Friedrichshafen: 280%	Berlin: 600%

Steuerstarke Kommunen verfügen auch bei niedrigen Hebesätzen über eine komfortable Finanzausstattung. Steuerschwache Kommunen vertreiben mit hohen Hebesätzen möglicherweise zukunftsträchtige Betriebe. Der Hebesatz ist ein kommunales fiskalpolitisches Instrument, das im Interesse der Wachstumspolitik oder als Einnahmequelle eingesetzt wird.

Gehören touristische Anlagen zu Unternehmen mit Sitz außerhalb der Gemeinde, so erhält die Gemeinde ihren Steueranteil auf dem Wege der Gewerbesteuerzerlegung, deren Grundlage entweder der Arbeitslohn oder der Umsatz ist.

Einen Teil der Gewerbesteuer muss die Gemeinde an das Land als Gewerbesteuerumlage abführen, als Gegenleistung erhält sie einen Anteil an der Lohn- und Einkommensteuer; damit wird die Gemeinde weniger abhängig von der steuerlichen Leistungsfähigkeit der Unternehmen.

Zu den örtlichen Steuern gehören die Vergnügung-, Schankerlaubnis-, Getränke-, Jagd- und Fischereisteuer, die Zweitwohnungsteuer sowie die Hundesteuer. Ihr Wert als Einnahmequelle für die Gemeinden ist umstritten. Sie werden auch als „Bagatellsteuern" bezeichnet.

Die unterschiedliche Handhabung der örtlichen Steuern, indem sie erhoben oder nicht erhoben werden und wenn sie erhoben werden, dann in unterschiedlicher Höhe, wirkt wettbewerbsverzerrend.

[1] das Thema Gewerbesteuer ist seit Jahrzehnten umstritten

Weitere direkte Einnahmen für Gemeinden

Kurtaxe, Kurbeitrag, Kurabgabe

Die Kurtaxe ist eine „nichtsteuerliche gemeindliche Abgabe mit beitragsähnlichem Charakter". Die Gesetzgebungskompetenz liegt bei den Bundesländern. Rechtsgrundlage ist das Kommunalabgabengesetz (KAG). Gemeinden, die sie erheben, müssen als Kur- oder Erholungsorte staatlich anerkannt sein. Die Berechtigung des Erhebens und die Höhe der Kurtaxe ist in einer speziellen Kurtaxordnung geregelt und in der Ortssatzung verkündet.

Die Kurtaxe wird für die Bereitstellung von Einrichtungen erhoben, die zu Kur- und Erholungszwecken unterhalten werden. Ihr Geltungsbereich ist auf definierte Kurbezirke und einen definierten Personenkreis beschränkt. Auch Eigentümer oder Mieter von Zweitwohnungen haben Kurtaxe zu zahlen. Wer sich aus beruflichen Gründen im Kurort aufhält, nicht. Mittels der Kurtaxe kann der Strom der Besucher gesteuert werden, indem z.B. Tagesbesucher von Kernzonen des Kurbetriebs ferngehalten werden.

Die Kurtaxe ist gewöhnlich nach Kurzonen, Kurzeiten und der Personenzahl gestaffelt. Es werden Ermäßigungen gewährt sowie Tageskarten angeboten. In der Hauptsaison ist sie am höchsten, in der Vor- und Nachsaison reduziert, und außerhalb dieser Zeiten wird sie i.d.R. nicht erhoben. Schwerstbeschädigte sind gewöhnlich von der Zahlung befreit.

Die Umsatzsteuer (halber Steuersatz) ist in der Kurtaxe enthalten.

Die Kurtaxe ist entweder direkt bei der Kurverwaltung zu entrichten oder wird von Vermietern, Inhabern von Kurmittelanstalten bzw. Reiseveranstaltern zur Abführung an die Kurverwaltung eingehoben.

So willkommen die Einnahmen aus der Kurtaxe auch sind, sie hat ihre Gegner, und diese nicht nur unter denjenigen, die sie entrichten müssen. In einigen Kommunen sind die Kosten für das Erheben und die Kontrolle im Vergleich zu den Einnahmen unverhältnismäßig hoch. Als besonders lästig werden die ständigen Kontrollen empfunden. Im Preis von Pauschalangeboten ist die Kurtaxe meist enthalten, Individualurlauber müssen sie als zusätzliche Ausgabe kalkulieren. Bei zunehmendem Zwang zu schärferer Kalkulation kann die Höhe der Kurtaxe den Ausschlag bei der Reiseentscheidung geben. Da Kurtaxe nur im deutschsprachigen Raum und hin und wieder auch in Nachfolgestaaten des alten Österreichs erhoben wird, ist sie ein Wettbewerbsnachteil.

Fremdenverkehrsabgabe

Kommunalabgabengesetz (KAG) und Gemeindesatzung des jeweiligen Bundeslandes räumen den Kommunen die Möglichkeit ein, in Orten bzw. Ortsteilen von aus dem Fremdenverkehr unmittelbar bzw. mittelbar erwerbswirtschaftlichen Nutzen ziehenden Bürgern und Firmen (natürlichen und juristischen Personen) eine Fremdenverkehrsabgabe zu erheben. Die Einnahmen dürfen für die Öffentlichkeitsarbeit und Image-Werbung, zur Deckung von Investitionen für Einrichtungen des Fremdenverkehrs sowie deren laufende Unterhaltungskosten verwendet werden.

Ebenso wie die Kurtaxe ist die Fremdenverkehrsabgabe keine Steuer, sondern eine öffentlich-rechtliche Abgabe besonderer Art.

Sie ist an die Erfüllung gesetzlich vorgegebener Tatbestände gebunden. Diese Tatbestände können z.B. mit der Anerkennung als Kur- oder Erholungsort erfüllt sein, wodurch die Fremdenverkehrsabgabe mit der Kurtaxe konkurriert.

Die Festlegung der Abgabepflichtigen und der Abgabehöhe ist recht problematisch. Der wirtschaftliche Nutzen aus dem Incoming ist für die verschiedenen Betriebstypen der Leistungsträger nur schwer quantifizierbar.

Bemessungsmaßstäbe[1] sind z.B. für

Beherbergungsbetriebe und Zimmervermieter: Anzahl der Betten (ca. 6 € je Bett und Jahr)
Restaurants, Cafés, Bars, Eisdielen u.ä.: Anzahl der Sitzplätze (ca. 75 € bis zu 50 Sitzplätze)
Ladengeschäfte mit Verkaufs- und Ausstellungsflächen: Fläche in m^2 (ca. 75 € bis zu 50 m^2)
Dienstleistungsbetriebe: Anzahl der Beschäftigten (ca. 75 € Wäscherei bis zu 6 Beschäftigte)

Den Kommunen ist das Festlegen der Höhe der Abgabe (Beitragslasten, Vorteilssätze) weitestgehend freigestellt.

Es wird erwogen, die Kurtaxe zugunsten einer Fremdenverkehrsabgabe[2], die in Form einer Gemeindesteuer erhoben wird, abzuschaffen, nicht zuletzt im Interesse einer europäischen Harmonisierung.

Argumente **gegen** eine Fremdenverkehrsabgabe:

- sie kann zu Rechtsunsicherheit führen
- sie ist, gemessen am Aufkommen, mit hohem Verwaltungsaufwand verbunden
- sie hat tendenziell preistreibende Wirkung
- sie führt zu Wettbewerbsnachteilen gegenüber abgabefreien Destinationen
- in der Praxis führt die Bemessung und Erhebung zu Ungerechtigkeiten und unterschiedlichen Belastungen der gewerblichen Unternehmen.

In Schleswig-Holstein nahmen 1997 die Gemeinden rund 26 Mill. € mit der Kurabgabe, 3,6 Mill. € mit Tagesgebühren für Strandbenutzung und 3 Mill. € mit der Fremdenverkehrsabgabe ein.

Seit 1996 müssen Besucher der Insel Hiddensee bereits beim Lösen der Fährpassage eine von der Dauer des Aufenthalts unabhängige Kurabgabe von 2,56 € entrichten. Damit soll u.a. der Tagestourismus eingedämmt werden.

Umwelttaxe

Sie kann als regionaler Vorgriff auf die umstrittene Öko-Steuer gewertet werden.

Rügen forderte 1991 eine Umwelttaxe von Touristen, die mit ihrem Auto die Insel befahren wollten. Mit den Einnahmen sollte der öffentliche Personennahverkehr gefördert werden. Die Schwarzwaldgemeinde Waldkirch plante 1995 die Einführung einer Naturtaxe in Höhe von 15 Cent pro Tag zusätzlich zur Kurtaxe von 77 Cent. Der Betrag sollte für den aktiven Naturschutz verwendet werden.

Einreisesteuer

Sie wird auch bezeichnet als Reisesteuer, Einreisegebühr, Tourismusgebühr oder Aufenthaltsteuer; sie soll als Ausgleich für die von Touristen angerichtete Schäden dienen.

Paris nimmt seit 1994 pro Übernachtung zwischen 15 Cent und 1 € und erwartet daraus Einnahmen in Höhe von etwa 15 Mill. €; davon sollen 80% für die Renovierung von Sehenswürdigkeiten, 20% für die Werbung verwendet werden. Moskau erhebt pro Tag 1 Dollar. Florenz nimmt durch die Touristensteuer jährlich umgerechnet 2,6 Mill. € ein. Rom erhebt 1% Touristengebühr auf die Übernachtungskosten und nimmt damit pro Jahr umgerechnet rund 5 Mill. € ein.

Das Erheben einer Einreisesteuer ist auch staatlicherseits üblich. 1990 wurde in den USA erwogen, eine Einreisesteuer in Höhe von 1 Dollar pro Besucher einzuführen; nach Protesten der amerikanischen Fluggesellschaften wurde das Vorhaben aufgegeben.

1991 plante Finnland eine Reisesteuer für in- und ausländische Urlauber. Jeder Tourist sollte beim Verlassen des Landes bis zu 25 € zahlen.

Glückspiel-Steuern und -Abgaben

Je nach gesetzlicher Regelung und abhängig vom Jahres-Umsatz fließen 60-85% der Bruttospielerlöse als Spielbankabgabe von *Spielbanken* und *Casinos* in die Landeskasse. Davon werden etwa 15% wieder an die Gemeinde ausgereicht, die das Casino beherbergt. Die Verwendung der Spielbankabgabe ist nicht zweckgebunden. Sie kann, wie alle Steuern, für beliebige Haushaltsposten ausgegeben werden.

In Deutschland suchen jährlich etwa fünf Millionen Besucher ihr Glück im Spiel; 1992 flossen aus Spielbankabgaben insgesamt rund 500 Mill. € in die Ländersäckel. Im Durchschnitt verliert ein Spie-

---

[1] Luft (1995), S. 120

[2] bzw. Landes-Fremdenverkehrsteuer, örtliche Aufwand- oder Verbrauchsteuer, Sonderabgabe

ler bei einem Besuch im Spielcasino 50 bis 100 €. 1994 war die Spielbank Hamburg mit 54 Mill. € größter Steuerzahler des Bundeslandes.
Die beiden Casinos in Baden-Württemberg zahlten 1990 47 Mill. € Spielbankabgabe (gehört zu den Einnahmen, die in den Länderfinanzausgleich einzubeziehen sind), 5,6 Mill. € Sonderabgabe (für die Museumsstiftung) und 2,9 Mill. € Troncabgabe[1] (für Jugendstiftung und Behinderteneinrichtungen).
Der US-Staat Nevada finanziert 43% seines Haushalts mit den Steuereinnahmen aus den Casinos.

Steuereinnahmen aus dem Incoming-Tourismus

Welcher Anteil der Steuereinnahmen einer Kommune oder einer Region unmittelbar dem Incoming zu verdanken ist, kann mit den derzeit verfügbaren statistischen Daten nicht ermittelt werden.

Die Stadt Dresden schätzte für 1995 die Höhe ihrer Steuereinnahmen aus dem Incoming auf 14 Mill. €, das waren fast 10% der gesamten Steuereinnahmen. Sie resultierten aus 1,9 Mill. Übernachtungen und 0,7 Mrd. € Incoming-Umsatz.

Neben der Zweitwohnungssteuer, der Gewerbesteuer und der Kurtaxe ist der Gemeindeanteil an der Einkommensteuer unter Berücksichtigung der Rechtsform, dem Wohnsitz des Unternehmers und dem Sitz des Unternehmens noch am sichersten dem Incoming zuzuordnen.
Überhaupt bietet das Bestimmen der Steuerbelastung des Incoming einer Destination keine größeren Probleme, das Bestimmen der Steuereinnahmen aus ihm ist schlichtweg unmöglich.

Von 100 €, die Touristen für Unterkunft, Mahlzeiten, Mietwagen, Flughafengebühren etc. ausgeben, gehen in Form von Steuern an den Fiskus:
in Neu-Delhi - 27 €, in Prag - 23 €, in Kopenhagen - 22 €, in Buenos Aires und Kairo - jeweils 21 €, in London - 20 €, in Brüssel, Chicago und Wien - jeweils 19 €, in Frankfurt/M. und München - jeweils 17 €, in Tokio - 7 €, in Kuala Lumpur und Taipeh - jeweils 6 €, in Singapur - 5 €, in Hongkong - 3 €.[2]
In Macao kamen Ende der 90er Jahre 40% der Steuereinnahmen von der Gesellschaft für Tourismus und Unterhaltung.

Der **Steuereffekt** des Incoming wird vereinfacht ermittelt:

kommunale Steuereinnahmen aus Incoming	=	Gesamtumsatz Netto[3] im Incoming · Steuersatz[4]

Der *Gemeindeanteil an der Einkommensteuer* ist zurzeit die wichtigste Einnahmequelle der Kommunen. Die Gemeinden erhalten einen Anteil vom bundesweiten Steueraufkommen gem. Finanzausgleichsgesetz. Die Verteilung auf die Gemeinden ist nach einem Schlüssel geregelt, wobei sich die Schlüsselzahl für die Gemeinde aus dem Verhältnis des Sockelaufkommens der Gemeinde zum Sockelaufkommen des Landes ergibt. Erfasst werden nur Einwohner bis zu einem gesetzlich festgelegten zu versteuernden Einkommen.

5.5. Negative Wirkungen

Negative Wirkungen sind teils unvermeidbar, teils reduzierbar, teils vermeidbar. Zur ersten Kategorie gehören Vorlaufkosten, z.B. für die Anerkennung als prädikatisierter Ort und für die Schaffung einer touristisch bedingten Infrastruktur. Oft sind diese Aufwendungen mit kommunaler Verschuldung und für die Bevölkerung schmerzhaftem Sparzwang in anderen Bereichen verbunden. Reduzierbar sind die negativen Wir-

[1] tronc (Franz.): Opferstock
[2] nach einer Analyse des World Travel and Tourism Council, veröff. 1999
[3] s.S. 138
[4] aus Gewerbe-, Grund- und anteiliger ESt u. USt (Erfahrungswert: 2,5%)

kungen des Tourimus auf die Umwelt, und vermeidbar ist die völlige Verfremdung einer Kulturlandschaft durch touristische Großbauten.

Durch „sanfte", rücksichtsvolle Formen des Tourismus kann sicher Schaden vermieden werden, aber sie können nicht die Schäden kompensieren, die von „brutaler", rücksichtsloser Industrie und Landwirtschaft verursacht werden. Für den Tourismus ist intakte Umwelt jedoch wichtiger als für die Industrie und das Verkehrswesen. „Sanfte" Zivilisation ist gefordert.

„Der Sieg der Vernunft kann nur der Sieg der Vernünftigen sein."
Bertolt Brecht

Verbrauch von Landschaft und Boden

Für touristische **Beherbergungsbetriebe** werden inkl. Verkehrsflächen[1] u.dgl. veranschlagt:

pro Bett in der Hotellerie: 30 m^2
(Spanische Gesetze fordern 30 bis 60 m^2, neuerdings auf den Balearen 120 m^2 Grün pro Hotelbett)
pro Schlafstelle auf Campingplätzen: 50 m^2; ein Zeltstellplatz inkl. PKW benötigt zwischen 100 und 150 m^2 Fläche
pro Bett in Zweitwohnungen: 200 m^2
pro Bett in Feriendorf/-siedlung: 100 m^2
pro Bett in ländlichen Herbergen: 50 m^2

Bei unveränderter Auslastung ist auf 4 bis 5 zusätzliche Touristen pro Jahr ein zusätzliches Bett notwendig.[2]

Für eine **Golfanlage** werden zwischen 42 und 150 Hektar Fläche benötigt.

Pro Golfer rechnet man mit einem Flächenbedarf von etwa 1000 m^2 (0,1 ha), ein Leichtathlet benötigt 178 m^2, ein Fußballspieler 71 m^2 und ein Tennisspieler 12,6 m^2.[3]

Ein **Ferienpark** der dritten Generation benötigt im Durchschnitt 100 Hektar, maximal 550 Hektar Land.

Der Center Parc Bispinger Heide hat eine Größe von 83 Hektar. Clubdörfer beanspruchen Grundstücke zwischen 1,2 Hektar (die Robinson Clubs Schlanitzen Alm in Österreich und Arosa in der Schweiz), 45 Hektar (die Robinson Clubs Tulum in Mexiko und Ampflwang in Österreich) und 550 Hektar (Land Flesensee in Mecklenburg-Vorpommern).

Überbauung und Zersiedelung sind aus touristischer Infrastruktur resultierende Gefahren für die Landschaft.

Zum Flächenbedarf siehe auch Kap. 4.2.

Schädigung der Natur

Der Boden wird versiegelt durch den Bau touristischer Anlagen und er wird vergiftet durch Öl, Ruß, Blei und andere Schadstoffe, die insbesondere vom Kraftverkehr herrühren. Erosionsgefährdet sind vor allem Dünen, Steilküsten, Berghänge ohne Pflanzendecke.

Der **Wasserverbrauch** (ca. 400 Liter pro Tag und Tourist sind möglich, hinzu kommt die Bewässerung von Sportanlagen) übersteigt in manchen Destinationen das natürliche Wasserdargebot. Der Grundwasserspiegel wird abgesenkt. Verschmutzung des Wassers mangels ausreichender Kläranlagen und seine Vergiftung durch Öl, Müll, Sonnenöl, Reinigungsmittel sind zu befürchten.

---

[1] nicht berücksichtigt sind die Verkehrsflächen, die als Zubringer dienen
[2] EG-Studie für 1980 von Baretje
[3] Baumgart: Countdown für die Touristik. Wien 1991, S. 68

Vom Tourismus verursachte Wirkungen:

natürliche Umwelt	**gebaute Umwelt**
1. Änderungen im Pflanzen- und Tierbestand - Störung von Aufzuchtgewohnheiten - Töten von Tieren durch Jagd - Töten von Tieren für Souvenirzwecke - Migration von Tieren (herein und hinaus) - Zerstörung der Vegetation durch das Sammeln von Pflanzen - Veränderung der Vegetation durch Rodung, um Platz für touristische Einrichtungen zu schaffen - Einrichtung von Reservaten 2. Verunreinigung - Wasserverunreinigung durch Abwässer, Leckagen - Luftverunreinigung durch Autoabgase - Lärm durch Verkehr und touristische Aktivitäten 3. Erosion - Verdichtung des Bodens mit der Gefahr der Erosion - Risiko von Erdrutschen - Lawinengefahr - Schäden an geologischen Besonderheiten (Höhlen) - Schäden an Uferzonen 4. Natürliche Ressourcen - Entleeren von Grund- und Oberflächenwasserdepots - Entleeren von Depots fossiler Energieträger, um Energie für touristische Belange zu erzeugen - Risiko des Auftretens von Bränden 5. Visuelle Wirkungen - touristische Einrichtungen (Gebäude, Sessellifte) - Abfall	1. Ortsumgebung - Land wird der Primärproduktion entnommen - Veränderung des Wasserhaushalts 2. Visuelle Wirkungen - Anwachsen des bebauten Gebietes - neue Architekturstile - Menschen und ihre Habseligkeiten 3. Infrastruktur - Überladung mit Einrichtungen (Straßen, Parkplätze, Mülldeponien, Abwasserbehandlung) - Bereitstellung neuer Infrastruktur - Umweltmanagement, um Areale für touristische Nutzung geeignet zu machen 4. Ortsbild - Änderungen in der Nutzung des Ortes - Änderungen des Ortsgefüges - Kontrast zwischen Arealen für Touristen und Einheimische 5. Restaurierung - Wiederbenutzung von unbenutzten Gebäuden - Restaurierung und Bewahrung historischer Gebäude und Orte - Restaurierung von verlassenen Gebäuden als Zweitwohnsitze 6. Konkurrenz, Wettbewerb - Rückgang der Attraktivität einer Destination

Die **Luftbelastung** steigt durch Schadstoffemissionen aus Heizung und Verkehr (Kohlenmonoxid, Kohlenwasserstoffe, Stickoxide, Schwefeldioxid, Ruß) sowie FCKW-haltige Sprays.

Der Heizenergieverbrauch liegt in Fremdenverkehrsorten für Hotels bei etwa 750 Megajoule pro Quadratmeter verbauter Fläche und Jahr.[1] Nach einer Untersuchung der Universität Bern aus dem Jahre 1998 verursacht der Reise- und Freizeitverkehr 30,2% aller Stickoxid- und 27,9% aller Kohlenmonoxidemissionen in der Schweiz. Der Anteil am Schwefeldioxidausstoß falle mit weniger als 1% kaum ins Gewicht.

Die **Tierwelt** leidet unter der Zerstörung von Lebensräumen, Wild wird verschreckt, Störungen während der Brut und Aufzucht beeinträchtigen die Erhaltung von Arten.

Schäden für die **Pflanzenwelt** bestehen im Waldsterben durch Luftschadstoffe, in irreparablen Trittschäden und in der Artenverarmung durch Grünanlagen statt Wildwuchses.

„Der Tourismus zerstört das, was er sucht, indem er es findet."
Hans Magnus Enzensberger

Einflüsse auf die Bewohner

Eine Vielzahl negativer Wirkungen sind möglich und bereits in etlichen Regionen nachweisbar. Oft werden sie gar nicht mit dem Tourismus in Zusammenhang gebracht, und ebenso oft werden sie unberechtigt allein dem Tourismus angelastet. Genauso häufig werden sie als unvermeidbar hingenommen.

---

[1] Baumgart, s.d. S. 25

Beklagt werden vorrangig: Kulturverlust durch Überfremdung bis zum Kulturschock, Störung von Sitten und Gebräuchen, Zerstörung kultureller Güter, Ausverkauf kultureller Werte, Identitätsstörung, Kommerzialisierung, Verbrauch knapper Ressourcen, Belästigung.

WÖHLER spricht von touristifizierten Landschaften, wenn aus Tradition Folklore und aus Gastgebern Servicepersonal werden.

Vor allem in Entwicklungsländern wurde allerdings registriert, dass die Wirkungen der Massenmedien auf die Kultur größer sind als die Einflüsse des Tourismus.

Der Fremdenverkehr wirkt *sozial differenzierend* durch ungleiche Verteilung der Vorteile des Incoming, z.B. Einkommen, Wohlstand und Prestige; meist profitieren vom Tourismus nur wenige. Daraus können sich soziale Spannungen ergeben. Es besteht auch die Gefahr, dass Einheimische wegen fehlender finanzieller Mittel vom Besitz an touristischer Infrastruktur als auch von ihrer Nutzung ausgeschlossen bleiben.

Der Fremdenverkehr kann *gesellschaftliche Strukturveränderungen* bewirken, z.B. in Bezug auf Herrschafts- und Familienstrukturen, die Stellung der Frau, das Verhältnis zwischen Eltern und Kindern. Zu erheblichen Störungen des gewachsenen Gleichgewichts kann es kommen, wenn das touristische Wachstum zu schnell erfolgt. Die vorhandenen Strukturen können sich den veränderten Bedingungen nicht schnell genug anpassen. In der Hoffnung auf schnell wachsende Einkommen wird auf die alternative Nutzung von regionalen Ressourcen verzichtet, und andere Erwerbsbereiche werden vernachlässigt.

Kulturelle Wirkungen äußern sich in veränderten moralischen Verhaltensweisen, in Veränderungen der Bräuche und Sitten sowie in der regionalen Kunst. Oft entsteht ein allgemeiner Wertewandel, bei dem das Geld als Maßstab im Vergleich zu anderen Werten an Bedeutung gewinnt. Kunst und Handwerk sind der Gefahr der Anpassung an den Touristengeschmack und dadurch dem Verlust ihrer Identität ausgesetzt.

Touristische Großbauten können, sofern sie traditionelle Baustile und landschaftliche Gegebenheiten ignorieren und das Landschafts- und Ortsbild dominieren, dazu führen, dass die Einheimischen sich nicht mehr mit ihrem Ort, mit ihrer Region identifizieren.

Die geforderte und erforderliche Dienstleistungsmentalität ist nicht jedermanns Sache.

Damit ist nicht nur die Beseitigung der von den Touristen hinterlassenen Abfälle gemeint (bis zu 180 m^3 Müll sind nach sonnigen Wochenenden aus dem Hamburger Stadtpark zu beseitigen; 1993 wurden auf Liberty Island, der kleinen Insel mit der Freiheitsstatue, 600 kg Kaugummireste entfernt).

Physische Überbelastung, wie Verzicht auf Freizeit, Erholung, Familienleben, wird vor allem von der jüngeren Generation nicht hingenommen.

Ferienzentren, z.B. Center Parcs und Clubdörfer, werden zwar umweltverträglich betrieben, verursachen allerdings beträchtliche Verkehrsströme, da die Besucher überwiegend mit dem Auto anreisen. Parkflächen werden benötigt, Ortsdurchfahrten im Bereich der Hauptanreisetrassen werden stark belastet. Auch die finanzielle Belastung der Kommunen steigt durch Ferienzentren: zusätzliche Straßen sowie Kapazitäten in Klärwerken und zur Abfallbehandlung werden erforderlich. Das traditionelle Incoming-Angebot profitiert kaum von den Besuchern der mit einem kompletten Angebot aufwartenden Ferienzentren. Es ist zu befürchten, dass traditionelle Zielgruppen ausbleiben. Einnahmen aus der Gewerbesteuer sind zumindest in den ersten Jahren des Bestehens von Ferienzentren wegen der hohen Investitionen und daraus resultierender Verluste kaum zu erwarten.[1]

---

[1] Burghoff/Kresta: Schöne Ferien. München 1995, S. 56 ff.

Neben dem Verkehrslärm fühlen sich Bewohner von Fremdenverkehrsorten durch von Touristen und touristischen Einrichtungen hervorgerufenen *Lärm und Unruhe* oft bis weit in die Nacht hinein gestört.
Zunehmender Nachfrage durch das Incoming folgen i.d.R. *Preisanstiege* für Baugrund, Konsumgüter und Dienstleistungen. Daraus resultieren Frustrationen und zum Teil soziale Probleme bei den Einheimischen.
Oft gibt es *Informations- und Kommunikationsprobleme* zwischen Touristen und Bereisten. Euphorische Urlaubsstimmung und Erwartungen auf der einen Seite und Arbeitsalltag auf der anderen können zu Missverständnissen und selbst bei geringfügigen Anlässen zu Aggressionen führen, wenn z.B. die Plätze am Stammtisch von Touristen besetzt werden und die Parkplätze blockiert sind.

Schutz vor negativen Einflüssen und Wirkungen

Die Möglichkeiten des Schutzes vor negativen Einflüssen und Wirkungen stehen in engem Zusammenhang mit dem Grad der Abhängigkeit eines Ortes oder einer Region vom Tourismus.
Der *Grad der Abhängigkeit* ergibt sich aus

- der Zahl der Touristenankünfte und Übernachtungen pro 1.000 Einwohner,
- der Anzahl der Arbeitsplätze für den Incoming-Tourismus im Verhältnis zur Zahl der Erwerbstätigen und im Vergleich mit der Zahl der Arbeitsplätze in anderen Branchen,
- den Einnahmen/der Wertschöpfung aus dem Incoming im Verhältnis zu den gesamten Einnahmen/der Wertschöpfung und im Vergleich mit den Einnahmen/der Wertschöpfung anderer Branchen.

Allgemeingültige Richtwerte lassen sich wegen der destinationalen Verschiedenartigkeit des Incoming nicht aufstellen.

Etwa 10% aller 6.000 Alpengemeinden sind so „monostrukturiert“, dass sie ausschließlich vom Geschäft mit den Urlaubern leben.

Auch die *Elastizitäten* lassen sich zur Einschätzung des Grades der Abhängigkeit heranziehen.

Hundertprozentige Abhängigkeit vom Tourismus, typisch für die Hotellerie, die Souvenirproduktion und den Souvenirhandel, ergibt den Elastizitätswert 1, wenn z.B. ein Anstieg der Nachfrage um 10% auch die Einnahmen um 10% steigen lässt.

Für einen Fremdenverkehrsort kann die Elastizität auf die kommunalen Einnahmen bezogen werden.
Hoher Grad der Abhängigkeit bedeutet, dass ein solcher Ort den Schwankungen der für diese Branche typischen, besonders sensiblen und instabilen Nachfrage unmittelbar ausgesetzt ist. Ein Beispiel ist die Wirkung der deutschen Gesundheitsreform auf die Kur- und Badeorte. Durch das Fehlen anderer Branchen bzw. ihre geringe wirtschaftliche Bedeutung können durch Rückgang der Nachfrage hervorgerufene Verluste kurzfristig nicht ausgeglichen werden. Strukturkrisen können Existenzkrisen auslösen.
Die Saisonabhängigkeit der Branche führt zu Zyklen des gesellschaftlichen Lebens, die von den traditionellen mehr oder weniger stark abweichen. Möglichkeiten der Verlängerung der Saison können durch wetterunabhängige touristische Anlagen und flexible Preispolitik geschaffen werden. Eine Verlängerung der Saison über das ganze Jahr ist sicher wirtschaftlich erstrebenswert, aber für die Bevölkerung kaum akzeptabel. Erholungszeiten vom Tourismus, Regenerationszeiten sollten auf jeden Fall vorgesehen werden.

Für prädikatisierte Orte ist der Entzug des Prädikats mit gravierenden Folgen verbunden. Zwar besteht immer noch die Chance, als „einfacher“ Fremdenverkehrsort um Touristen zu werben, aber dieses Vorhaben wird durch den Imageverlust beeinträchtigt. Außerdem wäre die spezielle touristische Infrastruktur der veränderten Situation entsprechend überdimensioniert. Besser ist es, die finanziellen Aufwendungen für den Erhalt der Anerkennung als prädikatisierter Ort und die Unterhaltung der Infrastruktur nicht zu scheuen.
Durch das Incoming hervorgerufene Preissteigerungen und damit erhöhte Belastungen für die Einheimischen können durch Verbesserung der Arbeitseinkommen bis hin zu Maßnahmen der Sozialhilfe, d.h. durch Anpassung an das örtliche Preisniveau, kompensiert werden.
Ein niedriger Grad der Abhängigkeit schützt vor negativen Wirkungen des Fremdenverkehrs entsprechend der Devise: „Was ich nicht tue, kann mir nicht schaden“ - aber natürlich auch nicht nützen! Die Region oder der Ort sind nicht auf den Fremdenverkehr angewiesen, die Wirtschaftskonzeption nimmt nur wenig Rücksicht auf ihn, er gliedert sich ein und passt sich an.

Einige **Ratschläge** in Stichworten für den Umgang der Regionen und Kommunen mit dem Fremdenverkehr:

Monostruktur vermeiden!
Tourismusverträgliche Gewerbe und Industrien fördern, Bereiche entwickeln, die nicht nur vom Tourismus abhängig sind. Traditionelle Gewerbe beibehalten.

Die Bevölkerung schützen!
Abhängigkeit der Bewohner vom Tourismus mildern und erträglich gestalten; sie nicht zum touristischen Schauobjekt erniedrigen lassen; für solide Aus- und Fortbildung sorgen, Alternativen und soziale Sicherheit bieten.

Informationsdefizite vermeiden!
Sachliche Darstellung des Tourismus als normales soziales und wirtschaftliches Phänomen mit Vorzügen, Nachteilen, Chancen und Gefahren, die auch in anderen Bereichen anzutreffen sind; Information über Maßnahmen, die den Incoming-Tourimus betreffen (Art des Tourismus, Zielgruppen, Mengenkennziffern).

Die Bevölkerung beteiligen!
An Entscheidungsprozessen, an der Finanzierung, am Einkommen, an den Risiken.

Strenge Auflagen an Investoren!
Einbeziehung ortsansässiger Firmen, Beschäftigung Einheimischer, Verwendung regionaler Produkte; Umweltschutz.

Kooperation mit den Reiseveranstaltern!
Mitspracherecht bei Programmplanungen fordern; Gesprächsrunden mit der Bevölkerung, Einladung zu Sitzungen der Gemeindevertretungen und -verwaltungen.

Infrastruktur alternativ nutzbar gestalten!
Z.B. Hotels auch als Wohnungen, Spaßbäder auch als Zoo, botanischer Garten, wissenschaftliches Institut, Sportanlagen auch für den Schulsport.

5.6. Incoming und Arbeitsmarkt

Der Tourismus ist äußerst arbeitskräfteintensiv.

Von den rund 35 Millionen Erwerbstätigen in Deutschland sind knapp zwei Millionen (5,7%) in der Reise- und Gastbranche beschäftigt. In den USA sind von 125 Millionen Erwerbstätigen fünf Millionen (4%) und in Japan von 64 Millionen Erwerbstätigen zwei Millionen (3,1%) in Freizeit und Tourismus beschäftigt.

Die Landesdurchschnitte sind sicher für die Bewertung der volkswirtschaftlichen Rolle des Tourismus von einigem Interesse, für eine Fremdenverkehrskommune oder -region bieten sie keine verwertbaren Daten. Die Unterschiede sind zu groß. Etwa 70% der Alpenbewohner leben vom Tourismus, noch höher ist der Anteil in Kur- und Badeorten. Wesentlich geringer ist er hingegen in Großstädten, obwohl sie von zahlreichen Touristen aufgesucht werden.

Hamburg schätzt die Zahl der Arbeitsplätze in seiner Tourismus-Wirtschaft auf 60.000, das sind 7,7% der Erwerbstätigen.

Auch sind die tourismusabhängigen Beschäftigungsbereiche in den Branchen unterschiedlich groß. Eine Untersuchung der Bundesregierung aus dem Jahre 1975[1] ergab **Schätzwerte für den Anteil tourismusabhängiger Beschäftigter**:

Geringe Abhängigkeit, bis 5% der Arbeitsplätze sind abhängig vom Tourismus:

Kredit- und sonstiges Finanzierungsgewerbe (2,3%), Architekten und Ing.-Büros u.a. (2,7%), See- und Küstenschifffahrt (3,0%), Versicherungsgesellschaften (4,3%), Schuhindustrie (4,3%), Druckerei und Vervielfältigung (4,6%), Straßenverkehr (4,8%).

Mittlere Abhängigkeit, über 5% bis 20% der Arbeitsplätze sind abhängig vom Tourismus:

Großhandel, Handelsvermittlung, Einzelhandel (5,4%), Nahrungs- und Genussmittelindustrie (5,9%), Binnenschifffahrt (6,0%), Bauhauptgewerbe einschl. Ausbaugewerbe (6,6%), Schiffbau einschl. Boots- und Jachtbau (6,9%), Verlags- und Pressewesen (8,2%), Bekleidungsgewerbe (8,3%), Kunst, Theater, Film, Rundfunk, Fernsehen (10,4%), Wirtschaftswerbung (10,4%), sonstige Dienstleistungen (10,9%), Eisenbahnen und Post (11,5%), Mineralölverarbeitung (13,6%), Musikinstrumente, Sportgeräte, Spiel- und Schmuckwaren (18,2%), Feinmechanik und Optik, Uhrenindustrie (19,1%), Straßenfahrzeugbau (19,2%).

Starke Abhängigkeit, über 20% der Arbeitsplätze sind abhängig vom Tourismus:

Luftfahrzeugbau (24,5%), Gaststätten- und Beherbergungsgewerbe (34,7%), Luftfahrt und Flugplätze (80,1%), Reiseveranstaltung, Reisevermittlung (100%).

Am deutschen Tagungsmarkt hängen etwa 244.000 Arbeitsplätze, die deutschen Kurorte sorgen für mehr als 300.000 Arbeitsplätze.

Der **Beschäftigungseffekt** des Incoming lässt sich vereinfacht auf folgende Formel bringen:

$$\text{Anzahl der Arbeitsplätze} = \frac{\text{Ausgaben der Reisenden in der Region} \cdot 0{,}25}{\text{durchschnittl. Einkommen in der Region}}$$

Die Multiplikation mit 0,25 ist erforderlich, da nicht alle Ausgaben der Reisenden Einkommen der Arbeitskräfte sind.

Oder auch:

$$\text{Beschäftigte im Incoming}^{3} = \frac{\text{Nettowertschöpfung}^{2}\text{ aus Incoming}}{\text{durchschn. Pro-Kopf-Einkommen}}$$

plus ca. 20% Saison- und Teilzeitbeschäftigte sowie mithelfende Familienangehörige

MUNDT (1998, S. 368 ff.) bietet einige weitere Methoden zur Messung der Beschäftigungswirkung des Tourismus an. Sie sind jedoch entsprechend seiner eigenen kritischen Einschätzung für die praktische Arbeit kaum von Nutzen.

---

[1] zitiert in Freyer (1991), S. 125 f.

[2] siehe Kap. 5.3.

[3] sozialversicherte Arbeitsplätze

Aus der Anzahl der im Incoming Beschäftigten kann auf die notwendige Gästezahl geschlossen werden:

$$\text{Gäste pro Arbeitsplatz} = \frac{\text{durchschn. Jahreseinkommen von Beschäftigten im Incoming}}{\text{durchschnittlicher Wertschöpfungsanteil pro Gast}}$$

Pro Arbeitsplatz im eigentlichen Tourismusbereich werden in anderen Wirtschaftsbereichen 0,5 bis 5 zusätzliche Arbeitsplätze geschaffen.

In der Schweiz wurde ermittelt, dass 100 Hotelbetten ca. 23 Ganztagsarbeitsplätze schaffen, 100 Betten in Ferienwohnungen nur fünf. Im Einzelnen würden im tertiären Sektor pro verfügbares Bett im gewerblichen Beherbergungssektor folgende fremdenverkehrsbedingten Arbeitsplätze geschaffen:

Handel	0,033
Banken, Versicherungen	0,007
Gastgewerbe	0,306
übrige Dienstleistungen (ohne öffentl. Verwaltung)	0,114
gesamt	0,460

Für Hotels beträgt das Verhältnis Mitarbeiter zu Gäste etwa 1:3, seltener 1:2.
Bei Clubs kommen auf jeden Mitarbeiter etwa 1,5 Touristen.

Der Wert des Arbeitsplatzes vermittelt Anhaltspunkte über den Nutzen touristischer Investitionen für den Arbeitsmarkt. Der Investitionsaufwand je Arbeitsplatz ist für Investoren und Betreiber bei hohem Lohnniveau in dem Sinne interessant, als er bestrebt ist, mit möglichst wenigen Beschäftigten auszukommen. Die Gemeinde ist daran interessiert, dass mit einer Investition möglichst viele Arbeitsplätze geschaffen werden.

$$\text{Wert des Arbeitsplatzes} = \frac{\text{Investition}}{\text{Arbeitsplätze}}$$

Beispiele:

Anlage	Investitionssumme [€]	Arbeitsplätze	Wert pro Arbeitsplatz [€]
SnowWorld, NL	26 Mill.	200	130.000
Karl-May-Land	112 Mill.	500	224.000
Land Flesensee (M-V)	169 Mill.	500	338.000
Erlebnisbad, Warnemünde	38 Mill.	57	673.000
Reha-Klinik, Usedom	123 Mill.	180	683.000

Ein Arbeitsplatz im Stahlwerk kostet mindestens 300.000 Mark.

Lt. DZT schaffe rund eine Milliarde € zusätzlicher Tourismusumsatz in Deutschland etwa 20.000 neue Arbeitsplätze und diese könnten mit 200 Millionen € zusätzlicher Werbung für Deutschland generiert werden.[1]

Das Arbeitsplatzangebot im Incoming-Tourismus weist folgende **Charakteristika** auf:

- Die saisonalen Schwankungen der Nachfrage bedingen einen hohen Anteil an Saisonarbeitsplätzen. In etlichen Regionen beschränkt sich die Saison auf vier Monate, in anderen ist sie noch kürzer. Für Einheimische ist diese Zeitspanne als Haupterwerbszeit zu kurz, und für einen Nebenerwerb sind die Anforderungen zu intensiv. Ein großer Teil der Arbeitsplätze wird deshalb von Wanderarbeitern belegt.
- Starke Schwankungen der Nachfrage führen zu unterschiedlichem Bedarf an Arbeitskräften.

  Als EuroDisney 1992/93 hohe Verluste hatte, wurden innerhalb von fünf Monaten 2.347 fest angestellte Mitarbeiter entlassen und dafür 3.747 Beschäftigte mit Zeitverträgen eingestellt.

[1] Touristik R.E.P.O.R.T. 5/97, S. 140

- Arbeitsplätze im Incoming sind ortsgebunden. Sie können nicht verlagert werden.
- Das Incoming bietet überwiegend Beschäftigung in traditionellen Frauenberufen, verbunden mit geringen Anforderungen an die Qualifikation, geringem Prestige, niedrigem Lohn, aber mit hohen Anforderungen an die Motivation und die Arbeitsbereitschaft. Ist ein Ort ausschließlich auf den Fremdenverkehr fixiert, so ist damit zu rechnen, dass qualifizierte Arbeitskräfte sich auswärts Arbeit suchen und vor allem Jugendliche abwandern.
- Auf der anderen Seite hängt der Erfolg des Incoming von der Professionalität des Management ab, das jedoch kann nicht ohne qualifizierte Mitarbeiter auskommen. Auf zahlreichen Gebieten des Incoming ist inzwischen ein Qualifikationsniveau erreicht, das den Vergleich mit anderen Branchen nicht zu scheuen braucht. Die gesellschaftliche Anerkennung lässt allerdings auf sich warten.

6. Incoming-Politik

6.1. Gegenstand

Tourismuspolitik ist stets entweder Incoming- oder Outgoing-Politik.

Incoming-Politik ist der Versuch der Einflussnahme gesellschaftlicher Akteure auf den Incoming-Tourismus mit dem Ziel, eine als unbefriedigend erachtete Ist-Situation einer angestrebten Soll-Situation bestmöglich anzupassen.[1]

Incoming-Politik ist also eine Angelegenheit der Bereisten, der Gastgeber, der Destinationen.
Wesentliches Abgrenzungskriterium der Tourismuspolitik gegenüber anderen Erscheinungen, Entscheidungsprozessen etc. im Tourismus ist die *Unternehmenspolitik* (-strategie). Insbesondere die Ziele sind grundverschieden. Kein Tourismusunternehmen würde von sich aus die Reduzierung des Tourismus anstreben. Ähnliche Reaktionen und Ergebnisse sind jedoch nicht ausgeschlossen. Im Tourismus werden, wie auch in anderen Bereichen, entweder politische oder unternehmerische Entscheidungen getroffen.
Wirtschaftseinheiten betreiben Unternehmenspolitik.

Als **Grundprinzip** der Politik, als ihr kategorischer Imperativ, gilt, dass sie sich am Gemeinwohl zu orientieren hat. Das heißt u.a.:

- keine Bevorzugung einzelner Personen, Personengruppen, Branchen, Regionen zu Lasten anderer
- keine Beeinträchtigung der Natur zu Lasten der Einheimischen und ihrer Nachkommen
- Schutz der eigenen Bevölkerung vor Gefahren und Risiken von innen und außen.

Ob und inwieweit diese Prinzipien eingehalten werden, ist. u.a. abhängig von der personellen Zusammensetzung der Legislative und Exekutive und vom Kontrollmechanismus der Gesellschaft.

Zunächst muss der Bereich bestimmt werden, für den incoming-politische Ziele definiert und Instrumente eingesetzt werden sollen. Dieser Bereich kann ein Fremdenverkehrsort, eine Landschaft, ein Bundesland, die Bundesrepublik, eine Verwaltungs- und Staatsgrenzen übergreifende Destination sein.
Es leuchtet ein, dass in solchen Gebilden Interessengegensätze vorhanden sind.

[1] in Anlehnung an die Definition für „Wirtschaftspolitik“ in: Vahlens Kompendium der Wirtschaftstheorie und Wirtschaftspolitik. Band 2. München, 3. Aufl. 1988, S. 157 f.

Konfliktpotenziale ergeben sich u.a., wenn

- wirtschaftliche Ziele zu Lasten der Umwelt und mit Beeinträchtigungen für die Bevölkerung angestrebt und durchgesetzt werden
- der Incoming-Tourismus nicht oder nur in geringem Maße der Destination zugute kommt
- touristische Entwicklungsziele die Entwicklung einer ausgewogenen Wirtschaftsstruktur behindern
- die Länder sich zu stark in kommunale Belange einmischen bzw. kommunale Interessen nicht ausreichend berücksichtigen
- Einzelinteressen je nach Kräfteverhältnis in Ämtern oder Fremdenverkehrsvereinen dominieren und im Widerspruch zum Gesamtinteresse stehen
- öffentliche Zuwendungen, z.B. der Wirtschaftsministerien an die Landesfremdenverkehrsverbände, nicht optimal und zum Gemeinwohl genutzt werden
- die Vergabe von Fördermitteln den Wettbewerb verzerrt
- das Gewerbe Erfolge der Gemeinschaftswerbung von Fremdenverkehrsverbänden auch ohne finanzielle Beteiligung an ihr nutzt.

Häufig beschränkt sich Incoming-Politik auf die Infrastruktur, während doch die personellen Dienstleistungen das Incoming wesentlich prägen. In Destinationen sind häufig Machtkämpfe, Neid und Missgunst anzutreffen.
Eine der schwierigsten Aufgaben der Incoming-Politik besteht darin, der oft auf kleinstem Raum anzutreffenden Zersplitterung und Konkurrenz zu begegnen, die einzelnen Anbieter mit ihren unterschiedlichen Interessen für eine gemeinsame, einigende Idee und für ein kooperatives Handeln zu gewinnen.
Die Incoming-Politik muss Entwicklungstendenzen berücksichtigen. Aus ehemals homogenen Massenmärkten (z.B. Ferien in den Alpen) entsteht durch Profilierung und Spezialisierung eine Masse von Minimärkten. Man muss „Farbe bekennen". Der einzelne Fremdenverkehrsort kann nicht mehr auf allen Hochzeiten tanzen wollen. Aber Zersplitterung und Konkurrenz auf kleinem Raum ist gefährlich, und Kooperation, Offenheit und Kommunikation bei Bewahrung der Individualität werden immer wichtiger.

6.2. Ziele

Am Anfang steht die Frage: was soll Tourismuspolitik und was kann sie? Oft muss man feststellen: sie soll viel und kann recht wenig.
Ökonomisches Kalkül und Gemeinnutz sind im Incoming eng miteinander verflochten. Selbst bei profitorientierter Organisation des Incoming-Tourismus muss das Interesse des Gemeinwesens gewahrt bleiben, da der Incoming-Tourismus über das natürliche Angebot sowie die touristische Infrastruktur als auch über Kultur, Tradition, Sitten, Lebensraum der Einheimischen verfügt und diese vermarktet. Deshalb ist es unerlässlich, einen Sicherungsmechanismus zu schaffen, der verhindert, dass über die Interessen der Einheimischen hinweg, evtl. sogar zu ihrem Schaden oder zum Nachteil ihrer Nachkommen Entscheidungen getroffen werden.
Als **generelles Ziel** der Incoming-Politik gilt die Harmonisierung der Entwicklung des Incoming mit der Entwicklung der Gesellschaft. Die positiven Effekte des Tourismus zu nutzen und zugleich die Region und ihre Bewohner vor negativen Wirkungen des Incoming zu bewahren, das sollte oberstes Ziel der Incoming-Politik sein.
Die **konkrete Zielfindung** ist eine politische Aufgabe, die aus dem politischen Kräftespiel, unter Berücksichtigung der Entwicklungstendenzen der Gesellschaft, resultiert.

Die Incoming-Politik verfolgt teils vordergründig und zielstrebig, teils im Rahmen von Entwicklungszielen

- wirtschaftpolitische Ziele: Förderung des Incoming-Tourismus im Rahmen der gesamtwirtschaftlichen Entwicklung und begrenzender Randbedingungen; Wachstum, Beschäftigung, Wettbewerbsfähigkeit
- unternehmensbezogene Ziele: Förderung und Schutz der Unternehmen, Unterstützung unternehmerischer Bemühungen (Niederlassungsrechte, Gewerbefreiheit, Konkurrenzschutz)
- sozialpolitische Ziele: Beeinflussung des Incoming-Tourismus im Interesse und zum Wohle der Einheimischen im umfassenden Sinne; Beteiligung der Bevölkerung, Schaffung von Arbeitsplätzen, Schutz vor Kriminalität, Kinderprostitution, Kinderarbeit, Gewalt, Preistreiberei
- strukturpolitische Ziele: Entwicklung der touristischen Infrastruktur; Vertretung der Interessen der einheimischen Gewerbe und der Bewohner gegenüber Investoren in die touristische Infrastruktur; Ansiedlung von Gewerben, Bewahrung traditioneller Strukturen
- umweltpolitische Ziele: Bewahrung der natürlichen Bedingungen unter dem Einfluss des Incoming; Schutz der Natur, Renaturierung
- kulturpolitische Ziele: Erhaltung von Kulturgütern und kulturellen Traditionen, Belebung der Kulturszene
- kommunalpolitische Ziele: Erhaltung der Kommune als lebenswerte Einrichtung; Durchsetzung kommunaler und regionaler Interessen.

Die incoming-politischen Ziele sind umso konkreter, je kleiner der Bereich ist, für den sie definiert werden.

Ebene **Bund**:

- Imagekampagnen für Deutschland
- Förderung des Aufbaus eines flächendeckenden Informations- und Reservierungssystems durch die Bundesregierung
- Schaffung der Voraussetzungen für eine aussagefähige Tourismusstatistik
- stärkere Einflussnahme auf die Entscheidungen der Organe der EU zur gemeinsamen Tourismuspolitik und angemessene Vertretung der deutschen Interessen
- Weiterführung und Verfeinerung der zeitlich abgestuften Ferientermine
- Orientierung der Ausbildungsgänge für den Tourismus am Bedarf und Verhinderung des Wildwuchses von immer neuen Ausbildungsgängen
- finanzielle Absicherung grundlegender wissenschaftlicher Untersuchungen, Länder übergreifender Studien sowie modellhafter touristischer Initiativen durch die Bundesregierung
- Schaffung günstiger Rahmenbedingungen für das Incoming-Gewerbe.

Ebene **Bundesländer**:

- Steuerung des Tourismus im Interesse des Bundeslandes
- Sicherung von Räumen für den Tourismus im Landesentwicklungsprogramm
- Imagekampagnen für das Bundesland
- Einführung eines landesweiten Reservierungssystems
- Interessenausgleich zwischen Tourismusregionen sowie -kommunen
- Bündelung des touristischen Potenzials im Interesse einer höheren Wirksamkeit der Branche.

Auf der Ebene der **Kommunen** sind die incoming-politischen Ziele sehr konkret formuliert. Zwar sind auch allgemeine Absichtserklärungen und politische Orientierungen, z.B. die Verwertungsbedingungen der Tourismusindustrie zu verbessern, notwendig und möglich, aber sie taugen nicht als Ersatz für konkrete, pragmatische Ziele in den Bereichen:

- Profilierung und Orientierung auf eine bestimmte Nachfrage durch gezieltes Marketing
- Entwicklung der Angebotskapazität und der touristischen Infrastruktur
- Maßnahmen für den Umweltschutz
- Engagement der öffentlichen Hand, insbesondere in den Bereichen Sicherheit und Ordnung, Kultur, Werbung, Pflege des Ortsbildes
- Entwicklung des Arbeitsplatzangebotes.

Eine schwere Entscheidung steht ins Haus, wenn sich ein *Investor* für die Errichtung eines Freizeitparks, einer Feriensiedlung oder irgendeiner anderen touristischen Großanlage in einer Kommune oder in ihrer unmittelbaren Umgebung interessiert. Die Anlage kann der Kommune nützen, kann sie bekannt machen, kann Arbeitsplätze schaffen, den Umsatz der einheimischen Gewerbe fördern. Sie kann aber auch Umsatzrückgang der einheimischen Anbieter und eine unzumutbare Verkehrsbelastung bedeuten.
Eine weitere politische Alternative ist mit den Begriffen „Verkehrserschließung" und „Verkehrsferne" verbunden. Touristen möchten möglichst bequem mit dem Auto bis zu ihrer Unterkunft gelangen, andererseits während ihres Aufenthalts möglichst wenig vom Verkehr (Lärm, Abgase) belästigt werden.
Regionale Ziele sind umso komplizierter zu formulieren und durchzusetzen, je größer und heterogener die Region ist. Kompromisse sind erforderlich, denn die Ziele der Beteiligten an einer Region (Staaten, Länder, Kommunen) sind i.d.R. nicht zwangsläufig identisch oder kompatibel. Regionale incoming-politische Ziele orientieren sich an den touristisch relevanten Gemeinsamkeiten, durch die sich im touristischen Sinne definierte Regionen auszeichnen, z.B. Landschaft, Geschichte, Kultur, Klima. Sie können dazu beitragen, dass Gemeinsamkeiten erhalten bleiben und gepflegt werden, dass gemeinsam schädliche Eingriffe abgewehrt werden, dass die Region sich nach außen geschlossen darstellt. *Im günstigsten Falle entwickelt sich eine Region zur Destination* mit wettbewerbsfähigen, originären Angeboten, effizientem Management, gebündeltem, schlagkräftigem Werbebudget und flexibler Verkaufsorganisation.
Eine Schwierigkeit liegt z.B. darin, dass eine im touristischen Sinne definierte Region nicht unbedingt auch einheitliche rechtliche, politische, ökonomische, soziale u.a. Bedingungen aufweisen muss. Ein anderes Problem ist die ungleiche Verteilung der Anteile an einer Region, mit der Folge, dass Schwächere der Gefahr ausgesetzt sind, von den Stärkeren dominiert zu werden.

Wie problematisch regionale Vereinbarungen sind, lässt sich am Beispiel der 1994 von den acht Alpenstaaten verabschiedeten „Alpenkonvention" und der „Fachprotokolle" für Tourismus, Verkehr, Berglandwirtschaft, Raumordnung und nachhaltige Entwicklung, Naturschutz und Landschaftspflege zeigen. Die Konvention und die Protokolle enthalten nach zehnjährigen Verhandlungen und fünfjähriger Feilerei, um konsensfähig zu sein, keine konkreten Verpflichtungen mehr, sondern nur noch gute Vorsätze. Das Tourismusprotokoll gleicht einer Resolution zur alpinen Wirtschaftsförderung. Es dominieren solche vagen Formulierungen wie: „Aufstiegshilfen" sollten „neben den Anforderungen der Wirtschaftlichkeit und der Sicherheit den ökologischen und landschaftlichen Anliegen" Rechnung tragen. Die Erhaltung der idyllischen Atmosphäre als Urlaubsreservat liegt jedoch nicht unbedingt im Interesse der Bewohner, die ebenfalls an der allgemeinen wirtschaftlichen Fortentwicklung teilhaben wollen.
Ein anderes Beispiel ist der Biosphärenpark Rhön mit einer Kapazität von etwa 13.000 Hotelbetten. An ihm beteiligt sind die Bundesländer Bayern, Hessen und Thüringen, und die Probleme sind nicht geringer als bei den Alpenländern. Unterschiedliche Kompetenzen der Kommunen, Konkurrenzgebaren, Uneinigkeit, Streit waren Schlagworte, die das Verhältnis untereinander beschrieben. Hier wurden Lehren gezogen. Seit 1997 wird die Region länderübergreifend durch die Dachorganisation „Rhönagentur" vermarktet.

6.3. Akteure

Viele machen Politik, aber politische Entscheidungen können nur diejenigen treffen, die dafür kompetent sind, ein Mandat haben. Akteure sind in der Lage, das Erreichen von Zielen im Gemeininteresse durchzusetzen.
Im allgemeinen Sprachgebrauch unterscheidet man zwischen den *Politiken* der Regierung (Innen-, Sozial-, Tourismuspolitik) und den *Programmen* der Opposition (innen-, sozial-, tourismuspolitische Programme).
Öffentlich-rechtliche Körperschaften (Bund, Länder, Kommunen) haben incoming-politische Kompetenzen. Bund, Länder und Gemeinden haben eine Mitgestaltungs- und Stützungspflicht hinsichtlich Verkehrsinfrastruktur, Mittelstandsförderung, Kulturförderung, Umweltschutz, Denkmalpflege zu erfüllen.
Der **Bund** beeinflusst den Fremdenverkehr als Gesetzgeber. Seit 1991 gibt es im Deutschen Bundestag einen *Vollausschuss für Fremdenverkehr und Tourismus* mit 17 Mitgliedern. Zuvor hatte der Wirtschaftsausschuss einen Unterausschuss Fremdenverkehr.
Im Bundesministerium für Wirtschaft ist das Referat *II A 2: Tourismuspolitik* für Fragen des Tourismus zuständig.
Der *Beirat für Fragen des Tourismus* (Tourismusbeirat) beim Bundesministerium für Wirtschaft soll den Bundesminister in Fragen der Tourismuspolitik beraten und durch gutachterliche Stellungnahmen unterstützen.
Auf Bundesebene vertreten Verbände die Interessen der touristischen Gewerbe und Destinationen:

BTW (Bundesverband der Deutschen Tourismuswirtschaft)
DTV (Deutscher Tourismusverband)
DZT (Deutsche Zentrale für Tourismus)

Die gewerbliche Wirtschaft hat sich den *Gemeinschaftsausschuss der Deutschen Gewerblichen Wirtschaft* geschaffen. Mit DIHT und DEHOGA sind zwei dem Incoming-Tourismus verbundene Organisationen Mitglied. Die Industrie- und Handelskammern als regionale Wirtschaftsverbände vertreten die Interessen des Incoming, indem sie die Interessen ihrer Mitglieder vertreten. Je gewichtiger ihr Anteil, desto stärker fallen ihre Interessen ins Gewicht.

In Deutschland ist die übergeordnete Fremdenverkehrspolitik bei den **Bundesländern** angesiedelt. Diese sind gemäß Grundgesetz für regionale Wirtschaftsförderungsmaßnahmen, z.B. Förderung der touristischen Infrastruktur, der Gewerbe, des Kurwesens, zuständig; sie unterstützen das (regionale) Marketing und vergeben Forschungsprojekte.
Für die Koordinierung der Tourismusaktivitäten zwischen Bund und den Ländern, den Informationsaustausch sowie zur Abstimmung gemeinsamer Maßnahmen steht der *Bund-Länder-Ausschuss Tourismus* zur Verfügung. Er tagt i.d.R. zwei Mal jährlich unter Vorsitz des Bundesministeriums für Wirtschaft.
Die Länderwirtschaftsministerkonferenz ist für Fragen von *erheblicher* politischer Bedeutung zuständig, also für Fragen des Tourismus auch nur dann, wenn sie erheblich sind.
Die **Kommunen** sichern die Koordinierung der Einzelaktivitäten im Interesse einer lokalen Fremdenverkehrspolitik. Da die Gemeinden keine eigene Ebene im föderalen Aufbau der Bundesrepublik Deutschland bilden, sondern zur Ebene der Bundesländer gehören, kommt den Ländern eine Aufsichts- und Genehmigungsfunktion zu, die zum Teil von dezentralen Behörden unterhalb der Landesregierung, von Regierungspräsidien und Landkreisen, ausgeübt wird. Zuständig für fremdenverkehrspolitische Entschei-

dungen sind die kommunalen Selbstverwaltungskörperschaften. Sie legen insbesondere den Stellenwert des Incoming-Tourismus im Feld der kommunalen Aufgaben fest.

> „Grundlagen kommunaler Fremdenverkehrspolitik sind ... sowohl der Fremdenverkehrsort in seiner natürlichen Gegebenheit und die dazu geschaffene Infrastruktur als auch die Auswirkungen des Fremdenverkehrs auf die eigene Bevölkerung. Beides zusammen gibt die Basis für ausgewogene Entscheidungen."[1]

Der Einfluss der örtlichen Fremdenverkehrs- und Verkehrsvereine auf die Incoming-Politik hängt davon ab, ob es gelingt, möglichst viele und vor allem die bedeutendsten Incoming-Anbieter und Willensbildner als Mitglieder zu gewinnen und für ein hohes Engagement zu motivieren. (siehe Tab. 6.1.)

Direkte Demokratie, Demokratie von unten, bedeutet, dass Bürger auf eigene Veranlassung über Sachfragen befinden.

Nützliche Effekte ergeben sich oft schon mit der gesellschaftlichen Diskussion, nicht erst mit dem Ergebnis. Mittels direkter Demokratie auf regionaler und lokaler Ebene nehmen die betroffenen Bürger Einfluss auf: Flächennutzungs- und Bauleitpläne, Verkehrsprojekte, öffentliche Infrastruktur- und Versorgungseinrichtungen, Entsorgungsprojekte, Gebühren und Abgaben, somit auf Bereiche, die in hohem Maße den Incoming-Tourismus betreffen.

<u>Einflussmöglichkeiten durch Bürgerbeteiligung</u>[2]

a) Rechte gem. Grundgesetz:

Wahlrecht als wichtigstes Mitwirkungsrecht; Versammlungs- und Vereinigungsrecht; Mitwirkung der Parteien an der politischen Willensbildung, auf kommunaler Ebene von besonderer Bedeutung wegen der unmittelbaren Einflussmöglichkeit der Parteimitglieder auf politische Entscheidungen; Rechtsschutz[3], d.h. jeder kann gegenüber allen Maßnahmen der öffentlichen Gewalt Rechtsmittel einlegen. Das wichtigste Rechtsmittel gegen kommunale Entscheidungen ist der Widerspruch gegen Verwaltungsakte.

b) weitere gesetzlich garantierte Rechte:

Anhörung, Bürgerversammlung, Bürgerfragestunde, Beschwerderecht, Bedenken und Anregungen zur Bauleitplanung (nach § 3 Baugesetzbuch); Volksbegehren und Volksentscheid auf Landesebene[4]; Bürgerbegehren und Bürgerentscheid auf kommunaler Ebene. Die Zulassung eines Vorschlags zum Bürgerbegehren ist, außer in Bayern, an die Vorlage eines Vorschlags für die Kostendeckung des Projektes gebunden.

Erweist sich das Konzept nicht als tragfähig, kann die Zustimmung zum Bürgerbegehren verweigert werden. Den Initiatoren steht in diesem Falle der Rechtsweg offen. Die Quoren für Bürgerbegehren sind nach Gemeindegrößen zwischen 3% und 15% der Stimmberechtigten gestaffelt. Ein Bürgerbegehren hat Sperrwirkung für den Gemeinderat. Wenn sich der Rat dem Anliegen nicht anschließt, erzwingt der Erfolg eines Bürgerbegehrens einen Bürgerentscheid. Erfolgreiche Bürgerentscheide erfordern die Zustimmung von 25% bis 30% der Stimmberechtigten. In den Bundesländern enthalten Kataloge Themen, die von plebiszitären Akten ausgenommen sind, z.B. die Haushaltssatzung, kommunale Abgaben, die innere Organisation der Gemeindeverwaltung. Eingriffe in die Bauleitplanung, Baupläne, Planfeststellungsverfahren und Verkehrsprojekte sind in den meisten Bundesländern möglich.

Die betreffende Gemeindeverwaltung ist drei Jahre lang an einen Bürgerentscheid gebunden.

c) freiwillige Beteiligungsangebote der Gemeinden:

Informationsarbeit der Gemeinde, Befragungen, Anhörungen, Planungsforen, Bürgergutachten usw.; Beiräte, z.B. Seniorenbeirat, Ausländerbeirat, Fremdenverkehrsbeirat, Beauftragte, ehrenamtliche Funktionen.

d) organisierte Mitarbeit:

Bürgerinitiativen, Mitarbeit in Parteien, „sachkundige Bürger" (in einigen Gemeinden als Ausschuss-

---

[1] Schönemann (1991), S. 14

[2] u.a. nach Gisevius (1991), S. 14 ff.

[3] gem. Art. 19, Abs. 4 GG; im kommunalen Bereich geregelt nach der Verwaltungsgerichtsordnung (VwGO) und dem Verwaltungsverfahrensgesetz (VwVfG)

[4] im Grundgesetz der BRD ist das Instrument einer bundesweiten Volksabstimmung nicht geregelt

mitglieder mit Beratungs- und Entscheidungsrecht vorgesehen); dezentrale Vertretungen und Verwaltungen in Form von Ortsräten, Bezirksbeiräten oder -vertretungen; Mitwirkung als Ratsmitglied, Stadtverordneter oder Gemeindevertreter.

e) sich an die Öffentlichkeit wenden:
beträchtlichen Einfluss haben die Medien, vor allem überregionale Zeitungen und Zeitschriften sowie das Fernsehen. Negative Umfrageergebnisse, kritische Bewertungen und Reportagen lösen i.d.R. unverzügliche Reaktionen aus, die, nach dem Abklingen der emotionalen Kundgebungen, oft zu Maßnahmen im Bereich des Incoming führen.

Die Möglichkeiten einer konzentrierten, wirksamen Einflussnahme auf die Incoming-Politik werden durch die Existenz vieler konkurrierender, überwiegend kleiner Anbieter mit unterschiedlichen individuellen Interessen und wenig wirksamen Kooperationsformen eingeschränkt. Die Motive einzelner Personen, Personengruppen, Firmen und Branchen zur Teilnahme an der Incoming-Politik sind verschieden, oft gegensätzlich. Sie entspringen unterschiedlichen Interessen und Ansprüchen der Betroffenen. Konflikte sind offensichtlich unvermeidbar. Die Vielzahl von kommunalen und gewerblichen sowie privaten Einrichtungen und Interessen, die am Incoming-Tourismus direkt oder indirekt beteiligt sind, von ihm betroffen werden, verlangen nach einer kompetenten Vertretung bei kommunalen Entscheidungen. Vor allem geht es um den Schutz vor rücksichtslosen Veranstaltern, die die von ihnen angebotenen Destinationen ohne Rücksicht auf die dort lebende Bevölkerung, auf die Umwelt, auf die Traditionen ausbeuten. Dieser Schutz ist nur begrenzt durch Rechtsbeistand, Konsultation und Information möglich.
Die Kompetenzzersplitterung wird allgemein beklagt. Klare Zuständigkeiten und Aufgabenteilungen unter Beachtung strenger Subsidiarität werden gefordert. Destinationen stimmen selten mit Verwaltungsgrenzen überein. Dadurch vergrößern sich die Probleme noch.

Beratend wirken *internationale und staatliche Institutionen und Organisationen, rechtlich vereinigte Institutionen* (Fremdenverkehrsverbände, Verkehrsvereine, Tourismuszentralen), *Aktionsgemeinschaften* (parlamentarische und außerparlamentarische Gruppen), *Industrie- und Handelskammern, Forschungs- und Bildungseinrichtungen* sowie *Beratungsfirmen.*
Die beratende Funktion ist i.d.R. auf die Ausarbeitung von Konzeptionen und Projekten sowie die Begutachtung orientiert. Insofern wird auch ein Einfluss auf die Incoming-Politik ausgeübt. Integrität und fachliche Kompetenz der Berater sind sehr unterschiedlich. Die Ratschläge staatlicher Organe enthalten stets ein parteipolitisches Kalkül, der Verkehrsverein wird selbstverständlich nicht gegen die Interessen seiner Vorstandsmitglieder beraten, die Industrie- und Handelskammern haben die Interessen ihrer Mitglieder zu vertreten, und die praktische Verwertbarkeit der Leistungen von Forschungs- und Bildungseinrichtungen hängt von deren Fähigkeit ab, theoretische Erkenntnisse in praxisnahe Aussagen umzusetzen und interdisziplinär zu arbeiten.
Beratungsfirmen arbeiten äußerst professionell und rationell. Der Nutzen ihrer Leistung wird maßgeblich davon bestimmt, wie konkret der Auftrag formuliert wurde und wie eng der Kontakt zwischen Auftraggeber und Auftragnehmer ist. In der nahezu unüberschaubaren Zahl der Beratungsfirmen sind auch etliche unseriöse und inkompetente zu finden. Vergleichsangebote, Referenzen und Nachfragen bei den Referenzgebern vermögen das Risiko zu reduzieren, an eine solche Firma zu geraten.

Tab. 6.1.: Akteure im Incoming und ihr Wirken[1]

Akteure in der Destination	**Leistungen für das Incoming**	**Ansprüche**	**potenzielle Konfliktfelder**	**Indikatoren zur Erfolgskontrolle**	**Ressourceneinsatz des Managements**
Vorstand/Aufsichtsrat der Incomingorganisation	ehrenamtliche Mitarbeit, Übernahme von Verantwortung	Information, Einflussnahme auf Planung und Umsetzung touristischer Strategien; öffentliche Anerkennung	Abgrenzung der Kompetenzen zwischen Funktionären und Management; Missbrauch der Funktion für persönliche Interessen	Grad der Einbindung in die Arbeit; Anerkennung; Präsenz in den Medien; Beliebtheit in der Destination	Koordination der Beratungen; regelmäßige Information und offene Kommunikation
Mitarbeiter der Incomingorganisation	Arbeitsleistung und Engagement	Aufgaben und Ziele; Lohn; Anerkennung; Klima; Perspektiven	persönliche Ziele, Betriebsklima; fehlende Qualifikation	Zielerreichung, Ausfalltage; Fluktuation; Pannen; Beschwerden	individuelle Zielvereinbarung; Karrieregespräche; Förderung der Qualifizierung
Gemeindeverwaltung	tourismusfreundliche Entscheidungen; Finanzierungshilfen	Mitsprache bei der Planung; Wahrung der Interessen der Bevölkerung	Nutzungskonflikte zwischen Incoming, anderen Branchen und der Bevölkerung	Arbeitsklima und Gesprächsbereitschaft; Berücksichtigung touristischer Interessen bei Entscheidungen	regelmäßige Information und offene Kommunikation über die Ziele und Ansprüche des Incoming
Mitgliedsbetriebe	Legitimation für den Vertretungsanspruch der Incomingorganisation; Kooperationsbereitschaft in der Angebotsgestaltung und Vermarktung; Tourismusabgaben; Marktinformationen	Koordination der destinationalen Angebotsgestaltung, Interessenvertretung; Informationsbereitstellung; Öffentlichkeitsarbeit im Interesse der Mitgliedsbetriebe	mangelnde Auslastung; Positionierungskonflikte; Einzelkämpfertum statt Vernetzung; mangelnde Kooperationsbereitschaft; mangelhafte Interessenvertretung durch die Incomingorganisation	wirtschaftlicher Erfolg; Intensität der Teilnahme an Angebots- und Vermarktungsoperationen; Akzeptanz der Corporate Identitity und des Corporate Design	regelmäßige Information und offen Kommunikation über destinationale Ziele und Vorhaben; Leistungen im Rahmen der Angebotsgestaltung und der Vermarktung
Mitarbeiter der Mitgliedsbetriebe	Gästebetreuung und -information; Weitergabe von Wünschen und Beschwerden	Informationen als Grundlage für die Gästebetreuung und -information	fehlende Identifikation mit der Destination; Gleichgültigkeit	Teilnahmeintensität an Schulungen und Beratungen; Zufriedenheit der Gäste	Innenmarketing

Akteure in der Destination (Forts.)	**Leistungen für das Incoming**	**Ansprüche**	**potenzielle Konfliktfelder**	**Indikatoren zur Erfolgskontrolle**	**Ressourceneinsatz des Managements**
Grundbesitzer, deren Flächen touristisch genutzt werden	saisonale Benutzung von Flächen (Skipisten, Wanderwege); Erhaltung der Kulturlandschaft	Beteiligung an der Planung; finanzielle Abgeltung; Kooperation (z.B. Beschilderung)	Nutzungskonflikte; Höhe der finanziellen Abgeltung	Langfristigkeit der Nutzungsverträge; Gesprächsklima; Einbindung der Grundbesitzer in die Incomingorganisation	Innenmarketing; Unterstützung bei Problemen
Vereine	Angebote von Veranstaltungen und anderen Leistungen	finanzielle und organisatorische Unterstützung	Terminkollisionen; mangelhafte Koordination	Anzahl und saisonale Verteilung der Veranstaltungen und Leistungen; Bereitschaft der Vereine	Innenmarketing; Terminkoordinierung; Unterstützung und Würdigung der Vereinsaktivitäten
sonstige Bevölkerung	Akzeptanz des Incoming; Gastfreundschaft	Information und Einbindung in touristische Planungen; Betreuung und Angebote für die Einheimischen	Belastungen durch Verkehr, Lärm, hohe Preise	Einstellung der Bevölkerung zum Incoming; Gästemeinungen; Beschwerden	Innenmarketing; Freizeitangebote
Akteure im Markt	**Leistungen für das Incoming**	**Ansprüche**	**potenzielle Konfliktfelder**	**Indikatoren zur Erfolgskontrolle**	**Ressourceneinsatz des Managements**
Gäste	Legitimation für die Existenz der Incomingorganisation; Kurtaxe	Informationen; Angebote; Leistungen	Preis-Leistungs-Verhältnis; Anspruchs-Leistungs-Widerspruch	Beschwerden; Stornierungen; Aufenthaltsdauer; Wiederholer	Vermarktung der Destination; Gästebetreuung; Angebotsgestaltung; Information
Veranstalter	Unterstützung bei der Vermarktung	Unterstützung bei der Angebotsgestaltung; Akquisition von Zimmerkontingenten; Koordinierung von Angebotselementen	Veranstaltermarke versus Destinationsmarke; Auswirkungen des Preiswettbewerbs des Veranstalters auf die Destination	Langfristigkeit der Zusammenarbeit; Engagement des Veranstalters in der Destination; Preisniveau des Veranstalters	Außenmarketing; Unterstützung der Veranstalterprogramme; Koordinierung der Mitgliedsbetriebe

Akteure im Markt (Forts.)	**Leistungen für das Incoming**	**Ansprüche**	**potenzielle Konfliktfelder**	**Indikatoren zur Erfolgskontrolle**	**Ressourceneinsatz des Managements**
überdestionale Organisationen	überdestionale PR; Interessenvertretung; überdestionale Kooperation	Information über Programme; Teilnahme an überdestionalen Veranstaltungen; Beteiligung an überdestionalen Angeboten	Positionierungskonflikte; nicht ausreichende Vertretung der Interessen der Destination	Intensität der Zusammenarbeit	Außenmarketing; Teilnahme an gemeinsamen Programmen; persönliche Kontakte
sonstige Partner[2]	Dienstleistungen im Rahmen der Angebotsgestaltung und Vermarktung	Aufträge; Informationen	Qualität der Leistungen; Arbeit für Konkurrenzdestinationen (copyright)	Kontinuität der Zusammenarbeit	vertragliche Regelung der Beziehungen
politische Akteure	**Leistungen für das Incoming**	**Ansprüche**	**potenzielle Konfliktfelder**	**Indikatoren zur Erfolgskontrolle**	**Ressourceneinsatz des Managements**
Nachbarn	Bereitschaft zur überdestionalen Zusammenarbeit	Bereitschaft zur Zusammenarbeit	Beeinträchtigungen, z.B. durch tourismusbedingten Verkehr	Kooperationsbereitschaft bei überdestionalen Projekten	Innenmarketing; Kooperation bei Angebotsgestaltung und Vermarktung
Land und Bund	Berücksichtigung touristischer Interessen bei Verwaltung und Gesetzgebung	Information; Berücksichtigung außertouristischer Interessen	Einschränkungen durch Auflagen und Gesetze	Gesprächsklima; Umfang der Unterstützung	Innenmarketing; Engagement; Lobbyarbeit
Interessenvertretungen	Interessenvertretung; Informationen	Informationen; Mitgliedschaft	Interessenkonflikte	Durchsetzungsvermögen; Gesprächsklima	Innenmarketing; Teilnahme an Veranstaltungen; Mitarbeit in Ausschüssen
Parteien	Berücksichtigung touristischer Interessen	Informationen	Interessenkonflikte	Engagement für die touristischen Belange der Destination	Innenmarketing

gesellschaftl. Akteure	Leistungen für das Incoming	Ansprüche	potenzielle Konfliktfelder	Indikatoren zur Erfolgskontrolle	Ressourceneinsatz des Managements
Medien[3], allgemeine Öffentlichkeit	objektive Berichterstattung; Berücksichtigung touristischer Interessen	Informationen; Einladungen	Ignoranz; Oberflächlichkeit	Inhalt und Häufigkeit der Berichterstattung; Akzeptanz in der Bevölkerung	Außen- und Innenmarketing; PR
Umweltorganisationen, Bürgerinitiativen	Berücksichtigung touristischer Interessen	Aufgeschlossenheit für Argumente; Kompromissbereitschaft	Nutzungskonflikte	Gesprächsklima; Qualität der Kompromisse	Innenmarketing; Gesprächsbereitschaft
Bildungseinrichtungen	Ausbildung; Weiterbildung; Beeinflussung der Haltung zum Incoming	Informationen über Berufsbilder; Ansprechpartner	Desinteresse	Haltung zum Incoming; Intensität und Qualität der Zusammenarbeit	Innenmarketing; Weiterbildung von Mitarbeitern; Unterstützung von Projekten und Wettbewerben
Kirche	Seelsorge und Betreuung von Gästen	Berücksichtigung sozialer Auswirkungen des Incoming	Nutzungskonflikte, z.B. kirchliche Veranstaltungen, Ladenöffnungszeiten	Intensität und Qualität der Zusammenarbeit	Innenmarketing; Informationen über kirchliche Veranstaltungen

[1] nach Walch: Implementierung von Marketingstrategien in Tourismusregionen. Bern, Stuttgart, Wien 1999, S. 144 ff.

[2] z.B. Reisejournalisten, Beratungsunternehmen, Werbeagenturen, Veranstaltungsfirmen

[3] ohne Reisejournalisten

Einfluss auf die Incoming-Politik haben *andere Politikbereiche*, wie z.B. Steuer- und Finanzpolitik, Verkehrspolitik, Gesundheitspolitik, Arbeits-, Sozial- und Bildungspolitik, Raumordnungs-, Agrar- und Umweltpolitik. Der Städtetourismus wird durch finanzielle Kürzungen im kulturellen Bereich bedroht, die Zweitwohnungsteuer beeinflusst die Nachfrage nach Hotelzimmern, Kurorte bekommen gesundheitspolitische Entscheidungen zu spüren etc. (siehe weiter unten)

Je niedriger die administrative Ebene, desto stärker ist die *Lobby* im Incoming: z.B. Gastronomie und Hotellerie, Betreiber von Feriensiedlungen und Badeparadiesen, Kultureinrichtungen auf kommunaler Ebene. Im Outgoing ist die Lobby hingegen umso stärker, je höher die administrative Ebene.

In welchem Maße eine **EU-Tourismuspolitik** spürbare Wirkungen für Destinationen zeigen wird, ist zur Zeit noch nicht absehbar. Für Tourismus sind mehrere Generaldirektionen zuständig: die GD VI (Landwirtschaft) finanziert Programme zur Entwicklung des Tourismus im ländlichen Bereich, die GD VII (Verkehr) berührt unmittelbar die Belange des Tourismus, die Generaldirektionen für Regionalentwicklung verfügen über das weitaus größte Budget für Tourismus, zuständig ist jedoch die Generaldirektion für Unternehmen, in ihr die Direktion D (Dienstleistung, Handel, Tourismus) und in dieser das Referat Tourismus mit 15 Mitarbeitern aber ohne Budget.

Für die Lobby keine einfache Situation, zumal Kontakte zur Ebene der Kommissare offenbar sehr viel leichter herzustellen sind, als zu den Generaldirektionen, den durchführenden Behörden. Aber auch die Lobby ist zersplittert. Rund 40 touristische Dachverbände sind in Brüssel damit beschäftigt, ihren Interessen Gehör zu verschaffen.

Tourism Group, früher *Intergroup*, ist eine Arbeitsgruppe, die von Europa-Parlamentariern als Plattform für Touristiker aus Parlament, Kommission und Verbänden eingerichtet wurde. Sie tagt vier Mal im Jahr.[1]

Seitdem im Jahre 1984 der Ministerrat und 1988 das Parlament Entschließungen zum Fremdenverkehr verabschiedeten, sind neben der Ausrufung des Jahres 1990 zum „Europäischen Jahr des Tourismus" lediglich einige Absichtserklärungen abgegeben worden:

- Verbesserung bestehender Strukturen, insbesondere Verbesserung der Qualität der vom Tourismus-Sektor erbrachten Leistungen
- verstärkte Förderung des europäischen Fremdenverkehrs-Angebots
- Verbesserung der Rahmenbedingungen für die Unternehmen in diesem Sektor
- Entzerrung der Ferienzeiten
- Schaffung neuer Urlaubsformen, insbesondere Alternativen zum Massentourismus
- besserer Schutz der Touristen
- größtmögliche Freizügigkeit für die Bürger
- engere Zusammenarbeit zwischen der EU und Drittländern.[2]

Mit Hilfe eines Aktionsplanes „Philoxenia" sollten dem Fremdenverkehr von 1997 bis 2000 neue Impulse verliehen werden. Basis dafür war die Verankerung des Tourismus im EU-Vertrag. Das Programm, für dessen Durchführung umgerechnet 25 Mill. € zur Verfügung gestellt werden sollten, hatte folgende Ziele:

1. Steigerung der Qualität und Wettbewerbsfähigkeit der Fremdenverkehrsbranche in der Europäischen Union, u.a. durch Beseitigung von Hindernissen für die Entwicklung des Fremdenverkehrs.
2. Steigerung des Incoming nach Europa durch gezielte Werbung für EU-Länder als Destination.
3. Verbesserung der Rechts- und Finanzvorschriften für den Fremdenverkehr.
4. Schaffung eines statistisches Erhebungssystem, um sowohl den Kenntnisstand über den Fremdenverkehr zu verbessern als auch die Evaluierung der Auswirkungen von Gemeinschaftsmaßnahmen

---

[1] fvw 5/97, S.107 ff.

[2] Braun-Moser,U. (Hrsg.): Europäische Tourismuspolitik. Sindelfingen 1990, S. 26 f.

auf den Fremdenverkehr zu ermöglichen.
Der Plan scheiterte am Widerstand Deutschlands. Nach Ansicht des Bundesministeriums für Wirtschaft verletze das Förderprogramm das Subsidiaritätsprinzip, wonach die Gemeinschaft nur dann tätig werden darf, wenn eine Aufgabe nicht auf regionaler oder nationaler Ebene zufriedenstellend gelöst werden kann. Gerade Tourismusförderung sei aber Aufgabe der Regionen und nicht der Union. Auch die zweite Fassung des Förderprogramms scheiterte Ende 1997 am Einspruch der Bundesregierung, diesmal wegen fehlender Konkretheit und fehlenden Aussagen zur Finanzierung. Die 1998 gewählte rot/grüne Bundesregierung verkündete Anfang 1999, dass sie das Projekt unterstütze und auf folgenden Gebieten Fortschritte erwarte: Tourismusförderung, Tourismusstatistik, Erfahrungsaustausch zwischen Praktikern, Harmonisierung der Umsatzsteuer sowie Dialog zwischen Wirtschaft und Politik.
Zwischen 1993 und 1995 wurden für nahezu 200 Projekte im gesamten EU-Gebiet 19,4 Mill. € an Fördermitteln für den Tourismus vergeben. Der Nutzen sei jedoch gering gewesen, meinte der Tourismuskommissar. Ab 1997 sollen nur noch „ausgewählte innovative Projekte mit wegweisendem Charakter" finanziell unterstützt werden. Für die einzelnen Projekte steht damit mehr Geld zur Verfügung und die Betreuung lässt sich intensivieren. Die Zahl der leitenden Beamten in der Tourismusabteilung wurde von neun auf fünfzehn aufgestockt.

Wirkungen sind allerdings auch - und vielleicht vorrangig - von anderen Politikbereichen zu erwarten. Harmonisierungsbedarf besteht zumindest auf den Gebieten Steuerrecht, Niederlassungs- und Zulassungsbedingungen, Wettbewerbsrecht sowie Umweltnormen.
Die Freiheit der Berufsausübung ist besonders kompliziert bei den reglementierten (und damit auch geschützten) Berufen durchzusetzen.

Die für eine Zulassung nötige Ausbildung zu harmonisieren erwies sich als zu langwierig. Schließlich entschied sich die EU-Kommission für die Formel „Abitur + 3", d.h., jeder, der die Reifeprüfung plus drei Jahre Ausbildung absolviert und damit zu Hause Zugang zu einem reglementierten Beruf hat, soll ihn in jedem Land der Gemeinschaft ausüben dürfen. Die Anerkennung muss außerdem beantragt werden, und die prüfende Behörde kann verlangen, dass sich der Kandidat einer der folgenden drei Prozeduren unterwirft: Nachweis beruflicher Erfahrung im Herkunftsland, Besuch eines Lehrgangs zur Anpassung an nationale Besonderheiten oder Ablegen einer Eignungsprüfung. Über den Antrag muss innerhalb von vier Monaten entschieden werden. Griechenland und Belgien lehnen die Anwendung der Richtlinie generell ab, in anderen Ländern wird nach Gutdünken verfahren. Rügen und Klagen aus Brüssel an die entsprechenden Mitgliedsländer häufen sich.

Harmonisierungsfähig, aber nicht unbedingt harmonisierungsbedürftig sind z.B. nationale Standards, Löhne und Lohnnebenkosten.
Das *Schengener Abkommen*, mit dessen Hilfe Reisen innerhalb der EU erleichtert werden sollten, kann die Einreise in die EU, insbesondere für Individualreisende, wie Beispiele belegen, erschweren, wenn nicht sogar verhindern. Das „Schengen-Land", dessen Boden ein Nicht-EU-Bürger als erstes betritt, ist für die Einreisegewährung zuständig.

Ein auf dem Wege nach Deutschland befindlicher südamerikanischer Tourist, der in Belgien landet und seinen Anschlussflug nehmen möchte, kann, wie geschehen, ohne Umstände wieder zurückgeschickt werden.

Zur Einführung des Euro als Gemeinschaftswährung und seiner Wirkung auf das Incoming siehe Kap. 3.3.

6.4. Instrumente

Die Incoming-Politik bedient sich, in Abhängigkeit von der Ebene und der jeweiligen Situation, einer großen Palette verschiedener Instrumente.
Unter anderem gehören dazu:
- das Erschweren oder Erleichtern der Einreise (Visavorschriften, Grenzabfertigungen)
- der Erlass von Vorschriften und Normen, z.B. für die Anerkennung als Badeort

- Territorialplanung, Tourismuskonzeptionen
- das Verbot von Industrie-, Wohn- und Verkehrsbauten in zu schützenden Gebieten
- das Verbot bestimmter Freizeitaktivitäten in ausgewiesenen Gebieten
- bau-, sanitäts- und gewerbepolizeiliche Maßnahmen
- Preise, Gebühren
- Bürgschaften von Bund und Ländern für Großvorhaben (z.B. für die Expo 2000)
- finanzielle Förderung von Investitionen in die touristische Infrastruktur
- die Vergabe von Konzessionen, z.B. für das Betreiben von Spielbanken
- Steuerveränderungen, die zu Preisänderungen touristischer Leistungen führen (u.a. Hebesätze)
- die Beeinflussung der öffentlichen Meinung.

Langfristig wirkende Instrumente:

- Gestaltung von Stadtzentren mit Rücksicht auf künftigen Tourismus
- Inszenierung von Natur (Anlegen von Parklandschaften)
- Schaffung von künstlichen Ferienwelten (Vergnügungszentren, Themenparks)
- Erschließung von Heilquellen, Thermalquellen
- Schutz der Bevölkerung vor Wirkungen aus dem Rückgang der Besucherzahlen durch alternative Nutzbarkeit der touristischen Infrastruktur, Weiterbildung der Bevölkerung, Aufbau und Bewahrung alternativer Branchen.

Tabelle 6.2.: Instrumente der Incoming-Politik (Auswahl)

Ebenen	Ordnungspolitik	Ablaufpolitik
Bund	Einreisevisa Steuern Währungskurse Umweltschutz Raumordnung Infrastruktur Standards	Grenzregime Fördermittel Subventionen Kredite Bürgschaften Qualitätssiegel Beratung Reservierungssysteme
Länder	Landesplanung Infrastruktur Konzessionen Umweltschutz Verbandsklagerecht	Fördermittel Subventionen Kredite Bürgschaften Qualitätssiegel Ausbildung Beratung Reservierungssysteme
Kommunen	Flächennutzung Umweltschutz Hebesätze Infrastrutur Ortsentwicklung Bauleitplanung	Fördermittel Beteiligungen Baugenehmigungen Sicherheitsvorsorge Verkehrswesen Besucherlenkung Information Beratung Reservierungssysteme
EU	Infrastruktur Entwicklungsprogramme Statistik	Fördermittel Subventionen

Mittelfristig wirkende Instrumente:

- Beschleunigung oder Verzögerung von Genehmigungsverfahren
- günstige Grundstückspreise für Investoren in die touristische Infrastruktur
- Förderung des Erschließens neuer Standorte.

Kurzfristig wirkende Instrumente:

- steuerliche Behandlung, Preise und Gebühren
- Bürgschaften.

Die **Raumordnungspolitik** hat großen Einfluss auf das Incoming. Sie ist, ausgenommen solche starken Fachplanungen, wie die Verkehrsplanung, die mit der Befugnis zur Durchführung von Planfeststellungsverfahren ausgestattet sind, hauptsächlich auf der Ebene der Bundesländer angesiedelt. In den meisten Bundesländern wird zwischen Landesentwicklungs- bzw. Landesraumordnungsprogrammen und oft als fachliche Teilpläne ausgelegten Landesentwicklungs- bzw. Landesraumordnungsplänen unterschieden.

Nicht alle Bundesländer haben Regierungsbezirke. Im Rahmen der räumlichen Planung sind diese mit Gebietsentwicklungsplänen und Regionalplänen befasst, die zwischen den Landesplanungsgesetzen und Landesentwicklungsplänen und den kommunalen Stadtentwicklungs-, Flächennutzungs- und Bebauungsplänen liegen. Regionalplanung wird auch über die Grenzen von Bundesländern hinweg betrieben, z.B. Regionalplanung Donau-Iller und Raumordnungsverband Rhein-Neckar. Die kommunale Bauleitplanung unterliegt dem Anpassungsgebot an landesplanerische Ziele.

Die **Steuerung der Touristenströme, Besucherlenkungsprogramme** (engl.: Visitor Management) treten im Spektrum des incoming-politischen Instrumentariums besonders deutlich in Erscheinung. Es geht darum, die Anzahl der Besucher zu begrenzen oder die Touristen zu bestimmten Verhaltensweisen zu veranlassen, z.B. sich nur für begrenzte Zeit an einem Ort aufzuhalten oder nur ausgewählte Routen zu benutzen. Als Instrumente werden überwiegend die Preise und die Kapazität eingesetzt.

Auf die Zugspitze werden maximal 5.500 Menschen pro Tag befördert. Mehr wären bei den Talfahrten nicht zu bewältigen. Auf Capri dürfen sich Reisegruppen nur noch kurzzeitig auf der Piazzetta und in den umliegenden Altstadtbereichen aufhalten. Die Einschätzung der Aufenthaltsdauer liegt im Ermessen der Polizei, Bußgelder bis zu 560 € werden angedroht.

Eine von der Dauer des Aufenthalts unabhängige Kurabgabe, z.B. schon beim Lösen des Fährtickets zur Insel Hiddensee zu entrichten, soll u.a. den Tagestourismus eindämmen.

Beschränkter Parkraum, Münzschranken an Zufahrtsstraßen, Mountainbiker nur auf ausgeschilderten Routen zuzulassen, Bussen mit Tagestouristen die Zufahrt zu verwehren, Autostraßen in Promenaden zu verwandeln etc. sind gebräuchliche Maßnahmen zur Lenkung der Touristenströme. Allerdings sind diese Instrumente umstritten. Ein Vorwurf lautet, dass sie der Entstehung einer ökologischen Zweiklassengesellschaft Vorschub leisten, da einerseits an das ökologische Gewissen appelliert wird und andererseits gegen Zahlung einer Gebühr mit dem Auto bis in den letzten Winkel eines Biotops gefahren werden darf. Als wirksame Instrumente der Besucherlenkung gelten „Entsorgungsparks", künstliche Freizeiteinrichtungen mit geballtem Unterhaltungsangebot, die wie Honigtöpfe die Urlauber anziehen und auf gedrängtem Raum aufnehmen - und sie dadurch von empfindlichen Gebieten abhalten.

Der Österreicher André HELLER regte an, abgeschottete Refugien für Urlauber zu bauen, aus denen nur herausgelassen wird, wer eine Art Einfühlsamkeitstest besteht und über sprachliche, kulturelle und soziologische Kenntnisse verfügt.

Der Staat interveniert im Bereich des Incoming-Tourismus erheblich, sowohl direkt als auch versteckt in Form von infrastrukturellen Maßnahmen, Förderung von Einzelprojekten, Umlenkung der Touristenströme durch Erhebung spezieller Abgaben, Kostenpolitik im Kur- und Bäderwesen, Finanzierung der Fremdenverkehrswerbung.

Einflüsse der **öffentlichen Hand** auf das Incoming:

a) Nachfrage und Preise

- Marketing und Förderung: PR für Destinationen, Promotionskampagnen, Statistiken
- Information: Betreiben von Tourist-Informationsstellen
- Preise, Preisbildung: für öffentliche Einrichtungen (Parkgebühren), Gebühren für die Nutzung der Infrastruktur; Steuern, Preiskontrollen, Preisregulierung
- Kontrolle, Steuerung: der Besucherströme

b) Angebot und Kosten

- Landnutzung: Baurecht
- Vorschriften: Art der Bauten, Bauausführung, Hygiene
- Marktregulierung: Verhinderung von Monopolen, Käuferrechte, Kundenschutz
- Marktforschung: Statistik, Forschungsaufträge
- Steuern
- Eigentum: staatliches Eigentum an Infrastruktur
- finanzielle Anreize und Hilfen: Kredite, Abschreibungsvorschriften, Fördermittel.

In Europa finden wir tiefgreifende tourismuspolitische Maßnahmen bezeichnenderweise unter den Diktaturen Francos und Hitlers.

Für den spanischen Staatschef Franco war das Incoming nichts weiter als eine willkommene Einnahmequelle zum Ausgleich des Handelsdefizits. Er befürchtete allerdings, dass die freizügigen und ungezwungenen Touristen sein Volk moralisch verderben und ideologisch infiltrieren könnten. Deshalb ließ er für sie von Lloret de Mar, an der Costa Brava, bis Torremolinos, an der Costa del Sol, Urlauberghettos bauen. Bis heute ist die so entstandene Distanz zwischen Einheimischen und Urlaubern kaum kleiner geworden.

Unter Hitler wurden mittels der Organisation „Kraft durch Freude" sowohl der Binnen- als auch der Outgoing-Tourismus nahezu vollständig dem Herrschaftssystem untergeordnet. Ähnliche Erscheinungen finden wir im gewerkschaftlichen Feriendienst und in der restriktiven Ausreisepolitik der DDR wieder.

Mit den Förderprogrammen des Regionalfonds *Interreg* unterstützt die EU die grenzüberschreitende Zusammenarbeit. Eine Vorreiterrolle spielen Regionen mit der Bezeichnung **Euregio**, die jedoch nicht vordergründig zur Förderung des Tourismus gebildet wurden, z.B.

- die Euregio Saar-Lor-Lux mit Rheinland-Pfalz, dem Saarland, dem Großherzogtum Luxemburg, der französischen Region Lothringen sowie der belgischen Region Wallonien und der deutschsprachigen Gemeinschaft Belgiens
- die Euregio im Dreiländer-Eck um die Städte Aachen, Maastricht und Lüttich, ein Verbund von fünf Regionen in drei Ländern mit drei Sprachen
- die Euregio via salina der Urlaubsregionen Kleinwalsertal, Allgäu, Außerfern und Bregenzer Wald
- das Gebiet um den Bodensee unter Beteiligung deutscher, schweizerischer und österreichischer Kommunen.

Die Tourismus-Förderung im deutsch-belgischen Erholungsgebiet zwischen Eifel und Ardennen ist ebenfalls Bestandteil des Euregio-Programms.

Beispiele für touristische Kooperationen, die über die Grenzen der EU hinausreichen:

- Euroregion Neiße: mehrere Kommunen im Dreiländereck Deutschland, Polen und Tschechien mit touristisch attraktiven Zielen
- Euroregion Pomerania: auf deutscher Seite die Städte Greifswald und Stralsund sowie die Kreise Rügen, Nordvorpommern, Ostvorpommern, Uecker-Randow, Uckermark und Barnim, die polnische Woiwodschaft Szczecin (Stettin), die dänische Insel Bornholm und der südschwedische Gemeindeverband Skåne (Schonen).

- Vier Ecken der südlichen Ostsee: mit dem schwedischen Südost- Skåne, dem dänischen Bornholm, dem polnischen Swinoujscie (Swinemünde) und der Insel Rügen sowie den zwischen ihnen bestehenden Fährverbindungen.

Dem Schutz der Alpen, die durch den Tourismus erheblich belastet sind (etwa ein Viertel des Welttourismus konzentriert sich auf dieses Gebirge), widmen sich Maßnahmen des Europäischen Parlaments in Kooperation mit dem Umweltministern der Alpenstaaten.

Die eingesetzten Instrumente orientieren sich an den **Stilvarianten** der Tourismuspolitik:

Aktive oder offensive Tourismuspolitik versucht, Problemen vorzubeugen, z.B. indem eine Überkapazität im Beherbergungswesen durch zurückhaltende Vergabe von Baugenehmigungen und die Gefahr der Beeinträchtigung der Umwelt durch den Tourismus durch strenge Auflagen verhindert werden. Destinationen können sich Reiseveranstaltern auch aktiv oder offensiv andienen.

Reaktive Tourismuspolitik reagiert auf Probleme, z.B. auf eine bereits eingetretene Überkapazität im Beherbergungswesen durch Abriss von Hotels, auf bereits aufgetretene Umweltschäden durch das Verbot touristischer Aktivitäten und die Regenerierung der Natur, auf erfolgte terroristische Anschläge durch Warnungen vor Reisen in Risikoregionen.

Aggressive Tourismuspolitik ist angriffslustig, herausfordernd, energisch und nachdrücklich. Sie trifft oft auf wenig Verständnis bei den Betroffenen, wie z.B. eine drastische Reduzierung der Höchstgeschwindigkeit für Kraftfahrzeuge, die Einführung einer erheblichen Ökosteuer.

Defensive Tourismuspolitik ist zurückhaltend, schützend, sichernd. Sie beschränkt sich z.B. auf die Anpassung an Veränderungen in der Freizeitgestaltung und die Abwehr von Maßnahmen und Vorhaben. Auch die Abwehr unerwünschter Nachfragen ist defensive Tourismuspolitik, selbst dann, wenn sie aggressiv betrieben wird.

Progressive Tourismuspolitik ist von ihrer Grundorientierung her fortschrittlich, die Entwicklung fördernd, vorwärts orientiert. Sie ist oft verbunden mit der Abkehr von Traditionen.

Konservative Tourismuspolitik hält am Hergebrachten fest, baut auf überkommene Werte, orientiert sich an Traditionen, wirkt erhaltend und bewahrend.

Kreative, innovative Tourismuspolitik ist schöpferisch, probiert Neues, stellt Normen in Frage. Hierzu gehört, neue Gesetze mit einer Experimentierklausel, die bei ausbleibender Wirkung zum Außerkraftsetzen führt, oder Verordnungen mit einem Verfallsdatum zu versehen.

Imitatorische Tourismuspolitik ist nachahmend, an der Tourismuspolitik anderer orientiert und oft ängstlich bemüht, nicht aufzufallen.

6.5. Wirkungen anderer Politikfelder (Beispiele)

Tourismuspolitische Maßnahmen sind immer dann erforderlich, wenn andere Politiken zu unscharf, zu wenig effektiv sind und wenn die Bedeutung des Tourismus groß genug ist, um gezielte Maßnahmen zu rechtfertigen.

Die Wirkung tourismuspolitischer Maßnahmen können durch Maßnahmen in anderen Politikfeldern verstärkt, reduziert oder sogar aufgehoben werden. Einige tourismuspolitische Entscheidungen sind nur über tourismusfremde Institutionen durchsetzbar. So konnte die Umsetzung der EU-Pauschalreise-Richtlinie in deutsches Recht nur über das Justizministerium und den Rechtsausschuss erfolgen.

Arbeits- und Sozialpolitik

Die gesetzliche Regelung des Mindesturlaubs, Feiertagsregelungen, Urlaubsgeld, Kindergeld, subventionierter Sozial- und Familienurlaub wirken sich auf den Tourismus aus, indem mehr Zeit und/oder Geld für Ferienreisen zur Verfügung stehen. Betroffen ist vor allem das Outgoing. Sofern Ziele im Inland für diese Art des Urlaubs attraktiv sind (Urlaubsbrücken, Sonderangebote für Familien), auch das Incoming.

Auf das Incoming wirkt z.B. die Behandlung der geringen Arbeitsentgelte hinsichtlich der Sozialversicherungspflicht.

Außenpolitik

Das grenzüberschreitende Incoming lässt sich durch die Visapflicht, die Höhe der Visagebühren, die Prozeduren zur Erlangung der Visa und bei der Grenzabfertigung beeinflussen.

Beschäftigungspolitik

Hohe Arbeitslosenquoten beeinflussen bei sozialen Sicherungsmaßnahmen auf hohem Niveau die quantitative Reiseaktivität einer Gesellschaft recht wenig, verstärken allerdings die Nachfrage im unteren Preissegment, das durch besondere Preiselastizität gekennzeichnet ist.

Bildungspolitik

wirkt sowohl auf das Incoming (Binnentourismus) wie das Outgoing. Die Bildung kann das Reisen fördern oder hemmen. Gebildete reisen häufiger und anders als Ungebildete. Die Bildung hat auch Einfluss darauf, ob mehr Kulturstätten oder Schlachtfelder besucht werden.

Familienpolitik

Bundesmittel für familienpolitische Förderung (Kindergeld, Erziehungsgeld), steuerliche, finanzielle Entlastung für Familien führen zu verstärkter Reisetätigkeit.

Finanzpolitik

Über die Budgets für die allgemeine und die touristische Infrastruktur, für Institutionen des Tourismus (z.B. DZT), für die Tourismusforschung, über die Vergabe von Fördermitteln, die Gewährung von Subventionen und Sonderabschreibungen gewinnt die Finanzpolitik direkt Einfluss auf die Tourismuspolitik sowie das Incoming und Outgoing.

Geldpolitik

wirkt sowohl auf das grenzüberschreitende Outoing als auch auf das Incoming über die Wechselkurse sowie die Konvertierbarkeit der Währung (die Binnenwährung der DDR hat das grenzüberschreitende Outgoing stark behindert und der Mindestumtausch das Incoming). Ein Anheben des Diskontsatzes bedeutet: Anstieg der Arbeitslosigkeit und der Preise mit sinkender Kaufkraft, auch für Reisen.

Gesundheitspolitik

beeinflusst die Incoming-Politik sowie das Incoming direkt über die Finanzierung von Kuren, die Kurdauer und die Eigenbeteiligung der Patienten.

Die deutsche Gesundheitsreform von 1996[1] hat im Jahre 1997 zu einem Rückgang der Übernachtungen in Sanatorien und Kurkliniken um 14 Millionen und wirtschaftliche Einbußen von mehr als drei Milliarden € geführt. 250 Kliniken schlossen und 30.000 Menschen verloren ihre Arbeitsplätze.

Kulturpolitik

wirkt direkt auf die Incoming-Politik und das Incoming, indem Kulturstätten zu Attraktionen gemacht werden. Aus Werbung mit Kultur folgt eine Segmentierung der Nachfrage.

---

[1] Verkürzung der regulären Kurdauer von vier auf drei Wochen, Verdoppelung der Patientenbeteiligung, Erhöhung des Abstands zwischen zwei Kuren von drei Jahren auf vier Jahre

Raumordnungspolitik
wirkt im Sinne des Tourismus, indem sie dafür sorgt, dass der touristischen Infrastruktur Räume und Standorte zur Verfügung stehen. Sie veranlasst andererseits, dass schützenswerte Räume vom Tourismus verschont bleiben.

Sozialpolitik
Bestandteile der Sozialpolitik sind auch subventionierte Reisen für sozial Schwache, z.B. Kuren für allein erziehende Mütter mit ihren Kindern, Förderung von Anlagen für Behinderte in Hotels, Unterstützung von Verbänden der freien Wohlfahrtspflege (z.B. Diakonisches Hilfswerk, Volkssolidarität).

Steuerpolitik
beeinflusst das Reisen durch Besteuerung der touristischen Leistungsbestandteile, z.B. Ökosteuer.

Die am 1.4.1999 in Deutschland eingeführte Ökosteuer auf Strom, Treibstoff und Heizöl führte dazu, dass die Betriebskosten in Kurkliniken, z.B. in Mecklenburg-Vorpommern, im ersten Monat ihres Wirkens um 10 bis 30% anstiegen.

Eine Besteuerung von Flugbenzin, und der darauf folgende Preisanstieg würde zur Abnahme der Nachfrage nach Fernreisen führen. Das Incoming wird durch das Erheben von Einreisegebühren (-steuern) behindert. Steuererleichterungen für Arbeitnehmer führt zu höherem Realeinkommen, d.h. u.a. mehr Geld für Urlaub. Ob es für Urlaub verwendet wird und ob für Binnentourismus, ist abhängig von weiteren Faktoren (z.B. dem Preisniveau). Trinkgeldbesteuerung wirkt demotivierend, was vor allem in den Grundbestandteilen des Incoming, Gastgewerbe und Beherbergung, die Qualität der Dienstleistungen beeinträchtigt.

Umweltpolitik
ist sowohl Voraussetzung des Tourismus, indem Landschaft, Flora und Fauna als wesentliches Potential des Incoming geschützt werden als auch seine Folge, indem sie Landschaft, Flora und Fauna vor dem Tourismus schützen.

6.6. Verfahrenswege

Jede politische Entscheidung und Maßnahme hat ihre Quelle in einer individuellen Idee, die in demokratischen Systemen über den Prozess der Mehrheitsbeschaffung durchgesetzt (legitimiert) wird. Tourismuspolitische Entscheidungen sind, wie alle politischen Entscheidungen, stets Kompromisse. Politische Entscheidungen stehen am Ende eines Geflechts von persönlichen, privaten, geschäftlichen und politischen Kontakten. Die politische Entscheidung ist nur der letzte Akt. Die Weichen sind zumeist bereits lange vor der Entscheidung gestellt worden.
Jede Situation erfordert einen adäquaten Verfahrensweg. Einige Verfahrenswege sind normiert und in gesetzlichen Regelungen vorgeschrieben. (s. Bild 6.1.)

Beispiele

Bau einer Pension
Dies ist keine tourismuspolitische Maßnahme, sondern allein die ökonomische Entscheidung des Bauherrn. Aber sie ist vom tourismuspolitischen Umfeld beeinflusst: gibt es dafür Fördermittel oder nicht, wie steht die Kommune zur weiteren Entwicklung des Tourismus, wie soll sich die touristische Infrastruktur entwickeln, was ist für die nähere Umgebung geplant? Der Bauherr wird sich also bei den zuständigen Behörden erkundigen müssen, ob er berechtigt ist, Fördermittel zu beanspruchen, ob der Flächennutzungsplan sein Vorhaben gestattet, ob weitere Bauvorhaben seinen Plan unterstützen oder gefährden können. Er wird ggf. Probleme mit der Bürokratie bekommen, in die Gefahr der Korruption geraten und die Unterstützung von Parlamentariern und

Interessengemeinschaften oder Gleichgesinnten suchen.

Bau eines Freizeitparks

1. Entscheidung des Investors
   Schon die Entscheidung des potenziellen Investors für einen Standort wird von den „harten“ und „weichen“ Standortfaktoren beeinflusst, die wiederum das Resultat verschiedener Politiken, u.a. der Incoming-Politik, sind.
   Dazu gehören:
   - das Einzugsgebiet, das u.a. von der Verkehrsanbindung beeinflusst wird
   - Grundstückspreise
   - Steuern
   - Kreditbedingungen
   - Arbeitskräfte (Ausbildung, Lohnniveau, Arbeitsbereitschaft)
   - Kosten (Wasser, Strom, Heizung, Entsorgung)
2. Baugenehmigungsverfahren
   - Behandlung des Antragstellers und des Antrags sowie Dauer des Genehmigungsverfahrens
   - Verhalten der örtlichen Anbieter (Kooperanten, Konkurrenten, Nutznießer)
   - Verhalten der Bevölkerung
   - Reaktion der Medien
   - Förderung oder Behinderung durch Volksvertretungen
3. Bauphase
   In dieser Phase wirkt z.B. die Arbeitsmarktpolitik (Möglichkeit der Beschäftigung billiger Arbeitskräfte, Freizügigkeit bei der Wahl der Baufirmen)
4. Betriebsphase
   In dieser Phase kann die Politik nur noch modifizierend auf bereits getroffene Vereinbarungen einwirken und versuchen, Kompromisse mit dem Betreiber aushandeln. Eine All-inclusive-Anlage kann völlig auf örtliche Leistungsanbieter (Gastronomie) verzichten, sie aber auch in ihr Angebot einbeziehen. Der Betreiber kann gedrängt werden, Arbeitskräfte aus der Region nicht nur in den unteren Einkommensgruppen zu beschäftigen, Zulieferer aus der Region zu nutzen sowie sich an der allgemeinen Infrastruktur der Kommune zu beteiligen und Verantwortung für die Kommune zu übernehmen.

Überangebot an Beherbergungskapazität

Bei bereits bestehendem oder drohendem Überangebot sind die etablierten Anbieter im Interesse ihre Existenzsicherung bemüht, das Angebot zu beschränken, sind allerdings selbst nur begrenzt, z.B. durch Preissenkungen, dazu in der Lage.

a) Etablierte Hoteliers fordern bei ihren Interessenverbänden (IHK, DEHOGA, Unternehmerverband, Fremdenverkehrsverbänden) sowie Parteien und Parlamentariern, durch Marktzugangsbeschränkung in den Wettbewerb einzugreifen, z.B. Fördermittel stoppen, Steuerleichterungen reduzieren, keine Baugenehmigungen mehr erteilen. Potenzielle Investoren werden sich natürlich für ihre Interessen stark machen.
b) Die angesprochenen Interessenverbände, Parteien, Parlamentarier sondieren bei anderen Abgeordneten, Ausschüssen, Dachverbänden die Möglichkeiten politischer Entscheidungen, leisten Überzeugungsarbeit und versuchen, Mehrheiten zu finden. Das Engagement der Interessenvertreter der Hoteliers wird in dieser Phase durch Anreize unterschiedlicher Art zu fördern versucht.
c) Fällt die tourismuspolitische Entscheidung im Interesse der Initiatoren positiv aus, so ist das Verfahren abgeschlossen, fällt sie negativ aus oder kommt es gar nicht erst zur Entscheidung, so folgt, falls die Initiatoren nicht resignieren,

d) eine erneute Mehrheitssuche oder es wird eine gerichtliche Entscheidung gesucht.

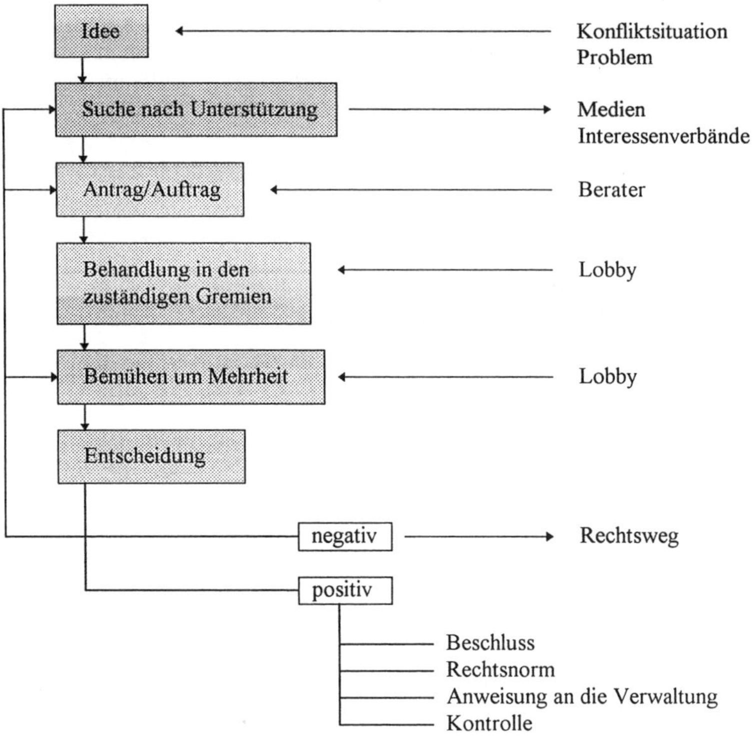

Bild 6.1.: Entscheidungsablauf

7. Incoming-Konzeptionen und -Projekte

7.1. Anforderungen

Incoming-Konzeptionen konkretisieren die durch die Incoming-Politik vereinbarten und formulierten Ziele.

Grundbestandteile von Konzeptionen:

- Zustandsanalyse:
  Darstellung des Angebots (Kapazität, Stärken und Schwächen, regionale Besonderheiten, Reserven, Entwicklungsmöglichkeiten), Darstellung der Nachfrage (bisherige Struktur und ihre Entwicklung, Elastizität, potenzielle Zielgruppen), Darstellung des Marktes (allgemeine Marktentwicklung, Wettbewerbssituation)
- Zieldefinition:
  übergeordnete Entwicklungsziele (z.B. Förderung des Mittelstands, Arbeitsmarktpolitik, Ortsentwicklungspläne), mittel- und langfristige Incoming-Ziele (z.B. Image-Verbesserung, Prädikatisierung), Zieldaten und -termine
- strategische Varianten:
  Ortsentwicklung, Unternehmensentwicklung, Investitionen, Zielgruppenansprache, Qualifikation der Beschäftigten, Einbeziehung der Bevölkerung.

Der Nutzen solcher Konzeptionen ist umstritten. Oft genügen tourismuspolitische Leitlinien als Orientierung für diejenigen, die Genehmigungen erteilen oder verwei-

gern, die Entscheidungen zu treffen haben.
Nützlich ist die Verständigung der Anspruchsgruppen (Stakeholder) einer Destination, d.h. all derer, die am touristischen Angebot beteiligt oder vom Incoming betroffen sind, über ein **Leitbild**. Es soll angeben, welchen Werten und Normen sich die Destination verpflichtet fühlt; es ist der kleinste gemeinsame Nenner aller Beteiligten und Betroffenen. Es ist der schriftlich formulierte Rahmen, in dem sich das zielorientierte Handeln der Unternehmer, Verbände, Politiker, Funktionäre und übrigen Bewohner der Destination bewegen soll. Es ist Planungsgrundlage und sollte kontinuierlich weiter entwicklelt werden.

Die einen vertrauen auf die Wirkung der bestehenden Gesetze und gesellschaftlichen Normen und meinen, dass man im Rahmen dieser Gesetze und Normen den Marktkräften vertrauen und den Kommunen und Leistungsträgern Spielraum lassen sollte. Es gäbe schon genügend Konzeptionen, Flächennutzungs-, Bebauungs-, Verkehrskonzeptionen, durch die bereits die wesentlichen Aufgaben einer Incoming-Konzeption gelöst sind. Die anderen fordern im Interesse des Schutzes der Umwelt und der Bevölkerung strengere Kontrollen, strengere Gesetze, kontrollierbare Konzeptionen, strengere Genehmigungsverfahren.
Oft wird die fehlende übergreifende Regionalplanung beklagt, aber die regionalen Planungsgrundlagen, wie Städteplanung, Raumordnungsverfahren, Bauleitplan, Bebauungsplan überlassen nun einmal die Entscheidung den Kommunen. Dass die Entscheidungsträger, Bürgermeister oder Gemeinderat, oft fachlich überfordert sind, auf verlockende Angebote von Investoren hereinfallen, vielleicht sogar bestochen werden, ändert nichts an der Notwendigkeit, sich im Interesse der Bewohner und ihrer Nachkommen sowie der Umwelt über mögliche Konsequenzen einer touristischen Entwicklung Gedanken zu machen. Die Bevölkerung darf sich ihr demokratisches Mitspracherecht nicht nehmen lassen.

> *Manche Anbieter von Fremdenverkehrskonzeptionen haben etwas von Vergewaltigern an sich. Aber kein Vergewaltiger mag sich gern als solcher betrachten, geschweige denn erwischt werden. Was die Regionen, wie Penelope, oft vor ihren Vergewaltigern bewahrt, ist deren Rivalität untereinander.*[1]

In schöner Regelmäßigkeit wird die Bundesregierung aufgefordert, eine Fremdenverkehrskonzeption vorzulegen. Vielleicht ist sie damit überfordert. Man muss jedoch von einer Regierung verlangen können, dass sie zum Stellenwert des Fremdenverkehrs in ihrer Werteskala Position bezieht, dass sie Verwaltungsorgane schafft, die diesem Stellenwert angemessen sind und dass sie die Rahmenbedingungen beeinflusst.

Fremdenverkehrskonzepte werden überwiegend extern von Spezialisten erarbeitet. Aber Vorsicht! Der Markt bietet eine Vielzahl von Anbietern mit unterschiedlichen Preisen und mit unterschiedlichem Niveau. Letzteres ist nicht leicht zu erkennen.
Scharlatane unter den Projekt-Anbietern nutzen die Unkenntnis und Leichtgläubigkeit sowie ökonomische Zwangslagen der Einheimischen aus, versprechen Hunderte von Arbeitsplätzen und Aufschwung für die Kommunen und haben damit die Kommunalpolitiker und die Bevölkerung schnell auf ihrer Seite. Vorsicht ist geboten vor Knebelverträgen, Korruptionsversuchen und Abschreibungsprojekten der Immobiliengesellschaften.
Ein Problem ist die kritische Prüfung von extern erstellten Konzepten auf deren Qualität hin.

[1] nach: Brodsky in ZEITmagazin 33/91

Hilfsmittel, wie der „Leitfaden mit Checkliste“ für die Erschließung neuer Fremdenverkehrszonen, herausgegeben vom Österreichischen Wirtschaftsministerium, oder die ADAC-Publikationen „Neues Denken im Tourismus“ und „Mehr wissen - mehr handeln“ können die Kontrolle erleichtern, ob gründlich gearbeitet wurde und ob die essentiellen Bestandteile enthalten sind: Sie bieten hingegen nicht die Möglichkeit einzuschätzen, ob die vorgeschlagene Lösung auch wirklich die bestmögliche ist.

Da gem. § 676 BGB für Rat oder Empfehlung nicht gehaftet wird, sollte der Auftraggeber die Zahlung der letzten Rate möglichst so lange nach Ablieferung der Konzeption hinauszögern, bis erste Anzeichen ihres praktischen Nutzens nachweisbar sind, und der Auftragnehmer sollte verpflichtet werden, an der Umsetzung seiner Vorschläge in die Praxis mitzuwirken und ggf. die Konzeption nachzubessern.

BURGHOFF und KRESTA fordern dezentrale Tourismuskonzeptionen, die in regionale Wirtschaftskonzepte eingebunden sind. Unabhängige, staatlich eingerichtete und finanzierte Instanzen aus Vertretern der unterschiedlichsten Interessenbereiche und Fachdisziplinen sollten Entscheidungsargumente erarbeiten.[1]

In Frankreich können sich Kommunen, Regionen und Wirtschaft vom Staat (agence française de l'ingenerie touristique, afit) kostenlos beraten lassen, bevor sie in Tourismusanlagen investieren, dafür steht ein Budget von umgerechnet mehr als 2,6 Millionen € zur Verfügung. Die Organisation führt auch Urlauberbefragungen durch und informiert die Leistungsträger über Mängel.

Grundanforderungen an Entwicklungskonzeptionen für Destinationen:

- ganzheitliches Denken
- vernetzte Strategien
- Vorrang für Ökologie
- Berücksichtigung des Verkehrs
- zu erwartende Belastungen für die Einwohner.

Incoming-Konzeptionen müssen regionale Wirtschaftskonzepte berücksichtigen und können ihrerseits diese wiederum beeinflussen. Je nach Bedeutung des Incoming wird entweder das Wirtschaftskonzept vom Fremdenverkehr geprägt, oder das Wirtschaftskonzept nimmt nur wenig Rücksicht auf den Fremdenverkehr.

Abgesehen von wenigen reinen Urlaubsorten, ist der Fremdenverkehr immer mit anderen Wirtschaftsbereichen verbunden. Allein vom Tourismus zu leben, leben zu können bzw. zu müssen, ist nur wenigen Regionen vorbehalten. Wechselwirkungen und gegenseitige Einflüsse bestehen hauptsächlich zwischen dem Tourismus auf der einen und Industrie, Landwirtschaft sowie Verkehr auf der anderen Seite. Diese Beziehungen sind niemals ausschließlich positiv oder negativ.

Schwer- und Großindustrie und Fremdenverkehr sind in der Regel unvereinbar. Schadstoffemissionen, hohes Verkehrsaufkommen, unattraktive Industriebauten, Industriearbeiter mit wenig Zeit und Sinn für Touristen wirken wenig anziehend. Hingegen können die mittelständische Industrie und insbesondere das Handwerk tourismusfördernd wirken, vor allem, wenn sie für die Region typisch sind und sich dem Tourismus öffnen. Gute Beispiele sind Schauwerkstätten mit Kaufmöglichkeiten oder sogar eigener Betätigungsmöglichkeit.

Ein Industrietourismus größeren Stils befindet sich erst in den Anfängen. Er könnte sogar die Großindustrie touristisch interessant machen.[2]

Auch Tourismus und **Landwirtschaft** harmonieren nur unter bestimmten Voraussetzungen. Urlaub auf dem Bauernhof ist eine Attraktion des derzeitigen Tourismus und für viele Bauern eine Chance, ihre oft prekäre Situation zu verbessern. Voraussetzung

---

[1] Schöne Ferien. München 1995

[2] siehe Kap. 4.5.

ist eine landschaftsfreundliche und regionaltypische Landwirtschaft, die den Touristen neben Naturnähe, Ruhe, Beschaulichkeit auch einen gewissen Komfort bieten kann. Für die wenigsten Touristen sind Großraumwirtschaften mit riesigen Feldern und industrieller Tierhaltung anziehend. Verbunden mit Reiturlaub dürften ausgedehnte Weideflächen allerdings reizvoll sein.

Tourismus und **Verkehr**: Obwohl der Tourismus den Verkehr braucht, flieht er die Verkehrswege. Urlaub in unmittelbarer Nähe von Autobahnen, Flugplätzen, Bahnhöfen und Häfen ist undenkbar, für den Geschäftsreiseverkehr ist diese Nähe dagegen oft erwünscht. Bestrebungen, die Städte fußgängerfreundlicher zu machen, können dem Tourimus nur dienlich sein.

Erfolgreiche Incoming-Konzeptionen orientieren sich an den Zielgruppen und nutzen sie zur Profilierung.

7.2. Tourismus mit Rücksicht

Allgemeine Entwicklungsregeln

Einfühlsame Incoming-Konzeptionen streben eine gleichermaßen wirtschaftlich ergiebige, sozial verantwortliche und umweltverträgliche Entwicklung des Fremdenverkehrs an. Sie verzichten auf weiteren Ausbau der touristischen Infrastruktur, wenn die zu erwartenden Risiken für Natur und Bevölkerung zu groß bzw. nicht überschaubar sind. Konzeptionen müssen nicht unbedingt am Wachstum orientiert sein, auch Rückzug kann aus Gründen zu hoher Belastung für Mensch und Umwelt sinnvoll sein.

Ausbauziele des Incoming werden verbindlich festgelegt. Beschränkung auf das Wünschbare hat Vorrang vor der Realisierung des Machbaren.

In Bezug auf die Erschließungspolitik wird Zurückhaltung geübt, Obergrenzen werden nicht überschritten, wirtschaftlichen Sachzwängen wird nicht nachgegeben, Populismus aus wahltaktischen Erwägungen wird vermieden. Langzeit-Ökonomie hat Vorrang gegenüber dem ansonsten in der Branche verbreiteten kurzfristigen Gewinnstreben.

Großräumige Schutzzonen werden respektiert.

Bevor neue Feriengebiete erschlossen werden, werden alte revitalisiert.

Touristische Großprojekte werden erst nach gründlicher Prüfung ihrer Auswirkungen und ausreichender Untersuchung der potenziellen Nachfrage in Angriff genommen.

Schadenbegrenzung, Schadenbeseitigung, Rückgängigmachen von Fehlentwicklung, wenn z.B. Anlagen zu groß dimensioniert wurden, die falsche Infrastruktur gefördert wurde, die Nachfrage ausbleibt, setzen zum frühestmöglichen Zeitpunkt ein.

Bereits intensiv genutzte Regionen verzichten auf die Erweiterung konventioneller Kapazitäten (Ferienhotels, Großgastronomie, Fast-Food) zugunsten einer Qualitätsverbesserung der vorhandenen touristischen Infrastruktur.

Rücksichtnahme auf die Nachbarn und Kooperation mit ihnen sollten eigentlich selbstverständlich sein. Auch bei kleineren Objekten zahlt sich Zusammenarbeit mit Nachbarkommunen aus.

> Wenn die Nachbargemeinde ein Schwimmbad besitzt, das schon kaum genügend ausgelastet ist, sollte man nicht selbst auch noch eins bauen wollen. Statt dessen bietet sich an, einen Zubringerdienst zur Nachbargemeinde zu organisieren und selbst eine andere Einrichtung, vielleicht eine Diskothek zu schaffen, für die dann auch die Nachbargemeinde wirbt.

Das Bewusstsein gemeinsamer Verantwortung für die Destinationen nimmt auch bei den Veranstaltern zu. Sie geben häufig schon von sich aus Ratschläge für rücksichtsvolles Verhalten. Von Seiten des Fremdenverkehrsortes sollte trotzdem darauf hingewiesen werden, wenn ein Veranstalter diesen in sein Programm aufnimmt. Es gibt nachahmenswerte Beispiele.

Studiosus-Reisen überreicht jedem Kunden ein Faltblatt *Tipps & Anregungen für Ihr Verhalten als Gast in fremden Ländern*, aus denen folgende Passagen entnommen wurden, die als Anregungen dienen können:

Respektieren Sie die Ratschläge Ihres Reiseleiters, wenn es um Fragen des sozial- und umweltverträglichen Tourismus geht!
Beanspruchen Sie keine unangemessenen Privilegien im Gastland. Ein bescheidener Gast ist überall willkommen. Sie werden sehen, die Menschen begegnen Ihnen viel freundlicher!
Vermeiden Sie Müll, wo immer Sie können!
Nehmen Sie von Wanderungen in der Natur nichts mit außer Erinnerungen und Bildern!
Helfen Sie Wasser zu sparen!
Benutzen Sie, wo möglich, öffentliche Verkehrsmittel und gehen Sie wenn immer möglich zu Fuß!

Die DRV-Broschüre *Zu Gast in fremden Ländern* vermittelt „interessante Tips, wie Sie durch 'Reisen auf die sanfte Tour' mehr aus Ihrem Urlaub machen“:

Treten Sie Ihre Reise mit dem Wunsch an, mehr über Land und Leute zu erfahren - und mit dem Vorsatz, ihre Sitten, Gebräuche und Gesetze zu respektieren!
Passen Sie sich mit Ihrer Kleidung nicht nur dem Klima, sondern auch den Sitten an!
Seien Sie fair zur Natur, fragen Sie Ihre Reiseleitung oder Ihre Gastgeber, worauf Sie besonders achten sollten! Nehmen Sie nach dem Picknick alle Abfälle wieder mit!
(sonst wie oben)

Veranstalter in der Schweiz sprechen verstärkt überzeugte Öko-Touristen mit Energiespar-Reisen an, indem sie auf Anfrage neben dem Preis und dem Urlaubsprogramm auch den Energiekonsum, den Verbrauch je Person und Reisetag in Megajoule, nennen. Diese zusätzliche Produktdeklaration könnte bald ebenso selbstverständlich werden wie die Kalorienangabe auf Lebensmittelpackungen und der Nikotin- und Teergehalt auf Zigarettenschachteln.

Umweltverträglicher Tourismus

Es gibt wohl keine Incoming-Konzeption, die nicht betont, dass ausschließlich die sanften Formen des Tourismus, also der umwelt- und sozial verträgliche Tourismus gefördert werden sollen. Und das ist längst keine Floskel, keine Pflichtübung, keine Konzession an die Naturschützer und den Öko-Trend, keine grüne Kosmetik, kein grünes Mäntelchen mehr, das dem ansonsten traditionellen Gebaren schamhaft umgehängt wird, nein, es ist ernst gemeint.

Um die negativen Wirkungen des Tourismus zu reduzieren, wurde die Idee des „sanften Reisens“ entwickelt. Er ist keine Urlaubsform, sondern eine Entwicklungsstrategie.

Maximalisten meinen: *Der sanfteste Tourismus ist der, der nicht stattfindet.*

Gelegentlich hört man auch, Tourimus solle wie Müll behandelt werden: ihn erstens vermeiden und zweitens mit dem Rest richtig umgehen.

Verzicht auf Reisen zu propagieren, kann nicht Gegenstand einer Incoming-Politik sein, wohl aber Verzicht auf bestimmte Arten des Reisens und der Reisenden.

Es gibt nicht nur die Alternative: Entweder die Masse fällt wie rabiate Wanderheuschrecken über alles Sehenswerte her - Sehenswürdigkeiten werden förmlich überrannt - oder man schafft Saumpfade der touristischen Masse, auf denen sich an schönen Tagen Abertausende von Erholungssuchenden im Gänsemarsch entlangbewegen.

Der Wunschgast mit GÜV-Plakette:
Der Gäste-Überwachungs-Verein (GÜV) überprüft alle Touristen im Zweijahresabstand auf ihre charakterliche und finanzielle Eignung und verleiht eine Plakette, auf der gespeichert ist, ob der Betreffende Gehalt bezieht und in welcher Höhe, ob er Trinkgeld gibt, ob er zum Querulieren neigt, mit wieviel Dezibel er im Urlaub zu lärmen pflegt, wie hoch sein durchschnittlicher Alkoholverbrauch ist usw. Wenn die Daten nicht mit dem Anforderungsprofil des Reisezieles kompatibel ist, wird er bei der elektronischen Einreisekontrolle abgewiesen.[1]

[1] Olaf Krohn in: Die Zeit 51/94

Einige Destinationen haben sich in Verträgen mit Reiseveranstaltern das Recht ausbedungen, jederzeit Gäste, die sich nicht zu benehmen wissen, ermahnen und ausweisen zu dürfen. Auch können Veranstaltern für Missbrauch der Gastfreundschaft durch ihre Kunden Bußgelder auferlegt werden.

Seit JUNGKs Artikel über das sanfte und harte Reisen haben sich die Interpretationen gewandelt, und es sind neue Begriffe hinzugekommen, z.B. umweltverträglicher, sozial verträglicher, kulturverträglicher (oder -verantwortlicher) Tourismus sowie Tourismus mit Einsicht als Klammerbegriff.

Durchgängig umweltverträgliche Konzeptionen vermeiden Gefahren für die Natur in allen Phasen des Incoming, angefangen beim Bau der touristischen Infrastruktur über die An- und Abreise der Gäste bis hin zum Verhalten während des Aufenthaltes in der Destination. Teillösungen sind sicher weniger wirkungsvoll, aber jede einzelne Maßnahme ist nützlich. Das Kräfteverhältnis in der Kommune wird letztendlich darüber entscheiden, inwieweit man sich einer ganzheitlichen Lösung zu nähern vermag.

Indem natürliche Baumaterialien aus der näheren Umgebung verwendet werden, sinkt der Transportaufwand, ebenso, wenn Nahrungsmitteln aus der Region bevorzugt werden.

Gästen und Einheimischen werden Alternativen zum privaten Autoverkehr durch öffentliche Verkehrsmittel, Fahrradwege sowie Fahrradausleihmöglichkeiten geboten. Einige Ferienregionen erstatten den Fahrpreis der An- und Abreise ganz oder teilweise, wenn sie mit öffentlichen Transportmitteln erfolgt.

Müllvermeidung durch Verzicht auf Verpackung, sparsamer Umgang mit Wasser und Chemikalien, Reduzierung der Umweltverschmutzung, z.B. durch schadstoffarme Heizsysteme in privaten und öffentlichen Gebäuden, Förderung umweltverträglicher Sportarten sind weitere Bestandteile einer umweltverträglichen Konzeption.

Was als umweltverträglich gelten kann und was nicht, ist häufig eine Frage der Masse, jedoch nicht immer. Wandern kann harter Tourismus sein, wenn es in großen Gruppen und lärmend und Abfälle hinterlassend betrieben wird, aber ebenso kann ein einzelner Wanderer harten Tourismus praktizieren, wenn er die letzten Tiere verscheucht. Auch Wandern auf La Gomera nach 4.000 km Flugzeuganreise kann kaum als sanfter Tourismus bezeichnet werden. Ein großes Hotel hingegen kann durchaus als Vorbild für sanften Tourismus gelten, wenn die Entsorgung gesichert ist, die Versorgung aus der Region erfolgt, biologisch abbaubare Waschmittel verwendet werden usw.

Sanfter Tourismus ist angewiesen auf Problembewusstsein und auf die Bereitschaft zu mehr Muße, zum aktiven Natur- und Umweltschutz, zur Rücksichtnahme auf das Urlaubsgebiet und ggf. zu einem gewissen Komfortverzicht.

Destinationen sollten keine Gelegenheit ungenutzt lassen, die Touristen (und Einheimischen) über die Umweltsituation in ihrem Territorium zu informieren. Dazu gehören Hinweise auf besonders sensible Bereiche und Arten, Bitten um bestimmte Verhaltensweisen, Beschreibung von Folgen für die Umwelt und in letzter Konsequenz das Androhen von Zwangmaßnahmen und Strafen.

Naturschutzorganisationen, die meisten sind im Deutschen Naturschutzring (DNR) zusammengeschlossen, geben nützliches Informationsmaterial für rücksichtsvolles Verhalten in der Natur und zu gesetzlichen Regelungen heraus.

Sanfter Tourismus stellt sich nicht durch Strafen, stereotype Argumentation, Horrorszenarien ein, sondern über zuerst von den Einheimischen praktizierten und mit sanftem Nachdruck geforderten schonenden Umgang mit Natur und Kultur in den Zielregionen.

Nachhaltiger Tourismus

Die *World Conference on Sustainable Tourism* verabschiedete im April 1995 auf Lanzarote die *Charta für einen nachhaltigen Tourismus*, wobei unter „nachhaltig“ verstanden wird, dass der Tourismus langfristig ökologisch tragbar, wirtschaftlich machbar sowie ethisch und sozial gerecht für die ortsansässigen Gemeinschaften sein soll.

Der Begriff „nachhaltige Nutzung" stammt aus der Forstwirtschaft, wo er das Prinzip bezeichnet, niemals mehr Bäume zu fällen, als im direkten Umfeld nachwachsen. Er wird erstmalig in einer Schrift des sächsischen Oberberghauptmanns von Carlowitz Anfang des 18. Jahrhunderts genannt. Seitdem ist die Nachhaltigkeitsidee überall, wo sie auftaucht, ein Kind der Krise.

1997 verabschiedeten die Vertreter der Ostsee-Anliegerstaaten auf Initiative der Deutschen Gesellschaft für Umwelterziehung die *Rügener Empfehlungen* als Beitrag zur Entwicklung eines nachhaltigen Küstentourismus.

Das Gefühl, dass ein neuer Modebegriff geprägt wurde, nachdem solche Begriffe wie „sanfter" oder „ökologischer" oder „sozial verträglicher" Tourismus ihre Wirkung zu verlieren drohten, beschleicht nicht nur Fachleute.

Es ist ein gewaltiger Irrtum zu glauben, darauf sei noch hingewiesen, dass sanfter Tourismus die Schäden kompensieren könne, die eine brutale Industrie und Landwirtschaft und der Massenverkehr angerichtet haben und täglich anrichten. Aber die auf Reisen gewonnenen Erfahrungen könnten vielleicht dazu beitragen, die allgemeine Sensibilität für Umweltprobleme zu erhöhen.

Sozial verträglicher Tourismus

fordert gerechte Verteilung des wirtschaftlichen Nutzens. Von den Einnahmen aus dem Incoming soll der größte Teil in der Destination bleiben. Boden wird möglichst nicht an Auswärtige verkauft.

Die Vertreibung von Bewohnern aus touristischen Regionen, wie in Myanmar und Indonesien geschehen, und die Beschwerden von Urlaubern über zu viele Einheimische am Strand sind üble Beispiele für sozial unwürdigen Tourismus.

Innerhalb der Destination wird der Nutzen so verteilt, dass keine allzu großen Differenzen und Spannungen in der Bevölkerung zwischen Nutznießern und Leidtragenden des Fremdenverkehrs auftreten. Es werden humane Arbeitsplätze geschaffen. Investitionen in den Tourismus erfolgen nicht zu Lasten sozialer Einrichtungen für die Bevölkerung.

Die kommunalen Räte und Verwaltungen bewahren die Einheimischen vor negativen Wirkungen des Incoming.

Unter den Leistungsträgern erfolgt ein ständiger Interessenausgleich.

Kulturverträglicher Tourismus

Kulturverträgliche Incoming-Konzepte fordern u.a. die Beibehaltung traditioneller, ortstypischer Bauweisen, die vorrangige Nutzung vorhandener Bausubstanz, die Pflege des Ortsbildes, des traditionellen Brauchtums und der kulturellen Eigenarten.

Sie nutzen den Tourismus als Chance, Kulturstätten, wie Theater, Kinos, Museen, Archive, Galerien, historisch wertvolle Bauwerke etc. zu erhalten und zu fördern.

Kulturobjekte bedürfen mit zunehmenden Besucherzahlen des besonderen Schutzes vor Diebstahl und Beschädigung.

Kommunen und Veranstalter beziehen die in der Region ansässigen Künstler ein, sie laden sie zu Veranstaltungen ein, vergeben Aufträge an sie und fördern den Kontakt der Touristen zu ihnen.

Kulturverträglich ist nur der Tourismus, der die Sitten und Bräuche sowie die Lebensweise der Bewohner respektiert. Dazu gehört auch, dass in kleinen Orten keine Großveranstaltungen durchgeführt werden, dass Volkskultur nicht zu billigen Showveranstaltungen für die Touristen missbraucht wird, dass die Gäste die religiösen Gefühle und Glaubenssymbole ihrer Gastgeber respektieren.

Es lohnt sich, den Veranstaltern und Reiseleitern nahezulegen, ihre Kunden in diesem Sinne zu beeinflussen.

7.3. Planung

Die Planungshoheit für die räumliche Gestaltung ihres Gebietes liegt grundsätzlich bei den Gemeinden. Ihre Entwicklungs-, Flächennutzungs- und Bebauungspläne sind jedoch genehmigungspflichtig durch die Aufsichtsbehörden und anpassungspflichtig an übergeordnete Planungen; z.B. muss sich der kommunale Bauleitplan an den übergeordneten Gebietsentwicklungsplan, dieser an den Landesentwicklungsplan und der an das Bundesraumordnungsprogramm anpassen.
Geltende Rechtsnormen sind das Baugesetzbuch (BauGB), die Baunutzungsverordnung (BauNVO), das Bauordnungsrecht der Bundesländer (Landesbauordnungen) sowie baurechtlich relevante Vorschriften in Bundes- und Landesgesetzen, z.B. in Umweltschutzgesetzen.
Fachplanungsgesetze des Bundes und der Länder regeln die Planungsverfahren sektoraler Bereiche: Verkehr, Natur- und Landschaftsschutz, Wasserwirtschaft, Ver- und Entsorgung, Flurbereinigung. Auch die kommunalen Planfeststellungsverfahren, z.B. für Straßen- und Eisenbahntrassen, gehören in diese Kategorie.[1]

Entwicklungsplanung

Ein Ortsentwicklungsplan ist ein Fachplan und steht in der Bauleitplanung zwischen dem Flächennutzungs- und dem Bebauungsplan. Der Entwicklungsplan besteht im Allgemeinen aus der Regionalplanung (Landschaftsentwicklung, Verkehrswesen, Gemeinden in der Umgebung), der Ortsplanung (Ortsbild, Ortsverkehr, soziale, kulturelle Aspekte) und der Objektplanung (konkrete Bau-, Rekonstruktions- und Entwicklungsvorhaben).
Ausgewiesene „landschaftliche Vorbehaltsgebiete“ sind die Landschaft und das Ortsbild prägende Strukturen (z.B. Hangkanten, Steilhänge, Kuppen), die grundsätzlich von der Bebauung freigehalten werden sollen.
Die Planung der Ortsentwicklung ist immer auf Kompromisse angewiesen. Soll man völlig auf eigene Akzente verzichten und sich auf das Bewahren beschränken, was oft als Altertümelei abgetan wird? Oder sollte man lieber hochmoderne Anlagen schaffen?

> Im Mittelalter waren Burgen, Schlösser und Kirchen dominierende und oft bedrückende Monstren, heute werden sie von den Touristen bewundert und mit großem Aufwand erhalten. Welche Akzente setzt unsere Zeit? Moderne Großbauten sind nicht zwangsläufig anti-touristisch. Türme, Brücken, Denkmäler, die Skyline von New York oder Hongkong sind sowohl Sehenswürdigkeiten als auch Kennzeichen.
>
> Einige Regionen sind erst durch die Bebauung touristisch attraktiv geworden. Manche Inseln der Kykladen erwecken den Eindruck, als sei jeder Quadratmeter bebaut und zugepflastert. Sie würden mit ein paar armseligen Hütten und weidenden Schafen oder Ziegen vom Tourismus wohl kaum beachtet werden.

Der Entwicklungsplan zur Anerkennung eines Ortes als Kurort richtet sich nach den Vorgaben der entsprechenden Landesverordnung.
Die beantragende Gemeinde trägt die gesamten Kosten für das Antragsverfahren.
Erforderlich sind in Abhängigkeit von der Art der Prädikatisierung:

- Klimagutachten (Dauer etwa zwei Jahre, Kosten ca. 15.000 €)
- Luftgütegutachten (Dauer etwa ein Jahr, Kosten ca. 15.000 €)
- ärztliche und balneologische Gutachten
- Gutachten über die Hauptheil- und Gegenanzeigen
- Trink- und Badewasseruntersuchungen
- wasserhygienisches Gutachten
- umwelthygienisches Gutachten, Immissionsbelastung
- krankenhaushygienisches Gutachten

---

[1] s.a. Gisevius (1991), S. 124 ff.

- lebensmittelhygienisches Gutachten
- Ortsbesichtigung.

Ein Beirat, dessen Mitglieder gemäß Landesverordnung ernannt werden (Vertreter aus Innen-, Wirtschafts-, Umweltministerien, Ärztekammer, Wissenschaftler, Gewerkschaft, Wetterdienst, Fremdenverkehrsverband, Heilbäderverband, DEHOGA, Landesversicherungsanstalt, Medizinischer Dienst, Verband der Badeärzte), befindet über den Antrag, fordert ggf. weitere Unterlagen an und schlägt dem Sozialminister die Annahme oder Ablehnung des Antrags vor. Der Landrat erteilt die erforderlichen Genehmigungen, z.B. zur Förderung von mineralisiertem Grundwasser und jodhaltiger Sole mittels Brunnen, verbunden mit Auflagen zum Umweltschutz.

Raumplanung

Die Raumplanung verläuft entsprechend der o.g. Anpassungspflicht unter Berücksichtigung der für das Vorhaben zuständigen Fachplanungen.

Da der Tourismus eine Wachstumsbranche ist, muss seine Expansion in Einklang mit ökologischen Erfordernissen gebracht werden. Dazu sind Landschafts-Rahmenpläne erforderlich.

Das Raumordnungsverfahren ist ein verwaltungsinternes Prüfverfahren der Bundesländer ohne Bürgerbeteiligung, das die Vereinbarkeit größerer Bauvorhaben mit den Zielen der Raumordnung und Landesplanung sowie des Umweltschutzes untersucht. Die Landesregierungen haben ihren Landtagen den Raumordnungsbericht vorzulegen. Er informiert über die Beziehung der Raumordnung und Landesplanung zur gemeindlichen Bauleitplanung sowie über die raumwirksamen Fachplanungen und Maßnahmen der Landesregierung.

Die Festlegung touristischer Entwicklungsgebiete im Rahmen der Raumordnung liegt in der Verantwortung der Bundesländer.

Ökologische *Tabu-Flächen* nach dem Bundesnaturschutzgesetz sind: naturnahe Waldflächen, Naturschutzgebiete, Landschaftsschutzgebiete, Naturdenkmäler u.ä., sowie nach § 20c zu schützende Biotope, wie z.B. Moore, Röhrichte, Nasswiesen, naturnahe Fließgewässer, Auenwälder und Gebüschfluren.

Die Ministerkonferenz für Raumordnung beschloss 1979 Grundsätze für die Ausweisung und Gestaltung von Gebieten für Freizeit und Erholung (MKRO-Entschließung vom 12.11.1979) und 1992 Empfehlungen für die Behandlung großflächiger Freizeiteinrichtungen in der Raumordnung und Landesplanung (MKRO-Entschließung vom 14.2.1992).

Das Planfeststellungsverfahren ist die verfeinerte, konkretere Fassung des landesplanerisch-raumordnerischen Verfahrens. Es richtet sich nach §§ 77 f. Verwaltungsverfahrensgesetz (VwVfG). Zuständig ist meist der Regierungspräsident, sofern nicht andere Behörden für zuständig erklärt werden. Die Pläne werden in den betroffenen Gemeinden für jedermann zur Einsichtnahme ausgelegt. Im Rahmen des Verfahrens werden z.B. Ansprüche auf Entschädigung, Details von Verkehrswegen, Nutzungsmöglichkeiten für die Bevölkerung behandelt und bindend geregelt. Planfeststellungsverfahren sind i.d.R. die Voraussetzung für die Verleihung des Enteignungsrechts zwecks Enteignung von Grundeigentum.

In manchen Fällen mag eine Flurbereinigung, d.h. eine Neuordnung der Grundstücke, sinnvoll sein.

Umweltverträglichkeitsprüfungen (UVP) sind Prognose-Gutachten, mit denen bereits in der Planungsphase von Projekten die Auswirkungen auf Luft, Wasser, Landschafts- und Ortsbild geprüft werden. Sie sind teils freiwillig, teils obligatorisch. Gesetzlich vorgeschrieben ist die Prüfung der Umweltverträglichkeit z.B. für die Errichtung von Feriendörfern, Hotelkomplexen und sonstigen großen touristischen Einrichtungen.

Die *kommunale UVP* ist Ausdruck des Wahrnehmens der Eigenverantwortung der Gemeinden. Sie setzt auf die Vernunft der Entscheidungsträger. Als Teil der Entscheidungsvorbereitung wird sie von verantwortungsbewussten Gemeinden bei allen Vorhaben eingesetzt, die für kommunale Verhältnisse bedeutsam sind, deren mögliche Wirkungen nicht offenkundig sind, aber Gefahren vermuten lassen, wenn kleine, aber wertvolle Gebiete betroffen sind, wenn der Summeneffekt nicht überschaubar ist.

Solche Vorhaben können sein: Golfplätze, einzelne Hotels, Wassersportanlagen, Skilifte, Campingplätze.

Eine UVP ist das gesamte Verfahren gem. UVP-Gesetz oder in kommunaler Eigenverantwortung. Ihr Kernstück ist eine Umweltverträglichkeitsstudie (UVS).

Genereller Ablauf einer UVP:

1. Feststellung der Notwendigkeit einer UVP (ggf. Umwelterheblichkeitsprüfung)
2. Festlegung des Untersuchungsrahmens
3. Erstellung der UVS
4. Überprüfung der UVS (Öffentlichkeit, Organisationen)
5. Beurteilung der voraussichtlichen Umweltwirkungen durch die zuständige Behörde
6. Berücksichtigung im Entscheidungsprozess
7. Kontrolle bei Durchführung des Vorhabens
8. Nachkontrolle.

Zwei Jahre nach In-Kraft-Treten des *Umweltauditgesetzes* wurde am 13.01.1998 eine Erweiterungsverordnung beschlossen, durch die sich das Umweltaudit-System auch auf Dienstleistungsbranchen wie Handel, Verkehr, Gastgewerbe sowie Kommunalverwaltungen ausdehnt.

Die Bauleitplanung erfolgt in zwei Stufen: der Aufstellung eines Flächennutzungsplanes und, daraus abgeleitet, der verbindlichen Bebauungspläne.

Der *Flächennutzungsplan* (FNP) wird nach einem streng formalisierten Verfahren unter Beteiligung der Öffentlichkeit aufgestellt. Er legt für einen längeren Zeitraum die Grundzüge der Bodennutzung für das gesamte Gemeindegebiet fest. Er ist verbindlich für die Gemeinde, d.h. sie ist mit weiteren Planungen an diese eigene Vorgabe gebunden. Durch Teilnahme der Träger öffentlicher Belange am Verfahren wird gesichert, dass nicht nur die Gemeinde, sondern auch die anderen öffentlichen Planungsträger an den FNP gebunden sind.

Die Darstellung der für die Bebauung vorgesehenen Flächen richtet sich nach § 5 BauGB, die Angaben zu den baulichen Nutzungsarten und zum Nutzungsmaß sind mit der Baunutzungsverordnung geregelt.

Der *Bebauungsplan* (BP) konkretisiert den FNP und ist als Ortsrecht durch Gemeindesatzung bindend für die Gemeinde und die Bürger. Er legt für kleinere räumliche Bereiche „parzellenscharf" fest, ob und wie die Grundstücke bebaut werden dürfen. Der BP erfasst nicht nur private Bauflächen, sondern auch Flächen für den Gemeinbedarf (Kindergärten, Schulen, Krankenhäuser, Kirchen, Museen), Verkehrsflächen, öffentliche und private Grünflächen und sonstige Flächen.

Der *V- u. E-Plan* (Vorhaben- und Erschließungsplan, § 12 BauGB), ein Teil der Investorenplanung, wird Bestandteil des vorhabenbezogenen Bebauungsplanes. Er betrifft Vorhaben, die mit § 34 BauGB nicht erfasst werden.

Im *Außenbereich*[1] darf, um die Zersiedlung der Landschaft zu verhindern, grundsätzlich nicht gebaut werden. Dort gilt das Baurecht nicht. Dieser Außenbereich ist das Objekt der Begierde der Spekulanten und häufiger Streitfaktor zwischen Kommunalpolitikern und Umweltschützern.

[1] definiert gem. § 35 BauGB

Ablauf einer Bebauungsplanung[1]:

1. Planungsanstoß
2. Entwicklung eines Planungskonzepts
3. Aufstellungsbeschluss
4. Einladung zur Bürgerbeteiligung
5. Planungsausstellung
6. Bügerversammlung
7. schriftliche Stellungnahmen
8. Anhörung der Träger öffentlicher Belange
9. Erarbeitung des förmlichen Planentwurfs
10. öffentliche Auslegung des Planentwurfs
11. Entscheidung über die Bedenken und Anregungen
12. Plangenehmigung
13. In-Kraft-Treten.

Für die Zeit der Aufstellung von Bebauungsplänen gilt meist eine Veränderungssperre, um zu verhindern, dass Fakten geschaffen werden, die den Zielen des künftigen Planes entgegenstehen. Mit dem Instrument der Teilungsgenehmigung kann verhütet werden, dass Grundstücke in einer Weise geteilt werden, die eine spätere Bebauung verhindert oder erschwert. Das gemeindliche Vorkaufsrecht ermöglicht den Erwerb von Grundstücken durch die Gemeinde.

Im „unbeplanten" Innenbereich einer Gemeinde kann im Allgemeinen nach § 34 BauGB ohne Bebauungsplan gebaut werden, vorausgesetzt, die Grundstücke sind erschlossen und das Bauvorhaben fügt sich in die Eigenart der näheren Umgebung ein.

Der beschlossene Bebauungsplan ist in der Regel gefolgt vom *Bodenordnungsverfahren,* in dessen Verlauf das zuständige Kataster- und Vermessungsamt die Grundstücke so ordnet, dass öffentliche Flächen ihren Platz haben und jeder der beteiligten Eigentümer das Ergebnis akzeptiert.

Wie für jedes Bauvorhaben ist nach der Bauleitplanung die *Baugenehmigung* auch für den Bau touristischer Anlagen die nächste Hürde. Der Bauantrag ist schriftlich bei der kommunalen Verwaltung einzureichen. Die Baugenehmigung wird von der Bauaufsichtsbehörde erteilt.

Die Kommunen sind also unmittelbar in das Genehmigungsverfahren einbezogen, d.h. sie können Einfluss darauf nehmen, dass die günstigste Lösung für die Kommune gewählt wird. Sie können auf langfristige oder kurzfristige, sichere oder risikosreiche Lösungen setzen, sie können alternative Varianten fordern, sie können die Bonität und Seriosität der Investoren prüfen und Sicherheiten einbauen. Angesichts des hohen Investitionsvolumens mancher Anlagen ist es üblich, Vorstudien (Feasibility-Studies) anfertigen zu lassen.

In der Regel werden von beiden Seiten, vom Investor wie von der Kommune, Verpflichtungen verlangt und abgegeben. *Investoren* können sich z.B. verpflichten, den steuerlich wirksamen Sitz in die Gemeinde zu verlegen und für eine bestimmte Dauer dort zu belassen, das Grundstück betrieblich zu nutzen, der Gemeinde ein Vorkaufsrecht einzuräumen, Änderungen des Entwicklungsplanes mit der Gemeinde zu besprechen, Abfälle zu entsorgen, die Heranführung der Versorgungsleitungen für Wasser, Elektrizität, Gas auf eigene Kosten zu übernehmen.

Die *Gemeinde* kann sich z.B. verpflichten, ein Grundstück zu verkaufen, die Verkehrsanbindung herzustellen, kommunale Grunddienstbarkeiten zu leisten, die Bohrung von Brunnen auf dem Grundstück zu gestatten, die Kosten für die Neuvermessung des Grundstücks zu tragen, hinreichenden Brandschutz zu stellen, für eine bestimmte Dauer Gebietsschutz einzuräumen (d.h. die Ansiedlung von Konkurrenzfirmen zu verhin-

[1] nach: Gisevius (1991), S. 129

dern), Wohnungen oder Baugrundstücke für Mitarbeiter bereitzustellen, Unterstützung beim Erwerb von Rechten zu gewähren.
Schon in der Sondierungsphase muss den Investoren gegenüber deutlich gemacht werden, dass Investitionen gegen die Umwelt nicht geduldet werden. Die Anforderungen und Genehmigungsverfahren müssen unumgehbar sein.
Die *Reiseveranstalter* können darüber informiert werden, welche Art von Tourismus man akzeptiert, und die Kommune sollte in diesem Sinne Einfluss auf die Kataloggestaltung nehmen.
Beim Bau von *Hotels* sollte bereits in der Planungsphase auf Umweltfreundlichkeit geachtet werden:

- Energie sparen: Wärmedämmung, Verzicht auf Klimaanlagen, Nutzung von Abwärme, alternative Energien, Wasserverbrauchsminimierung
- Entsorgung: Abwasserkanalisation, Sortieren von Müll, umweltschonende Wasch- und Reinigungsmittel, Verzicht auf Einwegverpackungen
- Beköstigung: Vollwertkost, Einkauf hochwertiger Nahrungsmittel aus ökologischem Anbau von lokalen Lieferanten
- bauliche Gestaltung im Sinne einer Landschaftsbildpflege: regionaltypische Architektur, Verwendung heimischer Materialien, Verzicht auf Tropenholz etc.
- Lösung von Verkehrsproblemen: Anreize zur Anreise mit Bus und Bahn, Verkehrsberuhigung, Fahrradverleih
- Vermeidung von Lärm und Luftverschmutzung.

Verkehrsplanung

Fremdenverkehrsorte haben ihre besonderen Probleme mit dem Verkehrswesen: Die An- und Abreise der Gäste und ihre Mobilität im Ort und in der Umgebung sollen gewährleistet sein, und zugleich wird der Autoverkehr in Innenstädten, sowohl der ruhende als auch der fließende Verkehr, als störend empfunden. Die bedeutendsten Störfaktoren sind Lärm, Abgase, Behinderung, Unfallgefahr, Staus und Beeinträchtigung des Ortsbildes.

Hohes Verkehrsaufkommen kann dazu führen, dass Kurorten wegen Verschlechterung der Luftqualität das Prädikat entzogen wird.

Maßnahmen der Verkehrsplanung zielen meist auf den Autoverkehr; die Gemeinden versuchen, ihn um sich herumzulenken, ihn aus dem Ortsinnern fernzuhalten, zumindest die Verkehrsdichte auf den Straßen zu reduzieren. Eine wirksame Verkehrsplanung erfordert aber die Berücksichtigung aller Arten der Mobilität: Straßenverkehr (Pkw, Lkw, Bus), Schienenverkehr (Eisenbahn, U-Bahn, S-Bahn), Seilbahnen, Schiffe, Fahrradverkehr, Fußgängerverkehr sowie Durchgangs-, Ziel- und Quellverkehr.
Der Verkehrswege- und -anlagenbau richtet sich nach den o.g. allgemeinen Regeln der Bauplanung.
Durch technische und organisatorische Maßnahmen kann die Kommune oft ohne bauliche Veränderungen das Verkehrswesen beeinflussen.
Schwerpunkte eines kommunalen <u>Verkehrsentwicklungsplanes</u>:

- ortsverträgliche Ordnung des ruhenden Verkehrs
- Ausbau und Erhöhung der Attraktivität des öffentlichen Personennahverkehrs
- umweltverträgliche und sichere Abwicklung des notwendigen Kfz-Verkehrs
- flächenhafte Verkehrsberuhigung
- attraktive Infrastruktur für Fußgänger und Radfahrer
- Ordnung und Lenkung des Wirtschafts- und Güterverkehrs
- Marketing-Maßnahmen für eine höhere Akzeptanz der Verkehrsentwicklung
- konsequente Kontrolle der Einhaltung.

Arbeitsschritte:

1. Bestandsaufnahme und Analyse
2. Bewertung der Nutzungsverträglichkeiten
3. Formulierung eines ortsspezifischen Leitbildes
4. maßgeschneidertes Maßnahmenkonzept.

Beispiele für Maßnahmen zur Verkehrsentwicklung:

- *Verkehrsberuhigung*

Drosseln der Geschwindigkeit mittels Tempo-30-Zonen, verkehrsberuhigte Zonen, Einbau von Schikanen (Bodenwellen, sog. „schlafende Polizisten"), Vorzugsbedingungen für lärmarme Fahrzeuge, Hybrid-Fahrzeuge, Elektro-Fahrzeuge.

- *Verkehrsreduzierung*

Zufahrtsbeschränkungen, Citymaut, sichere Ortsdurchfahrten (halten Verkehr von sensiblen Zonen fern), Ortsumgehungen, Fußgänger- und Radverkehrsanlagen, Fahrradverleih[1], Wegweisung und Parkleitsysteme sowie Informationen für Reisebusfahrer und Wohnmobile (reduzieren den Suchverkehr), Parkraumbewirtschaftung (Parkgebühren[2], reservierte Parkplätze, Begrenzung der Parkzeit, Parklizensierung, Parkinformations- und Leitsysteme), Tiefgaragen (reduzieren den sichtbaren Teil des ruhenden Verkehrs), Park and Ride (Auffangparkplätze außerhalb der Ortszentren), Fahrzeugpool für Hoteliers, Gemeinschaftsgaragen von Hotels, zuverlässiger und kostengünstiger Personennahverkehr (z.B. kostenlose Benutzung des ÖPNV mit Kurkarte), Mini-Bahnen, Anrufsammeltaxi (AST)[3], Fahrtkostenerstattung oder kostenlose Anreise mit der Eisenbahn, zuverlässige und kostengünstige Gepäckbeförderung.

- *Verkehrsvermeidung*

sofern von der Gemeinde beeinflussbar, durch konsequente Verkehrsverbote, Einrichtung von Fußgängerzonen, Anreize zum Stehenlassen des Autos. Zur Vermeidung von Fernverkehr können Gemeinden beitragen, und damit sicher auch den Durchgangsverkehr reduzieren, indem auf „Warentourismus" verzichtet wird und Versorgungsgüter zuerst aus der näheren Umgebung genutzt und dann vorzugsweise mit der Eisenbahn transportiert werden.

Im niederländischen Delft wurde begonnen, die Straße als Wohngegend „Woonerf" zu gestalten. Die Straße ohne Bordsteinkante gehört den Fußgängern, Radfahrern und spielenden Kindern. Der Autoverkehr bewegt sich im Schrittempo ohne Vorfahrtsrecht. In Amsterdam gibt es ein autofreies Wohnviertel - der Anfang des europäischen Projektes der autofreien Städte.

Veranstaltungen im Zusammenhang mit autofreien Tagen ziehen oft beachtliche Menschenmassen an. 1995 waren auf der Weinstraße etwa 400.000 Menschen ohne Auto unterwegs.

Zunehmend werden Verkehrsverträglichkeitsprüfungen im Vorfeld aller verkehrserzeugenden Entscheidungen und Maßnahmen, z.B. in der Bauleitplanung, gefordert.

Destinationsplanung

Destinationsgrenzen, Grenzen von Tourismusregionen, sind nicht zwangsläufig identisch mit den Grenzen der Planungshoheit der Kommunen. Sind sie nicht identisch, so ergeben sich möglicherweise Probleme hinsichtlich der Finanzierung, der Besteuerung, der Förderung, der Weisungsbefugnisse, der Verteilung. In solchen Regionen entstehen über ein Regionalbewusstsein und eine Regional Corporate Identity (RCI) der Zwang und der Wille zur Kooperation. Es bilden sich Institutionen und Organisationen, die als Initiatoren und Moderatoren übergemeindlicher regionaler Gemeinschaftsaufgaben auftreten. Kommunen fürchten allerdings um ihre Planungshoheit.

---

[1] In einigen Städten können Touristen und Einwohner kostenlos Fahrräder benutzen. Die Entnahmegebühr wird bei Rückgabe zurückgezahlt. Die Fahrräder werden recht wirkungsvoll vor Diebstahl geschützt: auffällige Farben, Teile sind für andere Fahrräder nicht verwendbar, eingebaute Sender ermöglichen ihre Ortung. Die Deutsche Bahn unterhält an 370 Bahnhöfen Fahrrad-Ausleihdienste.

[2] hohe Parkgebühren führen nicht zu weniger Verkehr, sondern zu kürzeren Parkzeiten, d.h. mehrfacher Stellplatznutzung und mehr Verkehr

[3] Fahrgäste können nur an gekennzeichneten Abfahrtstellen einsteigen, aber an jeder beliebigen Stelle im Zielgebiet aussteigen; der Bedarf muss in der AST-Zentrale angemeldet werden. AST dient als Ergänzung des herkömmlichen Linienbusverkehrs.

Schließlich erscheint die Region/Destination als gewinnorientiertes virtuelles Unternehmen.

Planungsbeispiele

Allgemeiner Ablauf:

1. Ermittlung der Nachfrage, Marktanalyse, Übernahme von Erfahrungswerten
2. Planung
   - technisch: Leistungsbestandteile
   - wirtschaftlich: Vorkalkulation des Preises, Vorfinanzierung
3. Leistungseinkauf
4. Preiskalkulation
5. Angebotsausschreibung
6. Werbung
7. Absatzorganisation
8. Durchführung
9. Abrechnung und Nachkalkulation.

Die nachfolgend behandelten Beispiele stehen stellvertretend für das gesamte Spektrum von Aufgaben im Incoming.

Anlage eines Golfplatzes

Untersuchung der Machbarkeit des Projektes:

- das *Projekt*: Welche Absichten werden mit dem Golfplatz verfolgt? Welche Art von Projekt ist vorgesehen? Welches Gelände steht zur Verfügung, wem gehört es, wie wird es derzeit genutzt? Gibt es Gründe, die eine Nutzung des Geländes als Golfplatz von vornherein ausschließen?
- der *Standort*: Eignung des Geländes, Bodenverhältnisse, Klima, Niederschläge, Verkehrserschließung, Trinkwasser, Beregnungswasser, Strom, Abwasser
- der *Markt*: Größe des Einzugsbereiches, Bevölkerungs- und Nachfragepotential, Wirtschaftskraft der Region. Wie viele Anlagen gibt es schon in der Umgebung? Wie ist deren wirtschaftliche Situation? Welche weiteren Anlagen sind in der Region geplant?
- die *Genehmigungsfähigkeit*: Wie stehen die Kommune, das Landratsamt, die sonstigen Behörden, die bei der Genehmigung eine Rolle spielen, zum Projekt? Bestehen Vorgaben durch Regionalplanung, Natur- und Landschaftsschutz, Gewässerschutz etc., die eine Genehmigung erschweren?
- die *Investitionskosten*: Wie hoch werden die Kosten sein, speziell für den Platz, für Gebäude, für die Ausstattung der Anlage, Baunebenkosten, Kosten für Beratung, Marketing und Projektmanagement?
- die *Finanzierung*: Wie lässt sich die Investition finanzieren? Welches ist die geeignete gesellschaftliche Trägerschaftsform, auf welche Höhe belaufen sich die Finanzierungsanteile für die einzelnen Interessenten? Wie lange dauert es, bis das Gesamtprojekt ganz finanziert ist?
- der *laufende Betrieb*: Wie hoch sind die Kosten der Anlage nach der Fertigstellung: Kosten für Personal, Platzpflege, Clubhaus, Spielbetrieb, Verwaltung, Werbung etc.? Wie hoch können die Einnahmen veranschlagt werden? Wie viel Geld kommt herein über Mitgliedsbeiträge, Spielgebühren, Übungseinrichtungen, Turniere, Sponsoring etc.? Wie wird das Betriebsergebnis aussehen, ab wann sind schwarze Zahlen zu erwarten?
- der *Zeitplan*: Wie lange dauert es, bis alle Verträge unter Dach und Fach sind, bis ein Raumordnungsverfahren durchgeführt wurde, bis die Baugenehmigung vorliegt, bis der Bau abgeschlossen ist, bis die Anlage eröffnet werden kann?
- das *Projektmanagement*: Wer kümmert sich um alle zu erledigenden Arbeiten? Wer besorgt den Planer, die Baufirmen? Wer macht die Verträge? Wer stellt die Projektkalkulation auf? Wer besorgt die Finanzierung? Wer führt die Bücher? Wer steuert das Gesamtprojekt? Wer rührt die Werbetrommel? Wer übernimmt die Verantwortung dafür, dass jederzeit alles rich-

tig klappt?

Der Deutsche Golf-Verband, die Gesellschaft für öffentliche Golfplätze (DGP), eine Tochter der Deutschen Golf-Sport GmbH, favorisieren den Bau öffentlicher Golfplätze. Interessierte Städte und Gemeinden erhalten neben einer Machbarkeitsstudie auch ein Wirtschaftlichkeitsgutachten (kostenlos) und werden bei der Realisierung des Vorhabens unterstützt. Mit der Vorfinanzierung werden die Landesbanken betraut. Nach Fertigstellung und Abrechnung geht das Objekt auf die Gemeinde über.

Planung und Vorbereitung von Veranstaltungen

Im Interesse des hier behandelten Gegenstandes erfolgt eine Beschränkung auf Incoming-Veranstaltungen, d.h. Veranstaltungen, die vorrangig für Gäste durchgeführt werden. Herausragende Merkmale sind demzufolge die aufwändige Werbung und Absatzorganisation.

Angefangen mit Großveranstaltungen, wie Weltausstellungen, Olympischen Spielen, Welt-, Europa-, Landesmeisterschaften in verschiedenen Sportarten, vor allem Fußball, bis hin zu regionalen Kulturfestivals und Folklorefesten ist jede Veranstaltung mit unterschiedlich hohem und spezifischem Aufwand an Organisation verbunden.

Je größer die Veranstaltung, desto professioneller sollte die Organisation betrieben werden (spezialisierte Veranstalter); je kontinuierlicher die Veranstaltungen, desto eher bieten sich ständige Organisationskomitees an. Mit der Organisation kleiner Veranstaltungen wird oft die Fremdenverkehrsstelle beauftragt. Das ist auch gerechtfertigt, soweit es sich um echte Incoming-Veranstaltungen handelt oder wenn sie für das Image der Gemeinde als Fremdenverkehrsort von Bedeutung sind. Die Fremdenverkehrsstelle ist auf jeden Fall mit einzubeziehen, wenn auswärtige Gäste zu erwarten sind.

Der *Ablaufplan* für die Vorbereitung und Durchführung einer Veranstaltung ist frühzeitig und sehr detailliert aufzustellen. Die Forderung nach rechtzeitigem Beginn der Vorbereitung ergibt sich aus den oft langwierigen Planungs- und Genehmigungsphasen. Für sportliche Großveranstaltungen in ökologisch sensiblen Gebieten werden bereits Umweltverträglichkeitsprüfungen gefordert. Die Verpflichtung der Akteure sollte ebenfalls langfristig erfolgen, vor allem dann, wenn es sich um sehr gefragte Künstler handelt.

Übersicht der erforderlichen Kontakte:

- Liegenschaftsamt: Bereitstellung von Plätzen
- Ordnungsamt: Genehmigung
- Finanzamt
- TÜV, Lebensmittel-Überwachung
- Straßenverkehrsamt: Verkehrsregelung
- Verkehrsträger: Sonderfahrten, Park-and-ride-Service
- Polizei, Feuerwehr, Rotes Kreuz: Sicherheit
- Wasser- und Stromversorgung
- Stadtreinigung, Müllabfuhr
- Wetteramt: Prognosen
- Akteure: Verträge
- Gema (Gesellschaft für musikalische Aufführungs- und mechanische Verfielfältigungsrechte): Tantiemen für Musikdarbietungen[1]
- Kartenvorverkauf: Vertriebswege
- Druck von Plakaten und Eintrittskarten
- Auftragserteilung für die Herstellung von Souvenirs

[1] die Tarifordnung der Gema enthält verschiedene Vergütungssätze entspr. der Zahl der Zuhörer (mehr als 3.000 sind eine Großveranstaltung). Für ein Konzert der „Drei Tenöre" 1996 im Düsseldorfer Rheinstadion mit 60.000 Besuchern und 12,9 Mill. € Einnahmen verlangte die Gema 0,77 Mill. € Tantiemen (Einstufung als U-Musik), während der Veranstalter nur 20.450 € zu zahlen bereit war (Einstufung als E-Musik)

- Werbung, Pressearbeit
- Verkauf der Übertragungsrechte
- Sponsoren

Alle Vereinbarungen sollten protokolliert werden, mit Verantwortlichkeiten, Kosten und Risiken. Eine *Risikorechnung* gibt Auskunft über die Kosten und die zu erwartenden Einnahmen sowohl unter normalen als auch unter außergewöhnlichen Bedingungen. So wird auch die Höhe einer *Ausfallgarantie* absehbar, die für den Abschluss von Versicherungen, z.B. eine Wetterversicherung, bedeutsam ist. Andere Versicherungen, wie die Veranstalter-Haftpflichtversicherung, eine Unfallversicherung für Aushilfskräfte und Mitwirkende, sind auf jeden Fall als Kosten zu kalkulieren. Es lohnt immer zu prüfen, ob gewisse Risiken durch die kommunalen Versicherungen bereits abgedeckt sind und ob die Mitwirkenden nicht auch über eigene Versicherungen gesichert sind.[1]

Ein *Katastrophenplan* sollte auf keinen Fall fehlen. Er muss enthalten, wer in welcher Situation was zu tun hat. Als mögliche Situationen sind verschiedene Szenarien zu berücksichtigen, z.B.

- drastische Wetterverschlechterungen, die die Durchführung der Veranstaltung beeinträchtigen, mögliche Besucher abhalten, zum Ausfall der Veranstaltung führen können
- Unfälle, entweder während des Verlaufs der Veranstaltung oder die Veranstaltung zeitlich und räumlich tangierend, indem z.B. Sicherungskräfte abgezogen werden; auch hier sind wieder verschiedene Szenarien zu berücksichtigen, bis hin zur Annahme einer Panik
- Ausbruch von Epidemien kurz vor Beginn der Veranstaltung, Vergiftungen während der Veranstaltung
- terroristische Anschläge, Störungen durch organisierte Gruppen
- Desinformationen, Gerüchte.

Arrangements als Incoming-Angebote können mit Veranstaltungen verbunden sein, sind jedoch i.d.R. nicht auf sie angewiesen. Sie werden um eine Hauptleistung, meist die Beherbergung, arrangiert. Somit sind zwar auch in diesem Bereich sämtliche Elemente der Leistungsplanung enthalten, allerdings mit erheblich geringerem organisatorischen Aufwand. Ein Hotel, das seine Beherbergungsleistung mit einem Theaterbesuch verknüpft und als Incoming-Leistung dem Markt anbietet, muss sich eigentlich nur die Theaterkarten sichern und eine attraktive Pauschale kalkulieren sowie Annoncen in einigen überregionalen Zeitungen schalten.

Touristische Routen, Ferienstraßen

Etwa 155 touristische Routen sind in Deutschland eingerichtet worden.[2] Nicht alle werden als touristische Angebote behandelt und vermarktet. In etlichen Fällen ließ man es mit der Namensgebung und dem Streckenverlauf bewenden.

Eine touristische Route bietet allen an ihrem Verlauf liegenden Orten die Chance, an der Werbewirksamkeit der Route und ihrer Attraktionen teilzuhaben. Voraussetzung ist, dass die Reise entlang der Route mit Inhalt gefüllt und zu einem Erlebnis gemacht wird. Dazu gehört, dass sich alle beteiligten Orte und Anbieter mit der Route identifizieren, sich als Bestandteil der Route begreifen. Das ist häufig schon der Punkt, an dem sich die Geister scheiden und das Vorhaben aufgegeben wird.

Die geeignete Organisationsform der Trägergemeinschaft dürfte in der Anfangsphase der eingetragene Verein sein. Die erforderlichen finanziellen Mittel für die Geschäftsstelle, interne Kommunikation, Werbe- und PR-Maßnahmen stammen aus Mitgliedsbeiträgen, Umlagen, Werbekostenbeiträgen und dem Sponsoring. Die Beschilderung der Route wird meist von den Kommunen übernommen.

Als Informationsmaterial eignen sich Imagebroschüren, Videos sowie CD-ROMs. Es sollten mindestens enthalten: eine Karte mit dem Verlauf der Route sowie Angaben zu

[1] siehe Kap. 9.6.

[2] s.a. Müller, Gabriele: Touristische Routen als Marketing-Instrument. Diplomarbeit, FH Heilbronn, 1994

Sehenswürdigkeiten, Übernachtungsmöglichkeiten, Veranstaltungen, buchbaren Pauschalen.
Besonders günstig ist es, wenn Reiseveranstalter die Route in ihre Kataloge aufnehmen.

8. Organisations- und Rechtsformen

8.1. Allgemein

Die einzelnen Leistungselemente der Dienstleistungskette in deutschen, wie auch allgemein in europäischen traditionellen Destinationen werden überwiegend von unabhängigen kleinen und mittleren Unternehmen (KMU) erbracht.

Kriterien für KMU:
- weniger als 250 Beschäftigte
- Jahresumsatz oder Jahresbilanzsumme übersteigen nicht 40 bzw. 27 Mill. €
- von Großunternehmen unabhängig

Von der offiziellen Statistik nicht erfasst, aber im Incoming verbreitet sind Kleinstbetriebe

Das Incoming in Deutschland ist die Domäne kleiner Unternehmen mit maximal zehn Mitarbeitern. In den USA hingegen werden i.d.R. die wichtigsten Leistungselemente einer Destination von einem Unternehmen kontrolliert bzw. befinden sich in dessen Besitz. Diese „Consolidates“ sind oft kapitalmarktfähige Großbetriebe.[1]
In Deutschland widmen sich traditionell Vereine der kommunalen und regionalen Fremdenverkehrsarbeit. Mit wachsender Bedeutung des Incoming-Tourismus und seiner Eingriffe in das soziale Gefüge und in die Umwelt mussten sich die Kommunen ihrer Verantwortung stellen und übernahmen die Verwaltung, Koordinierung und Unterstützung der lokalen und regionalen Fremdenverkehrswirtschaft.
Die örtlichen und regionalen Anbieter touristischer Leistungen hatten bislang entweder keine angemessenen Organisationsformen entwickelt oder diese waren, soweit vorhanden, nicht zur gemeinsamen (gemeinnützigen) Fremdenverkehrsarbeit im Interesse der Kommunen oder Regionen fähig, oft auch nicht willens.
Diese Situation führte zur Zersplitterung der Willenszentren, zu einer Kleinstaaterei im deutschen Fremdenverkehr. Es entstand ein Konglomerat von sich ergänzenden, sich gegenseitig paralysierenden, teilweise verfeindeten Schaltstellen mit oft winzigem Etat, wo größere Einheiten als schlagkräftige Angebots- und Marketingzentralen erforderlich wären. Jede Ebene produziert Prospekte und Kataloge. Gemeinsame, marktfähige Leistungen sind eher die Ausnahme.

1998 war das deutsche Fremdenverkehrswesen in 230 Regionalverbände und unzählige Hierarchieebenen zersplittert. Und selbst innerhalb der Verbände herrschte keine Einigkeit. Im Gegenteil, Interessengruppen intrigierten gegeneinander, suchten Verbündete innerhalb und außerhalb der Verbände, starteten eigene Aktionen, ignorierten und sabotierten die Aktionen der Verbände.

Die Politik übernahm die Führung. Kommunal-, Regional- und Landespolitiker gaben den Kurs vor, bestimmten über Zuschüsse und Subventionen, wodurch die Incoming-Politik leicht unter die Räder kurzfristiger parteipolitischer Interessen gelangen konnte. Es bestand die Gefahr, dass der Fremdenverkehr amtlich verwaltet statt professionell gemanagt wurde. Zu Touristikern berufene Verwaltungsbeamte wurden statt nach Leistung nach Bundesangestelltentarif bezahlt.
Die Lage hat sich geändert. Anbieter touristischer Leistungen zeichnen sich durch zunehmende Professionalität aus. Das Incoming entwickelt sich zu einer Branche wie andere auch, es ist immer weniger auf die schützende, regelnde, strafende öffentliche Hand angewiesen. Es empfindet die öffentliche Hand häufig als störend, hemmend,

[1] Bernet/Bieger (1999), S. 36, 52

ungerecht. Die Leistungsträger haben mehr eigene Mittel für das Marketing und setzen sie gezielt ein.

Die öffentlichen Hände ziehen sich nach und nach aus der aktiven Fremdenverkehrsarbeit und aus der Verantwortung für den Fremdenverkehr zurück, privatwirtschaftliche Organisationsformen gewinnen an Bedeutung.

Hessen bot 1996 alle seine Anlagen in Bad Hersfeld, einem der sechs Staatsbäder des Bundeslandes, einschließlich Kurpark und Kurmittelhaus en bloc zum Verkauf an, in den anderen Staatsbädern standen Hotels, Restaurants und Sportanlagen zum Verkauf. Auch Bayern will seine Staatsbäder teilweise privatisieren.

Die Kommunen sind gezwungen, ihre Verwaltungen zu modernisieren, wenn möglich zu reduzieren, ohne die am Gemeinwohl orientierten Dienstleistungen und Aufgaben zu vernachlässigen. Das geschieht nicht nur durch Privatisierung kommunaler Bereiche, sondern auch durch Umgestaltung des Haushalts- und Rechnungswesens, Umstrukturierung von Verwaltungseinheiten, Qualifizierung des Personals und Überprüfung kommunaler Unternehmensbeteiligungen.

Die Leistungsträger werden verstärkt zur Finanzierung von Organisationen des Fremdenverkehrs (Verkehrsamt, Kurverwaltung, Fremdenverkehrsstelle) herangezogen.

Diese müssen selbst kommerziell tätig werden, um eigene Einnahmen als Deckungsbeitrag zur Fremdenverkehrsarbeit zu erwirtschaften. So kommt es zur Ausgründung von wirtschaftlich selbständigen Profitcenters aus ehemals kommunalen Einrichtungen. Aus Non-Profit-Organisationen werden profitorientierte Gesellschaften. Bei Landesfremdenverkehrsverbänden entstehen Tochtergesellschaften oder wirtschaftliche Sondereinheiten, die zunehmend Aufgaben gegen Entgelt übernehmen, die zuvor kostenlos wahrgenommen wurden. Zum Ende des Jahrhunderts ist in allen Bundesländern und in fast allen Großstädten die Aufteilung in Verbands- und Marketing-Aufgaben vollzogen. Die Verbände konzentrieren sich auf die Lobbyarbeit und das Innenmarketing, die Unternehmen auf Produktentwicklung, Destinationsmanagement und Außenmarketing.

1992 war etwa ein gutes Drittel der kommunalen Fremdenverkehrsstellen privatwirtschaftlich organisiert, Ende der 90er Jahre waren es über 50%.

Anfang 1997 verkündete der Vizepräsident des DFV, Jürgen LINDE, dass von den derzeit 230 Fremdenverkehrsgemeinschaften mindestens hundert aufgelöst werden könnten.

Die meisten Destinationen können entweder wie Vereine oder wie Unternehmen bzw. arbeitsteilig als Verbände und Unternehmen geführt werden. Für den Verein sprechen seine demokratischen Regeln, gegen ihn die oft geringe Entscheidungskraft und der fehlende Zwang zum Erfolg. Für das Unternehmen spricht das vom ökonomischen Erfolg motivierte Management, dagegen die Gefahr der Vernachlässigung des Gemeinwohls.

Tourismusverbände sind prädestiniert:

- als Koordinierungsinstanz
- als incoming-politische Interessenvertretung
- als Innovationstreiber (kooperative Produktinnovationen)
- als Ansprechpartner für kommerzielle Organisationen, für Berufsverbände, Bildungseinrichtungen, soziale und kulturelle Institutionen
- für PR und Öffentlichkeitsarbeit der gesamten Destination

Gewerbliche Einrichtungen sind prädestiniert:

- für Marketing und Vertrieb

Zumindest für die modellhafte Abbildung einer Destination besteht die Möglichkeit, sie als **virtuelles Unternehmen** zu behandeln. Ob es auch in der Praxis nützlich ist, hängt in hohem Maße von der Kooperationsbereitschaft und Zuverlässigkeit der beteiligten Unternehmen ab. Die innerhalb eines reellen Unternehmens bestehende Weisungsbefugnis muss im virtuellen Unternehmen durch stabile Beziehungen untereinander ersetzt werden.

Die **Entscheidung für eine geeignete Rechts- und Organisationsform** im Incomig-Tourismus wird von verschiedenen Faktoren und Umständen beeinflusst[1]:

1. Ökonomische Aspekte

   Die Wirtschaftskraft der Gemeinde spielt eine gewichtige Rolle.

   Einer DWIF-Studie[2] zufolge erzielten Anfang der 90er Jahre kommunale Eigenbetriebe im Durchschnitt 26,3% ihrer Einnahmen aus Eigenbewirtschaftung, Gesellschaften mbH 25,7%, Vereine 22,9% und Ämter 14,7%.

   Die vollständige Kostendeckung durch Erträge aus Eigenbewirtschaftung scheint aussichtslos, aber durch konsequente Kommerzialisierung des Incoming-Tourismus kann die finanzielle Belastung der Gemeinde reduziert werden.

2. Wirksamkeit

   O.g. DWIF-Studie ergab, dass jede fünfte Fremdenverkehrsstelle ihre Rechtsform ändern möchte. 55% der Befragten nannten die GmbH als geeignetste Rechtsform, 10% den Verein, nur 3% das Amt. 60% halten die GmbH für hochflexibel, dagegen nur 14% das Amt.

3. Leistungsumfang

   Anbieter komplexer touristischer Leistungen (Städte, Ferienregionen) benötigen im Vergleich zu spezialisierten Incoming-Agenturen und einzelnen Leistungsträgern andere Organisationsformen. Angebotsvielfalt und -perfektion erfordern betriebswirtschaftlich eine bestimmte Mindestgröße.

   Diskutiert werden Richtwerte für marktfähige Destinationen, z.B. mind. 1 Mill. Übernachtungen und 5.000 Qualitätsbetten sowie ein Werbebudget von mindestens 0,5 Mill. €.[3]

4. Haftung

   Kapitalgesellschaften bieten die besten Möglichkeiten, die Haftung für Schäden soweit wie möglich zu begrenzen und das unternehmerische Risisko möglichst breit zu verlagern. Um die Bevölkerung am Incoming-Geschäft zu interessieren, kann es sinnvoll sein, sie am finanziellen Risiko sowie an der Willensbildung, z.B. als Gesellschafter, zu beteiligen.

5. Gewinnverwendung

   Nur der Einzelunternehmer kann völlig autonom über die Verwendung seines Gewinns entscheiden, in allen anderen Rechtsformen müssen Kompromisse gefunden werden.

6. Willensbildung und Kontrolle

   Allein der Einzelunternehmer ist in seiner Entscheidung autonom und unterliegt nur der Kontrolle durch den Markt. Bei der GmbH hat der Mehrheitsgesellschafter, bei der KG haben die Komplementäre praktisch uneingeschränkte Rechte. Die Kontrollmöglichkeiten der Gesellschafter und der Kommanditisten sind gering. Anders im Falle der OHG, wo die Gesellschafter das Recht haben, sich über die Angelegenheiten der Gesellschaft persönlich zu informieren.

7. Kapitalbeschaffung

   Von Gläubigern wird gegenüber der GmbH wegen der beschränkten Haftung und von Eigenkapitalgebern wegen der beschränkten Mitwirkungsrechte an der Willensbildung, der begrenzten Kontrollbefugnisse und der schlechten Veräußerbarkeit von Gesellschaftsanteilen Zurückhaltung geübt. Die Rechtsform der OHG kann durch Aufnahme neuer Gesellschafter leicht Kapital beschaffen, muss allerdings dafür die Kündbarkeit des Eigenkapitals und die Teilung der Weisungsbefugnisse mit anderen Gesellschaftern in Kauf nehmen.

   Unter Umständen, z.B. für Festspielorte, ist eine Trennung in Besitz- und Betriebsgesellschaft

---

[1] s.a. Albach,H. u. R.Albach: Das Unternehmen als Institution. Wiesbaden 1990, S. 44 ff.

[2] zitiert in: touristik aktuell 21/93

[3] versch. Quellen, zitiert in: Walch: Implementierung von Marketingstrategien in Tourismusregionen. Bern, Stuttgart, Wien 1999, S. 29

von Vorteil. Die Besitzgesellschaft baut, besitzt und verwaltet spezielle Anlagen und wird von der Kommune unterstützt (zinslose Darlehen, Grundstücke, Bürgschaften). Die Betriebsgesellschaft mietet die Anlagen von der Besitzgesellschaft.

8. Mit der Rechtsform verbundene Aufwendungen
   Das sind Kosten für Eintragungen, Prüfungen, gesetzliche bzw. satzungsgemäße Organe sowie Publizität. Sie sind für das Einzelunternehmen am geringsten und für die AG am höchsten. Auch die unterschiedliche Steuerbelastung ist zu berücksichtigen. Bisherige Versuche, die Steuerbelastung der Unternehmen rechtsformenneutral zu gestalten, sind unbefriedigend geblieben.
9. Rechtsvorschriften
   „Grundsätzlich darf die Gemeinde Unternehmen in einer Rechtsform des privaten Rechts nur gründen oder sich an solchen Unternehmen beteiligen, wenn bei nicht wirtschaftlichen Unternehmen der öffentliche Zweck das Unternehmen rechtfertigt oder auch, wenn Private an der Erfüllung des öffentlichen Zwecks wesentlich beteiligt werden sollen und die Aufgabe hierfür geeignet ist."[1]

   Deutschland ist neben Dänemark das einzige europäische Land ohne Konzessionspflicht, d.h. es ist kein Startkapital nachzuweisen und es erfolgt keine Prüfung und Kontrolle der beruflichen Seriosität. Dieser Zustand wird sich voraussichtlich im Rahmen der Harmonisierung innerhalb der EU ändern.

   Das Tiroler Tourismusgesetz sieht die Einrichtung einer Tourismusorganisation für Orte mit mehr als 150.000 Jahresübernachtungen vor.

Zur Auswahl steht eine Vielzahl von Unternehmens- und Organisationsformen.

8.2. Öffentlich-rechtliche Organisationsformen

Öffentlich-rechtliche Organisationsformen lassen Kommerzialisierung nur bedingt zu. Juristische Personen des öffentlichen Rechts sind nur steuerpflichtig, soweit sie einen Betrieb gewerblicher Art unterhalten oder selbst ein solcher sind.

Regiebetrieb

Gesetzl. Grundlagen: Gemeindeordnung (GO), Gemeindehaushaltsverordnung (GemHVO), Gemeindekassenverordnung (GemKVO).

Regiebetriebe sind sehr eng an die Gebietskörperschaft gebunden, sind Bestandteil der Gemeinde- oder Stadtverwaltung (reiner Regiebetrieb). Meist sind sie Abteilungen des Gemeinwesens, für das sie ihre Leistungen erstellen. Sie haben kein eigenes Vermögen.

Gründung: durch Beschluss des Kommunalparlaments.

Finanzen: Einnahmen und Ausgaben sind im Haushalt der Gebietskörperschaft (Haushaltsplan, -satzung) als Haushaltsansätze enthalten, deshalb auch: „Haushaltsbetrieb". Die Vorgaben des Haushaltsplanes sind bindend. Einnahmen werden abgeführt („Non-Profit-Betrieb").

Das Rechnungssystem beruht auf der Kameralistik. Kameralistische Buchführung erfolgt nach dem Bruttoprinzip, d.h. Einnahmen und Ausgaben werden nicht saldiert, sondern in voller Höhe getrennt voneinander ausgewiesen. Mit dem Rechnungswesen hat der Regiebetrieb i.d.R. nichts zu tun, es liegt in den Händen der Kämmerei.

Die Leitung obliegt einem Beamten oder Angestellten im öffentlichen Dienst. Der reine Regiebetrieb ist weder rechtlich noch wirtschaftlich selbständig. Der Leitung des Regiebetriebes obliegt die Einhaltung des Haushaltsplanes und die Durchführung von Entscheidungen, die vom Magistrat bzw. Verwaltungsausschuss oder von der Kommunalvertretung getroffen wurden. Sie betreibt also eine dispositive Betriebsführung.

Ein Regiebetrieb mit Sonderrechnung, gem. GemHVO eine kostenrechnende Einrichtung, setzt einen Wirtschaftsplan, kaufmännische Buchführung sowie einen Geschäftsbericht voraus. Er macht dann einen Sinn, wenn der Regiebetrieb selbst mit Einnahmen aus Leistungen zur Kostendeckung beitragen kann.

Beispiele: Fremdenverkehrsämter

---

[1] Schönemann (1991), S. 33

Eigenbetrieb

Gesetzl. Grundlagen: Kommunalverfassung des jeweiligen Bundeslandes, Gemeindeordnung (GO), Eigenbetriebsverordnung (EigVO), Betriebsatzung und HGB.

Gründung: durch Beschluss des Kommunalparlaments. Eigenbetriebe arbeiten auf der Grundlage einer Betriebssatzung gem. EigVO mit Berücksichtigung der spezifischen Tätigkeitsmerkmale. Die EigVO gestattet eine den örtlichen Gegebenheiten angemessene Ausgestaltung der Betriebssatzung.

Merkmale:

Eigenbetriebe sind wirtschaftliche Unternehmen der Gemeinde ohne eigene Rechtspersönlichkeit. Als „verselbständigte Regiebetriebe" werden Eigenbetriebe mit Sachvermögen der Kommune ausgestattet, das als Sondervermögen finanztechnisch aus der Gemeindeverwaltung ausgegliedert wurde. Im Vergleich zum Regiebetrieb ist ein Eigenbetrieb wesentlich selbständiger. Die Rechtsform des Eigenbetriebes ermöglicht schnelle Entscheidungen ohne lange Beschluss-Abläufe. Incoming-Eigenbetriebe erhalten den i.d.R. recht allgemein gehaltenen Auftrag, Leistungen im Interesse der touristischen Attraktivität der Gemeinde zu erbringen.

Kapital:

Das Stammkapital wird meist in Form von Sacheinlagen durch die Gemeinde erbracht. Im Kurwesen werden z.B. Kur- und Erholungseinrichtungen als Gemeindesondervermögen aus der allgemeinen Verwaltung und Haushaltswirtschaft ausgegliedert und der Betriebsführung eines kommunalen Wirtschaftsbetriebes, entweder eines Eigenbetriebes oder auch einer GmbH unterstellt. Für die wirtschaftliche Tätigkeit wird eine Gewinnerzielungsabsicht oft ausgeschlossen.

Rechnungswesen:

Im Haushaltsplan der Gebietskörperschaft findet sich nur der erwartete Saldo aus Einnahmen und Ausgaben. Für die laufenden Geschäfte ist eine meist kaufmännische Betriebsführung zuständig. Die Buchführung erfolgt nach kaufmännischen Grundsätzen. Um marktorientierte Entscheidungen treffen zu können, wird empfohlen, neben der Vollkostenrechnung auch die Deckungsbeitragsrechnung anzuwenden. Der Jahresabschluss ist gem. den Vorschriften für Kapitalgesellschaften (3. Buch, 2. Abschn. HGB) anzufertigen. Vor Beginn eines Wirtschaftsjahres hat der Eigenbetrieb einen Wirtschaftsplan aufzustellen, der folgende Bestandteile enthält: Erfolgsplan, Vermögensplan und Stellenübersicht.

Organe:

Für Entscheidungen sind gem. Betriebssatzung drei Organe zuständig:

Werkausschuss (z.B. Fremdenverkehrsausschuss): Planungs- und Leitungsorgan mit Entscheidungsbefugnissen in lfd. Geschäftsführungsangelegenheiten; legt i.Allg. die Grundsätze der kommunalen Tourismuspolitik fest; Mitglieder: Vertreter der Kommunalvertretung und zugewählte Bürger

Werkleitung (z.B. Kurdirektion): Ausführungsorgan des Eigenbetriebes; wirtschaftliche Leitung des Eigenbetriebes; wird von der Kommunalvertretung bestellt und abberufen; verschiedene Konstellationen: der Kurdirektor ist alleiniger Werkleiter, Kurdirektor und Hauptverwaltungsbeamter (Bürgermeister) leiten gemeinsam den Betrieb, der Hauptverwaltungsbeamte ist erster, der Kurdirektor zweiter Werkleiter. Der Hauptverwaltungsbeamte ist als Dienstvorgesetzter grundsätzlich weisungsberechtigt.

Kommunalvertretung: beschließendes Organ; Aufgaben: Erlass der Betriebssatzung, Bestellung der Werkleitung, Bildung des Werkausschusses, Feststellung des Wirtschaftsplanes und des Jahresabschlusses, Verwendung des Gewinns oder Deckung eines Verlustes, Erwerb und Veräußerung von Vermögen, Aufnahme von Krediten, Erweiterung, Umwandlung oder Auflösung des Eigenbetriebes, Erlass der Grundsätze für Einstellung, Beförderung und Entlassung.

Beispiele: Kurverwaltungen, KEB Tourismuszentrale XYZ

Zweckverband

Gründung: Ein Zweckverband entsteht durch Vereinbarung einer Verbandssatzung und Genehmigung durch die Aufsichtsbehörde.

Seine Organe sind die Verbandsversammlung und der Vorstand. Fakultative Organe, z.B. ein Aufsichtsrat, sind möglich.

Es besteht keine Steuerpflicht, solange es sich um eine hoheitliche Einrichtung handelt. Sobald er als Betrieb gewerblicher Art tätig wird, ist der Zweckverband steuerpflichtig. Bei Verlust- und Zweckbetrieben werden keine Ertragsteuern erhoben. Der Vorsteuerabzug ist u.U. höher als USt-Zahllast. Bei Zweckbetrieben gilt der halbe Umsatzsteuersatz.

Neben der Form der kommunalen Zweckverbände sind auch überörtliche üblich.

Fremdenverkehrsstelle

Hier in der engeren Lesart auf Verkehrsämter, städtische Verkehrsämter, Fremdenverkehrsbüros, Verkehrsämter-Fremdenverkehr, Fremdenverkehrsämter und Kurverwaltungen, also kommunale Institutionen, beschränkt. Fremdenverkehrsstellen verwalten die kommunalen Fremdenverkehrsanlagen und vertreten das örtliche Incoming-Angebot nach außen. Sie unterstehen meist der unmittelbaren Verwaltung der Kommunen und unterhalten Informationsstellen für Touristen, z.T. mit Zimmervermittlung.

Mögliche Geschäftsbereiche (am Beispiel einer Kurverwaltung)[1]:

- Kurförderung: Öffentlichkeitsarbeit, Werbung, kommunale Kontakte, Entwicklung
- Kureinrichtungen: Verwaltung der Gebäude und Anlagen
- Veranstaltungen: Unterhaltung, Kultur, Sport
- Gästeinformation: Auskünfte, Verkauf
- Repräsentation: Ehrungen, VIP-Betreuung, Teilnahme an Veranstaltungen
- Außenkontakte: Verbände und Organisationen, politische Entscheidungsträger, Unternehmen
- Statistik: Gästedatei, Jahresbericht
- Allgemeine Verwaltung: Personalwesen, Haushalt und Rechnungswesen, Bürodienst.

In der breiteren Auslegung werden alle Einrichtungen, die das örtliche Fremdenverkehrspotenzial vertreten, bündeln, anbieten, als örtliche Fremdenverkehrsstellen bezeichnet, also auch Vereine und privatwirtschaftliche Organisationen.

Es liegt im Ermessen der kommunalen Selbstverwaltungskörperschaft, ob sie die Fremdenverkehrsstelle als Amt selbst betreibt oder ob sie die von ihr wahrzunehmenden Aufgaben an einen Verein bzw. eine GmbH abgibt. Im zweiten Falle bei Wahrung eines angemessenen Einflusses. Es besteht natürlich die Gefahr, dass eine privatwirtschaftliche Organisation nur die lukrativen Aufgaben wahrnimmt, alles andere weiterhin der Kommune überlässt.

Körperschaft des öffentlichen Rechts

Sie entsteht durch staatlich genehmigte Satzung. Ihre Organe werden nach den Gegebenheiten des Einzelfalles festgelegt.

Beispiele: Industrie- und Handelskammern, Berufsgenossenschaften, Verband Region XYZ

Anstalt des öffentlichen Rechts

Sie ist eine für das Incoming bislang uninteressante Körperschaft mit eigenen Rechtsformen und individuellen Bestimmungen, verfügt über selbständige Sachvermögen, die bestimmten Personen, den Benutzern dieser Sachvermögen, zur Benutzung zugänglich gemacht werden.

Beispiele: Rundfunkanstalten, Landeszentralbanken.

Staatsbäder unterstehen unmittelbar der Landeshoheit.

[1] nach: Leitfaden für die praktische Tourismusarbeit in der Marktwirtschaft. Bonn 1990, S. 6.35

8.3. Privatrechtliche Unternehmensformen

Unternehmer ist, gem. § 2 (1) UStG, wer eine gewerbliche oder berufliche Tätigkeit selbständig ausübt. Gewerblich oder beruflich ist jede nachhaltige Tätigkeit zur Erzielung von Einnahmen, auch wenn die Absicht, Gewinn zur erzielen, fehlt oder eine Personenvereinigung nur gegenüber ihren Mitgliedern tätig wird.
Zu einem **Unternehmen** gehören sämtliche Betriebe oder berufliche Tätigkeiten desselben Unternehmers.
Gewerbe ist jede erlaubte, auf Dauer und Gewinn gerichtete, von wenigen Ausnahmen abgesehene selbständige Tätigkeit, sind alle Handelsunternehmen, Handwerks-, Industrie- und Verkehrsbetriebe. Rechtsgrundlagen sind: Gewerbeordnung (GewO), Handwerksordnung, Gaststättengesetz, Personenbeförderungsgesetz, Güterkraftverkehrsgesetz etc.
Die Gewerbeordnung ist Grundlage der öffentlich-rechtlichen Überwachung der Gewerbebetriebe. Sie regelt u.a. die Gewerbezulassung.
Zur Abgrenzung: **Unternehmen** ist die juristische Erscheinungsform einer Wirtschaftseinheit, **Betrieb** ist der technische Apparat des Unternehmens.
Die Voraussetzungen für einen **Gewerbebetrieb** sind in § 15 EStG genannt:

- Selbständigkeit, d.h. die Tätigkeit wird auf eigene Rechnung und auf eigene Verantwortung ausgeübt
- Nachhaltigkeit, d.h. es besteht die Absicht auf Wiederholung
- Gewinnerzielungsabsicht
- Beteiligung am allgemeinen wirtschaftlichen Verkehr.

Jeder Gewerbebetrieb ist gem. § 14 GewO beim zuständigen Gewerbeamt anzumelden.

Gem. HGB (HRefG) ist **Handelsgewerbe** jeder Gewerbebetrieb, es sei denn, dass das Unternehmen nach Art oder Umfang einen in kaufmännischer Weise eingerichteten Geschäftsbetrieb nicht erfordert. Das HGB (HRefG) unterscheidet zwischen **Kaufleuten**, für die im Wesentlichen das HGB maßgeblich ist und **Kleingewerbetreibenden**, die wie Nichtkaufleute nur dem BGB unterliegen. Das Handelsrecht betont die Selbstverantwortlichkeit des Kaufmanns und die Einfachheit sowie die Schnelligkeit des Handelsverkehrs. Dem Kaufmann wird zugemutet, Risiken und Chancen selbst abwägen zu können. Nach dem Gesetz ist er daher nicht so schutzbedürftig wie der Privatmann. Kleingewerbetreibenden ist die Eintragung ins Handelsregister, und damit die rechtliche Gleichstellung mit dem Kaufmann freigestellt.
Zu den Buchführungspflichten siehe Kap. 9.5.

Personengesellschaften

Kleingewerbe

Gesetzl. Grundlage: BGB, GewO, HRefG
Gründung: Gewerbeanmeldung; Eintrag ins Handelsregister freigestellt. Wenn Eintrag, dann Behandlung wie Einzelkaufmann/-frau
Vorschriften:

- der Gewerbetreibende muss im geschäftlichen Verkehr mit dem Familiennamen und einem ausgeschriebenen Vornamen auftreten
- Branchenbezeichnungen und Tätigkeitsangaben als Zusatz sind zulässig
- Geschäftsbezeichnungen, die den Eindruck einer im Handelsregister eingetragenen Firma hervorrufen könnten, sind nicht gestattet (z.B. Müller und Partner, Max Müller, Inh. Ernst Schulze)
- Zusätze, die nach der Verkehrsauffassung eine kaufmännische Tätigkeit andeuten, sind nicht gestattet (z.B. Brandenburgische Zimmervermittlung)
- branchentypische Etablissementbezeichnungen sind zulässig (z.B. Pension zur reinen Quelle)·

- Kleingewerbetreibende, die eine „offene Verkaufsstelle“ (Einzelhandel), eine Gaststätte oder eine „offene Betriebsstätte“ (Zimmervermittlung, Reisebüro) führen, haben am Eingang des Geschäftslokals ihre Familiennamen und mindestens einen ausgeschriebenen Vornamen in deutlich lesbarer Schrift anzubringen

Konsequenzen für Kleingewerbetreibende aus der Eintragung ins Handelsregister:

- Kaufleute können auch ohne besondere Vereinbarung einen Anspruch auf Vergütung geltend machen, da von ihnen noch weniger als von einem „BGB-Bürger“ erwartet wird, Leistungen unentgeltlich zu erbringen
- Kaufleute müssen die Sorgfalt eines ordentlichen Kaufmanns beachten. Die Anforderungen sind erheblich höher als an den „BGB-Bürger“
- hinsichtlich der Zinsregelung, sowohl in Bezug auf den Zinsanspruch als auch auf den Zinssatz, ist der Kaufmann besser gestellt als der „BGB-Bürger“
- Kaufleute können Geldforderungen als Sicherheit an Banken abtreten
- Kaufleute können unverhältnismäßig hohe Vertragsstrafen nicht herabsetzen, Schuldnern gem. BGB ist dies möglich
- das Schweigen eines Kaufmanns auf einen Geschäftsbesorgungs-Antrag gilt als Annahme; gem. BGB kommt ein Vertrag erst bei ausdrücklicher Annahme zustande
- der Kaufmann hat ein Recht auf Zurückbehaltung, u.U. Versteigerung, nicht bezahlter Ware, auch wenn die Ansprüche nicht aus dem selben Rechtsverhältnis stammen
- Kaufleute haben bei Annahmeverzug des Käufers weiter gehende Rechte als „BGB-Bürger“
- bei verschuldeter Verspätung des Verkäufers kann der Käufer gem. HGB Schadenersatz verlangen, gem. BGB ist nur Rücktritt möglich
- für Kaufleute als Käufer gilt eine Ware als angenommen, wenn sie nicht unverzüglich reklamiert wird; Kleingewerbetreibende haben ein halbes Jahr Zeit, Ansprüche geltend zu machen
- nur Kaufleute sind berechtigt, Firmen zu führen; Kleingewerbetreibende müssen im Geschäftsverkehr mit ihrem Vor- und Zunamen auftreten
- Kaufleute können Prokura erteilen, Handels- und Ladenvollmachten ausstellen; die Organisation der Vertretung für Kleingewerbetreibende ist nach dem BGB umständlich

Gesellschaft des bürgerlichen Rechts (GbR, BGB-Gesellschaft, GdbR)

Hierbei handelt es sich zunächst um eine Personengesellschaft ohne Handelsregistereintragung. Sie ist berechtigt, die Eintragung in das Handelsregister selbst herbeizuführen (§ 2 HGB).

Gesetzl. Grundlage: §§ 705-740 BGB.

Gründung: formlos mit Abschluss des Gesellschaftsvertrages. Es sind mindestens zwei Gesellschafter erforderlich.

Bezeichnung:

Im geschäftlichen Verkehr muss die Gesellschaft unter Nennnung aller Gesellschafter mit Familiennamen und jeweils einem ausgeschriebenen Vornamen auftreten. Ansonsten gelten die Vorschriften wie für Kleingewerbe (s.d.).

Merkmale: Sie ist keine Gesellschaft im Sinne des Handelsrechts und hat keine Firma. Sie ist geeignet als Zusammenschluss auf begrenzte oder unbestimmte Zeit. Sie bietet eine gesellschaftsrechtliche Lösung für eine kleine Zahl kooperationswilliger Unternehmer, die keine Handelsgesellschaft gründen dürfen oder keine Registereintragung wünschen.

Vorzüge: formfreie Gründung, kein Mindest- und Gründungskapital erforderlich, keine Regularien für Gesellschafterbeschlüsse, einfache Vorschriften für die Gewinnermittlung (Einnahme-Überschuss-Rechnung) gem. § 4 Abs. 3 EStG.

Grundsätzlich haften die Gesellschafter für Schulden der Gesellschaft als Gesamtschuldner, also persönlich mit ihrem eigenen Vermögen. Daraus ergeben sich Vorteile bei der Kapitalbeschaffung für die Gesellschaft. Die Haftung kann eingeschränkt werden, was jedoch nach außen hin deutlich kenntlich gemacht werden muss.

Durch einen Firmenzusatz „mbH“ kann keine Haftungsbeschränkung herbeigeführt werden[1].

---

[1] BGH-Urteil vom 27.09.1999 (NJW 1999, 3484 f.)

Im Rahmen der Vertragsfreiheit können GbR jedoch auch Verträge mit Geschäftspartnern schließen, in denen die Haftung ausdrücklich auf bestimmte Vermögenswerte beschränkt wird.

Kapital: Das Gesellschaftsvermögen ist gemeinschaftliches Vermögen (Gesamthandsvermögen). Die Einlagen können beliebig vereinbart und in Form von Geld, Sachwerten oder Leistungen erbracht werden.

Die Gesellschafter können nicht über ihren Anteil an der Gesellschaft verfügen, auch nicht über zum Vermögen gehörende Gegenstände.

Der Gewinn wird, sofern keine anderen Regelungen getroffen wurden, gleichmäßig unter allen Gesellschaftern verteilt.

Steuerliche Behandlung: Einkommensteuerliche Veranlagung erfolgt bei den Gesellschaftern.

Gewerbesteuerpflicht besteht nur bei gewerblicher Tätigkeit der Gesellschaft.

Bei entsprechender Tätigkeit als Unternehmer im Sinne des UStG ist die BGB-Gesellschaft umsatzsteuerpflichtig.

Beispiel: Deutsches Kongressbüro - German Convention Bureau (GCB)

Einzelkaufmann/-frau

Gesetzl. Grundlage: HGB, bes. §§ 1-104, HRefG

Zur Beurteilung, ob ein kaufmännischer Betrieb erforderlich ist, und somit zur Abgrenzung gegenüber Kleingewerbe werden folgende Indizien zugrunde gelegt:

Umsatz, Betriebskapital, Größe der Räumlichkeiten, Mitarbeiterzahl, Inanspruchnahme von Fremdmitteln, Teilnahme am Wechsel- und Scheckverkehr, Komplexität und Vielfalt der Geschäftsbeziehungen, nach kaufmännischen Erfordernissen geregelte Vertretung (Prokura).

Branchenspezifische Umsatzzahlen, die als Grenzwerte für kaufmännischen Geschäftsbetrieb gelten:

Dienstleistungen	180.000 € Bruttojahresumsatz
Einzelhandel	256.000 € "
Hotels (ohne Gaststätten)	256.000 € "
Gaststätten (nur Speisen)	307.000 € "

Gründung: Das Unternehmen entsteht mit seiner Eintragung ins Handelsregister.

Merkmale: Der Inhaber ist gleichzeitig Geschäftsführer. Er haftet mit seinem gesamten Vermögen, einschl. Privatvermögen.

Bezeichnung: Personen-, Sach-, Fantasie[1]- und Mischfirmennamen sind zulässig.

Als Rechtsformenzusatz hinter dem Firmennamen ist zu führen: „eingetragener Kaufmann", „eingetragene Kauffrau" bzw. „e.K.", „e.Kfr".

Kapital: Die Eigenkapitalbasis entspricht dem Vermögen des Unternehmers, ihre Erweiterung ist möglich durch Selbstfinanzierung (Ansparung von Gewinnen) oder durch Aufnahme eines stillen Gesellschafters. Fremdkapital bekommt der Unternehmer als Personalkredit. Wegen des hohen Kreditausfallrisikos für die Bank sind die Aussichten, hohe und langfristige Kredite zu bekommen, in der Regel beschränkt.

Steuerliche Behandlung: Die Einzelunternehmung ist kein selbständiges Steuersubjekt. Der Inhaber unterliegt der Einkommensteuer sowie das Unternehmen der Gewerbesteuer und der Umsatzsteuer, sofern nicht als Kleinunternehmer klassifiziert.

Offene Handelsgesellschaft (OHG)

Gesetzl. Grundlage: §§ 105-160 HGB, HRefG.

Gründung: Die Gesellschaft entsteht durch Abschluss des Gesellschaftsvertrages zwischen den Gesellschaftern und Eintrag der Gesellschaft und aller Gesellschafter ins Handelsregister. Der Gesellschaftsvertrag bedarf nicht der notariellen Beurkundung.

Bezeichnung: Personen-, Sach-, Fantasie- und Mischfirmennamen sind möglich. Die Firmenbezeichnung muss den Rechtsformenzusatz „offene Handelsgesellschaft" bzw. „OHG" enthalten.

[1] Fantasiebezeichnungen werden auch Retros genannt

Merkmale: Die OHG ist eine gemeinschaftliche Firma, deren Gesellschafter, mindestens zwei Inhaber, sämtlich persönlich mit ihrem gesamten Vermögen haften. Auch juristische Personen können Gesellschafter einer OHG sein. Die OHG selbst ist keine juristische Person. Die OHG ist im Wirtschaftsleben sehr flexibel.

Zur Geschäftsführung sind alle Gesellschafter berechtigt und verpflichtet. Im Gesellschaftsvertrag können Regelungen zur Übertragung der Geschäftsführung auf Gesellschafter definiert werden. Die Gesellschafter können nur gemeinsam über das Gesellschaftsvermögen verfügen. Die Erfolgsbeteiligung regelt sich nach dem Gesellschaftsvertrag. Soweit dort nichts anderes bestimmt wurde, gilt die Regelung nach § 121 HGB, wonach zunächst 4% der Einlage (als angemessene Verzinsung) ausgezahlt werden. Darüber hinausgehender Gewinn wird, wie auch der Verlust, nach Köpfen aufgeteilt.

Kapital: Die Erweiterung der Kapitalbasis erfolgt durch Erhöhung der Kapitaleinlagen der Gesellschafter, Nichtentnahme der Gewinne oder Aufnahme neuer Gesellschafter. Da mindestens zwei Gesellschafter mit ihrem Gesamtvermögen haften, ist die Kreditwürdigkeit der OHG größer als die der Einzelunternehmung.

Steuerliche Behandlung: Die OHG gilt nur bei bestimmten Steuerarten als selbständiges Steuersubjekt. Da sie keine Körperschaft ist, unterliegt sie nicht der Körperschaftsteuer. Die Einkommenbesteuerung erfolgt bei den Gesellschaftern. Handelt es sich bei den Gesellschaftern um Körperschaften, so sind die Beteiligungsgewinne bei der Körperschaftsteuer der betreffenden Körperschaften zu berücksichtigen.

Gehälter geschäftsführender Gesellschafter sind nicht als Betriebsausgaben abzugsfähig.

Hinsichtlich Gewerbesteuer gilt die OHG als selbständiges Steuersubjekt.

Die OHG als Unternehmer und ist umsatzsteuerpflichtig.

Europäische wirtschaftliche Interessenvereinigung (EWIV)[1]

Die EWIV basiert auf der EG-Verordnung vom 27.07.1985 und ist die erste supranationale Gesellschaftsform. Durch sie soll die wirtschaftliche Tätigkeit ihrer Mitglieder, die aus mindestens zwei verschiedenen EU-Mitgliedstaaten kommen müssen, gefördert werden. Das deutsche Ausführungsgesetz von 1988 verweist bezüglich der Firmenbildungsvorschriften auf die OHG-Vorschriften. Personen-, Sach-, Fantasie- und Mischfirmennamen sind möglich. Die Firmenbezeichnung muss den Rechtsformenzusatz „Europäische wirtschaftliche Interessenvereinigung" bzw. „EWIV" enthalten.

Partnerschaftsgesellschaft

Gesetzl. Grundlage: Gesetz über Partnerschaftsgesellschaften Angehöriger freier Berufe (Partnerschaftsgesellschaftsgesetz - PartGG), in Kraft getreten am 1.7.1995.

Die maßgeblichen Regelungen orientieren sich, soweit nicht im PartGG ausdrücklich anders geregelt, an der OHG.

Merkmale: Vorteile: hat eine Firma, ist grundbuchfähig, Haftung auf den handelnden Partner beschränkbar.

Angehörige der Partnerschaft können nur natürliche Personen sein. Sie eröffnet als neue Personengesellschaft den freien Berufen[2] erweiterte Kooperationsmöglichkeiten, sowohl innerhalb der Berufsgruppen als auch zwischen verschiedenen freien Berufen.

Bezeichnung: Der Name der Partnerschaft muss die Rechtsformenangabe „und Partner" (gleichgestellt „& Partner") oder „Partnerschaft" enthalten.[3]

Kommanditgesellschaft (KG)

Gesetzl. Grundlage: §§ 161-177a HGB, HRefG

Gründung: Die KG entsteht durch Abschluss eines Gesellschaftsvertrages und Eintragung in das Handelsregister. Der Gesellschaftsvertrag bedarf nicht der notariellen Beurkundung.

---

[1] Engl: European economic interest grouping (EEIG)

[2] freie Berufe gem. Einkommensteuer-Richtlinien (EStR)

[3] lt. BGH Az.: II ZB 14/96 ist Personen- und Kapitalgesellschaften seit In-Kraft-Treten des PartGG die Führung des Zusatzes „& Partner" untersagt

Bezeichnung: Personen-, Sach-, Fantasie- und Mischfirmennamen sind möglich. Die Firmenbezeichnung muss den Rechtsformenzusatz „Kommanditgesellschaft“ bzw. „KG“ enthalten.

Merkmale: Mindestens ein Gesellschafter (Komplementär) haftet persönlich mit seinem gesamten Vermögen, während weitere Gesellschafter (Kommanditisten) nur bis zur Höhe ihrer im Handelsregister eingetragenen Einlagen haften.

Die KG darf durch die Angabe „beschränkt haftende KG“ auf eine beschränkte Haftungsmasse aufmerksam machen.

Die Rechtsform der KG wird gewählt, wenn sich der Initiator als Komplementär wesentlichen Einfluss auf das gemeinsame Unternehmen vorbehalten will. Den Kommanditisten ist lediglich ein Kontrollrecht zugestanden. Möglichkeiten der Mitbestimmung können im Gesellschaftsvertrag definiert werden. Die Form der KG eignet sich besonders dann, wenn neben dem (den) Komplementär(en) weitere Kapitalgeber beteiligt werden sollen, denen jedoch keine uneingeschränkte Haftung zugemutet werden kann. Sie ist auch geeignet, wenn Familienangehörige beteiligt werden sollen. Gesellschafter können auch juristische Personen sein.

Die Erfolgsbeteiligung regelt sich, sofern keine andere Regelung im Gesellschaftsvertrag getroffen wurde, nach §§ 167 und 168 HGB. Danach erhält zunächst jeder Gesellschafter einen Betrag von 4% auf seine Einlage; der Rest soll angemessen verteilt werden, wobei Vollhafter wegen ihres höheren Risikos höhere Gewinnanteile erhalten. Dem Komplementär steht zusätzlich ein Entnahmerecht in Höhe von 4% seines Kapitalanteils zu. Die Kommanditisten haben nicht das gleiche Recht auf Entnahme.

Kapital: Ein Gesellschaftskapital ist nicht vorgesehen. Für Komplementäre und Gesellschafter ist keine Mindesteinlage vorgeschrieben. Für die Kommanditisten sind beliebig vereinbare feste Einlagen erforderlich, da sie die Haftungsgrundlage bilden. Die Kapitalbasis kann durch Erhöhung der Kapitaleinlagen und Aufnahme neuer Kommanditisten erweitert werden. Die Voraussetzungen zur Aufnahme von Krediten sind günstig.

Steuerliche Behandlung: Siehe OHG.

GmbH & Co. KG

Gesetzl. Grundlage: §§ 161 ff. HGB, GmbH-Gesetz, Kapitalgesellschaften-&Co-Richtlinien-Gesetz (KapCoRiLiG).

Gründung: wie KG.

Merkmale: Sie ist eine Sonderform der KG, in der die Rolle des Komplementärs von einer GmbH übernommen wird. Sie ermöglicht es, eine Personengesellschaft zu gründen, ohne dass eine natürliche Person die volle Haftung übernehmen muss. Die GmbH haftet als Komplementärin unbeschränkt als juristische Person, d.h. mit ihrem Vermögen als juristische Person. Die Geschäftsführung wird von der GmbH wahrgenommen.

Gem. KapCoRiLiG gelten Pflichten zur Rechnungslegung, Prüfung und Publizität analog den Kapitalgesellschaften.

Für die Rechte der Kommanditisten gelten dieselben Grundsätze wie bei der KG. Die Gewinnverteilung richtet sich, wie bei einer KG, nach dem Gesellschaftsvertrag; falls dort keine Regelungen getroffen wurden, nach § 168 HGB.

Die GmbH & Co. KG hat eine weite Verbreitung als Beteiligungsgesellschaft gefunden. Sie hat allerdings einen sehr hohen Anteil an den Konkursen, was vor allem auf die ungenügende finanzielle Ausstattung zurückgeführt wird.

Kapital: Grundsätzlich sind bei der KG alle Gesellschafter am Gesellschaftsvermögen beteiligt. Die Einlage der GmbH kann in Geld, Sachwerten, Rechten oder in der Verpflichtung zur Dienstleistung bestehen. I.d.R. beteiligt sich die Komplementär-GmbH aus steuerlichen Gründen nicht am Vermögen und Kapital der KG.

Steuerliche Behandlung: Wie OHG. Aus dem Zusammenwirken der GmbH und der GmbH & Co. KG ergeben sich jedoch einige Besonderheiten.

Beispiel: Ostseebad Damp GmbH & Co. KG

Stille Gesellschaft

Gesetzl. Grundlage: §§ 230-237 HGB.

Merkmale: Ein „stiller" Teilhaber oder Gesellschafter beteiligt sich am Geschäft eines anderen, des Geschäftsinhabers, mit einer in dessen Vermögen übergehenden Einlage gegen Anteil am Gewinn und ohne nach außen in Erscheinung zu treten. Die stille Beteiligung kann auch anders als durch eine Vermögenseinlage erfolgen oder sich nur auf einzelne Geschäfte erstrekken.[1]

Der stille Teilhaber wird mit seinem Beitritt Gesellschafter und haftet mit seiner Einlage. Er hat keine Mitspracherechte hinsichtlich der Geschäftspolitik. Der Vertrag bedarf nicht der notariellen Beurkundung.

Geschäftsinhaber können natürliche Personen, aber auch Personen- und Kapitalgesellschaften sein. Auch können natürliche Personen, Personen- und Kapitalgesellschaften stille Gesellschafter sein.

Die Gewinnverteilung richtet sich nach dem Gesellschaftsvertrag; sofern dort keine Regelung getroffen wurde, schreibt § 231 (1) HGB einen den Umständen angemessenen Anteil am Gewinn vor.

Eine Beteiligung des stillen Gesellschafters am Verlust kann vertraglich ausgeschlossen werden, ist ansonsten auf die Höhe der Einlage beschränkt.

Kapital: Bei der typischen stillen Gesellschaft besteht kein Gesellschaftsvermögen. Die Einlage des stillen Gesellschafters geht in das Vermögen des Geschäftsinhabers über. Es besteht ein Rückforderungsrecht.

Steuerliche Behandlung: Maßgebend ist, ob es sich um eine typische oder atypische stille Gesellschaft handelt. Bei einer atypischen stillen Gesellschaft ist der stille Gesellschafter an den stillen Reserven und/oder am Firmenwert beteiligt. Es liegt eine Mitunternehmerschaft im steuerlichen Sinne vor. Die atypische stille Gesellschaft wird steuerlich wie eine OHG oder KG behandelt.

Die Einkünfte der Gesellschafter unterliegen der Einkommensteuer (Geschäftsinhaber: gewerbliche Einkünfte; typischer stiller Teilhaber: aus Kapitalvermögen; atypischer stiller Teilhaber: aus Gewerbebetrieb).

Als Gewerbebetrieb im Sinne der Gewerbesteuer gilt das Unternehmen des Geschäftsinhabers, nicht die stille Gesellschaft.

Im Sinne des Umsatzsteuergesetzes ist der Geschäftsinhaber Unternehmer.

Kapitalgesellschaften

Allgemeine Merkmale:

Kapitalgesellschaften sind Gesellschaften mit eigener Rechtspersönlichkeit, d.h. juristische Personen. Sie können klagen und verklagt werden, müssen selbst Steuern zahlen und dürfen Eigentum erwerben. Kapitalbeteiligung der Geschäftsführer ist nicht erforderlich. Kapitalgesellschaften unterliegen im Vergleich mit Personengesellschaften strengeren Vorschriften hinsichtlich Rechnungslegung, Publizität und Prüfungspflicht sowie vielen Form- und Verfahrensvorschriften. Sie sind schwerer zu handhaben als Personengesellschaften. Ihre Gründungskosten sind höher als bei Personengesellschaften, außerdem verursacht die Führung einer Kapitalgesellschaft durch zusätzliche Buchführungspflichten, erweiterte Publizitäts- und Bilanzierungsvorschriften, zusätzliche Steuererklärungen usw. höhere Kosten. Eine gewisse Mindestgröße sollte gegeben sein.

Wenn für die Gründung eines Unternehmens mit Investitionskosten von etwa 10.000 € gerechnet wird, scheint die GmbH mit ihrem Mindeststammkapital von 25.000 € nicht die angemessene Rechtsform zu sein. Aber natürlich können andere Gründe für sie sprechen.

---

[1] wenn die Beteiligung aus Diensten besteht, kann auch ein Dienst- oder Arbeitsvertrag mit Gewinnbeteiligung statt eines Gesellschaftsverhältnisses vorliegen.

Oft ist ein Stufenplan sinnvoll, bei dem zunächst, in der Verlustphase, mit einem Einzelunternehmen oder einer Personengesellschaft begonnen wird, die man später, sobald Gewinne erzielt werden, in eine Kapitalgesellschaft umwandelt. Andererseits kann gerade dann, wenn Verluste zu erwarten sind, die Rechtsform einer GmbH günstiger sein.
Gebietskörperschaften können öffentliche Kapitalgesellschaften, z.B. städtische Versorgungsunternehmen, betreiben sowie sich mit Anteilen an gemischtwirtschaftlichen Unternehmen beteiligen.

Gesellschaft mit beschränkter Haftung (GmbH)

Gesetzl. Grundlage: GmbH-Gesetz von 1892 in seiner gegenwärtigen Fassung, HRefG.

Gründung: Erforderlich ist mindestens eine natürliche oder juristische Person oder Personengesellschaft. Die Ein-Mann-GmbH (Eigengesellschaft) wird oft als Besonderheit dargestellt. Zur Gründung bedarf es einer notariellen Gründungsurkunde. Die GmbH entsteht durch Eintragung ins Handelsregister.

Bezeichnung: Personen-, Sach-, Fantasie- und Mischfirmennamen sind möglich. Die Firmenbezeichnung muss den Rechtsformenzusatz „Gesellschaft mit beschränkter Haftung" bzw. „GmbH" enthalten. Im Briefkopf sind die verantwortlichen Geschäftsführer zu benennen und die Registernummer anzugeben, unter der die Gesellschaft im Handelsregister des Amtsgerichts des Geschäftssitzes eingetragen ist.

Gem. Gemeindeordnung (GO) darf die GmbH als Rechtsform des kommunalen Incoming-Tourismus (Gesamtförderung des Fremdenverkehrs) nur dann gewählt werden, wenn der angestrebte Zweck nicht ebenso gut durch einen Eigenbetrieb erfüllt werden kann.

Organe: Oberstes Organ der GmbH ist die Gesellschafterversammlung. Sie legt mit Hilfe der Satzung den Aufgabenrahmen für die Geschäftsführung fest. Die Geschäftsführung hat ein Mal jährlich dem Handelsregister die Gesellschafter und deren Anteile am Gesellschaftskapital zu melden.

Merkmale: Die GmbH bietet durch ihre hohe Bindungsintensität Vorteile für dauerhaft konzipierte Kooperationen. Einwirkungsmöglichkeiten der Kommune sind durch Stammeinlagen und Vertreter in der Gesellschafterversammlung gegeben. Für eine Fremdenverkehrs-GmbH kann es sinnvoll sein, sich auf zwei Gesellschafter, die Kommune und den Verkehrsverein, zu beschränken.

Rechnungswesen: Die GmbH muss Erträge und Aufwendungen in einem kaufmännischen Rechnungswesen erfassen, der Jahresabschluss ist den Vorschriften des Aktienrechts entsprechend aufzustellen, zu prüfen und festzustellen. Kleinen und mittelgroßen GmbH werden Erleichterungen hinsichtlich Rechnungslegung, Prüfung und Offenlegung gewährt.

Kleine GmbH	Bilanzsumme nicht größer als 2 Mill. € Umsatzerlöse nicht mehr als 4 Mill. € bis zu 50 Arbeitnehmer
Mittelgroße GmbH	Bilanzsumme nicht größer als 8 Mill. € Umsatzerlöse nicht mehr als 16 Mill. € bis zu 250 Arbeitnehmer

Mindestens zwei der drei genannten Größenmerkmale dürfen nicht überschritten werden.

Kapital: Das Stammkapital, zugleich Haftungssumme, muss mindestens 25.000 € betragen, wovon mindestens die Hälfte bei Gründung einzuzahlen ist. Die Kapitaleinlage kann auch aus Sachwerten bestehen. Die Zahl der Geschäftsanteile muss mit der Zahl der Gründungsgesellschafter identisch sein.
Erhöhung des Eigenkapitals erfolgt durch Erhöhungen der Stammeinlagen, durch Nachschusszahlungen oder Aufnahme neuer Gesellschafter. Sind alle GmbH-Anteile vergeben, so können nur neue Mitglieder aufgenommen werden, wenn andere Gesellschafter ihren Anteil abgeben bzw. wenn das Stammkapital erhöht wird. Die Übertragung von Gesellschaftsanteilen ist notariell zu beurkunden. Die Möglichkeiten der Fremdfinanzierung sind begrenzt.

Die Gewinnverteilung erfolgt, falls im Gesellschaftsvertrag nicht anders geregelt, nach der Höhe der Geschäftsanteile.

Steuerliche Behandlung: Die GmbH ist selbständiges Steuersubjekt, sie ist Unternehmer im Sinne des UStG und unterliegt, unabhängig davon, ob sie ein Betrieb gewerblicher Art oder ein Hoheitsbetrieb ist, der Besteuerung als Kapitalgesellschaft.

Die Gesellschafter werden unabhängig von der Besteuerung der Gesellschaft mit der Hälfte ihrer Einkünfte daraus besteuert.

Die GmbH unterliegen der Körperschaft-, Kapitalertrag-, Gewerbe-, Umsatz- und Grunderwerbsteuer.

Beispiele: Berlin Tourismus Marketing GmbH, Schleswig-Holstein Tourismus Informations- und Vertriebs-GmbH (SHT), Tourismuszentrale Hamburg GmbH

Aktiengesellschaft (AG)

Gesetzl. Grundlage: Aktiengesetz (AktG) von 1965.

Gründung: Strenge Vorschriften, hohe Beurkundungs- und Eintragungskosten. Eintrag ins Handelsregister ist vorgeschrieben. Die Satzung ist notariell zu beglaubigen. Mind. 5 Aktionäre (Einzelpersonen, Gesellschaften) erforderlich. Der Gesamtnennwert aller umlaufenden Aktien muss mindestens ein Grundkapital von 50.000 € ergeben.

Bezeichnung: Personen-, Sach-, Fantasie- und Mischfirmennamen möglich. Rechtsformenzusatz: „Aktiengesellschaft" oder eine allgemein verständliche Abk. wie „AG"

Organe: Vorstand (für die laufenden Geschäfte); Aufsichtsrat (bestellt den Vorstand und überwacht die Geschäftsführung); Hauptversammlung (Entscheidungsrecht bei wichtigen Fragen, wählt den Aufsichtsrat).

Merkmale: Nur geringe Einflussmöglichkeiten der Mitglieder bei breit gestreutem Aktienbesitz; beherrschende Position weniger Großaktionäre; die Haftung ist beschränkt auf das Vermögen der Gesellschaft.

Kapital: Beschaffung des Eigenkapitals über Aktien; Möglichkeiten zur Erhöhung des Eigenkapitals: Selbstfinanzierung aus den freien Rücklagen, Ausgabe neuer Aktien. Fremdkapital kann erlangt werden durch Ausgabe von Schuldverschreibungen und Bankkredite.

Mit dem am 10.8.1994 in Kraft getretenen Gesetz für kleine Aktiengesellschaften und zur Deregulierung des Aktienrechts wird der Zugang kleiner und mittlerer Unternehmen zum Kapitalmarkt erleichtert.

Ausschüttung: gem. Beschluss der Hauptversammlung wird ein Teil des Jahresüberschusses auf die Aktionäre entsprechend ihres nominellen Aktienanteils am Grundkapital verteilt.

Steuerliche Behandlung: wie GmbH.

Beispiel: Bad Neuenahrer Kur AG

Kommanditgesellschaft auf Aktien (KGaA)

Gesetzl. Grundlage: §§ 278-290 Aktiengesetz (AktG).

Gründung: Mindestens fünf Gründungsgesellschafter erforderlich, von denen mindestens einer gesamtschuldnerisch und unbeschränkt haftet.

Merkmale: Es gibt keinen besonderen Vorstand. Die ihm entsprechenden Aufgaben werden von den Komplementären wahrgenommen. Für den Aufsichtsrat und die Hauptversammlung gelten spezielle Regeln.

Kapital: Die Eigenkapitalbeschaffung erfolgt über Einlagen der Komplementäre sowie Aktienerwerb der Kommanditaktionäre. Für die Aktienemission gelten die Grundsätze der Aktiengesellschaft.

Steuerliche Behandlung: Die Komplementäre werden steuerlich wie die Gesellschafter einer OHG behandelt, im übrigen erfolgt die Besteuerung wie bei der AG.

Gesellschaften i.w.S.

Genossenschaft, eingetragene Genossenschaft (eG)

Gesetzl Grundlage: Genossenschaftsgesetz von 1889 und 1973 sowie §§ 336-339 HGB.

Gründung: Mindestens sieben Gründungsmitglieder sind erforderlich. Das Statut muss schriftlich festgelegt werden, bedarf aber keiner notariellen Beurkundung. Die Genossenschaft wird ins Genossenschaftsregister des zuständigen Amtsgerichts eingetragen.

Bezeichnung: Personen-, Sach-, Fantasie- und Mischfirmennamen sind möglich. Die Firmenbezeichnung muss den Rechtsformenzusatz „eingetragene Genossenschaft" bzw. „eG" enthalten.

Merkmale: Von der Grundidee her sind Genossenschaften Selbsthilfeeinrichtungen kleiner und mittelständischer Unternehmen „zur Förderung des Erwerbs und der Wirtschaft ihrer Mitglieder durch gemeinsamen Geschäftsbetrieb".

Die Genossenschaft eignet sich für die Zusammenarbeit mit einem breiten Kooperationsspektrum, zur Kooperation einer größeren Zahl von Partnern. Die einfachen Beitrittsbedingungen ermöglichen schnelle Reaktionen auf Marktänderungen. Die Anforderungskriterien für Mitglieder können definiert werden. Falls die Genossenschaft mit einer Corporate Identity auftritt, sollte im Statut für den Fall des Austritts der Verzicht auf die weitere Nutzung der Corporate Identity (Signets, Slogans, Farben usw.) gefordert werden.

Die Haftung ist auf das Vermögen der Genossenschaft beschränkt. Grundsätzlich haftet der Genossenschafter nur mit seiner Einlage (Geschäftsanteil).

Organe: Generalversammlung (bei größeren Genossenschaften als Vertreterversammlung), Vorstand und Aufsichtsrat.

Kapital: Das Eigenkapital der Genossenschaft besteht aus den Geschäftsanteilen der Mitglieder sowie Rücklagen. Die Verbesserung der Kapitalaustattung erfolgt durch Aufnahme neuer Mitglieder. Bankkredite orientieren sich an der Mitgliederzahl und der Vermögenslage der Genossenschaft.

Steuerliche Behandlung: Als selbständiges Steuersubjekt unterliegt die Genossenschaft der Körperschaftsteuerpflicht sowie als Gewerbebetrieb der Gewerbesteuer. Der Staat gewährt Steuervorteile wegen des Selbsthilfegedankens.

Unabhängig von der Besteuerung der Genossenschaft unterliegen die Mitglieder mit ihren Anteilen der Besteuerung.

Eingetragener Verein (e.V.)

Gesetzl. Grundlage: §§ 21-79 BGB.

Gründung: Mindestens sieben Gründungsmitglieder sind erforderlich. Der nicht auf einen wirtschaftlichen Geschäftsbetrieb[1] orientierte Verein wird rechtsfähig durch Eintragung in das Vereinsregister beim zuständigen Amtsgericht. Der Verein, dessen Zweck auf einen wirtschaftlichen Geschäftsbetrieb gerichtet ist, kann die Rechtsfähigkeit nur dann erlangen, wenn sie ihm durch die zuständige Verwaltungsbehörde eines Bundeslandes verliehen wird.

Die Satzung ist notariell zu beglaubigen.

Sollte im Laufe der Zeit ein wirtschaftlicher Geschäftsbetrieb wünschenswert werden, so besteht die Möglichkeit, eine Doppelgesellschaft zu gründen, z.B. eine GmbH, die für die Realisierung der wirtschaftlichen Interessen des Vereins eingesetzt wird und in der einige oder alle Vereinsmitglieder Gesellschafter sind. Auch die Gliederung des Vereins in einen gemeinnützigen und einen wirtschaftlichen Teil ist möglich.

Merkmale: Der Eintritt neuer Mitglieder ist einfach; im Interesse einer gewissen Bindungsintensität kann die Aufnahme an die Erfüllung bestimmter Anforderungen gebunden werden. Der Austritt kann an eine Kündigungsfrist gebunden werden. Die Rechtsform des Vereins bietet Möglichkeiten einer breiten Beteiligung der Bevölkerung.

Die Rechtsform des Vereins ist im Tourismus auf allen Ebenen üblich: Bund (DTV), Länder (Landesfremdenverkehrsverbände) und Kommunen (Verkehrsvereine). Vereine sind ebenfalls

[1] Der Begriff „wirtschaftlicher Geschäftsbetrieb" ist hier im Sinne des BGB verwendet. Steuerrechtlich ist er in § 14 AO definiert.

für kleine Kur- und Fremdenverkehrsorte als „preiswerte" privatwirtschaftliche Organisationsform geeignet, an der alle Leistungsträger und auch die ansonsten „ausgestiegene" Kommune partizipieren können.[1] Fremdenverkehrsvereine bieten sich als Rechts- und Organisationsform vor allem für das Innenmarketing an.

Organe: Oberstes Organ ist die Mitgliederversammlung. Der Vorstand übt die Geschäftsführung aus und vertritt den Verein nach außen. Vereine mit kaufmännisch ausgerichtetem Geschäftsbetrieb bestellen gewöhnlich einen hauptamtlichen Geschäftsführer.

Finanzen: Die Finanzierung erfolgt über Mitgliedsbeiträge, Aufnahmegebühren, Umlagen, Spenden. Beiträge können auch aus Sach- und Dienstleistungen bestehen. Der Verein haftet nur mit seinem Vereinsvermögen.

Steuerliche Behandlung: Der rechtsfähige Verein ist Unternehmer, soweit er Leistungen gegen Entgelt ausführt. Die Umsatzsteuer umfasst alle geforderten Entgelte mit den einbezogenen Kosten. Bei Gemeinnützigkeit (siehe unten) genießt der Verein steuerliche Vergünstigungen.

Als Zweckbetrieb gilt der wirtschaftliche Geschäftsbetrieb eines als gemeinnützig anerkannten Vereins, wenn er in seiner Gesamtrichtung dazu dient, die steuerbegünstigten satzungsmäßigen Zwecke zu verwirklichen. Übernimmt ein Fremdenverkehrsverein z.B. die Vermittlung von Unterkünften für seine Mitglieder, so wird dies als wirtschaftlicher Geschäftsbetrieb gewertet, selbst wenn damit kein Gewinn angestrebt wird, und kann zur Einleitung eines Amtslöschungsverfahrens führen.[2]

Gem. §§ 140 ff. Abgabenordnung (AO) können auch Vereine verpflichtet sein, Bücher zu führen und jährliche Abschlüsse zu machen, wenn sie durch einen steuerpflichtigen wirtschaftlichen Geschäftsbetrieb handelsrechtlich als Kaufleute Rechnung legen müssen oder bestimmte steuerliche Buchführungsgrenzen überschritten werden. Ein Prüfungswesen ist gesetzlich nicht vorgeschrieben, jedoch bei steuerbegünstigten Vereinen in dreijährigem Abstand üblich.

Nicht eingetragene Vereine werden durch Verabschieden der Vereinssatzung gegründet. Es besteht keine Anmeldungs- oder Eintragungspflicht

Doppelgesellschaften

Merkmal: Zwei rechtlich selbständige Unternehmen dienen einem wirtschaftlich einheitlichen Betrieb.

Die Doppelgesellschaft kann entstehen durch *Gründung*, *Betriebsaufspaltung* (Ausgliederung einer Kapitalgesellschaft) oder *umgekehrte Betriebsaufspaltung* (Ausgliederung einer Personengesellschaft).

Formen:

	die Kapitalgesellschaft ist	die Personengesellschaft ist
A	Betriebsgesellschaft	Besitzgesellschaft
B	Besitzgesellschaft	Betriebsgesellschaft
C	Vertriebsgesellschaft	Produktionsgesellschaft

Gemeinnützigkeit

Eine Körperschaft kann vom zuständigen Finanzamt als gemeinnützig und damit steuerbegünstigt anerkannt werden, wenn sie Voraussetzungen gem. §§ 51 bis 68 Abgabenordnung (AO) erfüllt. Die Entscheidung trifft das Finanzamt im normalen Veranlagungsverfahren zur Körperschaftsteuer. Eine Körperschaft ist dann gemeinnützig, wenn sie nach ihrer Satzung und ihrer tatsächlichen Geschäftsführung selbstlos, ausschließlich und unmittelbar die Allgemeinheit fördert.

Gemeinnützige Zwecke im Incoming sind u.a. die Förderung der Kultur, der Religion, der Völkerverständigung, des Umwelt-, Landschafts- und Denkmalschutzes, des Hei-

[1] AFB-Wirtemagazin 2/92, S. 8

[2] OLG Celle vom 26.08.91

matgedankens sowie des traditionellen Brauchtums. Mit dem Körperschaftsteuerfreistellungsbescheid kann die Körperschaft ihre Gemeinnützigkeit auch in Bezug auf andere Steuerarten nachweisen. Für gemeinnützige Körperschaften fällt keine Körperschaft- und Gewerbesteuer an, wenn die Einnahmen einschließlich der Umsatzsteuer aus sämtlichen steuerpflichtigen wirtschaftlichen Geschäftsbetrieben insgesamt eine in § 64 Abs. 3 AO festgelegte Summe nicht überschreiten. Wird diese Grenze überschritten, so unterliegt der Überschuss der Körperschaft- und Gewerbesteuer, soweit die Freibeträge überschritten werden.

8.4. Steuern

Auf grundsätzliche Unterschiede in der Besteuerung touristischer Unternehmen wurde bei den Unternehmensformen hingewiesen. Unternehmerische Dispositionen werden im langfristig (Standort, Rechtsform, Unternehmenszusammenschlüsse, Organisation u.a.) und kurzfristig (Investition, Finanzierung, Beschaffung, Produktion, Absatz u.a.) wirksamen Bereich mit Rücksicht auf ihre steuerlichen Wirkungen getroffen. Hier folgen nun einige Erläuterungen zu den Steuerkategorien und zur Bedeutung der Steuern für die Wahl der Unternehmensform sowie zur Besteuerung touristischer Leistungen.
Die steuerlichen Besonderheiten des Tourismus bestehen vor allem in den Bereichen der Umsatz-, Lohn- und Ertragsteuern (Einkommen- und Körperschaftsteuer) sowie des internationalen Steuerrechts.[1]

Körperschaftsteuer

Rechtsgrundlage: Körperschaftsteuergesetz (KStG)
Die Körperschaftsteuer ist eine „Einkommensteuer" für juristische Personen und andere Personenvereinigungen, soweit diese nicht Mitunternehmerschaften[2] im Sinne des EStG sind. Die juristischen Personen des öffentlichen Rechts sind nur Steuersubjekt, soweit sie einen gewerblichen Betrieb unterhalten und sich privatwirtschaftlich betätigen.
Besteuerungsgrundlage ist das Einkommen der Körperschaft im Kalenderjahr. Die Ermittlung des zu versteuernden Einkommens ist in § 7 Abs. 1 KStG geregelt. Sie geht vom Bilanzgewinn bzw. -verlust aus

Gewinnlosigkeit gilt häufig als Indiz für verdeckte Gewinnausschüttung. Erwartet wird ein Mindestgewinn, der einer angemessenen Verzinsung des eingesetzten Kapitals entspricht. Dieser Mindestgewinn muss über umsatzsteuerpflichtige Umsätze erwirtschaftet werden.

Reduzierung der Steuerschuld ist möglich durch: nicht steuerpflichtige Vermögensmehrungen, Investitionszulagen, Spenden und Beiträge

Gewerbesteuer

Rechtsgrundlage: Gewerbesteuergesetz (GewStG).
Der Gewerbesteuer unterliegt jeder Gewerbebetrieb, soweit er im Inland betrieben wird. Ausgenommen sind Betriebe der Land- und Forstwirtschaft, Vermietung und Verpachtung sowie die Ausübung eines freien Berufes oder einer anderen selbständigen Tätigkeit. Die Gewerbesteuer ist als Betriebsausgabe abzugsfähig. Für Personenunternehmen und Kapitalgesellschaften gelten unterschiedliche Vorschriften.

Die Belastung von Personenunternehmen wird durch eine pauschalierte Anrechnung der Gewerbesteuer auf die Einkommensteuer faktisch aufgehoben. Diese Vorschrift ermäßigt die Einkommensteuer des Unternehmers. Die Ermäßigung wird in Höhe des 1,8fachen des Gewerbesteuer-Messbetrages gewährt.
Kapitalgesellschaften werden mit einem einheitlichen, definitiven Körperschaftsteuersatz belastet.

---

[1] fvw 8/99
[2] Personengesellschaften

Besteuerungsgrundlage ist der Gewerbeertrag. Als Gewerbeertrag gilt der um bestimmte Beträge vermehrte und verminderte Gewinn.

Steuerschuld = Steuermessbetrag[1] · Hebesatz[2]

Gewerbesteuererklärungspflicht besteht ab erst ab einer bestimmten Höhe des Gewerbeertrags.

Einkommensteuer

Rechtsgrundlage: Einkommensteuergesetz (EStG).

Gegenstand der Einkommensteuer ist das Einkommen der natürlichen Personen[3]. Der Einkommensteuer unterliegen die Einkünfte aus Land- und Forstwirtschaft, Gewerbebetrieb, selbständiger und nicht selbständiger Arbeit, Kapitalvermögen, Vermietung und Verpachtung sowie sonstige Einkünfte gemäß § 22 EStG.

Einkünfte sind bei Land- und Forstwirtschaft, Gewerbebetrieb und selbständiger Arbeit der Gewinn. Die Ermittlung des Gewinns erfolgt durch ordnungsgemäße Buchführung (für Kaufleute und andere buchführende Gewerbetreibende), durch Vermögensvergleich oder Einnahmenüberschussrechnung.

Die *Kapitalertragsteuer* gem. §§ 43-45c EStG, ist, wie die Lohnsteuer, eine besondere Erhebungsform der Einkommensteuer. Ihr unterliegen u.a. Gewinnanteile (Dividenden) aus Aktien, aus Anteilen an Gesellschaften mbH und an Genossenschaften. Sie wird von den Unternehmen einbehalten und abgeführt. Bei Gesellschaften mbH gilt sie als Vorauszahlung auf die Einkommen- oder Körperschaftsteuer der Gesellschafter.

Der **Solidaritätszuschlag** ist eine zeitlich begrenzte, mit den Lasten der deutschen Wiedervereinigung begründete Ergänzungsabgabe zur Einkommensteuer und Körperschaftsteuer von allen ESt- und KSt-pflichtigen.

Umsatzsteuer (Mehrwertsteuer)

Rechtsgrundlage: Umsatzsteuergesetz (UStG).

Beim Unternehmer erhobene Steuern, die im Wesentlichen dessen Verkauf (entgeltliche Abgabe) von Sachgütern und Dienstleistungen belasten. Unternehmer sind in diesem Sinne:

- natürliche Personen: Einzelpersonen, die ein Unternehmen im Sinne des UStG betreiben, z.B. Einzelhändler, Handwerker, Ärzte, Steuerberater, Schriftsteller, Hauseigentümer
- juristische Personen: AG, GmbH, Genossenschaften, eingetragene Vereine
- Personenvereinigungen: OHG, KG, GdbR, nicht eingetragene Vereine.

Umsatzsteuerbare Umsätze liegen vor, wenn ein Unternehmer im Rahmen seines Unternehmens Lieferungen oder sonstige Leistungen gegen Entgelt tätigt. Die Umsatzsteuer ist auf alle Nettobeträge aufzuschlagen und je nach Umfang der Jahressteuerschuld monatlich oder vierteljährlich abzuführen.

Sollversteuerer haben die Umsatzsteuer bei Rechnungslegung (Besteuerung nach vereinbarten Entgelten), *Istversteuerer* bei Zahlungseingang (Besteuerung nach vereinnahmten Entgelten) abzuführen. Letzteres kann vom Finanzamt bei Vorliegen bestimmter Voraussetzungen (§ 20 UStG) gestattet werden.

Der Unternehmer darf die ihm von anderen Unternehmern gesondert in Rechnung gestellte Umsatzsteuer von der eigenen Umsatzsteuerschuld abziehen (Vorsteuerabzug).

---

[1] der Steuermessbetrag ergibt sich aus der Multiplikation des jeweils um Freibeträge reduzierten Gewerbeertrags und -kapitals mit den festgelegten Steuermesszahlen

[2] siehe Kap. 5.4.

[3] die Lohnsteuer stellt eine besondere Erhebungsart der Einkommensteuer dar

In Deutschland gelten zwar einheitliche Steuersätze, aber im Wettbewerb mit ausländischen Fremdenverkehrsbetrieben sind die deutschen benachteiligt.
Während in Deutschland der Umsatzsteuersatz auf Leistungen in Hotels und Gaststätten 16% beträgt, hat er in Frankreich, Belgien, den Niederlanden und in Spanien nur eine Höhe von 5,5 bis 6%, in der Schweiz beträgt er 5%. In Österreich, wo er noch bei 10% liegt, fordern die Hoteliers seine Halbierung.

Steuersätze:

- allgemeiner Steuersatz: 16%
  Auch für nicht begünstigte Beförderungsmittel anzuwenden, z.B. Bergbahnen, Mietwagen, Ausflugsfahrten und Ferienzielreisen, Luftfahrzeuge. Der allgemeine Steuersatz gilt auch für Speisen und Getränke, die zum Verzehr an Ort und Stelle geliefert werden, sofern besondere Vorrichtungen für den Verzehr an Ort und Stelle bereit gehalten werden, z.B. Tische und Stühle, Stehtische.
- ermäßigter Steuersatz: 7%
  Anzuwenden auf Lebensmittel (außer bestimmte Delikatessen), einige Getränke, Waren des Buchhandels, Erzeugnisse des grafischen Gewerbes, Beförderung von Personen mit begünstigten Beförderungsmitteln (Schiffe, Fähren, Schienenbahnen, O-Busse, Linienverkehr mit Kraftfahrzeugen, Taxen - sofern innerhalb einer Gemeinde oder bei einer Beförderungsstrecke von nicht mehr als 50 km).
  Der ermäßigte Steuersatz gilt auch für Speisen und Getränke, die zum Verzehr an Ort und Stelle geliefert werden, wenn keine besonderen Vorrichtungen für den Verzehr an Ort und Stelle bereitgehalten werden. Ablagebretter an Wurstbuden und Kiosken oder Verkaufstheken gelten nicht als besondere Vorrichtungen.[1]
- Durchschnittsätze
  a) für land- und forstwirtschaftliche Betriebe (mit Beherbergung als Nebengewerbe),
  b) auf Antrag beim zuständigen Finanzamt für bestimmte Gruppen von nicht buchführungs- und bilanzierungspflichtigen Unternehmern (gem. Anlage zur UStDV), deren Nettoumsatz im vorangegangenen Kalenderjahr einen best. Betrag nicht überstiegen hat. Für die meisten der Unternehmer gilt *Vollpauschalierung*, d.h. mit den Durchschnittssätzen sind alle Vorsteuerbeträge abgegolten, z.B. Bäckerei - 5,4%, Druckerei - 6,4%, gewerbliche Gärtnerei - 5,8%, Eisdiele - 5,8%, Fremdenheim und Pension - 6,7%, Gast- und Speisewirtschaft - 8,7%, freie Berufe zwischen 2,6% (Schriftsteller) und 7,0% (Bildhauer).

Vorsteuerabzug:

Die vom Unternehmer vereinnahmte Umsatzsteuer (Traglast) darf um die ihm von anderen Unternehmern in Rechnung gestellte Umsatzsteuer (Vorsteuer) gekürzt werden. Als Selbsterrechnungsteuer ist die Steuerschuld (Zahllast) vom Unternehmer zu errechnen und unaufgefordert an die Finanzkasse zu entrichten. Auch ein Vorsteuerguthaben kann sich ergeben.

Margenbesteuerung (§ 25 UStG) ist im wirtschaftlichen Ergebnis mit dem Vorsteuerabzug der Reisevorleistungen zu vergleichen. Wenn der Sachverhalt der Margenbesteuerung gegeben ist, dürfen keine Vorsteuern für die Reisevorleistungen abgezogen werden. Voraussetzungen für die Anwendung der Margenbesteuerung:

- es muss eine Eigenleistung des Veranstalters vorliegen, d.h. er muss gegenüber dem Reisenden in eigenem Namen und für eigene Rechnung auftreten
- der Reisende muss die Leistung als Endverbraucher erwerben; er darf sie nicht als Unternehmer zur Verwendung innerhalb seines Unternehmens kaufen; als unternehmerische Verwendung gelten z.B. Dienst- und Geschäftsreisen, Kundenge-

[1] gem. Anlage zu § 12 Abs. 2 Nr. 1 und 2 UStG

schenke, Betriebsausflüge, Incentive-Reisen

- der Veranstalter muss Reisevorleistungen von Dritten einkaufen, die als Bestandteile seiner Leistung dem Reisenden unmittelbar zugute kommen; die Prospektherstellung gilt beispielsweise nicht als Reisevorleistung, da sie dem Reisenden nur mittelbar zugute kommt.

Bei der Margensteuer wird der Steuersatz auf den sogenannten *Regieaufschlag* erhoben, den der Veranstalter für die von ihm erbrachte Leistung, Beschaffung und Kombination der Reisebestandteile, verlangt. Diese Regiekosten betragen etwa sieben Prozent des Reisepreises. Der Satz der Margensteuer entspricht dem normalen Umsatzsteuersatz. Die Umsatzsteuer, die die Verkäufer einzelner Reiseleistungen abführen, ist Teil des Preises und mindert somit die Marge.

Von margenbesteuerten Umsätzen unterscheiden sich Eigengeschäfte dadurch, dass in ihnen keine fremden Vorleistungen enthalten sind. Margenbesteuerte Umsätze liegen immer dann vor, wenn keine Eigengeschäfte und keine Agenturgeschäfte gegeben sind. Ein Veranstalter hat margenbesteuerte Umsätze. Wenn der Vermittler Leistungen eines Dritten in Anspruch nimmt und diese in eigenem Namen und auf eigene Rechnung an den Kunden verkauft, so handelt es sich um Reisevorleistungen, die der Margenbesteuerung unterliegen, z.B. wenn er vom Leistungsträger keine Vermittlungsprovision erhält, sondern auf der Basis von Nettopreisen im Rahmen eines Allotments den Endpreis selbst kalkuliert. Dasselbe gilt für Vermittler von Ferienhäusern und -wohnungen, wenn sie diese selbst zuvor angemietet haben.[1]

Zur abrechnungstechnischen Vereinfachung ist die Anwendung von Gruppenmargen, getrennt nach Arten von Reiseleistungen oder einer jährlichen Gesamtmarge gestattet.

Die Tourismuswirtschaft hat sich für die Beibehaltung der Margensteuer ausgesprochen, da das Verfahren des Vorsteuerabzugs recht kompliziert wäre und eine Regelbesteuerung die Reisepreise verteuern würde.

Umsatzsteuerbefreiung:

Im Inland ansässige Kleinunternehmer[2] sind von der Umsatzsteuer befreit.

Die Kleinunternehmerregelung ermöglicht niedrigere Preise und vereinfacht das Rechnungswesen. Die Inanspruchnahme der Kleinunternehmensregelung schließt jedoch den Vorsteuerabzug aus. Im Fremdenverkehr können z.B. Vermieter bei der Ausstattung ihrer Zimmer von der Möglichkeit des Vorsteuerabzugs profitieren. Sind die Zimmer ausgestattet, dann ist sicher die Kleinunternehmerregelung günstiger.

Von der Umsatzsteuer befreit sind auch grenzüberschreitende Beförderungen mit Flugzeugen und Seeschiffen, was allerdings nur für Incoming-Angebote an Ausländer inclusive Luft- bzw. Seetransport interessant sein dürfte. Es gelten die Grenzen der Bundesrepublik Deutschland und nicht der EU.

Ökosteuer

Mit dem am 1.4.1999 in Kraft getretenen neuen Stromsteuergesetz sowie durch Änderung im Mineralölsteuergesetz ist der Einstieg in die ökologische Steuerreform erfolgt.

Die Stromsteuer wird auf den Verbrauch von elektrischem Strom erhoben, die Sätze der Mineralölsteuer sind angehoben worden.

Steuererlasse, -vergütungen oder -erstattungen sind möglich.

Zweitwohnungsteuer

auch als Fremdensteuer bezeichnet, ist eine örtliche Aufwandsteuer, die durch eine zunehmende Anzahl von Gemeinden, hauptsächlich Fremdenverkehrsgemeinden erho-

[1] siehe dazu: Beschluss des Bundesfinanzhofes vom 21.1.93

[2] nicht zu verwechseln mit „Kleingewerbe" (s. Kap. 8.3.); für die Inanspruchnahme des Kleinunternehmerstatus gelten Obergrenzen des Bruttoumsatzes gem. § 19 UStG

ben wird. Sie wird erhoben vom Eigentümer oder Mieter einer Zweitwohnung[1] in der besteuernden Gemeinde und begründet mit der ansonsten kostenlosen Nutzung der kommunalen Infrastruktur durch die Eigentümer oder Mieter der Zweitwohnungen.
Neben der Nutzung für Urlaub und Erholung werden Zweitwohnungen von Unternehmen für ihre dienstreisenden Mitarbeiter sowie von Begüterten in attraktiven Städten unterhalten.
Bemessungsgrundlage ist der taxierte Jahresmietwert (ortsübliche Jahresrohmiete).
Meist wird nur die erste Ferienwohnung in einem Urlaubsort besteuert.

In Westerland/Sylt ist seit neuem für jede Ferienwohnung eine Steuer zu zahlen.[2] Es wir erwartet, dass sich auch andere Orte an diesem Urteil orientieren.

Hamburg ist seit dem 1.1.1993 die erste deutsche Großstadt, die diese Steuer, in Höhe von 8% der erzielbaren Nettomiete, erhebt.

Die Zweitwohnungsteuer kann dazu führen, dass Unternehmen auf Zweitwohnungen für ihre Mitarbeiter verzichten und dafür Hotels und Pensionen nutzen.
In Bezug auf die steuerliche Wirkung für die Kommune sind verschiedene Sachverhalte zu berücksichtigen. Handelt es sich um eine normale Eigentumswohnung in einem „reinen oder allgemeinen Wohngebiet", dann greift die Zweitwohnungsteuer. Wird sie regelmäßig an Urlauber vermietet oder hotelmäßig in einer Ferienanlage angeboten und verwaltet, so erfolgt die Besteuerung wie für einen Gewerbebetrieb.
Eine in das Baugesetzbuch eingeführte Regelung ermöglicht es, in Gebieten mit Fremdenverkehrsfunktion die Begründung oder Teilung von Wohneigentum an die Genehmigung durch die Gemeinde zu binden (§ 22 BauGB). Damit lassen sich Tendenzen einer zunehmendem Umwandlung von Wohneinheiten, die ursprünglich für den Ferienaufenthalt eines wechselnden Personenkreises bestimmt waren, in Zweitwohnungen verhindern.

Verpackungsteuer

Eine Steuer auf Einwegverpackungen und -geschirr wird bisher in einigen Städten als kommunale Steuer erhoben. Weitere Kommunen planen ihre Einführung. Sie fällt an beim Vor-Ort-Verzehr von Fast Food und Getränken aus Einweggeschirr.

Gem. einer städtischen Verpackungssteuer-Satzung werden z.B. erhoben: 5 Cent für jedes Einweg-Besteckteil, 20 Cent für Einwegbecher und für die Portionsdose Kaffeesahne, 25 Cent pro Einweggeschirr. In einigen Kommunen sind Verpackungen mit Grünem Punkt von der Steuer befreit.

Glückspiel-Steuern und -Abgaben

Die Besteuerung von *Geldspielautomaten*umsätzen erfolgt nach dem Umsatzsteuergesetz. Die Finanzverwaltung erlässt Vorschriften zur Bemessung der Umsätze; so wird von dem mit einem von der Finanzverwaltung festgelegten Faktor vervielfachten Kasseninhalt bzw. den aufgezeichneten Spieleinsätzen ausgegangen. Kommt der Automatenaufsteller den Aufzeichnungspflichten gem. UstG nicht nach, ist nach Abgabenordnung zu schätzen.

Vergnügungsteuer

wird auf der Grundlage der Vergnügungsteuergesetze bzw. der Kommunalabgabengesetze der Länder und der jeweiligen Kommunalverfassungen bzw. Ortssatzungen erhoben. Als Steuermaßstab gelten entweder Preis und Anzahl der verkauften Eintrittskarten oder Pauschbeträge, die sich z.B. an der Raumgröße orientieren. Besteuert werden Vergnügungsveranstaltungen gewerblicher Art (Tanzveranstaltungen, Shows, Filmvor-

---

[1] als Zweitwohnsitz gilt ein amtlich registrierter Aufenthaltsort mit einer Aufenthaltsdauer von mehr als sechs Wochen jährlich außerhalb des ursprünglich gemeldeten ersten Wohnsitzes.

[2] OVG Schleswig, AZ: 2 L 142/95; das FG Münster entschied, dass ein Besitzer von zwei Ferienwohnungen, von denen er eine selbst nutzt und die andere vermietet, die Aufwendungen der zu vermietenden Wohnung trotz Leerstandszeiten als Werbungskosten absetzen darf, wenn er sie nicht selbst benutzt (Az:1K2593/93 E)

führungen, Volksbelustigungen usw. - Konzerte sind oft ausgenommen).

In einigen Bundesländern wird keine allgemeine Vergnügungsteuer erhoben, in anderen wird im Rahmen der Vergnügungsteuer eine Steuer auf Spiel- und Unterhaltungsapparate erhoben. Als Steuermaßstab gelten der Anschaffungspreis des Gerätes und festgesetzte Mindestbeträge je Gerät.

Eine **Schankerlaubnissteuer** wird nur in wenigen Bundesländern erhoben.

„Die Steuerpflichtigen sind grundsätzlich frei, ihre rechtlichen Verhältnisse so zu gestalten, dass sich eine geringere Steuerbelastung ergibt.“[1]

Religionsgemeinschaften, denen auf Antrag der Status einer Körperschaft des öffentlichen Rechts zuerkannt wird, genießen enorme steuerliche Privilegien und Vergünstigungen: sie sind von der Grunderwerb- und Körperschaftsteuer befreit, selbst die Notargebühren übernimmt - zumindest für die großen christlichen Religionsgemeinschaften - der Staat, und ihnen wächst automatisch das Recht zu, Kirchensteuer zu erheben und durch den Staat eintreiben zu lassen. Sobald sie als Incoming-Anbieter auftreten, befinden sie sich gegenüber gewerblichen Konkurrenten im Vorteil und sind andererseits geschätzte Kooperationspartner.

8.5. Kooperation

Kooperation ist die freiwillige, überbetriebliche und zwischenbetriebliche Zusammenarbeit selbständiger Unternehmen, die dazu dient, bei grundsätzlicher Aufrechterhaltung der Entscheidungsfreiheit der Unternehmen, einzelne Aufgaben gemeinsam mit dem Ziel einer Förderung der Wettbewerbsfähigkeit der Kooperationspartner durch Ausschöpfung von Synergien (Rationalisierungseffekten) und Steigerung der Leistungskraft zu bearbeiten.

Die Notwendigkeit der Kooperation ist im Tourismus generell gegeben. Das touristische Produkt besteht immer aus mehreren Teilleistungen. Selbst bei einer einfachen Hotelbuchung wird eine Kette kooperativer Leistungen ausgelöst, denn die Beherbergungsleistung nimmt zumindest Infrastruktur in Anspruch.

In manchen Regionen scheint man allerdings von Kooperation nicht viel zu halten. Dort arbeitet jeder Urlaubsort isoliert vor sich hin, gelegentlich auch direkt gegen den Nachbarort. Die Kurkarte ist oft nur räumlich begrenzt gültig. Das markierte Wanderwegenetz endet an der Gemarkungsgrenze. Die in den Informationsstellen verteilten Landkarten erwecken den Eindruck, als ob man in Gefahr gerate, beim Verlassen des Ortes in den leeren Raum zu stürzen.

Im Incoming wird mit der Kooperation neben den o.g. allgemeinen Zielen vor allem das Ziel der besseren Kapazitätsauslastung verfolgt. Kooperation ermöglicht bessere Steuerung der Auslastung und folglich Kosteneinsparung.

Die Kooperation beginnt bereits mit ganz simplen Formen der gegenseitigen Information.

So erhalten die Taxifahrer Stuttgarts allabendlich die Zimmerfreimeldeliste der Tourist-Information und eine aktuelle Liste der Veranstaltungen.

Obwohl der Begriff der Kooperation auf Unternehmen bezogen ist, sollen im Folgenden unter dieser Überschrift auch Formen der kommunalen Zusammenarbeit genannt werden, zumal das Incoming, wie bereits erwähnt, sich immer mehr aus der kommunalen Verwaltungsarbeit löst und unternehmerisch organisiert.

Voraussetzungen für erfolgversprechende Kooperation („Sechs K“):

Kompatibilität:

Standort, Unternehmenspolitik, Geschäftsfelder, Größe, wirtschaftliche Situation (sachliche Kompatibilität) sowie Management und Mitarbeiter, Unternehmenskultur (menschliche Kompatibilität) müssen zueinander passen

[1] BFH, IX. Senat, Urteil vom 12.09.1995 (Aktenzeichen: IX R 54/93)

Können:
Leistungsvermögen, Ressourcen sollten einander ergänzen und potenzieren (Synergie-Effekt)
Kompetenz:
fachliche Qualifikation von Management und Mitarbeitern
Kümmern:
ein hohes Maß an Engagement wird von allen Partnern erwartet; „Trittbrettfahrer" sind unerwünscht
Klassifizierung:
die Partner sollten möglichst gleiche Marktpositionen (Marktanteil und Wachstumsstrategie) innehaben
Konkurrenz:
Konkurrenten des Einzelnen sind Konkurrenten aller.

Arten der Kooperation:

- überbetriebliche Kooperation:
  Die Kooperationsbereiche werden aus dem normalen Geschäftsablauf ausgegliedert und zentral wahrgenommen; die Kooperation muss dafür eigene organisatorische Einheiten schaffen.
- zwischenbetriebliche Kooperation:
  Die Aufgaben werden für alle jeweils von einem der Kooperationspartner wahrgenommen.
- organische Kooperation sowohl horizontal, d.h. gleiche Leistungsstufe (z.B. Hotels), als auch vertikal, d.h. aufeinanderfolgende Leistungsstufen (z.B. Hotel und Transfer)
- anorganische Kooperation oder auch diagonale Kooperation von Unternehmen verschiedener Branchen (z.B. Bierbrauerei und Fremdenverkehr).

Kooperationsfelder:

- Marketing:
  höhere Effizienz des Marketing durch konzentrierten Einsatz der Budgets, evtl. höhere fachliche Kompetenz, Sonderkonditionen durch größere Aufträge
- Produktion:
  Zusammenarbeit zum Zweck der Gestaltung von Leistungsangeboten, die möglichst auch kooperativ vermarktet werden
- Finanzen:
  gemeinsame Geldanlage mit dem Vorzug günstiger Bankkonditionen und besserer Bedingungen gegenüber Auftragnehmern durch geschlossenes Auftreten
- strategische Partnerschaften:
  Kooperationen, die neben den allgemeinen Zielen (Kosteneinsparung und Erlössteigerung) Wachstum, Marktanteil und Differenzierung gemeinsam planen und realisieren; dazu gehört auch eine gemeinsame Corporate Identity.

(Rechts)Formen der Kooperation und Konzentration:

- Interessengemeinschaft (IG):
  die loseste Form des Zusammenschlusses. Die beteiligten Unternehmen bleiben rechtlich und wirtschaftlich selbständig. Die häufigste Rechtsform der IG ist die Gesellschaft des bürgerlichen Rechts (GdbR). Im Incoming sind Interessengemeinschaften sowohl als regionale Zusammenschlüsse von Anbietern gleichartiger wie auch aufeinander folgender Leistungen sinnvoll.

- Kartell:
horizontaler Zusammenschluss unter Beibehaltung der rechtlichen und wirtschaftlichen Selbständigkeit der beteiligten Unternehmen. Nach ihrer Orientierung unterscheidet man u.a.: *Konditionenkartelle* (Einigung auf einheitliche Geschäftsbedingungen), *Gebietskartelle* (Absprache über die räumliche Aufteilung des Absatzmarktes), *Preiskartelle* (Absprache zum Preis), *Gewinnverteilungskartelle* (Aufteilung der Gewinne unter den Kartellmitgliedern nach vereinbartem Schlüssel), *Mittelstandskooperationen* (zur Sicherung der Wettbewerbschancen kleiner und mittlerer Unternehmen).
Während die anderen Kartellformen anmelde- und genehmigungspflichtig sind, werden kleineren und mittleren Unternehmen in Form der nicht anmeldepflichtigen Mittelstandsempfehlungen (§ 38,2,1 GWB) in Bezug auf Preis- und Kalkulationsempfehlungen sowie gemeinsame Werbeaktionen, als auch in Form der anmeldepflichtigen Mittelstandsvereinbarungen (§ 5 b GWB), als Einkaufs-, Werbe- und Vertriebsgemeinschaften, Erleichterungen eingeräumt. Als straffste Form des Kartells gilt die Zentralisierung des Verkaufs in Form des Syndikats.
- Verbundene Unternehmen:
Zusammenschlüsse, bei denen die beteiligten Unternehmen rechtlich selbständig bleiben, ihre wirtschaftliche Selbständigkeit jedoch aufgeben. Beim Konzern als Spezialfall der verbundenen Unternehmen stehen die beteiligten, rechtlich selbständigen Unternehmen unter einheitlicher Leitung.
- Trust:
ein Zusammenschluss, bei dem mindestens ein Unternehmen neben seiner wirtschaftlichen auch seine rechtliche Selbständigkeit aufgibt, wird Fusion genannt. Der Trust ist eine durch Fusion entstandene Unternehmensform.
- Konsortium:
Unternehmenszusammenschluss zur Erfüllung einer bestimmten Aufgabe, z.B. größere Investitionen im Incoming.

Kooperationsvertrag (wesentliche Bestandteile):
- Zweck und Gegenstand der Kooperation
- Bedingungen für Aufnahme und Austritt
- Rechte und Pflichten der Kooperationspartner
- Entscheidungsgremien und Beteiligung der Kooperationspartner an den Entscheidungen
- Finanzierung der Kooperation
- Rechnungswesen und Rechnungslegungen
- Haftung und Haftungsbeschränkungen.

Spezielle touristische Kooperationen
Regionale Fremdenverkehrsverbände:
Zusammenschluss örtlicher Verkehrsvereine, die Destinationen mit gleichen oder ähnlichen Landschaftsmerkmalen und oft unterschiedlichen, einander ergänzenden Infrastrukturen vertreten. Sie sind eine Form der Gebietsgemeinschaften. Ein weiterer Zusammenschluss der regionalen Fremdenverkehrsverbände sowie einzelner Verkehrsvereine erfolgt auf Landesebene in Form der Landesfremdenverkehrsverbände.
Kooperation von Landesfremdenverkehrsverbänden:
Fremdenverkehrsverbände benachbarter Bundesländer sind sowohl natürliche Konkurrenten als auch mögliche Kooperationspartner.

1996 schlossen die Präsidenten der Landesfremdenverkehrsverbände Bayerns und Baden-Württembergs einen Kooperationsvertrag. Die Kooperation bezog sich vor allem auf die Präsentation der beiden Bundesländer in Fernost und den USA.

Arbeitsgemeinschaften:

Dazu gehören z.B. Ferienstraßen[1] und Hotelkooperationen. Oft kooperieren die Beteiligten ausschließlich zum Zwecke der gemeinsamen Werbung, dann werden sie als *Werbegemeinschaften* bezeichnet.

Die Arbeitsgemeinschaft Deutsches Küstenland versteht sich als Vertriebsorganisation der fünf norddeutschen Bundesländer mit den Kernpunkten: Aufbau eines gemeinsamen Rechenzentrums und damit eines gemeinsamen Informations- und Reservierungssystems.

Das Dine-around-Prinzip besagt, dass Hotelgäste einen Aufenthalt mit Halbpension buchen, aber in jedem der beteiligten Hotels zu Abend essen können. Hat sich der Gast anhand des ausliegenden Dine-around-Führers für ein bestimmtes Hotelrestaurant entschieden, so meldet er sich in seinem Hotel ab, und dieses reserviert im gewählten Restaurant einen Tisch.

In einigen Regionen werden Menüs mit zwischen den Gängen liegenden Spaziergängen angeboten. Ein Restaurant bietet den Aperitif und die Vorspeise, das nächste serviert den Hauptgang und im dritten wird das Dessert genossen und kann zum Abschluss getanzt werden.

Gebietsgemeinschaften:

Eine Form der tourismuspolitischen Zusammenarbeit zwischen Fremdenverkehrsorten. Die Abgrenzung des Gebietes orientiert sich an geografischen, kulturellen und soziologischen Kriterien, um zu einer das Gesamtgebiet repräsentierenden Dachmarke zu gelangen, unter der sich die Einzelmarken der beteiligten Kommunen einordnen und profilieren können. In der Praxis spielen allerdings die politischen Grenzen eine gewichtige Rolle.

Beispiele:

Tourismus Südlicher Schwarzwald e.V.: eine regionale touristische Gebietsgemeinschaft von über 110 Städten und Gemeinden mit insgesamt etwa 13 Mill. Übernachtungen pro Jahr, betreibt mit einem Etat von etwa 750.000 € eine EDV-gestützte Zimmervermittlungsstelle, die Hauptgeschäftsstelle in Freiburg und Geschäftsstellen in Lörrach und Waldshut, ist zuständig für die konzeptionelle Entwicklung und die Realisierung von Marketing-Konzepten und -Maßnahmen.

Ende 1996 gründete sich in Bonn die *Tourismus und Kongress GmbH Region Bonn Rhein-Sieg Ahrweiler*. Sie vertritt 22 Gemeinden.

Seit 1997 vertritt die *Rheingau-Taunus Kultur und Tourismus GmbH* den als „Ziergarten der Rhein-Main-Region" geltenden Rheingau-Taunus-Kreis, der sich westlich und nördlich der hessischen Landeshauptstadt Wiesbaden erstreckt. Die GmbH wird von 41 Gesellschaftern getragen, wobei der Landkreis 49% der Anteile hält. Die anderen Gesellschafter sind Kommunen, Verbände, die IHK, große Hotels und Restaurants, Banken, Kulturveranstalter und Winzer. Zuvor wurde die Region touristisch von drei unabhängig voneinander wirkenden Institutionen vertreten.

Zwischen Basel und Strasbourg befinden sich entlang einer Strecke von 125 Rheinkilometern beiderseits des Flusses insgesamt acht eingerichtete Messegelände. Vorbereitet wird eine gemeinsame europäische Messeregion *Südlicher Oberrhein*.

Seit 1998 bieten die Städte Mainz, Speyer, Trier, Ludwigshafen, Koblenz, Worms und Kaiserslautern gemeinsame Pauschalarrangements unter der Bezeichnung „*City-Flirt*" an.

Seit dem Jahre 2000 existiert der Tourismus-Verbund *Allgäu/Tirol - Vitales Land*. Er vereinigt auf 800 km^2 elf deutsche und österreichische Orte und Regionen mit insgesamt 50.000 Gästebetten und jährlich 5,7 Mill. Übernachtungen. Ein Call-Center in Kempten hat die Aufgabe der Gästeinformation übernommen.

Die Staatsgrenzen übergreifende Interessengemeinschaft „*Alpine Economic Network*" *(AlpNet)* hat sich die Revitalisierung der Ferien in den Alpen zum Ziel gesetzt. Sie will die Marketingeffizienz erhöhen und ein eine alpenweite elektronische Informations- und Distributionsplattform schaffen.

[1] Die Mitgliedsgebühr beträgt pro Ort zwischen 615 und 2.300 € (z.B. Deutsche Fachwerkstraße), je nach Einwohner- und Gästebettenzahl. Liegt ein Ort an mehreren Ferienstraßen, so kann schnell eine beträchtliche Summe zusammenkommen.

Verkehrsgemeinschaften:
sind Arbeitsgemeinschaften unter Beteiligung mehrerer Kommunen einer Region mit dem Ziel der Förderung des Incoming-Tourismus.

Beispiele: Elztal und Seitentäler, Kaiserstuhl-Tuniberg.

Wirtschaftsverbund:
Interessengemeinschaft von Unternehmen und Institutionen gleicher oder miteinander kombinierbarer Leistungsangebote.

Beispiel: Maritimer Tourismus Mecklenburg-Vorpommern e.V., Schwarzwaldpool

Werbegemeinschaften:
Meist befristeter Zusammenschluss zum Zweck der Gemeinschaftswerbung.

Beispiele:
Highlights of Germany, *Deutsches Küstenland* (*Top of Germany*), *Die historischen Zehn* (Lübeck, Bremen, Münster, Trier, Bonn, Würzburg, Heidelberg, Regensburg, Augsburg, Freiburg), *Wonderful Nine*, *Sieben Schwaben* (Esslingen, Fellbach, Ludwigsburg, Reutlingen, Sindelfingen, Stuttgart, Tübingen), *The Magic Ten* (Berlin, Dresden, Düsseldorf, Frankfurt/M., Hamburg, Hannover, Köln, Leipzig, München, Stuttgart), *Internationale Bodensee-Werbung*, *Touristische Gemeinschaft der Alpenländer* (TGA), *Best of the Alps* (Garmisch-Partenkirchen, St.Moritz, Zermatt, Davos), *Touristische Gemeinschaft der Donauländer* (TGD), *Internationale Rhein-Werbegemeinschaft*, *Internationale Eifel-Ardennen-Werbung, Magic Cities*[1].

Gebietskataloge, aus denen Unterkünfte und Pauschalprogramme über eine Buchungszentrale oder im Reisebüro gebucht werden können, werden z.B. herausgegeben vom Hochsauerland, von Sachsen, Schleswig-Holstein und Baden-Württemberg.

Dreizehn Gemeinden des bayerisch-tirolerischen Grenzgebietes zwischen Chiemsee und Kufstein, in diesem Raum wurden 1996 3,2 Millionen Übernachtungen registriert, haben sich Anfang 1997 zu einer Werbegemeinschaft mit dem Angebot *Grenzenlos zwischen König und Kaiser* zusammengetan.

Als Marketinggemeinschaft versteht sich die *Rhönagentur*. Sie wird von den bayerischen, hessischen und thüringischen Kreisen und Gemeinden der Region getragen und von den beteiligten Bundesländern unterstützt.

1999 wurde die *Tourismuskooperation Vorpommern* gegründet. Sie besteht aus den Tourismusverbänden von Rügen, Usedom, Fischland-Darß und dem regionalen Fremdenverkehrsverband Vorpommern. Werbung, Vertrieb und Verkaufsförderung werden gemeinsam betrieben.

Heilbäderverbände:
Zusammenschlüsse der Kurorte auf Ebene Bundesländer.

Die Tendenz zur **kommunalen Zusammenarbeit** wirkt auf die Organisation des Incoming. Die Zusammenarbeit mehrerer Gemeinden kann zum Betreiben einer gemeinsamen Fremdenverkehrsstelle führen, wenn das Incoming-Volumen der einzelnen Gemeinden zu gering ist. Sie kann sich auch auf einzelne Aufgabenbereiche beschränken, wie das Anlegen eines Naturlehrpfades.

Verschiedene Rechtsformen der Gemeinschaftsarbeit stehen zur Verfügung: öffentlich-rechtliche Zweckverbände, Zweckvereinbarungen, Interessengemeinschaften, kommunale Vereinbarungen, Kommunalverträge sowie privatrechtliche Formen, wie die GmbH, der wirtschaftliche Verein, die Genossenschaft.

Eingemeindung
Kleinere Umlandgemeinden werden mit größeren Städten verschmolzen, die kleineren verkommen dabei oft zu Randerscheinungen, verlieren ihr eigenes Gesicht, weil auf Eigenheiten, wie das eigene Kino oder den Weihnachtsmarkt verzichtet wird.

Landkreise
Gemeindeverbände, die alles das erledigen, was über den Radius einer einzelnen Gemeinde hinausgeht. Sie finanzieren sich zu einem guten Teil durch Umlagen und haben eigene Vertre-

---

[1] neu gegründeter Zusammenschluss weiterer deutscher Großstädte, betreibt 1999 gemeinsam Marketing mit DZT und BTM

tungskörperschaften (Kreistage).

Samtgemeinden, Amtsgemeinden

Gemeindekooperation in festerer Form ohne jede Zweckbindung, z.B. in Niedersachsen Mecklenburg-Vorpommern und Rheinland-Pfalz. Die Gemeinden sind weiter selbständig, doch ohne professionelle Verwaltung, die die Samt- bzw. Amtsgemeinde übernimmt.

Verwaltungsgemeinschaften

Gemeindekooperation in festerer Form ohne jede Zweckbindung, z.B. in Baden-Württemberg. Die Gemeinden verfügen noch über ein Minimum an Verwaltungspersonal, haben aber einen Teil ihrer Aufgaben an eine „erfüllende Gemeinde" abgegeben.

Zweckverbände

Kooperationformen zur Erledigung eng begrenzter Aufgaben, können selbst Gebührensatzungen erlassen. Die beteiligten Kommunen übertragen Aufgaben, für die sonst jede Kommune selbst zuständig wäre, an den Zweckverband. Dieser übernimmt damit sämtliche Rechte und Pflichten im Rahmen der definierten Aufgabe von den Kommunen. Neben den Kommunen können auch andere Körperschaften, Organisationen, Institutionen, juristische und natürliche Personen im Interesse der Erfüllung der Verbandsaufgaben Mitglieder werden.

Kommunale Arbeitsgemeinschaften

Lockerer als ein Zweckverband, die Hoheit der Kommunen bleibt unberührt, Planungsbeschlüsse haben keine bindende Wirkung. Hauptanliegen ist die Koordination, z.B. bei Verkehrsgemeinschaften mit dem Ziel der Tourismusförderung.

Umlandverbände (bzw. andere Regionalverbände)

Vereinigen Kernstadt, Umlandgemeinden und Landkreise. Die Beschlussorgane sollten direkt gewählt werden, da kommunale Kompetenzen auf die Zweck- und Umlandverbände übertragen werden. Der Kommunalverband Ruhrgebiet (KVR) wirbt mit Imagekampagnen für die Region.

Eine spezielle Form ist die *Regionalstadt*, z.B. „Regionalstadt Mittlerer Neckarraum" mit Stuttgart und 178 umliegenden Gemeinden in fünf Kreisen. Das seit 1994 bestehende Regionalparlament ist das erste politische Gremium Deutschlands, in dem sich mehrere Gemeinden zusammengeschlossen haben.[1]

Kooperation mit Organisationen

Die *Nichtregierungsorganisationen* (Non-Governmental Organizations, NGOs), von denen es weltweit etwa 50.000 geben soll, sind eine gewaltige Macht. Da sie sich der Schwachen, Wehr- und Rechtlosen annehmen, keiner Regierung verpflichtet und nicht gewinnorientiert sind, gelten sie als integer. Ihr Einfluss auf Märkte, Medien und Politik ist ungeheuer.

Mit ihnen zu kooperieren ist sicher nicht immer leicht, aber unverzichtbar. Besonders die Kooperation mit Umweltwächtern gestaltet sich oft problematisch, aber Kompromisse sind nötig. Als nützlich hat sich bisher stets erwiesen, schon im Vorfeld der Planungen die spezifischen Organisationen zu konsultieren, mit ihnen gemeinsam zu planen, statt auf ihre Reaktion auf die Planunterlagen zu warten.

8.6. Einbeziehen der Bevölkerung

In Fremdenverkehrsorten ist neben der kommunalen Verwaltung, dem Incoming-Gewerbe und den auswärtigen Reiseveranstaltern auch die Bevölkerung beteiligt oder betroffen. Unmittelbar beteiligt sind das Personal, die Unternehmer, die Vereinsmitglieder in den o.g. Bereichen. Betroffen ist die gesamte übrige Bevölkerung, teils direkt, teils indirekt, teils mehr, teils weniger, teils positiv, teils negativ.

Die **Beteiligten** sollten auch in den unteren Positionen das Gefühl haben, unmittelbar am Erfolg der Branche insgesamt, nicht nur auf ihren begrenzten Arbeitsfeldern, teil-

[1] tm 3/95, S. 141

zuhaben, und in den höheren Positionen muss die Einsicht vorherrschen, dass das Wohlergehen der Gemeinde die beste Gewähr für das Wohlergehen des einzelnen Unternehmens ist. Zur Identifikation der Beteiligten mit dem Fremdenverkehrsort gehört mindestens, dass die Corporate Identity (Signet, Farben) übernommen wird.
Der Fremdenverkehrsverein hat bisher zwischen Incoming-Unternehmen und Kommune zu vermitteln sowie den Konsens innerhalb der Branche zu finden versucht. Aber seine Grenzen liegen in der Zusammensetzung. Überwiegend sind die Fremdenverkehrsvereine Interessenvertretungen der Incoming-Unternehmer, d.h. sie repräsentieren nicht einmal alle Beteiligten, geschweige die Betroffenen.
Die Möglichkeit und Notwendigkeit der Einflussnahme auf das Gastgewerbe halten sich in Grenzen. Meist regelt der Markt hinreichend. In einer Region mit überwiegend Familien als Nachfrager werden sich keine Fünf-Sterne-Hotels und Spitzengastronomen, auf der Flaniermeile eines exklusiven Badeortes werden sich keine schäbigen Imbissbuden ansiedeln. Man sollte sich jedoch nicht allzu sehr auf die Kräfte des Marktes verlassen.
Niveau und äußeres Erscheinungsbild von Leistungsanbietern können über Beratung, Wettbewerbe, finanzielle Hilfen sowie selektive Einbeziehung in Leistungsangebote beeinflusst werden.
Beratung sollte sowohl vom Fremdenverkehrsverein als auch von der Kommune angeboten werden. So ließen sich evtl. bei fremdsprachigen Verlautbarungen solche Blüten vermeiden, wie folgende Warnung eines Drei-Sterne-Hotels am Gardasee, gerichtet an deutsche Gäste:

> *„Es ist unbedingt verboten von das Zimmer die Ausstattung Wäsche forttragen. Jedes Stück, das man findet nicht mehr, wird auf Ihrer Abfahrt, beschuldigen."*

Ausländer wissen mit Ähnlichem aus deutschen Hotels zu kontern.

Oft unbeachtet, aber ebenfalls von Bedeutung, ist die Masse der **Betroffenen**. Sie prägen nachhaltig den Eindruck des Gastes von der Destination. Unter dem Sammelbegriff „Innenmarketing" werden Kontakte zur Bevölkerung, ihre Information, das Wecken des Interesses der Bürger an der Mitarbeit, das Fördern ihres Engagements, ihre Einbeziehung in Entscheidungen im Interesse des Incoming-Tourismus zusammengefasst.
Der überall irgendwann einsetzenden „Gastgebermüdigkeit" entgegenzuwirken, sie nicht in Ablehnung ausarten zu lassen, erfordert einiges Geschick. Das ist auch gefordert bei Flauten oder Problemen oder rückläufigen Gästezahlen.
Notwendig ist die Gleichbehandlung der Einheimischen, vor allem was die Benutzung touristischer Einrichtungen betrifft sowie ihre Unterstützung bei Vorhaben, die dem Fremdenverkehr unmittelbar und mittelbar (Ortsbild) nützen, z.B. durch Bürgschaften, Vergünstigungen, Verkauf von Grundstücken zu Vorzugspreisen, Hilfe beim Umgang mit Behörden. Zur Gleichbehandlung gehört auch, der Bevölkerung die Möglichkeit einzuräumen, sich finanziell, z.B. durch Genossenschaftsanteile, am Incoming-Geschäft zu beteiligen.
Für viele Gäste ist die Sauberkeit des Fremdenverkehrsortes wichtig. Sie kann nicht allein Aufgabe der dafür zuständigen Firmen sein. Bevölkerung und Ordnungskräfte müssen mit Nachdruck erziehend wirken, die Einheimischen gegenseitig und zugleich fordernd gegenüber ihrer Verwaltung.
So viele Einheimische wie möglich sollten in das Incoming einbezogen werden, d.h. **aus Betroffenen werden Beteiligte**, z.B. Schulen, Kindergärten, Vereine, Interessengemeinschaften. Vor allem ältere Bürger können mit großem Nutzen einbezogen werden. Sie sind zuverlässig, gewissenhaft und oft dankbar dafür, gefragt zu sein. Abhän-

gig von ihrer Bildung, ihrer gesundheitlichen Verfassung, ihrer Kommunikationsfähigkeit können sie in verschiedenen Bereichen zum allgemeinen Vorteil eingesetzt werden.

Wettbewerbe sind eine beliebte Form der Beteiligung der Bevölkerung, z.B. um ein Signet oder einen Slogan zu finden, einen Ortsbereich zu gestalten, eine Veranstaltung vorzubereiten.

Dank und Ehrung für Leistungen im Interesse des Incoming dürfen nicht vergessen werden.

Ortsansässige Journalisten oder Schriftsteller können als freie Mitarbeiter gewonnen werden, z.B. für Presseinformationen, für das etwa alle drei bis fünf Jahre neu zu gestaltende Ortsporträt. Ortsansässige Fotografen und bildende Künstler gilt es ebenso an der Incoming-Arbeit zu interessieren.

Regionalzeitungen und -sender sind wichtige Partner im Innenmarketing. Das heißt: gute Kontakte pflegen und sie nicht zu Informationsträgern degradieren.

Die meisten Fremdenverkehrsvereine und -orte geben den Einheimischen Hinweise für den Umgang mit ihren Gästen. Im Folgenden ist ein Beispiel aus den 30er Jahren angeführt. Es zeigt sowohl den Zeitgeist als auch die Zeitlosigkeit solcher Versuche.

10 Gebote für den Fremdenverkehr

1. Behandle jeden Fremden so, wie Du es wünschst, als Fremder in einer fremden Stadt behandelt zu werden!
2. Lerne zuerst die eigene Stadt und ihre nähere Umgebung kennen, bevor Du über sie Auskünfte erteilst. Nichts ist dem Fremden gegenüber lächerlicher, als die Unkenntnis der eigenen Stadt.
3. Politisiere vor keinem Fremden und mit keinem Fremden! Er versteht Dich ja doch nicht und nimmt den üblen Beigeschmack mit.
4. Kritisiere nie andere Städte, andere Eigenschaften und Sitten vor einem Fremden. Er könnte zufällig aus jener Stadt sein.
5. Lass das Schimpfen über Stadtverwaltung und Verkehrseinrichtungen, wenn Du unter Fremden bist, vom Bedauern und vom Mitleid bis zum Ausgelachtwerden ist nur ein kleiner Schritt.
6. Dränge Dich keinem Fremden übertrieben auf. Die Welt ist misstrauisch, der Fremde eben fremd und unzugänglich. Am meisten beachtet er die Reinlichkeit der Stadt.
7. Unterlasse jede Auskunft über Zug- und Dampferanschlüsse, sie könnten falsch oder ungenau sein, und der Fremde trägt die Unzulänglichkeit des Einzelnen lange Zeit einer ganzen Stadt nach. Verweise auf die amtlichen Fahrpläne.
8. Hüte Dich in Deinem Wirkungskreis vor Übervorteilungen. An ihnen zerschellt die stärkste Fremdenverkehrspropaganda. Der Fremde rechnet heutzutage sehr scharf.
9. Nimm den Fremdenverkehr als etwas Selbstverständliches hin. Der Fremde empfindet es unangenehm, wie ein Wunder angestaunt zu werden.
10. Trage dazu bei, einer Verschandelung des Stadtbildes und der Landschaft entgegenzuwirken, Kulturwerte zu schützen und den Fremden den Aufenthalt so angenehm wie möglich zu gestalten!

9. Incoming-Management

„Management ist kein Ersatz für echtes Unternehmertum. Durch Managementmaßnahmen vermittelt man Menschen weder Verantwortungsgefühl noch Fähigkeiten, dazu muss man sie führen. Ein fähiger Unternehmer muss auch ein guter Manager sein, aber einem fähigen Manager kann es durchaus an der Kreativität und Begeisterungsfähigkeit fehlen, die den echten Unternehmer auszeichnen."

Laurence J.Peter in: Das Peter-Prinzip

9.1. Allgemein

Bei touristischen Leistungsträgern, insbesondere in der Hotellerie und Gastronomie, sind häufig Unternehmer und Manager noch eine Person.
Sobald die Destination als Anbieter auftritt bzw. als ein Unternehmen, das komplexe Leistungen der Destination anbietet, ist ein Management erforderlich, welches die Interessen der Unternehmer vertritt. Nur allzu verständlich ist es, dass die „Aktionäre" auf die Auswahl des Managements Einfluss nehmen wollen und sollten. Es wird aber davon abgeraten, das Management personell aus den Unternehmern zu bilden.
Das Management sollte leistungsabhängig bezahlt werden.
Der Einfluss der Unternehmer oder Gesellschafter, zu denen je nach gewählter Organisationsform auch die Kommune und die Bürger gehören, auf wichtige Entscheidungen zur Entwicklung und Gestaltung des Unternehmens, z.B. Investitionen, neue Produkte, muss gewahrt bleiben.

Management ist das Gestalten, Lenken und Entwickeln von zweckorientierten sozialen Systemen.

Gestalten bedeutet gedankliches Entwerfen, Konzipieren eines Modells der Institution als handlungsfähige Einheit.

Lenken bedeutet zu sichern, dass die Institution nach bestimmten Verhaltensweisen geführt wird.

Entwickeln bedeutet das kontinuierliche Anpassen der Institution an die Verhältnisse.

Das vordringliche Anliegen jedes Unternehmens ist Erfolg. Dazu muss es Produkte oder Dienstleistungen anbieten, die folgenden Kriterien genügen:

- sie müssen genau festgelegten Erfordernissen, Anwendungsbedingungen oder Zwecken entsprechen
- sie müssen die Erwartungen der Kunden erfüllen
- sie müssen die einschlägigen Normen und Spezifikationen erfüllen
- sie müssen die gesetzlichen (oder andere) Forderungen der Gesellschaft erfüllen
- sie müssen zu einem konkurrenzfähigen Preis verfügbar sein
- sie müssen zu Kosten realisiert werden, die einen Gewinn ermöglichen.

Das Management hat seine Funktion so wahrzunehmen, dass diese Kriterien erfüllt werden.

Im Begriff *Management* sind u.a. enthalten: Geschäftspolitik, Planung, Geschäftsführung, Geschäftsbeziehungen, Rechnungswesen und Finanzierung, Personalwesen, Statistik, Marketing. Letzteres wird in Kapitel 11 ausführlicher behandelt, in Bezug auf die anderen Kategorien muss auf betriebswirtschaftliche Spezialliteratur verwiesen werden. In diesem Buch können lediglich Grundlagen vermittelt werden, soweit sie für das Verständnis der Aufgaben des Managements erforderlich sind. Außerdem wird auf Besonderheiten des Incoming hingewiesen.

Im Incoming-Bereich sind, abhängig von den Bedingungen, Intentionen und Zweckmäßigkeiten, verschiedene Möglichkeiten der unternehmerischen Profilierung mit Wirkungen auf das Management gegeben. Sie reichen von der amtlichen Verwaltung über das gewinnorientierte privatwirtschaftliche Marketing, insbesondere die Zimmervermittlung, bis zu unternehmerischer Produktion von Incoming-Angeboten. Jede Variante hat ihre eigenen Risiken und erfordert ein spezifisches Management.

Gute Gewinnchancen sind häufig mit recht hohen unternehmerischen Risiken, insbesondere Auslastungsrisiken, verbunden. Beispielsweise wenn ein Incoming-Unternehmen über das Vermittlungsgeschäft hinaus eigene Leistungen produziert und im Markt anbietet. Der Leistungseinkauf ist in diesem Falle besonders wichtig für das Erreichen der Unternehmensziele.
Sobald eine Fremdenverkehrsstelle mehr bietet als Informationen und die Vermittlung von Unterkünften, wenn sie, gleichgültig in welcher Rechtsform, mindestens zwei Leistungen zu einem Paket zusammenfasst und dieses in eigenem Namen und für eigene Rechnung anbietet, ist sie Reiseveranstalter im Sinne des Reisevertragsgesetzs §§ 651a ff. BGB[1]. Damit haftet sie für die Gesamtleistung (Sicherheitsstellung), schließt mit dem Gast einen Reisevertrag und mit den Leistungsträgern Werk- bzw. Mietverträge.

Management ist die Kunst,
zehn Leute dazu zu bewegen,
den Job von zehn Leuten zu erledigen.

9.2. Personalführung

Die Anforderungen an die Führungsmannschaften des Incoming in den Destinationen haben sich in den letzten Jahren gewandelt. Gefragt sind **Spezialisten statt Generalisten**: der feinfühlige Produktgestalter eines umfassenden Leistungspaketes, der sensible Gästebetreuer, der Vermarktungsspezialist, der kreative Financier und dazu der motivierende Team-Chef.
Die geeigneten Kräfte für das Management zu finden, ist sicher keine leichte Aufgabe. Wie Analysen zeigen, sind die Defizite in den Leitungsbereichen im allgemeinen größer als bei den Mitarbeitern. Das mag daran liegen, dass es für Fremdenverkehrsmanager weder bewertbare Leistungskriterien noch spezielle Bildungswege gibt. Eine schlechte Saison wird, wie in der Fußball-Bundesliga dem Trainer, im Fremdenverkehr mit konstanter Selbstverständlichkeit dem Incoming-Manager angelastet.

> In der Personalpolitik kommen drei Kategorien unverhältnismäßig gut weg: die guten Verbalisierer, die fehlende Ideen durch viel Rhetorik und geschicktes Name-dropping ersetzen, die Hofschranzentypen, die dank ihrer Unterwürfigkeit wohlgelitten sind, und die Bubi- und Barbietypen, die dem gängigen Werbeklischee entsprechen. Besonders schwer haben es die intuitiven Menschen, die rhetorsich nicht besonders begabt sind. Wenn diese sich Zeit zum Beobachten und Denken nehmen, werden die Macher schon ungeduldig. Ebenfalls nicht sonderlich beliebt sind die starken, authentischen Charaktere, die den Mut haben, unbequeme Dinge zu sagen.[2]

Die Auswahl der richtigen Mitarbeiter ist auch in Zeiten hoher Arbeitslosigkeit kompliziert. Gefragt sind vor allem eine **solide Ausbildung** (Reiseverkehrskauffrau/-mann; Touristikfachwirt/-in), **Motivation** (persönliche Einstellung zur Arbeit und zur Leistung), **Engagement, gewandtes Auftreten, gepflegte Erscheinung, Sprachkenntnisse, Bereitschaft zu ständiger Fort- und Weiterbildung**. In dieser Kombination sind Arbeitskräfte knapp.
Erschwerend kommen eine vergleichsweise niedrige Bezahlung und geringe gesellschaftliche Akzeptanz sowie eine hohe Unsicherheit des Arbeitsplatzes hinzu.
Die Personalführung muss diesen Problemen Rechnung tragen und für gutes **Arbeitsklima** sorgen. Dazu gehören: gute Arbeitsbedingungen (Arbeitszeit, Arbeitsablauf, Arbeitsgestaltung), materielle und immaterielle Anerkennung von Leistungen, die Kreativität der Mitarbeiter anzuregen. Daraus resultierende Zufriedenheit und Sicherheit der Mitarbeiter strahlen aus und beeinflussen das Verhältnis zu den Gästen.

---

[1] s.a. Kap. 4.1.

[2] s.a. Gottlieb Guntern, Schweizer Kreativitätsforscher, in einem Interview in Die Zeit vom 21.02.97

Die Aufgabe der Personalführung besteht darin, die Mitarbeiter so einzusetzen und sie zu veranlassen, so zu handeln, dass die Unternehmensziele erreicht werden. Das Management bedient sich dazu entweder eines *autoritären* oder eines *kooperativen* Führungsstils; in der Praxis überwiegen Mischformen.
Autoritärer Führungsstil bedeutet, dass der Leiter seine Entscheidungen in Form von Weisungen an die Mitarbeiter zur Ausführung übermittelt. Kooperativer Führungsstil besteht in der Einbeziehung der Mitarbeiter in die Entscheidungsfindung, und er wird entweder partizipativ bzw. beratend angewandt, d.h. die Entscheidung wird nach der Beratung vom Chef getroffen oder demokratisch mit Mehrheitsentscheid.

Der Soziologe Max WEBER definierte den bürokratischen, auf festgelegten Vorschriften beruhenden, den patriarchalischen, an einer überlieferten Ordnung orientierten, und den charismatischen Führungsstil, der auf dem Verhältnis einer anerkannten Führungspersönlichkeit zu ihren „Jüngern" beruht.

Mit *Coaching* wird ein Leitungsstil beschrieben, bei dem der Chef seine Mannschaft so trainiert, motiviert und einstellt, dass sie in konkreten Situationen mit einem Minimum an Anweisungen auskommt.

Für die Zusammensetzung eines erfolgreichen Teams gibt es einige allgemein interessante Erfahrungen, die auch im Incoming von Bedeutung sein dürften:

- Hochkarätige Mitarbeiter suchen! Was hochkarätig auch immer heißen mag. Bescheidene Menschen können Wunder vollbringen, wenn sie richtig geführt werden, umgekehrt macht eine Ansammlung von Stars noch kein Team aus.
- Begeisterung und Selbstvertrauen erzeugen!
- An sich selbst und an seine Mitarbeiter glauben!
- Einsatz der Führungsfähigkeiten des Leiters (Managers, Unternehmers) zum Aufbau eines Teams, in dem die Einzelnen füreinander arbeiten!
- Hohe Normen setzen!
- Sicherstellen, dass Versprechen gehalten werden und sich das Team als auch die Mitarbeiter nicht ihren Verpflichtungen entziehen!
- Leere Publizität, die nicht durch solide Leistungen gestützt wird, vermeiden!
- Dafür sorgen, dass die Erfolge bekannt werden! Verdienste der Mitarbeiter auch als deren Verdienste und nicht als die des Leiters darstellen!
- Beziehungen zu einflussreichen Personen aufbauen!

Incoming-Organisationen sind mehr als andere Branchen wegen der Saisonabhängigkeit der Nachfrage auf Zeitarbeitskräfte und im Interesse der Flexibilität des Angebots auf Mitarbeiter auf Honorarbasis angewiesen. Ihre Auswahl und die Sicherung geeigneter Kräfte in Form von Optionen ist eine schwierige Aufgabe, die sich oft nur durch langfristige branchenübergreifende Maßnahmen unter Einbeziehung der Kommune für alle Seiten befriedigend lösen lässt.

Ein Beispiel sind die Fremdenführer oder City Guides. Sie müssen oft kurzfristig und der Nachfrage entsprechend (Fremdsprache, spezielle Interessengebiete) zur Verfügung stehen. Sofern sie keine Rentner oder Pensionäre sind, muss ihr Arbeitgeber sie freistellen, was i.d.R. eine besondere Arbeitszeitregelung voraussetzt. Für Weiterbildung und Laufendhaltung der Informationen sorgen die Fremdenführer im eigenen Interesse selbst, aber die Kommune kann sie darin unterstützen. Auch kann die Kommune zu ihrem Schutz vor auswärtiger Konkurrenz beitragen und den Stand z.B. durch Prüfung und Zertifizierung aufwerten.

9.3. Management-Prinzipien

Management-Prinzipien beschreiben Techniken zur rationelleren Gestaltung der Führungsarbeit und zur Verwirklichung von Führungsstilen.
Beispiele:

Management by Objectives: Führen durch Zielsetzung. Im Rahmen vorgegebener Ziele und Orientierungshilfen sollen die Beteiligten selbständig handeln und entscheiden.

Management by Delegation: Delegierung der Entscheidungsverantwortung sowie der Verantwortung für die Kosten. Dieses System ist auch bekannt als „Harzburger Modell" der kooperativen Führung.

Management by Exception: Führung durch Ausnahmeregelungen. Der Vorgesetzte schaltet sich nur ein, wenn Ausnahmesituationen auftreten, im Routinefall entscheiden die Mitarbeiter.

Management by Motivation: Die Mitarbeiter werden vorrangig über Anreize motiviert.

Management by Results: Die Führung ist konsequent auf Erfolge orientiert.

Management by Provocation: Hergebrachtes wird grundsätzlich in Frage gestellt.

Die im konkreten Falle zu wählende Form des Managements hängt von der betrieblichen Situation, von den zu lösenden Aufgaben und von den zur Verfügung stehenden Mitarbeitern ab. Reduziert man die betriebliche Situation auf die Anforderungen an die Mitarbeiter (Aufgabenconstraints) und auf die bei den Mitarbeitern vorhandenen Voraussetzungen (Personenconstraints), so lassen sich zwei Organisationstypen definieren:

Typ A: hoher Anteil an Routinearbeiten, die Aufgabenerfüllung ist einfach strukturiert und ändert sich im Zeitablauf wenig, das zu erreichende Ergebnis ist eindeutig definiert. Merkmale des Führungsstils: klare Leitungs- und Weisungsstruktur, autoritäre Führung, Zentralisierung der Entscheidungen, niedriger Delegationsgrad der Aufgaben, hoher Grad der Standardisierung der Prozessabläufe.

Typ B: geringer Anteil an Routinearbeiten, hohes Problemlösungspotential der Mitarbeiter. Merkmale des Führungsstils: Spezialisierung der Leitungsstruktur, Dezentralisierung der Entscheidungen, kooperativer Führungsstil, hoher Delegationsgrad der Aufgaben, niedriger Grad der Standardisierung der Prozessabläufe.

9.4. Management-Konzeptionen

Unternehmen orientieren sich grundsätzlich am Wirtschaftlichkeitsprinzip, d.h. ein bestimmtes Ergebnis mit geringstmöglichem Aufwand oder mit gegebenem Aufwand ein größtmögliches Ergebnis zu erzielen.

Gehen die Verhältnisse Soll-Kosten (geringstmögliche Kosten zur Erstellung eines bestimmten Ergebnisses) : Ist-Kosten bzw. Ist-Leistung : Soll-Leistung (bestmögliche Leistung bei gegebenen Kosten) gegen Null, so handelt es sich um geringe Wirtschaftlichkeit, gehen sie gegen Eins, so handelt es sich um hohe Wirtschaftlichkeit, um wenig bzw. viel Verschwendung von Produktionsfaktoren.

Diesem Prinzip zu entsprechen sind zahlreiche Konzeptionen entwickelt worden.

Yield-Management: ertragsorientierte Auslastung vorhandener Kapazitäten. Vorausberechnen und Anpassen an die Marktlage beim Herausfinden des richtigen Tagespreises. Das Ziel: jedes Angebot mit Gewinn verkaufen. Nur ein Platz, von dem der Anbieter annimmt, er werde leer bleiben, wird als Sonderangebot unter dem üblichen Preisniveau vergeben.

Ein Beispiel für Yield-Management ist der Verkauf von freien Plätzen kurz vor dem Reisetermin zu drastisch reduzierten Last-Minute-Preisen. Im Luftverkehr ist dieses System inzwischen perfektioniert worden. Für jeden Platz versucht das Unternehmen, den im Moment höchstmöglichen Preis zu erzielen und so das Flugzeug bestmöglich auszulasten. Die letzten Plätze werden zu den variablen Kosten losgeschlagen oder im Internet verteigert. Im Incoming ist dieses Verfahren sicher nicht so leicht anzuwenden, aber auch im Luftverkehr schien es vor Jahren noch unmöglich zu sein.

Yield-Management mit Fluid pricing (fließende Preisgestaltung) setzt ein gut funktionierendes Informations- und Buchungssystem voraus.

Customer-Relationship-Management (CRM): Organisation der Kommunikation zwischen Firmen und Kunden.

Portfolio-Management: Planung und Auswahl von Wertpapieranlagen im Sinne einer fortlaufenden Optimierung. Das Portfolio-Management orientiert sich an Renditeerwartungen, Risiken der Anlagemöglichkeiten und zielt auf effiziente Diversifikation des Investitionsvolumens.

Projektmanagement: modernes Management ist einem starken Preis- und gleichzeitig Kostendruck, einer rasanten Verkürzung von Produktlebenszyklen, zunehmendem Innovationsdruck, einer ausgeprägten Nachfragedifferenzierung und insgesamt sehr wechselhaften Wettbewerbssituationen ausgesetzt. Im Tourismus, aber nicht nur dort, treten verstärkt und häufiger unerwartet Konkurrenten auf.

Eine unternehmerische Reaktion auf diese Herausforderungen erfolgt durch Projekte. Das Projektmanagement ist hierarchisch strukturiert.

Controlling ist ein Konzept der Unternehmensführung und -steuerung mittels kontinuierlicher Erfassung und Aufbereitung von Daten, die das Erreichen von Zielvorgaben beeinflussen.

Bestandteile:

1. das Setzen von Zielen
2. das Umsetzen der Ziele in Pläne
3. die laufende Erfassung des Ist-Zustandes
4. der Soll-Ist-Vergleich
5. die Abweichungsanalyse
6. das Einleiten von Gegensteuerungsmaßnahmen.

Die Stärke des Controlling besteht in seiner Systematik der laufenden Bewertung der betrieblichen Ergebnisse und ihrer Projektion auf die Zukunft unter Berücksichtigung der Wirkung geplanter Maßnahmen.

Kontinuierliche Verbesserungsprozess (KVP): Ursprung ist die japanische Management-Methode *Kaizen*, die auf ständiges Streben nach Verbesserung des Produktionsprozesses in kleinen Schritten orientiert, in das alle Mitarbeiter in sämtlichen Hierarchiestufen des Unternehmens einbezogen sind. Ziele sind: Qualitätsverbesserung, Kostensenkung, Zeiteffizienz.

KVP verlangt von allen Mitarbeitern eines Unternehmens, dass jeder die eigene Arbeit ständig in kleinen Schritten verbessert, um die Arbeitsergebnisse kundengerecht zu gestalten und jegliche Verschwendung von Material, Zeit oder Kosten zu vermeiden. Mittels geeigneter Motivation sollen die Mitarbeiter verantwortlich in den Prozess mit einbezogen werden. Auf eine Prämierung von Vorschlägen wird meist verzichtet, da ihre langwierige und bürokratische sowie oft als ungerecht empfundene Bewertung demotivierend wirkt. Wichtig ist die Schulung der Führungskräfte im Sinne des KVP. Von ihnen wird verlangt, Verbesserungsvorschläge ohne Verzug einschätzen zu können, ihre Umsetzung zu veranlassen und für eine ständige Verbesserungsbereitschaft zu sorgen.

Innovative Management-Ideen im Rahmen des sogenannten rationalen Marketings, mit Schlagworten wie *Lean Management, Total Quality, Shareholder Value, Customer Orientation, Outsourcing, Just-in-time, Business Reengineering, Benchmarking*, sind nahezu ausschließlich made in USA. Sie sind, wie Modetrends, oft recht kurzlebig. Es sei davor gewarnt, sie allzu sklavisch nachzuäffen und seine Mitarbeiter von einer Kampagne in die andere zu jagen. Die Zeit, die benötigt wird, um die jeweilig modern scheinende Managementmethode zu verstehen, fehlt beim eigenen Denken.

Die Enttäuschung über schlechte Qualität währt länger als die Freude am niedrigen Preis.

Qualitätsmanagement[1]

Total Quality Management (TQM) als Führungsphilosophie beruht auf der Mitwirkung aller Mitarbeiter und Einbeziehung aller Bereiche, stellt Qualität in den Mittelpunkt, indem ein ausgeprägtes Qualitätsbewusstsein der Belegschaft und die Bereitschaft zu ständigen Qualitätsverbesserungen entwickelt wird, und zielt durch dauerhafte Zufriedenheit der Kunden auf langfristigen Geschäftserfolg zum Wohle des Unternehmens und der Mitarbeiter.

Die Hauptelemente des TQM sind die Qualitätsverpflichtung und ein Managementkonzept, das diese Verpflichtung realisiert.

Qualitätssicherung ist die Umsetzung bzw. Einbeziehung der Qualitätsbelange in das Unternehmenskonzept durch geplante, systematische und dokumentierte Tätigkeiten, die notwendig sind, um ein angemessenes Vertrauen zu schaffen, dass ein Produkt oder eine Dienstleistung die festgelegten und versprochenen Qualitätsanforderungen erfüllen wird.

Das *Qualitätssicherungssystem* (QS-System) umfasst die Aufbauorganisation, Verantwortlichkeiten, Abläufe, Verfahren und Mittel zur Verwirklichung des Qualitätsmanagements.

Qualitätssicherungsnormen sind die systematische Formulierung und Umsetzung von Qualitätszielen und deren Dokumentation und Kontrolle nach festgelegten, international normierten Anforderungen an ein QS-System und ggf. die Anerkennung (Zertifizierung) durch eine unabhängige Prüfungsorganisation.

DIN/ISO 9000 bis 9004 (auch als europäische Normen EN 29000 bis 29004) enthalten standardisierte Regeln und Elemente eines QS-Systems. DIN/ISO 9004/2 beinhaltet eine Reihe von Empfehlungen für die Organisationsgestaltung von Dienstleistungsunternehmen, um eine möglichst hohe Qualität ihrer Leistung zu sichern. Sie ist im Prinzip auch für die öffentliche Verwaltung, auch für Kommunen, geeignet. DIN/ISO 9004/4 ist dem Problem der Qualitätsverbesserungen gewidmet.

Die *Zertifizierung* von Qualitätsmanagementsystemen erfolgt durch die DQS (Deutsche Gesellschaft zur Zertifizierung von Qualitätssicherungssystemen mbH). Zunehmend stellen sich auch Unternehmen im Dienstleistungssektor diesem Verfahren. Im Fremdenverkehr sind Qualitätszertifikate gemäß DIN/ISO noch selten anzutreffen.

> 1996 wurde das erste Hotel in Deutschland, das Nürnberger Landhotel „Schindlerhof" zertifiziert, und zwar nach DIN/ISO 9001. Als eine der ersten Fluggesellschaften weltweit hat der Ferienflieger Hapag-Lloyd seinen Wartungs- und Instandhaltungsbereich zertifizieren lassen.
> Zertifikate werden in der EU und zunehmend weltweit anerkannt.

Nutzen eines QS-Systems:

- langfristige Marktsicherung und Markterschließung durch qualitativ hochwertige Markenprodukte[2]
- Potenziale zur Erlössteigerung durch anspruchvollere Kunden
- Reduzierung der Reklamationen

  > Das Deutsche Reisebüro stellte nach vierjährigem Qualitätsmanagement 1999 fest, dass sich mit ihm die Profitabilität verdoppelt und die Zahl der Reklamationen halbiert habe.[3]

- Kostensenkungsmöglichkeiten im eigenen Unternehmen durch Aufdeckung von Rationalisierungspotenzialen, durch Produktivitätsverbesserungen und durch systemati-

---

[1] zu Qualität s.a. unter 4.3.

[2] Aufträge der öffentlichen Hand über 100.000 € sollen vorrangig an zertifizierte Unternehmen vergeben werden. [tm 10/95, S. 12 f.]

[3] fvw 24/99, S. 18

sche Fehlervermeidung
- bessere Kenntnis der Kundenwünsche durch Kundenaudits
- Stärkung des Vertrauens der Kunden zum Unternehmen
- steigende Motivation der Mitarbeiter führt zu abnehmender Fluktuation
- transparentere Strukturen der Unternehmensorganisation.

9.5. Rechnungswesen und Finanzierung

Dieses Kapitel soll und kann kein Lehrbuch der Finanzbuchführung, der Betriebsbuchhaltung oder der Finanzierung ersetzen. Es will, neben einer allgemein orientierenden Einführung lediglich auf die Schwerpunkte und Besonderheiten im Incoming hinweisen.

Rechnungswesen

Das Rechnungswesen hat den Informationsbedarf unterschiedlicher Adressaten zu befriedigen. (siehe Tab 9.1.)

Tab. 9.1.: Informationsbedarf der Adressaten

Fiskus	Geschäftsvorfälle, Ertrag, Vermögen, Umsätze, Steuerbilanz-Gewinn, Einkommen, Gewinne, Verluste
Banken	Bonität, Vermögen, Liquidität
Lieferanten	Liquidität
Investoren	Rentabilität, Gewinnschwelle, Wirtschaftlichkeit
Anteilseigner	Gewinne, Verluste, Rentabilität
Management	Erträge, Erfolg, Erlös, Umsätze, Buchungen, Aufwand, Kosten (Personal-, Raum-, Werbe-, Bürosachk., sonstige K.), Bestände (Vermögen, Kapital), Forderungen, Verbindlichkeiten
Mitarbeiter	Liquidität, Geschäftslage
Öffentlichkeit	Wertschöpfung, Beschäftigung (Arbeitsplätze), Verwendung öffentl. Mittel

Externe Informationsadressaten: Anteilseigner und Eigentümer (sofern nicht im Betrieb beschäftigt), Gläubiger, Banken, Lieferanten, Finanzverwaltungen, die Öffentlichkeit, Mitarbeiter.

Mindestanforderungen der Adressaten sind in Rechtsnormen festgelegt (HGB, AktG, Steuergesetze). Art und Umfang der Rechnungslegung sind im Dritten Buch des HGB geregelt.

Für alle Kaufleute gelten §§ 238 bis 263 HGB. Für Kapitalgesellschaften gelten die wesentlich strengeren ergänzenden Vorschriften §§ 264 bis 335 HGB. Für OHG und KG & Co. gilt das Kapitalgesellschaften-& Co.-Richtlinien-Gesetz (KapCoRiLiG). Besonderheiten für Genossenschaften sind in §§ 336 bis 339 HGB geregelt.

Die Prüfungspflicht und die Verpflichtung zur Offenlegung des Jahresabschlusses sind außerdem an Größenklassen der Gesellschaften gebunden. Für große Einzelkaufleute und Personengesellschaften gilt zusätzlich das Publizitätsgesetz (PublG).

Buchführungs- und Aufzeichnungspflichten unterliegen dem Handels- und Steuerrecht. Jeder Kaufmann ist zur doppelten Buchführung verpflichtet.

Zu den *Pflichten* gehören:

- Buchführungspflicht (§ 238 HGB)
- Inventarerrichtungspflicht (§ 240 HGB)
- Pflicht zur Erstellung eines Jahresabschlusses (§ 242 (2) HGB)
- Aufbewahrungspflicht (§ 257 HGB)
- Offenlegungspflicht (§§ 325 ff. HGB)

Je nach Unternehmensform besteht Buchführungspflicht bzw. Mindestbuchführungspflicht (Kassenbuch, Wareneingangsbuch, Inventur, Bilanz).

Steuerrechtliche Buchführungspflicht besteht für Kleingewerbetreibende („Nichtkaufleute") ab einem in § 141 AO festgelegten Jahresumsatz bzw. -gewinn. Die Bilanznormen gem. HGB dienen vor allem dem Schutz der Gläubiger.

Kleinen und mittelgroßen Kapital- und Personengesellschaften werden Erleichterungen hinsichtlich Rechnungslegung, Prüfung und Offenlegung gewährt. Die Grenzwerte der Kriterien für die Größe der Gesellschaften (Bilanzsumme, Umsatzerlöse, Arbeitnehmer) sind in § 267 HGB geregelt.

Künftig wird eine international vergleichbare Rechnungslegung, möglicherweise auf der Grundlage der seit 1973 bestehenden International Accounting Standards (IAS), zur Revision der nationalen Vorschriften führen müssen.

Auch ohne gesetzliche Verpflichtung zur Rechnungslegung muss jedes Incoming-Unternehmen oder Amt im Interesse seiner Mitglieder, Gesellschafter, Förderer sowie zur realen Einschätzung seiner Finanzlage ein Minimum an Buchhaltung und Statistik auf sich nehmen.

Das Amt ist zur Haushaltsbuchführung (Kameralistik) verpflichtet, die allerdings nur sehr entfernt der betrieblichen Buchführung ähnelt.

Kameralistik	kaufmännische Buchführung
Einhaltung der Haushaltsansätze	Ermitteln des betrieblichen Ergebnisses (Gewinn/Verlust)
gesamtwirtschaftliche Ordnung wahren u. günstige Rahmenbedingungen für die Wirtschaft schaffen	ergebnisverbessernde u. -verschlechternde Komponenten identifizieren
Einnahmen-Ausgaben-Rechnung (Kassenwirksamkeit) mit Vermögen- u. Schuldennachweisen	bewerteter Verbrauch von Ressourcen und Erzeugung von bewertbaren Leistungen

Die Buchführung dient insbesondere auch der Ermittlung der Besteuerungsgrundlagen, und die Finanzverwaltung stellt strenge Anforderungen an sie. Sie hat das Erreichen der Gewinnzone zu registrieren, und liefert so die Grundlagen für die Gewinn- und Umsatzbesteuerung. Banken legen bei Kreditvergaben Wert auf den Cash flow (Gewinn + Abschreibung) als Maß für die Tragfähigkeit von Kreditlasten (Tilgungen).

Für kleine und mittlere Unternehmen ist das steuerliche Risiko besonders groß. Oft werden die erforderlichen Abgrenzungen zwischen *Vermittlungs-* und *Eigengeschäften* sowie margenbesteuerten Umsätzen nicht beachtet. Umsatzsteuernachzahlungen höher als der Jahresgewinn sind keine Seltenheit.

<u>Interne Informationsadressaten</u>: Personen und Personengruppen, die Abrechnungs- und/oder Steuerungsfunktionen innerhalb einer Unternehmung wahrnehmen.

Das betriebsinterne Rechnungswesen ist grundsätzlich keinen gesetzlichen Vorschriften unterworfen. Allerdings ist es sinnvoll und rationell, es so zu gestalten, dass es den normierten externen Vorschriften zuarbeitet. Dabei haben sich typische Formen der Aufbereitung der internen Informationen, vor allem in der Kostenrechnung, als zweckmäßig erwiesen.

Zahlreiche Unternehmen überlassen die Buchhaltung ihrem Finanz- oder Steuerberater bzw. externen Dienstleistern (z.B. DATEV, Nürnberg; DERDATA, Frankfurt/M.; STINNES DATA, Mülheim; SAP, Walldorf/Baden; FIBUNET, Haar). Dieses Outsourcing erfasst zunehmend nicht nur die Finanzverwaltung, sondern auch andere Bereiche der Betriebsführung.

Das **betriebliche Rechnungswesen** hat die Aufgabe, das mengen- und wertmäßige Geschehen im Unternehmen quantitativ zu erfassen und die Ergebnisse auszuwerten und aufzubereiten. Es besteht aus den beiden Bereichen *Geschäftsbuchhaltung* und *Kostenrechnung*.

Die <u>Geschäftsbuchhaltung</u> (auch: Finanzbuchhaltung oder kaufmännische Buchführung) erfasst alle Geschäftsvorgänge von der Gründung bis zur Auflösung eines Unternehmens. Sie gibt einen Überblick über die Vermögens- und Ertragslage und hat nach außen Rechenschaft abzulegen. Die Geschäftsbuchhaltung wird auch als externes Rechnungswesen bezeichnet, da sie externe Adressaten befriedigen soll.

Die Kostenrechnung mit den Bestandteilen Betriebsbuchhaltung, Statistik und Planungsrechnung verfolgt alle Sachwerte und Leistungen vom Eingang in den Betrieb bis zur fertigen Betriebsleistung. Sie wird, da an betriebsinterne Nutzer gerichtet, auch als internes Rechnungswesen bezeichnet.

Abweichungen zwischen externer und interner Erfolgsrechnung sind begründet, wenn es darum geht, bilanzpolitisch, insbesondere steuerbilanzpolitisch motivierte Verzerrungen der externen Rechnungslegung aus der internen Rechnung herauszuhalten.

Zur einheitlichen Erfüllung des Aufgaben des Rechnungswesens dienen zwar nicht rechtskräftige aber allgemein anerkannte Grundsätze ordnungsmäßiger Buchführung und Bilanzierung (GoB). Weder sie noch die gesetzlichen Vorschriften schreiben ein bestimmtes Buchungssystem vor. Man geht davon aus, dass die Buchführung dann den GoB entspricht, wenn sie so beschaffen ist, dass sie einen sachverständigen Dritten in die Lage versetzt, in angemessener Zeit einen Überblick über die Geschäftsvorfälle und die Vermögenslage des Unternehmens erlangen und die Geschäftsvorfälle in ihrer Entstehung und sachlichen Zuordnung verfolgen zu können. Auch das Prinzip der Wirtschaftlichkeit der Buchführung gehört zu den GoB.

Mit Bezug auf die Buchführung auf Datenträgern sind die GoB durch die GoS (Grundsätze ordnungsmäßiger Speicherbuchführung) ergänzt worden.

Die GoB sind nirgends komplett niedergelegt. Sie ergeben sich deduktiv aus der Überlegung, wie ein ordentlicher und gewissenhafter Kaufmann verfahren soll sowie durch Auslegung gesetzlicher Vorschriften und unterliegen einem ständigen Anpassungsprozess.[1]

Die grundlegenden GoB[2]:

Formelle Grundsätze (die Buchführungsform betreffend):

Grundsatz der formellen Richtigkeit, d.h., die Buchführung soll den gesetzlichen Formvorschriften genügen, z.B. kein Radieren, kein Überkleben, keine Buchung ohne Beleg

Grundsatz der Zeitfolge, d.h., die Buchungen sollen zeitnah und in der Folge ihres zeitlichen Anfalls vorgenommen werden

Grundsatz der Klarheit und Nachprüfbarkeit, d.h., die Buchführung soll so klar und übersichtlich erfolgen, dass sie nicht nur dem Unternehmer, sondern auch einem sachverständigen Dritten innerhalb angemessener Zeit einen Überblick über die Geschäftsvorfälle und die Vermögenslage ermöglicht

Materielle Grundsätze (den Buchführungsinhalt betreffend):

Grundsatz der Vollständigkeit, d.h. alle buchungspflichtigen Geschäftsvorfälle sollen lückenlos gebucht werden

Grundsatz der materiellen Richtigkeit, d.h., die Geschäftsvorfälle sollen ihrem tatsächlichen Inhalt gemäß gebucht werden

Grundsatz der periodengerechten Abgrenzung, d.h., die Buchungen sollen für den Abrechnungszeitraum vorgenommen werden, zu dem sie wirtschaftlich gehören

Die wesentlichen Informations- und Rechnungslegungsinstrumente sind die *Gewinn- und Verlustrechnung* (GuV) und die *Bilanz*.

Gewinn- und Verlustrechnung (GuV)

Sie ist der aussagekräftigste Maßstab für das Betriebsergebnis in einem bestimmten Zeitraum, und der Gewinn vor Steuern ist der beste Indikator für die Unternehmensleistung und die Effektivität der Führungskräfte.

Die Gliederung einer GuV ist in § 275 HGB vorgeschrieben. Sie ist danach in Staffel-

---

[1] s. Eisele: Technik des betrieblichen Rechnungswesens. München, 5. Aufl. 1993, S. 23 f.

[2] nach Bornhofen/Busch: Buchführung 1. Wiesbaden 1993, S.132 f.

form nach dem Gesamtkosten- oder dem Umsatzkostenverfahren aufzustellen. Die Staffelform ist durch folgenden Grundaufbau gewährleistet:

Umsatz
./. Leistungseinsatz
= Rohgewinn I
./. Personalkosten
= Rohgewinn II
./. Sachgemeinkosten
./. Zinsen
./. Abschreibung
= Jahresüberschuss/Jahresfehlbetrag

Das *Umsatzkostenverfahren* stellt dem Umsatz eines Rechnungsjahres die darin enthaltenen Herstellungskosten gegenüber. Das *Gesamtkostenverfahren* stellt den Herstelungskosten eines Rechnungsjahres die daraus hervorgegangene Leistung gegenüber. Das Resultat der GuV ist das *Betriebsergebnis*.

Das Betriebsergebnis ist die Differenz zwischen Betriebsertrag und Gesamtkosten.

Im Tourismusgewerbe beträgt der Gewinn vor Steuer im Verhältnis zum Umsatz (Umsatzrendite) etwa 1 bis 2%, bei kleineren Unternehmen werden auch 5% erreicht. Anders die Betriebsrendite, die den Betriebsgewinn im Verhältnis zum aufgewendeten Kapital ausweist und um ein Mehrfaches über den Umsatzrenditen liegt.[1]

Am **Break-even-Point (BeP)** decken die gesamten Erlöse gerade die gesamten Kosten. Es ist der Schnittpunkt von Erlös- und Gesamtkostenkurve, von ihm an beginnt die Gewinnzone, er wird deshalb auch als Gewinnschwelle oder Nutzenschwelle bezeichnet (siehe Bild 9.1.). Der Break-even-Point ist für das Unternehmen zumindest in zweierlei Hinsicht interessant: für die Steuern und für die Preisgestaltung.

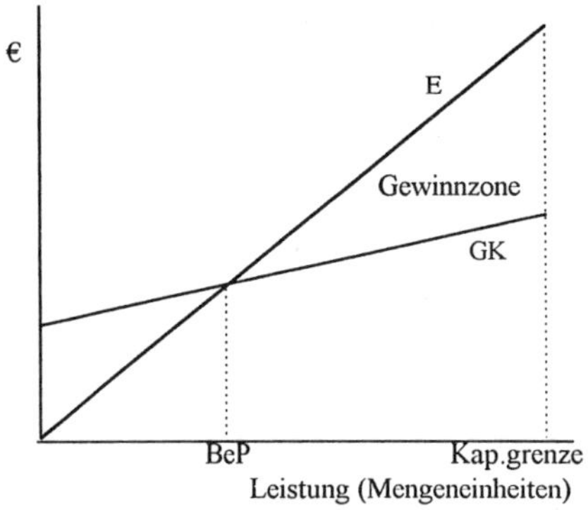

Bild 9.1.: Der Break-even-Point

Die Kenntnis dieses Punktes liefert Antworten auf folgende Fragen:
Wie viele Gäste eines Hotels, Besucher einer Veranstaltung, Passagiere eines Kreuzfahrtschiffes sind erforderlich, einen durchschnittlichen Umsatz vorausgesetzt, um kostendeckend und gewinnbringend zu sein?
Wie hoch muss der Preis sein, um bei gegebener Kapazität und Auslastung kostendeckend und gewinnbringend zu sein?
Wie hoch dürfen die Kosten sein, um bei vorgegebenem Preis und angenommener Gästezahl ohne Verlust zu wirtschaften?

Bei Anwendung des Fluid-pricing orientiert sich der Break-even-Point entweder am niedrigstmöglichen Preis oder an einem Durchschnittspreis. Es gibt verschiedene Berechnungsmöglichkeiten, u.a. über die Grenzkosten. Nachfolgend einige Beispiele zur schnellen Überschlagsrechnung. Die Grundformel

$$BeP = K_f : db$$

K_f - Fixkosten
db - Stückdeckungsbeitrag = p - k_v
p - Preis pro Leistungseinheit
k_v - variable Kosten pro Leistungseinheit

[1] Klingenstein,M.A. in: Mundt (1994), S. 236; s.a.: Rentabilität

Durch einfache Umstellung der Grundformel können auch andere Aufgaben gelöst werden. Beachte: Bei Erreichen des BeP sind die gesamten Fixkosten der Betrachtungsperiode gedeckt.

Beispiele

a) Wie viele Besucher einer Veranstaltung sind erforderlich, um die Kosten zu decken?
Eintrittspreis pro Besucher (p) = 10 €, Fixkosten (K_f) = 3000 €, variable Kosten pro Besucher (k_v) = 5 €
Break-even-Point (BeP) = K_f : db = 3000 : (10 - 5) = 600 Besucher; ein gewünschter Mindestgewinn, z.B 500 €, ist zu den Fixkosten zu addieren: BeP = 3500 : (10 - 5) = 700 Besucher

b) Wie viele Übernachtungen müssen für eine Pension gebucht werden, um den BeP zu erreichen?
K_f = 27000 €, $p_{ÜF}$ = 50 €, $k_{vÜF}$ = 22,50 €
BeP = 27000 : (50 - 22,50) = 982 ÜF

c) Wie hoch muss der Eintrittspreis sein, damit bei gegebener (erwarteter) Besucherzahl (B) die Kosten gedeckt werden? Daten wie unter a)
BeP = K_f : B + k_v = 3000 : 600 + 5 = 10 €

d) Wie hoch muss der Preis pro ÜF sein, um bei 1000 Buchungen den BeP zu erreichen?
Daten wie unter b), erwünschter Gewinn 10000 €
BeP = 37000 : 1000 + 22,50 = 59,50 €

e) Wie hoch dürfen die variablen Kosten sein, um bei gegebenem Eintrittspreis und erwarteter Besucherzahl die Gewinnschwelle zu erreichen? Daten wie unter a)
BeP = p - K_f : B = 10 - 3000 : 600 = 5 €

f) Wie hoch dürfen die Fixkosten sein, um bei gegebenem Eintrittspreis und erwarteter Besucherzahl die Gewinnschwelle zu erreichen? Daten wie unter a)
BeP = B (p - k_v) = 600 (10 - 5) = 3000 €

g) Nach wie vielen Betriebstagen erreicht ein Vermieter (Ferienwhg.) seine Gewinnschwelle?
Preis pro Leistungseinheit (p) = 30 €, sonst Daten wie unter a)
BeP = K_f : (p - k_v) = 3000 : (30 - 5) = 120 Tage

h) Bei welcher Auslastung der Kapazität (Hotel, Kreuzfahrtschiff) wird der BeP erreicht?
Kapazität (K) = 200 Betten, sonst Daten wie oben
BeP = K_f · 100 : (K [p - k_v]) = 300.000 : (200 [30 - 5]) = 60%

Die **Bilanz** weist die Vermögenswerte und die Vermögensquellen zu einem bestimmten Stichtag aus, sie ist der verkürzte Auszug des Inventars. Jeder Kaufmann ist verpflichtet, zu Beginn seines Gewerbes und zum Abschluss eines jeden Geschäftsjahres eine Bilanz aufzustellen.

Die Bilanzgleichung lautet:

Aktiva = Passiva

Aktiva = Anlage- und Umlaufvermögen
Passiva = Eigen- und Fremdkapital

Vorschriften für den Inhalt und den Aufbau einer Handelsbilanz enthält das HGB, die Steuerbilanz richtet sich nach §§ 5 bis 7 EStG. In der Praxis wird häufig aus Gründen der Vereinfachung nur eine *Einheitsbilanz* erstellt, die beiden Ansprüchen genügt.

Bei verschiedenen Bilanzpositionen ergeben sich *Bewertungsprobleme*, z.B. hinsichtlich der Herstellungs- und Anschaffungskosten, des Anlage- und Umlaufvermögens sowie der Passiva. Die Bewertungsvorschriften (§§ 240, 252 bis 256 HGB, sowie für Kapitalgesellschaften §§ 279 bis 283) gewähren beträchtlichen Spielraum.

Im Allgemeinen kann nach folgenden Grundsätzen verfahren werden:

Anschaffungswertprinzip: Auch bei gestiegenen Wiederbeschaffungskosten werden höchstens die Anschaffungs- bzw. Herstellungskosten angesetzt.

Niederstwertprinzip: Der im Vergleich zwischen Anschaffungswert und Tageswert niedrigere Wert (Börsen- bzw. Marktwert) gelangt zum Ansatz.

Höchstwertprinzip: Forderungen mit ungewissem Eingang sind mit dem höchstmöglichen Ausfall zu bewerten. Ebenfalls für Verbindlichkeiten angewendet.

Die systematische **Bilanzanalyse**[1] wertet den Jahresabschluss aus und liefert dem Management aggregierte *Kennzahlen* sowie Aussagen über den *Kapitalfluss*.

Beurteilung der Bilanz:

- *Beurteilung der Vermögensstruktur*

  Das Verhältnis von Anlage- zu Umlaufvermögen ist von Branche zu Branche verschieden. Es hängt im Incoming nicht zuletzt vom Umsatzvolumen ab. Das Anlagevermögen ist unverzichtbare Grundlage des betrieblichen Leistungsprozesses, es verursacht allerdings fixe Kosten, wie Abschreibungen, Wartung, Reparaturen etc., die unabhängig von der Auslastung anfallen und aus den Erträgen zu finanzieren sind. Im Umlaufvermögen von Incoming-Unternehmen dominieren sicher die Forderungen.
- *Beurteilung der Kapitalstruktur*

  Ein hoher Anteil Eigenkapital reduziert die Belastungen durch Zinsen und Tilgung. Andererseits kann ein hoher Anteil Fremdkapital zumindest zeitweilig aus Steuergründen, zur Erlangung von Fördermitteln und wegen günstiger Kreditbedingungen sinnvoll sein.

  Die Eigenkapitalquote (Eigenkapital **:** Eigen- u. Fremdkapital) bezeichnet die vertikale Finanzierungsstruktur.
- *Beurteilung der Kapitalanlage*

  Gemeint ist das Verhältnis von Eigenkapital zu Anlagevermögen. Als Richtwert wird angenommen, dass das Eigenkapital zur Finanzierung des Anlagevermögens ausreichen sollte, um Krisenzeiten durchzustehen. Noch günstiger wäre es, wenn auch ein Teil des Umlaufvermögens vom Eigenkapital gedeckt ist.

  Die Anlagendeckung (Eigenkapital **:** Anlagevermögen bzw. Eigenkapital u. langfr. Fremdkapital **:** Anlagevermögen) bezeichnet die horizontale Finanzierungsstruktur im langfristigen Bereich.
- *Beurteilung der Liquidität*

  Grundsätzlich gilt die Zahlungsbereitschaft als gesichert, wenn das gesamte Umlaufvermögen doppelt so hoch ist wie die kurzfristigen Verbindlichkeiten und wenn für dringende Schulden (Wechselschulden, Rückzahlung von Kundenanzahlungen) flüssige Mittel zur Verfügung stehen.

  Der Liquiditätsgrad (Umlaufvermögen **:** kurz- u. mittelfristige Fremdmittel) bezeichnet die horizontale Finanzierungsstruktur im kurzfristigen Bereich.

Um zu erkennen, wie viele Jahresüberschüsse bzw. Umsätze zum Ablösen der Nettoverschuldung erforderlich wären, werden *Verschuldungskennzahlen* (Gesamtverschuldung **:** Jahresüberschuss oder Umsatz) ermittelt.

Rentabilitätskennzahlen sind interessant für Investoren, denn

Rentabilität ist das Verhältnis des Jahresgewinns zum investierten Kapital.

- *Eigenkapitalrentabilität*

  (Jahresüberschuss **:** Eigenkapital) ist ein Erfolgskriterium für die Anteilseigner, sie bezeichnet die Verzinsung des Eigenkapitals.
- *Fremdkapitalrentabilität*

  (Zinsen **:** Fremdkapital) bezeichnet den durchschnittlichen Finanzierungsaufwand. Nicht nur das verzinsliche Fremdkapital sollte berücksichtigt werden, da sonst der Entlastungseffekt z.B. von Pensionsrückstellungen unterdrückt würde.
- *Gesamtkapitalrentabilität*

  (Jahresüberschuss + Zinsen **:** Eigen- und Fremdkapital) bezeichnet die Verzinsung des insgesamt eingesetzten Kapitals.
- *Umsatzrentabilität*:

  (Jahresüberschuss **:** Umsatzerlöse) bezeichnet den Gewinnanteil am Verkaufspreis.

---

[1] nach: Füth/Walter: Buchführung für Reiseverkehrsunternehmen. München 1991, S. 200 ff. und Schmalen (1990), S. 521 ff.

Investierungskennzahlen:

geben Auskunft über die Finanzierung und Verwertung der Sachanlagen, d.h. welcher Anteil des Anlagenzugangs wurde aus Abschreibungen finanziert? (Abschreibungen auf Sachanlagen : Sachanlagenzugang) oder wie viele Euro Anlagevermögen waren erforderlich, um 1 Euro Umsatz zu erzielen? (Sachanlagen : Umsatz).

Umsatzkennzahlen:

bezeichnen die Ergiebigkeit des Kapital- und Personaleinsatzes, d.h. wie oft wurde das Kapital im Jahr umgeschlagen (Umsatz : Eigen- u. Fremdkapital) bzw. wie viele Euro Umsatz sind auf 1 Euro Personalkosten entfallen (Umsatz : Personalkosten) bzw. wie viel Umsatz hat jeder Mitarbeiter durchschnittlich erwirtschaftet (Umsatz : Mitarbeiterzahl)?

Der **Cash flow** (gelegentlich übersetzt mit: Eigenkapitalbildung, Finanzüberschuss, Einnahmenüberschuss) gibt den in einer Periode erwirtschafteten Zahlungsmittelüberschuss an. Er ist der Teil der Umsatzerlöse eines Unternehmens, der nach Abzug aller Ausgaben (Löhne, Pacht, Gebühren, Zinsen, Steuern etc.) übrig bleibt. Er steht für die Zahlung der Dividende, für die Finanzierung von Investitionen und für die Tilgung von Verbindlichkeiten zur Verfügung. Der Cash flow ist somit Ausdruck der Innenfinanzierungskraft (Selbstfinanzierungskraft) eines Unternehmens.

Als Erfolgsindikator ergänzt der Cash flow die mittels Gewinn- und Verlustrechnung (GuV) ermittelten Erfolgskennzahlen Jahresüberschuss und ordentliches Betriebsergebnis. Insbesondere die bei der GuV als Aufwendungen behandelten Abschreibungen und Zuführungen zu den Pensionsrückstellungen, ohne dass es zu Geldabflüssen kommt, werden im Rahmen des Cash flow als für Finanzierungszwecke zur Verfügung stehend ausgewiesen.

Rechenschema:

	ordentliches Betriebsergebnis[1]
+	Abschreibungen Sachanlagen und immaterielle Werte
./.	Zuschreibungen Sachanlagen
+	Erhöhungen langfr. Rückstellungen
./.	Minderungen langfr. Rückstellungen
=	betriebsbedingter Cash flow

Auf der Basis des Cash flow werden wiederum Kennzahlen ermittelt, z.B. die Innenfinanzierung des Sachanlagenzugangs (Cash flow : Sachanlagenzugang) oder die Tilgungsmöglichkeit der Gesamtverschuldung durch die laufenden selbst erwirtschafteten Mittel (Cash flow : Gesamtverschuldung) oder wie oft der Cash flow im Umsatz enthalten ist (Umsatz : Cash flow).

Zur Einschätzung des Wertes einer Unternehmung (Investition) kann der diskontierte zukünftige freie Cash flow herangezogen werden. Der freie Cash flow wird dabei definiert als der Teil des Cash flows, der nach Abzug der für die Aufrechterhaltung des Betriebes notwendigen Abschreibungen und Rückstellungen übrig bleibt.

Möglichkeiten zur Stärkung des Cash flow:

- bessere Nutzung der Kapazitäten
- Senkung der Selbstkosten bei gleichbleibendem Umsatz
- Steigerung der Produktivität (Rohergebnis je Euro Personalkosten)

[1] d.h. ohne betriebsfremde und außerordentliche Aktivitäten des Unternehmens.

Kostenrechnung

Das interne Rechnungswesen dient als Grundlage der Kalkulation, der Wirtschaftlichkeitskontrolle und der betrieblichen Planung.

Die Betriebsstatistik wertet das betriebliche Zahlenmaterial aus und bereitet es für das Management auf. Betriebliche Statistiken sind u.a. die Umsatzstatistik, die Lohn- und Krankenstatistik.

Die Planungsrechnung dient dazu, aus den vorhandenen Daten Entscheidungshilfen für die zukünftige Entwicklung herzuleiten. Betriebliche Pläne sind u.a. der Finanzplan mit Umsatz-/Absatzplan, Materialplan, Personalplan, Investitionsplan, Kapitaldurchflussplan sowie der Liquiditätsplan.

In der Betriebsbuchhaltung werden die Istkosten erfasst (Kostenartenrechnung) und auf Unternehmensbereiche (Kostenstellenrechnung) sowie die Produkte und Leistungen (Kostenträgerrechnung) verteilt. Die Handhabung der Betriebsbuchhaltung ist keinen gesetzlichen Vorschriften unterworfen. Es hat sich aber bewährt, die Gliederung des Kontenrahmens aus der Finanzbuchhaltung auch in die Betriebsbuchhaltung zu übernehmen.

Kosten, die den Kostenstellen bzw. -trägern direkt zugerechnet werden können, werden als Einzelkosten, nicht direkt zurechenbare Kosten als Gemeinkosten bezeichnet. Die Verteilung der Gemeinkosten sollte weitestgehend verursachungsgemäß erfolgen, oft werden sie jedoch nach der Belastbarkeit der Kostenstellen bzw. Kostenträger verteilt.

In der Betriebsbuchhaltung können neben den aufwandsgleichen Kosten der Geschäftsbuchhaltung auch Zusatzkosten erfasst werden. Zusatzkosten sind Kosten, die nicht in gleicher Höhe Aufwand sind, z.B. kalkulatorische Miete für die Nutzung eigener Räume (entgangene Mieteinnahmen), kalkulatorische Zinsen auf das betriebsnotwendige Eigenkapital oder kalkulatorischer Unternehmerlohn.

In der **Kostenartenrechnung** werden die Kosten gesammelt und nach Arten sortiert. Die erste Gliederung erfolgt nach Einzel- und Gemeinkosten. Sie ist wichtig für Umverteilung der Kostenarten auf die Kostenstellen und Kostenträger und somit notwendiger Bestandteil der Kosten-Leistungs-Rechnung. Nach dem Verwendungscharakter sortierte Kostenarten sind z.B. Personalkosten, Abschreibungen, Materialkosten, Energiekosten, Mieten, Zinsen etc. Hierfür gibt es, wegen ihrer Zusammenfassung und Gliederung nach Sachmerkmalen, auch den Begriff der „sachlichen Abgrenzung der Kosten".

Die Unterscheidung nach fixen und variablen Kosten ist eine andere Betrachtungsebene. Sie kann nicht zugleich mit der Gliederung nach Sachmerkmalen erfolgen, sondern hat ihren Ansatz in der unterschiedlichen Verhaltensweise der Kostenarten in Abhängigkeit von der Entwicklung der Hauptbezugsgröße (Zweck der Kostenentstehung), der Leistung des Unternehmens. Die Gliederung in fixe und variable Kosten ist nicht Bestandteil der „traditionellen" Kosten-Leistungs-Rechnung.

fixe Kosten entstehen für das Vorhalten des Angebots (Kosten der Betriebsbereitschaft)

Bestandteile:

Baukosten - Neu-, Aus-, Umbau (über jährl. Abschreibung in die Kalkulation einzubeziehen)

Kosten für Außenanlagen - Parkfläche, Carport, Terrasse, Grünanlagen (über jährl. Abschreibung in die Kalkulation einzubeziehen)

Kosten für Inneneinrichtung - Möbel, Teppichböden, Lampen, Gardinen, Küchengeräte (über jährl. Abschreibung in die Kalkulation einzubeziehen)

Kosten für Sport- und Freizeitgeräte - Fahrräder, Boote, Spielzeug, Bälle, Gesellschaftsspiele (über jährl. Abschreibung in die Kalkulation einzubeziehen)

Lohnkosten für fest angestellte Arbeitskräfte

Zinsen - für Kredite, evtl. Eigenkapital (Jahreszins gem. Vertrag)

Sonstige - Steuern, Versicherungen, Grundgebühren (für Strom, Gas, Wasser, Heizung, Telefon), Ver- und Entsorgung, Werbung (Beträge gem. Vertrag)

Fixe Kosten je Belegungstag = Summe der fixen Kosten **:** Belegungstage

variable Kosten entstehen nur bei der Nutzung des Angebots durch Gäste, Besucher

Bestandteile:

Verbrauchswerte an Energie, Wasser, Telefon etc.

abnutzungsbedingte Abschreibung (im Gegensatz zur altersbedingten AfA)

Kosten für Wäsche

Kosten für Verpflegungsangebote

Kosten für Reinigungsmittel

Reinigung, Pflege, Instandhaltung

Sonstiges (Porto, Büromaterial, Reparaturen etc.)

Ermittlung durch Differenzkostenverfahren (Beispiel):

GK bei 10.000 LE = 100.000 €

GK bei 5.000 LE = 75.000 €

k_v = (100.000 -75.000) : (10.000 - 5.000) = 25.000 : 5.000 = 5 €/LE

K_f = GK - K_v = 100.000 - 5 · 10.000 = 50.000 €

E bei 10.000 LE = 125.000 € (angenommen)

DB = E - K_v = 125.000 - 50.000 = 75.000 €

= K_f + G = 50.000 + 25.000 = 75.000 €

db = DB : LE = 75.000 : 10.000 = 7,50 €/LE

BeP = K_f : db = 50.000 : 7,5 = 6.666,67 LE, d.h. ca. 6.700 LE

BeP	-	Break-even-Point
db	-	Deckungsbeitrag je Leistungseinheit
DB	-	Gesamtdeckungsbeitrag
E	-	Umsatzerlöse
G	-	Gewinn
GK	-	Gesamtkosten
K_f	-	Fixkosten gesamt
k_v	-	variable Kosten pro Leistungseinheit
K_v	-	variable Kosten gesamt
LE	-	Leistungseinheit

Von Bedeutung sind auch die Grenzkosten. Sie geben an, mit welchen Kosten eine zusätzliche Produkt- oder Leistungseinheit erzeugt wird.

Bis zum Erreichen der Kapazitätsgrenze sinken die Grenzkosten.

Von der **Kostenstellenrechnung** werden die Kosten auf die Betriebsbereiche verteilt. Kostenstellen sind abgegrenzte Verwaltungsstellen, für die Kosten gesondert ermittelt werden. Die Abgrenzung sollte nach sinnvollen Einheiten vorgenommen werden, das Kostenbewusstsein fördern und nützliche Aussagen zulassen.

I.d.R. werden von der Umlage nur die Gemeinkosten erfasst. Die Einzelkosten werden direkt den Kostenträgern zugeordnet.

In vielen Fremdenverkehrsstellen wird die Kostenstellenrechnung als Teilkostenrechnung und Deckungsbeitragsrechnung durchgeführt, wobei jeder Kostenstelle lediglich die direkt zurechenbaren Kosten (Einzelkosten) zugerechnet werden.

Die Margenbesteuerung erspart oft Reiseveranstaltern die Einrichtung einer Kostenstellenbuchführung, weil aus der Buchführung über die Ermittlung der Marge i.d.R. auch auf der Basis der Kostenarten Deckungsbeiträge der einzelnen Veranstaltungen ermittelt werden können. Andererseits bietet eine Kostenstellenbuchführung, für Deckungsbeitragsplanungen und -rechnungen ohnehin unverzichtbar, natürlich die Grundlage für die Ermittlung der steuerpflichtigen Marge, wodurch die Finanzbuchführung von den Kostenartenverbuchungen zur Ermittlung der Margen entlastet werden kann.[1]

Kostenträger sind die Leistungen und Produkte, auf die die Kosten direkt nach dem Verursachungsprinzip (Einzelkosten) sowie indirekt über Zuschläge (Gemeinkosten) angerechnet werden. In der Kostenträgerrechnung werden die Stückkosten (Selbstkosten) der einzelnen Kostenträger ermittelt, die generell als Preisuntergrenze gelten. Die Kostenträgerrrechnung ist die letzte Stufe in der betrieblichen Kostenrechnung. In ihr werden die Kosten der Kostenstellen auf die Kostenträger verrechnet.

Kostenträgerrechnung ist Vollkostenrechnung. Alle im Unternehmen angefallenen Kosten werden in voller Höhe auf die Kostenträger verteilt.

Die **Teilkostenrechnung** ist ein Modell zur schnellen Feststellung der Wirtschaftlichkeit von zusätzlichen Aufträgen. Sie ist somit weniger ein Kalkulations- als ein Analyseinstrument. Die Deckungsbeitragsrechnung ist eine der bekanntesten und wichtigsten Methoden der Teilkostenrechnung.

Deckungsbeitrag je Leistungseinheit (db) ist die Differenz von Nettoverkaufserlös (abzüglich der Erlösschmälerungen, z.B. Provision) und varialblen Kosten je Leistungseinheit. Die Multiplikation von db mit der Zahl der verkauften Leistungen ergibt den Gesamtdeckungsbeitrag (DB). DB = Erlös - K_v; DB - K_f = Gewinn.

Beispiel: Ein Hotel hat 800 Übernachtungen verkauft (und ist damit zu 70% ausgelastet). Der Preis pro Übernachtung beträgt 75 €. Die Gesamtkosten im betrachteten Zeitraum betragen 50.000 €.

Ein Reiseveranstalter möchte für diesen Zeitraum weitere 100 Übernachtungen buchen, sofern das Hotel einen Sonderpreis von 45 € akzeptiert.

a) Vollkostenrechnung

Umsatzerlöse (800 Ü · 75 €)	=	60.000,00 €
./. Gesamtkosten	=	50.000,00 €
Betriebsergebnis (Gewinn)	=	10.000,00 €
Zusatzauftrag:		
Selbstkosten pro Übernachtung (50.000 : 800)	=	62,50 €
./. Umsatz pro Übernachtung	=	45,00 €
Verlust pro Übernachtung	=	17,50 €
Gesamtverlust (100 · 17,50)	=	1.750,00 €
alter Gewinn	=	10.000,00 €
./. Verlust durch Zusatzauftrag	=	1.750,00 €
neuer Gewinn	=	8.250,00 €

b) Teilkostenrechnung

GK (50.000 €) = K_f (37.500 €) + K_v (12.500 €)

k_v = 12.500 : 800 = 15,63 €

Umsatzerlöse (800 Ü · 75 €)	=	60.000,0 €
./. K_v	=	12.500,0 €
Deckungsbeitrag	=	47.500,0 €
./. K_f	=	37.500,0 €
Betriebsergebnis	=	10.000,0 €
Zusatzauftrag:		
Preis pro Übernachtung	=	45,00 €
./. k_v pro Übernachtung	=	15,63 €
Deckungsbeitrag pro Übernachtung	=	29,37 €
alter Gewinn	=	10.000,00 €
+ DB Zusatzauftrag (100 · 29,37)	=	2.937,00 €
neuer Gesamtgewinn	=	12.937,00 €

[1] Hässel (1994), S. 50

Gem. Vollkostenrechnung müsste der Zusatzauftrag abgelehnt werden. Sie berücksichtigt nicht, dass bei der Ausgangslage bereits sämtliche Kosten gedeckt sind, beim Zusatzauftrag also nur noch die zusätzlich anfallenden variablen Kosten zu decken sind. Gem. Teilkostenrechnung lohnt sich hingegen die Annahme des Zusatzauftrags.[1]

Haushalt und Budget

Diese beiden Kategorien gehören ebenfalls zum internen Rechnungswesen.

Öffentlicher Haushalt

Der Haushaltsplan ist die Gegenüberstellung von Einnahmen und Ausgaben, z.B. einer Gemeinde. Die gesetzlichen Grundlagen der kommunalen Haushaltswirtschaft sind die Gemeindeordnung (GemO) mit den Gemeindehaushaltsverordnungen (GemHVO).

Gemeindefinanzen:

Die kommunale Selbstverwaltung steht und fällt mit eigenen Einnahmen. Zuweisungen von höheren Ebenen sind sicher wichtig, aber weniger zuverlässig.

Eigene Gemeindeeinnahmen:

- Steuern (etwa ein Drittel der Gemeindeeinnahmen)
- Gebühren und Entgelte für Verwaltungsleistungen und die Benutzung von kommunalen Einrichtungen
- Mieten und Verkaufserlöse
- Kostenerstattungen für die Durchführung von Bundes- und Landesgesetzen

Die Einnahmen aus eigenem Steueraufkommen sowie aus Entgelten reichen meist weder für die Finanzierung kommunaler Aufgaben noch für anspruchsvolle Investitionen in die touristische Infrastruktur. Im Rahmen eines Finanzausgleichs erhalten die Gemeinden

a) allgemeine Zuweisungen oder „Schlüsselzuweisungen“, deren Verwendung an keinerlei Auflagen gebunden ist,

b) einen Sonderlastenausgleich für den öffentlichen Personennahverkehr, Krankenhäuser, Schulen usw., dessen Höhe an Daten, wie z.B. Anzahl der Schüler, orientiert ist sowie

c) objektbezogene (antragsgebundene) „Zweckzuweisungen“, die nur auf Antrag gewährt werden und immer einen kommunalen Eigenanteil erfordern. Beispiele: Verkehrsbauten, Wohnungsbauprogramme, Umweltprogramme, Sanierungs- und Entwicklungsprogramme.

Hinsichtlich der Aufnahme von Krediten unterliegen die Gemeinden der staatlichen Aufsicht, die den Gesamtbetrag der Kredite genehmigt.

Entstehung des Haushalts:

1. Die einzelnen Dezernate und Ämter der Gemeindeverwaltung melden der Kämmerei bis Ende des zweiten Quartals für das nächste Jahr ihren Finanzbedarf an (z.B. für die Finanzierung laufender Projekte, Neuanschaffungen, neue Arbeitsplätze).
2. Die Kämmerei prüft bis Ende September die Bedarfsanmeldungen und berät mit den Ämtern strittige Punkte und Möglichkeiten der Realisierung. Im Ergebnis legt die Kämmerei den Entwurf des Verwaltungs- und Vermögenshaushalts vor.
3. Der Finanzausschuss und die Fraktionen der Gemeindevertretung diskutieren anschließend den überarbeiteten Haushaltsplanentwurf.
3. Nach der Erörterung im zuständigen Gremium der Gemeindeverwaltung entscheidet die Gemeindevertretung in erster und zweiter Lesung den Haushaltsplan.

[1] nach: Lang (1998), S. 107 f.

4. Nach der Beschlussfassung durch die Gemeindeverwaltung genehmigt das Innenministerium des Landes den Haushaltsplan. Er tritt nach seiner amtlichen Bekanntmachung in Kraft. Jeder Bürger kann Einsicht nehmen.

Der **Anteil des Incoming-Tourismus an den Ausgabepositionen des Haushaltsplanes** hängt ab von den Einnahmen der Gemeinde aus Incoming und vom Stellenwert des Incoming in der Gemeinde sowie von seiner Organisations- und Rechtsform.
Es gibt einige Ansätze für die Bemessung des Etats einer Fremdenverkehrsstelle[1]:

Variante A: 1 Euro je Einwohner und Jahr
+ 50 Cent je Gastübernachtung
+ 50 Cent zusätzlich je Ausländerübernachtung
+ 5 bis 30% der Summe aus den vorgenannten drei Anteilen für Tagestouristen
+ 5 bis 50% der ersten drei Anteile für die fremdenverkehrspolitische Absicht.

Kritik: Dieser Etat basiert auf Vorjahresdaten, geplante Maßnahmen werden nicht berücksichtigt.

Variante B:
Die Kapazitätsauslastung wird als Maßstab der Wirtschaftlichkeit des Incoming-Tourismus gewertet. Der Etat soll der Summe der Einnahmen der Gemeinde aus Übernachtungs- und Tagesgästen entsprechen.

$$E_Ü = K_Ü \cdot 365 \cdot A_B \cdot U_Ü \cdot d \; [€]$$

$E_Ü$ - Einnahmen der Gemeinde aus Übernachtungsgästen
$K_Ü$ - Bettenkapazität
A_B - Auslastungsgrad der Betten (z.B. 0,6 bei 60% Auslastung)
$U_Ü$ - durchschnittlicher Tagesumsatz pro Übernachtungsgast
d - Anteil der Gemeinde (0,03 bei 3% Anteil)

$$E_T = K_G \cdot 365 \cdot A_G \cdot U_T \cdot d \cdot e \; [€]$$

E_T - Einnahmen der Gemeinde aus Tagesgästen
K_G - Gastronomiekapazität
A_G - Auslastungsgrad der Gastronomie (z.B. 0,45 bei 45% Auslastung)
U_T - durchschnittlicher Umsatz pro Tagesbesucher
d - Anteil der Gemeinde (0,03 bei 3% Anteil)
e - empirischer Erfahrungswert (auf 3 geschätzt)

$$\text{Etat} = E_Ü + E_T \; [€]$$

Orientierungsdaten zur Verwendung des Etats:
50% für Marketing, einschl. Innenmarketing
33% für Personal- und Sachkosten
17% für Schuldendienst und Unterhaltung der touristischen Infrastruktur.

Das Problem der öffentlichen Verschuldung wird gern auf dem Wege der Haushaltskonsolidierung durch Reform des öffentlichen Dienstes zu lösen versucht. Incoming-Tourismus muss nicht öffentlicher Dienst sein, aber öffentlicher Dienst ist erforderlich, um ihn zu unterstützen.
Wie bereits an verschiedenen Beispielen dargestellt, kann der Incoming-Tourismus als kommunales und regionales Phänomen nur im Zusammenspiel der Unternehmen mit der öffentlichen Hand gedeihen. Damit soll gesagt werden, dass selbst bei konsequenter Privatisierung sämtlicher Anbieter von Incoming-Leistungen der Haushaltsplan Positionen enthalten muss, die ohne das Incoming nicht erforderlich wären.
Durch einen Rückzug der öffentlichen Hand aus der Fremdenverkehrsarbeit entstehen

[1] nach: Leitfaden für die praktische Tourismusarbeit in der Marktwirtschaft (1990)

finanzielle Lücken, die durch die touristischen Leistungsträger selbst sowie durch Erwirtschaftung weiterer Deckungsbeiträge über kommerzielle Aktivitäten der örtlichen und regionalen Fremdenverkehrsstellen geschlossen werden müssen.
Die Einnahmen einer Incoming-GmbH stammen aus verschiedenen Quellen[1]:
- Einkünfte aus der Zimmervermittlung
- Verkauf von Pauschalarrangements und Gästeprogrammen
- Gewinn aus der Produktion von Gastgeberverzeichnissen und anderen Prospekten, die über Werbung finanziert werden
- Verkauf von Reiseführern, Ansichtskarten, Landkarten
- Gewinn aus der Beschäftigung von Reiseleitern
- Zuschuss von der Kommune[2]
- Zuschüsse von Kooperationspartnern[3]
- Sach- und Geldspenden.

Budget
Wer Einfluss auf die Kosten hat, sollte auch ein Budget bekommen und die tatsächlichen Ausgaben daran messen.
Budgetierung ist eine unternehmerische Aufgabe, mit der für eine kommende Wirtschaftsperiode anzustrebende Soll-Kennziffern vorgegeben werden. Das *Kostenbudget* wird allgemein gegliedert nach Kostenarten (z.B. Personal, Werbung), das *Umsatzbudget* nach Umsatzarten (z.B. Provision, eigene Veranstaltungen, evtl. feiner gegliedert) und das *Erlösbudget* ebenfalls nach den Umsatzarten sowie zusätzlich nach weiteren Einnahmen, wie z.B. Werbekostenzuschüsse.

Kapitalbedarf und **Finanzierung**

Kapitalbedarf
Eine Kommune bedarf finanzieller Mittel zur Erfüllung kommunaler Aufgaben.
Für ein Unternehmen entsteht Kapitalbedarf dadurch, dass seine Ein- und Auszahlungsströme über die Zeit nicht deckungsgleich sind. Finanzierung ist Kapitalbeschaffung.

a) Kapitalbedarf bei Gründung einer Firma:
  - langfristige Investitionen: Grundstücke, Gebäude, Umbaumaßnahmen, Geräte, Geschäftseinrichtung, Fahrzeuge, Reserve für Folgeinvestitionen und Unvorhergesehenes, immaterielle Anlagegüter (z.B. Software)
  - kurzfristige Investitionen: Material, Mietkaution, Mietvorauszahlung
  - Betriebsmittel: Personalkosten, Büro- und Verwaltungskosten, Miete/Pacht, Zinsen, Außenstände
  - Gündungskosten: Anmeldungen/Genehmigungen, Eintragung ins Handelsregister, Notarkosten, Beratungen
  - Privatentnahmen.

b) Kapitalbedarf im laufenden Betrieb:
  - Erhaltung der Liquidität, d.h., zu jedem Zeitpunkt den fälligen Zahlungsverpflichtungen nachzukommen
  - Erhaltung der Sachanlagen durch Wartung und Pflege
  - Ersatz verschlissener Geräte, Einrichtungen, Fahrzeuge

---

[1] nach: tm 3/95, S. 142
[2] z.B. jährlich 2,5 Mill. € von der Stadt an die Stuttgart Marketing GmbH
[3] z.B. zahlt die Regio Stuttgart Marketing und Tourismus GmbH pro Einwohner im Umland 50 Cent und pro Einwohner Stuttgarts 1 € in den gemeinsamen Werbetopf mit der Stuttgart Marketing GmbH

- Modernisierung der Sachanlagen und der immateriellen Anlagegüter, einschl. der dazu erforderlichen Personalkosten, z.B. für Schulung
- Erweiterung: räumlich, personell, neue Tätigkeitsfelder
- Veränderungen des Managements und der Struktur mit personellen und sachlichen Konsequenzen; z.B. Einführung des Total-Quality-Management
- Privatentnahmen
- Erhöhung der Kapitalrücklage.

Beispiele für den Kapitalbedarf touristischer Investitionen:	
Feriendorf (Club-Méd)	5 bis 15 Mill. €
Sylt-Quelle in Ramtun/Sylt	20 Mill. €
Center Parc (Bispinger Heide)	100 Mill. €
Hochsee-Kreuzfahrtschiff (1500 Unterbetten)	300 Mill. €
Eurodisney	etwa 8 Mrd. €
Golfanlagen	
18-Loch-Anlage (Düsseldorfer Lausward)	1,8 Mill. €
27-Loch-Anlage (Prenden)	4,75 Mill. €
Golfhotel (Weißensberg/Bodensee)	7,8 Mill. €
Klubhaus	0,9 bis 1,5 Mill. €
Verkehrsanlagen	
ebenerdiger Stellplatz pro Pkw ohne Grunderwerb	mind. 3.000 €
Parkplatz pro Pkw in Parkhaus oder Tiefgarage	mind. 12.500 €

Im Rahmen der **Investitionsplanung** wird ermittelt, ob eine bestimmte Investitionsvariante oder welche von mehreren Investitionsvarianten vorteilhaft ist. In Bezug auf Sachinvestitionen bedient sich die Investitionsplanung dynamischer oder statischer Methoden.[1] Zu den dynamischen Methoden gehören die Kapitalwert-, die interne Zinswert-, die Annuitäts- und die Amortisationsdauer-Methode. Statische Methoden sind die Kostenvergleichs-, die Gewinnvergleichs-, die Rentabilitäts- und die Amortisationsrechnung.

Als Entscheidungshilfe zu *kommunalen touristischen Investitionen* wird ein Überschlagsverfahren angeboten, das sich an den durch die Investitionen generierten Besucherzahlen und deren Ausgaben über eine Periode von 10 Jahren orientiert.[2] Als primäre Wertschöpfung sind 40% der Tagesausgaben ermittelt worden, d.h. von jedem Euro, den ein Tourist in der Gemeinde ausgibt, bleiben 40 Cent bei denen, die ihnen Leistungen und Waren verkaufen. Der Rest fließt aus der Gemeinde ab, z.B. an auswärtige Zulieferer. Die verbleibenden 60 Cent führen in der Gemeinde nochmals zu zusätzlichen Einkommen, z.B. in Form von Löhnen, und zu Nachfrage nach Leistungen und Waren in der Gemeinde. Für diesen Sachverhalt wurde ein Multiplikator von 1,8 ermittelt. Daraus ergibt sich folgende Formel:

$$M_E = a \cdot w \cdot m\,(U_Ü \cdot Ü + U_T \cdot T)\ [€]$$

M_E - Mehreinkommen
a - betrachteter Zeithorizont (z.B. 10 Jahre)
w - Wertschöpfung (z.B. 0,4 bei 40%)
m - Multiplikator (hier mit 1,8 ermittelt)
$U_Ü$ - Umsatz (Tagesausgaben) pro Übernachtungsgast
Ü - Anzahl der Übernachtungen pro Jahr
U_T - Umsatz (Tagesausgaben) pro Tagesagast
T - Anzahl der Tagesgäste pro Jahr

[1] siehe: Schmalen (1990), S. 378 ff.
[2] siehe: Städtetourismus (1991), S. 82 - 85

Beispiel:
Eine Gemeinde plant zur Förderung des Incoming Investitionen (z.B. Parkplätze, Fußgängerzone, Brunnen) in Höhe von etwa 7,5 Mill. €. Berücksichtigt sind auch die Folgekosten innerhalb der nächsten 10 Jahre. Die Investitionen sollen zu einem Anstieg der jährlichen Übernachtungen um 12.000 und der jährlichen Tagesgäste um 20.000 führen. Die Tagesausgaben werden pro Übernachtungsgast mit 60 € und pro Tagesgast mit 25 € angenommen.
Daraus ergibt sich ein Mehreinkommen: $M_E = 10 \cdot 0{,}4 \cdot 1{,}8\ (60 \cdot 12.000 + 25 \cdot 20.000) = 8{,}8$ Mill. €
Die Investitionen wären nach dieser Rechnung sinnvoll, obwohl weitere Multiplikatoren, wie erhöhtes Steueraufkommen und zusätzliche Arbeitsplätze noch nicht berücksichtigt wurden.

Der jeweiligen Situation entsprechend sind die erwarteten Besuchergruppen (Geschäftsreisende, Veranstaltungs-, Kongress- und Messebesucher, Familien, Jugendliche, Senioren usw.) und ihre Tagesausgaben zu aktualisieren.
Die **Höhe des Kapitalbedarfs** ergibt sich aus der Inkongruenz von Aus- und Einzahlungen.
Bei Gründung eines Unternehmens sind zunächst Auszahlungen erforderlich und erst nach geraumer Zeit sind Einzahlungen zu erwarten. Selbst nach den ersten Einzahlungen (Verkaufserlöse, Provisionen) besteht noch für längere Zeit positiver Kapitalbedarf, d.h. es existiert ein Auszahlungsüberschuss. Im weiteren Verlauf überwiegen mal die Einzahlungen, mal die Auszahlungen. Die Deckung des positiven Kapitalbedarfs ist Aufgabe der Finanzierung.
Die Höhe des Kapitalbedarfs hängt sowohl von der Art und Größe des Unternehmens als auch von den Zahlungszielen gegenüber Leistungsträgern und Kunden ab.
In vielen Bereichen des Incoming erhöht sich der Kapitalbedarf wegen der Notwendigkeit des Schaffens multioptionaler Zusatzangebote, durch höhere Sicherheitsanforderungen und schärferen Wettbewerb der Destinationen untereinander.
Der Kapitalbedarf hängt nicht davon ab, ob die Kommune oder ein privater Unternehmer den Incoming-Tourismus betreibt. Unterschiedlich ist die Finanzierung.
Zwischen der Höhe des Kapitalbedarfs und der Art der Kapitalbeschaffung besteht ein direkter Zusammenhang.

Finanzierung
Die Finanzierung kann erfolgen als:
- Außenfinanzierung (Eigen- bzw. Beteiligungsfinanzierung; Fremdfinanzierung)
- Innenfinanzierung (aus Vermögensumschichtung; durch Kapitalbildung)
- Mischfinanzierung.

Außenfinanzierung in Form der Eigen- bzw. Beteiligungsfinanzierung bedeutet Erhöhung der Kapitalausstattung durch Einlagen (Personalkapital) und Aktien (Marktkapital). Beteiligungsfinanzierung erfolgt u.a. auf die Art, dass Kapitalbeteiligungsgesellschaften haftende oder stille Beteiligungen zur Verfügung stellen, die im Verlustfall nur eine geringe oder keine Verzinsung vorsehen.[1]
Die Aufnahme von Fremdkapital (Fremdfinanzierung) ist immer mit einem Verlust an Selbständigkeit verbunden. Die Gläubiger verlangen einen Nachweis der Kreditwürdigkeit und Einblick in die Kreditverwendung. Zinsen und Tilgung belasten die Liquidität des Unternehmens.
Fremdfinanzierung erfolgt entweder *langfristig*, d.h. mit Laufzeiten von über vier Jahren (Bankdarlehen, Hypotheken, Grundschulden); zur Finanzierung spezieller Bauvorhaben können Banken geschlossene Immobilienfonds auflegen, die neben der Rendite für die Zeichner auch noch den Anreiz bevorzugter Nutzungsmöglichkeiten der aus dem Fonds finanzierten Anlage bietet, oder *mittelfristig*, d.h. mit Laufzeiten von vier

[1] Bundesverband Deutscher Kapitalbeteiligungsgesellschaften, Berlin.

Monaten bis zu vier Jahren (Bankkredite, Darlehen), sowie *kurzfristig*, d.h. mit Laufzeiten bis zu drei Monaten (Lieferantenkredit, Kundenanzahlung, Wechselkredit). Vor der Kreditgewährung verlangen die Banken meist eine Liquiditätsprognose für die nächsten sechs bis zwölf Monate. Sie wird monatlich fortgeschrieben.

Gegenüber Infrastrukturprojekten der für den Incoming-Tourismus typischen kleinen und mittleren Betrieben (KMU) verhalten sich Kreditgeber zunehmend restriktiv, was sich in weniger großzügiger Vergabe bzw. Kürzung von Kreditlinien sowie in einer Verschärfung der mit der Kreditvergabe verbundenen Konditionen (Zinssätze, Deckungserfordernisse, Amortisationsbedingungen) äußert. Gründe sind, neben Veränderungen in der Kreditpolitik der Banken, Überkapazitäten in der touristischen Infrastruktur und branchenspezifische Risiken.[1]

Unter *Leverage* versteht man die Aufnahme von Fremdkapital, insbesondere bei niedrigem Zinsniveau, bis zur oberen Verschuldungsgrenze. Der Leverage-Effekt besagt, dass der Schuldner dann am Fremdkapital verdient, wenn es mehr erwirtschaftet als es kostet. Zusätzliche Effekte entstehen dadurch, dass Gewinne der Einkommen- und Körperschaftsteuer unterliegen, während Kreditzinsen dort abzugsfähig sind. Außerdem verringert das Fremdkapital die Bemessungsgrundlage der Vermögensteuer. Dieser Effekt ist nützlich bei der Bestimmung des optimalen Finanzvolumens.

Sponsoring bedeutet, dass ein Spender Geld, Sachmittel oder Leistungen mit der Erwartung zur Verfügung stellt, selbst einen Nutzen daraus zu ziehen (Image-Pflege, Steuervorteile, private Interessen). Der Sponsor und sein Produkt müssen zum Fremdenverkehr und den Zielgruppen passen. Sind mehrere Sponsoren beteiligt, so sollten sie untereinander harmonieren. Probleme können sich aus plötzlicher Imageverschlechterung des Sponsors sowie einem unerwarteten Rückzug ergeben.

Beispiele für Sponsoring: Bitburger Brauerei und Rheinland-Pfalz; Buitoni (Pastahersteller) und Toskana/Umbrien, z.B. „Pasta Reise in die Mitte Italiens".

Leasing und *Factoring* werden überwiegend lang- und mittelfristig angewendet. Leere öffentliche Kassen zwingen die Verwaltungen immer häufiger, für ihre Bauvorhaben private Finanziers zu suchen. Eine wachsende Rolle spielt das Immobilien-Leasing. Bei einem Leasing-Vertrag werden Nutzung und Eigentum voneinander getrennt. Der Leasingnehmer kauft zunächst nur die Nutzung und hat, anders als bei einer „normalen" Anmietung, die Möglichkeit, das Eigentum später zu erwerben. Die Verbindlichkeit wird systematisch auf einen Darlehensrest von 10 bis 20% getilgt. Ein Vorteil besteht in der oft wesentlich schnelleren Fertigstellung der Investitionen.

Beteiligungsfinanzierung ist eine Form der Außenfinanzierung, bei der Kapital z.B. durch Aufnahme eines (stillen) Teilhabers oder durch Ausgabe von Aktien einem Unternehmen zugeführt wird. Im Incoming können auch Kunden (z.B. Hotelgäste, Kurpatienten, Nutzer von Erlebnisbädern) sowie vor- und nachgelagerten Elementen der Leistungskette (z.B. Lieferanten für Hotels, Transportunternehmen) Beteiligungen angeboten werden. An die Stelle von Barausschüttungen von Dividenden können Naturalausschüttungen in Form von Hotel- oder Transportgutscheinen treten. Ein wichtiger Aspekt ist die Bindung des Kapitalgebers an das Unternehmen. Auch bei einer Finanzierung über Darlehen können die Zinsen in Form von Naturalleistungen entrichtet werden.[2]

Innenfinanzierung aus Vermögensumschichtung geschieht in folgenden Formen:
- Finanzierung von Reinvestitionen aus Umsatzerlösen
- Finanzierung zusätzlicher Periodenkapazitäten aus Abschreibungen
- Beschleunigung des Kapitalumschlags

[1] Bernet/Bieger (1999), S. 12 f.
[2] s.a. Bernet/Bieger (1999), S. 81 ff.

- Verminderung des betriebsnotwendigen Vermögens durch Rationalisierung
- Verkauf von nicht betriebsnotwendigem Betriebsvermögen

Innenfinanzierung durch Kapitalbildung erfolgt aus Zurückbehaltung von Gewinnen (Selbst- oder Überschussfinanzierung) sowie über die Bildung langfristiger Rückstellungen, die erst später zur Auszahlung gelangen (z.B. Pensionsrückstellungen).

Mischfinanzierung:
Aus Gründen der Risikoverteilung, aber auch zur Wahrung der unternehmerischen Unabhängigkeit, wird zumeist eine Mischung von Eigen- und Fremdfinanzierung gewählt, wobei das Eigenkapital zumindest das gesamte Anlagevermögen decken sollte. Dieser Richtwert wird in der Praxis oft nicht erreicht.
Der Eigenkapitalanteil sollte, nicht zuletzt aus Gründen der Kreditwürdigkeit, nicht unter 20% liegen. Natürlich wird das Finanzierungs-Mix beeinflusst vom Zinsniveau, von der Eigenkapital-Verfügbarkeit sowie von den Möglichkeiten und Grenzen, Fremdkapital zu erlangen.

Für die Finanzierung gelten bezüglich der Zusammensetzung des Kapitals einige **allgemeine Erfahrungsregeln**.
Die horizontale Finanzierungsregel bezieht sich auf die Kapital- und Vermögenstruktur. Die „goldene Finanzregel" besagt, dass Fristen zwischen Kapitalbeschaffung und -rückzahlung einerseits und Kapitalverwendung andererseits einander entsprechen sollen. Die „goldene Bilanzregel" fordert langfristige Finanzierung des Anlagevermögens und Deckung des Umlaufvermögens durch kurzfristiges Kapital.
Die vertikale Finanzierungsregel (Kapitalstrukturregel) betrifft den Verschuldungsgrad. Sie bezieht sich auf die Zusammensetzung des Kapitals. Die klassische Regel, in der Praxis allerdings kaum noch üblich, fordert für die Zusammensetzung des Betriebsvermögens das Verhältnis 1 : 1.

Subventionen und **Förderinstrumente** fallen überwiegend in die Kategorie der Fremdfinanzierung, werden aber, da stets an Eigenbeteiligung gebunden, im Rahmen der Mischfinanzierung wirksam. Aus diesem Grunde und auch weil durch sie der Staat massiv in den Markt eingreift, sollen diese Kategorien im folgenden gesondert behandelt werden.
Zunächst drängt sich die Frage auf, ob überhaupt der Fremdenverkehr subventioniert bzw. gefördert werden sollte, ist er doch eine der wenigen offenbar rezessionsresistenten Wachstumsbranchen. Aber wo nahezu alles und jeder förderfähig ist, kann man auch dem Incoming die „me-too-Mentalität" nicht übel nehmen.

> Von Touristikern wird angemahnt, dass es angesichts einer Stagnation und sogar eines Rückgangs bei den Gäste- und Übernachtungszahlen töricht wäre, die öffentlichen Hände aus der Förderung des Fremdenverkehrs zurückzuziehen. Stagnation und regionaler sowie sektoraler Rückgang sind aber trotz Förderung durch die öffentlichen Hände erfolgt. Deshalb sei die Frage erlaubt, ob die direkte Förderung des Fremdenverkehrs denn wohl die ultima ratio sein muss. Weshalb immer neue Hotelkapazitäten, wenn bereits jetzt im Jahresdurchschnitt nur jedes dritte Bett belegt ist? Statt dessen würde die Förderung des Umfeldes auch das Incoming positiv beeinflussen, z.B. Förderung der Sicherheit, der Bildung, der Forschung, der Kultur, des Umweltschutzes, der politischen Kultur, der Sauberkeit, der Ordnung, des Sozialen.

Insbesondere der Städtetourismus ist sehr eng mit dem kommunalen Engagement im kulturellen Bereich verbunden. Zuschauermagneten, wie einige Musicals, tragen sich zeitweilig selbst und sind die Hauptziele der Städtereisenden, aber das kulturelle Niveau, aus dem die Langzeitattraktivität einer Stadt resultiert, ist die Summe der Kulturstätten in ihrer Vielfalt.

Die Förderung der Kulturstätten ist ganz unterschiedlich geregelt. Sie hängt ab von der Finanzkraft der Stadt, des Landes, des Staates, vom Engagement finanzstarker Gönner und von der Bedeutung der jeweiligen Kulturstätte. In zentralisierten Staaten kommt das Geld vom Staat. In dezentralisierten Staaten tragen die Städte und Länder die finanziellen Lasten ihrer Kulturstätten.

Der Louvre wird zu 70% vom französischen Staat finanziert. Die Stadt New York schenkte dem Met 1870 das Grundstück im Central Park und sorgt seither für das Gebäude, seine Instandhaltung und Bewachung. Die Aachener Kunstsammler und Mäzene Irene und Peter LUDWIG haben mit Leihgaben an rund dreißig Museen, mehr als einem Dutzend Schenkungen oder Stiftungen und, neben den Kölner und Koblenzer „Museen Ludwig", weiteren in Wien, Budapest, St.Petersburg und Peking mehr für die Kunst getan, als manche Staaten zu leisten in der Lage oder willens sind. Die Kunsthalle in Emden wäre ohne ihren Stifter Henri NANNEN nicht denkbar.

Selbstverständich sollte der Zwang zum öffentlichen Engagement für eine Kulturstätte umso stärker sein, je größer ihre symbolische Bedeutung für den Staat, die Region oder die Kommune ist.

Informationen über Fördermaßnahmen erhält man von den zuständigen Industrie- und Handelskammern, Wirtschaftsministerien und EU-Beratungsstellen.

Beispiele:

Kredite zu günstigen Konditionen (Zinssatz, Laufzeit); *Bürgschaften und Garantien* zur Besicherung von Krediten; *Eigenkapitalhilfe*; *Unterstützung für Existenzgründungen*; *Mittelstandsprogramm*; *Regionalförderung, Investitionszulage*; *Kommunaler Aufbaufonds*; *Förderung der Beteiligung an Messen und Ausstellungen*; *steuerliche Förderung* (z.B. Investitionszulage, Anspar- und Sonderabschreibung); *Information, Schulung, Beratung*; *Qualitätssicherung*; *arbeitsmarktpolitische Hilfen*; *Förderprogramme zur Landschaftserhaltung*; *Fördermittel für Straßenbau und -unterhalt*

Eine Reihe von *Sonderprogrammen* des Bundes, der Länder und der EU bieten weitere Möglichkeiten der Erlangung von Zuschüssen, überwiegend für Verkehrswege.

Zuwendungen aus dem Kraftfahrzeugsteuerverbund für Bau, Ausbau und Unterhaltung von Kreis- und Gemeindestraßen sowie für Ortsdurchfahrten, für Bau und Ausbau von Geh- und Radwegen sowie für Nahverkehrsinvestitionen.

Landratsamtskontingente zur Förderung des Ausbaus von Gemeindestraßen

Zuwendungen zu Straßen- und Brückenbauvorhaben kommunaler Baulastträger

Zuschüsse für den Unterhalt und den Ausbau der Kreisstraßen.

Finanzierungshilfen des Bundes an die Länder für Investitionen zur Verbesserung der Verkehrsverhältnisse der Gemeinden

Förderung von Projekten des Nahverkehrs

Sonderfördermittel und -programme (Auswahl): Radwegeausbau an Bundesstraßen, Förderprogramm für Freizeit und Erholung, Modellvorhaben „Flächenhafte Verkehrsberuhigung", Modellvorhaben „Fahrradfreundliche Stadt", Modellvorhaben „Lichtet den Schilderwald".

EU-Fördermaßnahmen

Der „Aktionsplan zur Förderung des Fremdenverkehrs"[1] enthält folgende Schwerpunkte:

- horizontale, d.h. die gesamte Branche umfassende Maßnahmen: Fremdenverkehrs-Statistik, Studien, z.B. über die Auswirkung von Steueränderungen und von Branchentrends, Koordinierung der Fremdenverkehrspolitik, Konsultationen innerhalb der europäischen Fremdenverkehrswirtschaft, Entzerrung der Reiseströme und Ferientermine
- gezielte Maßnahmen: Diversifizierung, Qualitätsverbesserung, Unterstützung von Modellvorhaben durch Anschubfinanzierung, Aus- und Fortbildung, Förderung der Zusammenarbeit von Bildungseinrichtungen, Werbung in Drittländern, d.h. Europa als einheitliches Ziel zu vermarkten.

Kriterien für die Vergabe der Mittel sind: wirtschaftlicher Entwicklungsrückstand, insbesondere Rückgang der industriellen Entwicklung.

Ziele der Förderung: Erschließung, Verringerung von Langzeitarbeitslosigkeit.

[1] EG-Info 3/1991; KOM(91)97

Maßnahmen:
- Kooperation und Projektentwicklung (50-60% der Gesamtkosten sind förderbar)
- Entwicklung der Infrastruktur aus Mitteln europäischer Strukturfonds (beträchtliche Eigen- und Bundesmittel sind erforderlich).

Zielgruppen sind in erster Linie (regionale) politische Entscheidungsträger, Fremdenverkehrsverbände sowie Ausbildungs- und Forschungseinrichtungen des Fremdenverkehrs.

Ein Beispiel ist das Projekt *Öko-Island*. Es umfasst (Stand 1994) die Inseln Hiiumaa (Estland), Alonnissos (Griechenland), Fuerteventura und La Palma (Spanien), Elba (Italien) sowie Pellworm (Deutschland). Unter dem Oberbegriff „sanfter Tourismus" werden diese Inseln gefördert und müssen im Gegenzug Analysen erstellen und ihre touristische Arbeit dokumentieren. Schwerpunkte sind biologische Landwirtschaft und Direktvermarktung, das Zusammenwirken von Fremdenverkehr und ökologischer Landbewirtschaftung. Von der landwirtschaftlich genutzten Fläche Pellworms werden 10% biologisch bewirtschaftet (Durchschnitt in Deutschland: 1%).

Das Fremdenverkehrsbudget der EU umfasst etwa 1% des Gesamt-Budgets der Union. Zum Vergleich: 50% des Budgets werden für die Landwirtschaft aufgewendet.

EU-Strukturfonds zur Verwirklichung regionalpolitischer Ziele:

Ziel-1-Gebiete: Förderung der Entwicklung und der strukturellen Anpassung der Regionen mit Entwicklungsrückstand (etwa 70% aller Mittel)

Ziel-2-Gebiete: Unterstützung der wirtschaftlichen und sozialen Umstellung der Gebiete mit Strukturproblemen

Ziel-3-Gebiete: Unterstützung der Anpassung und Modernisierung der Bildungs-, Ausbildungs- und Beschäftigungspolitiken und -systeme

Übersichten und Informationen zu EU-Rechtsakten und Ausschreibungen im Bereich Fremdenverkehr erhält man bei den EU-Beratungsstellen (Euro Info Centers).

9.6. Risiken, Haftung, Versicherung

Risiken sind messbare und damit versicherungsfähige Ungewissheiten.

Am Anfang eines Risikomanagements steht das Auflisten aller möglichen Risiken, unabhängig von der Wahrscheinlichkeit ihres Eintretens. Anschließend ist zu erfassen, welche Vorsorge zur Schadenverhinderung im Unternehmen durch technische und organisatorische Maßnahmen bereits getroffen wird. Viele Schäden lassen sich im Voraus vermeiden und die Schadenhöhe lässt sich begrenzen. Man kann sich gegen fast alle Risiken versichern, muss es aber nicht. Die Kosten für das Zurückgewinnen von durch einen Schaden verlorene Kunden und Marktanteilen übernimmt jedoch keine Versicherung. An dieser Stelle wäre auch zu erfassen, welche Risiken die Reiseveranstalter, externe Unternehmen und Institutionen sowie die Reisenden selbst (Reisegepäck-, Reisehaftpflicht-, Reiseunfall-, Reisekranken-, Reiselebensversicherung) zu tragen und damit zu versichern haben. Dann erfolgt die Systematisierung der Risiken entsprechend ihrer Bedeutung für das Unternehmen und schließlich die Wahl der Versicherung.

Arten von Risiken

Existenzvernichtende oder große Risiken sind geeignet, bei Schadeneintritt die finanzielle Basis des Unternehmens und des Unternehmers zu vernichten.

Beispiele:
für eine Destination: Reaktorunfall
für einen Veranstalter: Insolvenz
für einen Leistungsträger: Pension brennt ab und ist unterversichert

Existenzbedrohende oder mittlere Risiken sind Schadenereignisse, die ein Unternehmen oder einen Unternehmer zwar schwer belasten, die Weiterführung des Unternehmens aber prinzipiell ermöglichen.

Beispiele:
für eine Destination: Gewaltakte gegen Touristen
für einen Veranstalter: mehrere, aufeinander folgende Unfälle
für einen Leistungsträger: Insolvenz des Veranstalters, der die gesamte Kapazität des Unternehmens nutzt

Existenzneutrale oder kleine Risiken sind Schadenereignisse, die Unternehmen und Unternehmer nur gering belasten.

Beispiele:
für eine Destination: Schlechtwetterperioden (z.B. fehlender Schnee in einer Wintersportregion)
für einen Veranstalter: Regenwetter bei einer Open-Air-Veranstaltung
für einen Leistungsträger: technische Pannen

Haftung[1]

Haftung ist das Einstehenmüssen für eine Schuld, für eine versprochene Leistung und für die versprochenen Eigenschaften eines Produktes oder einer Leistung.

Risiken für Unternehmen ergeben sich auch aus der Haftung gegenüber ihren Kunden sowohl aus Ereignissen, die sie nicht zu vertreten haben (Zufall) als auch aus Schäden, die sie ihnen fahrlässig, grob fahrlässig oder vorsätzlich (Verschulden) zugefügt haben.

(leicht, einfach) fahrlässig: Außer-Acht-Lassen der im Verkehr erforderlichen Sorgfalt

grob fahrlässig: besonders schweres Außer-Acht-Lassen der im Verkehr erforderlichen Sorgfalt, bei dem ganz nahe liegende Überlegungen nicht angestellt werden

vorsätzlich handelt, wer von den Folgen seiner Handlung mindestens eine Vorstellung hat und den als möglich erkannten Erfolg billgt.

Für Gefälligkeiten wird nur bei grober Fahrlässigkeit und Vorsatz gehaftet.

Jeder, der eine Gefahrenquelle schafft, hat im Rahmen seiner **Verkehrssicherungspflichten** dafür zu sorgen, dass Personen, Eigentum und sonstige Rechtsgüter des jeweiligen Vertragspartners und anderer nicht verletzt bzw. beeinträchtigt werden. Die Verkehrssicherungspflicht ist eine allgemeine Rechtspflicht für jeden, d.h. auch für öffentliche Körperschaften, und gilt somit unabhängig von den vertraglich vereinbarten Pflichten auch gegenüber Dritten. Eine Haftung aus verletzter Verkehrssicherungspflicht setzt ein Verschulden des Verfügungsberechtigten, des Veranstalters selbst oder eines seiner Erfüllungsgehilfen in Form der Vernachlässigung der erforderlichen Sorgfalt voraus. Gefordert wird eine laufende[2] Beaufsichtigung der mit der Verkehrssicherung Beauftragten. Der Verfügungsberechtigte haftet aus unerlaubter Handlung gem. § 823 BGB.

Im Incoming gehören zu den Verkehrssicherungspflichten z.B.: die Absperrung bei Veranstaltungen, die Kontrolle von Freizeiteinrichtungen, der Einsatz von Ordnungspersonal, die Beseitigung von Gefahrenquellen durch Beleuchtung, Geländer, Absperrungen, Hinweisschilder, Abstumpfen glatter Flächen, Fangnetze bei Sportveranstaltungen; Warnungen, Verbote.

Bei der Abwendung von Gefahren spielt natürlich auch die wirtschaftliche Zumutbarkeit eine Rolle.

Hinweise wie: „Benutzung auf eigene Gefahr!“ oder „Wir übernehmen kein Haftung!“ sind unwirksam.

Unbeschadet einer Minderung des Reisepreises oder Kündigung kann der Reisende *Schadenersatz* für Begleit- und Folgeschäden sowie für nutzlos aufgewendete Urlaubs-

[1] zu spez. Haftungsfragen zwischen Beteiligten am Incoming-Geschäft siehe unter Kap. 10

[2] verschiedene Urteile räumen ein, dass ein Veranstalter seiner Pflicht genügt, wenn er sich durch Stichproben vom Sicherheitszustand seiner Leistungsträger informiert

zeit verlangen.
Der Begriff **positive Vertragsverletzung**, er kommt im BGB nicht vor, bezeichnet ein Gewohnheitsrecht, das alle schuldhaften Leistungsstörungen betrifft, die weder in einer Unmöglichkeit noch in einer Leistungsverzögerung ihre Ursache haben. Positive Vertragsverletzungen können sein: Handlungen (Verletzung von Nebenpflichten, vertragswidriges Verhalten), Unterlassungen (mangelhafte Unterrichtung oder Aufbewahrung, Verletzung von Obliegenheiten), schuldhafte Erbringung einer mangelhaften Leistung, Verletzung von Teilpflichten, die auf den Gesamtvertrag einwirkt, Nichterfüllung der Ratenzahlungspflicht, ernstliche und endgültige Leistungsverweigerung des Schuldners. Voraussetzung ist, dass die positive Vertragsverletzung nicht unerheblich ist, sondern den Vertragszweck derart gefährdet, dass dem anderen Teil das Festhalten am Vertrag nach Treu und Glauben nicht mehr zugemutet werden kann. Zu den Ansprüchen gehören u.a. Heilungskosten, Transportaufwendungen, Verdienstausfall, „vertane Urlaubstage", Aufwendungen im Falle von Kleidungsschäden.
Hauptanwendungsfälle:

- Mangelfolgeschäden; d.h. Folgeschäden aufgrund eines verschuldeten Fehlers oder Mangels
- Verletzung von Nebenpflichten
  Körperschäden durch falsch angeschlossene Gasflasche in einer Hotelunterkunft; zu den Nebenpflichten gehört auch die Beratungspflicht; darunter die Leistungstreuepflicht, die generelle Verpflichtung, den Vertragszweck und den Leistungserfolg weder zu gefährden noch zu beeinträchtigen; ein Kunde hört, wie der Reisemittler abfällig über die Leistungen eines Veranstalters spricht und tritt daraufhin vom Vertrag zurück
- vertragswidriges Verhalten
  Störung des Platzfriedens durch Camper mit Schäden für andere
- Unterlassungen, z.B. mangelhafte Unterrichtung oder Aufbewahrung, Verletzung von Obliegenheiten, Vernachlässigung der Schutz- und Fürsorgepflichten gegenüber dem Gast und seinem Eigentum
- schuldhafte Erbringung einer mangelhaften Leistung
  ein Busunternehmer oder sein Erfüllungsgehilfe haben schuldhaft einen Unfall verursacht
- Verletzung von Teilpflichten, die auf den Gesamtvertrag einwirkt
  z.B. Schlecht- oder Nichterfüllung der Ratenzahlungspflicht
- ernstliche und endgültige Leistungsverweigerung des Schuldners
  Vertragsaufsage

Die Beweislast für das Vorliegen einer positiven Vertragsverletzung obliegt dem Schuldner. Er hat zu beweisen, dass ihn kein Verschulden trifft.

Haftungsbeschränkung

Haftungsausschluss ist, auch wenn in Allgemeinen Geschäfts-/Reisebedingungen gelegentlich enthalten, unangemessen und verstößt gegen § 9 AGBG.
Veranstalter können gem. § 651 h BGB durch Vereinbarung mit dem Reisenden ihre Haftung für Schäden, sofern es keine Körperschäden sind, auf den dreifachen Reisepreis beschränken, soweit der Schaden für den Reisenden weder vorsätzlich noch grob fahrlässig herbeigeführt wurde oder soweit der Veranstalter für einen dem Reisenden entstehenden Schaden allein wegen eines Verschuldens eines Leistungsträgers verantwortlich ist.
Ansprüche des Reisenden direkt gegen den Veranstalter aus § 823 BGB (deliktische Ansprüche) sind in der Höhe nicht begrenzt. In AGB wird auch die deliktische Haftung zu begrenzen versucht, z.B. für Personenschäden auf 75.000 € und für Sachschäden auf 4.000 €. Auch hier sind natürlich Vorsatz und grobe Fahrlässigkeit wieder ausgenommen.

Sehen Spezialgesetze, z.B. im Luftverkehr und in der Schifffahrt, abweichende Haftungsgrenzen vor, so haben diese Vorrang.
Gem. § 254(2) BGB obliegt dem Geschädigten eine *Schadenminderungspficht*. Sowohl die Verpflichtung zum Schadenersatz als auch seine Höhe hängt davon ab, ob der Geschädigte den Schuldner auf die Gefahr eines ungewöhnlich hohen Schadens aufmerksam gemacht hat oder dazu beigetragen hat, den Schaden abzuwenden oder zu mindern.

Versicherung

Das Versicherungswesen unterscheidet zwischen *Elementargefahren* (Sturm, Hagel, Hochwasser, Sturmflut, Überschwemmung, Bergrutsch, Erdbeben u. dgl.) und *politischen Risiken* (Krieg, Aufruhr, innere Unruhen, Beschlagnahme, Verfügungen von hoher Hand, Plünderung).
Gegen einige Risiken und für einige Verursacher von Risiken besteht zum Schutz derjenigen, die diesen Riskiken ausgesetzt sind, gesetzliche *Versicherungspflicht* mit Beschränkungen der Vertragsfreiheit. Der Abschluss einer *freiwilligen Versicherung* liegt im Ermessen des Versicherungsnehmers als Ergebnis seiner Kalkulation des Eintretens eines Schadens.
Die *Allgefahrenversicherung* deckt, bei einer Reihe von Ausschlüssen, grundsätzlich alle Gefahren (Totalität der Gefahren).
EC-Versicherung (engl. extended coverage = erweiterte Deckung) erweitert den durch eine Grundversicherung (z.B. Feuerversicherung) gegebenen Schutz um weitere Schadensfälle (z.B. Überschwemmung, Streik, innere Unruhen), meist mit vereinbarter Selbstbeteiligung.
Meist erfolgt der Versicherungsschutz in Form einer *Einzelversicherung*, d.h. der Versicherungsvertrag wird zwischen einem Versicherer und einem Versicherungsnehmer geschlossen. *Gruppenversicherungen*, z.B. in der Haftpflicht- und Unfallversicherung, werden zur Deckung einer vorübergehenden Gefahr (Veranstaltungen) und der Haftpflicht von Arbeitnehmern angewendet. Im Falle der Gruppenversicherung zieht ein Verband, Arbeitgeber, Veranstalter etc. die Beiträge bei den versicherten Mitgliedern der Gruppe, die entweder der Anzahl nach oder namentlich festgelegt sind, (Sammelinkasso) ein und führt sie geschlossen an den Versicherer ab.

Versicherungen

<u>Betriebshaftpflichtversicherung</u>

Die Haftpflichtversicherung ist eine Schadenversicherung, und zwar eine Versicherung gegen die Entstehung von Passiven durch gesetzliche Haftpflichtansprüche privatrechtlichen Inhalts.
Der Versicherungsnehmer hat einen Rechtsschutz- und einen Befreiungsanspruch gegen den Versicherer.
Die Betriebshaftpflichtversicherung deckt Haftpflichtansprüche Geschädigter gegen das Unternehmen. Sie ersetzt Personen-, Sach- und z.T. Vermögensschäden, für die das Unternehmen auf Grund gesetzlicher Vorschriften haftbar gemacht werden kann. Die eigene Leistung des Unternehmens kann in den meisten Fällen nicht versichert werden. D.h. die Versicherung reguliert lediglich den Schaden, der durch eine falsche Leistung eingetreten ist, tritt aber nicht für die nachträgliche, richtige Ausführung der Leistung ein.
Mietsachschäden, d.h. Schäden an vom Versicherungsnehmer gemieteten Sachen, können in die Haftpflichtversicherung eingeschlossen werden.
Die Gastwirtversicherung ist eine auf die gesetzliche Haftung des Herbergswirts abgestellte Sonderform der Haftpflichtversicherung. Sie ersetzt den Schaden, den ein Gast durch Verlust, Zerstörung oder Beschädigung eingebrachter Sachen erleidet, ohne dass es auf ein Verschulden des Gastwirts oder seiner Leute ankommt. Andere Schäden werden nur unter Selbstbeteiligung mitversichert.

Die Parkplatzversicherung ist eine Betriebshaftpflichtversicherung der Fahrzeugwachen.

Vermögensschadenhaftpflichtversicherung
ersetzt Vermögensschäden, für die der Versicherungsnehmer von einem Anderen verantwortlich gemacht wird.

Betriebsunterbrechungsversicherung
ersetzt nachgewiesenen entgangenen Geschäftsgewinn und fortlaufende Geschäftskosten (Mieten, Löhne, Gehälter, Zinsen etc.), die durch eine Unterbrechungs des Geschäftsgangs nach im Vertrag zu spezifizierenden Schadensfällen (Feuer, Sturm, Überschwemmung, Einbruchdiebstahl, Unterbrechung der Stromversorgung etc.) verursacht wurden.

Die *Mietverlustversicherung* schützt den Vermieter entweder als selbständige Versicherungsart oder in die Betriebsunterbrechungsversicherung eingeschlossen gegen Mietausfall infolge eines Versicherungsfalles. Es wird auch der Schaden ersetzt, der dem Versicherungsnehmer dadurch entsteht, dass von ihm selbst genutzte Räume nicht oder nur zum Teil benutzbar sind und infolgedessen andere Räume gemietet werden müssen.

Umweltschadenhaftpflichtversicherung
oft in der Betriebshaftpflichtversicherung enthalten; reguliert Schäden, die durch das Unternehmen dem Boden, der Luft oder dem Wasser zugefügt wurden. Die Haftung betrifft Körper- und Gesundheitsschäden sowie Sachschäden.

Produkthaftpflichtversicherung
eine Erweiterung der Betriebshaftpflichtversicherung, ersetzt den Schaden, der dadurch verursacht wurde, dass das vom Unternehmen hergestellte Produkt die zugesicherten Eigenschaften nicht hat. Ein Händler oder Vermittler, der fremde Produkte und Leistungen unter eigenem Namen verkauft, haftet gegenüber dem Kunden für Schäden aus Produkt- und Leistungsmängeln. Von Bedeutung z.B. bei Sportgeräteverleih.

Feuerversicherung
trägt die Brand-, Blitzschlag- und Explosionsgefahr; begleicht die Kosten für die Sanierung und Renovierung der betroffenen Gebäude und Räume, kommt aber nicht für weiterlaufende Mieten, Löhne und Gehälter sowie entgangenen Gewinn auf.

Feuerlöschkostenversicherung
deckt die Aufwendungen, die der Versicherungsnehmer zur Brandbekämpfung für geboten halten durfte.

Feuerhaftungsversicherung
ergänzt die Betriebshaftpflichtversicherung, indem sie Versicherungsschutz für den Fall gewährt, dass im Zusammenhang mit einem Schadenereignis Sachen eines Dritten zerstört oder beschädigt werden oder abhanden kommen, und der Versicherungsnehmer auf Schadenersatz in Anspruch genommen wird.

Elementarschadenversicherung
umfasst die Versicherung gegen Naturereignisse, wie Sturm, Hagel, Hochwasser, Sturmflut, Überschwemmung, Erdrutsch, Erdbeben. Die Sturmversicherung ist ein selbständiger Versicherungszweig.

Rechtsschutzversicherung
trägt die Kosten des eigenen und des gegnerischen Anwalts sowie die Gerichtskosten bei Streitigkeiten mit Mitarbeitern vor Arbeits- und Sozialgerichten, bei eigenen Schadenersatzforderungen oder bei der Verteidigung des eigenen Unternehmens gegen den Vorwurf fahrlässiger Straftaten oder Ordnungswidrigkeiten. Sie übernimmt auch die Kosten in Streitfällen, die sich aus der Eigenschaft des Versicherten als Mieter oder Eigentümer von Immobilien oder als Halter und Fahrer ergeben. Empfehlenswert ist die Rechtsschutzversicherung für Unternehmen mit vielen Mitarbeitern. Bei einem Kündigungsschutzprozess eines entlassenen Mitarbeiters sind die eigenen Anwaltskosten und die hälftigen Gerichtskosten in der ersten Instanz durch das Unternehmen zu tragen. Diese Kosten übernimmt die Versicherung. Sie deckt jedoch nicht, von wenigen Ausnahmen abgesehen, die Kosten aus nicht erfüllten Firmenverträgen, z.B. ein Verfahren wegen nicht bezahlter Rechnung.

Vertrauensschadenversicherung

soll gegen Schäden schützen, die durch vorsätzliche, schadenersatzpflichtige Handlungen (Untreue, Betrug, Unterschlagung) von Vertrauenspersonen, auch Erfüllungsgehilfen, entstehen. Die Erweiterung des Versicherungsschutzes auf fahrlässige Handlungen (Fristversäumnisse, fehlerhafte Rechnungen), Handlungen ohne Verschulden (Erpressung, Raub) sowie Daten- und Computermissbrauch ist möglich.

Eigenschadenversicherung

ist eine Vertrauensschadenversicherung von Gemeinden, Gemeindeverbänden und gemeindlichen Einrichtungen.

Transportversicherungen

im Falle des Incoming-Tourismus müssen Risiken beim Einsatz von Binnen- und Hochsee-Fahrgastschiffen, bei der Benutzung des Personennahverkehrs und stationärer Personenbeförderungsmittel (Sessellifte) beachtet werden. Im grenzüberschreitenden Personenverkehr sind die Haftungsfragen durch internationale Übereinkommen geregelt, z.B. im Luftverkehr durch das Warschauer Abkommen.

Insolvenzschutzsicherung

Gem. § 651 k BGB ist der Reiseveranstalter verpflichtet, seine Kunden gegen das Risiko einer möglicherweise eintretenden Insolvenz zu versichern bzw. abzusichern. Dies kann durch eine Versicherung bei einem Versicherungsunternehmen oder durch ein Zahlungsversprechen eines Kreditinstituts erfolgen.

Versicherungen bei Veranstaltungen[1]:

Veranstalter-Haftpflichtversicherung

Die Haftungsrisiken des Veranstalters müssen exakt definiert werden, um ausreichenden Versicherungsschutz zu gewährleisten.

Durch eine Feuerwerksklausel kann die gesetzliche Haftpflicht aus dem Abbrennen von Feuerwerken usw. in die Haftpflicht eingeschlossen werden. Voraussetzung ist die polizeiliche Genehmigung der Veranstaltung und die Leitung durch einen Pyrotechniker.

Veranstaltungs-Ausfall-Versicherung (VAV)

Versicherungsfall ist der Ausfall, eine Änderung in der Durchführung oder der Abbruch einer Veranstaltung als Folge eines Ereignisses außerhalb des Einflussbereiches des Veranstalters (Versicherungsnehmers). Gedeckt sind die dem Veranstalter entstandenen Kosten, nach Vereinbarung auch ein „nachweislich verlorener Gewinn".

Die VAV löste die Regenversicherung ab, die gegen Vermögenschäden schützte, die bei gesellschaftlichen, sportlichen, künstlerischen oder geschäftlichen Veranstaltungen oder auch Erholungsreisen infolge Regen, Hagel, Schnee oder Graupeln entstanden.

Die *All-Gefahren-Ausfalldeckung* gem. Form A umfasst alle schadenauslösenden Gefahren, soweit diese nicht unter die Kontrolle oder in den Einflussbereich des Versicherungsnehmers, seiner Organisatoren oder der teilnehmenden Personen fallen und soweit keiner der Standardausschlüsse (z.B. Krieg, Kernenergie, Streik, mangelndes Publikumsinteresse, Vertragsbruch, grobe Fahrlässigkeit, Vorsatz) erfüllt ist. Ausgeschlossen vom Versicherungsschutz sind auch das Nichterscheinen von Personen sowie Wettergefahren. Versicherte Ausfalltatbestände sind z.B. Staatstrauer, Ausfall der öffentlichen Stromversorgung, Abbrennen des Veranstaltungsgebäudes.

Die *Nicht-Auftritts-Deckung* gem. Form B bietet Versicherungsschutz für den Fall, dass eine Veranstaltung vom Erscheinen oder dem Auftritt einer Person bzw. mehrerer Personen abhängt. Der Standard-Deckungsschutz umfasst die Gefahren Unfall, Krankheit, Tod.

Eine spezielle VAV ist die *Konzertausfallversicherung* als eine Versicherung gegen Vermögenschäden, die dadurch eintreten, dass infolge von Unfall oder Tod von Künstlern ein Konzert ausfällt.

---

[1] Zundel, F.P.: Rechtsprobleme im Kulturtourismus und Veranstaltungsmanagement. In: Dreyer (1996), S.363 - 387; Schmidt,R.: Versicherungs Alphabet. Karlsruhe, 8.Aufl. 1991

Garderobeversicherung
bietet Versicherungsschutz für in beaufsichtigten Garderobeablagen abgelegte Kleidungsstücke und solche Gegenstände, deren Aufbewahrung in der Garderobeablage üblich ist. Sie deckt Schäden, die durch Verlust und Beschädigung entstehen. Für den Inhalt von Handtaschen wird begrenzt gehaftet; von der Haftung ausgeschlossen sind Wertsachen, Schmuck, Bargeld und sonstige Zahlungsmittel, Urkunden aller Art, Fahrausweise und Schlüssel.
Unfallversicherung
bietet den Besuchern einer Veranstaltung Schutz gegen Risiken, die vom Handlungsbereich des Veranstalters unabhängig sind. Die Prämie ist im Eintrittspreis anteilig enthalten.

Krisenmanagement

Nicht jede Panne ist eine Krise. Man sollte sich bemühen, der jeweiligen Situation angemessen zu reagieren. Die Versicherungswirtschaft definiert z.B. ein schädigendes Großereignis mit 20 oder mehr Toten als *Katastrophe*.

Beispiele für Krisen:

- Naturkatastrophen, z.B. Erdrutsche, Erdbeben, Überschwemmungen, Orkane, Schneekatastrophen, Algenpest
- Epidemien und Seuchen
- größere Unfälle, z.B. Großbrände, Tankerunfälle vor Badeständen, Reaktorunfälle, Chemieunfälle, Verkehrsmittelunfälle
- Kriege, Aufruhr, terroristische Anschläge.

Obwohl diese Ereignisse nicht in den Verantwortungsbereich des Incoming-Anbieters fallen, sollte er auf ihr Eintreten vorbereitet und in der Lage sein, im eigenen Interesse und im Interesse seiner Gäste wirksame Maßnahmen ergreifen zu können. Die Destination sollte *Reaktionsschemata* parat haben.
Sind Gefahren absehbar, z.B. Orkanhäufigkeit, Lawinengefahr, dann haben Veranstalter und Vermittler die Pflicht, darauf hinzuweisen.
In unerwarteten Notsituationen geraten manche Manager und Behörden in Panik und provozieren eine Doppelkrise - zu den aktuellen Schäden kommt der Imageschaden.
Jede Krise ist anders, doch die Reaktionen unvorbereiteter Manager und Behörden sind immer die gleichen: Bestürzung, Informationsmangel, Kompetenzprobleme, Eskalation der Ereignisse.
In diese Situation stoßen die Journalisten mit ihren Fragen, rufen besorgte Angehörige an, wollen Abteilungen Anweisungen, Betriebe und übergeordnete Behörden Auskünfte haben.
Auf Ereignisse solcher Art vorbereitet zu sein, ist auch für mittelständische Firmen nützlich und zeugt von Verantwortungsbewusstsein.
Krisenmanagement besteht aus folgenden Bestandteilen:

1. Definition der möglichen Krisensituationen in verschiedenen Stufen bis zum schlimmsten denkbaren Fall
2. Ausarbeitung von Krisenplänen für jede Situation, enthaltend: Benachrichtigungsschemata, Organisationsschemata, Maßnahmepläne, Muster für Pressemitteilungen und für Telefonauskünfte
3. regelmäßiges, protokolliertes Krisentraining mit strenger Auswertung und Verbesserung der Krisenpläne
4. Laufendhaltung der Dokumentation.

Für die Weltausstellung Expo 2000 in Hannover kalkulierten die Veranstalter im Rahmen eines Katastrophenszenarios mit 20% weniger als den erwarteten 40 Mill. Besucher und Mindereinnahmen von fast 200 Mill. € wegen schlechten Wetters, dauerhaften Verkehrschaos oder eines Attentats.

Natürlich kann und muss mit den Gästen nicht jede Krisensituation trainiert werden, aber ihnen kann das Gefühl vermittelt werden, dass ihre Gastgeber sie in Krisensituationen nicht im Stich lassen werden. Das Bootsmanöver auf einem Kreuzfahrtschiff, die Information über den Gebrauch der Schwimmweste im Flugzeug, eine Übung der Bergwacht sind auch keine Gewähr dafür, dass im schlimmsten Falle alles klappt.
Man erwartet, dass den von einer Krise Betroffenen schnelle und wirksame Hilfe zuteil wird. Meist bauen die Verantwortlichen allerdings, und oft erfolgreich, darauf, dass bald Gras über die Sache wächst.

Am 17. November 1997 verübten radikale Islamisten vor dem Hatschepsut-Tempel bei Luxor ein bislang beispielloses Massaker an ausländischen Touristen. Dabei kamen 58 Ausländer, darunter 36 Schweizer ums Leben. Die Sicherheitskräfte hatten offensichtlich versagt. Noch am Tatort verschwanden viele Wertsachen der Toten. Bei der Trauerfeier versprach der ägyptische Außenminister finanzielle Hilfe für die Angehörigen. Bis Mitte 1998 war noch kein Piaster gezahlt worden. Auch eine akzeptable offizielle Erklärung stand immer noch aus. Ähnlich war die Situation nach dem Mord an neun deutschen Touristen im September 1997 vor dem Nationalmuseum in Kairo.
In der Schweiz war Ägypten 1998 aus den Katalogen gestrichen worden, in Deutschland wurde mit Schnäppchenreisen nach Ägypten geworben.

9.7. Das Unternehmen in der Klemme

Existenziell kritische Situationen sind für Unternehmen des Incoming-Tourismus wegen der hohen Sensibilität und Flexibilität der Nachfrage eher die Regel als die Ausnahme. Die Reaktionen reichen je nach Größe der Probleme von innerbetrieblichen Veränderungen bis zur Auflösung des Unternehmens.
Betriebliche Veränderungen sind oft ausreichend, wenn die Probleme exakt zugeordnet werden können und wenn die Dauer der kritischen Situation absehbar ist. Durch Umbesetzung von Führungspositionen können Mängel im Management beseitigt werden. In manchen Fällen ist eine völlige Umstrukturierung des Unternehmens sinnvoll. Oft sind Kostensenkungen erforderlich, die durch Einsparungen an Personalkosten und zeitweilige Kapazitätsreduzierung erzielbar sind. Mit Veränderungen des Leistungsangebots werden neue Zielgruppen angesprochen. Der Wechsel des Standorts ist nur für wenige Leistungsanbieter, z.B. Vermittler, ein Ausweg aus der Krise.
Kooperation und Konzentration unter dem Motto „Lieber gemeinsam reich und gesund als allein arm und krank" sind nicht nur als Ausweg für in Not geratene Unternehmen zu sehen, aber sie können Probleme lösen helfen. Selbst die Kooperation in Not geratener Unternehmen miteinander kann vorteilhaft sein. Gewünschte Effekte bestehen u.a. in der Vergrößerung der Kapitalbasis, Erleichterung der Kapitalbeschaffung, Vergrößerung des Marktbereiches sowie in einer stärkeren Position gegenüber Leistungsträgern, Dienstleistern und Zulieferern.
Der Anschluss an ein gesundes Unternehmen muss in der Regel mit Nachteilen, vor allem mit Unterordnung erkauft werden.
Sanierung ist die Neugestaltung der Finanzgrundlage eines notleidenden Unternehmens.
Der Vergleich ist eine Möglichkeit, die Auflösung eines Unternehmens wegen Zahlungsunfähigkeit abzuwenden. Insbesondere um ein Insolvenzverfahren zu vermeiden, verzichten die Gläubiger entweder im Rahmen eines gerichtlichen Verfahrens oder außergerichtlich (freiwillig) auf einen Teil ihrer Forderungen bzw. stunden die Schulden für einen befristeten Zeitraum.
Freiwillige Auflösung (Liquidation) kann aus verschiedenen Gründen erforderlich werden, z.B. wenn sich kein Nachfolger für den Inhaber findet, wegen fehlender Rentabilität, wegen Uneinigkeit der Gesellschafter oder wenn der Zweck des Unterneh-

mens erreicht ist.
Im Rahmen der Liquidation werden die Vermögenswerte verkauft, das Eigenkapital an die Teilhaber zurückgezahlt sowie die Schulden getilgt. Der Tatbestand der Liquidation ist in das Handelsregister eintragen zu lassen („i.L." als Zusatz zum Firmennamen).
Zwangsweise Auflösung (Insolvenz): Ein Insolvenzverfahren kann sowohl vom Insolvenzschuldner als auch durch die Gläubiger dieses Schuldners beim zuständigen Insolvenzgericht (meist Amtsgericht) beantragt werden. Das Vermögen des Schuldners wird im Falle einer Eröffnung des Insolvenzverfahrens durch eine dritte Person, den Verwalter oder Treuhänder, gleichmäßig an die Verlustgemeinschaft (alle Gläubiger) verteilt.

10. Geschäftsbeziehungen

(Siehe Bild 10.1.)

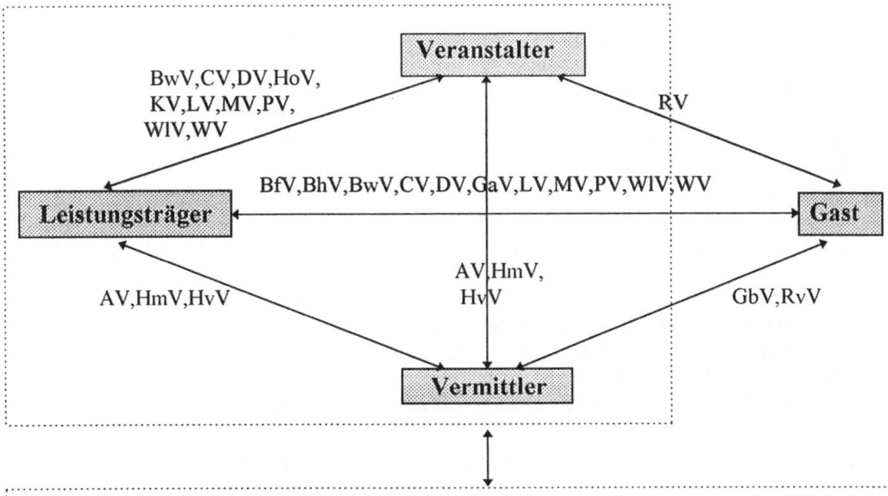

Umgebung: Gebietskörperschaften, Behördern, Banken, Versicherer, Post, Werbefirmen, Medien, Druckereien, externe DV, Start, Steuerberater, Wirtschaftsprüfer etc.

AV	-	Agenturvertrag	HvV	-	Handelsvertretervertrag
BfV	-	Beförderungsvertrag	KV	-	Kaufvertrag
BhV	-	Beherbergungsvertrag	LV	-	Leasingvertrag
BwV	-	Bewirtungsvertrag	MV	-	Mietvertrag
CV	-	Chartervertrag	PV	-	Pachtvertrag
DV	-	Dienstvertrag	RV	-	Reisevertrag
GaV	-	Gastaufnahmevertrag	RvV	-	Reisevermittlungsvertrag
GbV	-	Geschäftsbesorgungsvertrag	WlV	-	Werklieferungsvertrag
HmV	-	Handelsmaklervertrag	WV	-	Werkvertrag
HoV	-	Hotelvertrag			

Bild 10.1.: Geschäftsbeziehungen

Veranstalter - Gast[1]

Zwischen beiden kommt ein **Reisevertrag** gem. Reisevertragsgesetz (§§ 651a ff. BGB i.d.F. des Gesetzes vom 24.6.1994) zustande. Der Reisevertrag ist ein gesetzlich besonders geregelter **Werkvertrag**. Die Bezeichnung „Reisevertrag" ist nur auf die Rechtsbeziehungen zwischen Reisendem und Reiseveranstalter anzuwenden.

Der Reiseveranstalter ist verpflichtet, dem Reisenden eine *Gesamtheit von mindestens zwei Reiseleistungen* zu erbringen, und der Reisende ist verpflichtet, den vereinbarten Preis zu zahlen. *Preiserhöhungen* sind an besondere Vorgaben (Erhöhungsfaktoren, Fristen) gebunden und nach Aushändigung der Reisebestätigung unzulässig.

Der Reiseveranstalter hat den im Voraus geleisteten Reisepreis sowie die Kosten der Rückbeförderung abzusichern (Insolvenzschutzsicherung).

Dem Reiseveranstalter, sofern es sich nicht um Gelegenheits-Veranstalter handelt, obliegen gem. Informationsverordnung (InfVO) *Informationspflichten* im Prospekt, bei Vertragsabschluss, in der Reisebestätigung und kurz vor Reiseantritt:

Prospektangaben (§1)

keine irreführenden Angaben, genaue Angaben, bindende Angaben, Änderungsvorbehalt nur hinsichtlich konkreter Merkmale möglich

Unterrichtung vor Vertragsabschluss (§2)

über Pass- und Visumerfordernisse und deren Fristen sowie gesundheitliche Formalitäten - diese Informationspflicht besteht für deutsche Veranstalter nur gegenüber deutschen Staatsbürgern

Reisebestätigung, Allgemeine Reisebedingungen (§3)

auch weiterhin kein schriftlicher Vertrag erforderlich; dem Reisenden ist unmittelbar nach Vertragsabschluss eine schriftliche Reisebestätigung auszuhändigen, die Pflichtangaben enthalten muss: Reisepreis, Zahlungsmodalitäten, Hinweise auf vorbehaltene Preisänderungen; Hinweise auf Formalitäten für Mängelanzeigen, Reklamationen und Kündigungen sowie die geltenden Fristen; Angaben über Merkmale der Reise, den Veranstalter und die Insolvenzversicherung; die Allgemeinen Geschäftsbedingungen müssen vollständig zur Verfügung gestellt werden.

Unterrichtung vor Beginn der Reise (§4)

Wenn sich die Tatbestände zwischenzeitlich nicht geändert haben, braucht der Veranstalter lediglich auf Informationen zu verweisen, die bereits zu einem früheren Zeitpunkt erteilt wurden.

Der Reisende kann bis Reisebeginn die Teilnahme einer *Ersatzperson* verlangen, dem Veranstalter steht ein begrenztes Widerspruchsrecht sowie der Ersatz seiner Mehrkosten zu.

Der Reisende kann jederzeit gegen eine angemessene Entschädigung *von der Reise zurücktreten.* Die Allgemeinen Geschäftsbedingungen enthalten pauschale Stornogebühren in Abhängigkeit von der Zeitspanne zwischen Stornierung und Reisebeginn.

Dem Reiseveranstalter steht ein allgemeines *Rücktrittsrecht* zu, wenn der Reisende bei vereinbarter Vorauszahlung in Verzug gerät (§ 326 BGB). Die Möglichkeit des Rücktritts ist auch vertraglich vereinbar, z.B. wenn eine Mindestteilnehmerzahl nicht erreicht wird.

Kündigung wegen höherer Gewalt ist sowohl seitens des Reiseveranstalters als auch seitens des Reisenden möglich. Als „höhere Gewalt" gelten unverschuldete, plötzlich auftretende, von außen kommende, außergewöhnliche Ereignisse, die nicht in den Verantwortungsbereich des Veranstalters bzw. des Reisenden fallen.

Ein Generalstreik wäre ein Fall von höherer Gewalt, nicht aber ein Streik des Hotelpersonals oder der Fluggesellschaft, da zum Betriebsrisiko des Veranstalters gehörig. Behördliche Anweisungen, z.B. Fahrverbote, Straßensperren, Badeverbote, Reisebeschränkungen gelten ebenfalls als höhere Gewalt.

[1] s.a. Führich,E. in: Mundt (1994), S.146 ff., 458 ff.

Der Reiseveranstalter hat die zugesicherten Eigenschaften ohne Fehler zu erbringen. Ist dies nicht der Fall, hat der Reisende das Recht, *Abhilfe* zu verlangen bzw. selbst zu schaffen.

Der Reisende hat ein Recht auf *Minderung* des Reisepreises bei Reisemängeln.

Anhaltswerte für den Prozentsatz der Minderung liefert die auf der Rechtssprechung der „Reisekammer" des LG Frankfurt/M. beruhenden „Frankfurter Tabelle"[1].

Auszüge:

Mängelposition		**Minderung**
Unterkunft	abweichende örtliche Lage	5 - 15%
	zu geringes Mobiliar	5 - 15%
	Schäden (Risse, Feuchtigkeit)	10 - 50%
	Wasserausfall	10%
	schlechter Service	5 - 25%
	Beeinträchtigungen (Lärm, Gerüche)	5 - 40%
Verpflegung	Ausfall	50%
	Ungenießbarkeit	20 - 30%
	eintöniger Speisenzettel	5%
	schlechte Bedienung	5 - 15%
Sonstiges	verschmutzter Strand	10 - 20%
	mangelhafte Reiseleitung	5 - 30%

Umfassender ist der „Mainzer Minderungsspiegel", Resultat aller relevanten reiserechtlichen Urteile von sämtlichen Gerichten in Deutschland.[2]

Bei *erheblicher Beeinträchtigung* der Reise (dauerhafte Mängel setzen den Wert der Reise um mindestens 20% herab) steht dem Reisenden das Recht der *Kündigung* zu.

Der Veranstalter haftet nicht für allgemeine Lebensrisiken, das sind nicht-reisebedingte Störungen, z.B. Geräusche einer Wasseraufbereitungsanlage, Gerüche aus Tümpeln, Froschquaken, das Rauschen eines Wasserfalles, das Wetter, ansteckende Krankheiten, die Gefahr, bei einer Trekking-Tour überfallen zu werden.[3]

Eine *Haftungsbeschränkung*, ausgenommen für Körperschäden, ist im Rahmen der Allgemeinen Geschäftsbedingungen auf den dreifachen Reisepreis möglich, soweit der Schaden weder vorsätzlich noch grob fahrlässig herbeigeführt wurde. Sofern das Verschulden eines Leistungsträgers vorliegt, kann sich der Veranstalter auf die für diesen geltenden gesetzlichen Bestimmungen berufen.

Die *Ausschlussfrist* für Ansprüche endet einen Monat nach dem vertraglich festgelegten Reiseende, die Ansprüche *verjähren* sechs Monate nach ihm.

Seit 1997 sind Zivilverfahren mit einem Streitwert unter 500 € zunächst einer neutralen Schiedsstelle vorzulegen. Unter diese Regelung, die sich übrigens in den Beneluxländern und Skandinavien seit Jahren bewährt hat, fallen viele Schadenersatzklagen unzufriedener Urlauber. Erst wenn vor der Schiedsstelle keine Einigung erzielt wird, geht der Fall vor Gericht.

Häufig werden Reklamationen auf dem Wege des Vergleichs gem. § 779 Abs.1 BGB reguliert. Durch solche Formulierungen des Veranstalters wie „Klaglosstellung", „ausdrücklicher Ausgleich" und „um die Angelegenheit zu erledigen", sowie durch widerspruchslose Einlösung eines zugeschickten Verrechnungsschecks durch den Gast kommt ein Vergleich zustande und sind alle Ansprüche gegenstandslos geworden.

Übernimmt eine kommunale Einrichtung (Fremdenverkehrsamt, Kurverwaltung) die Vermarktung von Pauschalangeboten im eigenen Namen (Eigentouristik, Eigenveranstaltung) für fremde Rechnung, so tritt sie als Reiseveranstalter auf und übernimmt die Haftung für die Gesamtheit aller im Pauschalangebot enthaltenen Leistungen. Dadurch werden zum einen die gewerblichen Leistungsträger begünstigt, zum anderen die Kom-

[1] ausführlich in Bartl (1991), S. 202 ff.

[2] siehe Kaller (1999)

[3] siehe dazu Amtsgericht Hamburg Az.: 9 C 990/94

mune möglicherweise stark belastet, da sich die Haftung nicht auf das Betriebsvermögen des Fremdenverkehrsamtes bzw. der Kurverwaltung beschränkt, sondern auf das Gesamtvermögen der Kommune erstreckt. Die Eigenbetriebsverordnung (EigVO) vermerkt ausdrücklich, dass § 272 HGB (Eigenkapital) für Eigenbetriebe nicht gilt.[1]

Vermittler - Gast

Zwischen den Beteiligten kommt ein **Werk-** oder **Dienstvertrag** (s.u.) zustande, der eine Geschäftsbesorgung gegen Entgelt zum Gegenstand hat (§ 675 BGB) und deshalb **Geschäftsbesorgungsvertrag** oder in diesem konkreten Falle **Reisevermittlungsvertrag** genannt wird. Die Beziehungen richten sich also nach den Grundsätzen eines Werkvertrages (§§ 631 ff. BGB) bzw. eines Dienstvertrages (§§ 611 ff. BGB).
Vertragsgegenstand ist die Vermittlung der Leistung zwischen Veranstalter bzw. Leistungsträger und Reisendem. Der Vermittler haftet lediglich für seine Leistung, d.h. das Beschaffen der Leistung und den Vertragsabschluss sowie die damit verbundenen Informationen und Auskünfte (Erklärungshaftung). Mögliche Mängel der Vermittlungsleistung sind z.B. falsche Auskünfte über Abfahrtszeiten von Verkehrsmitteln, mangelhafte Kontrolle der Reiseunterlagen, verspätete Weitergabe von Informationen der Veranstalter bzw. Leistungsträger an den Reisenden.
Minderungsansprüche orientieren sich an der Vermittlerprovision. Schadenersatzansprüche können dagegen erhebliche Beträge ausmachen, z.B. wenn die vermittelte Unterkunft durch ein Versäumnis des Vermittlers bereits belegt ist und der Gast eine teurere nehmen muss bzw. wieder abreist.
Ansprüche an den Vermittler wegen mangelhafter Leistung verjähren sechs Monate nach Abnahme. Für Rat oder Empfehlung haftet der Vermittler nicht (§ 676 BGB).
Ist die Vermittlertätigkeit auf den *Zimmernachweis* (Vakanzabruf) beschränkt, so handelt es sich um eine unentgeltliche Geschäftsbesorgung gem. § 662 BGB. Der Vermittler geht eine Verpflichtung gegen den Kunden ein, wenn er zur Besorgung dieser Geschäfte öffentlich bestellt ist oder sich öffentlich erboten hat (§ 663 BGB). Er haftet in diesem Falle für Vertrauensschäden.
Zimmervermittlung ist hingegen entgeltliche Geschäftsbesorgung gem. § 675 BGB. Sie begründet mit der Geschäftsbesorgung ein dem Werkvertrag ähnliches Auftragsverhältnis.
Zimmervermittlung mit Gesamt- oder Alleinverfügbarkeit, d.h. Verkauf im eigenen Namen (aus einem Kontingent) für fremde Rechnung, verspricht einen Erfolg und erfüllt somit den Sachverhalt eines Werkvertrages. Bei Mängeln gilt deshalb die Produkthaftung der Vermittlungsstelle gegenüber dem Gast. Sie kann sich nur durch eine Freistellungserklärung des Beherbergungsanbieters schadlos halten.[2]
Vergütung: Die Vermittlungsleistung wird durch die Beherbergungsanbieter über eine Provision i.d.R. in Höhe von 8 bis 10 % bzw. durch über eine Pauschalgebühr vom Reisenden vergütet.

Leistungsträger - Gast

Der **Mietvertrag** (§§ 535 ff. BGB) regelt das Verhältnis zwischen dem Vermieter und dem Mieter. Der Vermieter gewährt dem Mieter gegen Zahlung des vereinbarten Mietzinses den Gebrauch der vermieteten Sache während der Mietzeit. Er hat während dieser Zeit die vermietete Sache in einem zu dem vertragsmäßigen Gebrauch geeigneten Zustand zu erhalten.

---

[1] Luft (1995), S. 61 f.
[2] Luft (1995), S. 84 f.

Vertragswidriger Gebrauch durch den Mieter ist nicht gestattet.
Vermieter können sein: Anbieter von Grundstücken, Gebäuden, Räumen, Beförderungsmitteln und Anlagen.
In der Fremdenverkehrspraxis wird der *Mietvertrag* auf die nichtgewerbliche Vermietung angewendet, d.h. auf ein Angebot von bis zu acht Betten, private Vermietung (meist für längere Dauer, mit Kündigungsfrist), gegen vorauszahlbare Miete, meist ohne Dienstleistung, Mitnahme des Schlüssels durch den Mieter.
Für gewerbliche Beherbergungsbetriebe (ab neun Betten, für jedermann zugänglich, meist für kurze Zeit und für die Dauer der Bestellung, Berechnung tageweise, zahlbar am Ende, mit allgemeiner Dienstleistung, zumindest Reinigung, Abgabe des Schlüssels bei Verlassen des Hauses) sind die Begriffe **Beherbergungsvertrag** oder **Gastaufnahmevertrag** üblich. Dies ist ein Mietvertrag, der wegen zusätzlicher Leistungen dienstvertragliche, werkvertragliche und kaufvertragliche Elemente enthält.
Der Beherbergungsvertrag ist ein Vertrag zwischen Gast und Unterkunftsbetrieb zur Gewährung von Unterkunft (Zimmer, Heizung, Beleuchtung, Bedienung, Verpflegung nach Vereinbarung) gegen Entgelt.
Regelungen:

1. Der Vertrag gilt als abgeschlossen, sobald die Bestellung vom Beherbergungsbetrieb angenommen ist.
2. Der Beherbergungsbetrieb ist verpflichtet, die reservierte Unterkunft zur Verfügung zu stellen, andernfalls hat er Schadenersatz zu leisten.
3. Der Gast hat den vereinbarten oder betriebsüblichen Preis für die Vertragsdauer zu entrichten. Das gilt auch, wenn die Unterkunft nicht in Anspruch genommen wurde. In diesem Falle sind eingesparte Aufwendungen sowie Einnahmen aus anderweitiger Vermietung anzurechnen.[1]
4. Der Beherbergungsbetrieb ist nach Treu und Glauben gehalten, nicht in Anspruch genommene Unterkünfte nach Möglichkeit anderweitig zu vergeben.

Bei Beherbergung gilt die *Gastwirtshaftung* gem. §§ 701 ff. BGB. Der Gastwirt, der gewerbsmäßig Fremde zur Beherbergung aufnimmt, hat den Schaden zu ersetzen, der durch Verlust, Zerstörung oder Beschädigung von Sachen entsteht, die ein Gast eingebracht hat. Das gilt für Sachen in der Gastwirtschaft oder, wenn vom Gastwirt oder seinem Personal angewiesen, auch außerhalb der Gastwirtschaft während der Zeit der Beherbergung sowie für Sachen, die vor oder nach der Zeit der Beherbergung vom Gastwirt oder seinem Personal in Obhut genommen wurden. Die Haftung ist unbeschränkt, wenn Verlust, Zerstörung oder Beschädigung vom Gastwirt oder seinem Personal verschuldet oder wenn Sachen zur Aufbewahrung übernommen wurden bzw. wenn die Aufbewahrung von Geld, Wertsachen und Wertpapieren abgelehnt wurde. Sonst ist die Haftung beschränkt auf das 100fache des Beherbergungspreises für einen Tag (mindestens 500 €, höchstens 3.000 €) sowie für Geld, Wertpapiere und Kostbarkeiten auf maximal 750 €.
Der Gastwirt hat ein *Pfandrecht* an den eingebrachten Sachen.
Als Mietverträge gelten auch *Ferienhausverträge*, *Wohnmobilverträge*, *Bootschafterverträge* etc., sofern der Vertrag zwischen dem Gast und einem privaten Eigentümer bzw. Vermieter zustande kommt. Ist der Vermieter ein gewerbsmäßiger Veranstalter, so gilt das Reisevertragsrecht (§§ 651a ff. BGB).[2]

---

[1] Wer ein Hotelzimmer reservieren ließ, es aber nicht in Anspruch nimmt, muss den Zimmerpreis - abzüglich 20% des ersparten Aufwands (bei ÜF, 10% bei Ü, 30% bei ÜHP) - bezahlen, wenn der Hotelier den Raum nicht anderweitig vermieten konnte. (AG Frankfurt/M., Az.: 33 C 632/96-67)
[2] Führich,E. in: Mundt (1994), S. 148

Der Bundesgerichtshof stellte fest, dass das Chartern einer Jacht und eigene Organisation des Törns als Miet- und nicht als Reisevertrag gilt.[1]

Ein **Pachtvertrag** gem. §§ 581 ff. BGB kommt zustande bei vertraglicher Überlassung einer Sache gegen Entgelt zum Gebrauch und zum „Genuss der Früchte, soweit sie nach den Regeln einer ordnungsmäßigen Wirtschaft als Ertrag anzusehen sind". Der Pächter ist für die Erhaltung des Inventars verantwortlich. Die Form der Pacht bietet sich z.B. bei Feriengrundstücken an, die über längere Zeit genutzt werden sollen.

Der **Leasingvertrag** ist ein *Mietkaufvertrag*. Der Gegenstand wird dem Mieter mit dem Versprechen überlassen, ihm am Ende des Leasingzeitraumes das Eigentum daran zu übertragen. Der Leasingnehmer gilt aber bereits mit der Übergabe des Leasingobjektes als „Quasi"-Eigentümer und ist somit für die Instandhaltung und Schadenbeseitigung zuständig.

Verkehrsmittel (Wasser-, Boden- und Luftfahrzeuge) können gemietet, gepachtet oder geleast werden. Bei Wasser- und Luftfahrzeugen wählt man die Form von *Charterverträgen*, die entweder für eine bestimmte Reise oder für einen Zeitraum, mit oder ohne Besatzung und Ausrüstung, abgeschlossen werden.

Zwischen *Gast* und *Speisewirt* kommt ein **Bewirtungsvertrag** zustande. Es handelt sich dabei um einen *Werklieferungsvertrag* (§ 651 BGB), mit dem sich der Unternehmer (Speisewirt) verpflichtet, das Werk aus von ihm zu beschaffenden Stoffen herzustellen, dem Besteller zu übergeben und ihm das Eigentum daran zu verschaffen. Im Übrigen gelten die Vorschriften des Kaufrechts (§§ 433 ff. BGB).

Werkverträge (§§ 631 ff. BGB) haben die Herstellung eines Werkes, die Veränderung einer Sache, die Herbeiführung eines Erfolgs gegen Vergütung zum Inhalt. Das Werk muss die zugesicherten Eigenschaften aufweisen. Die Beseitigung von Mängeln bis zum Ablauf einer Gewährleistungsfrist ist Aufgabe des Unternehmers. Innerhalb dieser Frist hat der Besteller das Recht auf Wandelung oder Minderung. Der Besteller ist zur Abnahme des vertragsmäßig hergestellten Werkes verpflichtet. Die Vergütung ist bei Abnahme des Werkes fällig, bis zu diesem Zeitpunkt trägt der Unternehmer die Gefahr.

Der Sachverhalt eines Werkvertrages ist auch gegeben beim *Besuch von Freizeitparks* und ähnlichen Einrichtungen sowie von Unterhaltungsveranstaltungen, Theater, Sport- und Showveranstaltungen. Der geforderte Erfolg besteht im gesamten Angebot und seinem objektiven Unterhaltungswert.

Der **Beförderungsvertrag** ist ein Werkvertrag mit Berücksichtigung der Allgemeinen Beförderungsbedingungen und gesetzlichen Sonderregelungen der Verkehrsträger, mit dem sich der Beförderer verpflichtet, den Reisenden ordnungsgemäß ans Reiseziel zu befördern und dafür eine Vergütung verlangt. Der Vertrag kommt durch den Kauf des Fahrausweises zustande.

Ein **Dienstvertrag** (§§ 611 ff. BGB) regelt die Leistung versprochener Dienste gegen eine vereinbarte Vergütung. Im Gegensatz zum *Werkvertrag* ist die Tätigkeit, nicht der Erfolg Gegenstand des Vertrages. Zwischen Reisenden und Dienstleistern sind zahlreiche dienstvertragliche Beziehungen möglich: Teilnahme an einem Sprach-, Zeichen-, Tauch-, Ski- oder Tenniskurs, Besuch eines Fitness-Centers, Engagieren eines Bergführers, Stadtführers oder Bodyguards.

Der Verpflichtete schuldet die versprochenen Dienste, zumindest die Entfaltung entsprechender Tätigkeiten, und man darf erwarten, dass er über die erforderlichen Kenntnisse und Arbeitsmittel verfügt. Seine Bezahlung erfolgt meist nach Zeiteinhei-

---

[1] Az.: VII ZR 201/94

ten (Tage, Stunden). Die Allgemeinen Geschäftsbedingungen geben Fristen für kostenlose Stornierung vor.
Bei Leistungsmängeln besteht kein Gewährleistungsrecht (wie beim Werkvertrag), sondern ein Kündigungsrecht. Bei Ausfällen, die nicht von den Beteiligten zu vertreten sind, hat keine der Vertragsparteien Ansprüche an die andere. Bei Verhinderung des Kunden bleibt der Vergütungsanspruch bestehen, wobei Einsparungen, Ersatzkunden etc. zu berücksichtigen sind. Bei Ausfall des Verpflichteten besteht Anspruch auf Schadenersatz.
Die *Verkehrssicherungspflichten* (siehe Kap. 9.6.) gelten insbesondere im Verhältnis zwischen Leistungsträger und Gast.

Veranstalter - Leistungsträger

Wie zwischen Leistungsträger und Gast sind auch hier miet-, pacht-, werklieferungs-, werk- und dienstvertragliche Beziehungen üblich.
Leistungsträger sind im Allgemeinen wegen des Fehlens der erforderlichen Abhängigkeit und Weisungsgebundenheit keine Verrichtungsgehilfen des Veranstalters.
Der **Hotelvertrag**[1] regelt die Beziehung zwischen Veranstalter und Beherbergungsunternehmen. Er enthält im Wesentlichen Leistungsumfang, Preis und Zahlungsmodalitäten.
Der Bedarf des Veranstalters bestimmt die Vertragsdauer und die Anzahl der Betten bzw. Zimmer. Da für das Veranstalterangebot besonders wichtig, erfolgt im Vertrag eine Spezifizierung der Beherbergungsleistung nach Art, Lage und Ausstattung der Zimmer, nach Verpflegungsart und Service sowie nach Einrichtungen und Zusatzleistungen. Der Preis orientiert sich an der im Allgemeinen erwarteten Nachfrage (Saison), an der Nachfragemenge des Veranstalters (Mengenrabatt) sowie an den zusätzlichen Leistungen.

Beim Kauf von Hotelbetten verlangen Veranstalter i.d.R. 25% Provision (Begründung: Katalogproduktion und Vertrieb über Reisebüros mit 8 bis 13% Mittler-Provision plus USt) und außerdem einen Werbekostenzuschlag.
Exklusiv-Verträge über den Einkauf von Hotelbetten zwischen Reiseveranstalter und Hotels bilden nach einer Entscheidung des Kartellsenats des Berliner Kammergerichts als wettbewerbsbeschränkende Vereinbarungen einen Verstoß gegen das Europäische Kartellrecht, da auf diese Art preisgünstigere Wettbewerber ferngehalten würden, und sind deshalb unzulässig.[2]

In der Regel erstellt das Hotel eine Rechnung entsprechend der Anzahl der angereisten Gäste, und der Veranstalter zahlt gegen diese Rechnung. Bei Nichtanreise gebuchter Gäste gilt eine No-Show-Gebühr.
Der *Kontingent- oder Allotmentvertrag* überlässt das Auslastungsrisiko dem Beherbergungsunternehmen. Der Veranstalter kann innerhalb des vereinbarten Kontingents über die Kapazität verfügen. Um dem Beherbergungsunternehmen Gelegenheit zu geben, über nicht genutzte Kontingente verfügen zu können, wird eine Meldefrist vereinbart.
Ergänzend zur Zahlung nach Eingang der Rechnung, kann Vorauszahlung vereinbart werden.
Übernimmt der Veranstalter eine Belegungsgarantie gegen Preisnachlass, so kommt ein *Garantievertrag* zustande.
Bei *Festanmietung* übernimmt der Veranstalter allein das gesamte Auslastungsrisiko. Diese Vertragsform ist für Hotels zwar wünschenswert, bei flauer Nachfrage aber im Allgemeinen nicht üblich. Die Einnahmen eines Hotels kommen zu einem erheblichen Teil aus dem F&B-Bereich (Food & Beverage), deshalb ist hohe Bettenauslastung bes-

[1] s.a. Hofmann,W. in: Mundt (1994), S. 129 ff.; die Grundsätze sind auf alle Arten der Beherberg. anwendbar
[2] Az.: Kart 28/94; der Bundesgerichtshof hat das Urteil bestätigt (Az.: KVR 14 und 16/96)

ser als der Festpreis für ein unbenutztes Bett.
Ein *Pachtvertrag* käme zustande, wenn ein Veranstalter z.B. eine Sportanlage über längere Zeit hinweg für die Nutzung durch seine Gäste sichern möchte.
Ähnlich verläuft das Anmieten bzw. Pachten von *Beförderungskapazität*. Bei Schiffen gibt es die Möglichkeiten der *Vollcharter*, d.h. die gesamte Kapazität steht dem Charterer zur Verfügung, der damit auch das Auslastungsrisiko trägt, der *Teilcharter*, d.h. dem Charterer steht ein prozentualer Anteil an der Kapazität zur Verfügung, und der *Slotcharter*, wonach dem Charterer spezifizierte Teilkapazitäten (Decks, Kabinen) zur Verfügung stehen. Ein Veranstalter kann auch von einem anderen, der ein Schiff gechartert hat, Kapazitätsanteile kaufen, sich einbuchen. Im Chartervertrag ist die Kostenteilung zwischen Vercharterer und Charterer geregelt.
Natürlich sind auch **Kaufverträge** (§§ 433 ff. BGB) sowie **Leasingverträge** (s.o.) zwischen Veranstaltern und Leistungsträgern, insbesondere in Bezug auf Beherbergungs- und Beförderungskapazitäten als auch touristische Spezialanlagen, üblich.
Ein **Werklieferungsvertrag (Bewirtungsvertrag)** zwischen Veranstalter und Speisewirt kommt in dem Falle zustande, wenn die Verpflegungsleistung Bestandteil der Veranstalterleistung ist.
Werkverträge (s.o.) sind im Verhältnis Veranstalter zu Leistungsträger dort anzutreffen, wo „Werke“, z.B. Veranstaltungen, im Leistungspaket enthalten sind. Der Aufführungsvertrag zwischen Veranstalter und Künstler bzw. Ensemble ist ein Werkvertrag, wenn sich die Aufführenden zu einem bestimmten kulturellen Erfolg verpflichten und die Vergütungsansprüche vom Eintritt des vertraglich geschuldeten Erfolges abhängen. Auch Werkverträge in Form von Beförderungsverträgen sind üblich, u.a. dort, wo das Angebot öffentlicher Verkehrsträger in die Veranstalterleistung einbezogen wird.
Dienstverträge (s.o.) werden zwischen Veranstalter und Leistungsträger bzw. Einzelpersonen geschlossen, wenn deren Dienste Bestandteil der Leistungsangebots des Veranstalters werden sollen. Das betrifft u.a. Reiseleiter, Sportschulen, Künstler, Bodyguards, Babysitter. Dienstverträge zwischen Veranstaltern und Künstlern enthalten im Unterschied zu Werkverträgen nicht die Verpflichtung zu einem - übrigens selten messbaren - künstlerischen Erfolg. Für diese Vertragsart wird häufig die Form eines Abschlussscheines gewählt.
Auch dann, wenn Künstler Angestellte oder freie Mitarbeiter des Veranstalters sind, handelt es sich um Dienstverträge. Das Risiko des Erfolgseintritts liegt beim Arbeitgeber (Veranstalter).
Bei *Aufführung* eines urheberrechtlich geschützten Werkes ist ein Vertrag zwischen dem Veranstalter und dem Inhaber der Aufführungsrechte abzuschließen. Ein solcher Vertrag enthält Elemente des Pacht-, Werk- und Verlagsvertrages.[1]
Gegenüber den Leistungsträgern obliegen dem Veranstalter *Kontroll-* und *Verkehrssicherungspflichten*. Ihm obliegt die sorgfältige Auswahl der Leistungsträger nach Zuverlässigkeit und Eignung. Er hat sich, zumindest durch Stichproben, regelmäßig über die Bedingungen bei seinen Leistungsträgern zu informieren. Das betrifft auch, in einem Hotel die Küche zu inspizieren. Unterlässt er dies, kann er für mögliche Unfälle mit haftbar gemacht werden. Dem Veranstalter ist allerdings nicht zuzumuten, jede einzelne Mahlzeit unter die Lupe zu nehmen.[2]

---

[1] Zundel,F.P.:Rechtsprobleme im Kulturtourismus und Veranstaltungsmanagement. In: Dreyer (1996), S. 370
[2] siehe z.B. LG Köln Az.: 3 O 577/95, LG Frankfurt/M Az.: 2/21 O 211/94

Veranstalter - Vermittler

Der Vermittler tritt als **Handelsmakler** gem. §§ 93 ff. HGB auf, wenn er gewerbsmäßig, aber ohne auf der Grundlage eines Vertrages, ständig damit betraut zu sein, die Vermittlung von Verträgen übernimmt. Ist nichts anderes vereinbart, so wird der Maklerlohn von jeder Partei zur Hälfte entrichtet. Der Handelsmakler hat keine Inkassovollmacht.

Ist der Vermittler als selbständiger Gewerbetreibender ständig damit betraut, für einen anderen Unternehmer Geschäfte zu vermitteln oder in dessen Namen abzuschließen, so gilt er als **Handelsvertreter** gemäß §§ 84 ff. HGB. Der Veranstalter hat dem Handelsvertreter alle erforderlichen Unterlagen und Informationen (Tarife, Prospekte, Geschäftsbedingungen usw.) zur Verfügung zu stellen und eine erfolgsabhängige Provision für Vermittlung und Abschluss zu zahlen. Er hat gegenüber dem Handelsvertreter eine Mitteilungspflicht in Bezug auf die Annahme oder Ablehnung vermittelter Geschäfte sowie auf voraussichtliche Veränderungen der Leistungen. Nach Beendigung des Vertragsverhältnisses steht dem Handelsvertreter ein Ausgleich, z.B. für die Überlassung der Kundenkontakte, zu. Der Handelsvertreter hat keinen Anspruch auf Ersatz seiner Aufwendungen. Ihm kann eine zusätzliche *Delkredereprovision* (etwa ein Viertel der Verkaufsprovision) gewährt werden, wenn er für die Erfüllung der Verbindlichkeit aus einem Geschäft einsteht. Der Handelsvertreter hat seine Pflichten mit der Sorgfalt eines ordentlichen Kaufmanns wahrzunehmen, die Interessen des Unternehmers zu vertreten, sich um die Vermittlung und den Abschluss von Geschäften zu bemühen sowie unverzüglich über jeden Abschluss zu informieren. Die Treuepflicht fordert von ihm die Wahrung von Geschäftsgeheimnissen.

Vermittler in der Situation von Handelsvertretern sind i.d.R. ermächtigt, den Reisepreis einzuziehen. Der Veranstalter sichert sich gegen daraus erwachsende Risiken durch das Fordern von Bankbürgschaften, Vertrauensschadenversicherungen und Patronatserklärungen.

Durch einen **Agenturvertrag** kann die Beziehung zwischen Veranstalter und Vermittler besonders eng gestaltet werden. In ihm behalten sich Veranstalter u.a. ein Mitspracherecht bei der Übernahme neuer Vertretungen vor.

Der in Deutschland obligatorische Handelsvertreterstatus der Reisevermittler wird, da in anderen EU-Ländern nicht üblich, zunehmend in Frage gestellt. Eine Aufhebung dieses Status hätte zur Folge, dass den Reisevermittlern die Preissetzungsfunktion zustünde, verbunden mit verstärkter unternehmerischer Verantwortung und höherem unternehmerischen Risiko.[1]

In Kürze

Handelsvertreter: arbeitet als selbständiger Kaufmann in fremdem Namen und für fremde Rechnung

Handelsreisender: Angestellter

Handelsmakler: ständig wechselnde Geschäftspartner

Kommissionär: verkauft in eigenem Namen für fremde Rechnung

Eigenhändler: verkauft in eigenem Namen für eigene Rechnung (ohne Handelsspanne kein Händlerstatus)

Mittlerprovision wird den Mittlern von Veranstaltern und Leistungsträgern als Entlohnung für den Absatz ihrer Leistungen und als Anreizsystem gezahlt. Die Provision ist bezogen auf Teilnehmer (Buchungen), Umsätze oder bestimmte Leistungen.

[1] s.a. Hebestreit,D. (1992), S. 286

Mittlerprovisionssysteme:

a) *Basisprovision*: meist 10%, tlw. variabel; oft an einen Mindestumsatz (z.B. 5.000 €) oder eine Mindestteilnehmerzahl gebunden und an der Einwohnerzahl orientiert, z.B. bis 20.000 Einwohner 5.000 € Mindestumsatz, bis 100.000 Einwohner 10.000 € Mindestumsatz usw.

b) *Zusatzprovision* (Umsatz-Block-Bonus): zusätzliche Provision in Prozent des Gesamtumsatzes, gestaffelt nach Umsatzklassen, aber unabhängig von der Staffelprovision; kann auch in Reisegutscheinen abgegolten werden

c) *Staffelprovision*: Kriterium ist die Steigerung des Umsatzes oder der Teilnehmerzahlen; gezahlt von Unternehmen an Vermittler und von Vermittlern an Kunden. An Vermittler zahlt man z.B. bei einem Mindestumsatz von 5.000 € 10% Basisprovision, ab 15.000 € Umsatz 10,5%, ab 25.000 € 11% usw.

d) *Superprovision* (Overriding Commission): höherer Provisionssatz für Vermittlungen über einen bestimmten Umsatz hinaus. „Kick-backs" sind inoffizielle, illegale Provisionen. Der Anbieter nimmt den Nettopreis und lässt dem Mittler freie Hand bei der Preisbildung gegenüber dem Kunden.

   Staffel- und Superprovisionen können unterschiedlich abgerechnet werden:
   - *retroaktiv*: Am Ende des Geschäftsjahres wird der gesamte Umsatz je nach erreichter Staffel mit der entsprechenden Provision vergütet.
   - *stufenweise*: Der jeweilige Mehrumsatz wird mit der entsprechenden Provision vergütet.

   Durch Gestaltung der Staffel kann der Anreizeffekt beeinflusst werden, z.B. durch das Limit, bei dem die Staffel einsetzt oder durch den Abstand zur jeweils nächsten Stufe (gleichbleibend, progressiv, degressiv).

   Provisionssysteme werden verändert, um Expansions- und Rationalisierungsziele zu erreichen. Ein Absenken des Mindestumsatzes für Orte mit wenigen Einwohnern führt zur Erweiterung des Vertriebsnetzes (Gang in die Fläche), eine Anhebung des Mindestumsatzes führt zur Aufgabe unrentabler Vertriebsstellen.

e) *Funktionsentgelte*: häufig auch den Provisionen zugeordnet, z.T. als Zusatzprovision bezeichnet. Funktionsentgelte sind u.a. Werbekostenzuschüsse (0,3% bis 3% des Vorjahresumsatzes), Bonus bei Buchungen über Start (z.B. 1,50 € pro Buchung), Bonus für besondere Leistungen, Travel Agent Incentive, Prämien für die bestbuchenden Reisebüros.

Die Provision ist geringer, wenn der Veranstalter das Inkasso selbst übernimmt (Zentralinkasso).

Die Zahlung einer Provision ist an das Handelsvertreter-Verhältnis gebunden. Mit Aufhebung der Preisbindung und des Verbots der Rabattgewährung würden Mittlerprovisionen durch Aufschläge auf im Prinzip frei aushandelbare Einkaufspreise bis zu einem vom Reisebüro individuell festzusetzenden Endverbraucherpreis ersetzt.

Vermittler - Leistungsträger

Wie im Verhältnis zum Veranstalter, kann der Vermittler auch für Leistungsträger als **Makler, Handelsvertreter** und **Agent** wirken.

Im Falle der Zimmervermittlung erhebt entweder der Vermittler vom Gast eine Gebühr für die Vermittlung, oder er erhält eine Provision vom Beherbergungsbetrieb. Letzteres ist vor allem gebräuchlich, wenn mit der Vermittlung eine Anzahlung verbunden ist.

Allgemeine Geschäftsbedingungen

Gem. § 1 des Gesetzes zur Regelung des Rechts der Allgemeinen Geschäftsbedingungen (AGBG) sind Allgemeine Geschäftsbedingungen alle für eine Vielzahl von Verträgen vorformulierten Vertragsbedingungen, die eine Vertragspartei der anderen bei Abschluss eines Vertrages stellt.

Allgemeine Geschäftsbedingungen (AGB) liegen nicht vor, wenn die Vertragsbedingungen zwischen den Parteien im Einzelnen ausgehandelt werden (§ 1 Abs. 2 AGBG). Individuelle Vertragsabsprachen haben Vorrang vor Allgemeinen Geschäftsbedingungen (§ 4 AGBG).

In diesem Sinne sind Allgemeine Geschäftsbedingungen in jeder der o.g. Beziehungen zu erwarten.

Der Deutsche Reisebüro-Verband empfiehlt den Reiseveranstaltern, die **Allgemeinen Geschäftsbedingungen für Reiseverträge** (auch: Allgemeine Reisebedingungen, ARB)[1] anzuwenden. Bei ihnen handelt es sich um Konditionenempfehlungen, um Rahmenbestimmungen, die von den Veranstaltern je nach Reiseart und organisatorischen Gegebenheiten ausgefüllt werden.

Inhalt der ARB:

1. Abschluss des Reisevertrages
2. Zeitpunkt, Art und Weise der Zahlung des Reisepreises
   Eine Anzahlung ist bei Vertragsabschluss üblich. Sie beträgt zwischen 10 % und 20 % bei Pauschalreisen je Person und 25 % bei Ferienwohnungen. Einige Veranstalter beschränken die Anzahlung auf eine Höchstsumme, andere verlangen eine Mindestsumme.
3. Umfang der Reiseleistungen
4. Leistungs- und Preisänderungen
5. Rücktritt durch den Kunden, Umbuchung, Ersatzpersonen
6. nicht in Anspruch genommene Leistung
7. Rücktritt und Kündigung durch den Reiseveranstalter
8. Aufhebung des Vertrages wegen außergewöhnlicher Umstände
9. Haftung des Reiseveranstalters
10. Gewährleistung
11. Beschränkung der Haftung
12. Mitwirkungspflicht
13. Ausschluss von Ansprüchen und Verjährung
14. Pass-, Visa- und Gesundheitsvorschriften
15. Unwirksamkeit einzelner Bestimmungen
16. Gerichtsstand..

Allgemeine Geschäftsbedingungen werden nur dann wirksam, wenn der Verwender (Veranstalter, Leistungsträger, Vermittler) ausdrücklich auf ihre Geltung hingewiesen hat. Der Reisende muss die Möglichkeit haben, bei Vertragsabschluss vollständig, kostenlos und in zumutbarer Weise, z.B. im Prospekt oder auf dem Anmeldeformular, vom Inhalt der AGB Kenntnis zu nehmen. Als nicht ausreichend gelten der Hinweis auf Einsichtmöglichkeiten, auszugsweiser Abdruck sowie Zustellung erst nach Vertragsabschluss, z.B. mit der Rechnung.

---

[1] Wortlaut in: BAnz. Nr 53/1989 vom 5.6.89 sowie in: Bartl (1991), S. 255 ff.

11. Destinationsmarketing

11.1. Aufgaben und Ziele

Marketing ist die Steuerung eines Unternehmens[1] vom Markt her, die Umsetzung von Verbraucherwünschen in Güter und Dienstleistungen, die Orientierung von Entscheidungen an ihren Wirkungen auf die Kunden sowie die Beeinflussung des Marktes.

Marketing ist eher eine Denkweise als eine Methode. Es bedeutet, dass der Markt in der Unternehmensführung dominiert. Der Markt ist der Engpass, an dem sich alle unternehmerischen Aktivitäten auszurichten haben. Im Vordergrund des Bemühens steht das Aufspüren neuer Absatzmöglichkeiten, z.B. von Gästen, die mehr Geld in der Region lassen.[2]

Eine andere Unternehmens-Philosophie stellt die möglichst effiziente Gestaltung der Produktion in den Vordergrund. In der Praxis wirken natürlich beide zusammen. Es kommt auf die Prioritäten an.

Für das Marketing gibt es keine allgemein gültigen Vorschriften. Das Instrumentarium muss immer spezifisch gestaltet und eingesetzt werden. Eine gleichartige Leistung kann zu verschiedenen Zeiten ein unterschiedliches Marketing erfordern.

Im Marketing spielen verschiedene Fachdisziplinen zusammen: Ökonomie, Psychologie, Politik, Informatik, Gestaltung, Kunst, Kultur.

Der subjektive Faktor hat im Marketing große Bedeutung. Marketingfähigkeiten sind aber nur bedingt erlernbar. In der Praxis findet man deswegen auch weniger Kreativität als vielmehr Nachahmung.

Marketingziele sind den Unternehmenszielen untergeordnet. Das erste Ziel der Unternehmung besteht darin zu überleben, das zweite, möglichst gut zu überleben.

Einzelziele beziehen sich auf:

- den Gewinn (x% vom Umsatz), die Rentabilität, die Rendite
- den Marktanteil
- den Umsatz
- die Buchungen
- die Kapazitätsauslastung.

Marketingziele von Institutionen der Gebietskörperschaften sind u.a. den sozialen, strukturellen, wirtschaftlichen Entwicklungszielen der betreffenden Gebiete untergeordnet.

Erfahrungen aus dem Unternehmens-Marketing sind größtenteils auch für das kommunale und regionale Marketing auf dem Gebiet des Incoming-Tourismus nützlich:

- Marketing ist Chefsache, d.h. es ist eine Führungsaufgabe, für die sich der Chef stets interessieren und verantwortlich fühlen sollte. Wer der Chef im Incoming ist, hängt natürlich von der jeweiligen Organisationsform ab.
- Wer das Marketing vernachlässigt, wird auch mit dem besten Produkt am Markt wenig Erfolg haben.
- Der Produktwettbewerb hat sich zu einem Kommunikationswettbewerb gewandelt, der nicht mehr im Absatzmarkt, sondern im Meinungsmarkt stattfindet.
- Die Rezeption seitens der Kunden hat sich gewandelt und verändert sich ständig. Früher stand die Optik im Vordergrund, gefragt waren bildhafter Gag, aufmerksam-

---

[1] Der Begriff Unternehmen ist hier im weitesten Sinne verwendet, er bezieht auch Institutionen der Gebietskörperschaften (Kurverwaltungen, Fremdenverkehrsämter) ein.

[2] US-Tourist : Westeuropäer = 1 : 2, d.h. ein US-Tourist ersetzt im Ausgabeverhalten zwei Westeuropäer

keitsstarke Grafik. Heute kursiert in der Werbebranche der Spruch: „Tausche drei Top-Grafiker gegen einen guten Texter." Allerdings sind Alters-, Bildungs-, regionale und andere Unterschiede zu beachten.

Die **Bedeutung und die Besonderheiten des Marketing** im Incoming resultieren aus den Charakteristika des Tourismus:

1. Das Produkt des Tourismus ist keine stoffliche Ware, sondern ein Bündel von Dienstleistungen, das nicht vorproduziert werden kann. Die sich ergänzenden, von verschiedenen Leistungsträgern erbrachten Dienstleistungen werden entweder von einem Veranstalter zu einem Produkt gebündelt oder vom Touristen eigenständig zusammengefügt. Der Katalog steht für das Produkt.
2. Die sensible und labile Nachfrage erfordert intensive Marktarbeit, Verkaufsförderung, Flexibilität des Angebots, schnelle Reaktion auf Störungen und Marktlagenänderungen.
3. Hohe Kapazitätsvorhaltung und hohe Fixkosten erfordern wirksame Maßnahmen zur Verbesserung der Kapazitätsauslastung, z.B. ständige Reaktion auf die Buchungslage.
4. Angebotsüberhang und daraus resultierender heftiger Wettbewerb zwingen zu besonderer Kreativität und Flexibilität.
5. Die potenziellen Kunden sind umworben wie nie zuvor, hauptsächlich mit Billigangeboten.
6. Regionales Marketing ist immer Gemeinschafts-Marketing, d.h. es ist verbunden mit Sogeffekten, Einbeziehungen, Unterordnung.
7. Für viele Individualtouristen und Pauschalreisende, die mit individueller Urlaubsgestaltung liebäugeln, ist die Organisation der Anreise eine hohe Hemmschwelle. Incoming-Anbieter sollten ihnen die Organisation erleichtern, nicht nur durch Information, sondern durch konkrete Organisationshilfen, z.B. Fahrplan, Flugtermine, Abholung vom Bahnhof oder Flugplatz bzw. Nutzung des öffentlichen Nahverkehrs.

Wie unterschiedlich das Marketing betrieben wird, wurde 1989 vom ADAC durch eine einfache Probe festgestellt: An 28 Fremdenverkehrsvereine in Deutschland wurden fingierte Briefe einer älteren Dame, mit gezielter Nachfrage nach einem kleinen Hotel in der Nähe eines Parks und von Geschäften, geschickt. Das Ergebnis war auf den ersten Blick positiv, denn alle Vereine antworteten - aber wie? 19 Vereine schickten Prospekte, sieben zusätzlich ein vorgedrucktes Anschreiben, und nur zwei lieferten die gewünschte Empfehlung!

Rationelles und effektives Zielgebietsmarketing enthält:

1. Informationen für potenzielle Gäste
   u.a. Lage, Umgebung, Preisniveau, Verkehrsanbindung, Beherbergungsangebote, Gastronomie, Kulturangebote, Sportmöglichkeiten, Klima, Witterung
2. Angebote von Pauschal-Arrangements
   unter Einbeziehung verschiedener Anbieter, auch von Nachbarregionen
3. Hilfe bei der Zusammenstellung eigener Arrangements durch die Gäste
4. Buchung
   mit schneller Zustellung der Buchungsunterlagen.

Im Incoming wird das Marketing branchenspezifisch durch die verschiedenen Anbieter eingesetzt: Veranstalter, Mittler, Hotellerie, Gastronomie, Institutionen der Kultur, des Sports, der Unterhaltung. Und es ist nicht verwunderlich, dass jeder Anbieter *seine eigenen* ökonomischen Interessen verfolgt, *seinen* Markt bearbeitet. Der Hotelier ist zufrieden, wenn *sein* Hotel ausgelastet ist, dem Betreiber einer Surfschule geht es gut, wenn *er* möglichst viele Kunden hat, dem Gastronomen, wenn *sein* Restaurant gut be-

sucht ist. Jeden von ihnen interessiert der andere herzlich wenig, solange sie keine Konkurrenten oder aufeinander angewiesene gemeinsame Anbieter sind.
Aber im Incoming gibt es auch eine Besonderheit: die Destination als Ausdruck der Gesamtheit ihrer touristischen Angebote. Wenn diese Destination bei den Touristen beliebt ist, dann ist das letzten Endes von Vorteil für *alle* Anbieter. Das Destinationsmarketing sollte also im Interesse aller Beteiligten zielstrebig und nachdrücklich betrieben werden.
Andererseits tragen die Leistungsträger maßgeblich zur Beliebtheit einer Destination bei. Das Destinationsmarketing muss diese Tatsache ebenfalls berücksichtigen.
Destinationsmarketing ist nicht identisch mit Stadtmarketing, selbst wenn die Stadt eine Destination ist, ebenso wenig ein Regionalmarketing. Bestenfalls ist das Destinationsmarketing Bestandteil des Stadt- bzw. Regionalmarketing.

Destinationsmarketing besteht zunächst aus:

- **Innenmarketing**: an die regionalen Akteure gerichtet; angestrebt wird die Identifikation der Bewohner mit ihrer Region (Identifikation lässt sich am leichtesten dadurch erreichen, dass Betroffene zu Beteiligten gemacht werden); Wege: zur Mitarbeit anregen; das Gefühl stärken, an einem gemeinsamen Projekt beteiligt zu sein; Werbung um Verständnis für regionale Leistungen, Kosten und Belastungen, die mit dem Incoming verbunden sind; Politik und Verwaltung zur Einsicht verhelfen, dass unabhängig von Parteiinteressen zum Wohle der Destination/Region zu wirken ist
- **Außenmarketing**: Förderung des Images, Erhöhung des Bekanntheitsgrades und der Attraktivität, sowie Vermarktung von Leistungen der Destination.

Die Träger des Destinationsmarketing, gleich ob Behörde oder Firma, müssen rechtlich und politisch legitimiert sein. Darüber hinaus betreibt jeder Anbieter in der Destination sein eigenes Marketing mehr oder weniger abgestimmt mit dem Destinationsmarketing.
Probleme ergeben sich:

- aus möglichen Konflikten mit anderen Marketingfeldern, z.B. Standortmarketing gegenüber Investoren
- indem Destinationsmarketing für verschiedene Kommunen, ggf. sogar grenzüberschreitend betrieben wird
- durch Verlust an Demokratie bei rigoroser Machtausübung gut organisierter Gruppen gegenüber Minderheiten
- durch Bedeutungsverlust gesellschaftlicher und staatlicher Institutionen.

Das Marketing im Fremdenverkehr betrifft folgende Märkte:

Absatzmarkt

Erst mit dem Absatz erweist sich, ob die Leistungen marktgerecht sind. Erst der Absatz entscheidet über Gewinn und Verlust, über positve und negative Effekte des Incoming nicht nur für die Leistungsanbieter, sondern auch für die ganze Destination. Der Absatzmarkt steht im zentralen Interesse des Marketing. Im Folgenden wird deshalb nahezu ausschließlich auf das Marketing im Absatzmarkt eingegangen.

Beschaffungsmarkt

Anbieter müssen ihre Leistungen durch Produktelemente komplettieren. Der Hotelier muss sich der Leistungen eines Verkehrsunternehmens versichern, ein Veranstalter bucht Unterkünfte, der Speisewirt kauft Lebensmittel. Beschaffung aus der näheren Umgebung hilft, Transportkosten zu sparen und die Umwelt zu schonen.
Beim Leistungseinkauf ist wegen des übernommenen Nutzungs- und Auslastungsrisikos Vorsicht geboten. Die den jeweiligen Konzeptionen und Zielgruppen entsprechenden Produktelemente werden vorzugsweise von zuverlässigen, bekannten An-

bietern beschafft.

Arbeits- und Personalmarkt

Fremdenverkehr besteht zum großen Teil aus persönlichen Dienstleistungen. Gewünscht ist, vor allem in den Kernbereichen, ausreichend verfügbares, motiviertes und qualifiziertes Personal. Aber selbst bei hoher Arbeitslosigkeit herrscht auf diesem Sektor Personalknappheit. Abhilfe ist denkbar durch Verbesserung der Arbeitsbedingungen sowie des Arbeitsplatz-Images.

Nachfrage und Angebot sind breit gefächert. Gefragt sind Künstler, Reiseleiter, Betreuer, Führer, Begleiter etc. Im Trend sind Großmütter und Großväter zur Kinderbetreuung. Gute Fachkräfte haben ihren Preis. Arbeitskräfte aus der näheren Umgebung sparen Reise- und Unterkunftskosten, und außerdem ziehen viele Gäste das Regionale vor. Gerade in Bezug auf das Personal sind Erfahrung und Fingerspitzengefühl nützlich. Das engagierte Personal muss von der Zielgruppe akzeptiert werden. Nicht jeder hochdotierte Wissenschaftler kann seine Fachkenntnisse populär und interessant vermitteln, und ein Pausenclown kommt nicht bei jedem Publikum gleichermaßen an.

Finanz-, Kapital-, Geldmarkt

Kreative Finanzierungspolitik bestimmt in wachsendem Maße das Leistungsniveau, das Incoming-Angebot, aber auch die Möglichkeiten der Nachfragesteuerung.[1]

Destinationen brauchen ebenso systematische, professionelle und kontinuierliche Marketingarbeit wie andere Anbieter. Im Tourismus hält die Professionalität Einzug, allerdings vorerst aufseiten der Veranstalter.

In Bezug auf regionales Marketing muss untersucht werden, welcher Raum sich für ein einheitliches, zumindest koordiniertes Marketing eignet. Administrative Grenzen bieten sich wegen der Einheitlichkeit der Kompetenzen an, zerschneiden jedoch häufig ganzheitliche Fremdenverkehrsregionen. Im Trend liegen natürliche und historische Regionen. Die Grenzen einer zu vermarktenden Region müssen sich an den Zielgruppen orientieren. Je weiter die Entfernung zwischen Quellgebiet und Destination, desto größer sollte die Incoming-Region definiert werden. (siehe Bild 2.1.)

Für die Vermarktung der Angebote einer Destination sind zumindest folgende Szenarien möglich:

Spezialisierte Incoming-Unternehmen vermarkten regionale Angebote oder eigene Produkte oder vermitteln Angebote der Leistungsträger. Oft halten sie selbst keine touristischen Kapazitäten vor. Beispiele: Zimmervermittlung, Vermittlung von Ferienhäusern und -wohnungen, Führungen, Rundfahrten, Betreuung von Reisegruppen, Organisation von Konferenzen.

Leistungsträger, wie Hotellerie, Gastronomie, Kultur- und Sportveranstalter, betreiben Marketing für sich allein und sind an keine übergeordnete Idee noch Organisation gebunden.

Kommunale Verwaltungseinheiten, häufig als Ämter für Pressearbeit und Stadtmarketing bzw. für Werbung anzutreffen, haben nicht ausschließlich, und oft nicht einmal vordringlich, Aufgaben zur Förderung des Incoming-Tourismus zu erfüllen.

Die Region/Kommune kann Marketing, oder besser Werbung, ohne Zutun der Leistungsträger betreiben. Sie kann aber auch mit ihnen gemeinsam Marketing betreiben, oder beide überlassen das Marketing den Reiseveranstaltern.

Alle Szenarien sind in der Praxis anzutreffen, sind zum Teil verständlich und sinnvoll. Unsinnig ist in jedem Falle, Marketing gegeneinander zu betreiben.

---

[1] s.a. Kap. 9.5.

Das Marketing läuft im Allgemeinen in drei Schritten ab:
1. Entdeckung der Verbraucherwünsche und -bedürfnisse
2. Übersetzung dieser Wünsche und Bedürfnisse in Produkte und Dienstleistungen
3. Absatz dieser Leistungen unter Einsatz absatzfördernder Marketinginstrumente.

Zur Gliederung des Marketing in Elemente, Bestandteile, Instrumente, Phasen gibt es zahlreiche Lehrmeinungen. Sich mit ihnen auseinander zu setzen, ist nicht Gegenstand dieser Arbeit.
In späteren Abschnitten werden die **Instrumente des Marketing** wie folgt behandelt: **Produktpolitik** mit *Produktgestaltung, Preispolitik* und *Sortimentspolitik,* **Absatzpolitik** sowie **Kommunikationspolitik** mit *Verkaufsförderung, Public Relations* und *Werbung.*

Was kommt nach dem Marketing? Diese Frage muss erlaubt sein, denn das Marketing ist sicher nicht die ultima ratio des Managements. Seine Schwächen sind inzwischen allzu offensichtlich geworden. Mehrfach wurden Antworten versucht, aber es wurde noch keine befriedigende Alternative gefunden.

11.2. Marktanalyse

Gezielte Marktanalyse bedeutet: Welche zu meinem Angebot passende Nachfrage ist wo zu finden? Sie bedeutet: meinen Markt zu suchen, gleichgültig, ob er bereits existiert oder noch gebildet werden muss, und diesen Markt zu analysieren.

Ein *Markt* ist die Gesamtheit der ökonomischen Beziehungen zwischen Angebot und Nachfrage. Bezogen auf das Incoming: die Gesamtheit der ökonomischen Beziehungen zwischen dem Angebot der bzw. in den Destinationen und der Nachfrage seitens der Touristen und Reiseveranstalter.

Ein **Incoming-Markt** ist definiert durch folgende Merkmale und Indikatoren:
- a) Das *Angebot*:
  - Struktur: Organisationsformen, Konkurrenzsituation, Kooperationsformen, Marktanteile
  - Kosten, Elastizitäten, Grenzanbieter
  - Kapazität, Aufnahmefähigkeit einer Region
  - Qualitätsniveau
- b) Die *Nachfrage*:
  - Potenzial und Struktur: zeitlich, sozial, Motive, Reisearten
  - Einzugsbereich, geografische Dimension, Hinterland
  - Belastbarkeit (Elastizitäten)
  - Qualitätsaffinitäten
- c) Die *Marktkonstellation*:
  - Marktvolumen
  - Marktform
  - Preisniveau
  - Konjunktursituation

Merkmale von Fremdenverkehrsmärkten
- hohe Heterogenität sowohl seitens des Angebots als auch der Nachfrage
- Labilität der Nachfrage und Flexibilität des Angebots
- stabile Marktstrukturen sind nur dort zu finden, wo Veranstalter selbst investiert haben, ansonsten bestimmen wechselnde Marktgegner den Markt
- Marktbindung in Form von Stammgästen wird von den Anbietern angestrebt.

Obwohl regionale und zeitliche Unterschiede zu berücksichtigen sind, werden gegenwärtig folgende Charakteristika als typisch für Fremdenverkehrsmärkte angesehen:
- Polarisation in Billig- und Luxusmärkte
- Profillosigkeit führte zu vollkommener Austauschbarkeit der meisten Angebote
- über mehrere Jahre hinweg überproportional zur allgemeinen Wirtschaftsentwicklung steigende Nachfrage hat zu eklatanter Überkapazität in einigen Destinationen geführt.

Marktforschung und -beobachtung sind die Grundlagen des Marketing. Gegebene Marktdaten werden systematisch ermittelt, analysiert und in ihrer gegenseitigen Verflechtung erklärt sowie künftige Marktentwicklungen aufgrund der erkannten Zusammenhänge unter Zugrundelegung bestimmter Voraussetzungen vorhergesagt.

Die **Marktforschung** definiert den Markt sachlich und geografisch, analysiert ihn und seine Entwicklung insbesondere in Bezug auf die eigene Position im Markt.
Bezüglich der Nachfrage widmet sich die Marktforschung u.a. der Untersuchung der Konsumgewohnheiten, des Zeit- und Ortsverhaltens, der Elastizitäten, der Faktoren, die potenzielle Kunden vom Kauf abhalten und der Bestimmung der latenten Nachfrage.
Die Analyse des eigenen Angebots besteht zunächst in der Erfassung und Bewertung der natürlichen Bedingungen, der touristischen Infrastruktur und der Attraktionen, der Stärken und Schwächen sowie aus einer Image-Analyse. Hinzu kommen Untersuchungen des Verhaltens der Konkurrenten, z.B. ihrer Produkt- und Preisgestaltung, Public Relations, Werbung und Verkaufsförderung.
Nützlich sind auch Informationen über Absatzmittler, ihre Bedeutung im Markt, ihr Verhältnis zur Nachfrage, zur Konkurrenz und zu anderen Mittlern.
Schließlich gehört zur Marktforschung die Analyse der Einflüsse von Gesellschaft und Staat auf den Markt im Rahmen seiner Wirtschafts-, Steuer-, Wettbewerbs-, Gesundheits-, Sozial-, Kulturpolitik etc.
Die angemessene Form der Marktbeobachtung und Marktforschung, die ja immer auch einen Kostenfaktor darstellt, orientiert sich an der Größe des Marktes. Für einen kleinen Fremdenverkehrsort müssen ein offenes Ohr für die Meinungen der Gäste, das Verfolgen der Beiträge in den Medien und Kontakte mit dem Landesfremdenverkehrsverband meist schon genügen. Für die Belange größerer Märkte wird man sich subtilerer Methoden und professioneller Institutionen bedienen.

Methoden der Datenerhebung:
Primärerhebungen werden direkt im Markt durchgeführt, erfolgen gezielt mittels Beobachtung, Befragung oder Experiment. Sie erfolgen als Nachfrage- oder Konkurrenzanalyse.
Die Nachfrageanalyse bezieht sich unmittelbar auf den Gast sowie den möglichen Kunden. Probleme bestehen in der Auswahl der zu befragenden Personen, in der Entscheidung, ob eine Voll- oder Stichprobenerhebung durchgeführt werden soll sowie in der anzuwendenden Befragungstechnik. Die Schulung und Kontrolle der Interviewer darf nicht vernachlässigt werden.

> Der Deutsche Reisemonitor ermittelt aus der Befragung von jährlich 15.000 Deutschen (alle zwei Monate 2.500 Interviews) u.a. den Incoming-Report für Bundesländer und Fremdenverkehrsregionen, d.h. das Reiseverhalten der Deutschen in Deutschland.

Die Konkurrenzanalyse orientiert auf Rückschlüsse für eigene Absatzideen aus dem Leistungsangebot und dem Effekt des vom Konkurrenten eingesetzten Marketing-Mix. Sie ist zwar weniger aufwändig als die Nachfrageanalyse, weist allerdings erhebliche Schwächen auf. So muss erst einmal festgestellt werden, wer der Konkurrent ist. Hat man ihn glücklich und zufällig gefunden, dann läuft man Gefahr zu imitieren, und die Chance des Vorsprungs aus eigener Kreativität geht verloren.

Sekundärerhebungen bestehen im Aufbereiten und Auswerten bereits gesammelter Daten für eine bestimmte Marketingsituation. Zur Verfügung stehen Statistiken[1], Studien, Reiseanalysen, Untersuchungen von Instituten[2], die oft im Auftrage von Massenmedien durchgeführt werden.

Sekundärmaterial ist billiger als eine Primärerhebung, aber weniger auf den eigenen Informationsbedarf orientiert.

Der *European Travel Monitor* (auch: Euromonitor) wird vom European Travel Intelligence Center, Luxemburg, durchgeführt und in Deutschland vom IPK-Institut, München, vertrieben; die deutsche Zuarbeit zum Euromonitor ist der *Deutsche Reisemonitor*. Er stammt von EMNID, Bielefeld. Das *Tourist Scope* wird von Infratest, München, und die *Reiseanalyse* von GfM-Getas, Hamburg, angeboten. Das Verlagshaus Gruner+Jahr, Hamburg, veröffentlicht *MARIA* (Marketing-Informationen für den Absatz).[3] Die Ermittlung und Auswertung demografischer Grunddaten von Fernseh-Testsehern leidet unter dem Mangel, dass sich mehr als 15% der Bevölkerung (hauptsächlich Selbstbewusste, Gebildete, geistig Unabhängige) solchen Marktuntersuchungen verweigern und somit ein bestimmtes Marktsegment nicht erfasst wird.

In einigen Staaten sind *Konsumentendateien* und *Bevölkerungsklassifizierungen* nahezu perfektioniert worden. Der „gläserne Konsument" ist fast erreicht.

Beispiele: *National Information System*, Maryland, USA; *ACORN* (A Classifikation of Residential Neighbourhoods), Großbritannien u. USA; *VALS* (Values and Lifestyles), USA und andere Länder; *Britische Klassenstruktur* (auf der Basis von Berufsgruppen); *USA-Klassifikation für Marketingzwecke*

In der riesigen Menge von Datenanbietern tummeln sich auch eine beachtliche Zahl weniger seriöser.

Methoden der **Datenanalyse**:

Eine Unmasse von Methoden und Formen steht zur Verfügung. Die Kunst besteht darin, die geeignetsten auszuwählen. Ohne Anspruch auf Vollständigkeit erheben zu wollen, folgt eine Auswahl von Analysemethoden, die bereits im Tourismus erfolgreich angewendet wurden.

<u>Clusteranalyse</u> (Bündelungsanalyse):

Ermittlung typischer Gruppen, z.B. der Nachfrage nach bestimmten Destinationen, in Abhängigkeit von Merkmalen, z.B. Alter, Einkommen; meist im Anschluss an eine Faktorenanalyse durchgeführt

<u>Diskriminanzanalyse</u>:

Trennung von Gruppen mit typischen Merkmalen in der Art, dass es möglichst wenige Überschneidungen gibt. Sie bietet die Möglichkeit, das voraussichtliche Konsumverhalten neuer Nachfrager aufgrund ihrer Merkmale zu prognostizieren

<u>Ex-ante-Analyse</u>: Analyse erwarteter Größen

<u>Ex-post-Analyse</u>: Analyse bereits realisierter Größen

<u>Faktorenanalyse</u>:

Zusammenstellung einer Rating-Skala mit Beweggründen für einen Urlaub in einem gegebenen Gebiet; gleichgerichtete (zustimmende oder ablehnende) Einstufungen ermöglichen ihre Zusammenfassung unter einem Oberbegriff (Faktor), z.B. zur Bewertung einer Destination.

---

[1] Das Statistische Bundesamt, Wiesbaden, bietet umfangreiches Informationsmaterial, u.a. auf über 1.400 Btx-Seiten.

[2] BAT, EMNID, F.U.R. (Forschungsgemeinschaft Urlaub und Reisen), GfK (Gesellschaft für Konsumforschung), GfM-Getas (Gesellschaft für Marketing-, Kommunikations- und Sozialforschung), Infratest, Intermedia (Typologie der Wünsche), IPK (Iter Persona Kosmos), Marplan, Studienkreis für Tourismus und Entwicklung, Wickert

[3] s.a. Schmieder,F. in: Mundt (1994), S. 357 ff.

Beispiel: Faktorenanalyse zur Beurteilung des Feriengebietes Bayerischer Wald[1]
An Hand einer Rating-Skala sollten 13 Beweggründe (Variable) für einen Urlaub im Bayerischen Wald beurteilt werden.
Beim Versuch, diese zu vier Faktoren zusammenzufassen, lieferte das Computerprogramm die im Folgenden wiedergegebene (Varimax-rotierte) Faktorladungsmatrix:

Variable	Faktor 1	Faktor 2	Faktor 3	Faktor 4
Kunst/Sehenswürdigkeiten	,12546	,13627	,79422	,15366
Wald/Wandern	,01607	,09282	,02028	,74529
Landschaft	,09779	,07972	,06836	,62716
Klima	,34830	,40930	,18117	,29393
Nationalpark	,07951	,81200	,16211	,15280
Naturparke	,18232	,77913	,22932	,17256
erholsame Ruhe	,23695	,22770	,09160	,41193
schöne alte Städte a.d. Donau	,19969	,19701	,52731	,00625
Glashütten u. Einkaufsmöglichkeit	,35052	,40933	,41813	,04930
Preiswürdigkeit	,61399	,09761	,13747	,07836
gutes Essen	,75017	,16340	,16680	,03471
Gastfreundlichkeit	,68264	,04864	,07165	,18347
Kinderfreundlichkeit	,41282	,21113	,27741	,06619

Die Faktoren ließen sich daraufhin wie folgt interpretieren:

Faktor 1: Preiswerte Gastlichkeit, mit den Schwerpunkten Preiswürdigkeit, gutes Essen, Gastfreundlichkeit und Kinderfreundlichkeit.

Faktor 2: Naturerlebnis, mit den Schwerpunkten Klima, Nationalpark und Naturparke.

Faktor 3: Kulturerlebnis, mit den Schwerpunkten Kunst/Sehenswürdigkeiten, schöne alte Städte an der Donau und Glashütten mit Einkaufsmöglichkeit.

Faktor 4: Erholung, mit den Schwerpunkten Wald/Wandern, Landschaft und erholsame Ruhe.

Ohne wesentlichen Informationsverlust können folglich statt der 13 Variablen die vier Faktoren weiter verfolgt werden.
In einem nächsten Schritt ließe sich das Datenmaterial noch darauf prüfen, ob es Personengruppen (Cluster) mit bestimmten „Beurteilungsmustern" bezüglich der Faktoren gibt.

Grenzkosten-Grenznutzen-Analyse:
beruht auf abnehmendem Grenznutzen mit zunehmenden Besucherzahlen bei zunächst gleichbleibenden, später stark ansteigenden Grenzkosten; erlaubt Aussagen über optimale Klubgröße und Beitrittspreis.

Lebenszyklusanalyse:
dient der Feststellung, in welcher Phase sich das zu vertretende Produkt befindet: Einführungs-, Wachstums-, Reife- oder Sättigungs- und Schrumpfungsphase. (s. Kap. 2.3.)

Marginalanalyse:
eine Grenzbetrachtung der zuletzt hinzukommenden Einheit und durch sie bewirkte Veränderungen; Anwendung, wenn die Änderung im Verhältnis zu den Ausgangsgrößen klein ist; s.a. Grenzkosten, Grenznutzen

Multidimensionale Skalierung:
Testpersonen werden gebeten, eine Matrixfrage mit paarweisen Vergleichen von touristischen Zielgebieten zu beantworten. Ähnliche Destinationen liegen dann eng beieinander, unähnliche weit auseinander.

Portfolio-Analyse:
Einordnung der Produkte entsprechend ihres Markterfolgs in vier Kategorien (Stars, Cash Cows, Question Marks, Dogs) und Bestimmung ihrer Umsatzanteile.

Regressionsanalyse:
Ermittlung des Zusammenhangs zwischen unterschiedlichen Größen, z.B. zwischen der Einkommensentwicklung und der Nachfrage nach touristischen Leistungen. Die Existenz eines sta-

[1] zitiert in: Schmalen (1990), S. 295 f.

tistischen Zusammenhangs ist allerdings kein Beweis für das Vorhandensein eines kausalen Zusammenhangs.

Stärken-Schwächen-Analyse:

Bewertung des Angebots hinsichtlich der Stärken, die gepflegt werden müssen, gefährdet sind, erhalten werden sollen, und der Schwächen, die behebbar oder nicht behebbar sind.

Varianzanalyse:

Ermittlung, ob z.B. die Jahreszeit, die Region, Werbeaktivitäten einen wesentlichen (signifikanten) Einfluss auf den Verkauf hatten.

Die Erkenntnisse der Marktbeobachtung und die Ergebnisse der Marktforschung dienen als Grundlage für absatzpolitische Entscheidungen, für Maßnahmen im Bereich der touristischen Infrastruktur, für die Vorbereitung der nächsten Saison, für personelle und organisatorische Konsequenzen.

Marktformen

Entsprechend der Anzahl der Marktteilnehmer und ihres Verhaltens sind als Marktformen definiert:

Polypol

Viele, relativ schwache Anbieter stehen vielen, relativ schwachen Nachfragern gegenüber. Der Markt ist in kleine Marktanteile aufgesplittert. Polypole sind typisch für touristische Märkte. Der einzelne Marktteilnehmer hat keinen Einfluss auf den Marktpreis. Er verhält sich als Mengenanpasser. Der Preis bildet sich im Schnittpunkt der Kurven, die die Gesamtnachfrage und das Gesamtangebot repräsentieren.

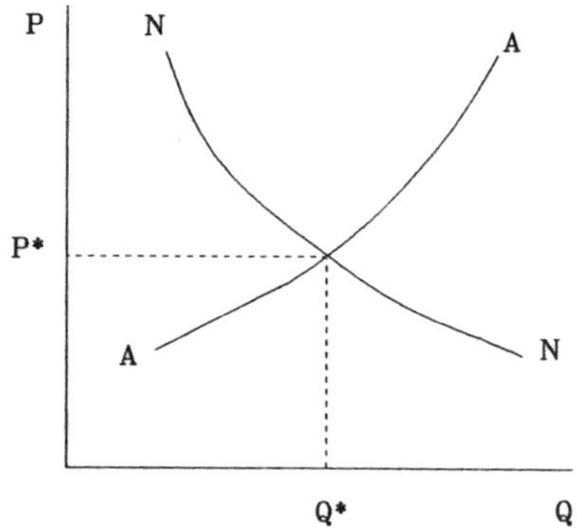

Bild 11.1.: Polypolistische Preisbildung

Der so genannte *Schweinezyklus* (Cobweb), nachgewiesen bisher bei dauerhaften Produkten, z.B. Gebäuden, und für die Landwirtschaft, wirkt auch im Tourismus.

Eine gute Saison bzw. mehrere aufeinander folgende gute Saisons haben bei einer begrenzten Angebotsmenge Q_1 entsprechend der Nachfrage zu einem Preisniveau P_1 geführt. Das Angebot passt sich diesen Bedingungen in der nächsten Saison mit dem Angebot Q_2 an, das allerdings, da es ein Überangebot entsprechend der Marktsituation ist, zum Preisverfall auf P_2 führt. Zu diesem Preisniveau kann wiederum nur das Angebot Q_3 aufrecht erhalten werden - usw., bis sich ein Gleichgewicht herausgebildet hat.

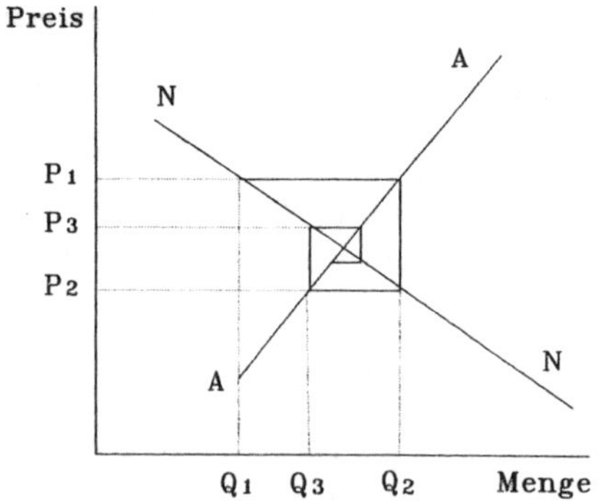

Bild 11.2.: Schweinezyklus

Oligopol
Der Markt ist dominiert von wenigen Anbietern mit großen Marktanteilen. Jeder Oligopolist betreibt eine Strategie unter Berücksichtigung der vermuteten Reaktion seiner Rivalen. Preisführerschaft ist möglich. Die typische geknickte Nachfragekurve signalisiert, dass bei Preissenkung eines Anbieters schnelle Preisanpassung der Konkurrenten erfolgt, bei Preiserhöhung eines Anbieters erfolgt hingegen keine oder nur zögernde Preisanpassung der Konkurrenten. Das heißt, bei Preiserhöhung ist die Preis-Absatzfunktion elastisch (Kundenverlust) und bei Preissenkung unelastisch (kompensierende Reaktionen der Konkurrenten verhindern Kundenzuwachs). Im Incoming-Tourismus findet man Oligopolstrukturen in den Märkten der auf bestimmte Indikationen spezialisierten Kur- und Badeorte sowie dann, wenn eine begrenzte Zahl von Vermittlern die Leistungen einer Region oder Kommune anbieten, z.B. Anbieter von Ferienhäusern.
Monopol
Den monopolistischen Markt beherrscht ein Anbieter. Er hat, zumindest zeitweilig, keine Konkurrenz und betreibt eine autonome Strategie. Als typische Merkmale gelten der Monopolpreis und der Cournotsche Punkt. Monopole sind im Incoming noch selten, aber nicht ausgeschlossen. Die traditionellen Tourismusämter könnten als Monopole gelten, wenn die Leistungsträger unbedingt auf ihre Dienste angewiesen wären.

Entsprechend der **Möglichkeit des Marktzugangs** für neue Anbieter unterscheidet man offene und geschlossene Märkte. Es ist verständlich, dass sich etablierte Anbieter gegen Einsteiger zur Wehr setzen, den Marktzutritt für Neulinge durch Barrieren zu erschweren, zu verzögern, wenn nicht gar zu verhindern suchen. Das ist im Incoming-Bereich kaum möglich. Dagegen ist das Aus-dem-Markt-Drängen oft recht leicht zu erreichen.
Der Begriff *Kontestabilität* besagt, dass der Marktzugang ohne Behinderung möglich ist und der Marktaustritt keine Kosten verursacht; d.h. für alle Anbieter (z.B. in der EU für prädikatisierte Orte, vor allem Kurorte) bestünden, Kontestabilität vorausgesetzt, gleiche Zugriffsmöglichkeiten zur Nachfrage; bei Marktzutritt neuer Anbieter erfolgten keine Preisreaktionen etablierter Anbieter.

Arten von **Markteintrittsbarrieren:**
natürliche Barrieren: fehlende Voraussetzungen, z.B. um als Kurort anerkannt zu werden; ungünstige Verkehrslage
ökonomische Barrieren: beschränkte Mittel, um Infrastruktur zu schaffen bzw. bedarfsgerecht zu gestalten bzw. Anforderungen gemäß Prädikatisierungsvorschriften zu erfüllen; Überwindung durch Fremdfinanzierung, Zusammenschluss mit anderen, Fördermittel
technische Barrieren: Entsorgung mit vertretbarem Aufwand nicht möglich; fehlender Anschluss an Reservierungssysteme; Gewährleistung der Sicherheit erschwert
know-how-Barrieren: zu geringe Markttransparenz; mangelhafte Qualifikation der Arbeitskräfte (z.B. Fremdsprachen), mangelnde Erfahrungen
begrenzte Nachfrage: Der Markt ist bereits aufgeteilt. Überwindung durch Erzeugen von Nachfrage (Marktlücken), Abwerbung von Kunden, Neuaufteilung des Marktes (Agreement).
politische/administrative Barrieren: Zulassung als prädikatisierter Ort, Erteilung von Auflagen, Zulassungsbeschränkungen, Boykott.

Elastizitäten sind ein Mittel, die Reaktionen der Nachfrage oder des Angebots auf die Veränderung von Einflussfaktoren darzustellen.
Die allgemeine Formel der Elastizität lautet:

$$e_{xy} = \frac{\Delta y}{y} : \frac{\Delta x}{x} \qquad \text{(Punktelastizität)}$$

$$e_{xy} = \frac{\Delta y}{y_1+y_2} : \frac{\Delta x}{x_1+x_2} \qquad \text{(Bogenelastizität)}$$

y ist die beeinflusste (abhängige), x die beeinflussende (unabhängige) Variable.

Die beeinflusste Variable verhält sich

elastisch, wenn die prozentuale Veränderung der beeinflussten Variablen größer ist als die prozentuale Veränderung der beeinflussenden Variablen: $e > /1/$ bis $e = \infty$,

gleichelastisch, wenn die prozentuale Veränderung der beeinflussten Variablen gleich der prozentualen Veränderung der beeinflussenden Variablen ist: $e = /1/$,

unelastisch, wenn die prozentuale Veränderung der beeinflussten Variablen kleiner ist als die prozentuale Veränderung der beeinflussenden Variablen: $e < /1/$ bis $e = 0$.

Die Preiselastizität der Nachfrage bezeichnet die Reaktion der Nachfragemenge (Bucher, Ankünfte, Übernachtungen, Besucher) auf Änderungen des allgemeinen Preisniveaus, auf Preisänderungen für Veranstaltungen und Leistungen, auf die Einführung von Abgaben, auf die Veränderung der Kaufkraft und der Währungskurse etc. Bei schärferer Fokussierung des Untersuchungsbereiches lassen sich Elastizitätsunterschiede verschiedener Nachfragegruppen (nach dem Alter, dem Einkommen, der geografischen Herkunft) feststellen.
Die Serviceelastizität der Nachfrage bezeichnet die Reaktion der Nachfragemenge auf Veränderungen der Produkteigenschaften, z.B. Sicherheit, Betreuung.
Die Kreuzpreiselastizität oder Substitutionselastizität bezeichnet die Reaktion der Nachfragemenge nach einer Leistung A (z.B. Urlaub auf dem Lande) auf Preisänderungen für eine Leistung B (z.B. Kurangebote). Sie gibt somit Aufschluss über den Grad der Wechselbeziehungen zwischen verschiedenen Märkten.
Die Preiselastizität des Angebots bezeichnet die Reaktion der Angebotsmenge, z.B. durch Kapazitätserweiterung, auf Veränderungen des allgemeinen Preisniveaus.

11.3. Zielgruppen des Marketing

Die Maßnahmen des Marketing sollen möglichst exakt die gewünschten Kunden erreichen.

Marktabgrenzung ist die Ermittlung der Schnittstelle zwischen Gesamt- und Teilmarkt sowie zwischen Teilmärkten. Für die Marktabgrenzung sind verschiedene Konzepte entwickelt worden, bei denen jeweils spezifische Kriterien zur Abgrenzung herangezogen werden: gleiche Güter bzw. Leistungen (Industriekonzept), gleiche Güter bzw. Leistungen zu einem einheitlichen Preis (Elementarmarktkonzept), die Kreuzpreiselastizität (Konzept der Substitutionslücke) oder der gleiche Verwendungszweck der Güter bzw. Leistungen, d.h. ihre funktionale Austauschbarkeit (Bedarfsmarktkonzept).
Im Tourismus bietet sich das Bedarfsmarktkonzept zur Marktabgrenzung an.
Für die Anbieter ist Marktabgrenzung sinnvoll, um ihren Markt, vor allem ihre Konkurrenten, zu erkennen. Sie wird außerdem zum Schutz des Wettbewerbs und der Nachfrager (Kartellrecht) vor Marktbeherrschung und -missbrauch gefordert. Im Fremdenverkehr, insbesondere im Incoming-Bereich, besteht wegen der hohen Flexibilität

lität der Nachfrager nur eine geringe Gefahr der Marktbeherrschung. Denkbar wäre sie im Kurwesen.

Nach deutschem Recht liegt die Aufgreifschwelle bei 20% Marktanteil oder etwa 250 Mill. € Umsatz.

Marktsegmentierung

Aus einem bestimmten Bedarfsbereich, der ein Ganzes darstellt, wird ein abgegrenztes Segment herausgegriffen und zum Gegenstand gezielter Angebotstätigkeit (fokussierte Zielgruppenorientierung) gemacht. Im Fremdenverkehr sind dies Kundengruppen, die einander möglichst ähnlich sind und sich von anderen Gruppen abgrenzen lassen. Erreicht werden soll ein hoher Grad der Identität von Marktleistung und Bedarf.

Voraussetzung ist die möglichst exakte Einschätzung des Angebots, ggf. durch Stärken-Schwächen- und Faktorenanalyse, und daraus abgeleitet des Nachfragesegments, für das dieses Angebot attraktiv sein könnte. Irrtümer sind nicht ausgeschlossen, d.h. ständige Nachbesserung, Verengung oder Erweiterung des Segments, ist erforderlich. Die Segmente sollten ausreichend groß gewählt werden.

Ein Trend zur Atomisierung der Zielgruppen ist jedoch unübersehbar. Jeder versucht, etwas Originelles zu bieten: Angebote an die töpfernde Alleinerziehende, den häkelnden Linkshänder, Urschreitherapien für ausgebrannte Manager, Incentivetrips für routinemüde Sacharbeiter.

Generell ist die Verträglichkeit der Zielgruppen untereinander zu berücksichtigen, z.B. nur ein Drittel der Mountainbiker fühlen sich von Wanderern gestört, aber die Hälfte der Wanderer von Radfahrern im Wald.

Mittels solcher Segmentierungsmerkmale, wie Lebensstil, Qualitätsbewusstsein, sozialer Status werden Kern- und Randzielgruppen ermittelt.

Die DZT orientiert in der Auslandsmarktarbeit auf vier Märkte:[1]

A-Märkte sind große existierende Märkte, die bereits praktisch vollständig erschlossen sind. Die Strategie besteht darin, durch neuen individuellen Zugang zu ausgewählten Zielgruppen und die Pflege von Kontakten zu Stammkunden den Markt zu behaupten.

B-Märkte sind große Märkte mit hohem, nicht angezapftem Potenzial. Hier besteht die Strategie darin, durch Imagebildung und die Annäherung an ausgewählte Zielgruppen in den Markt einzudringen.

C-Märkte sind große Märkte, die aus Gründen der Rezession geschrumpft sind, aber wieder B-Märkte werden können. Das Ziel sollte sein, mit kleinem Potential einen Marktanteil zu halten.

D-Märkte sind kleine Märkte mit der Tendenz zu schrumpfen. Hier sind entweder vollständiger Rückzug, Nicht-Eintritt oder Reduzierung geboten.

Marketingpläne konzentrieren sich immer häufiger auf nur wenige Ziele, z.B. konzentrierte sich Amsterdam nach rückläufigen bzw. stagnierenden Besucherzahlen 1993 und 1994 im Marketing nur noch auf sechs Länder, anstatt wie bisher auf 16. Die US-Reiseveranstalter hatten für 1995/96 Großbritannien und Japan, für 1997/98 Deutschland zu Marketingschwerpunkten erklärt.

Zielgruppen

Individualtouristen

haben einen hohen Anteil am Reiseaufkommen, besonders im Kurztourismus. Entsprechend der Gliederung der Nachfrage und ihre Anforderungen an das Angebot[2] bilden die Individualtouristen zwar ein Konglomerat unterschiedlicher Zielgruppen, doch hinsichtlich der Anwendung von Marketing-Instrumenten haben sie im Vergleich zu den folgenden Zielgruppen gemeinsame Merkmale aufzuweisen.

---

[1] GNTB: Annual report 1993

[2] siehe Kap. 3.2.

Unternehmen, Vereine
können dazu bewogen werden, ihre Jahreshauptversammlungen oder andere Veranstaltungen in der Destination durchzuführen.

Reiseveranstalter
bilden eine heterogene Zielgruppe. Das Ziel des Marketing besteht darin, Veranstalter anzuregen, die Destination in ihre Programme aufzunehmen.

Nicht jede Destination ist für jeden Veranstalter gleichermaßen interessant. So spielen die Spezialisierung und das Profil der Veranstalter eine Rolle, aber auch die Erreichbarkeit der Destination und ihre Entfernung. Je näher das Reiseziel am Herkunftsgebiet der Reisenden liegt, desto größer ist der Selbstbucher-Effekt, und umso weniger attraktiv ist die Destination für den Veranstalter.

Veranstalter von *Werbefahrten* sind nicht nur wegen der Saalmiete und der Inanspruchnahme gastronomischer Einrichtungen interessant, sondern vor allem deswegen, weil deren Kunden potenzielle Urlaubsgäste sind.

Incentive-Veranstalter suchen immer etwas Besonderes.

Luftverkehrsunternehmen und Eisenbahngesellschaften können bewogen werden, die Destination in ihre IT-Programme aufzunehmen.

Um in die Kataloge großer *Pauschalreiseveranstalter* aufgenommen zu werden, muss das Angebot im Zielgebiet groß genug sein. Das Interesse von Flugreiseveranstaltern an Zielgebieten wird bestimmt von der Möglichkeit, die Kapazität großer Ferienflieger zu beherbergen sowie von der Entfernung zu Flugplätzen. Kleinere Fremdenverkehrsorte und -regionen bieten sich deshalb oft gemeinsam einem großen Veranstalter an. Anders bei Ferienwohnungen und Ferienhäusern, die auch als Einzelobjekte in die Kataloge spezieller Anbieter Aufnahme finden. Überhaupt ist die Anforderung an die Aufnahmekapazität im Zielgebiet bei Veranstaltern, die auf Selbstanreise, Eisenbahn oder Pkw setzen, wesentlich niedriger.

Möglich und evtl. wünschenswert kann sein, dass Veranstalter selbst in die touristische Infrastruktur investieren (z.B. Clubs) oder wenigstens solche Investitionen initiieren und unterstützen. Das setzt voraus, dass die Destination als Anlagesphäre attraktiv ist.

Leistungsträger und **Bevölkerung**
in der Destination sind ebenfalls eine Zielgruppe des Marketing. Die Einflussnahme auf die Haltung zum Tourismus und zu den Touristen, die Identifikation mit der touristischen Positionierung (Leitbild) ihrer Destination, wird als *inneres Marketing*, *Innenmarketing* oder *innere Werbung* bezeichnete. Das Innenmarketing ist eine der Funktionen, die Tourismusorganisationen besser als die Leistungsträger und gewinnorientierte Unternehmen erfüllen können.

11.4. Marketingkonzeptionen

Marketingkonzeptionen sind an den Unternehmenszielen sowie regionalen und kommunalen Entwicklungszielen orientierte, unter den gegebenen Umständen durchführbare strategische Varianten des Einsatzes der Instrumente des Marketing.

Sie werden sowohl als Dienstleistung von Unternehmensberatern angeboten als auch eigenständig erarbeitet, teils sogar nur gedanklich formuliert.

Marketingkonzeptionen im Incoming-Bereich werden im Interesse verschiedener Anbieter entwickelt: Kommune, Incoming-Agentur, Werbegemeinschaft, einzelne Leistungsanbieter. Sie beruhen auf Fremdenverkehrskonzeptionen, sollten sie zumindest berücksichtigen.

Bestandteile

- **Analyse** der internen Stärken und Schwächen und der externen Chancen und Gefahren (SSCG): Konjunktur, politische Enwicklung, Nachfrage, Wettbewerb, Preissituation, Vertriebs- und Kommunikationswege
- **Prognose** und Auswirkungen auf die einzelnen Produktteile
- **Zielfestlegung**: was soll mit dem Marketing erreicht werden? Die Ziele des Marketing dürfen nicht im Widerspruch zu den Zielen der Fremdenverkehrskonzeption stehen. Mögliche Marketingziele sind: Saisonverlängerung, Orientierung auf andere Zielgruppen, höhere Auslastung der Kapazität, Verlängerung der Aufenthaltsdauer, Aufnahme in Veranstalterprogramme. Die Ziele sind so konkret wie möglich zu definieren.
- Bestimmung der **Marktsegmente** (Geschäftsfelder): Zielgruppen, Hinterland, Positionierung des eigenen Angebots (z.B. Preis-Qualität-Relation)
- Festlegung des **Marktverhaltens**: genereller Stil (progressiv, konservativ usw.), Verhalten gegenüber der Konkurrenz, Verhalten gegenüber Leistungsträgern und Reiseveranstaltern
- **Zeithorizonte** und **Termine**
- Bestimmung des **Marketingbudgets**: erforderliche Höhe, Quellen, grobe Ausgabenstruktur.

Anforderungen

Die Marketingkonzeption muss in *Marketingaktionen* umsetzbar sein, d.h. ausreichend konkrete Daten und realistische Ziele bieten. Sie sollte *Prioritäten* fixieren. Marketingkonzeptionen müssen speziell auf die Belange der jeweiligen Incoming-Anbieter orientiert sein: Deutschland als Urlaubsland, Urlaubsregionen, Ferienstraßen, Veranstaltungen, Urlaubsorte, Anbieter in Regionen/Kommunen, Zusammenschlüsse von Leistungsträgern, einzelne Leistungsträger. Die Zielgruppen sind klar zu definieren.

Eine Stadt wie Würzburg, in der von 100 Übernachtungsgästen 40 Teilnehmer an Tagungen und Seminaren sind, weitere 30 Geschäftskontakte suchen und nur 30 privat kommen, muss sich z.B. anders als Trier darstellen.

Marketingkonzeptionen lassen sich nicht von einer Destination auf eine andere übertragen bzw. übernehmen, und sie müssen flexibel genug sein, um bei Bedarf möglichst komplikationslos revidiert werden zu können.

Marketingkonzeptionen sind interne, vertrauliche Entscheidungsunterlagen. Man erkennt jedoch konzeptionelle Grundzüge an den öffentlich werdenden Marketingmaßnahmen.

„Deutschland braucht weltweit eine große Werbe- und Imagekampagne.
Wir sind nicht so schön, dass die Touristen von selbst kommen.“[1]

Die für das Incoming-Marketing zuständigen Institutionen tun sich schwer und experimentieren seit Jahren. Die DZT agiert mit ständig neuen Begriffen. Eine für längere Zeit gültige Marketingidee ist nicht zu erkennen. Deutschland stand bisher hauptsächlich für Romantik und Traumschlösser, zukünftig sollen Nightlife, moderne Szene oder experimentelle Kunst ebenfalls Gewicht bekommen. Die idyllische Darstellung der ökonomisch mächtigen Industrienation im Ausland ist häufig kritisiert worden. Zu aktuelleren Faktoren für Deutschlandurlaub gehörten: Kultur, Küche und Keller, Sport, Shopping, Gesundheit.

Deutsche zu veranlassen, in Deutschland - statt im Ausland - Urlaub zu machen, ist nicht leicht. Hindernisse sind die begrenzten Kapazitäten, vor allem in den attraktiven saisonalen Feriengebieten und -orten (Küste, Gebirge), die im Vergleich zu ausländischen Destinationen kurze Saison und das Preisniveau. Etwa 90% der Deutschen konsultieren bei Urlaubsreisen im Inland weder Veranstalter noch Reisebüros. Sie vergeben damit die Möglichkeit, preisgünstigere Veranstalterangebote zu nut-

[1] Eva-Marie Sternagel, Marketing-Vorstand der DZT

zen, sich abzusichern und Mängel geltend zu machen.

Das kleinräumige Destinationsmarketing arbeitet hingegen oft mit langfristig angelegten Leitbildern, Slogans und anderen Marketinginstrumenten.

Anfang der 90er Jahre ist die Nachfrage nach Leistungen des *Kur- und Bäderwesens* zurückgegangen, bei stationären Kuren leicht, bei ambulanten Kuren drastisch. Die wenigsten Kurorte waren darauf vorbereitet, sie hatten sich daran gewöhnt, dass ihnen Gäste ohne eigenes Zutun von Kassen und Versicherungsträgern zugewiesen wurden.

Neue Marketingkonzeptionen des Kur- und Bäderwesens

- sollen nicht nur verlorene Nachfrage reaktivieren, sondern neue Gäste anlocken, vor allem zahlungskräftige Privatpatienten, die Infrastruktur, Ambiente und Qualität der deutschen Heilbäder zu schätzen wissen
- sehen vor, sich neben der traditionellen Werbung für natürliche Heilpotenziale verstärkt als kompetente Partner für Wellness, ergänzend zu gewöhnlichen Kuren oder eigenständig, anzudienen
- sollen der ausländischen Konkurrenz um Anteile am Medizintourimus begegnen (preisgünstige Angebote der osteuropäischen Länder, Mittelmeerländer werben mit Klima und Kultur).

Einige Kurorte konnten sogar Zuwächse verzeichnen. Das Ostseebad Damp steigerte 1997 gegenüber dem Vorjahr die Zahl der Gäste um 18%, wozu sicher der Jahrhundertsommer aber auch die Umschichtung von Betten aus dem Rehabilitations- in den Ferienbereich beigetragen haben.

Der Deutsche Bäderverband verzichtete 1997 auf eine eigene Werbekampagne und stellte das vorgesehene Budget der DTM zur Verfügung, was als Zeichen dafür gewertet wird, dass sich das Kur- und Bäderwesen dem allgemeinen Tourismus öffnet. Der Hotellerie erwächst mit den Angeboten der klinischen Beherbergungseinrichtungen eine harte Konkurrenz.

Auch im europäischen Binnenmarkt werden voraussichtlich Versicherungszuschüsse lediglich in Ausnahmefällen für Kuren im Ausland gewährt. Deutsche Kur- und Heilbäder können jedoch nur in dem Maße mit mehr Kurgästen aus Italien, Frankreich, den Niederlanden, Großbritannien usw. rechnen, wie deutschen Kurgästen die Kur im Ausland, mit Zuschuss, ermöglicht wird.

„Die deutschen Bäder im Allgemeinen ... können sich über die 'Auslandslust' der Deutschen nicht beklagen, solange nicht eine ganz bedeutende Preisermäßigung in Deutschland einsetzt."
Joseph Roth (am 17.05.1925 in der Frankfurter Zeitung)

1998 startete die DZT gemeinsam mit dem Deutschen Bäderverband, dem Deutschen Hotel- und Gaststättenverband und dem Bundesverband deutscher Privatkrankenanstalten eine Kampagne für den Gesundheitstourismus nach Deutschland.

Landtourismus, Urlaub auf dem Bauernhof ist für viele Bauern die oft einzige Möglichkeit, den Hof zu erhalten. Die Heterogenität und räumliche Zersplitterung des Angebots, beschränkte touristische Erfahrungen der Anbieter und geringer gesellschaftlicher Status dieser Urlaubsart sowie das geringe Marketingbudget der einzelnen Anbieter zwingen zu einer Gesamtkonzeption, die zunächst den Landtourismus auf dem Wege der Public Relations bekannt macht und ihn aufwertet (Qualitätssymbole). In dieser frühen Phase der Markterschließung spielen diffizile Marketing-Instrumente noch eine untergeordnete Rolle.

Bei der Darstellung einer Destination als zu vermarktendes touristisches Produkt kommt es weniger darauf an, allgemeine Urlaubsatmosphäre zu verbreiten (Reiselust kann vorausgesetzt werden), sondern Lust zu machen, gerade diese Destination aufzusuchen. Spezifische Präferenzen müssen entwickelt werden. Das setzt voraus, den „roten Faden" einer Konzeption zu finden. Was könnte gerade diese Destination für Touristen attraktiv machen? Was hat sie, das andere nicht haben? Nicht um Vollständigkeit bei der Aufzählung der Angebotselemente sollte man sich bemühen, sondern um das Herausfinden der Besonderheiten. Diese Besonderheiten können Gäste wesentlich schärfer definieren als die Einheimischen, denen sie Alltäglichkeiten sind.

Eine **Marketingstrategie** ist die Art der längerfristigen Durchsetzung der Marketingkonzeption, insbesondere der strategische Einsatz der Marketinginstrumente zum Erreichen des Marketingzieles. Häufig wird die Marketingstrategie auf die gewünschte Positionierung des eigenen Angebots in einer Preis-Qualität-Matrix reduziert.
Für eine Kommune oder eine Region ist eine gemeinsame Marketingstrategie nützlich für das Auftreten auf Messen und Werbeveranstaltungen, für Kataloge und Zeitschriften, für Material, das z.B. der DZT zur Verfügung gestellt wird. Sie wird immer dann als lästig empfunden und ignoriert, wenn sie die Initiative der Leistungsträger, der Kommune bzw. der Region hemmt.
Für Regionalstrategien ist die Gleichartigkeit touristischer Angebote, sind vergleichbare Bedingungen eine unabdingbare Voraussetzung, erst in zweiter Linie können die organisatorischen Möglichkeiten einer gemeinsamen Vermarktung Einfluss haben.
Es sollten vor allem die komparativen Vorzüge der Destination hervorgehoben und zum Gegenstand der Marketingstrategie gemacht werden.
Zielgruppenorientierte Strategien basieren auf der Erkenntnis, dass Zielgruppen zum Profil einer Region oder Kommune passen sollten. Die Verbindung des Stils des jeweiligen touristischen Angebots mit dem Lebensstil der Zielgruppe wird als *touristische Kultur* bezeichnet.
Gibt es einen Markt für ein bestimmtes touristisches Produkt, dann sollte er bearbeitet werden. Wer oder was kann einen Leistungsträger, eine Kommune oder Region hindern, auf eigene Werbung zu verzichten? Höchstens die Kosten und das Fehlen einer zufriedenstellenden Repräsentation in der Werbung einer größeren Region.

> *„Das touristische Produkt muss aggressiv an den Konsumenten herangetragen werden, anstatt, wie bisher, auf den Kunden und seine Wünsche zu warten und Kataloge auf Abruf bereitzuhalten."*[1]

Welchen **Stil** sollte die zu wählende Strategie haben? Er ist sowohl von den anzusprechenden Zielgruppen als auch von der Art des Angebots abhängig. Und er ist nicht nur für die konzeptionelle Phase von Bedeutung, sondern muss für alle Phasen, in allen Bereichen und für alle Instrumente des Marketing, insbesondere in der Werbung und in der Preispolitik, gelten.
Stilvarianten:
Aggressives Marketing ist angriffslustig, herausfordernd, energisch und nachdrücklich. Es will den potenziellen Kunden angreifen, ihn an seinen schwachen Stellen packen. Es kann auch in gesteigerter Form insistierend und penetrant betrieben werden. Vergleichende Werbung und das deutliche Unterbieten der Preise der Konkurrenz gelten als aggressiv.
Offensives Marketing ist ebenfalls angriffslustig, aber weniger als das aggressive. Es geht auf die Kunden zu, wartet nicht ab, bis die Kunden kommen. Es will Impulse auslösen, z.B. mit Rabatten. Regional begrenzte Schwerpunktwerbung, zeitlich und räumlich konzentrierter Einsatz der Marketinginstrumente sind Beispiele offensiven Marketings.
Defensives Marketing ist zurückhaltend, schützend, sichernd. Es beschränkt sich z.B. auf die Anpassung an Marktlagenänderungen und die Abwehr von Maßnahmen der Konkurrenz. Auch die Abwehr unerwünschter Nachfragen ist defensives Marketing, selbst dann, wenn es aggressiv betrieben wird.

[1] Romeiß-Stracke in F.A.Z. 1.4.93

Progressives Marketing ist von seiner Grundorientierung her fortschrittlich, die Entwicklung fördernd, vorwärts orientiert. Es ist oft verbunden mit der Abkehr von Traditionen. Eine Steigerung äußert sich in *avantgardistischen* Formen des Marketing, die wegen ihrer absoluten Ungebundenheit an bestehende Normen oft schockierend wirken.

Konservatives Marketing hält am Hergebrachten fest, baut auf überkommene Werte, orientiert sich an Traditionen, wirkt erhaltend und bewahrend.

Kreatives, innovatives Marketing, so sollte eigentlich jedes Marketing sein, ist schöpferisch, probiert Neues, stellt Normen in Frage.

Imitatorisches Marketing ist nachahmend, an der Konkurrenz orientiert und oft ängstlich bemüht, nicht aufzufallen.

Marketingplanung ist die systematische Vorbereitung von Entscheidungen für eine von mehreren möglichen Marketing-Mix-Varianten. YOUNG[1] fordert in jedem Falle die folgenden acht Bestandteile eines Marketingplanes:

Marketingziele

abgeleitet aus den Unternehmenszielen; orientieren z.B. auf den Umsatz, die Verkaufszahlen (Kunden) oder Marktanteile

Produktplan:

die allgemeine Programmpolitik: Beibehaltung, Verbesserung oder Veränderung der Produkte, Orientierung auf bestehende, erweiterte oder neue Märkte

Preis- und Erlösplan:

Preisniveau, Planung der Auslastung, Ableitung von Richtlinien der Preispolitik und von Preisbildungsstrategien

Marktinformationsplan:

Marktforschung, Kundenforschung, Wettbewerbsbeobachtung

Verkaufsplan:

direkter oder indirekter Verkauf, Kontrollen, Berichte

Verkaufsförderungsplan, Werbeplan, Public-Relations-Plan:

Planung von Aktionen, Auswahl der Werbeträger, Werbemittel

Struktur/Mitarbeiter:

Training, Leistungskriterien, Incentives, Organisation

Budget:

Messgröße zur Beurteilung der Leistungen in Verbindung mit der Verwirklichung der Ziele.

Marketingbudget

Die für das Marketing zur Verfügung stehenden finanziellen Mittel begrenzen die konzeptionellen Varianten. Das Werbebudget ist der größte Bestandteil des Marketing-Budgets.

Prinzipien:

1. Sparsame Verwendung des Budgets

Gilt selbst bei großzügigem Budget allgemein als oberstes Gebot. Im Tourismus haben zurzeit Rationalisierung und Konzentration Vorrang. Die Zeit des großzügigen Streuens von Informationsmaterial scheint vorüber zu sein.

Fremdenverkehrsstellen bitten zunehmend um Erstattung des Portos für die Zusendung von Informationsmaterial und erheben Gebühren.

Die Orientierung auf Stammkunden hilft auch, Kosten zu sparen. Eine Faustregel besagt, dass die Marketingkosten zur Gewinnung eines neuen Kunden drei bis fünf Mal so hoch sind wie die Marke-

[1] Young, A.: Das Manager-Handbuch. Düsseldorf-Wien-New York, 1988

tingkosten, die erforderlich sind, um einen alten Kunden zu halten.[1]

2. *Kooperatives Marketing*
   Meist ist ein den Erfordernissen angemessenes Marketing für kleine Kommunen und Regionen sowie einzelne Anbieter schon aus finanziellen Gründen nicht möglich. Kooperatives Marketing und das Anschließerprinzip bieten eine Lösung, entweder auf eigene Initiative oder unter Nutzung von Angeboten der Landesfremdenverkehrsverbänden bzw. der DZT (bei Auslandsaktivitäten) die zur Verfügung stehenden Mittel zu konzentrieren. Assoziative Coattail-Effekte sind bei Übernahme von Slogans und Stilen zu erzielen, die von der DZT, einer Region usw. verwendet werden.
   Es ist unsinnig, wenn Regionen, die landschaftliche, kulturelle und klimatische Einheiten bilden, nur deswegen getrennt vermarktet werden, weil administrative Grenzen sie trennen. Administrative Grenzen behindern oft eine effektive touristische Marktarbeit. Zielgruppenorientiertes Marketing hat mit Grenzen nichts zu tun. Der wahre Konkurrent ist nicht der Nachbar, sondern das „Meer" oder das „Gebirge".
   Gemeinschaftswerbung ist allerdings immer problematisch. Jeder fühlt sich dabei mehr oder minder benachteiligt. Einzelnen mögen Slogans, Sinnbilder, Aktionen nicht zusagen - sie sollten trotzdem mitmachen, sich identifizieren, nachdem zuvor engagiert um die beste Lösung, die immer nur ein Kompromiss sein kann, gerungen wurde. Dabei muss jeder, zumindest sein Interessenvertreter, gehört worden sein.
   Beispiele für Gemeinschaftsmarketing:
   - Art Cities in Europe GmbH
   - einheitliche Rufnummer der Fremdenverkehrsämter in Deutschland (Tourismusämter, Stadtinformation, Verkehrsämter)
   - Tourismusmarkt Norddeutschland
   - Ferien ohne Grenzen (grenzüberschreitende Zusammenarbeit deutscher und dänischer Verkehrsämter)
   - regelmäßige regionale Gemeinschaftswerbung in Zeitschriften
   - Hotelkooperationen
3. *Erhebung von Beiträgen*
   Mittel für das kommunale und regionale Marketing müssen von denen aufgebracht werden, die ein Interesse am Marketing haben und einen Nutzen aus ihm ziehen.
   Die Poolung der Marketingmittel sollte angestrebt werden.
   Interesse am Incoming-Marketing haben natürlich Kommunen und Regionen, für die der Fremdenverkehr ein wichtiger Wirtschaftsfaktor ist, aber auch alle Leistungsträger, die vom Fremdenverkehr leben und profitieren. „Trittbrettfahrer" sind nicht ausgeschlossen, ihre Zahl kann jedoch über ein effektives Abgabensystem klein gehalten werden.

11.5. Produktpolitik

Bestandteile der Produktpolitik, auch als Leistungspolitik bezeichnet, sind:

Produktgestaltung, Preispolitik und **Sortimentspolitik**.

Produktgestaltung, Angebotsgestaltung

Diese Begriffe bezeichnen das Zusammenfügen der Bestandteile zu einem Leistungspaket, das dem Kunden einen höheren Nutzen verspricht als die Einzelleistungen sowie das Anbieten von Einzelleistungen bzw. deren Vermittlung, wobei der Nutzen für den Kunden im vereinfachten Zugang zu den Leistungen besteht. Je größer die Entfernung zwischen der Herkunftsregion des Gastes und der Destination, desto mehr sind

[1] Romeiß-Stracke, F. (1995), S.19

Produktkombinationen gefragt. Aus der näheren Umgebung anreisende Gäste, zumal wenn sie die bereiste Destination bereits kennen, sind oft bereits mit Übernachtung und Frühstück zufrieden. Das *Kombinieren von Angebotselementen* ist die wichtigste Aufgabe der Produktgestaltung. Das Problem besteht darin, diejenigen Angebotselemente zusammenzufassen, die im Markt gefragt sind. Die Philosophie des Marketing gebietet, nicht einfach das anzubieten, was man hat, sondern das, was der Markt, was die Zielgruppe wünscht. Eine solche selektive, das Typische der Destination hervorhebende Produktpolitik ist geeignet, sich einen Markennamen zu schaffen und von anderen Angeboten abzugrenzen.
Das Ziel besteht immer darin, gegenüber der Konkurrenz einen echten Produktvorteil, einen USP (unique selling proposition), zu erlangen und über einen möglichst langen Zeitraum zu bewahren. Häufig entsteht dieser Produktvorteil nur in den Köpfen der Verbraucher dann spricht man von ESP (emotional selling proposition).

Die Produktgestaltung von Pauschalarrangements konzentriert sich auf die Auswahl der zueinander passenden Leistungsträger. Geschickte Kontrahierungspolitik ist erforderlich, um sich der geeigneten Leistungen zuverlässig und zu günstigen Bedingungen zu versichern, um sich Einflussmöglichkeiten auf die Leistungsträger zu verschaffen und um sich ausreichende Flexibilität zu bewahren.
Die Produktgestaltung von Einzelleistungen erfolgt stets unter Berücksichtigung des Umfelds. Ein Bett in einem komfortablen Hotel allein ist noch kein attraktives Angebot. Hotels mit unattraktiver Umgebung haben die Möglichkeit, mittels eigener Gastronomie, eigenen Unterhaltungsangeboten, Sportanlagen etc. die reine Beherbergungsleistung zu komplettieren. I.d.R. macht erst das Ensemble der Leistungen, die Umgebung, die Atmosphäre eine Destination bereisenswert. Die Einzelleistung sollte in ein Umfeld passen, das dem Gast Möglichkeiten der Gestaltung bietet.
Produktgestaltung in der Vermittlung ist zunächst reduziert auf das zu vermittelnde Sortiment hinsichtlich Preisniveau, Leistungsarten, geografischem Bereich. In beschränktem Umfange sind auch dem Vermittler Gestaltungsmöglichkeiten (Zahlungsziele, Weitergabe von Rabatten) gegeben. Im Allgemeinen wird der Vermittler mit den von ihm vertretenen Angeboten identifiziert.

Die Produktgestaltung erfolgt nach verschiedenen Prinzipien:

Preis-, Qualitäts-, Zielgruppenorientierung.[1]

Erfolgreiches Marketing verfährt nach allen drei Prinzipien, obwohl in Abhängigkeit von der Situation Prioritäten geboten und nützlich sind.
Preisorientierte Produktgestaltung will Marktanteile durch Preisvorteile gewinnen. Bei generell preisorientierter Produktgestaltung sind dem Angebot nur geringe Differenzierungsmöglichkeiten gegeben. Preisorientierte Produktgestaltung erfordert eine streng preisorientierte Kontrahierungspolitik, bei der billige Leistungsträger und Billigangebote von Leistungsträgern bevorzugt werden.
Bei objektiv und subjektiv empfundener Leistungsgleichheit wird zugunsten des niedrigsten Angebotspreises gebucht. Qualität wird auch zu Niedrigstpreisen als selbstverständlich erwartet.

Eine Analyse des allgemeinen Verbraucherverhaltens ergab 1986: 78% kaufen dort, wo es am billigsten ist, 79% suchen erst im Sonderangebot.[2]

Das Ergebnis: Preiskämpfe, ruinöser Wettbewerb.

---

[1] s.a. Hebestreit (1992), S. 219 - 258

[2] zitiert in: Hebestreit (1992), S. 225 f.

Qualitätsorientierte Produktgestaltung stellt die Qualität bei der Produktgestaltung in den Vordergrund.
Qualität bezeichnet den Bedürfnisbefriedigungswert eines Produktes aus der Sicht des Käufers, die Eignung des Produktes zu Verwirklichung der Zielvorstellungen des Käufers. Da viele subjektive Wertungen möglich sind, gibt es keine allgemeine, absolute Qualität.
Das Produkt muss für den Kunden einen Bedürfnisbefriedigungswert haben, der über dem der Teilleistungen liegt und eine spezifische Veranstalterleistung erkennen lässt. Daraus können Präferenzen für den Veranstalter entstehen, die durch Preismaßnahmen der Konkurrenz nicht so leicht zu erschüttern sind.
Der Unterschied zwischen „Produkt" und „Marke" entsteht im Kopf des Verbrauchers. Der Käufer muss sich mit der Marke schmücken können. Ein Produkt ist primär Funktionsmittel, eine Marke darüber hinaus auch Profilierungsmittel und besitzt damit emotionalen Mehrwert. Höhere Wertschätzung bedeutet höhere Wertschöpfung.
Vorteile betonter Qualitätspolitik:
- die Nachfrage ist weniger abhängig von Preisschwankungen, sofern die Qualität der Nachfrage hinreichend bekannt ist, von ihr gewürdigt und präferiert wird
- Gegenmaßnahmen der Konkurrenz werden erschwert, denn Qualität hat langfristige Wirkung; Qualität hat einen hohen Erinnerungswert; das Konkurrenzkampfmittel gegen anonyme Produkte ist das Markenprodukt; das Konkurrenzkampfmittel gegen Marken ist die bessere Leistung, die bessere Marke
- bei Orientierung auf Qualität muss Preispolitik nicht als Hauptinstrument des Wettbewerbs eingesetzt werden; daraus ergibt sich ein größerer Spielraum für preispolitische Maßnahmen; das für Kunden peinliche Gefühl, Billigkonsumenten zu sein, wird vermieden.

Qualitätsorientierte Produktgestaltung geschieht durch:
- Auswahl geeigneter Leistungsträger entsprechend des angestrebten Qualitätsanspruchs nach Niveau, Zuverlässigkeit, Preisniveau (einschl. Flexibilität), Eignung in Bezug auf Mode und Trends sowie Vereinbarkeit mit anderen Leistungen; zertifizierte Unternehmen bzw. Leistungen haben Marktvorteile
- Maßnahmen zur Hebung und Erhaltung der Qualität, wie z.B. Beratung, finanzielle Unterstützung, Stimulierung, Kontrolle
- Qualität der Eigenleistungen sowie der eigenen organisatorischen und gestalterischen Leistung u.a. durch Schulung der Mitarbeiter, Motivierung, Qualitätsmanagement
- Service-Bereitschaft, d.h. Reaktion bei Mängeln und Sonderleistungen auf Wunsch.

Zielgruppenorientierte Produktgestaltung richtet sich an Bedürfniskonstellationen und Wertvorstellungen möglicher Kunden aus. Sie ist unverzichtbar auf dem Wege zum Markenartikel. Sofern die Marktsegmente bestimmt sind, denen sich die Destination zuwenden möchte, müssen alle Teilleistungen und alle übrigen Marketing-Instrumente zielgruppenspezifisch gestaltet und eingesetzt werden. Somit bietet die zielgruppenorientierte Produktgestaltung die Basis für die Profilierung der Anbieter.
Ein Problem ist die *Zielgruppenverträglichkeit bzw. -unverträglichkeit* sowohl innerhalb eines Leistungsangebots als auch zwischen verschiedenen Leistungsangeboten. Auf das Streben nach Statusreinheit wurde bereits hingewiesen. Außer bei Klubreisen, thematischen Reisen, Vereinsreisen u.ä. ist eine gewisse Inhomogenität der Gästestruktur kaum zu vermeiden.
Die Orientierung der Angebote in Richtung familien-, kinder-, senioren*freundlich* muss nicht zwangsläufig dazu führen, dass diese single-, erwachsenen-, jugendlichen*unfreundlich* sind. Es ist nicht ausgeschlossen, dass die gemeinsame Nutzung von Teil-

leistungen von beiden Seiten als angenehm empfunden wird. Allerdings sind gegenseitige Störungen auf ein Minimum zu beschränken.

Bei der Zusammenstellung eines Pauschalangebots sind zwei Grundfragen zu beantworten:

a) Was könnte bei welcher Zielgruppe ankommen?

b) Welche Kombinationsmöglichkeiten bieten sich in meinem Wirkungsbereich?

Antworten auf die erste Frage finden sich in Kap. 3.2. Die Kombinationsmöglichkeiten richten sich nach der vorhandenen touristischen Infrastruktur und nach wenigen allgemeinen Regeln:

- die Leistungen müssen zueinander passen: McDonalds, Disneyland, Freizeitzentrum harmonieren nicht mit Golf, Casino und Oper
- die Zusatzleistung in einem Arrangement (neben Unterkunft) muss attraktiv sein, auch finanziell: normaler Hotelpreis plus kostenloser Begrüßungscocktail oder Willkommens-Früchteschale im Zimmer und Ortsführung sind nicht attraktiv
- das Pauschalangebot sollte dem allgemeinen Stil der Region Rechnung tragen: einen Flamenco-Lehrgang würde man nicht in einem friesischen Fischerdorf erwarten
- das Pauschalangebot sollte Nachfragetrends berücksichtigen (trendgerechte Produktgestaltung); zurzeit liegen im Trend: Naturheilkunde, Kontemplation, Esoterik, Fitness, Ökologie, Abnehmen, Tabak- und Alkoholentwöhnung, Schönheit.

Preispolitik[1]

Strategische Preispolitik bestimmt die langfristige Positionierung im Markt hinsichtlich des Preisniveaus, z.B. als „teurer" oder „billiger" Anbieter. Sie kann auch darauf orientieren, bestimmte Preisgrenzen nicht zu überschreiten bzw. nicht zu unterschreiten.

Taktische Preispolitik erfolgt auf der Basis der Kalkulation unter Ausnutzung der Marktsituation. Ihr Ergebnis sind die Angebotspreise.

Taktische Preisgestaltung erfolgt vor allem auf dem Wege der *Preisdifferenzierung*, d.h. durch Verkauf von gleichartigen Leistungen zu unterschiedlichen Preisen (s.S.285). Unter Ausnutzung der Unterschiede in den Nachfrageelastizitäten verschiedener Zielgruppen ergibt sich eine Kreuzsubventionierung.

Operative Preisarbeit besteht in Reaktionen auf die Buchungslage, z.B. durch Preispromotions, Verkaufsförderungsaktionen und echte Last-Minute-Aktionen. Die operative Preisarbeit reduziert sich im Wesentlichen auf Preissenkungen, bei Notwendigkeit bis auf die variablen Kosten hinunter. Es ist auch möglich, das ursprüngliche Angebot durch zusätzliche Leistungen ohne Preissteigerung aufzuwerten. Voraussetzungen für operative Preisarbeit sind: Preissetzungsbefugnisse, Kenntnis des aktuellen Buchungsstandes und kurze Wege zu den potenziellen Kunden.

Die **Preisgestaltung** ist zumindest aus drei Gründen ein dominierendes Absatzinstrument:

1. wegen der hohen Elastizität der touristischen Nachfrage und der daraus folgenden großen akquisitorischen Wirkung niedriger Preise,
2. reagieren Kunden auf Preisvariationen schneller als auf Produktvariationen,
3. lassen sich Preisvariationen am leichtesten und ohne Anstrengung auch kurzfristig bewerkstelligen; der Preis ist als einziges Absatzinstrument theoretisch unbeschränkt variierbar; selbst ein und dieselbe Leistung kann zu unterschiedlichen Preisen angeboten werden (siehe Fluid-pricing und Last Minute); auch Preisexperimente

[1] s.a. Hebestreit (1992), S. 258 ff.

sind möglich; man kann kurzzeitig den Preis beträchtlich senken, um zu erfahren, ob überhaupt Nachfrage vorhanden ist; wenn trotzdem die Nachfrage nicht deutlich ansteigt, ist das Angebot ungeeignet.

Je nach der Art des Incoming-Anbieters ist das Preis-Instrumentarium umfangreicher oder beschränkter, gröber oder feiner. Ein Leistungsträger kann mit dem Preis sehr variabel arbeiten, der Veranstalter ist schon durch die Preise seiner Leistungsträger gebunden, und der Vermittler verfügt, solange die Preisbindung aufrechterhalten bleibt, über die geringsten Möglichkeiten der Preisarbeit.

Vom Preis werden verlangt:

Preiswürdigkeit: Der geforderte Preis muss geringer sein als die Nutzenserwartungen des Kunden. Der Preis bewegt sich zwischen einer oberen Grenze, darüber ist das Produkt zu teuer und nicht mehr absetzbar, und einer unteren Grenze, darunter wird der Produktqualität nicht mehr vertraut.

Verhältnismäßigkeit: Der Preis muss im Vergleich zur Leistung und zu Preisen für alternative Konsumgüter bestehen können. Der Kunde darf nicht den Eindruck haben, bei individueller Zusammenstellung der Leistungen einen günstigeren Preis zu zahlen.

Konkurrenzfähigkeit: Der Kunde muss beim Vergleich mit der Konkurrenz spüren, dass durch die Leistung bei gleichem Preis seine Bedürfnisse besser befriedigt werden.

Für den Kunden hat sich die Markttransparenz durch Internet und Euro verbessert und sind Preisvergleiche möglich.[1]

Preiskalkulation

Nettokalkulation bedeutet, mit selbständig zu kalkulierenden Kostenaufschlägen zu arbeiten. Auf die tatsächlichen Kosten wird ein Gewinnaufschlag kalkuliert.

Mischkalkulation ist im Prinzip auch eine Nettokalkulation. Kosten, die auf Tarifpreisen beruhen (Unterkunft, Transport usw.), d.h. Bruttopreise sind, müssen in Nettokosten umgerechnet werden. Dazu werden in den Preisen enthaltene Provisionen herausgerechnet.

Im Ergebnis der Kalkulation gelangt man zum Angebots- oder Katalogpreis.

Stellt man lediglich aus Katalogpreisen den Preis für eine neue Leistung zusammen, so spricht man von Preisermittlung oder Bruttokalkulation.

Bei Vollkostenkalkulation (-rechnung)[2] werden sämtliche Kosten auf die Kostenträger übertragen, die Fixkosten werden proportionalisiert, die Gemeinkosten in Einzelkosten umgewandelt. Nachteil: geringer preispolitischer Spielraum.

Bei Teilkostenkalkulation (-rechnung)[2] werden nur die variablen Kosten den Kostenträgern zugeordnet, die Fixkosten werden als Bereitstellungskosten in die Ergebnisrechnung weitergeleitet. Varianten der Teilkostenrechnung sind: Direct Costing, stufenweise Fixkostendeckung, Deckungsbeitragsrechnung mit relativen Einzelkosten.

Als Grundregel der *Deckungsbeitragsrechnung* gilt: Ein Produkt ist nur dann vertretbar, wenn der Erlös wenigstens die direkt zurechenbaren variablen Kosten deckt und noch einen gewissen Überschuss als Beitrag zur Deckung der Fixkosten liefert, den Deckungsbeitrag. Die Summe aller Deckungsbeiträge muss den gesamten Fixkostenblock abdecken und noch einen Gewinnbeitrag leisten.

Für kurze Zeit ist ein Preis vertretbar, der lediglich die variablen Kosten deckt.

---

[1] hilfreich sind die hierbei auch die Dienste der Reisemittler, einheitliche Qualitätskriterien und Beratungsleistungen, z.B. Reise-Computer-Service der Stiftung Warentest.

[2] s.a. Kap. 9.5.

Zuschlagskalkulation

a) Summarische Zuschlagskalkulation

Die Gemeinkosten des gesamten Betriebes werden auf der Basis der gesamten oder spezieller Einzelkosten (z.B. Lohneinzelkosten) auf die Kostenträger verteilt. Der gesamte Betrieb wird wie eine Kostenstelle behandelt.

Beispiel: Lohneinzelkosten des Betriebes - 100.000 €, Gemeinkosten des Betriebes - 160.000 €, daraus folgt: 160% der Lohnkosten sind Gemeinkosten. Um auf die Kosten eines Kostenträgers zu kommen, werden seinen Einzelkosten als Gemeinkostenzuschlag 160% seiner speziellen Lohneinzelkosten aufgeschlagen.

Summe der Kosten (netto ohne USt) für Einzelleistungen
\+ betriebsindividueller Rohaufschlag (Gemeinkostenzuschlag und Gewinnaufschlag)
\+ Umsatzsteuer
= Angebotspreis

b) Differenzierende Zuschlagskalkulation

Abweichend von der summarischen Zuschlagskalkulation werden dem jeweiligen Kostenträger in dem Umfang Gemeinkosten einer Kostenstelle zugeordnet, wie er diese in Anspruch genommen hat. In den einzelnen Kostenstellen werden zu diesem Zweck Zuschlagsätze gebildet. Die Verteilung der Gemeinkosten erfolgt nach einem Schlüssel, der entweder auf Einzelkosten oder anderen Bezugsgrößen beruht.

Divisionskalkulation

Bei ihr werden Einzel- und Gemeinkosten nicht getrennt behandelt. Die Kosten pro Kostenträger ergeben sich aus dem Quotienten

$$\frac{\text{Gesamtkosten}}{\text{Produktionsmenge}}$$

Dieses Verfahren eignet sich für Unternehmen mit einheitlichen Produkten.

Rückwärtskalkulation

Liegen die Betriebskosten noch nicht vor, z.B. bei Eröffnung eines Unternehmens, so geht man von Konkurrenzpreisen aus und ermittelt den Preis retrograd durch Rückwärtskalkulation. Der so ermittelte durchschnittliche Selbstkostenpreis pro Kostenträger bildet die Basis für die Betriebskosten.

Kalkulationsbestandteile einer Mehrtagespauschale

- Übernachtungen mit Frühstück oder Halbpension (gemäß Kategorie, Sonderkonditionen in Abhängigkeit von der Bettenzahl)
- Reisekostenzuschuss (z.B. bei Anreise mit der Bahn), Transfer
- Kurtaxe (sofern im Pauschalpreis enthalten), Fremdenverkehrsabgabe gemäß Vorschrift
- Informationsmaterial gemäß Kosten
- Fahrten mit öffentlichen Verkehrsmitteln, pro Tag zwei Fahrten kalkulieren, mit Nahverkehr Sonderkonditionen vereinbaren, evtl. Orts- oder Regionalkarte
- Besuch von Veranstaltungen und Einrichtungen, Sonderkonditionen für Eintrittspreise
- Behandlungen, tatsächliche Gebühren, evtl. Sonderkonditionen
- Ortsführung
- Wanderung, Ausflug
- Gemeinkosten
- Gewinn
- Mehrwertsteuer

Gruppenrabatt kann u.U. gewährt werden. Die Einzelpreise und -kosten sollten aus dem Pauschalpreis nicht hervorgehen, und der Pauschalpreis sollte immer niedriger sein als die Summe der Einzelpreise, wie sie vom Gast bei individueller Zusammenstellung der Leistungen aufzubringen wäre. Die im Pauschalpreis enthaltenen Leistungen sollten von den Gästen wahrgenommen werden können, ohne sie mit Stress „abarbeiten“ zu müssen.

Berücksichtigung der Provision:
Bei indirektem Vertrieb ist die zu zahlende Provision in die Kalkulation einzubeziehen. Die Höhe der Provision beträgt im allgemeinen 10%. In besonderen Situationen, z.B. zum Zwecke der Verkaufsförderung, sind bis zu 25% nicht ungewöhnlich.
Bei der Kalkulation eines Arrangementpreises ist zu berücksichtigen, dass nur ein Teil der Buchungen über Vermittler erfolgt. Auch nur für diesen Anteil sollte die Provision kalkuliert und auf alle Arrangements umgelegt werden.

Beispiel:[1]
Ein Arrangement für 100 Personen, bestehend aus Übernachtung, Verpflegung, Hobbykurs, Tagesausflug, ist auf 175,- € pro Person kalkuliert worden. Erfahrungsgemäß erfolgen 10% der Buchungen über Reisebüros, denen eine Provision von 15% gewährt werden soll. In den Arrangementpreis sind 10% der Provision einzurechnen, das sind 1,5% des kalkulierten Preises. Der Endpreis einschließlich Provision ergibt sich aus

$$\frac{175 \cdot 100}{98{,}5} = 177{,}66\ \text{€ (im Katalog aufgerundet: 178,- €)}$$

Probe:

90 Direktbuchungen	=	16.020,- €
10 Buchungen über Reisebüro	=	1.780,- €
./. Provision (10 x 17,80 €)	=	178,- €
		17.622,- €

Preisdifferenzierung

Auf dem Wege der Kreuzsubventionierung werden für die gleiche Leistung niedrigere Preise durch höhere subventioniert. Generell ist der Preis auf dem Markt bzw. in dem Segment am höchsten, dessen Nachfrage die geringste Preiselastizität aufweist.

Arten:

zeitliche Differenzierung: Zuschläge für Hauptsaisons, Nachlässe für Nebensaisons, Einführung von Zwischensaisons, bei Ferienhäusern oft noch tiefere Staffelung. Zur Saisonverlängerung bieten einige Regionen im Rahmen von „Sommer- und Winterschlussverkäufen“ besonders preisgünstige Unterkünfte und Pauschalen an.

regionale Differenzierung: Differenzierung nach Herkunftsregionen; kann zum Anregen oder auch Bremsen von Reiseströmen eingesetzt werden.

nach dem Reisetermin: niedrigere Preise für Senioren an Werktagen, Verlagerung der Anreise von Wochenend- auf Wochentagstermine, Wochenendpauschalen der Hotels

nach Zielgruppen: Ermäßigungen für Kinder, Familien, Studenten, Rentner, bestimmte Organisatoren, oft verknüpft mit Terminen; Corporate Rates für Großabnehmer. Treuerabatte nach einem Bonussystem, wie es bei Luftverkehrsunternehmen und Kreuzfahrtreedereien bereits zur Routine gehört, können auch von Fremdenverkehrsorten und -regionen zur Gewinnung von Wiederholern und Stammkunden gewährt werden. Die erforderlichen Mittel werden entweder aus dem Budget der Organisationen des Fremdenverkehrs oder gezielt auf dem Wege der Umlage bereitgestellt.

[1] nach Schönemann (1991), S. 97 f.

nach der Zahl der Reiseteilnehmer pro Buchung: zur Steigerung der Teilnehmerzahl, zur Homogenisierung der Teilnehmerstruktur, zur Senkung der Buchungskosten
nach dem Grad der Nachfragekonkretisierung: niedrigerer Preis für mehr Spielraum, z.B. wenn nur die Hotelkategorie gebucht wurde
nach dem Buchungszeitpunkt: Frühbucherrabatt dient hauptsächlich der Liquiditätsverbesserung; Last Minute[1]: die Preise sind umso niedriger, je näher der Buchungstermin am Abreisetermin liegt - jede Buchung über Break-even bringt Gewinn, ein Nachteil besteht in möglichen Spannungen unter den Gästen.

Der vorhandene Preisspielraum wird von erfahrenen Touristen ausgenutzt. Allgemein gilt: nur Reiseneulinge zahlen den vollen Preis. Sparmöglichkeiten: Sonder- und Wochenendpauschalen vor allem in Stadthotels, wenn die Geschäftsleute ausbleiben (bis 50% Ersparnis), Vergünstigungen für Mehrtagesgäste (bis 30% Ersparnis), Reisen mit Freunden (Gruppenrabatt bis 25%), Last Minute buchen (nach 18 Uhr zahlt kein Gast mehr den vollen Zimmerpreis), Reservierungssysteme nutzen (z.B. HRS Hotel Reservation Köln, bis 40% Ersparnis bei über 4.000 Hotels), Bonusscheck (die europäischen Le Meridien Hotels schenken ihren Gästen bei zwei oder drei Übernachtungen einen bestimmten Betrag zur Gutschrift auf die Rechnung), Mitgliederkarten von Hotels, Autovermietern usw. kostenlos oder gegen eine geringe Gebühr (Ermäßigungen und besserer Service).

Verfahren der Preisdifferenzierung:

a) Rabatt

wird u.a. bei Gruppenreisen angewendet. Die Kalkulation orientiert entweder darauf, um welchen Betrag der Preis einer Leistung erhöht werden muss, um eine bestimmte Anzahl dieser Leistungen mit einem bestimmten Prozentsatz zu rabattieren, ohne den geplanten Gesamterlös zu reduzieren, oder wie viele Leistungen mehr verkauft werden müssen, um trotz Rabatt auf den geplanten Gesamterlös zu kommen.

b) Das „Kippen"

Der Ausgangspreis wird je nach erwarteter Kundenzahl schrittweise soweit verändert, gekippt, bis er marktgerecht ist.

Der Ausgangspreis je Teilnehmer ergibt sich aus den Einkaufspreisen (Hotelbetten, touristische Leistungen) und den Kosten des Veranstalters, bezogen auf eine aus Erfahrungen gewonnene Auslastungsquote. Für verschiedene Reisezeiten (Vorsaison, Hauptsaison, Hochsaison, Nachsaison) mit unterschiedlichen Auslastungen werden geplante Teilnehmerzahlen (GTZ) ermittelt.

Beispiel: Gesamtkosten eines Incoming-Veranstalters für eine Saison - 175.000 € bei einer Kapazität von 30 Plätzen und 20facher (einwöchiger) Belegung. 85%ige Auslastung angenommen, ergibt sich ein Preis je Teilnehmer und Woche von rund 344 €.

Festlegung der GTZ:

Reisezeit	Termine	Auslastung [%]	GTZ
Vorsaison	4	57,5	69
Hauptsaison	6	95	171
Hochsaison	6	100	180
Nachsaison	4	75	90
	20	i.D. 85	510

[1] verbilligte und kurzfristige Angebote, bei denen zwischen Offerte und Abreisetermin nicht mehr als 14 Tage liegen dürfen; gegenüber dem Katalogpreis muss das Angebot deutlich preisreduziert sein (LG Düsseldorf, Az.: 12 O 146/95); 1999 hob der BGH ein Urteil des OLG Düsseldorf, das die Bindung an die Frist von 14 Tagen festlegte, auf. Bislang hatten mehr als 20 Gerichtsentscheide die 14-Tage-Frist unterstützt.

„Kippen“ über die Reisezeiten:

	Vorsaison	Hauptsaison	Hochsaison	Nachsaison
85%-Preis	344	344	344	344
GTZ	69	171	180	90
kalk. Preis *)	249	369	376	302

*) Resultat von Erfahrungen und Markteinschätzung. Die Summe aus den mit den kalkulierten Preisen multiplizierten GTZ muss mindestens die Gesamtkosten des Veranstalters decken (in diesem Falle 175.000 €).

Schließlich kann noch über die Aufenthaltsdauer gekippt werden (Verlängerungswoche).
Soweit in der Kostensumme noch nicht enthalten, sind weitere Sockelkosten (z.B. Transfer, Versicherung) und ein Deckungsbeitrag (Vertrieb und eigene Kosten sowie Ertragsbildung) zu den kalkulierten Preisen zu addieren, um zu den Angebotspreisen zu kommen. Auch der Deckungsbeitrag, der etwa 15 bis 23% des Katalogpreises ausmacht, kann noch gekippt werden.

c) Fluid-pricing
Im Rahmen des Yield-Management (s. Kap. 9.4.) angewandte Form der Preisdifferenzierung mit dem Ziel maximaler Kapazitätsauslastung mit maximalem Ertrag. Fluid-pricing ist die völlige Abkehr vom Katalogpreissystem, ermöglicht durch Online-Buchungen und begünstigt durch Währungsverbünde.
Die Preisuntergrenze wird durch den Anbieter definiert und kann kurzfristig bis auf die variablen Kosten oder die Grenzkosten gesenkt werden.

Preispolitik ist entweder kosten- oder marktorientiert.
Kostenorientierte Preissetzung erfolgt nach der Regel „Selbstkosten plus angemessener Gewinnzuschlag“. Eine geringe Gewinnspanne bei einzelnen Leistungen kann eventuell innerhalb des Sortiments ausgeglichen werden.
Voraussetzung ist eine funktionierende Kostenrechnung[1]. Meist wird *Vollkostenrechnung* angewendet, d.h. möglichst verursachungsgerechte Zurechnung aller mit der Erstellung der Leistung verbundenen Kosten entweder direkt oder mittels Zuschlägen. Die so ermittelten Selbstkosten bilden bei Vollkostenkalkulation die Basis für die Preisforderung. Preispolitischer Spielraum besteht nur durch die Höhe des Gewinn- und Risikozuschlags. Vollkostenrechnung ist somit starr und bietet wenig Raum für marktorientierte elastische Preispolitik.
Die Alternative ist die *Teilkostenrechnung*, d.h. die Trennung in fixe und variable Kosten. Zusätzliche Kosten für zusätzliche Leistungseinheiten bilden die Grundlage der Preispolitik. Der preispolitische Spielraum umfasst: Gewinn, Risikozuschlag und Fixkostenanteil, d.h.. er ist wesentlich größer als bei Vollkostenrechnung und erlaubt eine flexiblere Preipolitik. Kurzfristig kann ein Preis akzeptiert werden, der nur die variablen Kosten deckt und evtl. einen Deckungsbeitrag erbringt. Langfristig muss natürlich ein vollkostendeckender Preis angestrebt werden. Auch hierbei besteht die Möglichkeit des Ausgleich innerhalb des Sortiments.
Konsequent kostenorientierte Preispolitik negiert die Nachfrageabhängigkeit des Preises.
Zunehmend orientiert sich die Preispolitik an der Ausgabenbereitschaft der Käufergruppen. Kostenrechnung ist dann weniger Preisbasis, sondern mehr Kontroll- und Führungsmittel. Fluid-pricing als Abkehr von festen Preisen steht in enger Beziehung zum Yield Management (s.d.).
Marktorientierte Preissetzung orientiert sich an den Grenzen und Möglichkeiten des Marktes (Nachfrage und Konkurrenz) und versucht, den Gewinn zu maximieren. Die jeweilige Marktform bestimmt die Regeln der Preisbildung, wobei jeweils verschiede-

[1] s.a. Kap. 9.5.

ne Verhaltensmuster, Preiskampf, Preisanpassung, Preisabsprache, angewendet werden.

Eurodisney erreichte mit der Senkung seiner Preise im Frühjahr 1995 um bis zu 20% einen Anstieg der Besucherzahlen und des Umsatzes um jeweils etwa 9%. Preissenkung und Abkehr von der ursprünglich aggressiven Preispolitik führten nach Einschätzung der Betreibergesellschaft dazu, dass erstmals Überschüsse erwirtschaftet werden konnten.

Die **Zahlungsbedingungen** sind ebenfalls Teil der Preispolitik:

a) Barverkauf

b) Teilzahlungskredit, Urlaub auf Kredit, Holiday Banking

Bisher überwiegend von Reisemittlern vermittelt. Das Reisebüro faxt den Kreditantrag an den HDR-Finanzservice, der etwa dreißig Minuten für die Bonitätsprüfung benötigt. Die erste Rate ist vier Wochen vor Reiseantritt zu zahlen, der effektive Jahreszins betrug 1995 12,9%. Die Reisebranche räumt diesem Verfahren keine großen Chancen ein.

c) Kreditkarten

- T&E-Karten (Travel- and Entertain-Cards) beruhen auf einem Drei-Parteien-System: Kreditkartenorganisation, Karteninhaber und Vertragspartner. Der Vertragspartner hat eine Umsatzprovision (Disagio) von 3 bis 5,5% an die Kreditkartenorganisation zu zahlen Es gibt bereits bargeldlose Urlaubsorte. Auf Sylt ist auf American-Express-Karte sogar der Strandkorb zu haben.
- Gemeinschaftskarten (Co-Branding) beruhen auf dem Prinzip, dass Kreditkartenorganisationen an Lizenznehmer die Ausgabe von Kreditkarten übertragen. Der Lizenznehmer bestimmt das Design der Karte und übernimmt Vertrieb und Kundenwerbung, die Kartenorganisation übernimmt die Abrechnung und trägt das Kreditrisiko. Beispiel: TUI-Stammkundenkarte mit VISA und der Noris Verbraucherbank.
- Kundenkarten beruhen auf einem Zwei-Parteien-System (Kartenherausgeber = Kartenakzeptant und Karteninhaber). Dieses System ist in Clubdörfern und auf Kreuzfahrtschiffen verbreitet. Seine Hauptvorteile liegen in der Gewinnung und Bindung von Stammkunden, leichtsinnigerer Geldausgabe und im Werbe- und Erinnerungseffekt durch Signets.

Stadt-Karten, City Cards, Rabatt-Karten, Touristen-Pässe, Besucher-Pässe, Gäste-Pässe, Gästekarten, Kombi-Tickets, Carnets sind bargeldlose Zahlungsmittel, mit denen man eine Reihe von Angeboten sowie die verschiedenen Möglichkeiten der örtlichen Verkehrsangebote (Parkgebühren, Fahrscheine lösen, Fahrräder ausleihen) kostenlos oder zu ermäßigten Preisen nutzen kann. Sie dienen sowohl der Kundenbindung als auch der Besucherlenkung.[1] Der Preis, den der Kunde für eine solche Karte zu zahlen hat, ist i.d.R. beträchtlich geringer als die Preissumme der enthaltenen Leistungen. Sinnvoll sind sie für die beteiligten Ausgeber u.a. dadurch, dass mit Karte Leistungen zwar ermäßigt oder sogar kostenlos in Anspruch genommen werden, die aber ohne Karte nicht beachtet würden. Nutzer entwickeln nicht selten den Ehrgeiz, sich durch möglichst häufige Nutzung der Karte einen finanziellen Vorteil zu verschaffen. Außerdem ist sie geeignet, die Schwellenangst beim Besuch kultureller Einrichtungen zu senken.

Chipkarten, auch elektronische Geldbörsen genannt, sind wie Telefonkarten mit einem bestimmten Guthaben geladen und sogar an speziellen Automaten mittels Kreditkarte wieder aufladbar. Sie berechtigen teils unmittelbar zur Nutzung bestimmter Angebote, teils werden Beträge, meist ermäßigt, abgebucht. Chipkarten können werbewirksam gestaltet werden und als Sammelobjekte dienen.

Es gibt drei Arten von Stadt-Pässen: *Marketing-*, *Kultur-* und *Universalkarten.*

Als *Marketingkarten* werden diejenigen bezeichnet, die vor allem dem Umsatz der örtlichen Gastronomie und des Handels gewidmet sind. Mit ihnen erhält man Preis-

---

[1] siehe auch fvw 17/98, S. 79

nachlässe in Restaurants, Bars und Diskotheken.
Kulturkarten, die oft nur zeitlich begrenzt für eine Serie von Veranstaltungen aufgelegt werden, bieten Preisnachlässe in Museen, Theatern, Opernhäusern, zu Konzerten, häufig verbunden mit Stadtrundfahrten und ermäßigter oder kostenloser Benutzung öffentlicher Verkehrsmittel.
Universalkarten berechtigen immer zur freien Fahrt mit öffentlichen Verkehrsmitteln und bieten Preisnachlässe für Sehenswürdigkeiten.

Die 1996 in Neapel eingeführte Tourist Card bietet darüber hinaus kostenlose ärztliche Versorgung und Versicherungsschutz bis 500 € gegen Straßenraub.

Gästekarten sind inzwischen allgemein akzeptiert.

Eine Untersuchung der Universität Wien im Jahre 1999 ergab, dass im deutschsprachigen Raum jeder zweite Städtetourist eine City-Card erwerbe.

Regionalkarten, wie Dresden Regio-Card, Kärnten Card, Tirol/Allgäu-Chip-Card oder Toscana Card bieten ähnliche Leistungen wie die Stadt-Pässe, nur eben für eine Region.
Einige Wintersportregionen haben sich zu Skiarenen zusammengeschlossen, um den Urlaubern den Wechsel auf verschiedene Pisten zu ermöglichen, ohne jedes Mal eine neue Liftkarte kaufen zu müssen.

Sie bieten Ski-Pässe an, wie z.B. den Drei-Länder-Skipass: Gebiete in Kärnten, Slowenien und Nordostitalien, oder den Snow Pass Graubünden: gültig für den gesamten Kanton, ein anderer Pass gilt für sämtliche Pisten rund um die Zugspitze

Preisdarstellung ist die Angabe des Preises in Angebotsunterlagen und Werbemitteln (Kataloge, Annoncen, Wurfsendungen etc.). Der im Preis enthaltene Leistungsumfang ist oft nicht auf den ersten Blick zu erkennen, z.B. die Art des Frühstücks, die Ausstattung des Zimmers. Es sollte im Interesse eines Anbieters liegen, die im Preis enthaltenen Leistungen vollständig darzustellen. Bei Werbefahrten erfolgt dies sogar bildhaft, um das Missverhältnis zwischen Preis und Leistung besonders offensichtlich erscheinen zu lassen.
Die Veranstalter sind verpflichtet, sämtliche Nebenleistungen, die in ihrem Arrangement enthalten sind, in den Gesamtpreis einzubeziehen. Das gilt uneingeschränkt für Nebenkosten, denen sich der Kunde nicht entziehen und die er in ihrer Höhe nicht beeinflussen kann. Ansonsten gelten die Vorschriften gemäß der Verordnung über Informationspflichten (InfVO).
Der Gesamtpreis muss nicht die Preise der Einzelleistungen erkennen lassen.
Angebots-/Katalogpreise werden häufig niedrig gehalten, indem Nebenleistungen nicht aufgeführt sind.
Der **individuelle Endpreis** setzt sich zusammen aus:

- Grundpreis (Katalogpreis),
- zusätzlichen, unvermeidbaren Kosten (z.B. Einzelzimmerzuschlag),
- zusätzlichen, vom Kunden beeinflussbaren Kosten (Verpflegungsart, Unterkunftsausstattung, örtliche Zusatzleistungen, Versicherungen, Trinkgelder),
- abzüglich Rabatte und sonstige Preisnachlässe (z.B. Anreise mit der Bahn, bzw. 100 km Bahnfahrt im Preis enthalten).

Aus psychologischen Gründen werden überwiegend „**Ab-Preise**" angegeben, wobei das „Ab" oft sehr klein gedruckt ist.
Psychologische Wirkungen der Preise gehen auch von ihrer Indikatorfunktion für die Qualität sowie vom logarithmischen Aufbau der *subjektiven Preisskala* aus. Letzterer besagt, dass prozentual gleiche Preisunterschiede als gleichbedeutend empfunden werden (5 € gegenüber 5,50 € wird ebenso empfunden wie 1.000 € gegenüber 1.100 €).

Unterhalb eines *Schwellenwertes* der Fühlbarkeit werden Preisänderungen überhaupt nicht wahrgenommen. Seine Größe ist vor allem abhängig von der Kaufkraft. Bei Reisen in den oberen Preislagen liegt die Schwelle bei 10 bis 15%. Analog werden Leistungen als preisgleich angesehen, wenn der Preisunterschied unterhalb des Schwellenwertes liegt.
Gebrochene Preise, d.h. Preise knapp unter einer „runden" Zahl, berücksichtigen psychologische Grenzwerte und sollen dem anbietenden Unternehmen das Image verleihen, scharf zu kalkulieren.
Die Angabe eines hohen empfohlenen Preises soll das Veranstalterimage fördern, der niedrige tatsächliche Preis das Image des Vermittlers.[1]

Sortimentspolitik hat die Zusammenstellung verschiedener Leistungen eines Anbieters zum Gegenstand.
Ein breites Sortiment bietet Leistungen für viele unterschiedliche Nachfrager, z.B. eine Incoming-Agentur, die Ferienwohnungen, Familienurlaub, Sprachferien, Studienaufenthalte usw. anbietet. Ein enges Sortiment ist beschränkt auf wenige Leistungen, möglicherweise nur auf eine Leistung, z.B. die Vermittlung von Ferienhäusern.
Ein tiefes Sortiment liegt vor, wenn die angebotenen Leistungen in verschiedenen Varianten zur Verfügung stehen, wenn z.B. verschiedene Kategorien der Unterkunft mit verschiedenen Beschäftigungsmöglichkeiten kombiniert werden können. Genutzt wird in diesem Falle die Möglichkeit der Produktdifferenzierung, d.h. ein Produkt bzw. eine Leistung wird durch Modifikation der Produktelemente in mehreren Varianten angeboten. Von einem flachen Sortiment spricht man, wenn die angebotenen Leistungen nur wenige Variationen aufweisen, wenn z.B. nur eine Kategorie von Ferienhäusern vermittelt wird.
Im Allgemeinen sind Sortimente entweder breit und flach (Typ „Warenhaus") oder eng und tief (Typ „Spezialgeschäft").
Für den Incoming-Bereich gilt diese Regel nicht, zumindest noch nicht.
Die Bestimmung der *optimalen Sortimentsbreite und -tiefe* gestaltet sich für jeden Anbieter anders. Allgemein gilt, dass ein Sortiment gegenüber dem Einzelangebot den Vorteil der Risikostreuung und der Kreuzsubventionierung bietet. *Sortimentserweiterungen* bewirken verschiedene Effekte:
- Partizipationseffekt: der Anbieter partizipiert am Umsatz der Konkurrenz, indem er in ihren Markt eindringt
- Substitutionseffekt: die Nachfrage verlagert sich, bisherige Kunden wechseln von alten zu neuen Angeboten, Kundenverlust kann verhindert werden
- Nachfrageschöpfung: Erschließung neuer Kundenschichten, Wecken der latenten Nachfrage.

Wird das Sortiment jedoch zu breit, so erschwert das die Präferenzbildung, die Marke wird verwischt. Außerdem verlieren die Marketing-Maßnahmen an Präzision, da sich die Marktsegmente erweitern.

11.6. Absatzpolitik

Auch als Distributionspolitik bezeichnet, umfasst sie die Absatz- oder Vertriebswege und die Vertriebsorganisation.
Als Absatzteilfunktionen gelten:
- Unterstützung der Marktforschung (z.B. durch Verkaufs- und Kundenstatistiken)
- Absatzplanung

[1] s.a. Schmalen (1990), S. 314 f.

- Absatzanbahnung (z.B. kundenindividuelle Ansprache, Bedarfsermittlung, Beratung, Angebotserstellung)
- abrufbereite Speicherung der Produktdaten (z.B. Termine, Preise, Konditionen, Verkaufsinformationen)
- Verkaufsabschluss (z.B. Preisberechnung, Buchungsbestätigung, Versand von Reiseunterlagen)
- Rechnungsstellung und Inkasso
- Kunden-Nachbereitung (z.B. Erinnerungswerbung, Zusendung neuer Kataloge, persönliche Kontakte)

Distributionsvarianten

- Der Leistungsträger (z.B. Hotel) verkauft seine Leistungen unmittelbar an seine Gäste; die Gäste buchen direkt, telefonisch, per Fax, Fernschreiben, Telegramm oder Brief beim Leistungsträger.
- Der Leistungsträger (z.B. Hotel) verkauft seine Leistungen indirekt, d.h. über Mittler (Incoming-Agentur, Zimmervermittlung, Hotelreservierung, Reisebüro), an seine Gäste.
- Der Leistungsträger (z.B. Hotel) verkauft seine Leistungen an einen auswärtigen Veranstalter.
- Incoming-Arrangements werden vom Veranstalter unmittelbar an die Kunden verkauft.
- Incoming-Arrangements werden vom Veranstalter über Mittler verkauft.

Anbietern und Nachfragern von/nach Unterkünften dienen:

- Zimmernachweis (Auskunft über zur Verfügung stehende Unterkünfte)
- Zimmervermittlung (Auskunft und Reservierung/Buchung mit oder ohne Rücksprache, ggf. auch Inkasso)
- Zimmervermittlung mit Teilverfügbarkeit (Reservierung/Buchung im Rahmen zur Verfügung gestellter Teilkontingente)
- Zimmervermittlung mit Gesamtverfügbarkeit (Vermittlungsstelle verwaltet das Gesamtkontingent, Unterkunftseigner behalten sich ein eigenes Belegungsrecht vor)
- Zimmervermittlung mit Alleinverfügbarkeit (Vermittlungsstelle ist allein für die Kapapazitätsvermarktung zuständig; kein Belegungsrecht der Unterkunftseigner für die Gesamtdauer oder festgelegte Zeitabschnitte).

Zimmervermittlung mit Alleinverfügbarkeit bietet der Vermittlungsstelle die Möglichkeit, selbst als Veranstalter aufzutreten, indem die Beherbergung in ein Gesamtangebot eingebaut wird.

Gebräuchlich ist eine Gliederung der Absatzwege in *direkten* und *indirekten* Vertrieb. Übersicht zu den Distributionsvarianten:[1]

Leistungs-träger	Veranstalter	CRS	Vermittler	Kunde	Bezeichnung/Beispiele
⊗ ——	———	———	———→	⊗	Direktvertrieb
⊗ ——	———	———→	⊗ —→	⊗	indirekter Vertrieb
⊗ ——	———→	⊗ ——	———→	⊗	Direktvertrieb
⊗ —→	⊗ ——	———	———→	⊗	Direktvertrieb
⊗ —→	⊗ —→	⊗ ——	———→	⊗	Direktvertrieb
⊗ —→	⊗ ——	———→	⊗ —→	⊗	indirekter Vertrieb
⊗ —→	⊗ —→	⊗ —→	⊗ —→	⊗	indirekterVertrieb
⊗ ——	———→	⊗ —→	⊗ —→	⊗	indirekterVertrieb

[1] nach: Hebestreit (1992), S. 371

Direktvertrieb (Direktverkauf, -absatz, -marketing) ist der unmittelbare Verkauf der Leistungen vom Leistungsträger oder Veranstalter an den Letztabnehmer, d.h. ohne Zwischenschaltung von Mittlern.

Nicht einmal 7% der Deutschen buchten 2000 den Urlaub im eigenen Land über Reisebüros.

Das Schild „Zimmer frei" ist die direkteste Absatzmethode.

Formen des Direktvertriebs:

Eigenvertrieb bedeutet Absatz über veranstaltereigene Vertriebsstellen, z.B. Filialen, eigene Buchungsstellen und Verkaufsbüros, Reisezentren, Reiseboutiquen, ambulante oder „rollende" Reisebüros (eine besonders aggressive Verkaufsform mit starker werblicher Wirkung) sowie mittels direkten Telefonvertriebs (meist gebührenfreie Telefonbuchung).

Eigenvertrieb erfolgt auch über Reisende, Reiseleiter, Straßenverkäufer, gelegentliche Absatzhelfer, nebenberufliche Vertreter und Sammelbesteller. Letztere sind geeignet zur Erfassung einer Vielzahl von Einzelpersonen in Regionen und von Zielgruppen, die vom bestehenden Netz nur ungenügend erfasst werden. *Netzwerk-Marketing* oder *Strukturvertrieb* erfolgt im Kreis von Freunden und Bekannten, die das Produkt dann weiter empfehlen. Bei hohem Gegenwert der Buchung und hoher Erklärungsbedürftigkeit des Produktes suchen Organe des Anbieters potenzielle Kunden auf (Homeservice, Heimverkauf), nehmen Gruppen von Kunden zusammen, betreiben gleichzeitig Markterkundung, Kontaktherstellung und -pflege, Werbung, Kaufberatung und Buchungsabschluss.

Auf Marktveranstaltungen (Messen, Ausstellungen) gewinnt der Absatz gegenüber der Werbung und Information zunehmend an Gewicht.

Versandabsatz ist eine Sonderform der Direktbuchung. Der Kunde kauft nur aufgrund schriftlicher Angebote, ohne persönlichen Kontakt. Das Angebot mit Reiseanmeldungsformular wird oft als Postwurfsendung breit gestreut, die Reisebestätigung und die Reiseunterlagen werden zugesandt. Meist wird die Möglichkeit telefonischer Nachfragen angeboten. Durch den Versandabsatz können Konsumenten auch in ländlichen Gebieten und kleinen Städten erreicht werden. Seine Nachteile bestehen in hohen Katalog- und Portokosten sowie in gewaltigen Streuverlusten.

Direct Mailing (Direktwerbebrief) erfolgt mittels Karte, evtl. mit Antwortkarte, oder Brief mit Antwortcoupon. Die Form des Briefes ist vorzuziehen, wenn „vertrauliche" Angaben verlangt werden und bei Angeboten höherer Preisklassen. Eingedruckte Adresse und individuelle Anrede im Brief sind aufgeklebter Adresse und unpersönlicher Anrede vorzuziehen. Mit den Aufdrucken „Gebühr bezahlt Empfänger" bzw. „Freimachen - falls Marke zur Hand" wird die Antwortquote erhöht, der Aufdruck „Antwort" sollte nicht fehlen, denn durch ihn reduziert sich die Einziehungsgebühr. Die Anwort sollte für den Kunden so einfach wie möglich sein. So genannte „Filter", das sind gezielte Fragen, Angaben zur Person, Aufforderung zum Frankieren, orientieren auf ernsthaftere Interessenten.

Eine *Gästedatei*, sortiert nach Interessenten (Reaktion auf Werbung), Gelegenheitsgästen und Stammgästen, in der möglichst viele Angaben gespeichert sind, ist vor allem für das Direct Mailing unverzichtbar. Sie veringert die Streuverluste und ermöglicht eine zielgruppengerechte Ansprache. Man kann Adressendateien selbst anlegen und auf dem Laufenden halten aber auch von Direktmarketing-Agenturen anmieten sowie von professionellen Adressen-Händlern kaufen. Letztere bieten Cluster an, Pakete von Adressen nach bestimmten Kriterien ausgewählter Personen, z.B. männliche, gut verdienende Konsumenten, die in der Freizeit Tennis spielen.

Zunehmend werden elektronische Vertriebsformen[1] (E-Commerce) im Direktvertrieb eingesetzt. *Computernetze* können mehr bieten als jeder Reisekatalog. Das Internet liefert Bilder vom gewünschten Urlaubsort, vom Hotelzimmer, Tips und Informationen, z.B. zum Wetter und zur Gastronomie. Jeder Ferienort, der sich im Internet präsentieren möchte, muss sich die Frage stellen, ob er schon so bekannt ist, dass ein potenzieller Gast gezielt nach ihm suchen würde. Falls nicht, ist eher zur Einbindung in eine bereits bekannte Destination zu raten.
Im Rahmen der Computernetze sind sowohl Reiseplanung als auch Online-Buchung möglich.

Bezüglich Buchung über Telefon oder Internet ist ein Problem zu berücksichtigen. Bisher gelingt es keinem Anbieter, seine Geschäftsbedingungen wirksam in den Vertrag zu bekommen. Das geltende Recht verlangt, dass der Kunde die Geschäftsbedingungen vor Vertragsschluss vollständig und kostenlos erhalten muss oder lesen kann. Erfolgt dies nicht, so gelten die für den Kunden günstigeren Bestimmungen des BGB. Klauseln der Geschäftsbedingungen, z.B. hinsichtlich Stornopauschale und Vorkasseregelung verlieren ihre Wirksamkeit.

Vorzüge des Direktvertriebs sind die Möglichkeiten der unmittelbaren Kundenbeeinflussung, der kontinuierlichen Kundenbetreuung und der schnellen Reaktion auf Kundenwünsche. Die Einsparung an Provision wird zwar durch höhere Aufwendungen für den Direktvertrieb kompensiert, bietet jedoch immer noch Möglichkeiten der Preisarbeit. Vorzüge des E-Commerce sind: mehr Produktinformationen, bessere Produktdarstellung, bessere Möglichkeiten des Produktvergleichs, Gefühl der persönlichen Entscheidungskompetenz (man wird nicht überredet und moralisch unter Druck gesetzt), Unabhängigkeit von Geschäfts- und Öffnungszeiten.
Nachteile des Direktvertriebs liegen vor allem in höheren Fixkosten, die ihn nur bei genügend hohem Absatz rentabel machen. Die Ausnutzung aller Möglichkeiten zur Senkung der Vertriebskosten sind dringend geboten, z.B. bei Mailing Portosenkung durch Vorsortieren nach Postleitzahlen, Leitbereichen und Zustellpostämtern, Versand als Massendrucksache oder verbilligte Massendrucksache und Nutzung der gegebenen Gewichts- und Mengenlimits.[2]
Ein weiterer Nachteil besteht darin, dass nicht auf den professionellen Service und den Kundenstamm der Mittler zurückgegriffen wird.
Probleme des E-Commerce: Hemmungen der Kunden, persönliche Daten und Bankverbindungen dem Internet anzuvertrauen; Angst vor Datenmissbrauch.

Indirekter Vertrieb (Fremdvertrieb) bedient sich für den Absatz der Dienste von Absatzmittlern verschiedener Organisations- und Rechtsformen mittels unterschiedlicher Geschäftsbeziehungen.[3]
Er erfolgt sowohl über *branchenspezifische* als auch über *branchenfremde* Institutionen.
Branchenspezifische Vertriebsorgane sind Reiseveranstalter, Reisebüros, regionale Reservierungsgemeinschaften, Verkehrsträger. Auch der Absatz über aktivierte Konsumenten (z.B. Reiseclubs) kann als indirekter Vertrieb bezeichnet werden.

Reisekaufhäuser (Travel-Shops bzw. -Stores) bieten alle erdenklichen Waren und Dienst-leistungen an, die man für eine Reise benötigt: Tickets für Verkehrsmittel, Pauschalreisen, Hotelzimmer, Theater- und Konzertkarten, Koffer, Reiseführer, medizinische Hilfsmittel, Visa und sogar Impfungen. Sie sind bisher noch sehr selten anzutreffen.

---

[1] s.a. unter „Elektronischer Vertrieb“

[2] Geschäftsbedingungen und Gebührenauskünfte über die Geschäftskundenberatung der Post, z.B. Massendrucksachen, Wurfsendungen, Werbeantworten.

[3] s.a. Kap. 10.

Das Reisekaufhaus in Paris ging Ende 1995, etwa ein halbes Jahr nach seiner Eröffnung, in Konkurs.
Die Deutsche Bahn vermittelt seit 2000 an ihren „Service Points“ in den Bahnhöfen verstärkt Hotelzimmer. Zuvor war die Vermittlung nur auf Intercity-Hotels beschränkt. 1999 erwirtschaftete der Service-Point in Freiburg, wo versuchsweise die erweiterte Zimmervermittlung eingeführt worden war, mit diesem Service einen Umsatz etwa 70.000 €.

Regionale Buchungszentralen bieten, oft in zeitlicher Abstimmung mit Call-Centers, Informationen und Buchungsmöglichkeiten.[1]
Branchenfremde Vertriebsorgane sind Einrichtungen, die nicht unmittelbar der Reisebranche zuzurechnen sind (Kaufhäuser[2], Poststellen, Versandhandel, Banken, Vereine), für Kurorte zusätzlich Ärzte, Krankenkassen, Sozialversicherungen.
Neben Versandhandel, Direktbanken und Versicherungen nutzt nunmehr auch der Tourismus Anrufzentralen (Call-Centers) für sein Telefonmarketing. Die in der Funktion eines Auftragsdienstes arbeitende Anrufzentrale ist ständig erreichbar, meist über eine kostenlose Nummer, und verfügt über geschultes und versiertes Personal. Ein weiterer Vorteil besteht darin, dass die Arbeitszeit der eigenen Mitarbeiter entlastet wird. Je nach Vereinbarung mit ihrem Auftraggeber übernimmt die Anrufzentrale, von denen es in Deutschland mehrere hundert gibt, Funktionen wie: Annahme von Katalogbestellungen, Beratung, Auskunft, Vertragsanbahnung bis -abschluss, Entgegennahme von Reklamationen. Von den Call-Center-Agents kann erwartet werden, dass sie sich mit dem Unternehmen, dessen Leistungen sie vertreten, identifizieren.
Auch im Ausland stehen Call-Centers zur Verfügung. Ihre Dienste im Auslandsmarketing zu nutzen, bedeutet mit Personal zu arbeiten, das sowohl sprachlich als auch wegen seiner Kenntnis der Mentalitäten besseren Zugang zu den Anrufern findet, als es dem eigenen Mitarbeiter möglich wäre.

Vorzüge des indirekten Vertriebs bestehen vor allem in der Nutzung des Vertrauensbonus, des ausgebildeten Fachpersonals und der Stammkundschaft des Reisemittlers. Vorteilhaft ist auch die günstige Lage der Mittler zu den Kunden. Der Vergütung durch umsatzabhängige Provision stehen Einsparungen an Werbe- und Fixkosten gegenüber.
Nachteile, insbesondere bei Vertrieb über Reisebüros, bestehen darin, dass deren Standorte auf die oberen Ortsgrößen beschränkt sind. Da dem vermittelnden Reisebüro meist Gebietsschutz gewährt wird, ist sein Einflussbereich nur begrenzt ausweitbar. Bei indirektem Vertrieb wird häufig auch der fehlende Kontakt des Veranstalters zu den Kunden bedauert.
Die Interessen des Mittlers sind immer nur partiell die des Veranstalters, der Mittler fördert sein eigenes Image, das nicht dem des Veranstalters entsprechen muss.

Das größte Problem für den indirekten Vertrieb des Angebots von Destinationen besteht in der Masse der Angebote. Wenn von den 6.000 touristisch relevanten Städten und Ferienregionen Deutschlands nur 5.000 einen Prospekt herausgeben und ein Reisebüro wenigstens die in seinem Einzugsgebiet gefragtesten vorhalten möchte, so wären dafür mindestens 1.000 Regalplätze und unverhältnismäßig hohe Kosten für die ständige Ergänzung und Aktualisierung der Bestände erforderlich.[3]

Im Falle des Beschränkens auf die Zimmervermittlung ist das vermittelnde Unternehmen auf die Provision angewiesen und somit davon abhängig, ob das Gastge-

[1] die Buchungszentrale für Mecklenburg-Vorpommern ist tagsüber in Rostock von Fachleuten des Buchungsservices besetzt, nachts übernimmt das Call-Center in Pasewalk. Um in das Buchungssystem aufgenommen zu werden, zahlen Unternehmen eine Pauschale von 400 € und 15% Provision.
[2] Reiseabteilungen in Kaufhäusern gelten als branchenspezifisch, wenn der Betreiber des Kaufhauses auch als Reiseveranstalter auftritt.
[3] nach: Schönemann (1991), S. 27

werbe und die nichtgewerblichen Anbieter Vermittlungsdienste in Anspruch nehmen oder nicht. Je größer die Nachfrage nach Beherbergungsleistungen ist, desto geringer wird der Bedarf an Vermittlungsleistungen seitens der Anbieter sein. Zwar steigt in solchen Situationen der Vermittlungsbedarf bei den Nachfragern, aber die Zimmervermittlungen haben weniger zu vermitteln.

Elektronischer Vertrieb (E-Commerce) ist der Einsatz elektronischer Medien sowohl im Direktverkauf (direkter Zugang des Kunden zu Buchungsmasken) als auch im Vertrieb über Reisemittler. Die Arten des elektronischen Vertriebs sind teils für den Direktvertrieb geeignet, teils auf den Einsatz im indirekten Vertrieb beschränkt.

> *„Wer sich als Anbieter dem Reisevertrieb via Computervernetzung anschließt, dem öffnen sich schlagartig Märkte. Sein Angebot ist permanent und immer aktuell im Vertrieb verfügbar."*[1]

Die Vertriebswege im Outgoing unterscheiden sich traditionell erheblich von denen des Incoming. Unter dem Einfluss des elektronischen Vertriebs nähern sich beide einander an.

Der Markt ist noch nicht konsolidiert. Laufend treten neue Anbieter auf und werden neue technische Verfahren angeboten. Für Endkunden, wie auch für Destinationen, die ihre Leistungen elektronisch vertreiben wollen, ist die Lage zur Zeit unüberschaubar.

Die Anbieter unterscheiden sich voneinander u.a. hinsichtlich

- der Vertriebswege und der benutzten Medien
- der Vollständigkeit und Darstellung der Informationen
- der Zuverlässigkeit und Aktualität der Informationen
- der Auffindbarkeit der Informationen
- des Umfangs der verfügbaren Leistungen
- der Dialogfähigkeit
- der Gebühren und Kosten.

Interessiert sich ein möglicher Kunde für eine Destination in Deutschland, so stehen ihm zur Zeit folgende elektronischen Vertriebswege zur Verfügung:

1. Euro-Start, als Nachfolger von GermanSoft/CitySoft, bietet die Möglichkeit, im Reisebüro die dieses System nutzenden Destinationen auf der Grundlage der TIN zu buchen.
2. Regionale Informations-, Reservierungs- und Buchungssysteme mit Schnittstellenanpassung über Start.

   Angebote der Fremdenverkehrsverbände werden in die Buchungscomputer der etwa 17.000 Reisebüros eingespeist und ermöglichen die Reservierung von Unterkünften, Transporten und Eintrittskarten sowie Pauschalarrangements. Allerdings ist immer nur das zu buchen, was die Anbieter in den Computervertrieb geben.

   Spirit ist ein bundesweites Deutschland-CRS, das mit dem Dirg-Vertriebskonzept korrespondiert. Dirg-Partner sind die Marketinggesellschaften bzw. Verbände der Bundesländer mit ihren IRS.

   TourBase ist ein mit Amadeus verbundenes Deutschland-Information-System. Die Datenbank enthält etwa 36.000 Beherbergungsbetriebe sowie ca. 4.400 Fremdenverkehrsorte und Kongressstädte.
3. Brancheneigene Informations-, Reservierungs- und Buchungssysteme, z.B. von Hotels, der Bundesbahn, Ticketservice etc.

   Die *Allgemeine Deutsche Zimmervermittlung* (ADZ) der DZT ist auf das Auslandsmarketing orientiert. Dieser Reservierungsservice mit z.T. umgehender Buchungsbestätigung wird seit 1977 betrieben. Er sollte vor allem kleinen und mittleren Unternehmen den Absatzweg ins Ausland öffnen. Angeschlossen sind 700 Orte mit 1.200 Beherbergungsbetrieben und Anbietern von Freizeitaktivitäten.

---

[1] Werner Claasen, Chefredakteur der „touristik aktuell"

4. Teleshopping (Home-shopping, Fernseheinkauf, shop around the clock) bedeutet Bestellung über oft gebührenfreie Telefonnummern von Waren und Leistungen, die auf dem Fernsehschirm, entweder in einer Werbesendung oder auf anwählbaren Text- und Bildtafeln angeboten werden. Oft wird Rabatt gewährt, wenn die Bestellung noch während der Sendung erfolgt.

   Schon 1992 erreichte in den USA das Teleshopping QVC (Quality, Value, Convenience) 44 Millionen Kabel- und 3 Millionen Satellitenhaushalte, hatte ca. 4 Millionen Kunden und erzielte mehr als eine Milliarde Dollar Umsatz. In Deutschland steckt das Teleshopping noch in den Anfängen. Über Videotext kann z.B. auf Superchannel und Eurosport ein sehr begrenztes Angebot genutzt werden. Das Versandhaus Quelle und der Fernsehsender Pro 7 haben mit Home Order Television (HOT) 1995 eine der ersten deutschen Gesellschaften auf diesem Gebiet gegründet.

   Interaktives Fernsehen befindet sich bisher noch in der Testphase. Auf den Tourismus bezogen ermöglicht es, dass Zuschauer Reiseziele und Hotels auf dem Bildschirm betrachten können, Fragen stellen, Sonderwünsche anmelden und danach buchen.

   Voraussetzung ist ein Breitbandkabel mit Rückkanal.

5. Kommerzielle Online-Dienste stehen geschlossenen Benutzergruppen (Abonnenten) zur Verfügung.

   Im deutschen Markt dominieren die Provider T-Online, ein Dienst der Telekom auf der Basis von Btx, AOL und CompuServe. Sie bieten sowohl eigene Inhalte, u.a. Reise-Contents, als auch den Zugang zum Internet.

   Destinationen müssen entscheiden, ob sie sich mit ihren Angeboten bei einem Provider, bei mehreren Providers, im Internet oder bei allen darstellen wollen

   Im Internet präsent zu sein reicht nicht.
   Online-Auftritte müssen vor allem für den Vertrieb taugen.

4. Internet

   Jeder, der einen Computer, ein Modem und einen Telefonanschluss hat, kann das Internet nutzen, u.a. um seine Urlaubsreise vorzubereiten.

   Für Destinationen ist es völlig unproblematisch, in bestimmten Fällen sogar kostenlos, ihre Leistungen per Internet publik zu machen.

   Die Homepage kann man entweder selbst gestalten - z.B. mittels HTML (Hypertext Markup Language) - oder Profis überlassen. Man kann wählen zwischen Minimal-Design oder Multimedia-Show. Die Entscheidung richtet sich nach dem Budget und danach, ob eigene Fachkräfte zur Verfügung stehen.

   Angebote im Internet müssen
   - dem Kunden Vorteile gegenüber der konventionellen Nutzung von Katalogen bieten[1]
   - Fragen des Kunden vorhersehen
   - möglichst viele Links einbeziehen
   - schnell zur Sache kommen; wichtig sind kurze Ladezeiten; mit wenigen Klicks müssen die Abfrage- und Buchungsfunktionen erreichbar sein
   - möglichst zur Zielgruppe passen
   - auf Überflüssiges verzichten.

   Das Auffinden der gewünschten Destination, des gewünschten Preis- oder Programmangebots ist oft nicht ganz einfach und manchmal recht zeitaufwändig, denn Homepages von Destinationen verstecken sich häufig hinter seltsamen Adressen. Erforderlich sind Suchhilfen, Links, Leitsysteme, Portale.

   Ein Internet-Portal ist quasi der Eingang zu einem Sortimentgeschäft. Über ein Reise-Portal sind Adressen zum Thema „Reisen“ erreichbar.

Die drei erstgenannten Vertriebswege erfordern teure Dauerleitungen und eignen sich deshalb nur für größere Reisebüros.

---

[1] auch Kataloge können über spezielle Dienste per Internet bestellt werden

Der Online-Marktanteil liegt zurzeit, auch für den Teilbereich Reisen, bei weniger als 1%. Zwar wird fleißig gesurft und nach Informationen gesucht, aber gebucht wird dann doch lieber im Reisebüro bzw. bei den Anbietern in den Destinationen. Als größtes Hemmnis gelten die schwierige Seriositätsprüfung und der unsichere Zahlungsverkehr. Kaum ein Anbieter nimmt Online-Buchungen ohne telefonische Rückbestätigungen an.
Höher ist der Anteil von Online-Reservierungen für Hotelzimmer im Geschäftsreiseverkehr. Im Urlaubsverkehr werden noch fast ausschließlich Schnäppchen online gebucht. Bei teuren Reisen werden weiterhin individuelle Beratung und Vertragsabschluss im Reisebüro vorgezogen.
Mittels spezieller Techniken wird der elektronische Vertrieb schneller, flexibler und bietet mehr Gestaltungsmöglichkeiten, u.a. den Schritt zum M-Commerce (mobiler Handel). Dazu gehören ISDN (Integrated Services Digital Network), WAP (Wireless Application Protocol), UMTS (Universal Mobile Communications Systems) und SMS (Short Message Service). Ein wesentliches Kriterium ist die Dialogfähigkeit.

Vorzüge des elektronischen Vertriebs bestehen vor allem in der ständigen Verfügbarkeit der Dienstleistungen. Bei ihrem Einsatz im Direktvertrieb kann der Kunde rund um die Uhr und ohne Zeitdruck Angebote vergleichen, sich entscheiden und in manchen Fällen sofort buchen. Mit zunehmender Informationsdichte liefert das „elektronische Reisebüro" wesentlich mehr entscheidungsrelevante Daten, als sein lebendiger Konkurrent jemals im Kopf oder im Katalog haben kann.
Das „elektronische Reisebüro" ist neutral und objektiv. Es ist keinem Unternehmer besonders verpflichtet. Es erleichtert das Yield-Management.
Ein **Nachteil** besteht z.B. darin, dass schwankende Kunden nicht überzeugt werden können. Auch bekommen die Kunden ihre Buchungsunterlagen nicht immer nach Hause geschickt, sondern müssen sie im nächsten Reisebüro abholen. Um den elektronischen Vertrieb nutzen zu können, muss der Kunde über die erforderliche Hardware verfügen und sie bedienen können: Telefon, Modem, Fernseher, PC, evtl. Drucker, evtl. Kreditkarte. Einige Zielgruppen sind wegen mangelnder Voraussetzungen über diese Art des Vertriebs nicht erreichbar.

Distributionsmix ist die marktgerechte Mischung verschiedener Vertriebsarten. Selten wird nur einspurig verfahren. Kriterien für die Wahl der geeigneten Vertriebswege wurden bereits bei der Beschreibung ihrer Vorzüge und Nachteile angesprochen. Eine Rolle spielen außerdem die Art und Menge der Angebote sowie die Größe und die Segmente der Nachfrage.
Zu berücksichtigen ist ferner die Tendenz, dass Buchungen zunehmend an Reisemittlern vorbeigehen. Heute werden noch etwa 80% der Pauschalreisen über Reisebüros gebucht, im Jahre 2010 werden es voraussichtlich nur noch 65% sein. Der Vertrieb über Unternehmen anderer Branchen, die über ein breites Vertriebsnetz und einen großen Kundenkreis verfügen, z.B. Wareneinzelhandel, Banken, Versicherungen, Buchgemeinschaften, Leseringe oder über Vereine, Gewerkschaften, kirchliche Gemeinschaften, Kammern, Hobbygemeinschaften nimmt zu.
Im Bereich des Incoming-Tourismus dürfte die Konzentration des Vertriebs im Interesse seiner effektiven, wirkungsvollen und rationellen Gestaltung unumgänglich sein. Eine Zimmervermittlung mit etwa 100 zu vermittelnden Betten, die zudem noch mit weiteren Zimmervermittlungen ähnlicher Größenordnung in derselben Region konkurriert, ist natürlich in der Wahl seines Distributionsmix stark eingeschränkt. Die meisten elektronischen Vertriebskanäle bleiben ihr aus Kostengründen verschlossen.

Die Informationen und Leistungen sollten möglichst über verschiedene elektronische Medien, die idealerweise miteinander vernetzt sind, verfügbar sein: Buchungs- und Reservierungssysteme, Informations- und Reservierungssysteme, Internet, Videotext, interaktives Fernsehen, CD-Rom.

11.7. Kommunikationspolitik[1]

Kommunikationspolitik ist im Rahmen des Marketing der Einsatz von Mitteln der Kommunikation, um Zielpersonen zu einem bestimmten Verhalten zu veranlassen.
Zu ihr gehören die Bereiche:

Verkaufsförderung, Public Relations (Öffentlichkeitsarbeit), Werbung

Grundfragen der Kommunikation:[2]

> **Wer** (Kommunikator, Sender, Quelle)
> **sagt was** (Botschaft)
> **in welcher Situation** (Umfeldbedingungen)
> **zu wem** (Kommunikant, Empfänger)
> **über welche Kanäle** (Kommunikationsweg)
> **mit welchem Ziel** (Kommunikationsziel) und
> **mit welchen Wirkungen** (Kommunikationserfolg)**?**

Kommunikationsziele sind (von den Marketingzielen abgeleitet):

- Bekanntmachen der Angebote
- Beeinflussen der Einstellung zum Angebot (Überwinden von Vorurteilen, Beeinflussen von Meinungen, Schaffen von Präferenzen für den Anbieter)
- Unterstützen der Kundenakquisition (Beeinflussen potenzieller Kunden, Umlenken der Nachfrage, z.B. auf bestimmte Zeiten und Überkapazitäten, Beeinflussen des Buchungszeitpunktes)
- Unterstützen des Einsatzes der übrigen Marketing-Instrumente (Bekanntmachen neuer Produkte und Sortimente, Sonderpreise, Reisebedingungen)
- Adressen-Gewinnung.

Wichtig ist die klare und eindeutige **Positionierung** im Wettbewerbsumfeld:

Was kann ich, was habe ich, was tue ich anders und besser als die Konkurrenz?

Ohne klare Positionierung bleibt der Anbieter austauschbar. Positionierung ist die Leitlinie aller Marketingmaßnahmen, aber besonders wichtig für die Werbung.
Basis der Positionierung ist die *Zustands-Analyse*:

- Marktchancen, Stärken und Schwächen
- Produktqualität, Preisniveau, Marktsegmente
- Verbraucherstruktur, Buchungsverhalten
- Werbeverhalten im Umfeld.

Daraus folgt meist das *Briefing* als Kurzfassung der Positionierung.
Der nächste Schritt wird als *Informationsplattform* bezeichnet. Sie soll Antworten auf die Fragen liefern: *Wohin wollen wir? Wie kommen wir dorthin?* Zu einer Informationsplattform gehören:

- Beschreibung des eigenen Angebots (Inhalt, Preis, spezielle Vorteile)
- angestrebtes Markenimage
- Zielgruppendefinition
- Höhe des Werbe-, Vkf- und PR-Budgets

[1] s.a. Freyer (1991), S. 258 - 265; Hebestreit (1992), S. 406 - 459; Roth in: Mundt (1994), S. 402 - 417
[2] nach: Freyer (1991), S. 260

- Mediaplanung
- Verkaufsförderungsziele und -maßnahmen
- Public Relations-Ziele und -Maßnahmen
- Zeitplan.

Verkaufsförderung (Vkf), Sales Promotions bzw. kurz Promotions,
ist darauf gerichtet, durch zusätzliche, befristete, kontinuierliche oder diskontinuierliche Aktionen Verhaltensweisen auszulösen.
Defensiv orientierte Verkaufsförderungen sollen vorübergehende Anpassungsimpulse zur Reaktion auf kurzfristige Marktänderungen auslösen, *offensiv* orientiert, sollen sie für vorübergehende Belebungsimpulse sorgen.
Die Verkaufsförderung richtet sich an:

- Verbraucher, Kunden, Zielgruppen (verbrauchergerichtet)
- das eigene Personal und Mittler (distributionsgerichtet)
- Meinungsbildner (siehe unter PR).

Verbrauchergerichtete Vkf wirkt unmittelbar und gezielt auf die Zielgruppen ein. Mit einer Vkf-Aktion lassen sich unterschiedliche *Ziele* verfolgen:

- das Interesse der Zielgruppe zu wecken, sie zu bewegen, sich einen Katalog zu besorgen, an den Veranstalter zu schreiben oder bei ihm anzurufen
- die Zielgruppe zu veranlassen, erstmalig zu buchen (Ziel: neue Kunden gewinnen), erneut zu buchen (Ziel: Stammkundschaft gewinnen und halten), probeweise zu buchen (Besichtigungskurzreise, Kennenlernreise), gleich zu buchen, nicht später, bestimmte Termine zu buchen (zeitliche Umlenkung mit finanziellen Anreizen), eine bestimmte Aufenthaltsdauer zu buchen, bestimmte Kategorien zu buchen, an einer bestimmten Stelle zu buchen.

Beispiele für Vkf-Maßnahmen:

- Preisanreize in Form befristeter Preissenkungen (ermäßigte Preise für Kennenlernreisen), Rabatt für die ersten ... Bucher, preisgünstiger Verkauf von Urlaubsbedarf, kostenlose Leistungen (Foto bei Ankunft, Kinderspielzeug am Urlaubsort, kostenloser Anruf, Reiseführer).

  Baden-Baden bot für die Zeit vom 10.01. bis zum 10.03.97 dreitausend „Test-Gästen" aus Deutschland 50% Ermäßigung für vier Übernachtungen mit Frühstück in allen Hotels sowie freien Eintritt in die Kunsthalle, die Philharmonie und das Badehaus.
- zeitlich begrenzte Aktionen, meist aus Anlass von Jubiläen; Bonusprogramme
- psychologische Beeinflussung in Form von Preisausschreiben, Wettbewerben, Werbegeschenken, Frageaktionen, evtl. mit Auslosung, Gutscheinen etc.
- Produktinformationen in Form regionalkundlicher, folkloristischer Veranstaltungen sowie Vermittlung von Reiseinformationen, mit oder ohne Buchungsmöglichkeiten.

Distributionsgerichtete Vkf richtet sich an die Mittler und an das eigene Vertriebspersonal. Die Mittler sollen stimuliert werden, das Angebot so zu verkaufen, wie es der Veranstalter erwartet. Das ist zu erreichen, indem Angebote besonders empfohlen und Werbemittel besonders günstig platziert werden, indem das Mittlerpersonal besonders gut über die Angebote des Veranstalters informiert ist, indem das Ausbuchen bestimmter Angebote verzögert, das anderer beschleunigt wird.
Erreicht werden diese Verhaltensweisen über Verkäuferschulungen, das Gewähren von Verkaufsprämien, Einladungen zu Präsentationen, Werbegeschenke, Wissens-, Dekorations-, Verkaufswettbewerbe mit attraktiven Preisen, das Stellen kostenloser Arbeitshilfen.

Vorsicht ist geboten, denn der Tatbestand, Geschenke oder Vorteile mit dem Ziel zu vergeben, durch unlauteres Verhalten eine Bevorzugung im Wettbewerb zu erlangen, ist strafbar.

Das eigene Personal kann stimuliert werden, sein Verhalten gegenüber Kunden zu ver-

verbessern, bestimmte Angebote bevorzugt zu verkaufen, Anfragen auszuwerten und statistisch zu erfassen. Als Mittel dienen Prämien für Anregungen und Ideen, Wissenswettbewerbe, Schulungen, Incentives.

Public Relations (PR) verfolgen den Grundsatz: *Tue Gutes und rede darüber!*

PR (Öffentlichkeitsarbeit) ist das bewusste und legitime Bemühen um öffentliches Verständnis sowie um Aufbau und Pflege von Vertrauen auf der Grundlage systematischer Erforschung.[1]

PR ist planmäßige Sympathiepolitik, sie kann nicht nur Sache einer PR-Abteilung sein.

Ihr „Erfinder", Edward L. BERNAYS, hielt 1923 das erste Seminar über Public Relations an der New Yorker Universität und stellte sein bis heute gültiges Prinzip der Billard-Werbung vor: „Um eine Kugel zu bewegen, muss man erst eine andere anstoßen." Um den Umsatz von Speck zu steigern, ließ er 5.000 Ärzte bestätigen, dass ein reichhaltiges Frühstück - Ham and Eggs - gesünder sei als ein einfaches.

Folgende Sentenz soll das Wesen der PR deutlich machen: Wenn ein Autofahrer seinem Freund gegenüber von seinem Wagen schwärmt, so treibt er Werbung. Bringt er ihn dazu, auch Dritten gegenüber das Auto anzupreisen, so ist das PR. Gelingt es ihm, einen Journalisten zu bewegen, gut darüber zu schreiben, ist es Pressearbeit.

Ziel der PR ist es, den Anbieter insgesamt bekannt zu machen, Vertrauen und Ansehen, Sympathie und Image zu schaffen. PR ist somit nicht primär auf den Verkauf orientiert, aber ökonomische Wirkungen werden erwartet.

PR ist Streben nach Publizität, messbar z.B. an der Summe der Beiträge (Anzahl der Medienkontakte), die über den Anbieter und seine Leistungen in Massenkommunikationsmitteln auf deren Kosten (autonom) erscheinen.[2] Reiseberichterstattung ist in Presse, Funk und Fernsehen zu einem zentralen Thema geworden. Auch „negative" Publizität kann nützlich sein.

Sittenwidrig ist das Verquicken von Werbung und redakioneller Berichterstattung nach der Devise: Gib mir eine Anzeige, dann bekommst du einen redaktionellen Beitrag. Kritisch wird bemerkt, dass sich die Neigung ausbreitet, die Erwähnung touristischer Ziele und Angebote davon abhängig zu machen, in welchem Umfang die Region oder der Veranstalter in Form von Anzeigen, Werbespots, Spenden von Urlaubsaufenthalten oder baren Zuwendungen einen finanziellen Beitrag leistet.

Für Anzeigenvolumina von mehreren 100.000 € werden oft ganze Reisebeilagen einem Unternehmen gewidmet. Dies habe zu einer bisher nicht gekannten Untergrabung der Neutralität und Sachbezogenheit redaktioneller Arbeit geführt.[3]

Der Deutsche Presserat verurteilt auch eine neue Form von Anzeigen, die so genannten Flex-Formate, bei denen für einen flüchtigen Leser die Anzeigen wegen ihrer unmittelbaren räumlichen und inhaltlichen Nähe zum redaktionellen Text nicht als Werbung erkennbar sind.

Die Themen, mit denen Publizität erreicht werden können, sind einem ständigen Wandel unterworfen. Sie folgen im Prinzip dem Trend der allgemein gesellschaftlich relevanten Themen.

Wirkungsvolle PR-Themen sind zurzeit: Umweltverträglichkeit, Arbeitsplatzbeschaffung, Steueraufkommen, Leistungen für die Gesellschaft, Besitz- und Führungsverhältnisse, Stellung des Unternehmens im Branchentrend.

Die zunehmende Abwehrhaltung der Öffentlichkeit gegenüber PR und Werbung sollte berücksichtigt werden. Diese Haltung ist sowohl das Ergebnis schlechter Öffentlichkeitsarbeit als auch eines gesellschaftlichen Wertewandels in Richtung aktive, kritische, weniger manipulierbare und konditionierbare Gesellschaft.

---

[1] Def. gem. Deutsche Public Relations Gesellschaft (DPRG)

[2] der österreichische Ferienort Ischgl hatte 1996 dreihundert Medienkontakte allein in Deutschland

[3] Gerd Kramer, Direktor des Fremdenverkehrsverbandes Schleswig-Holstein

PR-Instrumente:

Pressearbeit steht an erster Stelle. Die Pressestelle, sofern vorhanden, ist gut zu besetzen. Wo man sich keine Pressestelle leisten kann, sollte der für Pressearbeit fähigste Mitarbeiter mit ihr betraut werden. Für kleine Unternehmen kann es sinnvoll sein, die Dienste freier Mitarbeiter zu nutzen, z.B. pensionierter Presseprofis.

Pressekonferenzen werden zur Vorstellung neuer Kataloge und besonderer Ereignisse veranstaltet. Pressemappen mit der Art der Presse angemessenem Inhalt, regelmäßige Informationen, Pressefahrten, Empfänge und Partys sind weitere Instrumente.

Nützlich ist die kontinuierliche Analyse der Publikationen und Publizisten. Eine Journalistendatei sollte folgende Angaben enthalten:

- Name und persönliche Daten der Journalistin/des Journalisten, der Fotografin/des Fotografen die/der die Region besucht hat
- Eindrücke von der Person, z.B. aufgeschlossen, freundlich, überheblich, umgänglich
- Anforderungen an die Aufenthaltsbedingungen, Vorlieben, Gewohnheiten
- auftraggebendes Medium
- Daten und Anlass des Besuches
- wann und wo ist der Artikel erschienen, die Sendung gesendet worden?
- Einschätzung der Veröffentlichung (Objektivität, Sachkunde, Wohlwollen).

Auch die Arbeit von Reisejournalisten, die die Region noch nicht besucht haben, sollte man versuchen einzuschätzen, um bei Bedarf gezielter einladen zu können.

Acht goldenen Regeln für professionelle Pressetexte:

1. Kürze! Eine gute Presseinformation steht auf nur einem Blatt DIN-A4.
2. Einfach zu bearbeiten für den Redakteur! Anderthalbzeiliger Abstand und breiter Rand.
3. Exakte Absenderangaben! Telefonnummer und Name des Sachbearbeiters.
4. Klassische Gliederung: Titel, Lead, Text, Zusammenfassung. Ein guter Titel entscheidet über das Schicksal des Artikels. Er muss zum Weiterlesen animieren.
5. Das Lead soll über die wichtigsten Aussagen des Textes informieren. Es dient als Appetitanreger.
6. Beantwortung der sechs W-Fragen: wer, was, wo, wann, wie, warum?
7. Je kürzer und prägnanter der Text, desto größer die Chance der Veröffentlichung.
8. Ein guter Pressetext sollte auch für Nicht-Fachleute verständlich sein.

Gäste zu ehren (Aufmerksamkeiten zu Geburtstagen u.ä., 10.000. Gast, 100.000. Besucher) und darüber in regionalen Medien zu berichten, vermittelt das Gefühl der Vertrautheit.

Der Tourist möchte, selbst wenn er es besser wüsste, daran glauben, dass er im Zielgebiet ein gern gesehener Gast ist. Man sollte deshalb tunlichst vermeiden, das l'art pour l'art und das ökonomische Kalkül des Fremdenverkehrs fühlbar werden zu lassen.

Informationsdienste, sofern von hoher Qualität, zuverlässig, aktuell, können der Profilierung des Unternehmens als Informationsquelle bei meinungsbildenden und Fachjournalisten aller Mediengattungen dienen.

Product Placement ist das Platzieren von Marken und Produkten im Fernsehen und Kinofilm. Touristische Ziele (Hotels, Verkehrsmittel, Sehenswürdigkeiten) sind in Filmen als Schauplätze und Objekte unentbehrlich und in die Finanzierung des Films mit einbezogen.[1] Dagegen ist nichts einzuwenden, solange die künstlerische und jour-

[1] in Deutschland ist bezahlte Werbung in Spielfilmen strafbar, nicht jedoch die kostenlose Bereitstellung einer Requisite

journalistische Unabhängigkeit nicht korrumpiert wird.
Auch negatives Product Placement ist möglich, aber besonders ärgerlich. Der Nutzen des Bekanntwerdens einer Destination ist meist allerdings wesentlich größer als zu befürchtende Imageverluste; z.B. führen in Filmen dargestellte Verbrechen, schlechtes Wetter, Unfreundlichkeit, Armut nicht dazu, dass diese Orte gemieden werden. Während Humor und unkomplizierte Lebensart eindeutig incomig-fördernde Wirkungen auslösen (z.B. „Clochemerle").

Beliebt ist Tourismus-Werbung mit eingebauter Spielhandlung: „Traumschiff", „Donauprinzessin" (mit deutlichem Anstieg der Nachfrage nicht nur nach Kreuzfahrten, sondern auch nach Ferien in der Wachau), „Schwarzwaldklinik", „Der Landarzt", „Gegen den Wind", „Ein Bayer auf Rügen", „Das Schloss am Wörthersee".

Auf der Photokina wird im Rahmen des Wettbewerbs „Internationaler Tourismusfilm" der Preis „Toura d'Or" vergeben.

Sponsoring , materielle (Geld, Sachleistungen) wie immaterielle (Beratung, Vorträge) Unterstützungen für einen Gesponserten, nutzt den Bekanntheitsgrad einer Firma, ihren Markt und die Verbreitung der Firmenprodukte, um für touristische Leistungen zu werben.

Die größte Brauerei von Rheinland-Pfalz verpflichtete sich 1993 zunächst für drei Jahre, mit ihrem internationalen Bekanntheitsgrad den europäischen Charakter des Ferien- und Reiselandes Rheinland-Pfalz zu fördern, und der Fremdenverkehrs- und Heilbäderverband Rheinland-Pfalz verpflichtete sich seinerseits, diese Verbindung durch Public-Relations-Maßnahmen, Messe- und Ausstellungsbeteiligungen sowie Pressearbeit zu verstärken. Kritiker meinen, dass ein Fremdenverkehrsverband, der direkt oder indirekt mit öffentlichen Mitteln gefördert wird, sich nicht zum Vehikel privatwirtschaftlicher Interessen machen dürfe und sich „wertfreie" Werbung für ein Land unzulässig mit Produktwerbung vermische. Was wäre einzuwenden, wenn der Fremdenverkehr in Form eines Profit-Centers vermarktet würde?

Aktives Sponsoring wäre die Förderung gemeinnütziger und wissenschaftlicher Institutionen durch Incoming-Anbieter, z.B. in Form von Finanzhilfen für Forschungsvorhaben. Diese Art der Förderung wird nur dann als PR anerkannt, wenn die Ergebnisse der Öffentlichkeit zur Verfügung stehen. Andere Beispiele sind die Stiftung von Preisen für Leistungen im allgemeinen Interesse oder Gratis-Reisen an Minderbemittelte (und maßvolle Publizierung).

Gezielte Öffentlichkeitsarbeit ist auf ausreichendes **Budget** angewiesen. Da das Budget selten ausreichend bemessen ist, müssen alle Möglichkeiten der Beteiligung an den PR-Aktionen anderer und jede sich bietende Gelegenheit zur Publizität genutzt werden, z.B. durch:

- Zusammenarbeit mit zentralen PR-Stellen (z.B. bei DTV und DZT sowie Landesfremdenverkehrsverbänden)
- Poolung der PR-Budgets für Gemeinschafts-PR-Aktionen mehrerer Anbieter
- Beauftragung einer PR-Agentur (meist nur mit gepoolten Mitteln finanzierbar), um hohe Professionalität zu erreichen
- Mitwirkung und Mitgliedschaft in Verbänden und Vereinen (z.B. Verbraucherverbänden)
- Teilnahme an Veranstaltungen zu grundsätzlichen Problemen (Qualität, Umweltschutz, gesellschaftliche Leistungen) sowie Organisation eigener Veranstaltungen
- Nutzung öffentlichkeitswirksamer Veranstaltungen, z.B. Foren mit Politikern, Talk-Shows.

Auch der **Image-Transfer**, bei dem das Ansehen einer Firma, eines Produktes, einer Person zum Vorteil des eigenen Images genutzt wird, kann selbst dann ökonomisch sinnvoll sein, wenn sich der Imagegebende nicht an der Finanzierung beteiligt. Eine

Fremdenverkehrsregion hat als Imagegeber für eine Firma oder ein Produkt meist nur geringe Einflussmöglichkeiten auf die Art ihrer Darstellung.

Innerbetrieblich wird die Öffentlichkeitsarbeit u.a. durch folgende Maßnahmen gefördert:

- Schulung der Mitarbeiter im Umgang mit der Öffentlichkeit
- Analyse der Haltung der Öffentlichkeit zur Branche und zum Betrieb
- Empfehlungen an leitende Mitarbeiter zur Steigerung des Unternehmensansehens.

Erfolgreiche PR-Arbeit erfordert zunächst eine allgemeine Aufgeschlossenheit für die Öffentlichkeit, einen Abbau von Scheu vor der Öffentlichkeit und die Entwicklung eines Gespürs für die Öffentlichkeitswirksamkeit. Voraussetzung für die Glaubwürdigkeit der Öffentlichkeitsarbeit ist die Übereinstimmung von Unternehmenskultur und PR. Unternehmenskultur - die täglich gelebten und gestaltbaren Verhaltensmuster der Mitarbeiter - wird geprägt von der Akzeptanz sozialer Werte, von der Offenheit und Klarheit des Wertesystems, von Ritualen, von der Kundenorientierung, vom Qualitätsverständnis, von der Leistungsbewertung, von der Intensität der Mitarbeiterschulung, von den Aufstiegsmöglichkeiten aus den eigenen Reihen. Gelegentlich kann man die Forderung nach einer Ombudsmann[1]-ähnlichen PR vernehmen, bei der nicht in Auslastungsfaktoren gedacht wird, sondern in Prozentanteilen zufriedener Kunden oder qualifizierter Mitarbeiter.

Touristen, die sich in Venedig über Betrügereien, Nepp, Servicemängel, Unhöflichkeit oder Preiswucher beschweren wollen, können gebührenfrei *Venezia no problem* anrufen. Die Mitarbeiter leiten die Beschwerden an die zuständigen Stellen weiter und sorgen dafür, dass diese tätig werden.

Reklamationen und Beschwerden gehören zum Geschäft und zur Öffentlichkeitsarbeit. Nichts und niemand ist perfekt, selbst wenn etwas perfekt zu sein scheint, muss es nicht jeder Gast so empfinden - und manchen stört gerade die Perfektion.
Wichtig ist, den richtigen Umgang mit Reklamationen und Reklamanten zu lernen.

- Jede Reklamation ernst nehmen und unverzüglich reagieren!
- Der Gast muss mit der Reaktion zufrieden sein, nicht unbedingt auch mit der Lösung seines Problems.
- Fehler eingestehen, aber nicht über Inkompetenz der eigenen Mitarbeiter und Erfüllungsgehilfen klagen - für den Gast ist der Anbieter/Veranstalter verantwortlich!
- Abhilfe schaffen, sofern vertragliche Pflichten verletzt wurden.
- Entgegenkommen, um dem Gast zu zeigen, dass man an seinem Wohlbefinden interessiert ist. Aber Vorsicht vor Sonderkonditionen für einzelne Gäste. Das spricht sich schnell herum und kann zu einer Flut von Forderungen führen.
- Besonderes Fingerspitzengefühl ist bei passionierten Reklamanten geboten. Geschickte Mitarbeiter können ihnen das Gefühl vermitteln, durchschaut zu sein und lediglich das Spiel mitzumachen.
- Bei Häufung von Beschwerden, schon zwei zum selben Sachverhalt können eine Häufung sein, kann und muss gezielt eingegriffen werden.
- Man kann die Reaktion auf Reklamationen überprüfen, indem man sich fragt: Würde der Reklamant bei erneutem Besuch wieder denselben Anlass zur Reklamation finden?

---

[1] (Schwed.) jemand, der die Rechte des Bürgers gegenüber den Behörden wahrnimmt

Werbung

Im deutschen Markt werden in den Medien täglich rund 45.000 Marken aktiv beworben. Täglich ist jeder von uns 2.000 bis 3.000 Werbeanstößen ausgeliefert. In den 60er Jahren nutzten Verbraucher noch 30 bis 40% der ihnen angebotenen Informationen. Heute kann man nur noch ein knappes Prozent aller Botschaften verarbeiten, d.h. mit unverhältnismäßigen Mitteln wird an den Zielgruppen vorbeigefeuert, die Streuverluste sind gewaltig. Die Hälfte aller Werbegelder sei zum Fenster hinausgeworfen, lautet eine alte Werbeweisheit. Nur weiß leider niemand, welche Hälfte.

Werbestrategien ändern sich ständig. Zumindest gehört es zum Job der Werbeagenturen, ihren Kunden zu suggerieren, dass immer mal wieder etwas Neues gemacht werden müsse.

Der Vergleich zur Modebranche drängt sich auf. Während der 50er Jahre galt der umsatzheischende Ansatz in der Werbung, etwa seit 1970 wird die Werbung als kreative Unterhaltung betrieben. Die Werber hoffen, dass der Zuschauer/Leser/Betrachter /Hörer die Qualität des Angebots am Einfallsreichtum der Werbung misst, nach dem Motto: Wenn Ihnen unsere Werbeidee gefällt, dann fahren Sie im Urlaub nach xyz.

Seit Mitte der 90er Jahre reift die Erkenntnis, dass der Verbraucher mit so vielen Neuigkeiten und interaktiver Unterhaltung bombardiert wird, dass die Werbung als „Spaß" ausgedient habe. Gefragt seien prägnante Schlagkraft, schonungslose Disziplin und das Streben nach Logik und Wahrheit. Die neuen Schlagworte: Einfachheit, Präzision, klare, entschiedene Ideen, lieber weniger als mehr, Härte, Vertrauen in die mysteriöse Substanz einer Marke - für vages Geschwafel sei heute kein Platz mehr.[1]

Schlüsselbegriffe in der Werbung sind einem ständigen Wandel unterworfen. Das liegt nicht nur an den Werbefirmen, die ständig für neue Schlagworte sorgen, sondern auch an der Mode und am stetigen Wertewandel. Eine Auszählung bei den Magazinen *Spiegel* und *Stern* ergab die folgenden „Top Sieben" in der Tourismuswerbung[2]:

1. neu	5. mehr
2. Welt...	6. besser
3. erfolgreich, Erfolg	7. groß, Größe
4. geschmackvoll, Geschmack	

In der Werteskala deutscher Verbraucher rangieren die Werbeargumente *Gesundheit, Sauberkeit, Qualität/Zuverlässigkeit, Zeitersparnis, Preis* an der Spitze. An Gewicht gewinnen Hinweise darauf, wem es zugute kommt, wenn das Angebot Urlaub, Konferenz usw. in Deutschland genutzt wird, dass dadurch Arbeitsplätze erhalten und geschaffen werden und die Steuern uns selbst wieder zugute kommen.

Die Werteskalen und damit die erfolgversprechenden Werbeargumente sind von Zielgruppe zu Zielgruppe verschieden. Gegenüber Senioren kann man z.B. mit Tradition, Komfort, aufmerksamer, persönlicher, gehobener und ruhiger Atmosphäre werben. Die meisten Jugendlichen werden von diesen Begriffen eher abgeschreckt.

„Es ist nun einmal nicht anders: Die meisten Menschen leben mehr nach der Mode als nach der Vernunft."
G.Chr.Lichtenberg

Fünf Fragen, die sich der Werbende stellen sollte:

1. Wofür soll geworben werden?
   Z.B. für Erholungs-, Kultur-, Gesundheits-, Tagestourismus, Erlebnis-, Aktivurlaub, Kongress- und Tagungsreisen.
2. An wen will sich die Werbung richten?
   Werbung orientiert generell entweder auf *Neulinge*, die Zielgruppen sind in diesem

[1] Der Werbestar Maurice Saatchi, in: Die Welt 10.2.95
[2] aus: tm 3/94, S. 108 - 116

Falle vorrangig Kinder und Teenager, die als besonders empfänglich für Werbung gelten, oder auf *Wiederholer* (Repeater), bei denen es darum geht, mit Erinnerungswerbung Kunden bei der Stange zu halten oder auf *Kunden der Konkurrenz*, denen man die Vorzüge des eigenen Angebots vor Augen führen muss. Im Übrigen sind die Zielgruppen des Marketing auch die Zielgruppen der Werbung, also Personengruppen mit gleichartigen sozio-demografische Merkmalen und Präferenzen.

3. Wie und womit soll geworben werden?
   Dies ist die Frage nach den Werbeaussagen (Definition der charakteristischen Angebotsattribute) und den Werbemitteln/Werbeträgern.
4. Wie wird der angesprochene Personenkreis die Botschaft verstehen und aufnehmen?
   Es geht nicht darum, ob der Werbende mit dem Werbemittel zufrieden ist, sondern welche Empfindungen es bei der Zielgruppe auslöst, ob es überhaupt beachtet wird. Diese Frage kann auch von der Werbefirma niemals definitiv beantwortet werden. Umfangreiche Experimente sind zu teuer, aber auf begrenzte Tests bei den anvisierten Zielgruppen sollte man nicht völlig verzichten.
   Für die Werbung gilt die Formel AIDA: Attention, Interest, Desire, Action, d.h. sie soll Aufmerksamkeit erregen, Interesse wecken, zumindest mehr zu erfahren, den Wunsch zu kaufen nähren und schließlich zum Buchen veranlassen. Die Werbung wird sicher nicht immer und bei jedem zur Buchung führen, und die Werbebotschaft wird nicht bei allen Angehörigen der Zielgruppe dieselben Reaktionen hervorrufen, wenn sie jedoch nicht einmal Aufmerksamkeit erregt, ist sie sicherlich misslungen.
   Untersuchungen haben ergeben, dass Attention vor allem durch Berichte in Zeitungen, Zeitschriften, Fernsehen und Rundfunkt geweckt wird, Interest durch Auskünfte von Fremdenverkehrsstellen und Reisebüros, Decision ebenfalls beeinflusst wird durch Auskünfte von Fremdenverkehrsstellen und Reisebüros, gleichermaßen jedoch durch Prospekte der Anbieter und Action vor allem ausgelöst wird durch Prospekte der Anbieter.[1]
5. Entspricht der Eindruck, den ich vermitteln will, der Wirklichkeit?
   Dies ist die Frage nach der Wahrhaftigkeit der Werbung, deren Mangel so häufig beklagt wird. Die Versuchung zu schönen, ist allzu stark und menschlich. Jeder wird dafür Verständnis haben, dass sich eine Destination in der Werbung von ihrer besten Seite zeigt, aber ihre Gäste werden wohl kaum Verständnis zeigen, wenn in der Wirklichkeit die schlechte Seite dominiert.
   Man sollte als Destination nicht den Eindruck vermitteln wollen, eine Oase des Friedens, der Ruhe, der Harmonie, der Toleranz usw. zu sein, wenn die dazu notwendigen Bedingungen nicht auch gegeben sind. Dann gibt es sicher andere Dinge, mit denen sich ehrlicher werben lässt.

Aus der Vielzahl von Regeln für die Werbung sei die **Drei-K-Regel** als Beispiel genannt. Die drei K stehen für:

Kontinuität, **K**onzentration und **K**onsequenz der Werbung.

Mit anderen Worten: Werbung sollte regelmäßig betrieben werden, nur wenige, aber dafür die effektivsten Medien und Maßnahmen einsetzen, und die Gesaltung langfristig nicht verändern, um den Effekt der Wiedererkennung zu nutzen.

Destinationswerbung ist immer *Gemeinschaftswerbung*. Selbst dann, wenn ein Leistungsträger ausschließlich seine eigene Leistung anbietet, steht diese zumindest in einem natürlichen Umfeld.
Gemeinschaftswerbung widerspricht allerdings den Prinzipien der Markenbildung, sofern die Produkte untereinander substituierbar und somit Konkurrenzprodukte sind. Vereinigen sie sich unter einem gemeinsamen Markenmantel, so spricht man nicht mehr von Gemeinschaftswerbung, sondern wie bei einem Warenhaus, von *Firmenwer-*

[1] Zolles/Ferner/Müller (1981), S. 100

bung. Alle Beteiligten sind existenziell am Wohlergehen des Gesamtunternehmens interessiert. Wie ein Warenhaus umso wirkungsvoller werben kann, je mehr es sich profiliert und spezialisiert, wird auch eine Destination durch Beschränkung im Sortiment der angebotenen Leistungen Markenmerkmale entwickeln können.
Gemeinschaftswerbung ist allerdings auch immer dann sinnvoll, wenn die Konkurrenz eine defensive Gemeinschaftsaktion erfordert.

Forderungen an die Destinationswerbung:

1. Am Anfang stehen das Erkennen dessen und die Verständigung darüber, was das Einigende, Typische, Unverwechselbare, Einmalige einer Destination ist. Die Auffassungen der Incoming-Anbieter werden sicher nicht gleich übereinstimmen, und man sollte sich die Zeit nehmen, einen Kompromiss zu finden, den alle Beteiligten akzeptieren können. Das Besondere der Destination ist die Grundlage für die Wahl solcher Elemente der Werbung wie Slogans, Symbole, Farben, Gestaltung etc., die zukünftig von allen verwendet werden sollten.

2. Kennworte und Slogans wirken durch ihre besondere Prägnanz und die Sinnfälligkeit des Ausdrucks. Mehr als ein Gedankenbild sollte niemals angewandt werden. Es kommt immer darauf an, was sich die Zielgruppe unter einem Slogan vorstellt, mag er dem Texter selbst auch unsinnig erscheinen. Entscheidungsgründe für Markennamen sind ihr Klang und ihre Verständlichkeit, ob sie eingängig und ggf. international verwendbar sind.

3. Bilder spielen in der Tourismuswerbung eine bedeutende Rolle. Bei der Bildauswahl sollte man deshalb sorgfältig vorgehen. Meist findet man in Katalogen stereotype Ansichtskartenfotos. Wenn man auf sie nicht ganz verzichten möchte, sollten sie zumindest durch originelle Bilder ergänzt werden. Panoramen wirken oft langweilig, wenn nicht Detaildarstellungen einen Ausgleich schaffen. Die Farben sollten dem Landschaftsstil entsprechen; Leuchtkraft, Brillanz, Farbtemperatur sind an der See anders als im Gebirge. Es lohnt sich, bei Malern in die Schule zu gehen.
Menschen gehören als gestaltende Elemente in die Bilder, das betrifft sowohl Einheimische (auch bei der Arbeit) als auch Gäste, und diese bitte nicht nur mit Modelfiguren an der Hotelbar, am Pool oder vor dem Frisiertisch im Hotelzimmer.

4. Humor gehört in die Werbung. Deutsche sind bekanntermaßen eher ernst als witzig, aber so ernst wie deutsche Fremdenverkehrsprospekte sind sie auch wieder nicht.
„Infotainment" ist gefordert: Werbung soll gewinnen, nicht erschlagen, soll informativ und zugleich unterhaltsam sein.

5. Gute Texter sind rar. Erfolgreiche Werbung braucht Originalität und Mut zu Experimenten. Dem Gegenstand entsprechend (z.B. Urlaub) sollten Texte den Eindruck erwecken, mit leichter Hand geschrieben zu sein. Allzu glatte Beschreibungen, übermäßige Liebenswürdigkeit erzeugen Abneigung, zumindest Misstrauen. Leider sind Kataloge und Prospekte oft stereotype Kopien ihrer Vorgänger.

6. Formate gezielt einsetzen! Große Faltblätter sind Wegwerfartikel, wenn sie nicht als Poster Verwendung finden können. Das Format A4 ist günstig für die Reisevorbereitung zu Hause, Oktav-Formate eignen sich zum Sammeln, kleinere, Handtaschenformate, werden unterwegs gern benutzt. Manche Fremdenverkehrsregionen publizieren ihre Prospekte durchweg im selben Format, mit gleicher Titelgestaltung, gleichem Layout und natürlich mit dem regionalen Signet.

7. Karten und Pläne dürfen in keinem Prospekt fehlen, sie haben einen hohen Informationswert. Die beschriebene Region sollte stets in einen größeren Raum eingeordnet werden. Den Maßstab nicht vergessen! Die einheitliche Bezeichnung der Suchfelder ist nützlich für weitere Informationen, z.B. Hotelstandorte, Restaurants, Sehenswürdigkeiten usw. In die Karten und Pläne sollte man möglichst viele Informationen aufnehmen, die für Touristen interessant sind, auf anderes muss verzichtet werden, um die Darstellung nicht zu überladen. Spezialkarten sind nützlich für spezielle Zielgruppen. Wanderer wünschen die Angabe von Höhenlinien, die wirklichkeitsgetreue Darstellung von Wegen und Pfaden sowie von Orientierungspunkten. Karten eignen sich auch für die Vermittlung von Informationen, die ansonsten nur wenig nutzerfreundlich in Bild und Text darstellbar wären.

Eine gute Freizeit-Umwelt-Karte zeigt nicht nur Ortschaften, Verkehrswege und Sehenswürdigkeiten, sondern bietet darüber hinaus detaillierte Angaben über die regionale Umweltsituation, Daten und Diagramme zur Qualität von Luft und Wasser sowie den Grad der Lärmbelästigung.

8. Genauigkeit, Richtigkeit und Vollständigkeit der Informationen. Sorgfältige Recherchen sollten jeder Publikation vorausgehen. Wahrheit im Prospekt muss oberstes Gebot sein, was nicht bedeutet, dass auf Missstände nachdrücklich hinzuweisen ist. Auf Lügen in Bild und Text sollte jedoch jede seriöse Fremdenverkehrsregion verzichten können.

Grundsätze erfolgreicher Tourismus-Werbung[1]

1. Einfachheit und Klarheit! Einfache Sprache, verständliche Bilder, Verzicht auf undeutliche Aussagen.
2. Aufrichtigkeit! Keine falschen Versprechungen, nicht nur den niedrigsten Eckpreis angeben, Reizworte wie Traum, Paradies, Oase, Sensation vermeiden.
3. Auf den Menschen orientiert! Der Mensch steht im Mittelpunkt, nicht die Palme, der Pool, das Flugzeug, Schiff oder Hotel; nicht nur Model-Figuren, sondern Menschen wie du und ich; Umgangssprache statt hochgestochener, gekünstelter Sprache; Achtung und Zuneigung erkennen lassen.
4. Harmonie! Harmonie mit Zeitgeist und Zielgruppe, Harmonie von Form und Inhalt der Werbung, Harmonie zwischen Erwartung und Versprechen.
5. Auffälligkeit! Werbung ist Show-Business, muss (angenehm) auffallen, darf nicht langweilen (Produkt-Entertainment!); nicht um jeden Preis geistreicheln.
6. Beharrlichkeit! Kontinuität und Wiederholung bei den Leitlinien, Slogans, Grundfarben, Schrifttypen; wer sofort ändert, wenn der spontane Erfolg ausbleibt, lässt den Lern- und Erkennungsprozess immer wieder beim Punkt Null beginnen.
7. Perfektion! Werbung gehört in die Hände von Fachleuten; perfekte Kampagnen sind hart erarbeitet; die zündende Idee allein reicht nicht, sie muss professionell umgesetzt werden. Aber Vorsicht: Agenturen arbeiten oft mit zu viel Routine.

Bekannte Persönlichkeiten, Künstler, Sportler, Wissenschaftler, Schriftsteller, Dichter, Politiker, können der Fremdenverkehrswerbung sehr nützlich sein.

Was wäre die Lüneburger Heide ohne Hermann LÖNS? Was das Gebiet um den Watzmann ohne Ludwig GANGHOFER? Wie animierend Reiseberichte sein können, hat die enorme Wirkung von Heinrich BÖLLS „Irisches Tagebuch“ gezeigt.

Große Künstler haben sich vor allem in Frankreich in den Dienst der Plakatkunst gestellt. Die Plakate von TOULOUSE-LAUTREC, DUFY, DALI, MATISSE, PICASSO, auch COCTEAUs Monaco-Plakat, sind Huldigungen an die Heimat der Künstler und werben dadurch besonders intensiv.

Ortsansässige Dichter und Schriftsteller sind ein Glücksfall für die Werbung. Man sollte ihre Fähigkeiten nutzen. BALZAC ließ seine Romanfiguren in seinem Lieblingsrestaurant speisen - dafür wurde er dort kostenlos bewirtet.

Mit mehr als einem Dutzend Weltstars hat Frankreich 1997 für sich als Reiseziel geworben.

Wenn sich Prominenz aus Kultur, Politik und Gesellschaft für den Tourismus engagiert, ist das immer ein Zeichen für die hohe Wertschätzung dieses Wirtschaftszweiges. Aber Vorsicht bei der Auswahl ist geboten. Nicht jeder Prominente eignet sich für eine bestimmte Region und Zielgruppe als Werbender. Bekanntheitsgrad, Beliebtheit, Emotionen sind ausschlaggebend dafür, wer wo werbewirksam ist, wer bei welcher Zielgruppe ankommt. Oft ist die Wirkung kontraproduktiv, z.B. bei unglaubwürdigen,

[1] Nach Jürgen Schwarz, Werbeagentur für NUR, zitiert in: Hebestreit (1992), S. 413 ff.

unpopulären Politikern, bei Künstlern, denen man das Engagement nicht abnimmt, bei unbeliebten Sportlern, bei Autoren, die niemand liest.

Von Zeit zu Zeit müssen Werbekampagnen veranstaltet werden, um den Bekanntheitsgrad zu steigern.

Als eine Marktstudie ergab, dass 40% der westdeutschen und 65% der ostdeutschen Befragten keine Angaben zu hessischen Ferienorten machen konnten, startete der hessische Fremdenverkehrsverband 1994 eine 350.000-€-Werbekampagne.

Zu den **Werbemitteln** gehören:

- Schrift- und Bildwerbemittel: Bücher, Broschüren, Anzeigen, Artikel, Beilagen, Werbebriefe, Flyer (Kurzprospekte), Gemälde, Zeichnungen, Fotos, Plakate, Aufsteller, Leuchtschriften, Filme, Videos
- persönliche Werbemittel: Vorträge, Werbegespräche, Informationsveranstaltungen,
- akustische Werbemittel: Lieder und Wortbeiträge auf Schallplatten, Kassetten, CDs, Tonbändern.

Werbeträger sind die Gegenstände und Einrichtungen, über die das Werbemittel der Öffentlichkeit zugänglich gemacht wird: Presse (Zeitungen, Zeitschriften), Rundfunk, Fernsehen, Kino, Theater, Post, Messen, Läden, Schaufenster, Schaukästen, Anschlagstellen, Plakatflächen, Litfaßsäulen, Fahrzeuge, Bauten etc.[1]
Die Werbeträgerforschung ermittelt, welcher Personenkreis durch welche Werbemittel und -träger erreicht wird.
Die meisten der o.g. Werbemittel und -träger gelten als *konventionelle* Methoden der Verbreitung der Werbebotschaften. Als *unkonventionell* und umstritten gilt z.B. Werbung in Schulbüchern.

Im Bestreben, keinen Ort und keine Fläche ohne Werbung zu lassen, der oder die von der anvisierten Zielgruppe benutzt oder beachtet werden könnte, wird nichts verschont: Wartezimmer, Fahr- und Eintrittskarten, Telefonkarten, Parkuhren, Luft- und Heißluftballons, Segel, Regenschirme, Hemdkragen, sogar die Schuhsohlen eines Boxers, der häufig k.o. geht, sind Werbeflächen.

Analog zum Vertrieb werden auch in der Werbung die *direkte* und die *indirekte* Form unterschieden. Die *Streuung der Werbemittel* erfolgt als Massen-, Gruppen-, Einzel- und Direktstreuung. Die Streufeldabgrenzung dient der Bestimmung des geografisch und personell definierten Werbegebietes.
Bei *Direktwerbung* wird die Werbebotschaft in Form eines selbständigen Werbemittels dem Empfänger direkt, d.h. ohne Einschaltung eines Massenmediums, übermittelt. Die Chance des Feedback (Antwortkarte, Anruf) ist größer als bei anderen Kommunikationsinstrumenten.
Formen der Direktwerbung sind der zielgruppenorientierte, geografisch gezielte Werbebrief (Direct Mail) bzw. die undifferenzierte Postwurfsendung (Mail Circular), Publicity-Maßnahmen, z.B. Veranstaltungen mit Auftritt von Idolen der jeweiligen Zielgruppe, das Merchandising, das ist die als wirksamste Form der Werbung erkannte besondere Platzierung des Angebots an einem Verkaufsort, oft verbunden mit Veranstaltungen, Dias, Displays, sowie das persönliches Ansprechen von Passanten, auf Partys oder telefonisch. Beachte: Das Ansprechen einzelner Passanten, der Werbeanruf können als Belästigung oder sogar Nötigung gelten und sind unzulässig.

Werbeartikel dienen der Anbahnung, Aufrechterhaltung und Förderung von Beziehungen zur jeweiligen Zielgruppe, sowohl Geschäftspartner als auch Endverbraucher.

---

[1] Medien, Massenmedien, Massenkommunikationsmittel sind Presse, Rundfunk, Film, Fernsehen, Schallplatte, CD, Kassette, Video, Buch.

Sie werden vorrangig von kleinen Betrieben verwendet. Besonders häufig werden Schreibgeräte, Lederwaren, Getränke/Lebensmittel, Büro-Utensilien und Kalender eingesetzt. Sie tragen einen Werbeaufdruck und werden überwiegend als Messestreuartikel, bei Präsentationen und anderen Kundenkontakten benutzt. Höherwertige Werbeartikel können auch anlass- und kundenbezogen eingesetzt werden.[1]

Kataloge und **Prospekte** sind Werbung und Information zugleich; Kataloge sind zudem buchbar, d.h. sie sind mehr als nur Werbemittel. Ihre Anforderung durch potenzielle Kunden wird überwiegend mittels anderer Werbemittel ausgelöst.

Die „Goldene Reisekutsche“, sie gilt als höchste Auszeichnung für Werbemittel im Tourismus, wird jährlich auf der ITB vom Jaeger-Verlag, Darmstadt, vergeben. Der „Goldene Globo“ wird für die ehrlichsten Kataloge vergeben.

Kataloge und Prospekte dominieren in der Tourismuswerbung bisher noch unangefochten. Man gewinnt den Eindruck, das Tourismus-Marketing beschränke sich nahezu ausschließlich auf die Produktion und das Verteilen von Katalogen und Prospekten, hinzu kommen noch einige Anzeigenschaltungen, Messebesuche und die gelegentliche Einladung von Reisejournalisten.

Ein häufig beklagtes Resultat: Die eigenen Werbemittel gehen in der allgemeinen Katalog-, Prospekt- und Anzeigenflut unter. Das ist vergleichbar mit dem Autofahrer, der über den Stau schimpft, anstatt sich einzugestehen: ich bin der Stau.

Auch aus ökonomischen und ökologischen Gründen ist die Reduzierung der Katalogflut dringend geboten. In Deutschland wandern jährlich etwa 250 Millionen Urlaubskataloge nach oft recht oberflächlichem Gebrauch ins Altpapier. Nach Möglichkeiten, diesen Unsinn zu beenden, wird intensiv gesucht. Im Gespräch ist ein Pfandsystem. Aber wenn nicht alle mitmachen, werden die Anwender von Leihkatalogen benachteiligt. Außerdem ist ein höherer Aufwand erforderlich, da Leihkataloge einen stärkeren Einband haben müssen, um über längere Zeit ansehnlich zu bleiben. Andere Ansätze beruhen auf einer Schutzgebühr, auf der Forderung von Porto plus Schutzgebühr, auf der Verrechnung der Kataloggebühr mit der Leistung, auf der Ausgabe spezieller Kataloge statt Gesamtangebote sowie auf der Nutzung elektronischer Verfahren.

Letzten Endes läuft das meiste auf die Änderung der Verbrauchergewohnheiten hinaus. Das Internet, wie auch die anderen, unter „elektronischer Vertrieb“ (Kap. 11.6.) genannten Verfahren, könnten den Katalogen ernsthaft Konkurrenz machen.

Bei entsprechend aufbereiteten Angeboten können Interessenten sich alle benötigten Informationen gezielt zusammenstellen, ausdrucken, vergleichen, buchen und bezahlen, ohne ein Reisebüro aufsuchen und ohne einen Stapel Kataloge durchforsten zu müssen.

Die **Kataloggestaltung** wird i.d.R. professionellen Gestaltern, Werbestudios, -teams, -firmen übertragen. Hauseigene Stellen können und sollten jedoch maßgeblich Einfluss auf die Gestaltung nehmen. Oft kann man sogar beim Gestalter mit am Computer sitzen und mit ihm gemeinsam Varianten durchspielen. Zumindest sollte enger Kontakt mit dem Werbeteam gehalten werden. Personell und technisch gut ausgestattete Incoming-Anbieter können die Druckvorlagenherstellung im Desktop Publishing (DTP), meist zusammen mit externen Spezialisten, weitestgehend selbst vornehmen.

Das Druckverfahren (Rollenoffset) zwingt zur Planung in Druckbögen zu 16 oder 32 Seiten, je nach Art der Druckmaschine. Hat der Katalog weniger oder mehr Seiten als ein Druckbogen bzw. ein Mehrfaches von ihm, so entstehen zusätzliche Kosten. Zu überlegen ist auch, ob bei mehreren Druckbögen alle im Vierfarbendruck hergestellt werden müssen.

Für den *Katalogaufbau* ist zu beachten, welche der beiden Funktionen, Werbung oder Information, Vorrang haben soll. Ist der Katalog eine Arbeitsunterlage für die Vermittlertätigkeit, dann genügt die sachliche, trockene Darstellung der Leistungsparameter,

[1] gem. § 4 Abs. 5 EStG beträgt die Wertobergrenze für die steuerliche Absetzbarkeit von Werbeartikeln pro Jahr und Empfänger DM 75

der Preise und der Konditionen. Ist er jedoch ausschließlich für die Verteilung an Letztabnehmer vorgesehen, kann die Werbung dominieren.

In der Regel wird eine Mischung von Werbung und Information angebracht sein. HEBESTREIT[1] plädiert für die Aufteilung in einen *primär werblichen* und einen *primär informierenden* Teil.

Das Titelblatt sollte stets auf Werbung orientiert sein. Es ist die Visitenkarte des Anbieters und muss deshalb unbedingt sein Logo enthalten. Es muss auf emotionale Wirkung zielen, zumindest anregen, den Katalog in die Hand zu nehmen und in ihm zu blättern. Man muss sich aber auch darüber im Klaren sein, dass die Erwartungen, die von der Titelgestaltung ausgehen, auch auf die folgenden Seiten übertragen werden. Auf den folgenden Seiten sollte ebenfalls die Werbung dominieren, zunächst mit rationellen und emotionalen werblichen Verkaufsargumenten, z.B. Sparterminen, Rabatten, Kinderfreundlichkeit. Die emotionale Zielgruppenansprache kann mittels Werbeseiten vor einzelnen Produktbereichen erfolgen. Zum werblichen Teil gehören des Weiteren Hinweise auf andere Programme bzw. Kataloge des Veranstalters sowie Anzeigen anderer Werbungstreibender.

Der primär informierende Teil soll in übersichtlicher, sachlicher Form möglichst vollständige, entscheidungsrelevante Informationen enthalten. Auch dieser Teil muss nicht zwangsläufig trist und trocken sein. Zu ihm gehören: das Inhaltsverzeichnis, die Erläuterung der Symbole und Abkürzungen, die detaillierte Beschreibung des Angebots, Preis- und Termintabellen, eine Anleitung zum Ermitteln des Preises, Hinweise zum Vorgang der Buchung, die Reisebedingungen.

Es ist empfehlenswert, seine Kataloge und Prospekte von Zeit zu Zeit einer kritischen Analyse zu unterziehen. In einer Studie, die im Jahre 1991 288 Prospekte auf ihre Werbewirksamkeit untersuchte, wurde festgestellt, dass Werbeprospekte deutscher Kurorte oft unzureichend gegliedert, unübersichtlich und einfallslos produziert sind.

„Eine gelungene Werbebroschüre zeichnet sich aus durch ein ansprechendes Äußeres, Prägnanz und Kürze. Ist sie besonders raffiniert, so überlistet sie den Konsumenten, indem sie das Produkt, für das sie wirbt, nicht plakativ in den Vordergrund stellt, sondern durch die psychologische Hintertür die Begehrlichkeiten des künftigen Käufers weckt."[2]

Das Deutsche Institut für Normung (DIN) arbeitet seit 1997 an einer Norm für Reisekataloge und -prospekte. Vorgesehen sind Vorgaben für Abkürzungen, notwendige Mindestangaben, die Art der Darstellung, Mindeststandards für bestimmte Angebote, z.B. Studienreisen oder All-inclusive-Arrangements.

Kataloge sind immer parteiisch. Sie unterdrücken unangenehme Informationen und überbewerten die angenehmen.

Im Verlaufe der Zeit hat sich eine Geheimsprache der Kataloge entwickelt, mit der Unangenehmes positiv ausgedrückt wir. Nicht von ungefähr wird der Prospekttext im Fachjargon das „Märchen" genannt.

Wenn im Katalog steht:	dann kann das bedeuten:
zentral gelegen	meist ziemlich laut
lebhaftes Viertel	reger Straßenverkehr und Kneipenlärm
touristisch gut erschlossen	Hotel neben Hotel
aufstrebender Ferienort	rege Bautätigkeit
ruhige Lage	total abgeschieden
unaufdringlicher Service	Kellner lässt auf sich warten
internationale Küche	Einheitskost

[1] (1992), S. 433 ff.
[2] F.A.Z. 23.10.97

tägliche Abendveranstaltungen	Disco-Lärm bis in die tiefe Nacht
neu eröffnet	einige Anlagen noch nicht nutzbar
beheizbarer Swimmingpool	geheizt wird nur selten
zweckmäßig eingerichtete Zimmer	karge Möblierung
naturbelassener Strand	wird nicht gesäubert, Tang und Treibgut
Meerseite	nur die Richtung zum Meer stimmt

Die **Katalogdistribution** im Incoming-Tourismus erfolgt nahezu ausschließlich durch Versand auf Anfrage (bei Destinationen, Leistungsträgern, Call-Centers, Katalog-Service), die durch andere Werbemittel angeregt wurde, sowie durch Verteilung auf Veranstaltungen, Messen, Repräsentationen. Sie unterscheidet sich somit deutlich von der Katalogdistribution der Pauschalreise-Veranstalter, die traditionell über Reisebüros oder eigene Verkaufsstellen, natürlich auch auf Messen, erfolgt.
Im Interesse der Formierung einer Stammkundschaft sind einige Destinationen dazu übergegangen, ihre Kunden über neue Angebote zu informieren, verbunden mit dem Angebot, bei Interesse einen Katalog zuzuschicken. Lässt sich die Zielgruppe der Gäste geografisch deutlich eingrenzen, so können auch Katalogauslagen in dortigen Einkaufszentren u.ä. sinnvoll sein.
Der Versandservice für Reisekataloge bietet seine Dienste den Katalogherausgebern an. Er offeriert in Zeitungen und Zeitschriften die Möglichkeit, sich aus einer Kollektion von abgebildeten Reisekatalogen Exemplare kostenlos zuschicken zu lassen. Ähnlich arbeiten regionale Touristik- und Werbegemeinschaften.
Direkte Ansprache möglicher Gästegruppen ist auch zu empfehlen für Konferenzen, Vereinsausflüge, Incentives und bei Angeboten, die sich an spezielle Zielgruppen richten, z.B. Theaterfreunde, Ornithologen, Hobbyarchäologen.

Mediawerbung ist für das Incoming unverzichtbar. Da die traditionellen Reisebüros nicht in der Lage sind, umfassend über Incoming-Angebote zu informieren, ist Konkurrenz, soweit absehbar, lediglich von flächendeckender Anwendung elektronischer Vertriebswege (s.d.) zu erwarten. Aber auch diese bedienen sich einiger Massenmedien.
Die werbende Wirtschaft achtet bei der Auswahl der Medien auf folgende Faktoren:
Kaufkraft: Gemessen an Netto-Haushaltseinkommen gibt sie Auskunft darüber, ob die Medien in der zu bewerbenden Region die richtigen Zielgruppen erreichen. In einer armen Region und in einer Zeitung, die überwiegend von den sozial Schwachen gelesen wird, mit Angeboten der oberen Preiskategorie zu werben, ist ebenso unsinnig wie in einer reichen Region und in einer Manager-Zeitschrift mit Billigangeboten.
Die Medien bemühen sich auszuweisen, wie stark ihre Abonnenten im Verbrauchen sind.

Die Firma macrom Marketingforschung & Consult München untersucht regelmäßig die Kaufkraftverteilung in Deutschland bis hinunter auf die Ebene der Gemeinden. 1997 hatte die kaufkraftstärkste Gemeinde Deutschlands, Grünwald bei München, einen Index von 344,2 (Deutschland gesamt = 100). Leipzig brachte es lediglich auf 82,7 Indexpunkte.

Zielgruppe: Werbung hat immer einzelnen Produkten den Absatzmarkt zu bereiten, und das geht nur differenziert und sektoral. Mediawerbung, die über den gewünschten Teilmarkt hinausgeht, bringt Streuverluste und wird aus Kostengründen vermieden. Die Werbung schätzt Medien, die ihr die Verbraucher schon nach Warengruppen vorsortieren. Medien verdienen ihr Geld nicht damit, Informationen an Kunden zu verkaufen, sondern Kundengruppen an Werbeauftraggeber.

In Deutschland kommen auf 3 oder 4 Zeitschriften für allgemein interessierte Zeitgenossen 300 bis 400 für konsumträchtige Zielgruppen. Aus Zeitschriften werden redaktionell durchwirkte Kataloge.

Umfeld: Die Werbung soll mit dem sonstigen Inhalt des Mediums zusammenpassen. Ihr werden z.B. Vorzugsplätze eingeräumt, und Schwerpunktthemen werden mit der Werbekundschaft abgestimmt. Werbung und Umfeld sind oft kaum noch zu unterscheiden.

Mediaselektionsmodelle beruhen zu einem großen Teil auf dem *Tausender-Kontaktpreis* (TKP, auch: *Tausenderpreis* bzw. *1.000-Leser-Preis)*, dem Preis für das Erreichen von tausend Personen mit einer Schaltung

$$\text{TKP} = \frac{\text{Preis pro Schaltung}}{\text{Nutzer des Werbeträgers}} \cdot 1.000$$

Die Anzahl der Nutzer eines Werbeträgers ist nicht identisch mit der Zahl der Abonnenten einer Zeitung, der Besitzer eines Radios oder Fernsehgerätes.

Die **Gebühren** der Werbeträger sind Marktpreise. Sie orientieren sich an der Nachfrage. Die Millimeterpreise im Anzeigenteil überregionaler als auch regionaler Tageszeitungen betragen zwischen einem Cent bei hohen Auflagen bis zu fünf Cent bei niedrigen Auflagen pro 1.000 Exemplare verbrauchter Auflage.

Der Anzeigenpreis ergibt sich aus der Millimetermenge (Zahl der belegten Spalten · Höhe der Anzeige) multipliziert mit dem Millimeterpreis.

Zu den Gebühren der Werbeträger kommen die Kosten bei Inanspruchnahme einer Werbeagentur.

Bei Bezahlung nach dem *Honorarsystem* wird die erbrachte Leistung bezahlt: Konzeption, Text, Layout. Fremdkosten, z.B. Fotos, Repro und Satz, werden gesondert in Rechnung gestellt.

Die *Service-Fee-Abrechnung* wird bei breiter Streuung der Anzeigen angewendet. Die Mittler-Provision, die Verlage und Redaktionen den Werbeagenturen gewähren (i.d.R. 15%), wird, vermindert um das Entgelt für die Agenturleistungen, oft an den Auftraggeber weitergereicht.

Als *Agenturvergütung* wird eine Kombination von Honorar- und Service-Fee-System bezeichnet, wobei letzteres auf das streufähige Gesamtetat angewendet wird.

Werbeagenturen stehen einer am Erfolg orientierten Vergütung im Allgemeinen aufgeschlossen gegenüber.

Der **Reichweite** der Medien, das ist der Anteil der Bevölkerung, der Kontakt mit einem Werbeträger hat, einschließlich TKP, wird regelmäßig analysiert und publiziert.

Zur Verfügung stehen:

- die *Media-Analyse* (MA) der Arbeitsgemeinschaft Media-Analyse e.V. und Media-Micro-Census GmbH. Sie weist die Nutzungswahrscheinlichkeiten von Zeitungen, Zeitschriften, Hörfunk und Fernsehen aus. Im Wesentlichen werden soziodemografische Merkmale dargestellt und in geringem Umfang Angaben über die Verteilung von Haushaltsgütern, über Wohnen, Freizeit und Einkaufen.
- Die *Allensbacher Werbeträger-Analyse* (AWA) des Instituts für Demoskopie Allensbach weist die Nutzer von Zeitungen und Zeitschriften sowie die Nutzungswahrscheinlichkeiten von Rundfunk und Fernsehen aus. Daneben werden, jeweils medienbezogen, Einstellungen, Freizeitaktivitäten, Produkt- und Themeninteressen untersucht.
- Die *IVW-Analyse* der Informationsgemeinschaft zur Verbreitung von Werbeträgern informiert über die Verkaufsauflagen, Reichweiten und TKP.
- Die *Leseranalyse Entscheidungsträger in Wirtschaft und Verwaltung* (LAE) der GWA Service Gesellschaft Werbeagenturen mbH, Frankfurt, beschreibt die Mediennnutzung der 1,53 Millionen Führungskräfte in Wirtschaft und Verwaltung in Deutschland sowie deren Entscheidungsbefugnisse, Einkaufsentscheidungen und in geringem Umfang soziodemografische Merkmale.
- *European Business Readership Survey* (EBRS) der RSL - Research Services Ltd., Harrow, London, untersucht das Leseverhalten von Führungskräften aus 17 europäischen Ländern in Betrieben mit 250 und mehr Beschäftigten. Die Analyse erfasst auch das Geschäftsreiseverhalten der Führungskräfte.

Die **Streuplanung** hat folgende Aufgaben zu erfüllen:

- Auswahl der Werbeträgerarten (z.B. Tageszeitung, Fernsehen, Hörfunk)
- Auswahl spezieller Werbeträger (z.B. Die Welt, F.A.Z.)
- Auswahl der Einschaltzeitpunkte (Timing)

Das Ziel der Mediastreuplanung besteht darin, mit einem gegebenen Budget die größtmögliche Anzahl von Nutzern (Leser, Zuschauer, Hörer) zu erreichen. Dazu wird zunächst das Medium mit dem niedrigsten TKP in allen Ausgaben belegt, danach das Medium mit dem zweitniedrigsten TKP usw., solange das Budget reicht. Die optimale Verteilung ist erreicht, wenn mit keiner anderen Aufteilung des Budgets ein größerer Berührungserfolg erzielt werden kann. Unter Berührungserfolg wird verstanden: wie viele Personen (Reichweite) wie oft (Kontaktmenge), und dabei insbesondere die Zielgruppen (Kontaktqualität), erreicht werden. Der Berührungserfolg ist zwar ein wichtiges, aber nicht hinreichendes Ziel. Das Ziel ist der Verkaufserfolg.

Zu große Streuung, wie sie durch TV-Spots mit kostenlosen Service-Telefonnummern und Geschenkangeboten unumgänglich ist, ist im Allgemeinen nicht erwünscht. Sie ist nützlich, um Adressen potenzieller Kunden für ein nachfolgendes Zielgruppen-Mailing mit persönlicher Ansprache zu sammeln.

Beispiel:[1]

Das Jahres-Werbebudget betrage 250.000 €

Drei zielgruppengerechte Medien kommen in Frage:

A - erscheint wöchentlich, 2,5 Mill. Nutzer je Ausgabe, 20.000 € je Belegung,
B - erscheint monatlich, 1,248 Mill. Nutzer je Ausgabe, 12.500 € je Belegung,
C - erscheint quartalsweise, 688.000 Nutzer je Ausgabe, 2.500 € je Belegung.

TKP(A) = 8,- €, TKP(B) = 10,- €, TKP(C) = 3,64 €.

Optimale Belegung: 4 x C = 10.000 €
12 x A = 240.000 €

Mit dieser Belegung wird die Kontaktsumme, also die Summe aller Kontakte mit der Werbebotschaft, maximiert.

Über den **Werbedruck** wird mittels Anzahl und Größe der Schaltungen entschieden. In Bezug auf Anzeigenwerbung lautet die Frage: Viele kleine Anzeigen oder wenige großformatige?

Allgemeine Regel:

Bei kleineren Etats geht Format vor Frequenz, bei größeren kann Frequenz vor Format günstiger sein.

Als Mindestgröße für Werbewirksamkeit gelten 60 mm/1-spaltig.

Die Art des Werbedrucks hängt von der Situation ab, in der sich das werbende Unternehmen befindet.[2]

a) Der Anbieter ist bereits bekannt. Er möchte zum Jahresbeginn die bevorstehende Saison bewerben. Das Werbebudget beträgt 7.000 €.
Vorschlag: Format 60 mm/2-sp.; mm-Preis s/w: 3,95 €; Kosten pro Anzeige: 474 € minus 10% (Rabatt: 10% ab 12 Anzeigen pro Jahr) = 426,50 €; Frequenz: 16 (7.000 : 426,50).
Verteilung: Jeweils vier Anzeigen in den entscheidenden Monaten (Februar, März, April, Mai).

b) Der Anbieter ist noch relativ unbekannt. Er möchte auf sich aufmerksam machen. Das Werbebudget beträgt 7.000 €.
Vorschlag: Format 110 mm/2-sp.; mm-Preis s/w: 3,95 €; Kosten pro Anzeige: 869 €; Frequenz: 8 (7.000 : 869).
Verteilung: im März zwei, im April und Mai je drei Anzeigen.

[1] nach: Schmalen (1990), S. 332

[2] nach: Erfolgreich um Gäste werben. Hrsg. F.A.Z.

Zur Medialselektion gehört auch das Ermitteln der **Erreichbarkeit der Zielgruppen**.

- Werden die Medien dort angeboten, wo ich die Zielgruppen ansprechen möchte? In ländlichen Gegenden wird oft nur die Boulevard-Presse nachgefragt. die Fernsehprogramme werden nicht überall gleichermaßen bevorzugt. Die politische Orientierung (s.d.) der Medien muss mit der politischen Orientierung der Zielgruppen verträglich sein.
- Welche Zeitungen und Zeitschriften liegen wo aus, z.B. in Verkehrsmitteln, Hotels, Cafés, Wartezimmern? Sind dort auch die von mir gewünschten Zielgruppen zu finden?
- Werbung an Geschäftsreisende konzentriert sich zunehmend auf Hotelhallen, Bars, Flugplätze, Flugzeuge und Züge.
- Wo sind mögliche Kunden für Videoberieselung aufgeschlossen?
- Wen kann ich mit Printmedien so gut wie gar nicht erreichen?

Der **Wert der Medien** für die Werbung:

Tageszeitungen werden vorrangig am Tag des Erscheinens genutzt, die Reisebeilagen auch länger. Die Leser haben im Allgemeinen eine starke Bindung an „ihre" Zeitung. Entsprechend ihrer Verbreitung ist gezielte regionale Werbung möglich. Sie ermöglicht die Verbindung redaktioneller und Reise-Teile. Befragungen haben ergeben, dass von allen Medien die Tageszeitungen Reiseentscheidungen am stärksten beeinflussen.

Publikumszeitschriften[1]: Die Leserbindung ist ebenfalls stark. Die Nutzungsdauer beträgt mindestens eine Woche. Die Anzeigen können farblich gestaltet werden. Unter den Publikumszeitschriften haben die Illustrierten den stärksten Einfluss auf Reiseentscheidungen.

Special-Interest-Zeitschriften (Fachzeitschriften) ermöglichen geringe Streuverluste, allerdings erkauft durch niedrige Auflagen. Ihnen wird kein oder höchstens geringer Einfluss auf Reiseentscheidungen zugetraut, da ihre Leser durch Werbung kaum manipulierbar sind.

Supplements: Wenn schwerpunktmäßig mit dem Thema „Reisen" befasst, bieten sie ein gutes Umfeld für Reise-Anzeigen.

Hörfunk ist das „schnellste" Medium. Über Sendezeit und Programm ist die direkte Ansprache der Zielgruppen möglich. Überraschend sind jüngste Umfrageergebnisse, wonach höchstens Nachrichtensendungen Reiseentscheidungen beeinflussen, während Kultur-, Musik- und Reisesendungen nur wenig Einfluss auf Reiseentscheidungen ausüben.

Fernsehen ist gekennzeichnet durch hohe Kosten, lange Vorlaufzeiten und starke Wirkung. Von den zahlreichen verschiedenen Arten von Sendungen üben lediglich Fernsehserien einen größeren Einfluss auf Reiseentscheidungen aus. Reaktionen auf Videotext-Angebote beschränken sich auf Last-Minute-Reisen. Mit der Einrichtung von Spartenkanälen (Special-Interest-TV, spezielle Reisekanäle) können Zielgruppen zukünftig noch genauer angesprochen werden.

> Die Wirkung von Sendungen zu Destinationen in Deutschland: Bilder aus Deutschland, Kein schöner Land, Nordtour, Bilderbuch Deutschland, auf die Nachfrage ist gering, im Ausland gleich Null.

Kino spricht vor allem Jüngere an. Die Wirkung ist zweifelhaft.

Außenwerbung (Plakate, Werbung auf Bussen und Bahnen, City-Light-Poster) spielt im Vergleich zur TV- und Printwerbung eine untergeordnete Rolle. Im Rahmen gezielten Kampagnen, z.B. der Verkaufsförderung, kann sie wirkungsvoll sein. Sie erregt, wenn sie gut gemacht ist, Aufmerksamkeit. Neuere Analysen haben ergeben, dass Außenwerbung vor allem junge und gebildete Verbraucher anspricht.[2]

---

[1] Gehören zur Kategorie der Freizeitzeitschriften mit: illustrierten Zeitschriften, Programmzeitschriften und auf Lesergruppen orientierten Magazinen

[2] Befragungsergebnisse siehe Reise-Trend-Barometer der F.A.Z., tlw. veröffentlicht in Reisemarkt international 1/95

Die Frage, in welchen Zeitungen und Zeitschriften man annoncieren sollte, ist bei der riesigen Auswahl nicht leicht zu beantworten. Allein in Deutschland erscheinen fast 9.000 Zeitschriften mindestens viermal jährlich. Hinzu kommt die Auslandswerbung.

Die meisten Zeitungen und Zeitschriften erscheinen an bestimmten Erscheinungstagen mit redaktionellen Reise-Teilen und regelmäßigen Tourismusanzeigen.

Ein Großteil der Leser ist politisch indifferent. Maßgebend für den Kauf einer Zeitung oder Zeitschrift sind ihr Preis, ihre Aufmachung, ihre Verfügbarkeit und, wenn auch mit Einschränkungen, ihr Stil.

Zahlreiche Leser wählen die Medien gezielt, entsprechend ihrer politischen Einstellung. Die politische Grundhaltung der Zeitungen und Zeitschriften ist nicht immer leicht zu erkennen, denn die Attribute progressiv, konservativ, reaktionär, rechts, links, liberal, großbürgerlich, kleinbürgerlich, proletarisch etc. werden von jedem anders definiert.[1]

Wer liest in Großbritannien welche Zeitungen?[2]

The Times	read by the people who run the country
Daily Mirror	read by the people who think they run the country
Guardian	read by the people who think they ought to run the country
Morning Star	read by the people who think the country ought to be run by another country
Daily Mail	read by the wives of the people who run the country
Financial Times	read by the people who own the country
Daily Express	read by the people who think the country ought to be run as it used to be run
Daily Telegraph	read by the people who still think the country is run as it used to be run
The Sun	their readers don't give a damn who runs the country as long as she's got big tits

Auch das fachliche Interesse der Leser spielt bei der Wahl der Tageszeitung eine Rolle. Stehen verschiedene Tageszeitungen zur Auswahl, so wird gern die gewählt, die über örtlich und regional bedeutsame Branchen, über den Sport, über die Erziehung, Mode, Gesundheit, Natur etc. besonders aktuell, gründlich und sachkundig berichtet. Die politische Überzeugung wird dann meist wohlwollend bzw. missbilligend zur Kenntnis und in Kauf genommen.

Messen

Das riesige Angebot an Tourismus-Messen erfordert Selektion und Konzentration auf diejenigen, auf denen die gewünschten Zielgruppen erreichbar sind. Die hohen Kosten erfordern Gemeinschaftsstände und Nutzung von Anschließerangeboten, insbesondere bei Auslandsmessen.

Die Landesfremdenverkehrsverbände informieren über die Messen und die Anschließerbedingungen.
Die DZT informiert jährlich in einer Broschüre über Messen, Ausstellungen und Verkaufsförderungen.

Für den Incoming-Tourismus bieten Messen die Möglichkeit, Erklärungsbedarf zu befriedigen. Bei der Auswahl des Standpersonals ist also darauf zu achten, dass auskunftsfähige Mitarbeiter zum Einsatz kommen. Um lediglich Kataloge und Prospekte zu verteilen, wäre eine Messebeteiligung zu teuer.

Allgemeine Regeln:

1. Messeziele sind exakt zu definieren und zu quantifizieren.
2. Die kommunikative Kompetenz des Standpersonals ist durch wirkungsvolle Mitarbeitervorbereitung zu verbessern.

---

[1] Zentrale Wertbegriffe: links = soziale Gerechtigkeit, Solidarität, Zukunft; rechts = Leistung, Autorität, Tradition. Linksliberal: SDZ, Die Zeit; großbürgerlich und konservativ: FAZ; liberal-konservativ: Die Welt; links: Frankfurter Rundschau; liberal: Spiegel; rechts: Bayernkurier. Entspr. werden auch ihre Leser eingeschätzt.

[2] aus: VSA-Reisebuch Südengland/Wales. Analogien zum deutschen Medienmarkt mag der Leser selbst suchen.

Reiseführer spielen in der Werbung nur eine geringe Rolle. Sie werden meist erst dann gekauft, ausgeliehen, benutzt, wenn die Reiseentscheidung bereits getroffen wurde und es an die konkrete Programmplanung geht.

Die Reiseführerflut ist nahezu unüberschaubar[1]. Neben traditionellen, sachlichen Reiseführern (Baedeker, Berlitz, Polyglott), gibt es auf Zielgruppen spezialisierte (für Frauen, Jugendliche, Kunstliebhaber). Es gibt Reiseführer von unterschiedlicher Qualität und zu unterschiedlichen Preisen (ledergebundene, wie Harenberg, und einfache Broschüren), es gibt bescheidene bis zunehmend apodiktische. Hinzu kommen Hotel- und Gastronomieführer sowie regionale Publikationen, die oft den Vergleich mit großen Namen nicht scheuen müssen.

Incoming-Anbieter haben die Möglichkeit, auf den Inhalt der Reiseführer Einfluss zu nehmen. Sie können das zwar selten schon in der Phase der Erarbeitung tun, sollten aber nicht darauf verzichten, wenn sie bereits erschienen sind. Zumindest sollte der Verlag auf Fehler und veraltete Angaben aufmerksam gemacht werden. Bei guten Kontakten zwischen Verlag und Fremdenverkehrsort ist es bei nachfolgenden Auflagen möglich, sowohl auf den Text als auch auf die Bildwahl Einfluss zu nehmen.

Viele Incoming-Anbieter empfehlen in ihren Katalogen Reiseführer, und bei einigen ist ein Reiseführer Bestandteil der Reiseunterlagen und im Preis enthalten. Auch das sind Argumente für die Zusammenarbeit mit dem Verlag zum gegenseitigen Vorteil.

Das im Ausland verfügbare Angebot an Reiseführern über deutsche Destinationen kann über die DZT in Erfahrung gebracht werden. Allerdings hilft diese Information kaum weiter, da man weder finanziell, noch zeitlich, noch aus Sprachgründen in der Lage sein dürfte, auch nur die verbreitetsten auf ihre Aktualität und Korrektheit zu prüfen. Man sollte sich jedoch für die Reiseführer interessieren, mit denen ausländische Gäste in unser Land kommen. Man kann fragen, welche besonders beliebt sind, welche von Reiseveranstaltern empfohlen werden und welche Erfahrungen die Reisenden mit ihnen gesammelt haben. Auf Fehler kann man den Verlag direkt oder über den Reiseleiter und Veranstalter aufmerksam machen.

Reisevideos sollen urlaubswillige Kunden in Stimmung bringen, sie sollen Informationen, vor allem aber Atmosphäre, vermitteln. Das können sie besser als Kataloge und Reiseführer. Aber sie sind immer an den Recorder gebunden und verfügen nicht über die gleiche Informationsdichte wie das Buch.

In Deutschland gibt es mehr als 50 Reisevideoanbieter. Die Videos werden teils kostenlos auf Anfrage zugesandt, können ausgeliehen oder gekauft werden. Die Preise je Video betragen zwischen 10 und 40 €.

Reisekarten sind unverzichtbare Begleiter. Neben den Editionen der traditionellen Verlage finden sich Karten, Pläne, Kartenskizzen in jedem Reiseführer und in nahezu jedem Prospekt und Katalog. Wegen ihrer Verbreitung eignen sich Reisekarten recht gut als Werbemittel. Während sich die Möglichkeiten der Einflussnahme auf den Karteninhalt auf Richtigstellungen und Aktualisierungen beschränken, können bei örtlichen und regionalen Ausgaben durch Signaturen, Schriftgrößen und Schriftgestaltung sowie Farben beachtliche werbliche Wirkungen ausgelöst werden.

Werbebudget

Die deutsche Tourismuswirtschaft gab 1997 etwa 400 Mill. € für Werbung aus[2] (10 Mill. mehr als 1996), davon

Reiseveranstalter und Reisebüros: mehr als ein Viertel

Fremdenverkehrsämter: 122 Mill. € (1999: 40 Mill. € in klass. Medien)

---

[1] 1998 bot der deutsche Reisebuchmarkt etwa 260 Reiseführer-Reihen

[2] d.i. 1,5% der Werbeausgaben der deutschen Wirtschaftsunternehmen; Etat der Deutschen Bahn (25 Mill. €) nicht berücksichtigt

Hotels: 24 Mill. € (1999: 17 Mill. € in klass. Medien)
Schifffahrtsunternehmen: 17 Mill. €
Fluggesellschaften: 25 Mill. € mehr als 1996

Der Kommunalverband Ruhrgebiet (KVR) warben mit einem Aufwand von rund 18 Mill. € zehn Jahre lang für die Region mit dem Slogan „Das Ruhrgebiet - ein starkes Stück Deutschland". 1998 begann eine neue Kampagne unter dem Slogan „Der Pott kocht" mit einem Aufwand von 1,9 Mill. € für 1998 und danach jährlich 2,6 Mill. €.[1]

Im Rahmen der Werbeplanung wird das Werbebudget bereit gestellt und mittels Streuplan auf die Werbeträger verteilt.

Das Ziel besteht darin, Höhe und Aufteilung des Budgets so zu gestalten, dass a) die Kosten der Werbung durch zusätzliche Umsätze gedeckt werden und b) darüber hinaus ein möglichst hoher Gewinn verbleibt.

Für die Bestimmung der **Höhe des Werbebudgets** sind verschiedene Ansätze üblich:

Die *Prozent-vom-Umsatz-Methode* orientiert sich entweder am erzielten Umsatz der vergangenen Periode oder am Umsatzsoll. Das überwiegend praktizierte Verfahren, den Umsatz des Vorjahres als Richtwert zu wählen, stellt aber den Zusammenhang auf den Kopf: Werbung soll den Umsatz beeinflussen und nicht umgekehrt! Sinnvoller ist, bei Umsatzrückgang das Werbebudget zu erhöhen, es am Umsatzsoll zu orientieren, d.h. „gegen die nachlassende Konjunktur zu werben", antizyklisch zu werben. Wer mit ungekürzten Budgets durch die Krise geht, kann seinen Marktanteil steigern, während derjenige, der es kürzt, verlorene Marktanteile nach der Krise selbst mit verstärkter Werbung nur zum Teil oder gar nicht zurückbekommt.

Als Orientierungswert gilt, dass 5% des Unternehmensumsatzes in die Werbung fließen sollten. Die Kunst besteht darin, diese 5% geschickt zu verwenden, evtl. zu sammeln.

Vom *Geschick des Werbemanagers* hängt es ab, diesen Prozentsatz bei Verhandlungen mit der Unternehmensleitung wenigstens um einige Zehntel-Punkte zu erhöhen.

Die *werblichen Aktivitäten der Konkurrenz* zwingen oft zu Anpassungsmaßnahmen mit Wirkung auf die Höhe des Bugdets.

Die verfügbaren Mittel können durch Gemeinschaftsaktionen *gepoolt* und wirkungsvoller als bei Einzelaktionen eingesetzt werden. *Verbundwerbung* ist eine Form der kooperativen Werbung, bei der Unternehmungen der gleichen Wirtschaftsstufe, aber unterschiedlicher Branchen, gemeinsame Werbung betreiben, z.B. für bedarfsverwandte Produkte. *Anschließerwerbung* als eine Form der Verbundwerbung besteht aus einem Träger und einer Anzahl werblich angeschlossener Partner.

Bei kommunaler und regionaler Incoming-Werbung gilt: Wer von der Werbung profitiert, soll sich an ihrer Finanzierung beteiligen. Und weiter: Die Höhe des Beitrags sollte an der Größe des Nutzens orientiert werden. Da die Größe des Nutzens eines einzelnen Incoming-Anbieters nur schwerlich aus kommunaler Werbung abzuleiten ist, kann nur an Einsicht und Kompromissbereitschaft appelliert werden.

Die *Werbeaufgaben* sind ebenfalls ein Argument für die Höhe des Werbebudgets. Bei bekannten Regionen genügt oft Erinnerungswerbung, bei neuen sind höhere Mittel für die Einführungswerbung erforderlich.

Als Richtwert für die *Angemessenheit des Werbebudgets* gilt der Quotient

SOV : SOM

SOV - Share of Voice (Werbeanteil), SOM - Share of Market (Marktanteil)
Der Quotient betrug 1988 bei TUI 0,6, bei Studiosus 1,0 und bei Club Med 2,4.[2]

[1] Der Spiegel 28/98, S. 65
[2] nach: Hebestreit (1992), S. 420 f.

Für die Höhe kommunaler und regionaler Werbebudgets gelten obige Hinweise in abgewandelter Form.

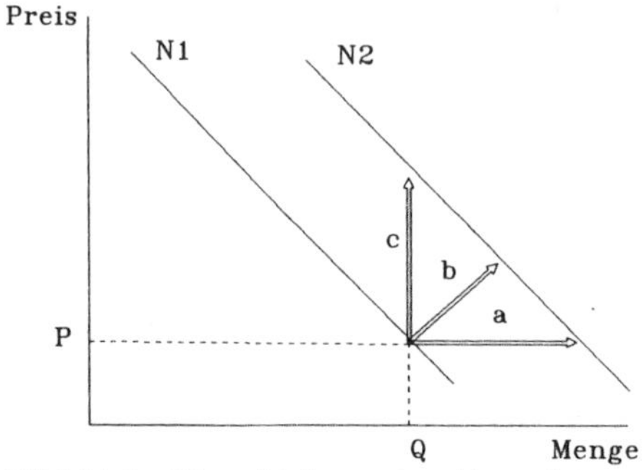

Bild 11.3.: Verschiebung der Absatzkurve

Durch vermehrten Einsatz von Werbemitteln soll die Nachfragekurve nach rechts verschoben werden. Es wird erwartet, dass die Verschiebung umso größer ist, je stärker das Werbebudget erhöht wird. Die Erhöhung des Werbebudgets soll das Unternehmen in die Lage versetzen: zum herrschenden Preis mehr zu verkaufen (a), größere Mengen zu einem höheren Preis abzusetzen (b), die angebotene Menge zu einem höheren Preis abzusetzen (c). (Bild 11.3.)

Weitere Steigerungen des Absatzes lassen sich nur mit überproportional steigenden Werbebudgets realisieren. (Bild 11.4.)

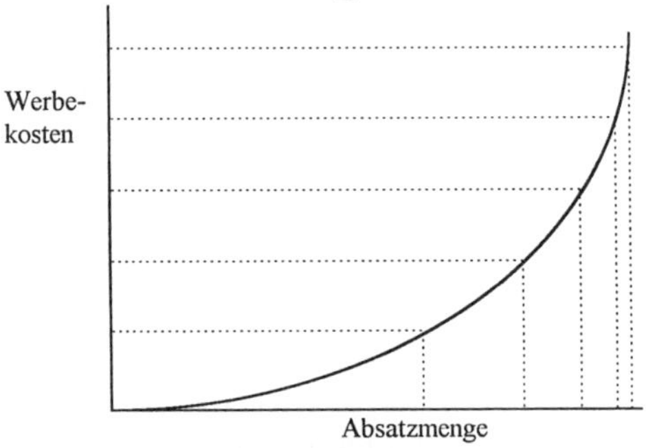

Bild 11.4.: Werbekostenkurve

Budgetverteilung ist sowohl seine zeitliche Verteilung als auch die Verteilung auf die Werbemittel. In der Regel wird nicht das gesamte Budget aufgeteilt. Eine Finanzreserve soll Reaktionen auf Veränderungen des Marktes gestatten.
Typische Budgetaufteilung (Großveranstalter mit indirektem Vertrieb)[1]:

	% des Werbebudgets	% vom Umsatz
Kataloge, Prospekte	47,5	1,90
Verkaufsförderung 1)	21,0	0,84
Mediawerbung	19,0	0,76
Honorare	4,0	0,16
Public Relations	3,0	0,12
Foto-und Filmproduktion	3,0	0,12
Direktwerbung 2)	2,5	0,10

1)einschl. Kommunikation mit den Buchungsstellen (Agenturbetreuung), z.B. Programmpräsentation, Info-Abende, Verkaufshandbücher, RB-Informationsdienste.
Gliederung der Vkf:

Displays, Dekos, Verkaufshilfen	8,0%;	Koop.-Anzeigen Zuschuss	5,0%
Drucksachen, Veranstaltungen	5,5%;	Koop.-Direktwerbung Zuschuss	2,5%

2) Direkte Kundenansprache (Mailings)

[1] nach: Hebestreit (1992), S. 425

Die **Werbefreiheit** ist begrenzt durch Gesetze und freiwillige Selbstbeschränkung.
Institutionen, die über die Werbung wachen:
Der *Zentralausschuss der Werbewirtschaft* (ZAW) ist der Dachverband von Organisationen der deutschen Werbewirtschaft. Die Mitglieder seines Präsidiums bilden den *Deutschen Werberat*, der Einzelbeschwerden bearbeitet sowie Verhaltensregeln und Leitlinien erarbeitet. Der Deutsche Werberat gilt als wichtigste Selbstkontrollinstanz der deutschen Werbewirtschaft.
Der *Zentrale zur Bekämpfung unlauteren Wettbewerbs* gehören alle Industrie- und Handelskammern sowie zahlreiche Unternehmen an. Sie befasst sich mit Beschwerden über unlautere Werbung.
Der *Verbraucherschutzverein* ist aus den Verbraucherzentralen und der Arbeitsgemeinschaft der Verbraucher hervorgegangen. Auch er verfolgt Vorkommnisse des unlauteren Wettbewerbs.
Das Gesetz gegen den unlauteren Wettbewerb (UWG), auch als *Werberechtsordnung* bezeichnet, verbietet:

- sittenwidrige Werbung (§1), das ist Kundenfang durch Täuschung, Nötigung und Belästigung[1], Behinderung der Konkurrenz durch Boykottaufrufe, Rufschädigung, Abwerbung, vergleichende Werbung (letzteres seit 1998 als Reaktion auf eine EU-Richtlinie auch in Deutschland zugelassen[2])

  Beispiel: Der Vermieter einer Ferienwohnung darf in einer Zeitungsanzeige nur mit Endpreisen werben. Darin müssen sämtliche Nebenkosten - wie Strom, Wasser, Gas, Heizung - enthalten sein. Auch Gebühren für Bettwäsche und Endreinigung dürfen nur dann weggelassen werden, wenn die Inanspruchnahme dieser Leistungen dem Mieter freigestellt ist. Dagegen muss die Kurtaxe nicht erwähnt werden, da sie nicht an den Vermieter, sondern an die Gemeinde entrichtet wird.[3]

- irreführende Werbung (§3), z.B. Alleinstellungswerbung (Darstellung als allein ernst zu nehmender Anbieter), Werbung mit mehrdeutigen Angaben (z.B. über Eigenschaften), Werbung mit Selbstverständlichkeiten (Eigenschaften, die wegen gesetzlicher Vorschriften ohnehin unabdingbar sind).

Die Internationale Handelskammer, Paris, hat 1973 Verhaltensregeln für die Werbung aufgestellt:

1. In Text und Bild soll nichts enthalten sein, was gegen die allgemein anerkannten guten Sitten verstößt
2. Es soll nicht das Vertrauen oder der Mangel an Erfahrungen und Kenntnissen des Verbrauchers missbraucht werden
3. Ohne rechtfertigenden Grund dürfen Angstgefühle weder ausgenutzt noch geweckt werden
4. Aberglaube darf nicht ausgenutzt werden
5. Die Werbung soll nichts enthalten, was Gewalttaten fördert oder unterstützt
6. Die Werbung soll nichts enthalten, was den Verbraucher irritieren könnte, insbesondere hinsichtlich der geschäftlichen Verhältnisse, des Wertes der Erzeugnisse oder Leistungen, des tatsächlich zu zahlenden Endpreises
7. Es sollen nur Gutachten und Zeugnisse angeführt werden, die echt und aktuell sind
8. Es soll kein Missbrauch mit Forschungsergebnissen oder Zitaten getrieben werden
9. Andere Unternehmer oder ihre Erzeugnisse sollen nicht herabgesetzt werden
10. Personen sollen nicht ohne deren Erlaubnis abgebildet oder erwähnt werden

---

[1] „cold calls", Telefonanrufe bei Personen, zu denen vorher keinerlei Kontakt bestand, gelten als aufdringlich und sind unzulässig

[2] Lt. BGH Az.: I ZR 211/05 und I ZR 2/96 - Urteile vom 05.02. und 23.04.98 ist vergleichende Werbung grundsätzlich erlaubt, d.h. Angebote von Konkurrenten dürfen z.B. als schlechter oder teurer dargestellt werden, sofern nachprüfbare und typische Eigenschaften miteinander verglichen werden.

[3] LG Konstanz, Az.: 1HO 82/97

11. Teile anderer Werbebotschaften (Layout, Text, Slogans, bildliche Darstellungen, Musik, Geräusche) sollen nicht nachgeahmt werden, wenn dies zu Irreführungen und Verwechslungen geeignet ist
12. Die natürliche Leichtgläubigkeit der Kinder oder der Mangel an Erfahrung der Jugendlichen oder ihr Anhänglichkeitsgefühl und Nachahmungstrieb dürfen nicht ausgenutzt werden. Werbung, die sich an Kinder oder Jugendliche wendet, soll nichts enthalten, was ihnen geistigen, moralischen oder psychischen Schaden zufügen könnte.

Hinweise auf Werbebeschränkungen werden regelmäßig in der Informationsbroschüre des Internationalen Verbandes von Werbefachleuten veröffentlicht,

z.B. dass in Malaysia keine Achselhöhlen gezeigt werden dürfen, dass in Portugal Slangausdrücke verpönt sind, und dass in Frankreich Kinder keine Produkte anpreisen dürfen.

11.8. Marketing-Mix

Marketing-Mix ist ein mögliches Bündel von Marketing-Instrumenten, das ein Unternehmen (eine Destination) einsetzt, um sein (ihr) Marketingziel im Zielmarkt zu erreichen. Das nur selten erreichbare Ziel besteht darin, ein der jeweiligen Situation entsprechendes optimales Mix zusammenzustellen.

Die *Submix-Bereiche* (Produkt-, Distributions- und Kommunikations-Submix) bezeichnen die Kombination der Instrumente jeweils innerhalb eines Marketing-Bereiches.

Zwischen den Instrumenten bestehen Wechselwirkungen, die bei der Zusammenstellung des Mix berücksichtigt werden sollten. Einige Instrumente konterkarieren die Wirkung anderer. Ihre Wirkungen heben sich gegenseitig auf oder schwächen sich gegenseitig ab. Andere Instrumente verhalten sich substitutiv zueinander, d.h. dieselben Ziele lassen sich durch verschiedene Instrumente gleichermaßen erreichen. In diesem Falle wird man auf Instrumente zurückgreifen, die geringeren finanziellen Aufwand erfordern. Komplettierung ist das Ergänzen und Vervollständigen von Instrumenten durch andere. Einige Instrumente sind ohne Komplettierung wirkungslos.

Beispiel eines Marketing-Mix für zwei Pauschalangebote

A: Osterpauschale, Marktsegment: Familien mit Kindern bis 12 Jahre

B: Osterpauschale, Marktsegment: ältere Ehepaare

Pauschale:	A	B
Kapazität:	300 Familien	120 Ehepaare
Produktgestaltung:	Ostereiersuche mit Überraschungen für Kinder; Osterhasen, Osterlämmer, Osterküken zum Anfassen; Tanzveranstaltung für die Eltern und Beschäftigungsprogr. für die Kinder	Ostereiersuche mit Überraschungen (in jedem 10. Ei eine Goldmünze); Osterwasser holen, Osterspaziergang, Tanzveranstaltung, Boccia, Golf, ärztliche Betreuung gesichert
Preispolitik:	mäßiger Preis, Bonus für Anreise mit der Eisenbahn	gehobener Preis
Sortimentspolitik:	geeignet auch für Familien mit behinderten Kindern und für Kinder verschiedener Altersstufen mit altersgerechten Programmen	Angebote von Spaziergängen mit unterschiedlich hohen körperlichen Anforderungen, Kutschfahrten, Ausflugslokal im Grünen
Vertriebswege:	Buchung über Incoming-Agentur	Direktbuchung
Verkaufsförderung:	Rabatt für die ersten 10 buchenden Familien	persönliche Einladungen an Stammkunden
Werbung:	Regionalzeitungen, Familienillustrierte	überregionale Zeitungen (FAZ, Die Welt), Werbebrief
Public Relations:	Presseinformation über Arrangement für behinderte und nichtbehinderte Kinder	redaktioneller Artikel über die Destination in den o.g. Zeitungen

In der praktischen Arbeit kann man lediglich versuchen, dem Optimum eines Marketing-Mix möglichst nahe zu kommen. Über die meisten Instrumente ist bereits lange Zeit vor dem Verkauf der Leistungen zu entscheiden. Die Situation zum Zeitpunkt des

Verkaufs kann jedoch von derjenigen abweichen, die der Planung des Marketing-Mix als Basis diente. Ein gutes Marketing-Mix wird deshalb daran gemessen, inwieweit es flexibel genug auf Marktlagenänderungen reagieren kann.
Bei nicht zielgruppenreinen Mehrprodukt-Unternehmen sind Kompromisse, d.h. Abweichungen vom „optimalen" Marketing-Mix unvermeidbar.
Erfahrungen und akribische Kontrolle der Wirkungen spielen bei der Gestaltung des Marketing-Mix eine große Rolle, da weder befriedigende Optimierungsverfahren zur Verfügung stehen, noch Feldexperimente unbegrenzt möglich sind. Die Entscheidungstheorie liefert zwar einige Ansätze und für spezielle Submix-Aufgaben, z.B. Mediaoptimierung, Auslastungsmaximierung, Preiskalkulation, gibt es wirksame Verfahren, aber ein Simulationsmodell des Marketing ist nicht in Sicht.

11.9. Marketing-Erfolgskontrolle

Um die Wirksamkeit des gesamten Marketing-Mix, eines Submix oder einer einzelnen Maßnahme einzuschätzen und daraus Schlussfolgerungen ableiten zu können, werden Marketing-Erfolgskontrollen durchgeführt. Sie reduzieren sich in der praktischen Arbeit aus vielerlei Gründen auf die Bewertung der Werbung und einzelner gezielter Marketing-Kampagnen.
Die **Wirkungsprognose** oder der **Pretest** dient der Verbesserung einer Marketing-Kampagne vor ihrem Start. In „Labor"experimenten kann an Testpersonen oder in Feldexperimenten in begrenzten Gebieten die Wirksamkeit von Werbemitteln getestet werden.
Als Anbieter kann man auch selbst prüfen, ob die vorgesehene Maßnahme Aussicht auf Erfolg haben könnte.
Z.B. welche Chance hat eine Anzeige, beachtet zu werden?[1]

1.	Hebt sich die Anzeige vom Umfeld ab?	wenig (1 Punkt) bis sehr (5 Punkte)
2.	Besitzt die Anzeige ein Bild-/Grafikelement? (bei „nein" weiter mit Frage 5)	nein (0), ja (5)
3.	Ist das Bild-/Grafikelement kontrastreich, klar und prägnant?	eher wenig (1) bis eher sehr (5)
4.	Ist das Bild-/Grafikelement lebendig, dynamisch und ungewöhnlich?	eher wenig (1) bis eher sehr (5)
5.	Besitzt die Anzeige eine Headline? (bei „nein" weiter mit Frage 9)	nein (0), ja (5)
6.	Spricht die Headline den Kunden persönlich an? Verspricht sie einen Nutzen/Vorteil?	eher nein (1) bis eher ja (5)
7.	Aktiviert die Headline durch besonders große Schrift oder auffällige Schriftart?	eher nein (1) bis eher ja (5)
8.	Hebt sich die Headline kontrastreich, klar und prägnant vom Hintergrund und sonstigen Inhalt ab?	eher nein (1) bis eher ja (5)
9.	Ist die Anzeige textlich überladen?	eher ja (1) bis eher nein (5)
10.	Ist der Fließtext leicht lesbar? (Schriftgröße, Satzlänge, Textgliederung)	eher nein (1) bis eher ja (5)

Die Anzeige dürfte eine gute Chance haben, beachtet zu werden, wenn sie zwischen 46 und 50 Punkte erreicht. Liegt der Punktwert darunter, so sollte ernsthaft über die Verbesserung der Gestaltung nachgedacht werden.

Die **Wirkungskontrolle** oder der **Posttest** ermittelt die Resultate einer durchgeführten Kampagne.
Ein häufig angewendetes Verfahren ist der Recall-Test. Am Tage nach dem Erscheinen

[1] nach: tm 3/92

der Annonce oder des TV-Spots werden mittels Zufallsverfahren ausgewählte Personen telefonisch gefragt, an welche Werbung bzw. ob sie sich an eine bestimmte Werbung erinnert.

Als erfolgreich gelten Anzeigen bereits mit 26 bis 81 Rückläufen an die Zeitung, plus zusätzlich Direktanfragen an die Inserenten.[1]

Die Reaktion auf Werbemaßnahmen ist zunächst nur ein Zeichen dafür, dass die Aufmerksamkeit geweckt und ein Kaufinteresse erregt wurde. Das ist schon viel, besagt aber noch nichts über das tatsächliche Kaufverhalten.

Werden aufgrund der Marketing-Kampagne die angebotenen Kataloge oder Videos abgefordert und erfolgt innerhalb einer Frist von etwa einer Woche bis zehn Tagen keine Buchung, sollte unbedingt schriftlich oder telefonisch erinnert werden. Dieses Erinnern darf auf keinen Fall insistierend erfolgen, sondern sollte weitere Informationen, vor allem über Preise, anbieten.

Response-/Antwort-Elemente (Postkarte, Coupon) in der Anzeige erhöhen den Rücklauf. In diesem Falle kann, da der Käufer auf Werbemittel Bezug nimmt, der Werbeerfolg durch Ermittlung des Streuerfolgs ermittelt werden:

$$\text{Streuerfolg} = \frac{\text{Anzahl Bucher}}{\text{Anzahl Adressaten}}$$

In engem Zusammenhang zum Streuerfolg steht die Werberendite „r“:

$$r = B \cdot g - A \cdot k$$

B - Anzahl der Bucher; g - Gewinn je Buchung
A - Anzahl Adressaten; k - Werbekosten je Adressat

Der Streuerfolg B/A muss zumindest dem Verhältnis aus Einzelwerbekosten und Einzelgewinn entsprechen, wenn die Werberendite positiv sein soll.

Nachweisbare Umsatzsteigerung durch die Werbung wird mit der Vergabe eines „Effie-Award“ (von Effizienz, Preis für effiziente Kommunikation) gewürdigt. Der Preis wird seit 1981 jeweils im September vom Gesamtverband der Werbeagenturen (GWA) vergeben.

Der Erfolg einer Messeteilnahme wird u.a. mittels folgender Kennziffern dargestellt:

$$\textit{Kontakttage} = \text{Standbesetzung} \cdot \text{Standdiensttage}$$

Beispiel: Von 6 Tagen Messe war der Stand an drei Tagen von vier Personen besetzt, an drei Tagen von 2 Personen, daraus folgt: $3 \cdot 4 + 3 \cdot 2 = 18$ Kontakttage. Diese Ziffer sagt allerdings nur etwas darüber aus, dass diese Kontakte aufgrund der Standbesetzung möglich waren.

$$\textit{Kontaktintensität der Messe} = \frac{\text{Anzahl der Gesprächsnotizen (nach Publikum)}}{\text{Kontakttage}}$$

Die Kontaktintensität wird i.d.R. noch unterteilt nach Reiseveranstaltern, Reisemittlern und Privatbesuchern.

$$\textit{Aufwand pro Kundenkontakt} = \frac{\text{Gesamtkosten}}{\text{Zahl der Besucher am Stand}}$$

$$\textit{Aufwand pro Prospekttransfer} = \frac{\text{Gesamtkosten}}{\text{Anzahl der abgegebenen Prospekte}}$$

[1] Beispiele aus der F.A.Z. vom 04.03.93 in: Erfolgreich um Gäste werben. Hrsg. F.A.Z.

Zahlreiche Angebote sind auf Messen direkt buchbar. Die Anzahl der Buchungen ist in diesen Fällen ein ausgezeichneter Indikator des Messeerfolgs. Verfeinert wird die Aussage durch die Höhe des Umsatzes, den Umsatz im Verhältnis zu den Kosten für den Messeauftritt sowie pro Person Standpersonal.
Auch die Zahl der Anfragen und Buchungen bei den touristischen Einrichtungen der Destination unmittelbar nach der Messe ist interessant. Analysen haben allerdings ergeben, dass diese Reaktion in der Regel nicht eintritt. Reiseentscheidungen werden unabhängig von den Messeterminen getroffen: bei Erscheinen der neuen Kataloge, zum Ende des Jahres oder kurzfristig nach Wetterlage.

Nicht quantifizierbare, aber nicht zu unterschätzende Ergebnisse von Messeauftritten sind:

- Erfahrungsaustausch mit anderen Destinationen
- Inspiration zur Verbesserung zukünftiger Präsentationen
- Bekanntheitsgrad der Destination steigern, Image pflegen und verbessern
- Aufmerksamkeit erregen, insbesondere bei den Medien

Verkaufserfolge können nur äußerst selten eindeutig auf Marketingmaßnahmen zurückgeführt werden. Deshalb sollte man die Ergebnisse von Marketing-Erfolgskontrollen nicht überbewerten.

Die Effektivität der Auslandswerbung wird von der WTO ermittelt, indem sie den für Auslandswerbung aufgewendeten Anteil des Budgets der Tourismusbehörden, der auf Promotion entfällt, durch die Zahl der Besucher dividiert.

Ausgaben für Auslandswerbung pro Besucher (1995): Nicaragua - 0,11 €, Polen - 0,30 €, Deutschland - 1,19 €, Finnland - 17,90 €, Tonga - 66,47 €

Einkünfte aus Tourismus pro Marketing-Dollar (1996): Frankreich - 375 Dollar, Großbritannien - 222 Dollar, Niederlande - 122 Dollar, Irland - 48 Dollar

Anhang I - Anforderungen an eine „Anerkannte Tourist-Informationsstelle“ (ATIS)

Auf Beschluss der Geschäftsführerkonferenz des Deutschen Fremdenverkehrsverbandes e.V. (DFV) vom 24. März 1994 treten nachfolgende **Mindestvoraussetzungen** für die Anerkennung als **'Anerkannte Tourist-Informationsstelle (ATIS)'** ab dem 1.April 1994 in Kraft:

1. Definition:
Eine 'Anerkannte Tourist-Informationsstelle' ist eine Serviceeinrichtung, die hauptsächlich für Gäste touristische Dienstleistungen erbringt. Die Anerkennung ist unabhängig von der jeweiligen Bezeichnung und Rechtsform.
2. Lage, Beschilderung:
Die 'Anerkannte Tourist-Informationsstelle' muss leicht erreichbar sein, innerörtlich eindeutig ausgeschildert sowie falls vorhanden im Wegeleitsystem dargestellt sein.
3. Leistungen:
Der Schwerpunkt der Leistungen einer 'Anerkannten Tourist-Informationsstelle' liegt in der Weitergabe von Informationen über Unterkünfte, das gastronomische Angebot, Veranstaltungen, Sehenswürdigkeiten, Freizeitangebot sowie über das sonstige touristische Angebot. Die 'Anerkannte Tourist-Informationsstelle' führt einen Zimmernachweis und/oder bietet Zimmervermittlung an. Die 'Anerkannte Tourist-Informationsstelle' gibt über das örtliche touristische Angebot hinaus auch Informationen über das touristische Angebot der Umgebung.
4. Öffnungszeiten:
Eine 'Anerkannte Tourist-Informationsstelle' muss grundsätzlich ganzjährig geöffnet sein (Ausnahmen müssen begründet werden). Saisonabhängig ist dies auch sonnabends erforderlich, bei Bedarf auch an Sonn- und Feiertagen.
5. Personal:
Eine 'Anerkannte Tourist-Informationsstelle' muss mindestens eine(n) hauptamtliche(n) festangestellte(n) Mitarbeiter(in) haben. Es muss gewährleistet sein, dass die Mitarbeiter(innen) sich weiterbilden und für diese Zwecke auch freigestellt werden. Fremdsprachenkenntnisse der Mitarbeiter(innen) sind notwendig und sollten entsprechend den örtlichen Bedürfnissen gefördert werden.
6. Organisatorische Einbindung:
Der Träger einer 'Anerkannten Tourist-Informationsstelle' muss Mitglied im zuständigen, dem DTV angehörenden Fremdenverkehrsverband sein.
7. Anwendung der TIN:
Die 'Anerkannte Tourist-Informationsstelle' informiert den Gast nach den Vorgaben der Touristischen Informations-Norm (TIN). Dies gilt insbesondere für die Definition der unterschiedlichen Betriebsarten, die bundeseinheitliche Verwendung wichtiger touristischer Begriffe sowie den systematischen Aufbau der Gastgeberverzeichnisse.
8. Anerkennungsverfahren:
Die touristische Informationsstelle stellt einen Antrag auf 'ATIS-Anerkennung' beim zuständigen Fremdenverkehrsverband. Der Fremdenverkehrsverband informiert über die ATIS-Kriterien sowie die Bestellmöglichkeiten für ATIS-Schilder.
Die Informationstelle wird im Auftrag des DTV vom zuständigen Fremdenverkehrsverband überprüft.
Bei Befürwortung der ATIS-Anerkennung wird dies der DTV-Geschäftsstelle gemeinsam mit dem Bestellschein für ATIS-Schilder übermittelt. Die DTV-Geschäftsstelle stellt die Anerkennungsurkunde für einen Zeitraum von fünf Jahren aus (danach Überarbeitung der Kriterien und Wiederholung der Überprüfung) und leitet die Bestellung der Schilder weiter.
Der Fremdenverkehrsverband verleiht im Auftrag des DTV die Urkunde als 'Anerkannte Tourist-Informationsstelle'. Die Urkunde sollte öffentlich ausgehängt werden. Das ATIS-Schild (weißes i auf rotem Untergrund) sollte gut sichtbar an der touristischen Informationsstelle angebracht werden.

Anhang II - Touristische Informationsnorm für den deutschen Fremdenverkehr (TIN) Auszüge

Vom Deutschen Fremdenverkehrsverband empfohlene bundeseinheitliche Normierung der Information über das touristische Angebot.

Die TIN ordnet und definiert touristische Begriffe.
Die TIN kann das Angebot auf allen Ebenen beschreiben.
Die TIN soll die Verständigung zwischen Betrieb, Gast, Fremdenverkehrsstelle und Reisebüros erleichtern.

Sie ist anwendbar für die unterschiedlichen Informations- und Reservierungssysteme (IRS) und eignet sich insbesondere für die Vermarktung über das Vertriebssystem START. Die in der TIN vorgesehene Maskenstruktur ist auf die TOMA-Maske von START und auf den Bedienungsablauf in den Reisebüros abgestimmt. Durch die Schaffung einer bundeseinheitlichen Software für Städte und Regionen (GermanSoft/CitySoft) unter Einbeziehung der TIN entsteht eine einheitliche Informations- und Reservierungsmöglichkeit.
Mit Hilfe der TIN soll die Preisdarstellung eindeutiger und klarer werden, indem sie personenbezogene oder zimmerbezogene Preise allgemein empfiehlt.
Einheitliche Beschreibungskriterien des touristischen Angebots auf den Ebenen: Bundesländer, Regionen, Orte, Betriebe, Zimmer

Beschreibungskriterien:

a) Selektionskriterien, d.h. Kriterien, die gleichzeitig der Beschreibung wie auch der Auswahl aus dem Angebot dienen.

- Kriterien für die **Standardselektion** für die Bundesebene, Bundesländerebene und regionale Ebene: Höhenlage, Charakteristik der Landschaft, Unterhaltung/Freizeit/Sport, Veranstaltungen, Kur/Gesundheit, Pauschalangebote, Sonstiges.

Auf Bundesebene sind sie erforderlich, um aus einem Angebot mehrerer Länder das deutsche Angebot herauszufinden.
Auf Bundesländerebene sind sie erforderlich, wenn über ein IRS die Angebote von mehr als einem Bundesland dargestellt werden.
Auf der Ebene von Regionen und touristischen Arbeitsgemeinschaften sind sie erforderlich, wenn über ein IRS das Angebot in mehr als einer Region dargestellt wird.
Auf Ortsebene sind sie erforderlich, wenn über ein IRS Angebote von mehr als einer Gemeinde dargestellt werden.
Der **Kriterienkatalog** enthält folgende, in der TIN weiter untergliederte Kriterien:
Verkehrsanbindung, Höhenlage, Charakteristik der Landschaft, Beherbergungsangebot, Unterhaltung/ Freizeit/ Sport, Veranstaltungen/Kurse, Kur/Gesundheit, Pauschalangebote, Sonstiges.
Auf Ebene **Beherbergungsbetrieb** werden folgende Kriterien berücksichtigt:
Betriebsnummer (PLZ + vierstellige Zahl = Code), Betriebsname, Betriebsart (entspr. DEHOGA-Klassifikation), Kategorisierung (Selbsteinstufung ausschließlich des Bereiches „Wohnen“ in fünf Kategorien:

Luxus: sehr hoher Ausstattungskomfort, fünf Sterne. Erstklassige Gesamtausstattung mit außergewöhnlichem Komfort. Großzügige, qualitativ luxuriöse Ausstattung. Besondere Zusatzleistungen im Servicebereich und hervorragende Infrastruktur des Objektes. Sehr gepflegter und exklusiver Gesamteindruck mit allem technischen Komfort. Sehr guter Erhaltungs- und Pflegezustand.

First Class: hoher Ausstattungskomfort, vier Sterne. Sehr gute, qualitativ hochwertige Gesamtausstattung mit gehobenem Komfort. Ausstattung in stilvoller, gehobener und gepflegter Qualität. Aufeinander abgestimmter optischer Gesamteindruck von Form und Materialien. Lage und Infrastruktur des Hauses genügen gehobenen Ansprüchen.

Komfort: mittlerer Ausstattungskomfort, drei Sterne. Gute und wohnliche Gesamtausstattung mit mittlerem Komfort. Ausstattung von guter Qualität. Optisch ansprechender Gesamteindruck, wobei auf Dekoration und Wohnlichkeit Wert gelegt wird.

Standard: zwei Sterne. Zweckmäßige, qualitativ einfache Gesamtausstattung mit einfachem Komfort. Die Ausstattung ist in einem guten Erhaltungszustand. Die Funktionalität steht bei einem gepflegten Gesamteindruck im Vordergrund.

Tourist: einfache Ausstattung, ein Stern. Qualitativ einfache und zweckmäßige Gesamtausstattung des Objekts. Die erforderliche Grundausstattung ist vorhanden und in gebrauchsfähigem Zustand. Altersbedingte Abnutzungserscheinungen sind möglich, insgesamt ist der Wohnkomfort ausreichend.

Definition der **Betriebsarten**:

Hotel (H): Beherbergungsbetrieb, der jedermann zugänglich ist und einen Restaurantbetrieb für Gäste und Passanten zur Verfügung stellt. Der Beherbergungsbetrieb verfügt über einen Hotelempfang und stellt weitere Aufenthaltsräume zur Verfügung.

Hotel garni (HG): Beherbergungsbetrieb, der denselben Anforderungen wie das Hotel entspricht, jedoch über keinen Restaurantbetrieb verfügt und Frühstück anbietet.

Motel (M): Beherbergungsbetrieb, der den Anforderungen eines Hotels entspricht, darüber hinaus verkehrsgünstig liegt und über Parkplätze direkt vor dem Hause verfügt.

Gasthof (G): Beherbergungs- und Bewirtungsstätte, die jedermann zugänglich ist und keine zusätzlichen Aufenthaltsräume zur Verfügung stellt.

Pension/Gästeheim (P): Beherbergungsstätte, die jedermann zugänglich ist und Speisen und Getränke an Hausgäste ausgibt.

Privatvermieter (PP): Beherbergungsstätte, die nicht erlaubnispflichtig ist (in der Regel weniger als 9 Betten), jedermann zugänglich ist und in denen Gäste zum vorübergehenden Aufenthalt gegen Entgelt aufgenommen werden.

Ferienwohnung (FW): Eine Ferienwohnung ist eine abgeschlossene Einheit innerhalb eines Hauses, in der zum vorübergehenden Aufenthalt Gäste gegen Entgelt aufgenommen werden. Den Gästen steht ein eigener Sanitärbereich sowie eine Kochgelegenheit zur Verfügung. (Auch Apartments, Studios, Maisonette- oder Penthousewohnungen sind den Ferienwohnungen zuzurechnen; der DFV hat eine Klassifizierungsempfehlung für Ferienwohnungen und Ferienhäuser erarbeitet.)

Ferienhaus (FH): Ein Ferienhaus ist ein freistehendes Haus oder Reihenhaus, das jedermann zugänglich ist und in dem Gäste zum vorübergehenden Aufenthalt gegen Entgelt aufgenommen werden. Grundstück oder Grundstücksanteil sind der alleinigen Nutzung durch die Gäste für die Dauer ihres Aufenthalts vorbehalten. Den Gästen steht ein eigener Sanitärbereich und eine Kochgelegenheit zur Verfügung. In der Regel ist im Haus kein hotelmäßiger Service vorhanden.

Feriendorf (FD): Ferienanlagen, Ferienparks u.ä. mit größeren Angebotskomplexen - über 50 Einzelhäuser oder Apartments - mit komplettem Freizeitangebot in Gemeinschaftseinrichtungen.

Sanatorium/Kurklinik (K): Beherbergungsstätten, die den § 30 Gewerbeordnung als Mindestvoraussetzung nach Beihilferecht erfüllen. Weitere Kriterien sind: gesundheitsorientiert, ärztliche Überwachung, diagnostische und therapeutische Grundangebote für entsprechende Indikationen.

Bauernhof (B): Landwirtschaftlicher Voll- oder Nebenerwerbsbetrieb, z.B. Grünland-, Viehzucht- oder Winzerbetrieb.

Jugendherberge (J): Beherbergungsstätte, in der überwiegend Jugendliche zu meist kurzfristigem Aufenthalt aufgenommen werden und in der Speisen und Getränke nur an Hausgäste abgegeben werden.

Campingplatz (C): Abgegrenztes Gelände, das jedermann zum Aufstellen von mitgebrachten Wohnwagen, Wohnmobilen oder Zelten zugänglich ist.

Beherbergungsbetriebe mit Kurmöglichkeiten im Haus erhalten bei der Codierung den Zusatz 'K', z.B. HK ist ein Hotel mit Kurmöglichkeit, HGK ein Hotel garni mit Kurmöglichkeit.

Zimmertypen:

Jedes Zimmer wird mit zwei Buchstaben beschrieben. Der erste Buchstabe beschreibt den Zimmertyp, der zweite die sanitäre Austattung.

Einzelzimmer (E): ein Zimmer mit einem Bett, für eine Person.

Zweibettzimmer (Z): ein Zimmer mit zwei nicht zusammenstehenden Betten für zwei Personen.

Doppelzimmer (D): ein Zimmer mit zwei zusammenstehenden Betten oder einem großen Bett oder zwei Betten, die zusammengestellt werden können, für zwei Personen.

Dreibettzimmer (T), Vierbettzimmer (V), Fünfbettzimmer (F).

Gemeinschaftsunterkunft (G): ein Zimmer mit mehr als 5 Betten für entsprechend viele Personen.

Suite (S): Hotelunterkunft mit räumlich getrenntem Schlaf-, Wohn- und Essbereich.

Die verschiedenen *Bettenarten* (Doppelbett, King-Size-Bett, Zustellbett, Etagenbett etc.) sind in der TIN erläutert und z.T. mit Mindestmaßen beschrieben.

Sanitäre Ausstattung:

Fließend Kalt- und Warmwasser (W), Dusche (D), Bad (R), Dusche oder Bad (C), WC und Dusche (H), WC und Bad (H), WC und Dusche oder Bad (I), WC und Dusche und Bad (Y).

Verpflegung:

Frühstück (F), Halbpension (HP), Vollpension (VP).

Küchenzeile (Zei): Kochgelegenheit im Wohnraum oder Flur.

Kochnische (Kn): Kochgelegenheit in einem Winkel, der vom Wohnraum aus begehbar ist.

- Kriterien für die **ausführliche Selektion** (Kriterien, die zur Auswahl spezieller Wünsche herangezogen werden können).

Beispiel **Beherbergungsbetrieb**:

Lage (z.B. Zentrum; für 'ruhige Lage' gilt: Haus liegt nicht in einer Einflugschneise, Schienenverkehr über 100 m entfernt, Durchgangsstraße über 50 m entfernt, keine länger anhaltende Lärmquelle im Umkreis von 100 m, keine Lärmquelle im Haus, die das Zimmer erreicht),

Größe des Betriebes (z.B. Anzahl der Zimmer und Ferienwohnungen),

Einrichtungsmerkmale (z.B. behindertengerecht, Tagungsmöglichkeiten, Haustiere, familienfreundliche

Einrichtungen). Behindertengerecht (Neufassung DIN 18025): Mindestbreite von Türen 90 cm, Schwellen nicht höher als 2 cm, Stufen durch Rampen ersetzt oder ergänzt mit max. 10% Steigung, Flurbreite mind. 150 cm. Bewegungsfläche vor Möbeln, Waschtisch und WC-Becken mind. 150 cm, Parkmöglichkeit nicht mehr als 25 m vom Betrieb entfernt oder spezieller Parkservice für Behinderte.
Mindestvoraussetzungen für familienfreundliche Betriebe: Kinderermäßigung, Kindermenüs, Kinderbett zustellbar, Aufenthaltsraum vorhanden.
Auf Kurgäste eingestellte Betriebe bieten eine spezielle Hausordnung (Mittagsruhe), spezielle Ernährung (Schonkost, Diät), besondere Einrichtungen (z.B. Lift).
Dienstleistungsangebot (z.B. Büroservice, Transfer, Fremdsprachen);
Kurmöglichkeiten (Heilanzeigen, Heilmittel);
Unterhaltungs-, Freizeit-, Sportangebot (Sauna, Fahrradverleih, Kegeln);
Verpflegung (z.B. Frühstücksbuffet, Diätküche, vegetarische Kost, Vollwertküche); Frühstücksbuffet - Möglichkeit, die Zutaten eines Frühstücks in Selbstbedienung wählen zu können, kontinentales Frühstück - wird serviert und besteht aus Brot/Brötchen, Butter, Marmelade, Tee/Kaffee/Schokolade, auch zusätzlich Wurst und /oder Käse möglich, American Breakfast - Erweiterung des kontinentalen Frühstücks durch Eierspeisen, Speck, Toast;
Pauschalangebote.
Mögliche weitere Kriterien: z.B. Anzahl der Parkplätze, Betriebsferien, Gepäcktransport.
Für Ferienwohnungen ist ebenfalls ein Kriterienkatalog verfügbar. Hier werden auch Nebenkosten ausgewiesen.
Im Rahmen der hotelmäßigen Unterbringung sind Informationen über den Preis (Zimmerpreis, Preis für Frühstück, HP, VP, Saisonpreise, Ermäßigungen, Haustiere etc.) und über die Zimmerkategorie vorgesehen.

b) Informationskriterien, d.h. Kriterien, die nur zur Information, nicht aber zur Auswahl aus dem Angebot dienen

- **obligatorische Informationskriterien**

  Auf Bundesebene:

  Adressen der Deutschen Zentrale für Tourismus (DZT), des Deutschen Tourismusverbandes (DTV), des Deutschen Bäderverbandes sowie Auflistung aller im IRS verfügbaren Bundesländer, touristischen Regionen und Arbeitsgemeinschaften und Fremdenverkehrsgemeinden

  Auf Bundesländerebene:

  Adresse des Landesfremdenverkehrsverbandes sowie Auflistung aller in den IRS verfügbaren touristischen Regionen und Arbeitsgemeinschaften sowie Fremdenverkehrsgemeinden.

  Auf der Ebene von Regionen und touristischen Arbeitsgemeinschaften:

  Adressen des zuständigen regionalen Fremdenverkehrsverbandes und der touristischen Arbeitsgemeinschaft, Auflistung aller im IRS verfügbaren Fremdenverkehrsgemeinden und Beherbergungsbetriebe.

  Auf Ortsebene:

  Adresse der örtlichen Fremdenverkehrsstelle, Auflistung aller im IRS verfügbaren Beherbergungsbetriebe (geordnet nach Betriebsarten, innerhalb alphabetisch), Preisniveau der Gemeinden (8 Preisgruppen entspr. Doppelzimmerpreis; angegeben wird, wie viele Betriebe es in welchen Preisgruppen gibt)
- **fakultative Informationskriterien**

  dienen der individuellen Beschreibung, z.B. durchschnittlicher Niederschlag, Sonnenstunden, Öffnungszeiten der Fremdenverkehrsstelle.

  Auf Bundesebene z.B. Klimaverhältnisse, Hauptreisezeiten, gesetzliche Feiertage etc.

[Quelle: Informationsblatt des DFV]

Anhang III - Organisationen, Institutionen, Vereine

AJT - Fachverband für touristische Aus- und Weiterbildung e.V., Köln. Förderung von Wissenschaft und Lehre, zentrale Daten- und Informatonsstelle für Aus- und Weiterbildung für die Tourismusbranche

Allgemeiner Deutscher Automobil-Club (ADAC), München. Im Bereich Tourismus beratend und als Reiseveranstalter tätig.

Allgemeiner Deutscher Fahrrad-Club (ADFC), Bremen. Interessenvertretung der Alltags- und Freizeitradler.

American Society of Travel Agents (Asta), Washington. Größter Reisebüroverband der USA.

Association Internationale d'Experts Scientifiques du Tourisme (AIEST), Bern. Vereinigung von Tourismusexperten, organisiert wissenschaftliche Veranstaltungen, gibt die Zeitschrift für Fremdenverkehr (The Tourist Review, Revue de Tourisme) heraus.

Ausstellungs- und Messeausschuss der Deutschen Wirtschaft e.V. (AUMA), Köln. Vereinigung von Verbänden und Organisationen der ausstellenden und besuchenden Wirtschaft sowie von Messe- und Ausstellungsgesellschaften. Er berät und informiert Messe-Interessierte.

Bundesverband der Deutschen Tourismuswirtschaft (BTW), Berlin. Ende 1995 von acht Verbänden und acht großen Unternehmen der Reisebranche gegründet.

Bundesverband der Autovermieter Deutschland e.V. (BAV), Düsseldorf. Interessenvertretung des Autovermietergewerbes.

Bundesverband Deutscher Omnibusunternehmer e.V. (BDO), Bonn. Dachverband der Landesverbände des privaten Omnibusgewerbes. Aufgaben: Erhaltung und Verbesserung eines leistungsfähigen ÖPNV zu akzeptablen Preisen auch außerhalb der Ballungsräume, Sicherung der Existenzgrundlagen der Unternehmen. Der BDO ist Teil der Präsidiums der deutschen Touristikwirtschaft.

Bundesverband mittelständischer Reiseunternehmen e.V. (asr), Frankfurt/M. Urspr.: Arbeitskreis selbständiger Reisebüros. Ziele: Unterstützung des Mittelstandes unter den Reisemittlern und -veranstaltern durch Beratung, Erfahrungsaustausch, Altersversorgung, Nachwuchsförderung. Der asr ist Teil des Präsidiums der deutschen Touristikwirtschaft. 1990 wurde die „asr KG Best" mit den Produktionslinien Ferienparks, Kreuzfahrten und Ungarn gegründet.

Business Women Travel Association (BWTA). Schätzt u.a. Hotels hinsichtlich ihrer Frauenfreundlichkeit ein.

Club Arc Alpin (CAA). Europäischer Alpenverein, als Dachverband der Alpenvereine von Deutschland, Frankreich, Italien, Liechtenstein, Österreich, der Schweiz, Slowenien und Südtirol Anfang 1996 gegründet.

Club der Tourismus-Journalisten, Berlin.

Deutsche Gesellschaft für Freizeit (DGF), Erkrath

Deutsche Gesellschaft für Reiserecht (DGfR), Berlin

Deutsche Gesellschaft für Umwelterziehung e.V. (DGU), Hamburg. Die DGU ist als deutscher Zweig der FEEE in die internationale Zusammenarbeit der Erziehung zum Umweltschutz eingebunden.

Deutsche Gesellschaft zur Zertifizierung von Qualitätssicherungssystemen mbH (DQS), Frankfurt/M.

Deutsche Zentrale für Tourismus e.V. (DZT), Frankfurt/M. Mitglieder sind die Spitzenverbände des Deutschen Fremdenverkehrspräsidiums und touristische Großunternehmen (DB, Lufhansa, KD, Flughäfen). Die DZT ist Teil des Deutschen Fremdenverkehrspräsidiums.
Zuständig u.a. für die Werbung im Ausland für das Reiseland Deutschland. Aufgaben: Stärkung der touristischen Position Deutschlands im Ausland, insbes. Steigerung der Zahl der Ausländerübernachtungen, Steigerung der Einnahmen aus Einreisen, Erhöhung des deutschen Marktanteils am Tourismus, Förderung der touristischen Infrastruktur in schwachen Regionen, Beratung und Gemeinschaftswerbung (Auslandswerbung), Sicherung und Schaffung von Arbeitsplätzen in der mittelständischen Fremdenverkehrswirtschaft.
Herausgabe des DZT-Messe-Planers und des Pressedienstes „Reisenachrichten".
1998 wurde DTM in die DZT eingegliedert, um Inlands- und Auslandswerbung unter einem Dach zusammenzufassen.

Deutscher Bundestag: Ausschuss für Fremdenverkehr

Deutscher Camping-Club e.V. (DCC), München. Interessenverband der Campingtouristen.

Deutscher Heilbäderverband e.V., Bonn. Der Deutsche Heilbäderverband ist Nachfolger des zum 25.03.1999 aufgelösten Deutscher Bäderverbandes e.V. (DBV). Mitglieder sind die 15 Landesverbände sowie Fachverbände: Wirtschaftsverband Deutscher Heilbäder und Kurorte, Verband Deutscher Badeärzte, Vereinigung für Bäder- und Klimakunde, Verband Deutscher Heilbrunnen, Verband Deutscher Heilbrunnen-Großhändler u.a.

In den Bundesländern bestehen regionale Bädervereinigungen, die dem Deutschen Bäderverband angeschlossen sind.
Aufgaben: Förderung des Kur- und Bäderwesens in Deutschland, Imagearbeit im In- und Ausland, Erhaltung der natürlichen Ressourcen, gesundheitspolitische Arbeit, Entwicklung von Normen.
Der DBV ist Teil des Deutschen Fremdenverkehrspräsidiums.

Deutscher Hotel- und Gaststättenverband e.V. (DEHOGA), Bonn. Mitglieder sind die regionalen Verbände des Beherbergungsgewerbes.
Aufgaben: Interessenvertretung des deutschen Hotel- und Gaststättengewerbes gegenüber Legislative, Exekutive, politischen Meinungsbildnern, Öffentlichkeit, Behörden, Verbänden, Organisationen; Förderung der Berufsausbildung und Forschung; Öffentlichkeitsarbeit; Beratung in Bezug auf wirtschaftliche, steuerliche, soziale, tarifpolitische Belange. DEHOGA ist Tarifpartner der Gewerkschaft Nahrung, Genuss, Gaststätten (NGG), d.h. ein Arbeitgeberverband.
Der Verband istTeil des Deutschen Fremdenverkehrspräsidiums.

Deutscher Industrie- und Handelstag (DIHT), Bonn. Spitzenverband der deutschen Industrie- und Handelskammern.
Im Rahmen der Geschäftsführung beschäftigen sich mit Fragen des Fremdenverkehrs: ein Referat für Tourismuswirtschaft, ein Arbeitskreis Fremdenverkehr sowie ein Tourismusausschuss.

Deutscher Reisebüro und Reiseveranstalter Verband e.V. (DRV), Frankfurt/M. Aufgabe: Förderung und Schutz der Interessen der Mitglieder, u.a. Förderung und Pflege des Ansehens des Gewerbes, Förderung der Wirtschaftlichkeit (Rationalisierung, Analysen), Rechts- und Steuerberatung, Fortbildung, Schiedsgerichtsverfahren.
Ausschüsse: Recht, Steuern, neue Kommunikationsmittel und Betriebswirtschaft, Tarifverträge, Berufsaus- und Fortbildung, Linienluftverkehr, Ferienflugverkehr, Zielgebietsangelegenheiten und Umwelt, Kultur und Tourismus, Autobusverkehr, Bahnverkehr, deutscher Fremdenverkehr und Incoming.
Der DRV ist Teil des Deutschen Fremdenverkehrspräsidiums und des Präsidiums der deutschen Touristikwirtschaft.

Deutscher Städte- und Gemeindebund (DStGB). Er vertritt als kommunaler Spitzenverband die Interessen der kreisangehörigen Städte und Gemeinden.

Deutscher Tourismusverband (DTV). Seit 1. Januar 1999 Nachfolger des Deutschen Fremdenverkehrsverbandes (DFV) mit verstärktem Engagement in der Tourismispolitik. Beitritt zum BTW ist nicht vorgesehen.
Mitglieder: Landesfremdenverkehrsverbände, regionale Fremdenverkehrsverbände, Städte, kommunale Verbände (z.B. Deutscher Städtetag, Deutscher Städte- und Gemeindebund); fördernde Mitgl.: ADAC, KD u.a.
Aufgaben:
- Interessenvertretung der Mitglieder gegenüber Exekutive und Legislative
- Zusammenarbeit mit anderen Verbänden auf Bundesebene
- Vertretung der Mitglieder bei der DZT
- Koordinierung, Beratung, Beistand (fachliche Beratung der Mitglieder in wirtschaftl. und rechtl. Fragen)
- Öffentlichkeitsarbeit, Marketing auf Bundesebene (Medienausschuss)
- Förderung von Aus- und Weiterbildung sowie Forschung.

Herausgabe der Fachreihen „Fremdenverkehrspraxis".
Hauptanliegen des Verbandes ist es, dem Urlaub in Deutschland mehr Bedeutung zu verleihen. Der DTV ist Teil des Deutschen Fremdenverkehrspräsidiums.

Deutsches Fremdenverkehrspräsidium, das Präsidium der Spitzenverbände des deutschen Fremdenverkehrs, die Interessenvertretung der angeschlossenen Verbände gegenüber Politik und Wirtschaft. Zusammensetzung: DTV, DEHOGA, DBV, DZT, DRV. Hauptsächlich für Incoming-Tourismus zuständig.

Deutsches Jugendherbergswerk (DJH), Detmold.

Deutsches Wirtschaftswissenschaftliches Institut für Fremdenverkehr an der Universität München (DWIF). Institut für Auftragsforschungen im Bereich des Fremdenverkehrs.

Deutschland Tourismus Marketing GmbH (DTM), Frankfurt/M. Gegründet am 1. Januar 1997 von den Dachverbänden der Fremdenverkehrsorganisationen: DZT, DTV, BTW. Ziel: gemeinsame Inlandswerbung. 1999 in die DZT eingegliedert.

EU-Beratungsstellen (EIC). Räumlich überwiegend bei den Industrie- und Handelskammern angesiedelt. Die EIC beraten und informieren zu Rechtsakten, Ausschreibungen, EU-Recht, Förderprogrammen, europaweiten Kooperationsmöglichkeiten.

European Tourism Action Group (ETAG). Gegründet 1981 auf Initiative der European Travel Commission (ETC) mit dem Ziel, ein Gremium für alle in Europa am Tourismus Beteiligten zu schaffen. 1997 waren 24 Verbände und Dachverbände ETAG-Mitglieder. Die Organisation versteht sich als Vertretung der Brüsseler Fremdenverkehrslobbyisten.

Europäisches Tourismus Institut, Trier.

European Travel Commission (ETC). Zusammenschluss der nationalen Tourismusorganisationen europäischer Länder, aus Deutschland ist die DZT vertreten. Ziele: Förderung des Incoming-Tourismus nach Europa, Marktforschung, Marketing-, Werbe-, PR-Aktionen, Kongresse usw.

European Travel Intelligence Center, Luxemburg. Zuvor: European Travel Data Center. Erfassung und Aufbereitung von Reisedaten europäischer Länder.

Fachverband Messen und Ausstellungen e.V. (FAMA), Nürnberg. Zusammenschluss von Messe- und Ausstellungsveranstaltern.

Fédération National des Offices de Tourisme et Syndicats d'initiative, Brüssel. Interessenvertretung der europäischen Ferienregionen.

Federation of European Cities' Tourist Offices (FECTO), Amsterdam. Die Organisation versteht sich als Vertreterin der Interessen europäischer Touristenstädte gegenüber der EU und anderen Tourismusorganisationen. Aktive Mitglieder können Städte werden, die mehr als 100.000 Einwohner, mehr als 2.000 Hotelzimmer, ein Kongreßzentrum mit mindestens 1.000 Plätzen, einen internationalen Flugplatz in der Nähe, ein bemerkenswertes Geschichtserbe besitzen, große Kulturveranstaltungen bieten sowie über ein Budget von mindestens 250.000 ECU verfügen. Unter den insgesamt 83 aktiven Mitgliedern sind 22 deutsche Städte (Stand 1998).

Forschungsgemeinschaft Urlaub und Reisen (F.U.R.), Hamburg.

Foundation for Environmental Education in Europe (FEEE), Kopenhagen. Gemeinsam mit der Kommission der EG Initiatorin der Blaue-Flagge-Kampagne. Der deutsche Zweig der FEEE ist die Deutsche Gesellschaft für Umwelterziehung (DGU).

Fremdenverkehrsverbände, Fremdenverkehrsvereine, Verkehrsvereine. Vereine zur Förderung des Incoming-Tourismus in der von ihnen vertretenen Region. Dachverband ist der DTV.
Aufgaben: Marktbeobachtung, Werbung, Koordinierung, Public Relations, Auskunft, Vermittlung, Vertretung der Interessen des Fremdenverkehrs gegenüber Behörden, Unterkunftsvermittlung.
Beispiele: Hessen Touristik Service e.V., Tourismusverband Mecklenburg-Vorpommern e.V., Tourismusverband Niedersachsen e.V., Tourismusverband Nordrhein-Westfalen e.V., Fremdenverkehrs- und Heilbäderverband Rheinland-Pfalz e.V., Tourismusverband Schleswig-Holstein e.V.
Kommerzielle Aufgaben werden zunehmend von Tourismus-Organisationen (s.d.) übernommen.

Futurista, internationaler Dachverband studentischer Arbeitsgemeinschaften im Tourismus.

Gemeinsamer Arbeitskreis Tourismus und Ethnologie (GATE)

Industrie- und Handelskammern (IHK). Körperschaften des öffentlichen Rechts, Selbstverwaltungsorgane für die gewerbliche Wirtschaft im Kammerbezirk (gesetzliche Mitgliedschaft). Die Industrie- und Handelskammern vertreten die Interessen ihrer Mitglieder, darunter Incoming-Anbieter, beraten sie und bemühen sich um die Aus- und Weiterbildung.

Institut für Tourismus und Bäderforschung in der Nordeuropa GmbH (N.I.T.), Kiel.

Institut für Tourismusmarketing (IPK), München.

International Federation of Tour Operators (IFTO), Lewes / GB. Mitglieder sind die nationalen Organisationen und einige Firmen. Aus Deutschland ist der DRV Mitglied. Ziele: Vertretung der Interessen der Mitglieder in den Zielländern bei Regionen, Kommunen und Leistungsträgern.

International Forum for Tourism Policy, George-Washington-University, Washington. Wissenschaftliche Veranstaltung.

International Hotel Association (IHA), Paris. Weltverband der Hotellerie. Aus Deutschland ist der DEHOGA Mitglied. Herausgeber des „International Hotel Guide"

Ökologischer Tourismus in Europa e.V. (Ö.T.E.), Bonn. Gegr. 1991 unter Federführung des Deutschen Naturschutzringes. Ziele: Förderung des sozial- und umweltverträglichen Tourismus durch Information, Bildung, Aufklärung, Vergabe eines Gütesiegels („Grüner Koffer") an Veranstalter, Beherbergungsbetriebe, Kommunen.

Präsidium der deutschen Touristikwirtschaft, auch: **Tourismus-Präsidium.** Zusammenschluss von ADL, asr, BDO, DRV, RDA (als „Teile" bezeichnet). Geschäftsführung beim DRV. Aufgaben: Interessenvertretung des grenzüberschreitenden Tourismus (bes. bezüglich Europ. Binnenmarkt), der deutschen Tourismusindustrie gegenüber Öffentlichkeit und Politik.

Ring Deutscher Autobusunternehmungen (RDA), Köln. Teil des Präsidiums der deutschen Touristikwirtschaft.

Studienkreis für Tourismus und Entwicklung, Ammerland. Nachfolger des Studienkreises für Tourismus, Starnberg.

Tourismus-Organisationen. Zunehmend kommerziell orientierte Einrichtungen der Bundesländer und Destinationen: Tourismus-Marketing GmbH Baden-Württemberg, Bayern Tourismus Marketing GmbH, Berlin Tourismus Marketing GmbH, Tourismus-Marketing Brandenburg GmbH, Bremer Touristik Zentrale GmbH, Tourismuszentrale Hamburg GmbH, Tourismus Zentrale Saarland GmbH, Tourismus Marketing Gesellschaft Sachsen mbH, Landesmarketing Sachsen-Anhalt GmbH, Thüringer Tourismus GmbH/Service Center Thüringen

Travel Commerce (Trac), Dortmund. Gegr. 04.12.1998. Entstanden aus dem Projekt „Kompetenz-Zentrum Tourismus Deutschland" als Deutschland-Vertriebsplattform.

Verband der Fremdenverkehrsbüros europäischer Touristenstädte, Amsterdam.

Verband Deutscher Freizeitunternehmen e.V. (VDFU), Karben.

Verband Deutscher Kur- und Tourismus-Fachleute e.V. (VDKF), Bonn. Eine Berufsorganisation. Ziele: Erfahrungsaustausch, Vertretung beruflicher Interessen, Schaffung von Grundlagen für erfolgreiche Arbeit im Beruf. Der VDKF ist Mitglied im Europäischen Verband für Fremdenverkehrsfachleute (EUTO).

Verband Deutscher Reisestellen e.V. (VDR), Frankfurt/M. Mitglieder: Reisestellen in der Wirtschaft. Interessenvertretung gegenüber Anbietern von Leistungen im Geschäftsreiseverkehr, Behörden und anderen Verbänden, Mitarbeit bei Entscheidungen von Leistungsanbietern, z.B. Hotellerie. Der VDR ist Mitglied in 11 weiteren nationalen Reisestellenvereinigungen und in der IBTA (International Business Travel Association).

Verband Deutscher Schönheitsfarmen (VDS), Waldachtal.

Vereinigung deutscher Reisejournalisten e.V. (VDRJ), München. Ziele: Förderung der beruflichen Interessen der Miglieder, Wahrung des Berufsansehens, Erleichterung der praktischen Arbeit, Aufklärung und Betreuung der Verbraucher. Verleiht jährlich einen Preis für „Besondere Verdienste um den Tourismus".

Wirtschaftsverband Deutscher Heilbäder und Kurorte e.V., Zusammenschluss aller staatlich anerkannten Kurortunternehmungen.

World Tourism Organisation (WTO), auch: Organisation Mondiale du Tourisme (OMT), Organizacion Mundial del Turismo, Vsyemirnaya Turistskaya Organisaziya (BTO), Madrid. Eine Unterorganisation der UNO. Mitglieder sind Staaten und zahlreiche private Organisationen. Aus Deutschland ist der Bundesminister für Wirtschaft Mitglied. Ziele: Liberalisierung des Reiseverkehrs, Beratung der Entwicklungsländer, Führung der Welt-Tourismus-Statistik.

World Travel and Tourism Council (WTTC), London. Zusammenschluss führender Branchenvertreter: Luftfahrt, Hotellerie, Kreditkartenfirmen, Autovermieter. Ziel: Regierungen und Öffentlichkeit von der wirtschaftlichen Bedeutung des Tourismus überzeugen. Herausgabe regelmäßiger weltweiter touristischer Marktübersichten.

Abkürzungen

ACE	-	Art Cities in Europe GmbH
ADAC	-	Allgemeiner Deutscher Automobil-Club e.V.
ADFC	-	Allgemeiner Deutscher Fahrrad-Club e.V.
ADZ	-	Allgemeine Deutsche Zimmervermittlung
AG	-	Aktiengesellschaft
AG	-	Amtsgericht
AGB	-	Allgemeine Geschäftsbedingungen
AGBG	-	Gesetz zur Regelung des Rechts der Allgemeinen Geschäftsbedingungen
AIEST	-	Association Internationale d'Experts Scientifiques du Tourisme
AJT	-	Aktion Junge Touristik - Fachverband für touristische Aus- und Weiterbildung
AktG	-	Aktiengesetz
AO	-	Abgabenordnung
ARB	-	Allgemeine Reisebedingungen
asr	-	Bundesverband mittelständischer Reiseunternehmen e.V.
AST	-	Anrufsammeltaxi
Asta	-	American Society of Travel Agents
ATIS	-	Anerkannte Tourist-Informationstelle
AUMA	-	Ausstellungs- und Messeausschuss der Deutschen Wirtschaft e.V.
BAnz	-	Bundesanzeiger
BauGB	-	Baugesetzbuch
BauNVO	-	Baunutzungsverordnung
BAV	-	Bundesverband der Autovermieter Deutschland e.V.
BDO	-	Bundesverband Deutscher Omnibusunternehmer e.V.
BeP	-	Break-even-Point
BFH	-	Bundesfinanzhof
BGB	-	Bürgerliches Gesetzbuch
BGB-Ges.	-	Gesellschaft des bürgerlichen Rechts
BGH	-	Bundesgerichtshof
BImSchG	-	Bundes-Immissionsschutzgesetz
BITS	-	Bureau International du Tourisme Social
BMWi	-	Bundesministerium für Wirtschaft
BP	-	Bebauungsplan
BROP	-	Bundesraumordnungsprogramm
BTO	-	siehe WTO
BTW	-	Bundesverband der Deutschen Tourismuswirtschaft
BWTA	-	Business Women Travel Association
CAA	-	Club Arc Alpin
CC	-	Corporate Culture
CD	-	Corporate Design
CI	-	Corporate Identity
CRM	-	Customer-Relationship-Management
CRS	-	Computergestütztes Reservierungssystem bzw. Computer-Reservierungssystem
CT	-	Corps Touristique. Vereinig. ausländ. Fremdenverkehrsämter und Eisenbahnen in Deutschld.
DATEV	-	Datenverarbeitungsorganisation des steuerberatenden Berufes in der Bundesrep. Deutschland
DBV	-	Deutscher Heilbäderverband e.V.
DCC	-	Deutscher Camping-Club e.V.
DEHOGA	-	Deutscher Hotel- und Gaststättenverband e.V.
DFV	-	Deutscher Fremdenverkehrsverband e.V. (Nachfolger: DTV)
DGF	-	Deutsche Gesellschaft für Freizeit
DGFF	-	Deutsche Gesellschaft zur Förderung der Freizeitwissenschaften
DGfR	-	Deutsche Gesellschaft für Reiserecht
DGU	-	Deutsche Gesellschaft für Umwelterziehung e.V.
DIHT	-	Deutscher Industrie- und Handelstag
DIN	-	Deutsche Industrie Norm
Dirg	-	Deutsche Informations- und Reservierungsgesellschaft
DJH	-	Deutsches Jugendherbergswerk
DLG	-	Deutsche Landwirtschafts-Gesellschaft
DNR	-	Deutscher Naturschutzring
DPRG	-	Deutsche Public Relations Gesellschaft
DQS	-	Deutsche Gesellschaft zur Zertifizierung von Qualitätssicherungssystemen mbH
DRV	-	Deutscher Reisebüro und Reiseveranstalter Verband e.V.
DSF	-	Deutsches Seminar für Fremdenverkehr

DSSV	-	Deutscher Sportstudio Verband
DStGB	-	Deutscher Städte- und Gemeindebund
DtA	-	Deutsche Ausgleichsbank
DTG	-	Deutschland Touristik GmbH
DTM	-	Deutschland Tourismus Marketing GmbH
DTP	-	Desktop Publishing
DTV	-	Deutscher Tourismusverband (Nachfolger des DFV)
DWIF	-	Deutsches Wirtschaftswissenschaftl. Institut für Fremdenverkehr a. d. Universität München
DZT	-	Deutsche Zentrale für Tourismus e.V.
e.V.	-	Eingetragener Verein
EC	-	extended coverage
ECC	-	Europa Camping Caravaning
ECFYHA	-	European Community Federation of Youth Hostel Associations
ECTAA	-	Group of National Travel Agent's and Tour Operators' Associations within the EU
EEIG	-	European economic interest grouping (= EWIV)
EFATJ	-	European Federation of the Associations of Tourism Journalists
EFCO	-	European Federation of Campsite Organisations
EFCT	-	European Federation of Conference Towns
EFTGA	-	European Federation of Tourist Guides Associations
eG	-	eingetragene Genossenschaft
EIC	-	EU-Beratungsstelle
EigVO	-	Eigenbetriebsverordnung
ERP	-	European Recovery Program
ESP	-	emotional selling proposition
EStG	-	Einkommensteuergesetz
EStR	-	Einkommensteuer-Richtlinien
ETAG	-	European Tourism Action Group
ETC	-	European Travel Commission
ETI	-	Europäisches Tourismus Institut GmbH an der Universität Trier
ETM	-	European Travel Monitor
ETOA	-	European Tour Operators Association
ETTFA	-	European Tourist Trade Fairs Association
Europarks	-	European Federation of Leisure Parks
Euroter	-	Europäischer Tourismus auf dem Lande
EUTO	-	European Union of Tourist Officers
EVS	-	Einkommens- und Verbrauchsstichprobe
EWIV	-	Europäische wirtschaftliche Interessenvereinigung
EWU	-	Europäische Währungsunion
FAMA	-	Fachverband Messen und Ausstellungen e.V.
FECTO	-	Federation of European Cities' Tourist Offices (auch: FOTVE)
FEEE	-	Foundation for Environmental Education in Europe
FFH	-	Fauna, Flora, Habitat (EU-Richtlinie)
FIBU	-	Finanzbuchführung
FNP	-	Flächennutzungsplan
FOTVE	-	Fédération des Offices du Tourisme des Villes Européennes (auch: FECTO)
F.U.R.	-	Forschungsgemeinschaft Urlaub und Reisen
fvw	-	Fremdenverkehrswirtschaft international (Zeitschrift)
GATE	-	Gemeinsamer Arbeitskreis Tourismus und Ethnologie
GbR	-	Gesellschaft des bürgerlichen Rechts
GCB	-	German Convention Bureau (Deutsches Kongressbüro)
GdbR	-	Gesellschaft des bürgerlichen Rechts
Gema	-	Gesellschaft zur Wahrnehmung musikalischer Aufführungsrechte
GemHVO	-	Gemeindehaushaltsverordnung
GemKVO	-	Gemeindekassenverordnung
GemO	-	Gemeindeordnung
GEP	-	Gebietsentwicklungsplan
GewO	-	Gewerbe-Ordnung
GewStG	-	Gewerbesteuergesetz
GIT	-	Gruppen-Inclusive Tour
GmbH	-	Gesellschaft mit beschränkter Haftung
GNTB	-	German National Tourist Board = DZT
GO	-	Gemeindeordnung

GoB	-	Grundsätze ordnungsmäßiger Buchführung und Bilanzierung
GoS	-	Grundsätze ordnungsmäßiger Speicherbuchführung
GTZ	-	geplante Teilnehmerzahlen
GuV	-	Gewinn- und Verlustrechnung
GUV-Gewerbe	-	Gastronomie/Gesundheit, Unterkunft/Unterhaltung, Verkehr/Veranstaltung
GWA	-	Gesamtverband der Werbeagenturen
GWB	-	Gesetz gegen Wettbewerbsbeschränkungen
HGB	-	Handelsgesetzbuch
Hotrec	-	The Confederation of the National Associations of Hotels, Restaurants, Cafés and Similar Establishments in the European Union and European Economic Area
HRefG	-	Handelsrechtsreformgesetz
HWK	-	Handwerkskammer
IAS	-	International Accounting Standards
IFTO	-	International Federation of Tour Operators
IG	-	Interessengemeinschaft
IHA	-	International Hotel Association
IHK	-	Industrie- und Handelskammer
InfVO	-	Informationsverordnung
INRA	-	International Research Associates
Interhoga	-	Gesellschaft zur Förderung des Deutschen Hotel- und Gasstättengewerbes mbH
IPK	-	Institut für Tourismusmarketing
IRS	-	Informations- und Reservierungssystem
ISDN	-	Integrated Services Digital Network
ISPA	-	International Spa & Fitness Association
IT	-	Inclusive Tour
ITB	-	Internationale Tourismusbörse
KAG	-	Kommunalabgabengesetz
KapCoRiLiG	-	Kapitalgesellschaften-& Co.-Richtlinien-Gesetz
KEB	-	Kommunaler Eigenbetrieb
KEP	-	Kreisentwicklungsplan
KfW	-	Kreditanstalt für Wiederaufbau
KG	-	Kommanditgesellschaft
KGaA	-	Kommanditgesellschaft auf Aktien
KMU	-	kleine und mittlere Unternehmen
KStG	-	Körperschaftsteuergesetz
KVP	-	kontinuierlicher Verbesserungsprozess
LEP	-	Landesentwicklungsplan
LG	-	Landgericht
LSG	-	Landschaftsschutzgebiet
MA	-	Media-Analyse
MIK	-	maximale Immissionskonzentration
MKRO	-	Ministerkonferenz für Raumordnung
N.I.T.	-	Institut für Tourismus und Bäderforschung in der Nordeuropa GmbH
NET	-	Network of European Private Entrepreneurs in the Tourism Sector
NGO	-	Non-Governmental Organization
OHG	-	Offene Handelsgesellschaft
OLG	-	Oberlandgericht
OMT	-	Organisation Mondiale du Tourisme (s.a. WTO)
ÖPNV	-	öffentlicher Personennahverkehr
Ö.T.E.	-	Ökologischer Tourismus in Europa e.V., Bonn
OVG	-	Oberverwaltungsgericht
PartGG	-	Partnerschaftsgesellschaftsgesetz
PR	-	Public Relations
PublG	-	Publizitätsgesetz
QS	-	Qualitätssicherung
RA	-	Reiseanalyse
RAL	-	Deutsches Institut für Gütesicherung und Kennzeichnung
RCI	-	Regional Corporate Identity
RDA	-	Ring Deutscher Autobusunternehmungen
RGM	-	Regionalmarketing
RIT	-	Rail Inclusive Tour
ROG	-	Raumordnungsgesetz

SMS	-	Short Message Service
SOM	-	Share of Marke (Marktanteil)
SOV	-	Share of Voice (Werbeanteil)
SPNV	-	Schienen-Personen-Nahverkehr
StEP	-	Stadtentwicklungsplan
TI	-	Tourist- Information
TIBS	-	Touristisches Informations- und Buchungssystem
TIN	-	Touristische Informationsnorm
TKP	-	Tausender-Kontaktpreis
tm	-	touristik management (Zeitschrift)
TOMA	-	Tour Operator Maske
TQM	-	Total Quality Management
Trac	-	Travel Commerce
TRIX	-	touristischer Regionalindex
UAG	-	Umweltauditgesetz
UEC	-	Urban Entertainment Center
ULP	-	Unique Local Proposition
UMTS	-	Universal Mobile Communications Systems
USP	-	Unique Selling Proposition
UStDV	-	Umsatzsteuer-Durchführungsverordnung
UStG	-	Umsatzsteuergesetz
UVP	-	Umweltverträglichkeitsprüfung
UVS	-	Umweltverträglichkeitsstudie
UWG	-	Gesetz gegen unlauteren Wettbewerb
V- u. E-Plan	-	Vorhaben- und Erschließungsplan
VAV	-	Veranstalter-Ausfall-Versicherung
VDFU	-	Verband Deutscher Freizeitunternehmen e.V.
VDKF	-	Verband Deutscher Kur- und Tourismus-Fachleute e.V.
VDR	-	Verband Deutscher Reisestellen e.V.
VDRJ	-	Vereinigung deutscher Reisejournalisten e.V.
VDS	-	Verband Deutscher Schönheitsfarmen
VIP	-	very important person
Vkf	-	Verkaufsförderung
WAP	-	Wireless Application Protocol
WTO	-	World Tourism Organisation (auch: BTO, OMT)
WTTC	-	World Travel and Tourism Council
WWU	-	Wirtschafts- und Währungsunion
ZAW	-	Zentralausschuss der Werbewirtschaft

Weiterführende und vertiefende Fachliteratur

Albers,H. u. R.Seger: Finanzierung kommunaler Investitionen. Wiesbaden 1990

Alkjaer,E.: Fremdenverkehrswerbung. In: Handbuch der Werbung. Hrsg.: Behrens,K. Wiesbaden 1970

Anders,H.-J. u.a.: Begriffsstudien. Eine Sammlung von Aufsätzen zum Bedeutungsgehalt touristischer Fachbegriffe. Starnberg 1988

Antonoff,R.: Corporate Identity von Fremdenverkehrsbetrieben und Hotels. In: Wettbewerb und Innovation im Tourismus. Schriftenreihe zur Touristik 1, Worms 1987, S. 29 - 34

Bartl,H. u.a. (Hrsg.): GeoLex. Kurzlehrbuch und Geographie-Lexikon für den Tourismus. München/Wien, 2. Aufl. 1996

Bartl,H.: Gründung, Führung und Organisation eines Fremdenverkehrsvereins e.V. Schriftenreihe des Fremdenverkehrsverbandes Nordsee-Niedersachsen-Bremen, Heft 53

Bartl,H.: Handbuch der Touristik. Die tägliche Praxis des Touristikrechts. München, Loseblatt-Ausgabe

Bartl,H.: Reise- und Freizeitrecht. München, 2.Aufl. 1991

Bartl,H.: Zulässige Werbung und richtige Prospektgestaltung im Fremdenverkehr, im Hotel, bei Reiseveranstaltern. Oldenburg 1982

Bartl,H.; Schöpp,U. u. A.Wittpohl: Gästeführung in der Fremdenverkehrspraxis. Ein Leitfaden für die Ausbildung von Gästeführern in Fremdenverkehrsorten. München 1986

Becker,C., Job,H. u. M.Koch: Umweltschonende Konzepte der Raumordnung für Naherholungsgebiete. Belastungen, Lösungs- und Planungsansätze, Verwaltungsstrukturen. Geogr. Ges. Trier, Mat. zur Fremdenverkehrsgeographie, Heft 22, 1991

Beck'sches Formularbuch zum Bürgerlichen, Handels- und Wirtschaftsrecht. München, 5.Aufl. 1991

Bedeutung und Anwendung der Marktforschung im Fremdenverkehr. Hrsg.: Inst. f. Fremdenverkehr, St.Gallen,1977

Begriffsbestimmungen für Kurorte, Erholungsorte und Heilbrunnen. Hrsg.: Deutscher Bäderverband e.V. und Deutscher Fremdenverkehrsverband e.V., Bonn, 10.Aufl. 1991

Beiträge zur kommunalen Fremdenverkehrspolitik. Hrsg.: DSF, Berlin 1987

Belastete Fremdenverkehrsgebiete. Hrsg.: Bundesministerium für Raumordnung, Bauwesen und Städtebau. Schriftenreihe „Raumordnung", Bonn 1978

Bernecker,M. u. P.Seethaler: Grundlagen der Finanzierung. München/Wien 1998

Bernet,B. u. Th.Bieger: Finanzierung im Tourismus. Bern/Stuttgart/Wien 1999

Bernhard,E.: Touristikrecht - Gastwirtsrecht. Stuttgart 1988

Besold,J.: Gästebefragungen. Ein Leitfaden für Praktiker. Starnberg 1988

Bibelriether,H. (Hrsg.): Naturland Deutschland. Stuttgart 1997

Bieger,Th.: Management von Destinationen und Tourismusorganisationen. München/Wien 1996

Bleile,G.: Strategieüberlegungen zum Marketing in Kurorten und Heilbädern. In: Heilbad und Kurort. Heft 3/80

Bleile,G.: Tourismusmärkte. München/Wien 1995

Bleistein,R. (Hrsg.): Menschen unterwegs: das Angebot der Kirche in Freizeit und Tourismus. Frankfurt/M. 1988

Bornhofen,M. u. E.Busch: Steuerlehre 1. Wiesbaden, 15.Aufl. 1994

Braam,W.: Regionalisierung und Infrastrukturausstattung in Fremdenverkehrsbereichen. Schriftenreihe des Inst. f. Städtebau u. Landesplanung d. Univ. Karlsruhe, Heft 14, Karlsruhe 1982

Condor - Taschenbuch für die Touristik-Presse (gelber Condor). Erscheint alle zwei Jahre im BEMA-Buchvertrieb Seefeld

Cronauge,U.: Kommunale Unternehmen: Eigenbetriebe - Kapitalgesellschaften - Zweckverbände. Berlin 1992

Danz,W., Ruhl,G. u. H.-S.Schemel: Belastete Fremdenverkehrsgebiete. In: Schriftenreihe „Raumordnung" des Bundesministeriums für Raumordnung, Bauwesen und Städtebau, Nr.06.031, Bonn 1978

Das Grüne Buch der Touristik. Hrsg.: Bundesministerium für Umwelt, Naturschutz und Reaktorsicherheit, Berlin, 3. überarb. u. aktual. Ausgabe 1996

Das Reiserecht und die Fremdenverkehrsgemeinden. Fachreihe Fremdenverkehrspraxis, Hrsg.: DFV, Heft 12, Bonn 1981

Datzer,R. u. M.Lohmann: Der Beruf des Reiseleiters. Eine soziologische Untersuchung. Starnberg 1981

Dennhardt,H.: Vorschläge zur Ortsbildsanierung. In: Wettbewerb und Innovation im Tourismus. Schriftenreihe zur Touristik 1. Worms 1987, S. 37 - 54

Der Fremdenverkehrswert einer Stadt. DFV/ATS, Fachreihe Fremdenverkehrspraxis, Heft 9, 1980

Der Kurort und sein Markt. DSF, Berlin 1985

Die ökonomische Bedeutung des Ausflugs- und Geschäftsreiseverkehrs. Hrsg.: DWIF München, 1987

Die Touristische Informationsnorm für den deutschen Fremdenverkehr - TIN. Stuttgart

Die Werbung eines Fremdenverkehrsortes. DFV/ATS, Fachreihe Fremdenverkehrspraxis, Heft 6, 1983

Diesch,G. u. U.Seeger: Kurort- und Städtemarketing. 2 Bände. München 1982

Dorner, R., Glatz, H. u. C.Schremmer: Regionale Entwicklung durch Ausbau des Fremdenverkehrs. Wien 1986

Dreyer,A. (Hrsg.): Kulturtourismus. München/Wien 1996

DVP (Deutsche Verwaltungspraxis), u.a. Kommunalrecht in den Landesausgaben. Loseblatt-Sammlung. Hamburg/ Berlin/Bonn

Echtermeyer,M.: Elektronisches Tourismus-Marketing. Globale CRS-Netze und neue Informationstechnologien. De Gruyter, Berlin/New York 1998

Entwicklung ländlicher Räume durch den Fremdenverkehr. Hrsg.: Bundesminister für Raumordnung, Bauwesen und Städtebau, Bonn-Bad Godesberg 1986

Etat-Kalkulator. Aktuelle Daten, Fakten, Preise für die tägliche Marketing-, Kommunikations- und Werbepraxis. Freiburg i.Br., zweimal jährlich, seit 1995 auch: euro-calkulator

Fehrlin,P.: Marketing-Konzeption für einen Badekurort. Rheintal 1983

Ferner,F.K., Müller,R. u. H.Zolles: Marketingpraxis im Fremdenverkehr. Wien/Stuttgart/Bern, 3.Aufl. 1989

Fichter,K.: Die EG-Öko-Audit-Verordnung. München 1995

Finanzierungsfragen der Fremdenverkehrs- und Verkehrswirtschaft. St. Gallen 1972

Fingerhut,D. u.a.: Arbeitsmethode zur Bewertung der Erholungseignung eines landschaftlichen Angebots für verschiedene Typen von Erholungssuchenden. In: Landschaft und Stadt, 5.Jg., S. 161 - 171

Fischer,D.: Qualitativer Fremdenverkehr - Neuorientierung der Tourismuspolitik auf der Grundlage einer Synthese von Tourismus und Landschaftsschutz. St.Gallener Beiträge zum Fremdenverkehr und zur Verkehrswirtschaft, Reihe Fremdenverkehr, Bd.17, Bern und Stuttgart 1985

Fremdenverkehr und Kommunalpolitik 1988. DSF, Berlin 1988

Fremdenverkehr und regionale Entwicklung. Europäische Gemeinschaften. Wirtschafts- und Sozialausschuß. Brüssel, vom 20.9.1990

Freyer,W.: Tourismus. Einführung in die Fremdenverkehrsökonomie. München/Wien, 6.Aufl. 1998

Freyer,W.: Tourismus-Marketing. München/Wien 1997

Frömbling,S.: Zielgruppenmarketing im Fremdenverkehr von Regionen: ein Beitrag zur Marktsegmentierung auf der Grundlage von Werten, Motiven und Einstellungen. Schriften zu Marketing und Management, Bd.21; Diss. Univ. Münster. Frankfurt/M. u.a. 1993

Fromme/ Nahrstedt: Baden gehen. Freizeitorientierte Bäderkonzepte - Antworten auf veränderte Lebens-, Reise- und Badestile. Institut für Freizeitwissenschaft, Bielefeld 1989

Fuchs,K.: Öffentliche Finanzwirtschaft. Herford 1991

Führich,E. (Hrsg.): Wirtschaftsgesetze in Gastgewerbe und Tourismus. München, 2.Aufl. 1993

Führich,E.: Recht im Gastgewerbe, Tourismus und Betrieb. Gesetzessammlung mit Erläuterungen. München 1988

Für den Urlaub von morgen. Ein Leitfaden für die Entwicklung von Fremdenverkehrsgebieten und -gemeinden. Deutscher Industrie- und Handelstag. Köln 1981

Füth,G. u. E.Walter: Betriebswirtschaftslehre für Reiseverkehrsunternehmen. Melsungen, 4.Aufl. 1990

Füth,G. u. E.Walter: Buchführung für Reiseverkehrsunternehmen. Melsungen, 7.Aufl. 1991

Füth,G. u. E.Walter: Kaufmännisches Rechnen für Reiseverkehrsunternehmen. Melsungen, 7.Aufl. 1991

Ganser,A.: Die touristischen Märkte und ihre Produkte. Bd. I/II, München, 1989

Gästebetreuung in Kur- und Erholungsorten. Theoretische Grundlagen und Praxismodelle. Institut für Freizeitwissenschaft, Bielefeld 1987

Gefährdete Erholungslandschaften - Wege zu einer harmonischen Tourismusentwicklung. Freie Universität Berlin,1991

Gisevius,W.: Leitfaden durch die Kommunalpolitik. Bonn 1991

Görgmaier,D.: Staatliche und kommunale Freizeitpolitik. Baden-Baden 1979

Gorski,M.: Gebrauchsanweisung für Deutschland. München 1996

Grenzen der touristischen Entwicklung. Hrsg.: AIEST, Vol. 21, Bern 1980

Grümme/Hamann/Nahrstedt: Gästebetreuung in Kur- und Erholungsorten. Bielefeld, 1987

Grundsätze der modernen Kurortsbehandlung und Mindestbedingungen für die Anerkennung von Bade- und Klimakurorten. Hrsg.: FITEC (Fédération Internationale du Thermalisme et du Climatisme)

Gugg, E.: Möglichkeiten der Saisonverlängerung in der Fremdenverkehrswirtschaft durch einzelwirtschaftliche und kooperative Maßnahmen. München 1970

Gunkel,P.: Öffentliche Investitionsentscheidung im Fremdenverkehrssektor. Frankfurt/M. 1983

Haedrich,G., Kaspar,C., Kleinert,H. u. K.Klemm: Tourismus-Management. Tourismus-Marketing und Fremdenverkehrsplanung. Berlin/New York, 2.Aufl. 1993

Hamele,H.: Das Buch der sieben Siegel. Umweltauszeichnungen im Tourismus. Hrsg.: Bundesumweltministerium, Berlin 1994

Hank-Haase,G.: Der Tagungs- und Kongreßreiseverkehr als wirtschaftlicher Faktor in den Großstädten der Bundesrepublik Deutschland. Univ. Trier, FB IV, Diss. 1993

Hasse,J. u. F.Schumacher: Sanfter Tourismus. Über ein konstruktives Verhältnis von Tourismus, Freizeit und Umweltschutz. Institut für Umweltforschung (IfU), Bunderhee 1990

Hässel,G.: Besonderheiten der Besteuerung von Reiseveranstaltern. In: Mundt (1994), S. 181 - 210

Hässel,G.: Die Besteuerung und Buchführung der Reisebüros. München, 2.Aufl. 1994

Hebestreit,D.: Touristik Marketing. Grundlagen, Ziele, Basis-Informationen, Instrumentarien, Strategien, Organisation und Planung des Marketing von Reiseveranstaltern. Berlin, 3.Aufl. 1992

Heiderich,K.: Die kleine Aktiengesellschaft als neue Rechtsform im Fremdenverkehr. Wilhelmshavener Schriftenreihe Tourismuswirtschaft Bd. 2. Limburgerhof 1997

Heimat und Umwelt. 7 Bände: Kommunale Handlungskonzepte. Bd.5: Kommunale Handlungskonzepte für Verkehr, Naherholung und Fremdenverkehr. Bonn 1986

Heinze,G.W. u. W.Schreckenberger: Verkehrsplanung für eine erholungsfreundliche Umwelt - Ein Handbuch verkehrsberuhigender Maßnahmen für Kleinstädte und Landgemeinden. Veröffentlichungen der Akademie für Raumforschung und Landesplanung, Abhandlungen Bd.85, Hannover 1984

Henkel,J.: Die Umsatzsteuer der Reisebüros und Reiseveranstalter. Neuwied 1996

Henning,M. u. Krauss: Fremdenverkehrsökonomie und Siedlungsplanung. Kassel 1983

Hensel,H.: Die wirtschaftliche Bedeutung des Fremdenverkehrs in der Bundesrepublik Deutschland. DSF, Berlin 1982

Hering,R.: Marketing für Urlaubsorte - Imageprofilierung durch Kommunikation. Hamburg 1989

Hopfenbeck,W. u. P.Zimmer: Umweltorientiertes Tourismusmanagement. Strategien, Checklisten, Fallstudien. Landsberg 1993

Hugger,P.F.: Nutzen-Kosten-Analyse der regionalwirtschaftlichen Auswirkungen von Messen. München, 1986

Jefferson,A. u. L.Lickorish: Marketing Tourism. Practical Guide. Harlow 1988

Kaller,P.: Reiserecht. München 1999

Kaspar,C.: Einführung in das touristische Management. St.Galler Beiträge zum Fremdenverkehr und zur Verkehrswirtschaft, Reihe Fremdenverkehr, Bd. 21, Bern u. Stuttgart 1990

Kaspar,C. u. B.R.Kunz: Unternehmensführung im Fremdenverkehr. Eine Grundlage für das Management von Hotels und Restaurants, Sportbahnen und -anlagen, Reisebüros, Kur- und Verkehrsbüros. St.Galler Beitr. zum Tourismus und zur Verkehrswirtschaft, Reihe Fremdenverkehr, Bd.13. Bern und Stuttgart 1982

Kaspar/Zimmermann/Liver: Die Bedeutung des Länderimages für die Ferienplanung. Berlin 1983

Keller,P. u. U.Kneubühl: Die Entwicklungssteuerung in einem Tourismusort. Bern 1982

Kern, K.-G.: Zielgruppenauswahl für den Fremdenverkehrsort. In: Wettbewerb und Innovation im Tourismus. Schriftenreihe zur Touristik 1, Worms 1987, S. 71 - 80

Kirstges,T.: Sanfter Tourismus. München, 2.Aufl. 1995

Kirstges,T.: Management von Tourismusunternehmen. München/Wien 1994

Klatt,H.: Fremdenverkehrsrechtliche Entscheidungen. Ein internationales Archiv. Loseblatt-Sammlung. Köln

Klatt,H.; Wahl,F.: Recht der Touristik. Loseblatt-Sammlung. Neuwied

Klein,N.: Erfolgskontrolle für Tourismuskonzepte - Erfolgsfaktoren als Richtlinien für Auftraggeber und Gutachter. Trier 1994

Klein,T.: Das Marktsegment der Nichtreisenden. Geograph. Ges. Trier, 1989

Klemm,K.: Methoden der Fremdenverkehrsplanung in der Bundesrepublik Deutschland. Trier 1979

Kneubühl,U.: Die Entwicklungssteuerung in einem Tourismusort. Geograph. Inst. d. Univ. Bern, 1987

Koch,A., Zeiner,M. u. M.Feige: Die ökonomische Bedeutung des Ausflugs- und Geschäftsreiseverkehrs (ohne Übernachtung) in der Bundesrepublik Deutschland. DWIF-Schriftenreihe, Nr.39, München 1987

Koch,A.: Die wirtschaftlichen Auswirkungen des Fremdenverkehrs. In: Jahrbuch für Fremdenverkehr, München, 33.Jg. (1986), S. 145 - 154

Koch,A.: Wirtschaftsfaktor Tourismus. Frankfurt/M. 1989

Költzsch,J.: Innenmarketing. Modeerscheinung oder unverzichtbarer Bestandteil eines erfolgreichen Fremdenverkehrsmarketing? Schriftenr. d. Inf.Zentrums Naturpark Altmühltal Nr.1, 1991

Kommunale Selbstverwaltung. Reihe: Berichte und Dokumentationen. Hrsg.: Presse- und Informationsamt der Bundesregierung, Bonn 1994

Konjunkturabhängigkeit der Fremdenverkehrsnachfrage. Inst. f. Fremdenverkehr, St.Gallen, 1976

Kovac,A.: Ansatz zu einer umwelt- und sozialverträglichen Fremdenverkehrskonzeption am Beispiel der Marktgemeinde Hindelang. FHS München, 1989

Krippendorf,J.: Arbeitsgesellschaft im Umbruch. Konsequenzen für Freizeit und Reisen. Berner Studien zum Fremdenverkehr 20. Bern 1984

Kroll,J.: Taschenbuch f. die Touristikpresse. Garmisch-Partenkirchen; Seefeld/Obb. 1996

Kunz,A.: Erfolgskontrollen für Touristik-Messen in Theorie und Praxis. Eine systematische Analyse der für die Aussteller relevanten Messeerfolgskontrollen. Geogr. Ges. Trier, Mat. zur Fremdenverkehrsgeographie, Heft 21,1990

Kyrer,A.: Der wirtschaftliche Nutzen von Festspielen, Fachmessen und Flughäfen am Beispiel der Region Salzburg. Schriftenreihe des Inst. f. Wirtschaftswiss. a. d. Rechtswiss. Fak. d. Univ. Salzburg. Regensburg, 1987

Lang,H.H.: Kosten- und Leistungsrechnung. München, 4. Aufl. 1998

Lang/Eberle/Bartl: TourLex. 1555 Begriffe aus der touristischen Praxis. Darmstadt 1989

Laubinger,H.D. u. M.Nicolai: Fremdenverkehrsplanung in der Gebiets- und Ortsentwicklungsplanung. Berlin 1977

Leistungsbeschreibung für physikalische Therapie in Heilbädern und Kurorten. Hrsg.: DBV

Leitfaden für die praktische Tourismusarbeit in der Marktwirtschaft. Bonn 1990

Lindemann,S.: Der Geschäftsreiseverkehr als imagebildender Faktor einer Stadt. Eine vergleichende Analyse auf der Grundlage einer empirischen Studie. Univ. Bremen, FB Wirtschaft, 1990

Lohmann,M. u. R.Wohlmann: Urlaub in Deutschland. Eine Grundlagenuntersuchung über Verhaltensweisen, Meinungen und Einstellungen von Urlaubern. Starnberg 1987

Ludwig,K., Has,M. u. M.Nereur: Der neue Tourismus. Rücksicht auf Land und Leute. München 1990

Luft,H.: Grundlagen der kommunalen Fremdenverkehrsförderung. Kommunale Fremdenverkehrsbetriebslehre. Limburgerhof, 2. Aufl.1995

Lynch,K.: The Image of the City. Cambridge MA 1960

Marketing für Deutschland. Eigenverlag der Wirtschaftsjunioren, Bonn 1997

Matschke,M.J. u. T.Hering: Kommunale Finanzierung. München/Wien 1998

May,M.: Städteplanung als Teil der kommunalen Imageplanung. Geograph. Ges. Trier, Mat. zur Fremdenverkehrsgeographie, Heft 14, 1986

Meyer,W.: Die Motive bei der Wahl des Urlaubsortes. Hrsg.: Axel Springer AG, Hamburg 1986

Meyer,W.: Motive bei der Wahl des Urlaubslandes. Hrsg.: Axel Springer AG, Hamburg 1986

Mühlenkamp,H.: Öffentliche Unternehmen. München/Wien 1994

Mundt,J.W. (Hrsg.): Reiseveranstaltung. München/Wien, 2.Aufl. 1994

Mundt,J.W.: Einführung in den Tourismus. München/Wien 1998

Mustersatzung für örtliche Fremdenverkehrsvereine. Deutscher Fremdenverkehrsverband (DFV), Fachreihe Fremdenverkehrspraxis Heft 4, Bonn, Juli 1984

Nake-Mann,B., Roth,E. u. M.Koller: Neue Trends in Freizeit und Fremdenverkehr und ihre Auswirkungen für ausgewählte Feriengebiete in der BRD. Bonn 1982

Neues Kurortmarketing für den europäischen Markt. DSF, Berlin 1991

Neuwirth,H.: Urlaubsparadies Deutschland. München 1984

Nieland: Betriebliche Steuergestaltung. Herne 1997

Opaschowski,H.W.: Ökologie der Freizeit. Opladen 1991

Opaschowski,H.W.: Verändertes Urlaubsverhalten und neue Kurbedürfnisse. Hamburg 1984

Ortner,W.: PR im Fremdenverkehr. Wien 1989

Pompl,W. u. M.G.Lieb (Hrsg.): Qualitätsmanagement im Tourismus. München/Wien 1997

Pompl,W.: Touristikmanagement. Berlin/Heidelberg/New York 1994

Preglau,M. u.a.: Fremdenverquer. Kosten und Nutzen des Tourismus am Beispiel Obergurgl. Schriftenr.d. Michael-Gaismair-Gesellschaft 4, 1985

Pust,H.-G. (Hrsg.): Kirchliche Arbeit in Kurorten. Gelnhausen 1981

Qualitätsmanagement im Tourismus. DSF, Berlin 1992

Reisemotive-Länderimages-Urlaubsverhalten. Starnberg 1981

Rentsch,H.: Anwendungsmöglichkeiten der Kosten-Nutzenanalyse bei touristischen Projekten. In.: Fremdenverkehr im Wandel, Berner Studien, Heft 12, S. 39 - 51

Ritter,W. u. M.Frowein: Reiseverkehrsgeographie. Bad Homburg v.d.H., 3. Aufl. 1992

Romeiß-Stracke,F.: Neues Denken im Tourismus. Ein tourismuspolitisches Konzept für Fremdenverkehrsgemeinden. Hrsg.: ADAC, München 1989

Romeiß-Stracke,F.: Service-Qualität im Tourismus. Hrsg.: ADAC, München 1995

Romeiß-Stracke,F., Pürschel,M.-B. u. U.Stadelmann: Familiengerechte Ferienorte. Eine Planungshilfe für Ferienorte und Beherbergungsbetriebe. Hrsg.: ADAC, München 1987

Rosa, D.: Der Einfluß des Fremdenverkehrs auf ausgewählte Branchen des tertiären Sektors im Bayerischen Alpenvorland. München 1970

Roth,,P.: Das Marketing der Reiseveranstalter. In: Mundt (1994), S. 365 - 423

Roth,P. u. A.Schrand (Hrsg.): Touristik-Marketing. Das Marketing der Tourismus-Organisationen, Verkehrsträger, Reiseveranstalter und Reisebüros. München 1992

Ruhl, G. u. H.-J.Schemel: Landschaftsschutz und Massentourismus. In: Landschaftsschutzpolitik, Reihe: Bürger im Staat, Bd.1060, Stuttgart 1982

Rutsche,G.-M.: Marketing und Marketing-Management im Städtetourismus. Augsburg 1983

Schaiva,M.della u. H.Hafner: Service-Marketing im Tourismus. Wien 1995

Schemel,H.-J.: Geeignete Standorte für Campingplätze. Hrsg.: ADAC, München 1984

Schemel,H.-J.: Tourismus und Landschaftserhaltung. Eine Planungshilfe für Ferienorte mit praktischen Beispielen. Hrsg.: ADAC, München 1988

Schemel,H.-J. u. W.Erbguth: Umweltverträgliche Freizeitanlagen - Eine Anleitung zur Prüfung von Projekten des Ski-, Wasser- und Golfsports aus der Sicht der Umwelt. Berichte des Umweltbundesamtes, 5/87 (Analyse und Bewertung) und 6/87 (Rechtsfragen), Berlin 1987

Schemel,H.-J., Scharpf,H. u. W.Harfst: Landschaftserhaltung durch Tourismus - Touristisch motivierte Maßnahmen zum Schutz, zur Pflege und zur Neuanlage naturnaher Landschaftsteile. Texte 12/87 des Umweltbundesamtes, Berlin 1987

Scherrieb,H.R.: Fremdenverkehrsanzeigenwerbung - Werbemittelpretest und Werbeerfolgskontrolle. Schriftenreihe des Fremdenverkehrsverbandes Nordsee-Niedersachsen-Bremen, Heft 68

Schertler,W. u. K.Wöhler (Hrsg.): Touristisches Umweltmanagement. Limburgerhof 1993

Schmalen,H.: Grundlagen und Probleme der Betriebswirtschaft. Köln, 7.Aufl. 1990

Schmid,A.: Der Einfluß des gesamtwirtschaftlichen Konjunkturverlaufs auf die Entwicklung des Fremdenverkehrs. DWIF, München 1980

Schmidt, R.: Versicherungsalphabet. Karlsruhe, 8. Aufl. 1991

Schober,R.: Kreative Wege zum besseren Angebot. Eine Planungshilfe für Tourismus-Praktiker. Hrsg.: ADAC, München 1995

Scholz,H.E. u. W.C.Ehrnsprenger: Lügen haben kurze Beine. Wie man Ferienangebote kritisch liest. Frankfurt/M. 1989

Schönemann,K.: Gemeinde und Fremdenverkehr. Wiesbaden, 2.Aufl. 1991

Schönemann,K.: Werbung für einen Fremdenverkehrsort. Bonn 1983

Schönemann,K.: Werbung im Tourismusmarketing. Grundlagen der Fremdenverkehrswerbung. München 1988

Schöpp,U.: Fremdenverkehrsämter und Kurverwaltungen. In: Recht der Touristik (Hrsg. Klatt/Wahl). Loseblatt-Sammlung

Schöppner,A.: Urlaub auf dem Bauernhof. Eine fremdenverkehrsgeographische Untersuchung der Angebots- und Nachfragestrukturen in der BR Deutschland. Universität Bochum, Geogr. Institut, 1988

Schrattenecker,G.: Die Beurteilung von Urlaubsländern durch Reisekonsumenten. Wien, 1984

Schroeder,G.: Lexikon der Tourismuswirtschaft. Hamburg 1991

Schulmeister,S.: Reiseverkehr und Konjunktur. Wien 1977

Schulmeister,S.: Reiseverkehr und Wirtschaftsstruktur. Wien 1981

Schulz,H.-J.: Naherholungsgebiete. Berlin und Hamburg 1978

Schuster,F.: Kommunale Kosten- und Leistungsrechnung. München/Wien 1999

Seeger,U.: Kurort-Marketing. Das Marketing-Experiment von Baden-Baden. München 1979

Seiler,B.: Kennziffern einer harmonischen touristischen Entwicklung: sanfter Tourismus in Zahlen. Bern 1989

Seitz,E.: Die Bewertung alternativer Strategien der Imagewerbung im Fremdenverkehr. Berlin 1983

Seitz,E.: Tourismusmarktforschung: ein praxisorientierter Leitfaden für Touristik und Fremdenverkehr. München 1995

Smeral,E.: Ökonomische Erklärungsfaktoren der langfristigen Entwicklung der touristischen Nachfrage. In: Zeitschr.f.d.Fremdenverkehr 4/85

Smeral,E.: Reiseverkehr und Gesamtwirtschaft. Wien 1986

Smeral,E.: Verbrauchsstrukturen im Tourismus. Wien 1988

Socher,K., Tschurtschenthaler,P. u. D.Lukesch: Die Fremdenverkehrswirtschaft und das Problem der Internalisierung externer Effekte. Innsbruck 1980

Spazier,G.: Perspektiven des Incoming-Tourismus. In: Wettbewerb und Innovation im Tourismus. Schriftenreihe zur Touristik 1, Worms 1987

Städtetourismus. Eine Planungs- und Orientierungshilfe für Klein- und Mittelstädte. Hrsg.: ADAC, München 1991

Stehle,H. u. A.Stehle: Die Unternehmensformen im Handels- und Steuerrecht. Rinteln, 2. Aufl. 1988

Steinecke,A. u. W.Killisch: Fremdenverkehr und Naherholung. Stuttgart 1982

Steinle/Bruch/Lawa (Hrsg.): Projektmanagement. Instrument moderner Dienstleistung. Frankfurt/M. 1995

Stillger,H.: Der Fremdenverkehrswert einer Stadt. Fachreihe Fremdenverkehrspraxis, Heft 9, DFV, Frankfurt/M. 1980

Swoboda,H.G.: Tourismus, Landschaft, Umwelt. Ein Leitfaden zur Erhaltung des Erholungs- und Erlebniswertes der touristischen Landschaft. Wien 1989

Theus,R.: Planung und Finanzierung der Infrastruktur von Fremdenverkehrsorten. St.Gallen Diss., Chur 1971

Tietz,B.: Handbuch der Tourismus-Wirtschaft. München 1980, Landsberg/Lech 1981

Touristische Informationsnorm (TIN) für den deutschen Fremdenverkehr. Empfehlungen für Informations- und Reservierungssysteme. Deutscher Fremdenverkehrsverband e.V., Bonn/München 1992

Tschiderer,F.: Ferienortplanung. St.Galler Beiträge zum Fremdenverkehr und zur Verkehrswirtschaft, Reihe Fremdenverkehr, Bd. 12, Bern u. Stuttgart 1980

Tschurtschenthaler,P.: Das Landschaftsproblem im Fremdenverkehr, dargestellt an Hand der Situation des Alpenraums. Bern 1986

Turowski,G.: Bewertung und Auswahl von Freizeitregionen. Schriftenreihe des Instituts für Städtebau und Landesplanung der Universität Karlsruhe, Heft 3, Karlsruhe 1972

Unternehmensführung im Fremdenverkehr. Inst. f. Fremdenverkehr, St. Gallen 1973

Urlaub in Deutschland. Starnberg 1987

Verkehr in Fremdenverkehrsgemeinden. Lösungsvorschläge für die Bewältigung von Verkehrsproblemen. Eine Planungshilfe für Ferienorte mit praktischen Beispielen. Hrsg.: ADAC, München 1993

Vonderach,G. (Hrsg.): Ressourcenschonender und regionskundlicher Tourismus. Texte zur Sozialforschung, Bd.4, Bamberg 1990

Vonderach,G. (Hrsg.): Tourismus in der Region. Texte zur Sozialforschung: 1, Vilseck 1988

Walch,S.: Implementierung von Marketingstrategien in Tourismusregionen. Bern/Stuttgart/Wien 1999

Wellhoener,B.: Das Image von Reisezielen: eine Studie zum Schwerpunktthema der Reiseanalyse 1990. Starnberg 1992

Werbung unter Druck. Printmedien im Tourismus. DSF, Berlin 1993

Wie erstelle ich eine Fremdenverkehrskonzeption? DSF, Berlin 1992

Wiesmann,U.: Landschaftliche Schönheit und touristische Nachfrage. Ergebnisse einer Gästebefragung im MAB-Testgebiet Grindelwald. Geogr. Institut der Universität Bern, 1986

Winkler,K.-A.: Perspektiven des Kongreßreiseverkehrs. In: Chancen und Risiken eines europäischen Tourismus-Binnenmarktes. Schriftenreihe zur Touristik 2. Worms 1989, S. 77 - 86

Wirtschaftsfaktor Tourismus. Hrsg.: DFV, Bonn 1984

Zankl,L.: Die Bemessung des Werbebudgets bei Fremdenverkehrsorten. 1964

Zedek,G.: Fremdenverkehr/ Grundlagen und Instrumentarium der Fremdenverkehrspolitik. Salzburg/München 1970

Zeidenitz,St. u. B.Barkow: Die Deutschen pauschal. Frankfurt/M. 1997

Zenhäusern,J.: Fremdenverkehrswerbung, dargestellt am Beispiel schweizerischer Kur- und Verkehrsvereine. St.Galler Beiträge zum Fremdenverkehr und zur Verkehrswirtschaft. Reihe Tourismus, Bd.8. Bern und Stuttgart 1975

Zimmermann,O., Eisenbraun,I., Häring,S. u.a.: Kommunale Umweltverträglichkeitsprüfung. Schriftenreihe des Gemeindetages Baden-Württemberg. Stuttgart 1988

Zolles,H., Ferner,F.-K. u. R.Müller: Marketingpraxis für den Fremdenverkehr. Beispiel Österreich. Wien 1981

Zur Psychologie der Angebotsgestaltung im Fremdenverkehr. Starnberg 1977

Periodika und Reihen (Auswahl)

- Analysen der Informationsgemeinschaft zur Feststellung der Verbreitung von Werbeträgern (IVW)
- AUMA-Handbücher: Messeplatz Deutschland, Regionale Ausstellungen, International
- Beiträge zur Fremdenverkehrspraxis. Fremdenverkehrsverband Nordsee-Niedersachsen-Bremen e.V. Oldenburg
- Fachreihe Fremdenverkehrspraxis. DFV/DTV, Bonn
- Informationen zur Raumentwicklung. Hrsg.: Bundesforschungsanstalt für Landeskunde und Raumordnung
- Jahrbuch für Fremdenverkehr, München
- Jahresbericht. DEHOGA (Deutscher Hotel- und Gaststättenverband e.V.)
- M+A-Messeplaner. M+A Verlag für Messen, Ausstellungen und Kongresse
- M+A-Tagungsplaner. M+A Verlag für Messen, Ausstellungen und Kongresse
- Saisonbericht. DFV/DTV
- Schriftenreihe des Landesfremdenverkehrsverbandes Bayern e.V., Berchtesgaden
- Schriftenreihe des Norddeutschen Instituts für Heilbäder- und Fremdenverkehrsforschung e.V.
- Schriftenreihe „Raumordnung" des Bundesministeriums für Raumordnung, Bauwesen und Städtebau, Bonn
- Schriftenreihe zur Touristik. Fachhochschule Rheinland-Pfalz, Fachbereich Verkehrswesen/Touristik, Worms
- Statistisches Bundesamt, Wiesbaden. Fachserie 6. Reihe 7.3: Urlaubs- und Erholungsreisen
- St.Galler Beiträge zum Fremdenverkehr und zur Verkehrswirtschaft, Reihe Fremdenverkehr, hrsgg. vom Institut für Tourismus und Verkehrswirtschaft an der Hochschule St.Gallen
- Tagungsplaner Europa
- Tätigkeitsberichte des Instituts für Fremdenverkehr Wien
- Tätigkeitsberichte. Inst.f. Fremdenverkehr und Verkehr an der Hochschule St.Gallen
- Tätigkeitsberichte des Dt. Wirtschaftswissenschaftl. Instituts für Fremdenverkehr. DWIF München
- Tourismusbericht. Deutsches Fremdenverkehrspräsidium, Bonn
- Tourismus in Zahlen. Statistisches Bundesamt, Wiesbaden.

Fachzeitschriften (Auswahl)

- acquisa. Fachzeitschrift für erfolgreiches Verkaufen. Würzburg (mit Teil Geschäftsreise)
- Allgemeine Hotel- und Gaststätten-Zeitung. Stuttgart
- Animation. Fachzeitschrift Freizeit: Berufspraxis und Wissenschaft. Hannover
- ärztliches journal Reise & Kultur. München.
- ASR-Aktuell. Mitgliederzeitung des ASR. Frankfurt/M.
- Business Traveller. Hamburg
- CIM, Conference & Incentive Management. Hamburg

- congress + seminar. München
- Der Fremdenverkehr ETC: European Tourism & Congress. Darmstadt
- DGF. Information der Gesellschaft für Freizeit e.V. Erkrath
- fairkehr. Magazin für umweltfreundlichen Verkehr, Reise & Freizeit. Bonn
- Fremdenverkehrswirtschaft international (fvw). Zeitung für die deutsche Tourismuswirtschaft. Hamburg
- Manager auf Reisen, Hamburg
- nachrichten. Der Dienst für den Deutschen Fremdenverkehr, für Veranstalter, Reisebüros und Redaktionen. Ahrensburg
- profi travel. Düsseldorf
- RB Congress Marketing. München
- RB Marketing. München
- RB Reisebüro Marketing. München
- Reisemarkt: internat. Fremdenverkehrsjournal für Reiseveranstalter, Reisemittler, Fremdenverkehrsges., Hotels u. Verkehrsträger. Hamburg
- Reiserecht Umschau (RRU). Hrsg.: Deutsche Gesellschaft für Reiserecht e.V. Berlin
- Special-Messe-Magazin. Berlin
- test. Zeitschrift der Stiftung Warentest. Berlin (Mit Untersuchungen zu Tourismus, Freizeit, Reisen)
- ti-Geschäftsreise. Hamburg,
- Tourism Focus. Publikation der mit Tourismuspolitik befassten EG-Parlamentarier.
- Tourismus Journal. Stuttgart
- touristik aktuell. Darmstadt
- touristik management. Darmstadt
- touristik report. Frankfurt/M.
- Touristik & Verkehr. Zeitschr. für dt. u. internat. Fremdenverkehrsrecht. Melsungen
- Wandermagazin. Bonn
- Zeitschrift für Fremdenverkehr (ZfV). Bern

Zeitungen und Zeitschriften zum Tourismus in Deutschland (Auswahl)

- Gute Reise. Reisemagazin für Deutschland. Hamm (monatlich)
- reise und bädermagazin Deutschland. Hamburg (vierteljährlich)
- Wandern & radwandern in Deutschland und Nachbarländern. Obing (jährlich)

Die meisten Destinationen geben eigene, periodisch erscheinende Informationsbroschüren und Gästezeitschriften heraus.

Stichwortverzeichnis